Wahlverhalten
Vorurteile
Kriminalität

Handbuch der empirischen Sozialforschung
Herausgegeben von René König

Band 12

Wahlverhalten
Vorurteile
Kriminalität

von
Stein Rokkan · Lars Svåsand
Rudolf Heberle · Heinz E. Wolf
Fritz Sack

2., völlig neubearbeitete Auflage

70/8-12

Ferdinand Enke Verlag Stuttgart 1978

Prof. Dr. René König (emeritus)
Universität zu Köln

Die Bände 5 ff. der Taschenbuchausgabe stellen
die 2., völlig neubearbeitete Auflage vom
„Handbuch der empirischen Sozialforschung“, Band II, dar.

CIP-Kurztitelaufnahme der Deutschen Bibliothek

Handbuch der empirischen Sozialforschung
hrsg. von René König. – Stuttgart : Enke.
NE: König, René [Hrsg.]
Taschenbuchausgabe
Bd. 12. Wahlverhalten · Vorurteile · Kriminalität
... – 2., völlig neubearb. [Gesamt-]Aufl. – 1978.
  ISBN 3-432-89362-0

Dieses Buch trägt – mit Einverständnis
des Georg Thieme Verlages, Stuttgart —
die Kennzeichnung

flexibles Taschenbuch

© 1969, 1978 Ferdinand Enke Verlag, POB 1304, 7000 Stuttgart 1
Printed in Germany
Satz und Druck: Druckerei Maisch & Queck, Gerlingen

ISBN dtv 3-423-04247-8

Vorbemerkung des Herausgebers

Bei der Vielfältigkeit der Gegenstandsbereiche der modernen Soziologie kann man naturgemäß nicht erwarten, daß jeder Band oder auch jede Gruppe von Bänden immer so einheitlich ist, wie es bei den vorhergehenden der Fall gewesen ist. Trotzdem ist aber leicht zu sehen, daß selbst im vorliegenden Bande eine Grundlage vorhanden ist, die den verschiedenen Beiträgen gemeinsam ist. Das ist die vielberufene „Massengesellschaft", mit der schon *Max Weber* und *Karl Mannheim* einen neuen Systemtyp charakterisieren wollten, ein Begriff, der allerdings in der Nachkriegszeit – mit nur wenigen Ausnahmen – kaum mehr durchleuchtet worden ist, speziell nicht mehr in den letzten Jahren. Der Grund dafür mag leicht einsichtig sein: der Begriff selber gab mit dem Wort „Masse" zu so vielen Fehldeutungen Anlaß, daß man es vorzog, ihn entweder ganz fallen zu lassen, oder ihn – wie die Lehre von der Massenkommunikation – mit zugestandener Vorläufigkeit zu benutzen, solange kein besserer Ausdruck dafür verfügbar war.

Schon im ersten Kapitel dieses Bandes tritt der Begriff als „massenpolitische Forschung" auf, unter die die Wahlsoziologie subsumiert wird. Hierbei wird ganz deutlich, daß der verwendete Begriff „Masse" im Sinne statistischer Mengen verstanden wird, die mehr und mehr am politischen Prozeß partizipieren. Damit sind ausdrücklich alle Anklänge an „Masse" im Sinne von „Vermassung" ausgeschaltet, was früher die vielen Zweideutigkeiten verursacht hat. Vielmehr geht es hier um die mit der Universalisierung des Wahlrechts verbundenen Vorgänge, deren Kenntnis für die Erfassung der politischen Dynamik von so überragender Bedeutung geworden ist. Es zeigt sich, daß der Begriff genau im gleichen Sinne verwendet wird, wie ihn seinerzeit *Karl Mannheim* mit dem Wort von der Massendemokratie verband, der nur für jene einen pejorativen Beigeschmack hatte, die insgeheim oder offen Verächter der Demokratie waren. Da es hierbei um die Erfassung und Deutung des Verhaltens großer Menschenmengen geht, stehen auch schwierige methodische und forschungstechnische Probleme auf, ganz abgesehen noch von dem immer deutlicher werdenden Trend zur Internationalisierung der empirischen Politikforschung. *Stein Rokkan*, der schon in der ersten Auflage dieses Handbuchs das Kapitel bearbeitet hatte und in der Zwischenzeit viele wichtige Stufen in der internationalen Forschung auf diesem Gebiet ausgeschlagen hat, legt hier eine erheblich erweiterte Fassung vor, die am Schluß mit der Analyse von Mobilisierungsprozessen und Aktivierungskampagnen die Gegenwartsforschung in höchst überzeugender Weise mit der Geschichte zu vereinen versteht. Um seinen Gedankengang nicht zu zerschneiden, haben wir in der Neuauflage den Beitrag von *Rudolf Heberle*, der einen wichtigen Spezialaspekt, die ökologische Forschung behandelt, für sich herausgezogen.

Auch das Kapitel von *Heinz E. Wolf*, der ebenfalls eine völlige Neufassung seines Beitrags zur ersten Auflage vorlegt, wird letztlich vor allem darum für die moderne Sozialforschung „dringlich", weil unangesehen der begründenden sozialpsychologischen Mechanismen die Vorurteile, Stereotypen oder wie man sonst sagen will als Massenerscheinung und nicht als bloß individuelle Eigenart bestimmter Menschen aufdringlich werden. Abgesehen von der erkenntnissoziologischen Nebenbedeutung dieser Forschungsrichtung, die ständig präsent bleibt, kommt gleichzeitig ein Etikettierungsprozeß in der gegenseitigen Bewertung der Menschen zum Vorschein, der ihnen gewisse Eigenschaften vindiziert ganz unangesehen ihrer aktuellen sozialen Verfassung, so daß hier ein unmittelbarer Übergang zum letzten Kapitel über Kriminalsoziologie von *Fritz Sack* gegeben ist. Der Verfasser äußert sich am Schluß deutlich darüber, daß sein Beitrag nur wenig mit dem Kapitel aus der vorigen Auflage zu tun hat, da es ihm zwischenzeitlich gelungen ist, eine neue Ebene der Analyse zu erreichen, mit der viele bisher als disjecta membra verstreute Theoriefragmente sich in ein relativ einheitliches Bild zusammenschließen lassen. Gleichzeitig bringt das Kapitel höchst wertvolle wissens- und wissenschaftssoziologische Einsichten in die Ursachen für das Auseinanderklaffen von Kriminalsoziologie und Kriminologie, daß man sich daraus nicht nur Einsicht in den gegenwärtigen Stand der Wissenschaft sondern gleichzeitig einen starken Impuls in Richtung einer weiterführenden Diskussion unter neuen Voraussetzungen erwarten darf. So kann man sagen, daß in diesem Bande eine Reihe zusammenhängender Aspekte der modernen Massengesellschaften methodisch aufgegriffen und durchleuchtet werden. Mit dieser gesamtgesellschaftlichen Ausrichtung verlieren aber die Beiträge völlig ihren Charakter als Bindestrich-Soziologien und werden zu einzelnen Kapiteln einer umfassenden Soziologie, die man nacheinander lesen kann.

René König

Inhalt Band 12

Vorbemerkung des Herausgebers V

Zur Soziologie der Wahlen und der Massenpolitik. Von Stein Rokkan und Lars Svåsand, Bergen

I. Die Entwicklung der politischen Statistik 1
   1. Die Institutionalisierung der Wahlstatistiken 1
   2. Die ersten Versuche einer vergleichenden Analyse 2

II. Das entscheidende Problem: Die geheime Wahl und das Problem der Aggregation 7
   1. Die Universalisierung des Wahlrechts und die Einführung der geheimen Wahl 7
   2. Die vier Forschungsstrategien für Massenpolitik 9
   3. Kartographische und ökologische Analysen 9
   4. Datensammlung auf Individualebene: lokale Kontexte und historischer Wandel 13
   5. Die Internationalisierung der empirischen Politikforschung . 17

III. Modelle zur Vergleichung von Mikrodaten 19
   1. Eine Typologie von Makro-Mikro-Strukturen 19
   2. Ein Anordnungsdiagramm für die Variablen in der Wahlanalyse 25

IV. Der Zusammenhang zwischen politischer Partizipation und politischer Entscheidung 27

V. Vier Hauptprobleme der vergleichenden massenpolitischen Forschung 33
   1. Der institutionelle Rahmen und strukturelle Schranken 36
   2. Die Vermehrung der Mobilisationsagenten, Bewegungen, Vereinigungen 44
   3. Von der Mobilisierung zur Aktivierung: Der Eintritt neuer Gruppen in die politische Arena 62
   4. Wahlaktivitäten, Einfluß in der Gemeinde und organisierte Macht 67

Die Wahlökologie. Von Rudolf Heberle, Baton Rouge, Louisiana

I. Der Begriff der Wahlsoziologie. Beziehung zur politischen Soziologie im allgemeinen 73

II. Die Technik der Wahlgeographie 74

III. Die Faktoren der politischen Willensbildung 76

IV. Kritik und Bewertung 85

Ausgewählte Literatur (zu den Kapiteln *Rokkan/Svåsand* und *Heberle*) 89

Zur Problemsituation der Vorurteilsforschung. Von Heinz E. Wolf, Tornesch

I. Zum Stand der Diskussion 102
II. Abfolge der Definitionen der Gegenstandsbezeichnungen 105
   1. Prejudice-Forschung 105
   2. Attitüden-Forschung 106
   3. Die Autoritarismusforschung 109
   4. Die Aggressionsforschung 111
   5. Die Stereotypenforschung 113
   6. Die Image-Forschung 115
   7. Die Bild-Forschung 117
   8. Konflikt- und Friedensforschung 118
III. Abfolge der Zielgebiete 120
   1. Antisemitismus 120
   2. Nationale Vorurteile 128
   3. Vorurteile gegenüber Minderheiten und Randgruppen 130
      a) Vorurteile gegenüber Farbigen (i. w. S.) 130
      b) Weitere Forschungen 134
   4. Nationalistische Vorurteile und ihre Beziehung zum
      Rassenbegriff 134
   5. Vorurteile und Anti-Ismen 137
      a) Die Entwicklung der beiden Anti-Ismen in der
         Bundesrepublik 138
      b) Verschwörer- und Massentheorie 141
IV. Probleme der Interpretationsschemata 144
   1. Zum Problem der dimensionalen Struktur 144
   2. Die Problematik des Aspekteverfahrens 146
   3. Funktionale Interpretationsschemata 146
   4. Ältere Interpretationsschemata 150
   5. Interpretationsansätze der Stereotypen-Forschung 152
   6. Die Interpretationsansätze der Bild-Analyse 157
   7. Interpretationsansätze der Konfliktforschung 163
V. Die Entwicklung der Diskussion ab 1975 166
Ausgewählte Literatur 172

Probleme der Kriminalsoziologie. Von Fritz Sack, Hannover

I. Kriminologie und (Kriminal-) Soziologie 192
   a) Die Ausuferung „kriminologischer" Forschung und der
      Anspruch der Soziologie 192
   b) Die Kriminalsoziologie als „Bindestrich-Kriminologie" –
      die Soziologie im Verdrängungswettbewerb mit der
      Kriminologie 194
II. Der Autonomieanspruch der Kriminologie: Ursprung und
    Struktur 199
   1. „Gegenstand" der Kriminologie und die Frage der
      Autonomie 200

2. Theorielosigkeit und Interdisziplinarität: die zwei Seiten einer Medaille 205
3. Personeller und institutioneller Professionalismus: das soziale System der Kriminologie 218
4. Praxisunterwerfung: Die Ursache der Theorielosigkeit 221

III. Die traditionelle Kriminologie: Unbewältigte Vergangenheit – ungewisse Zukunft 227
  1. Die mißverstandene Geschichte der Kriminologie: Wissenschaft und Politik 228
    a) Die fehlende systematische Geschichte der Kriminologie . 228
    b) Die „klassische" und die „positive" Schule der Kriminologie 230
  2. Die Kriminologie im Spannungsfeld zwischen täter-orientierter und normzentrierter Wissenschaft: das Beispiel der amerikanischen Diskussion 237
    a) Der Streit um die soziologische Orientierung der amerikanischen Kriminologie 237
      Exkurs: Durkheim und die traditionelle Kriminologie . . . 245
    b) Die Entwicklung einer normzentrierten Kriminologie . . . 249
      b-1) Das „criminal-justice-system" kriminalpolitisch: programmatische Einschnürung und theoretische Verengung 252
      b-2) Das „criminal-justice-system" aus soziologischer Sicht 261
      b-3) Die Labeling-Theorie als Wegbereiter zu einer normorientierten Kriminologie 267
    c) Zusammenfassende Kennzeichnung der amerikanischen Kriminologie 271
  3. Methodologische Kritik der traditionellen Kriminologie 273
    a) Die Definition der Kriminalität 273
    b) Methodologische und forschungstechnische Probleme der traditionellen Kriminologie 283
      Exkurs: Die Anwendbarkeit methodologischer Überlegungen auf die Kriminalberichterstattung . 287

IV. Die Neuorientierung der Kriminologie: Elemente, Ansätze Befunde 309
  1. Vorbemerkung 309
  2. Begriffliche Ausgangspunkte 312
  3. Normatives und interpretatives Paradigma der Soziologie . 317
  4. Die Labeling-Theorie: Einige Anmerkungen zum Stand der Diskussion und Rezeption 327
  5. Inhaltliche Einheit und Vielfalt der normativen Ordnung einer Gesellschaft 345
    Exkurs: Kriminalität und Gesellschaft in der vorpositiven Kriminologie 359

6. Fragen und Befunde einer Strafrechtssoziologie 365
   a) Vorbemerkungen 365
   b) Pluralität von Normen und sozialer Kontrolle 368
   c) Überlegungen zur Genese und Struktur des Strafrechts . . 373
   d) Das Strafrecht und seine Anwendung 389

V. Statt einer Schlußbemerkung 392

Anmerkungen 393

Ausgewählte Literatur 434

Namenregister 493

Sachregister 521

Zur Soziologie der Wahlen und der Massenpolitik

Von Stein Rokkan und Lars Svåsand

I. Die Entwicklung der politischen Statistik

1. Die Institutionalisierung von Wahlstatistiken

Die regelmäßige Aufstellung, Verbreitung und Überprüfung von Statistiken über Massenphänomene ist ein typisches Kennzeichen des Nationalstaates: Die Festigung der Verwaltungsstrukturen in Europa während des Zeitalters des Merkantilismus führte zu einer Serie von Bemühungen, die Sammlung und Aufbereitung zahlenmäßiger Informationen über die Bevölkerung der jeweiligen Landes zu standardisieren, und gab damit den Anstoß zur Ausbildung der akademischen Disziplin „Statistica", wörtlich der Wissenschaft des Staates (vgl. *V. John* 1884 und *H. Westergaard* 1932; für eine klare Darstellung des Unterschiedes zwischen der englischen Tradition der „politischen Arithmetik" und der deutschen „Statistik-Staatenkunde" siehe *P. F. Lazarsfeld* 1961).

Die frühesten Bestrebungen zu einer die ganze Nation erfassenden Sammlung von Daten erwuchsen aus den vorwiegend praktischen Bedürfnissen nach Informationen über das militärische und ökonomische Potential. Der Zensus war ein unentbehrliches Werkzeug für den Aufbau einer nationalen Politik. Ebenfalls pragmatische Überlegungen veranlaßten die Entwicklung anderer Teilgebiete der Statistik: Registrierung von Heiraten, Geburten, Scheidungen, Krankheiten, Kriminalität und Sterblichkeit.

Alle diese Statistiken unterlagen einem bedeutenden Wandel im ersten Jahrhundert der regelmäßigen offiziellen „Buchhaltung": Veränderungen in den Verfahren der Datensammlung, in den Definitionen und Klassifikationen und in der Art und Weise der Darstellung und Veröffentlichung. Aber es gab mit der Zeit einen eindeutigen Trend zur beständigen Einrichtung, Verankerung und Standardisierung. Die Sammlung solcher Statistiken wurde als eine administrative Notwendigkeit angesehen, und die Brauchbarkeit der Daten wurde durch den Nachdruck auf Vergleichbarkeit über lange Zeitspannen hinweg erhöht.

Vorwiegend pragmatische Beweggründe veranlaßten ebenfalls die Entwicklung eines anderen Zweiges nationaler Statistiken: die Statistiken von Wahlen, Volksbefragungen und der Repräsentativ-Organe. Aber der Bedarf für solche Statistiken variierte viel stärker mit der inneren Struktur des politischen Systems:

Zensuserhebungen bildeten wesentliche Bestandteile des Vorganges der nationalen Verwaltung, aber politische „Zählungen" hatten nur in repräsentativen Verfassungen einen Sinn und auch in diesen nur, nachdem sich Wahlkämpfe zwischen Parteien und eine Standardisierung der Wahlpraktiken ausgebreitet hatten. Die Zählung der Stimmen war die administrative Alternative zu Konflikt und Rankünen oder Intrigen: Die Erstellung von Wahlstatistiken war ein direktes Ergebnis der Versuche, die Lösung von Konflikten im Staatskörper durch die Abhaltung regelmäßiger Wahlen unter der Kontrolle formell neutraler Institutionen von Beamten zu erreichen. Um Legitimität zu schaffen, mußten die Entscheidungen der Wählerschaft dargelegt und allen Seiten zur Prüfung zugänglich gemacht werden. Die Anlage einer regelmäßigen Wahl-Buchführung war eine Antwort auf die weitverbreitete Anzweiflung der Wahlergebnisse. Die Wahlunterlagen waren vor allem rechtliche Dokumente; sie wollten die Forderung nach legitimer Repräsentation unterstützen. Die Aufstellung politischer Statistiken konnte nicht vom politischen Vorgang selbst getrennt werden, denn die Struktur der lokalen und nationalen Politik bestimmte die Art und Weise, wie Wahlergebnisse aufgezeichnet wurden.

Dies bedeutet, daß die Statistiken über Wahlen wesentlich nationalen Charakters waren: Sie unterschieden sich von Land zu Land im Grad der Zentralisierung, im Ausmaß ihrer Wiedergabe von Einzelheiten, im Stil der Darbietung und Analyse. Eine starke internationale Bewegung zur Standardisierung der Zensuserhebungen und Registrierung von Heiraten, Geburten, Krankheiten und Sterbefällen begann in der Mitte des neunzehnten Jahrhunderts. Es konnte aber keine Rede von einer parallelen Entwicklung für die politische Statistik sein!

Die Jahrzehnte nach den Umwälzungen von 1848 sahen einen bemerkenswerten Anstieg in der Produktion an Literatur über Wahlrecht, die Organisation von Wahlen und das Verhalten der Wählerschaft, aber die große Mehrheit dieser Schriften wurde nur innerhalb der Grenzen der jeweiligen Nation beachtet. Die Auseinandersetzungen über die Ausdehnung des Wahlrechts inspirierten einige wenige Versuche zur vergleichenden Statistik, aber keiner von ihnen ging sehr weit in analytische Details (Beispiele früher Übersichten sind *E. Villey* 1895; *Ch. Benoist* 1896; *A. Lefèvre-Pontalis* 1902; *O. Pyfferoen* 1903).

2. Die ersten Versuche einer vergleichenden Analyse

Es dauerte lange Zeit, bis man auch nur daran dachte, Wahldaten solchen systematischen Vergleichen zu unterwerfen, wie es *Emile Durkheim* (1897) für Selbstmordstatistiken getan hatte.

Einige solide Versuche vergleichender Analyse traten ans Licht, aber diese befaßten sich weniger mit statistischen Daten als mit philosophischer und ideologischer Rechtfertigung alternativer Wahlsysteme und mit der Frage der Stufen der Entwicklung von Nation zu Nation. Das große Werk von *Georg Meyer* (1903) ist noch heute eine unschätzbare Informationsquelle für frühe europäische Entwicklungen. Das spätere Sammelwerk von *Ch. Seymour* und *D. P. Frary* (1918) fügte einen bedeutenden Beitrag aus der westlichen Perspektive hinzu, blieb aber nicht auf der gleichen Höhe der Gelehrsamkeit. Die klassische Abhandlung über vergleichendes Wahlrecht erschien wesentlich später. *Karl Braunias'* zweibändiges Werk „Das parlamentarische Wahlrecht" erschien im Jahre 1932 und spiegelte eine ganz andere Stufe in der Geschichte der Massenpolitik wieder. Es wandte weniger als das Werk *Meyers* seine Aufmerksamkeit auf die frühe Entwicklung bis zur Universalisierung des Wahlrechts, sondern konzentrierte seine Bemühungen um Systematisierung auf die großen Unterschiede in der politischen Ordnung bei den mobilisierenden Demokratien mit allgemeinem Wahlrecht im Jahrzehnt nach dem ersten Weltkrieg.

Dem Werk von *Karl Braunias* folgte in den 60er Jahren eine Gruppe deutscher Forscher in Heidelberg. *Dolf Sternberger* und *Bernhard Vogel* (1969) brachten eine Reihe von Kapiteln über die institutionellen Entwicklungen in verschiedenen Ländern zusammen, aber sie waren nicht in der Lage, die vergleichende Analyse viel weiter voranzutreiben als Meyer und Braunias. Aber die deutsche Gruppe konnte einen nützlichen Beitrag durch Aufstellung einer Reihe von Tabellen für die länderweisen Wahlergebnisse im Laufe der Zeit beibringen. Parallele und teilweise vollständigere Aufstellungen wurden durch *Stein Rokkan* und *Jean Meyriat* (1969), sowie durch *Tom Mackie* und *Richard Rose* (1974) beigebracht.

Die frühe Diskussion des Für und Wider verschiedener Wahlsysteme machte eine Anzahl von Aufgaben der vergleichenden statistischen Analyse bewußt, aber die technischen Schwierigkeiten des Datenzuganges und der Datenverarbeitung entmutigten selbst die beharrlichsten Wissenschaftler. Es gab weitverbreitete Diskussionen über Methoden und Verfahrensweisen der politischen Statistik, aber diese verfehlten im allgemeinen die relevanten Fragen der vergleichenden Analyse. Merkwürdigerweise geschah der Durchbruch zu einer vergleichenden Analyse nicht im Kielwasser einer der vielen parallelen Bewegungen auf ein universelles Wahlrecht der Männer hin; er kam vielmehr erst, nachdem die Frauen in einer großen Zahl von Ländern kurz vor oder nach dem ersten Weltkrieg das Wahlrecht erhalten hatten. Die entstehende Massendemokratie hatte zwar eine Anzahl großer Abhandlungen zur vergleichenden Politik angeregt: *Mosei J. Ostrogorski* (1902), *Robert Michels* (1911) und *James Bryce* (1921), aber diese beachteten quantitative Daten nur nebenbei. Der entscheidende Durchbruch zum systematischen statistischen Vergleich geschah erst in den dreißiger Jahren, als der amerikanische politische Wissenschaftler *Harold Gosnell* (1930), einer der Pioniere der Chicago-Schule, eine Unmenge an Informationen über europäische Wahlen zusammentrug und versuchte, einige Regelmäßigkeiten auszumachen, und als sein schwedischer Kollege *Herbert Tingsten* (1937) ihm mit einer Serie von sehr viel detaillierteren Analysen der geographischen, sozialen und ökonomischen Determinanten des Verhaltens der wahlberechtigten Bevölkerung folgte. Beide konzentrierten ihre Aufmerksamkeit auf die als Letzte zur Wahl Zugelassenen: die *Arbeiter* und – dies ganz besonders – die *Frauen*. Die Ausdehnung des Wahlrechts auf die Frauen leitete in der Tat eine Serie neuer Entwicklungen in den Wahlstatistiken ein. Ein großer Teil des öffentlichen Interesses richtete sich auf das Verhalten der Frauen bei Wahlen; in einem Land nach dem anderen wurden Anstrengungen unternommen, die notwendigen Daten für eine detaillierte Analyse der Differenzen zwischen den beiden Geschlechtern zu sammeln. Nur zwei führende Länder blieben außerhalb dieser Bewegung: Großbritannien und die USA. In den Ländern des europäischen Kontinents (gleicherweise auch in Australien und Neuseeland) wurden die Wahlregister so umgestaltet, daß sie eine Analyse der Variationen in den Ergebnissen zwischen den beiden Geschlechtern erlaubten, und in einigen Ländern, vor allen Dingen in der Weimarer Republik und in der ersten Österreichischen Republik, wurden sogar Vorkehrungen getroffen, um die nach Geschlechtern getrennte Auszählung der für die verschiedenen Parteien abgegebenen Stimmen zu ermöglichen. Diese Entwicklungen in der offiziellen „Buchhaltung" boten eine verlockende Grundlage für vergleichende Analysen. *Tingsten* gründete die meisten seiner Vergleiche auf Tabulierungen, die schon vorher von lokalen und statistischen Büros veröffentlicht worden waren, aber in ein paar Fällen gelang es ihm, hinter die Fassade der veröffentlichten Tabellen auf die Rohdaten der Wahlregister zurückzugreifen. Seine Anliegen waren im wesentlichen auf Fragen der zeitlichen Entwicklung gerichtet: So beschäftigte er sich mit der Analyse des Wandlungsprozesses, der durch die Ausdehnung des Wahlrechtes auf alle Erwachsenen ausgelöst wurde, und er wollte die geographische Ausbreitung dieses Wandels ausmachen (*H. Tingsten* 1937, 1963; vgl. auch *M. Dogan* 1956). Aus technischen Gründen lag der Schwerpunkt seiner Analysen auf dem Verhalten der Frauen, der letzten Kategorie von Erwachsenen, der das Recht zur Teilnahme am politischen System verliehen worden war. Aber er war gleicherweise am Verhalten der Arbeiter interessiert. Ihr Eintritt trug nämlich wesentlich stärker zur Umstrukturierung der nationalen Politik der jeweiligen Länder bei, und ihre Bereitschaft, sich in die eine oder die andere Richtung mobilisieren zu lassen, bot ein herausforderndes Thema für vergleichende Forschung. In Deutschland war relativ früh die Frage aufgerollt worden, ob der Erfolg der NSDAP den Frauenstimmen zuzurechnen sei (*H. Beyer* 1933).

In verschiedenen Ländern wurde eine ganze Anzahl von Versuchen angestellt, um die Bedingungen für die schnelle Mobilisierung der mit dem Wahlrecht ausgestatteten Arbeiterklasse zu erforschen. (Eine allgemeine Begründung für diesen genetischen Ansatz der Analyse von Wahldaten findet man bei *S. Rokkan* 1966 b.) Was *Tingstens* Beitrag auszeichnete, war nicht so sehr der Versuch einer Systematisierung der Ergebnisse aus vielen Ländern, sondern eher das hartnäckige Suchen nach Regelmäßigkeiten in den Variationen entsprechend den räumlichen Einheiten innerhalb eines jeden Landes. Er begnügte sich nicht mit der Feststellung von Ähnlichkeiten oder Unterschieden nationaler Durchschnittswerte für jede Kategorie von Bürgern, sondern konzentrierte seine Energie viel stärker auf die Analyse der Variationen zwischen den verschiedenen Lokalitäten eines Landes.

In allen Fällen, in denen die Quellen das erlaubten, gruppierte er die Daten über das Wahlverhalten nach lokalen Typen: nach Stimmbezirken in den größeren Städten und nach Gemeinden oder anderen Einheiten der lokalen Verwaltung auf dem Lande. *Tingsten* wurde so der Vater der vergleichenden politischen Ökologie: Er war der erste, der die Formulierung einer allgemeinen Regelmäßigkeit in der Bedingtheit des Wahlverhaltens durch den Kontext versuchte. Sein Vorschlag eines allgemeinen „Gesetzes des sozialen Gravitationsmittelpunktes" regte eine Vielzahl weiterer Analysen an: Die Vorstellung, daß sozial homogene Umwelten die besten Bedingungen für politische Mobilisierung darstellen, war in keinem Sinne neu, aber seine Darlegung der Möglichkeiten einer detaillierten Überprüfung solcher Hypothesen durch die Verarbeitung von Massendaten fesselte das Interesse einer ganzen Anzahl führender Methodologen auf dem Gebiet der Soziologie und regte eine Vielzahl weiterer Analysen an.

Eine interessante Verschmelzung verschiedener Forschungstraditionen fand im Kielwasser von *Tingstens* pionierhaften Bemühungen statt. Die Geschichte dieser Entwicklung ist komplex und kann nicht in wenigen Abschnitten abgehandelt werden (vgl. hierzu *S. J. Eldersveld* 1951; *R. Heberle* 1951; *G. Dupeux* 1954/55; *R.*

Bendix und *S. M. Lipset* 1957; *D. E. Butler* 1958; *O. Stammer* 1960; *A. Ranney* 1962; *N. Diederich* 1965). In diesem Beitrag können wir uns nicht in Einzelheiten verlieren, daher werden wir ein einfaches Schema alternativer Strategien vorschlagen und die Trends in Richtung auf eine Konvergenz der Probleme der vergleichenden Wahlforschung diskutieren.

Die Geschichte der Wahlforschung seit der Pionierstudie von *Herbert Tingsten* ist durch Änderungen in der technologischen Infrastruktur stark beeinflußt worden.

1. Zuerst natürlich durch die Erfindung des Computers und die erstaunlichen Verbesserungen für die Speicherung, Bearbeitung und Analyse großer Datenmengen (vgl. hierzu in Bd. 1 dieses Handbuchs *Erwin K. Scheuch*, Neue Analyseformen von Daten);

2. Ferner durch den methodologischen Durchbruch nach Einführung von Sample-Erhebungen und die erstaunliche Vermehrung von Organisationen für die Sammlung von sozialen, politischen, wirtschaftlichen und kulturellen Daten über große Publikumsmassen.

In der vorliegenden kurzen Übersicht über Probleme und Fortschritte in der Untersuchung von Wahlen und anderen Formen von Massenpolitik werden wir uns vor allem auf drei Themenbereiche konzentrieren:

1. Zunächst werden wir die vier Hauptstrategien für die Forschung auf diesem Gebiet darstellen und zeigen, wie sie in einer Reihe von großangelegten nationalen und übernationalen Untersuchungen kombiniert worden sind;

2. Danach werden wir eine Reihe möglicher Modelle für die Vergleichung politischer Massendaten in verschiedenen Gemeinden und politischen Systemen untersuchen;

3. Schließlich werden wir uns auf das konzentrieren, was wir für die vier Schlüsselprobleme für die Forschung über die Entwicklung der Massenpolitik als eine integrale Komponente des modernen Industriestaats ansehen.

Der Raum erlaubt es nicht, die Einzelheiten länderweise zu betrachten. Als nützliche Führer durch die Forschung, die in den ersten zwanzig Jahren nach dem Zweiten Weltkrieg produziert wurde, wird der Leser auf Übersichten wie die von *Rudolf Heberle* (1951), *Reinhard Bendix* und *Seymour M. Lipset* (1957), *Otto Stammer* (1960), *A. Ranney* (1962) und *N. Diederich* (1965) verwiesen. Unter den vielen späteren Sammlungen von Forschungsberichten und Zusammenfassungen sind vor allem die unter der Leitung des internationalen *Committee on Political Sociology* unternommenen wichtig. Sie umfassen die von S. M. Lipset und S. Rokkan (1967), Erik Allardt und S. Rokkan (1970) und Richard Rose (1974). Die Sammlung von Rose über Wahlverhalten wird besonders empfohlen als Standardeinleitung zur Wahlforschung und Massenpolitik in jedem einzelnen der größeren westlichen Länder.

II. Das entscheidende Problem: Die geheime Wahl und das Problem der Aggregation

1. Die Universalisierung des Wahlrechts und die Einführung der geheimen Wahl

Für den Sozialwissenschaftler stellen Wahlen Massenexperimente von unerhörtem Umfang dar:

1. Man definiert eine gegebene Bevölkerung durch strikte Regeln über Zugehörigkeit und Nicht-Zugehörigkeit;

2. man zwingt alle Mitglieder der so definierten Population, zwischen denselben grundlegenden Alternativen, also Abstimmung zugunsten der Partei A oder der Partei B oder Stimmenthaltung, zu wählen;

3. man registriert jede individuelle Entscheidung und sammelt dabei gleichzeitig eine Vielfalt von anderen Daten über jeden Akteur.

Hier gibt es jedoch eine ganz wesentliche Einschränkung: Die individuellen Entscheidungen werden gewissenhaft registriert, aber sie werden als anonyme Akte losgelöst von ihrer Entstehung gezählt. Das Experiment liefert zwar große Mengen an Statistiken für den Sozialwissenschaftler, aber die Gesetze der Geheimhaltung setzen seinen Analysen enge Grenzen: zumindest für die Entscheidung zwischen den Parteien muß er sich auf die Aggregatdaten beschränken, die entweder für eine bestimmte Lokalität oder Wahlbezirk zusammengestellt werden, so daß er von den Daten auf der Ebene der individuellen Entscheidung abgeschnitten ist. Dieser Gegensatz ist das zentrale Hindernis für die Wahlanalyse: Große Mengen von wohlgesicherten aggregierten Daten auf der Kollektivebene, aber gesetzliche Schranken für die Analyse auf der Individualebene.

Der Gegensatz selbst ist das Ergebnis der demokratischen Entwicklung: Die Einführung strenger Geheimhaltungsregeln war ein wesentlicher Bestandteil eines allgemeinen Prozesses der administrativen Standardisierung, die mit der Erweiterung des Wahlrechtes und den daraus resultierenden Versuchen der Mobilisierung der Massen einherging (zur Analyse dieser Entwicklungen vgl. *S. Rokkan* 1961, 1968 und 1970). In Staaten, die noch unter dem „régime censitaire" lebten, war die Stimmabgabe ein öffentlich sichtbarer Akt: Dem Bürger konnte seine Wahl eines bestimmten Kandidaten oder einer Partei zugerechnet werden und er mußte darauf gefaßt sein, diese Wahlentscheidung gegenüber seinen Mitmenschen verteidigen zu müssen. In einigen Fällen war die Stimmabgabe sogar mündlich, und es wurde keine Aufzeichnung von Einzelstimmen vorgenommen. In anderen Fällen wurden detaillierte Register aller Stimmberechtigten zur Aufzeichnung ihrer Stimmabgabe geführt: Diese Datenquellen über frühe Gegensätze im politischen Bereich wurden erst kürzlich von Historikern verfügbar gemacht und lassen vieles für eine systematische Erforschung erhoffen. (Die bedeutendsten Arbeiten dieser Art stammen von *J. R. Vincent* 1966; *E. Högh* 1972 und *Jeremy Mitchell* 1976.) Mit der Ausdehnung des Stimmrechtes auf die wirtschaftlich unselbständigen Schichten der Bevölkerung rief diese Last der Wahlentscheidung Spannungen im Staatskörper hervor und tendierte dahin, den Zweck der Wahl, nämlich den der friedlichen Lösung von Konflikten über den Weg der Repräsentation, zunichte zu machen. In den Reaktionen auf diese Spannungen gab es deutliche Unterschiede. Länder, die streng vom Großgrundbesitz regiert wurden, tendierten dahin, die öffentliche Abstimmung beizubehalten, selbst nachdem den abhängigen Schichten das Wahlrecht gewährt worden war, so z. B. Dänemark, Ungarn und Preußen. Andere Länder führten die formale Geheimhaltung sehr früh ein, stießen aber auf große Schwierigkeiten bei der Standardisierung der Wahlverhalten (über die komplexe Entwicklung in Frankreich vgl. *J. P. Charnay* 1964 und 1965). Aber welcher Art auch immer die Einzelheiten der Anwendung der Geheimhaltung, sie bestimmte den Charakter des statistischen Wahlergebnisses: Der Wahlakt wurde vom stimmberechtigten Bürger isoliert und lediglich registriert und gezählt als Beitrag zu einer Gesamtsumme eines territorial abgegrenzten Ganzen. Es machte oft keine Schwierigkeiten, Listen der individuellen Wähler für jede Partei in ländlichen Distrikten zu erstellen, aber dies war wesentlich schwieriger in den anonymen und vielgestaltigen Stadtgemeinden (vgl. die Diskussion in *A. Siegfried* 1913, 1964, S. X). Wie auch immer die tatsächlichen Möglichkeiten der Information waren, die Regel der Geheimhaltung machte die Aufstellung authentischer Statistiken von Stimmen für einzelne Kandidaten oder Parteien auf der Individualebene unmöglich: Man konnte Variationen in der Wahlbeteiligung feststellen, aber die tatsächlich abgegebenen Stimmen wurden nur nach Aggregaten aufgeschlüsselt und konnten daher nicht tabellenmäßig auf der Individualebene dargestellt werden.

2. Die vier Forschungsstrategien für Massenpolitik

Dieses Problem stellt eine Herausforderung an die statistische Analyse dar: Die Aggregatdaten sind bekannt, aber die Unbekannten der erzeugenden latenten „Ausgangsgleichung" können nur durch eine Vielfalt von indirekten Schätzungsverfahren gefunden werden. Im wesentlichen ist die Geschichte der Wahlforschung die Geschichte der Strategien, die bei diesen Schätzungsversuchen Anwendung fanden, und zwar kann man vier solcher Strategien unterscheiden:

1. Das von *André Siegfried* (1913) angewandte Verfahren der *Wahl-Kartographie,* d. h. der Herstellung von detaillierten Karten der Variationen in den territorialen Aggregaten und die Analyse der Ähnlichkeiten und Unterschiede durch die genaue Prüfung lokaler Unterlagen;

2. das von *Ferdinand Tönnies* (1924), *Stuart A. Rice* (1924) und *Rudolf Heberle* (1945) eingeführte Verfahren der *politischen Ökologie,* d. h. der Berechnung von Korrelationen der sozialen, ökonomischen und kulturellen Eigenschaften, jeder Lokalität mit den aggregierten Wahlergebnissen (s. dazu das folgende Kapitel von R. *Heberle);*

3. die *Lazarsfeld*-Strategie der *„Gemeinde Surveys"* (P. F. *Lazarsfeld* u. a. 1944), d. h. die Durchführung direkter Interviews mit einer Auswahl lokaler Wähler und die Analyse der sozialen, ökonomischen und kulturellen Hintergründe der Wahlentscheidungen auf der Basis solcher Individualdaten;

4. die *Campbell*-Strategie *(A. Campbell u. a.* 1960) einer die ganze nationale Bevölkerung erfassenden Umfrageforschung, d. h. die Durchführung von Interviews mit einer für die nationale Wählerschaft repräsentativen Auswahl und die Analyse der durchschnittlichen statistischen Zusammenhänge und Korrelationen über weite Bereiche von Gemeinden und Stimmbezirken hinweg, ob diese nun nach geographischen Regionen oder sonstigen Eigenschaften gruppiert sind oder nicht.

3. Kartographische und ökologische Analysen

Die ersten beiden Ansätze waren schon vor dem zweiten Weltkrieg voll entwickelt. *André Siegfrieds* klassische Abhandlung über den Westen Frankreichs war schon im Jahre 1913 veröffentlicht worden und stellt noch immer ein Musterbeispiel für Regionalforschung dar. Zwar war die Verwendung von Karten für die politische Analyse nicht neu (ein frühes Beispiel ist *A. Hansen* 1899); das Neue an *Siegfrieds* Unternehmen war vielmehr der systematische Vergleich von geographischen, ökonomischen, kulturellen und historischen Unterlagen, um unterschiedlichen lokalen politischen Traditionen Rechnung zu tragen. Er verglich nicht einfach jede Karte mit jeder anderen, sondern ordnete viele der Daten statistisch und kam damit schon sehr nahe an die Korrelationsanalyse heran, die von *Ferdinand Tönnies* (1924) und *Rudolf Heberle* (1945, 1963) in Deutschland (zur „soziographischen" Schule vgl. auch *A. Oberschall* 1965) und von *Stuart A. Rice* (1924, 1928) und seinen Nachfolgern in den USA bevorzugt wurde (für einen Bericht über die amerikanische Entwicklung s. *P. Rossi* 1959 sowie *N. Diederich* 1965, Kap. 3; über Wahlökologie siehe in diesem Band *Rudolf Heberle*). Der Unterschied zwischen den beiden Strategien war besonders deutlich in den Jahren nach dem zweiten Weltkrieg: Die französische Schule der *géographie électorale* fuhr fort, Hunderte von Karten zu produzieren, während die Sozialwissenschaftler in anderen Ländern dazu neigten, mehr Aufmerksamkeit auf die logischen Grundlagen der Erforschung ökologischer Variationen zu verwenden. In den letzten Jahren gab es aber viele Anzeichen einer Verschmelzung dieser beiden Traditionen. Wahlgeographen wie *Alain Lancelot* und *Jean Ranger* haben großes Interesse an alternativen Verfahrensweisen der Analyse gezeigt (*A. Lancelot* 1968), und der politische Soziologe *Mattei Dogan* (1965) hat die großen Anwendungsmöglichkeiten von einfachen statistischen Modellen für die Berechnung der den Aggregatdaten zugrundeliegenden möglichen Verteilungen aufgezeigt. Die Arbeiten von französischen Statistikern wie z. B. *Joseph Klatzmann* (1957, 1958), *Jacques Desabie* (1959), *G. Vangrevelinghe* (1961) und *Raymond Boudon* (1967) haben diese Entwicklungsrichtung weiter verstärkt: Sie haben die Techniken der fortgeschrittenen statistischen Analyse auf die Aggregatdaten von Wahlen und Zensuserhebungen angewendet und gezeigt, wie Variationen und Regelmäßigkeiten auf diesem Aggregatsniveau selbst bei Mangel an Information über den individuellen Wähler sinnvoll interpretiert werden können.

Mit der Einführung von Computern in mehr und mehr Forschungszentren während der späteren 50er Jahre kamen auch mehr und mehr politische Soziologen in Versuchung, den großen Reichtum an empirischen Daten über Massenverhalten, wie sie durch Wahlen, Referenden und andere Versuche standardisierter Buchhaltung produziert wurden, einer detaillierten Analyse zu unterwerfen. Die ersten Datenarchive von Aggregatdaten nach Lokalitäten wurden um 1960 aufgebaut (siehe die Berichte bei *S. Rokkan* u. a., in: *Richard L. Merritt* und *S. Rokkan* 1966) und eine Reihe von Versuchen wurde unternommen, um Techniken wie die Regressionsanalyse, Varianz- und Kovarianzanalyse, Faktorenanalyse und Clusteranalyse auf solche Aggregatdaten anzuwenden: eine nützliche Sammlung zur Illustration der Fortschritte auf diesem Gebiet wurde von *M. Dogan* und *S. Rokkan* (1969) auf Grundlage eines Symposium vorgelegt, das auf dem *Weltkongreß für Soziologie* 1966 veranstaltet wurde.

Der Fortschritt auf diesem Gebiet wurde teilweise durch die lang hingezogene Kontroverse über Analyseebenen (levels of analysis) und Fehlschlüsse von einer Ebene zur anderen (level-to-level-fallacies) beeinträchtigt. Seit Jahrzehnten hatten Sozialwissenschaftler ausgiebigen Gebrauch von Aggregatdaten für solche Einheiten wie Kreise, Départements, Gemeinden, Quartiere, Volkszählungsbezirke gemacht und hatten oft von Regelmäßigkeiten auf dieser Aggregatebene auf Regelmäßigkeiten auf individueller Ebene geschlossen. Der erste Soziologe, der den Fehler dieser Denkweise Schritt für Schritt entlarvte, war *William S. Robinson;* seine Abhandlung über „Ökologische Korrelationen und das Verhalten von Individuen" (1950) wurde sofort zum Klassiker und hatte einen tiefen Einfluß auf die methodologische Diskussion unter den empirisch orientierten Soziologen der 50er und 60er Jahre. Robinson zeigte, daß Korrelationen, die auf der Basis von territorialen (oder anderen) Aggregaten aufgestellt worden waren, nicht benutzt werden konnten, um äquivalente Korrelationen auf der Ebene von Individuen (oder Haushalten) zu erfassen. Die Kluft zwischen den beiden Sätzen von Korrelationen war eine Funktion der internen Zusammensetzung jedes einzelnen Aggregats. In der ersten Phase kräftigten Robinsons Einschränkungen die Einstellung jener Forscher, die nach unmittelbarer Sammlung von Daten auf individueller Ebene verlangten. Das war die große Zeit der „atomisierenden" Forschungstechniken. In der nächsten Runde wurde man sich klar darüber, daß man die Trennung der Logik der Inferenz von Ebene zu Ebene verallgemeinern konnte. Es war nicht nur falsch, Korrelationen auf der Individualebene aus Korrelationen der Aggregatsebene abzuleiten, es war ebenso falsch anzunehmen, daß durchschnittliche Korrelationen auf der Individualebene im Rahmen eines nationalen Querschnitts in jeder einzelnen Gemeinde innerhalb dieser Bevölkerung Geltung haben könnten. Dieser Punkt wurde besonders deutlich gemacht bei den internationalen Symposien an der Yale Universität im Jahre 1963 (*R. L. Meritt* und *S. Rokkan* 1966) und in Evian im Jahre 1966 (*M. Dogan* und *S. Rokkan* 1969). Von besonderer Bedeutung war in dieser Diskussion der Versuch von *Hayward Alker*, eine Typologie der Fehlschlüsse aufzustellen (in: *M. Dogan* und *S. Rokkan* 1969). Aus diesen sorgfältigen Differenzierungen der Probleme konnte der gewöhnliche Forschungspraktiker zwei Konklusionen ziehen:

1. Aggregatdaten waren wichtig *an sich selbst* und verdienten eine eingehende Analyse im Rahmen einer ökologischen Theorie

unangesehen der Konsequenzen für die Korrelationen auf der Individualebene;

2. Es *gab* Möglichkeiten, sich von Aggregatkorrelationen auf individuelle zuzubewegen, aber das konnte allein auf der Basis eines strengen Tests alternativer Modelle über die möglichen Wirkungen der *Zusammensetzung eines gegebenen Aggregats* auf das individuelle Verhalten sichergestellt werden.

Der ersten dieser Konklusionen entsprach eine Annäherung an die Kluft zwischen *politischer Ökologie und mathematischer Geographie* (*R. Cox, D. Reynolds* und *S. Rokkan* 1973): Die Wahldaten wurden als Indikatoren ökologischer Kontexte interpretiert und im Rahmen von Modellen *räumlicher Differenzierung, von Distanzeffekten und Kontrasten zwischen Zentrum und Peripherie* analysiert.

Die zweite der beiden Konklusionen rief eine Reihe von konkreten Versuchen über den Einfluß von einer Ebene auf eine andere im Rahmen ausdrücklich spezifizierter Modelle hervor. Die wichtigsten Beiträge zu dieser Literatur waren die von *Leo Goodman* (1959), *Donald Stokes* (1969) und *W. Philips Shively* (1969, 1972).

Ein überzeugendes Beispiel für die Möglichkeiten, Schlüsse von Regressionsanalysen von Aggregaten auf Tabulierungen von Erhebungsdaten auf individueller Ebene zu ziehen, findet sich bei *Ivor Crewe* und *Clive Payne* (1976). Die Autoren zeigen, daß die Regressionsgleichungen, die auf der Basis von Aggregatdaten (in diesem Falle Wahl- und Zensusdaten von 612 britischen Wahlkreisen) aufgestellt sind, sinnvoll interpretiert werden können, sowie man Indikatoren für die *Wirkungen der Zusammensetzung* jedes lokalen Elektorats hinzufügt (Wirkungen des Prozentsatzes von Arbeitern im Wahlkreis auf die individuelle Wahl: in der Tat eine Anwendung des Prinzips von *Tingsten*). Es gibt also in der Tat keinen Grund, *Robinsons* Artikel als eine Warnung gegen den Gebrauch von Aggregatdaten in der Wahlforschung zu nehmen: was Robinson tat, war eine Herausforderung an das statistische Innovationsvermögen, wie sie durch die Institutionalisierung der geheimen Wahl gestellt war.

In den letzten Jahren können wir deutliche Bewegungen zu einer Vereinigung des geographisch-räumlichen mit dem ökologisch-statistischen Verfahren erkennen. Ein Schlüsselfaktor ist wiederum technologischer Natur: mit der Entwicklung der *Kartographierung durch Computer* ist es nicht nur möglich geworden, Hunderte von Karten im Stile von *André Siegfried* auf Grundlage der in der Maschine gespeicherten Daten zu produzieren, es ist auch möglich geworden, *statistische Analyse mit kartographischer Darstellung zu verbinden.* Der *Norwegian Social Science Data Service* (*S. Rokkan* und

Bjørn Henrichsen 1976) hat mit seinem Großarchiv von Daten auf Gemeindebasis ein Verzeichnis von *Grenzkoordinaten* aufgebaut und bietet seinen Benutzern die Möglichkeit, *thematische Karten automatisch zu zeichnen,* die auf Gemeindedaten gegründet sind. Das hat es ermöglicht, über bloß deskriptive Karten zur Darstellung *von Residuen aus Regressionsgleichungen überzugehen.* Auf diese Weise werden die vom Computer produzierten Karten zu wichtigen *heuristischen Werkzeugen* für den Forscher. Sie helfen ihm bei der Identifizierung weiterer Variationsquellen zur Verwendung in seinem Modell. Wenn erst einmal dies Werkzeug weiter perfektioniert sein wird, sollte es möglich sein, zu einer eigentlichen Synthese zwischen der Tradition von *Siegfried* mit der von *Tönnies, Rice* und *Heberle* zu gelangen.

4. Datensammlung auf Individualebene: lokale Kontexte und historischer Wandel

Ein größerer Wandel in der Orientierung erfolgte im Rahmen der empirischen Bewegung der Sozialwissenschaften in den dreißiger Jahren. Der Fortschritt in der Mathematik von Auswahlverfahren und das Anwachsen des akademischen Interesses an standardisierten Feldforschungen gab den Ausgangspunkt zu einer bemerkenswerten Neuerung in den politischen Wissenschaften: Der Analysierende war nicht länger mit dem Ordnen und Sammeln der Unterlagen, die durch den politischen Prozeß selbst zustande kamen, zufrieden, sondern ging selbst daran, Daten, die er benötigte, direkt in der Bevölkerung, die ihn interessierte, zu erheben und zu sammeln. Die Techniken der Umfrageforschung eröffneten einen weiten Bereich neuer Analysemöglichkeiten und brachten neue Dimensionen des politischen Prozesses ins Bewußtsein. In den ersten Jahren gab es bedeutende Unterschiede in der Verwendung dieser Technik: *Paul F. Lazarsfeld* und die Gruppe der Forscher an der Columbia-Universität wollten die politische Variationsbreite innerhalb der zu untersuchenden Bevölkerung begrenzen und ihre Hypothesen durch „Sample Erhebungen" in einzelnen Gemeinden testen, während *Angus Campbell* und sein Team in Michigan die volle Bandbreite der politischen und anderer Veränderungen über die gesamte nationale Wählerschaft hinweg erforschen wollten (*P. F. Lazarsfeld u. a.* 1964; *B. Berelson, P. F. Lazarsfeld* und *W. N. McPhee* 1954; *A. Campbell u. a.* 1960). Während der letzten Jahre gibt es eine Reihe von Anzeichen der Verschmelzung dieser zwei Traditionen: Eine Zahl von Analysen hat die Bedeutung der lokalen politischen Kontexte für das Wahlverhalten dargelegt, und mehr und mehr Versuche wurden durchgeführt, die Dimensionen der Variabilität in solchen Zusammenhängen auszuarbeiten und die typischen

Verhaltenskonsequenzen solcher Variationen festzustellen (vgl. *A. Campbell u. a.* 1960, Kap. 11).

Paul F. Lazarsfeld und seine Mitarbeiter benutzten die Survey-Technique (Umfrageforschung) in *einer* Gemeinde. Die Michigan-Gruppe zog dagegen eine Reihe von primären Sampleeinheiten über das ganze Territorium der Vereinigten Staaten, um einen repräsentativen Querschnitt der gesamten Erwachsenenbevölkerung zu erreichen. Aber bald entdeckten sie, daß sie sehr viel über den lokalen Gemeindekontext jedes Antwortenden durch Sammlung weiterer Informationen auf der Basis der primären Sampleeinheit und die umgebende County oder den Wahlkreis herausbringen konnten. So konnten sie die herrschenden politischen Trends über eine gewisse Zeit erfassen, sie konnten die allgemeine Politik und die spezifischen politischen Positionen des Lokalvertreters im Kongreß kontrollieren, sie konnten mehr herausfinden über die Klassenzusammensetzung, die religiöse und ethnische Zusammensetzung der umgebenden Gemeinde. Auf diese Weise konnten sie *„Typologien von Gemeindekontexten"* aufstellen und diese als Variablen in ihrer Analyse des individuellen Verhaltens der Bürger benutzen. *Warren E. Miller* (1956) war der erste, der von dieser Möglichkeit Gebrauch machte: seit jener Zeit ist eine große Varietät von solchen Kontextanalysen durchgeführt worden. Eine nützliche Übersicht der Literatur über Kontextanalysen ist jüngstens durch *Franz U. Pappi* (1977) aufgestellt worden: seine Studie stellt den ersten ernsthaften Test der Wirkungen der Zusammensetzung von Aggregatdaten für die Bundesrepublik dar.

Nachdem sie erst einmal die Bedeutung der Gemeindevariablen und die Wirkungen der Zusammensetzung eines Aggregats für das politische Verhalten entdeckt hatten, gab es keinerlei Halten mehr für die dynamischen Wahlanalytiker in Ann Arbor. Sie begannen mit der Aufstellung eines großangelegten Archivs von historischen Daten in den Counties der Vereinigten Staaten. Das war das entscheidende Zeichen für die Annäherung der europäischen Tradition der politischen Geographie und der typisch amerikanischen Tradition der Umfrageforschung. Das Mekka der Umfrageforschung wurde auch das Zentrum für eine große Datenbank für historisch-ökologische Analysen und die Entwicklung der Massenpolitik. Das *Institute for Social Research* in Ann Arbor organisierte ein *Inter-University Consortium for Political and Social Research* und stellte einigen 150 Departments und Instituten für politische Wissenschaft oder Soziologie eine wachsend differenzierte Sammlung von maschinenlesbaren Daten zur Analyse zur Verfügung. Das war ein Ereignis von größter Bedeutung in der Forschungsgeschichte über Wahlen und Massenpolitik. Es gab nicht nur den Anstoß für eine große Zahl von neuen Analysen in den Vereinigten Staaten, sondern hatte auch große Rückwirkungen in Westeuropa, Australien, in Japan und in Lateinamerika.

Das Grundprinzip dieser ganzen Entwicklung ist ein zweifaches: 1. Zunächst waren die Wahlanalytiker in steigendem Maße von der sich aufdrängenden historischen Kontinuität des lokalen Verhaltens beeindruckt und entwickelten ein Interesse an der Klärung der Ursachen dieser Traditionen vermittels einer Längsschnittanalyse über lange Zeiträume; 2. die Analyse von Aggregatdaten wird nicht mehr lediglich als die „beste Notlösung" angesehen, falls kein „Sample-Survey" möglich ist, sondern als eine große intellektuelle Aufgabe, als Anregung zur Konstruktion und Prüfung von genetischen Modellen auf einem hohen Grad theoretischer Überlegungen.

Als Ergebnis begannen die führenden Forschungszentren in den westlichen Ländern mit dem Aufbau von zwei Typen von Datenbanken: der eine für Aggregatdaten nach Lokalität, der andere für die Übersichtsstudien zur Zeit jeder wichtigeren Wahl.

Seit 1965 hat man eine große Vermehrung der Untersuchungen auf beiden Aggregatebenen beobachten können. Mit der Organisation der historisch-ökologischen Datenbanken wurde es möglich, detaillierte Analysen der Phasen und Wandelraten in der Mobilisierung des Massenpublikums durch politische Agentien durchzuführen. Größere Beispiele für solche Analysen stellen die von *S. Rokkan* (1966), von *Stein Kuhnle* (1975) für die skandinavischen Länder, von *Alain Lancelot* (1968) für Frankreich, von *Walter D. Burnham* (1965, 1970, 1975) für die Vereinigten Staaten dar.

Diese Aggregatanalysen tendierten dazu, immer größere Teile der nationalen Geschichte zu erfassen: von den frühesten Wahlen mit beschränktem Stimmrecht bis zu den letzten Wandlungen in den Parteiausrichtungen in der gegenwärtigen Phase von Neuorientierungen oder Orientierungsänderungen. Die entsprechenden Analysen von Umfragestudien konnten solche langen Zeiträume nicht erfassen, aber es wurden während der siebziger Jahre mehr und mehr Versuche unternommen, Daten aus Umfragestudien von Wahl zu Wahl miteinander zu verbinden, um die Prozesse kurzfristiger (2–4 Jahre) und langfristiger (5–20 Jahre) Wandlungen zu untersuchen. Kurzfristige Wandlungen konnten auf der Grundlage von Panel-Daten untersucht werden: die gleichen Personen wurden zweimal oder sogar drei- oder viermal befragt, um Informationen über kurzfristige Fluktuationen in Attitüden und Verhalten zu gewinnen. Für längere Zeiträume wurden Daten aus einer Reihe von aufeinanderfolgenden Umfragestudien Variable um Variable verglichen und Versuche unternommen, Modelle für die Erklärung von Wandlungen nicht nur von einer Wahl zur anderen, sondern auch von einer Phase im Lebenszyklus zur anderen zu testen. Das *Survey-Research Center* der Universität Michigan konnte das mit größerer Leichtigkeit als jede andere Institution durchführen: es organisierte 1948 die erste nationale Wahlstudie und hat Daten über alle Präsidentschaftswahlen und auch über mehrere Zwischenwahlen seit jener Zeit gesammelt (siehe dazu *Kenneth Prewitt* und *Norman Nie* 1970). Die klassische Untersuchung „The American Voter" (*Angus Campbell* u. a. 1960) hörte mit der Wahl von 1956 auf, aber eine Reihe späterer Untersuchungen haben größere Zeiträume erforscht. Das *Inter-University Consortium* hat diese Arbeit an Longitudinalstudien beträchtlich erleichtert: alle Mitgliedsorganisationen hatten gleichmäßig Zugang zu den Datensätzen und der Dokumentation, die von den Benutzern benötigt wurden. Die eingehendste Analyse der Daten, die auf solcher Weise über eine Zeit von fast dreißig Jahren akkumuliert wurde, ist die von *Norman B. Nie, Sidney Verba* und *John R. Petrocik* (1976) über „The Changing American Voter": diese Untersuchung ist auf allen Daten des Zentrums von Michigan von 1952–1972 begründet und auf einige Daten für 1971 und 1973 aus einer anderen akademischen Forschungsorganisation, dem *Nation Opinion Research Center* in Chicago (NORC). Diese Untersuchung ist bedeutend nicht nur wegen der Informationen über die Wandlungen in der amerikanischen Politik seit *Eisenhower* bis zu den Watergate Skandalen, sondern auch weil sie ein wichtiges Modell für Parallelstudien über Generationswandlungen in anderen Ländern bereitstellt. Miteinander verkettete Untersuchungen dieser Art können sogar in Ländern mit keinerlei akademischen Übersichtsstudien durchgeführt werden. Es genügt, wenn man Zugang zu den Daten einer Reihe von kommerziellen Erhebungen hat, die über gewisse Zeiträume unternommen worden sind. In den Vereinigten Staaten haben *Everett Ladd, Jr.* und *Charles D. Hadley* gezeigt, daß es möglich ist, eine sehr zuverlässige statistische Geschichte von Änderungen des Wahlverhaltens auf der Basis von Marktforschungsdaten zu gewinnen. Ihr Buch über „Transformations of the American Party System" (1975) ist begründet auf einer Verkettung von Gallup-Daten von 1936 bis 1974, eine Periode von fast 40 Jahren! Ähnliche Untersuchungen sind in Arbeit in England, in Schweden, in Norwegen und in der Bundesrepublik. Es wird immer deutlicher, daß die wichtigste Funktion der Datenarchive nicht mehr nur die Erleichterung des Zugangs zu einzelnen Datensätzen für die Realanalyse, sondern die *längstmögliche Sequenz* solcher Daten für Analysen über längere Zeiträume darstellt (*S.*

Rokkan 1976). Auf diese Weise wird es möglich sein, nicht nur die Stabilität von Ergebnissen über eine Reihe verschiedener Samples der Bevölkerung zu kontrollieren, sondern – was auf die Dauer wichtiger sein wird – auch *alternative Wandelmodelle* zu testen.

5. Die Internationalisierung der empirischen Politikforschung

Nach Beendigung des zweiten Weltkrieges verbreiteten sich kommerzielle Marktforschungsorganisationen über alle westlichen Länder und sogar nach Osteuropa und in die Dritte Welt. Es dauerte eine Weile, bis die akademischen Forscher in ihren Bemühungen um Wahlforschung und andere Erscheinungen von Massenpolitik von dieser neuen Technik Gebrauch machten. Zu Beginn der fünfziger Jahre wurden die Leistungen der Gruppe in Michigan in Europa bekannt und es wurden mehrere Versuche unternommen, Erhebungen auf einer ähnlich komplexen Ebene zu organisieren. Das erste Programm von Wahlstudien, die denen von Michigan nahekamen, wurde in Schweden organisiert. Das *Institute of Political Science* an der Universität Goeteborg organisierte eine erste Erhebung im Jahre 1956 in Kooperation mit der Forschungsabteilung des *Central Bureau of Statistics* (*Bo Särlvik* 1974). Ein ähnliches Projekt wurde in Norwegen im Jahr 1957 lanciert (*Henry Valen* und *Daniel Katz* 1964; *H. Valen* und *S. Rokkan* 1974) und in der Bundesrepublik Deutschland (*Erwin K. Scheuch* und *Rudolf Wildenmann* 1965). Die Gruppe von Michigan nahm einen aktiven Anteil an der Entwicklung dieser europäischen Programme. In England übernahm das *Nuffield College* in Oxford die Führung bei der Organisation einer Reihe von Untersuchungen von aufeinander folgenden Wahlen, aber diese waren bis zum Jahre 1964 im traditionellen Stil der Gegenwartsgeschichte gehalten. In diesem Moment kam ein Mitglied der Gruppe von Michigan, *Donald E. Stokes*, hinzu und lancierte mit dem Veteranen der Wahlforschung am Nuffield College, *David Butler*, die erste akademische Erhebung über das britische Elektorat (*David E. Butler* und *Donald Stokes* 1969). Ein anderes Forschungsprogramm über britische Wahlen wurde 1974 durch eine Gruppe der *University of Essex* unternommen (*Ivor Crewe, Bo Särlvik* und *James Alt* 1977): sie interviewten einen Querschnitt des britischen Elektorats zweimal im Jahre 1974 und sollten jetzt (1977) die gleiche Operation wiederholen, wenn die nächsten Parlamentswahlen stattfinden.

Parallele Entwicklungen fanden in den meisten westlichen Ländern statt. Die besten Zusammenfassungen der Ergebnisse dieser vielen Untersuchungen über die Ursachen für die Verhaltenswandlungen des Massenpublikums kann man in der Sammlung von *Richard Rose* (1974) finden: diese bietet Kapitel über neun Länder Westeuropas, die USA, Canada und Österreich. Informationen über westeuropäische Länder, die in dieser Sammlung nicht gegeben sind, sind leicht erreichbar in den Veröffentlichungen des *European Consortium for Political Research* und im *European Political Data Newsletter*, das vom Datendienst der ersteren Organisation in Bergen herausgegeben wird (Adresse: *The Christian Michelsen Institute*, Gamle Kalvedalsveien 12, N – 5000 Bergen). Für die fünf skandinavischen Länder (Dänemark konnte in der Sammlung Rose nicht behandelt werden) ist die beste Informationsquelle die jährliche Publikation der *Scandinavian Political Studies*. In Band 12 (1977) dieses Jahrbuchs findet sich eine Reihe von zusammenfassenden Berichten über die Entwicklung der Forschung von 1960–1975.

Die Internationalisierung der Marktforschung und der Wahlforschung nach dem Zweiten Weltkrieg löste bald eine Reihe von kooperativen Projekten vergleichender Datenbeschaffung über mehrere Länder aus. Die frühe Geschichte wird in einem umfangreichen Kollektivband dargestellt, der von *Stein Rokkan, Sidney Verba, Jean Viet* und *Elina Almasy* (1969) herausgegeben wurde. Die spätere Geschichte wird in einem umfangreichen Band diskutiert, der von *Alexander Szalai, Riccardo Petrella, Stein Rokkan* und *Erwin K. Scheuch* (1977) herausgegeben wurde. Diese Projekte mit definitiv zwischennational-vergleichbarer Datensammlung haben einen großen Bereich der Sozialforschung berührt. Für die Entwicklung der empirischen Forschung über Massenpolitik sind drei Untersuchungen besonders wichtig: die von *Gabriel Almond* und *Sidney Verba* unternommene der politischen Kultur in fünf Nationen am Ende der fünfziger Jahre (*G. Almond* und *S. Verba* 1964), die Folgestudien in acht Ländern über Partizipationsweisen. (*S. Verba* und *Norman Nie* 1972; *S. Verba, N. Nie, Jaeon Kim*, erscheint demnächst), und die vom *Zentrum für Umfragen, Methoden und Analysen (ZUMA)* in Mannheim und das *Center for Political Studies* in Ann Arbor, Michigan, unternommene noch laufende (1977) Untersuchung über Unzufriedenheit, Protest und Einstellungen zum sozialen Wandel (*Max Kaase* und *Hans D. Klingemann* 1976; *M. Kent Jennings* und *Barbara Farah* 1977). Diese Projekte haben jedes auf seine Weise wichtige Einsichten in die Interaktion zwischen Makrocharakteristiken nationaler politischer Systeme und dem Mikroverhalten individueller Bürger im Rahmen dieser Systeme eröffnet. Das wird das Thema des nächsten Teiles dieses Berichtes sein.

III. Modelle zur Vergleichung von Mikrodaten

1. Eine Typologie von Makro-Mikro-Strukturen

Mit der Zunahme der Versuche, Mikrotabellierungen aus verschiedenen politischen Systemen parallel nebeneinander zu stellen, verstärkte sich gleichzeitig das Interesse an der Untersuchung der den Vergleichen solcher Art zugrundeliegenden Logik, sozusagen der „Grammatik" der international vergleichenden Forschung. Bis jetzt hat sich jedoch noch niemand an einen frontalen Angriff auf diese Probleme herangewagt: Was wir in der Literatur finden, ist eine Vielzahl von Vorschlägen und Vermutungen, aber es gibt kaum einen einzigen systematischen Versuch. Dies gilt nicht nur für Vergleiche in den meisten Einzeldisziplinen der Sozialwissenschaften, sondern vor allem für die vergleichende Politikwissenschaft. Dies ist eine Herausforderung für alle Forscher, die damit beschäftigt sind, Verfahren der Beobachtung, der Analyse und des Schließens auf dem Gebiet der Wissenschaft von der Politik zu kodifizieren. Was wir hier dazu selbst beitragen können, ist sehr wenig: Wir werden einige Unterscheidungen, die wir bei der Analyse des Wahlverhaltens und anderen Formen politischen Verhaltens von Bedeutung fanden, vorschlagen und ein Diagramm vorlegen, das die Hauptvariablen der vergleichenden Erforschung solcher Mikrodaten lokalisiert.

Vergleiche der mikro-politischen Daten können sich in zwei verschiedene Richtungen hin bewegen:

1. In der Richtung der *strukturell bedingten Zwänge* der berichteten Entscheidungen, d. h. der Verfassungsregeln und der Verfahrensweisen, der Zahl der Alternativen und der Unterschiede zwischen ihnen, der Methoden der Zählung der Stimmen und der Feststellung der Ergebnisse, der Wahrscheinlichkeiten der „Belohnung" für die Entscheidung zugunsten der einen oder der anderen Alternative, und

2. in die Richtung des *personalen Hintergrundes* der Wahl zwischen den gegebenen Alternativen, der Erfahrungen und Erwartungen, der Gruppenzwänge und der individuellen Motivationen, die der Bevorzugung der einen Alternative gegenüber den anderen zugrunde liegen.

In der Sprache des Modells von *David Easton* (1957) für den politischen Prozeß stellen die Beschränkungen der Mikroentscheidungen Leistungen *(out-puts)* des Systems dar: Sie regulieren und setzen Bedingungen für den „Rückkoppelungsfluß" *(feedback)* an *in-puts* für das System aus den Reihen der gesamten Bevölkerung des betreffenden Territoriums. In jedwedem System dieser Art treten Änderungen des *out-put* ein, wenn die Veränderungen in den *in-puts* bestimmte kritische Grenzen überschreiten. Mit den schnellen Wandlungen in den sozio-ökonomischen Grundlagen der Politik in den westlichen Systemen während des neunzehnten und des frühen zwanzigsten Jahrhunderts ging eine Serie von entscheidenden Veränderungen in den *out-puts* der Beschränkungen der Mikroentscheidungen einher: Politische Bürgerrechte wurden auf große Mengen bisher nicht berücksichtigter Mitglieder der „nationalen Gemeinschaft" ausgedehnt, die formale Gleichheit aller Bürger wurde nach der Regel „Ein Bürger, eine Stimme!" anerkannt, Verfahren wurden eingeführt, die die strenge Anonymität jeder Wahlentscheidung sichern sollten. Seit dem Ende des ersten Weltkrieges wurden diese grundlegenden Rahmenbedingungen ohne große Veränderungen in der Mehrheit der westlichen Systeme trotz bemerkenswerter Änderungen in den Ergebnissen von Wahlen und anderen „Volksbefragungen" beibehalten. Die Regeln der Zusammenfassung oder Umrechnung der Stimmen zu Mandaten sind allerdings weniger dauerhaft gewesen und immer wieder modifiziert worden, vor allem unter dem Eindruck der wechselnden Konstellationen der Mikro-Entscheidungen. Die Beschränkungen der Zahl und der Bandbreite der Alternativen, zwischen denen der Bürger wählen kann, variieren – innerhalb flexibler Grenzen – mit den Ergebnissen der nachfolgenden „Befragung" der betreffenden Wählerschaft: dies gilt selbstverständlich für die Erfolgschancen jeder der Alternativen, die dem Wähler offenstehen. Eine Partei mag zu einem Zeitpunkt so viele Stimmen verlieren, daß es ihr unmöglich wird, sich zu einem späteren Zeitpunkt als Alternative für den Wähler anzubieten. Zwei Parteien können so hart um die Mehrheit ringen, daß sie in ihren Anziehungskräften und ihren politischen Programmen ununterscheidbar werden, damit aber die Entwicklung von Splitter-Bewegungen, die den Bürgern neue Alternativen anzubieten haben, provozieren (zur Formalisierung solcher Mikro-Makro-Interdependenzen s. A. Downs 1957). Wandlungen in den Loyalitäten sozio-ökonomischer Gruppierungen hinter den Parteien können in einem System einen stärkeren Dissens oder einen erhöhten Konsens über Parteigrenzen hinweg bewirken und als Resultat einen Wandel in der Bandbreite der Alternativen, die der Wählerschaft offenstehen, herbeiführen. Diese Makro-Mikro-Interdependenzen sind immer wieder in den Analysen von Wahlverhalten und Daten politischen Verhaltens überhaupt bedacht worden, aber den Implikationen wurde nie detailliert in einem vergleichenden Bezugsrahmen nachgegangen.

Die Studien, die wir in der Literatur finden, können – entsprechend der Richtung der Analyse – grob gesehen in vier Klassen eingeteilt werden:

1. *Mikro-Mikro-Studien*, die sich auf die Beziehung zwischen den individuellen Hintergrunds-Variablen, Rollen, Kenntnissen und Motivationen auf der einen Seite und den politischen Neigungen und Entscheidungen auf der anderen Seite konzentrieren;

2. *Makro-Mikro-Studien*, die die Wirkungen von Veränderungen und Wandlungen in den strukturellen Kontexten auf die Raten gegebener politischer Entscheidungen und auf die Stärke und Richtung der Mikro-Mikro-Beziehungen erforschen;

3. *Mikro-Makro-Studien*, die sich mit den Auswirkungen der Einstellungen und Entscheidungen der Gesamtbevölkerung auf die Politik, Strategie und Taktik der Parteien und auf die Wirksamkeit der etablierten Systeme der strukturellen Beschränkungen des Entscheidungsprozesses beschäftigen, und

4. *Makro-Makro-Studien*, die die Funktionen der gegebenen strukturellen Beschränkungen für die Aufrechterhaltung, Legitimation und Stabilisierung des politischen Gesamtsystems untersuchen.

Eine genaue Klassifikation aller Kategorien von Variablen, die bei Studien dieser vier Typen in Betracht zu ziehen sind, würde sehr viel Raum benötigen. Es möge hier genügen, eine Serie von Unterscheidungen möglicher Vergleichshierarchien bei der Erforschung von Mikro-Mikro- und Makro-Mikro-Sätzen zu zeigen (*Abbildung 1, S. 24*).

Diese Typologie beginnt mit direkten Vergleichen der aggregierten Daten des gegebenen politischen Verhaltens innerhalb territorialer Einheiten; also Vergleichen von bekannten Statistiken wie denen über die relative Beteiligung und Parteistärke oder von weniger leicht zugänglichen Daten wie z. B. über den Anteil beitragzahlender Mitglieder, Besucher von Parteiversammlungen, Subskribenten von Parteizeitungen, Hörer von Parteisendungen im Radio, über aktive Meinungsführer usw. Dies alles sind Beispiele für „abhängige" Variablen: Es ist die Aufgabe der vergleichenden Analyse, Variationen in diesen Raten durch tabellarische Untergliederungen auf den folgenden Stufen des politischen Systems Rechnung zu tragen. In der hier gebotenen schematischen Typologie wurden nur vier solcher Stufen unterschieden:

1. Die Stufe der Rollen und Status des *individuellen Akteurs* in den Kollektiven und Organisationen, deren Mitglied er ist;

2. Die Stufe der *Makro-Charakteristika* solcher *Kollektive* oder *Or-*

ganisationen, ob diese nun durch die Zusammenfassung ihrer Mitglieder oder ihre Struktur, ihre Führerschaft oder ihre Position in den etablierten Konfliktgruppen des politischen Systems bestimmt sind;

3. Die *strukturellen Beschränkungen* der Mikroentscheidungen auf der *lokalen Ebene*, der Ebene der unmittelbaren Einheiten der gewählten Regierungen in der alltäglichen Umwelt des Akteurs;

4. Die *strukturellen Beschränkungen* der Mikro-Entscheidungen auf der *nationalen Ebene*, der Ebene des gesamten territorialen Systems, innerhalb dessen der Akteur ein politisches Subjekt darstellt.

Ohne Zweifel könnten verschiedene andere Ebenen unterschieden werden, aber die oben genannten sind diejenigen, die sich mit größter Wahrscheinlichkeit für Vergleiche zwischen nationalen Einheitsstaaten als nützlich erweisen dürften; Föderationen hingegen bedingen eine größere Komplexität für jedes Vergleichsschema.

Nur drei Vergleichsstufen werden hier ausgewählt und in dem Diagramm beispielhaft dargelegt; denn nur sehr wenige Vergleiche, die bisher versucht wurden, gehen darüber hinaus, obwohl dies logisch durchaus möglich wäre.

Die Vergleiche „zweiter Ordnung", die man am häufigsten in der wissenschaftlichen Literatur findet, sind von der Art des „Mikro-Mikro-Vergleichs": Solche Vergleiche sind im wesentlichen Wiederholungen der gleichen analytischen Aufgliederung innerhalb einer Vielzahl von Lokalitäten und nationalen Systemen, um die Allgemeinheit von Unterschieden im politischen Verhalten von Individuen in verschiedenen Rollen zu überprüfen. Die meisten der Analysen *Herbert Tingstens* (1937) sind von dieser Ordnung: Er untersuchte Unterschiede in der Wahlbeteiligung und „Links-Rechts-Wählern" nach Geschlecht, Alter, Familienstand, Schulbildung und Beruf. Seine bedeutendsten Analysen aber gingen weiter: In ihnen beschäftigte er sich mit der umfassenderen sozialen Umwelt, die am ehesten solche „Mikro-Mikro-Beziehungen" hervorbringt. Er zeigte für verschiedene Lokalitäten, daß die sozioökonomische Homogenität des Wohngebiets die Differenzen in bezug auf die Wahlbeteiligung zwischen Arbeitern und Mittelschichtangehörigen beeinflußte und – was soziologisch von noch größerem Interesse ist – daß diese Kurve der „Wohnort-Sensitivität" für *Frauen* deutlich steiler war als für Männer *(H. Tingsten* 1937, S. 126 f., 170 ff.; vgl. auch *R. E. Lane* 1959, S. 262). Dies waren eindeutig „Vergleiche dritter Ordnung": Lokalitäten und Gebiete wurden nach den gegebenen globalen Charakteristiken in eine Rangordnung gebracht, um den Einfluß der Wohngegend auf das politische Verhalten der nach den Rollen und Positionen innerhalb der Gemeinden differenzierten Bürger zu bestimmen. Dieser Typ des Vergleichs ist seitdem eine der Haupttechniken in der politischen Soziologie: Die vieldiskutierten Theorien über den stabilisierenden Einfluß der steigenden Kommunikation über die Schichtgrenzen hinweg und den radikalisierenden Effekt der Isolierung der Arbeiterklasse (*S. M. Lipset* und *J. Linz* 1956, Kap. VII; *W. Kornhauser* 1959, Kap. XII) regen natürlich fortgesetzte Wiederholungen von solchen „Vergleichen dritter Ordnung" an. Bei diesen Vergleichen werden die strukturellen Beschränkungen, die durch die Wahlprozedur bedingt sind, und diejenigen, die aus den Parteisystemen herrühren, bewußt unbeachtet gelassen, zumindest bei den ersten Analysegängen: Die Vergleiche zielen auf die Feststellung von Verallgemeinerungen von Aussagen über politische Reaktionen in Wohngebieten, die in ihrer sozio-kulturellen Homogenität differieren, über eine Vielfalt von politischen Systemen hinweg. Das Grundprinzip der über-nationalen Studien dieser Art ist zweifach: Durch die Erfassung mehrerer Nationen wird die Zahl der Fälle, die getestet werden können, sowie die Variabilität stark erhöht. Die Variabilität zwischen den Gemeinden *innerhalb* einer gegebenen Nation mag sehr klein sein und daher auch nur geringe Variationen bei den abhängigen Verhaltensweisen bewirken. Um Daten von Fällen zu erhalten, die bezüglich einer gegebenen kollektiven Variablen stärker vom Mittelwert abweichen, ist es daher wichtig, zu verschiedenen nationalen Kontexten überzugehen. Dies gilt natürlich für jede Gruppe oder Kollektivität von potentieller politischer Relevanz für den ihr angehörenden Bürger: Familien, Arbeitsorganisationen, Gewerkschaften, Kirchen, Sekten, freiwillige Vereinigungen, Parteien. Wir haben selbst als eine mögliche Aufgabe für die vergleichende politische Forschung vorgeschlagen, Daten über das Ausmaß der „Status-Exklusivität" der großen westlichen Parteien zu sammeln und Hypothesen über die Auswirkungen der inneren Homogenität im Gegensatz zur Heterogenität auf die Rekrutierung von aktiven Teilnehmern zu überprüfen (*S. Rokkan* und *A. Campbell* 1960). Was hieran wichtig ist, ist vielleicht nicht so sehr die Feststellung von invarianten Beziehungen als vielmehr die Identifikation und Analyse abweichender Fälle: Dies könnte uns neue Fingerzeige für das historische Studium von besonderen Entwicklungen geben und auf die Quellen von Veränderungen auf den höheren Ebenen in jedem System aufmerksam machen. „Vergleiche dritter Ordnung" der Rekrutierungskanäle in verschiedenen Parteien könnten auf diese Weise zu „Vergleichen vierter Ordnung" der lokalen Kontexte dieser Prozesse und zu „Vergleichen fünfter Ordnung" der die ganze

Vergleich	Bandbreite politischer Alternativen für den Bürger		Für den Bürger bedeutsame politische Kollektive	Alltagsrollen des Bürgers	Politisches Verhalten des Bürgers	Beispiele für Thesen, die aus der vorliegenden Vergleichshierarchie abgeleitet wurden bzw. ableitbar sind:
	Nationale Ebene (N)	Lokale Ebene (L)	(K)	(R)	(V)	
1. Ordnung:					Mikro	(1) Wahlbeteiligung (V) bei nationalen Wählerschaften in Westeuropa höher als in den USA.
2. Ordnung: N	Makro				Mikro	(2) Wahlbeteiligungsraten (V) in Systemen mit offizieller Wählerregistrierung und einfachem Stimmverfahren (N) höher als in Systemen mit freiwilliger Eintragung und kompliziertem Stimmverfahren.
L		Makro			Mikro	(3) Wahlbeteiligungsraten (V) für Lokalitäten steigen proportional dem Anteil abgegebener Stimmen für die dominierende Partei (L).
K			Makro		Mikro	(4) Wahlbeteiligungsraten (V) für Lokalitäten steigen mit zunehmender sozio-ökonomischer und kultureller Homogenität (K).
R				Mikro	Mikro	(5) Wahlbeteiligung (V) bei männlichen und verheirateten Wählern höher als bei weiblichen und alleinstehenden (R).
3. Ordnung: NL	Makro	Makro			Mikro	(6) Wahlbeteiligungsraten (V) für Lokalitäten bei Einparteiendominanz (L) steigend, nicht in Systemen mit Verhältniswahlrecht (N) steigend, in Systemen mit Mehrheitswahlrecht.
NK	Makro		Makro		Mikro	(7) Wahlbeteiligungsraten (V) für Lokalitäten mit zunehmender sozio-ökonomischer Homogenität (K) in deutlich statuspolarisierten Parteiensystemen (N) mit höherer Wahrscheinlichkeit steigend.
NR	Makro			Mikro	Mikro	(8) Erziehungsspezifische Unterschiede bei politischer Partizipation (R—V) um so geringer, je ausgeprägter die Statuspolarisation des nationalen Parteiensystems (N).
LK		Makro	Makro		Mikro	(9) Wahlbeteiligungsraten (V) mit zunehmender sozio-ökonomischer Homogenität (K) bei nicht parteibezogenen lokalen Wahlen (L) mit geringerer Wahrscheinlichkeit steigend.
LR		Makro		Mikro	Mikro	(10) Erziehungsspezifische Unterschiede bei politischer Partizipation (R—V) um so prägnanter, je weniger partei-orientiert die lokale Politik (L).
KR			Makro	Mikro	Mikro	(11) Statusspezifische Unterschiede der Wahlbeteiligung (R—V) abnehmend mit zunehmender Segregation der Wohnsitze von Arbeitern gegenüber anderen (K).

Nation umfassenden Entscheidungs-Strukturen und der für die Parteien und ihre aktiven Mitglieder gesetzten Grenzen führen.

2. Ein Anordnungsdiagramm für die Variablen in der Wahlanalyse

Unsere versuchsartige Typologie der Vergleiche impliziert ein Modell der komplexen Prozesse, die zu individuellen politischen Entscheidungen führen: Die Typologie sondert als besonders bedeutsam in der Reihe der Einflüsse auf einen gegebenen politischen Akt die *Rollen,* welche das Individuum in seiner alltäglichen Umwelt innehat, die *Kollektive,* mit denen es sich identifiziert, und die *Wahlmöglichkeiten,* die ihm innerhalb der lokalen Gemeinde und als Subjekt eines nationalen Systems offenstehen, aus. Dies sind die grundlegenden Kategorien der Variablen der Erforschung der Wahlstatistiken seit den frühen Pionierzeiten gewesen, und sie sind auch heute noch diejenigen, die den meisten Tabellen in der Literatur zugrundeliegen. Die Entwicklung der Umfrageforschung hat es ermöglicht, in der Differenzierung der Variablen innerhalb dieser Kategorien wesentlich weiter zu gehen und – was noch wichtiger ist – die Analyse durch die Erweiterung der Informationen über andere Phasen dieses Prozesses zu bereichern, und zwar besonders über die Erreichbarkeit durch Einflüsse der Massenmedien und der unmittelbaren Rollenumwelt, über Reaktionen auf Bedingungen innerhalb dieser Umwelten, über Identifikationen mit politisch relevanten Kollektivitäten, über die Images von Ideologien, Parteien und Handlungsalternativen, über das Interesse, das sich in politischen Fragen manifestiert, und die vielfachen Formen von privater oder öffentlicher Teilnahme an Konflikten über politische Zielsetzungen und zwischen Parteien. Dieser außerordentliche Reichtum und diese Vielfalt von Daten kann nicht so leicht in eine kohärente Theorie der Prozesse, die in solchen unterschiedlichen strukturellen Zusammenhängen wirken, eingeordnet werden. Bei der Planung unseres Programmes von Wahlstudien in Norwegen versuchten wir nicht, so etwas wie ein „begriffliches" Modell für solche Forschung zu entwickeln, aber wir fanden es hilfreich, ein detailliertes Diagramm für die *Lokalisierung der Hauptvariablen* zu erarbeiten, das bei der Ausgestaltung der verwendeten Instrumente der Datensammlung oder bei den Analysen und Interpretationen der gesammelten Informationen verwendet werden konnte. Bei der Gegenüberstellung unserer norwegischen Daten mit Material aus Studien in anderen Ländern erwies sich dieses als ein brauchbarer Bezugsrahmen für die Diskussion der Ähnlichkeiten und der Unterschiede; es wird daher hier – mit einigen Änderungen – als *Abbildung 2, S. 28/29* wiedergegeben. Dieses Diagramm stellt im wesentlichen innerhalb der Begrenzungen eines zweidimensionalen Schemas den Versuch einer Kodifikation der Pläne zur Datensammlung und Analyse dar, die zur Zeit in der Wahlforschung und der Erforschung anderer Formen der Massenbeteiligung in der Politik verwendet werden. Die Möglichkeiten der politisch relevanten Veränderlichkeit sind entlang zweier Achsen lokalisiert:

1. Eine *„Makro-Mikro-Achse"* reicht von den Bedingungen im totalen politischen System über die Einflüsse auf den Bürger in seinen Alltagsrollen bis zu seinen Entscheidungen während des Wahlkampfes und am Wahltag;

2. Eine *„Zeit-Achse"* reicht von seiner Situation in der Herkunftsfamilie über die Veränderungen in seinen Umwelten während der ihn formenden Jahre des frühen Erwachsenen-Seins bis zu seiner gegenwärtigen Situation.

In seiner Grundstruktur wird man dieses zwei-dimensionale Schema als sehr verwandt mit dem „Trichter der Kausalität" von *Angus Campbell* und seinen Mitarbeitern erkennen, den sie bei ihren Diskussionen der Forschungsstrategien in ihrem Band über die Präsidentschaftswahlen von 1956 entwickelt haben. Der Schwerpunkt liegt auf den nacheinander erfolgenden Entscheidungsakten bei der zu untersuchenden Wahl: In unserem Diagramm sind diese in der unteren rechten Ecke angeordnet, beim „Trichter-Modell" sind sie am Ende des sich verengenden Stiels. In beiden Modellen ist die Zeit eine zentrale ordnende Dimension: Der endgültige politische Akt wird zurückverfolgt bis zu den Zuständen und Ereignissen in der Lebensgeschichte des Wählers und des Systems, dessen Mitglied er selbst ist. Im Michigan-Modell werden die Bedingungen bei jedem zeitlichen Querschnitt von einem zentralen Kern der politisch relevanten und persönlich erlebten Ereignisse zur Peripherie von politisch irrelevanten Ereignissen jenseits des Horizontes des Akteurs angeordnet. Im Diagramm, das wir bei der Planung unserer norwegischen Studie verwendeten, konzentrierten wir uns auf das, was wir für analytisch relevante Bedingungen hielten und ordneten diese nach den Ebenen im politischen System:

1. Auf der ersten Ebene, die den endgültigen Wahlakten, die untersucht werden, am nächsten liegt, stehen das Verhalten des Bürgers in anderen politischen Zusammenhängen, seine privat geäußerten Überlegungen zu öffentlichen Problemen, aber auch seine öffentliche Beteiligung an Organisationen, die auf die Politik Einfluß nehmen, oder an Parteien selbst;

2. auf der zweiten Ebene stehen seine Leitbilder und Beurteilungen der politischen Alternativen, die ihm offenstehen;

3. auf der dritten Ebene liegen seine Orientierungen und Einstellungen zu kritischen Fragen in seiner gewohnten Umwelt und seine Identifikationen mit Kollektivitäten, die bei gegebenen Konflikten auf der einen oder anderen Seite stehen;

4. auf der vierten Ebene finden sich seine Rollen und Aktivitäten in der alltäglichen Umwelt, die Kollektivitäten, in denen er seine meiste Zeit verbringt;

5. auf der fünften Ebene befindet sich die Erreichbarkeit durch politische Einflüsse in dieser Umwelt, durch den Druck der Mehrheit, durch die Meinungsführer und die Massenmedien;

6. auf der sechsten Ebene – und dies ist die erste Makro-Ebene – finden sich Nachrichten, Informationen, Argumente und Parolen, die von den Organisationen und Korporationen, die sich an den Bürger um Unterstützung wenden, ausgesandt werden;

7. auf der siebenten Ebene liegen die aktuellen Alternativen, die dem Durchschnittsbürger vom System auf lokaler, aber auch auf nationaler Ebene angeboten werden;

8. auf der achten Ebene schließlich finden sich der gegenwärtige Stand des Systems, der äußere Druck auf dieses, die Spaltungen *(cleavages)* in ihm und die Anordnung der Kräfte zwischen den hauptberuflichen Entscheidungspersonen, ob sie politischer, administrativer, ökonomischer oder kultureller Art sind.

Ein Diagramm wie dieses ist kein Ersatz für eine genaue Gestaltung des Forschungsplanes: Es dient lediglich als Leitfaden, um uns an Quellen der Veränderungen, die bedacht werden müssen, zu erinnern, ob die Daten über diese Quellen nun gesammelt werden können oder nicht. Was hier von Bedeutung ist, ist die Tatsache, daß die Notwendigkeit unterstrichen wird, beim Vergleich von Daten über politisches Verhalten, sei es innerhalb eines nationalen Systems oder zwischen verschiedenen Systemen, die jeweiligen Kontexte explizit zu berücksichtigen.

IV. Der Zusammenhang zwischen politischer Partizipation und politischer Entscheidung

Die in unserem Schaubild ausgeführten Einflußlinien laufen schließlich bei den letzten Wahlhandlungen am Wahltag zusammen: der Entscheidung zwischen dem Gang zum Wahllokal und dem Zuhausebleiben; der Wahl zwischen den *n* Listen oder den *n* Kandidaten.

Diese Handlungen gehen als *inputs* in den Entscheidungsprozeß innerhalb eines territorialen Bereiches ein, aber sie stellen inner-

LEBENSZYKLUS DES

ZUSTAND DES SYSTEMS	Äußere Umstände Zentrale Entscheidungen Grundlagen der Spaltung Konfliktgruppierungen	} Wandlungen	Gegenwärtiger Zustand	
ALTERNATIVEN FÜR DEN BÜRGER	Wahlrechtsbedingungen; Wahlverfahren, Barrieren; Parteiorganisationen, Unter- schiede der Politik **National:** Reichweite der Parteiwahl, Chancen der Gewinnung von Mandaten, Macht **Lokal:** Außerparteiliche politische Traditionen	} Wandlungen	Gegenwärtige Alternativen	
INFORMATIONSFLUSS — Quellen	Regierungsoffizielle Stellen Parteien, Bewegungen, Organisationen Publizisten, Ideologen	Veränderungen in Umfang, Inhalt, Richtlinien der Argumentation	Gegenwärtiger Wahlkampf	MAKRO
INFORMATIONSFLUSS — Kanäle	**Masse:** Kanäle: Massen- medien, Partei- schriften, Kund- gebungen **Rolle:** Kanäle: Lokale Parteivertreter, Meinungsführer	Veränderungen in den Kanälen	Gegenwärtiger Wahlkampf	
INFORMATIONSFLUSS — Erreichbarkeit	**Masse:** Erreichbarkeit, Nähe zu städtischen Zentren **Rolle:** Nähe zu politisch Aktiven; politische Gruppierungen in/ zwischen den Rollen- umwelten	Veränderungen in der Erreichbarkeit	Gegenwärtiger Wahlkampf	

| **ROLLEN IN ALL-TÄGLICHER UMWELT** | **Elterliche Rollen/Aktivitäten in:**
Gemeinde
Verwandtschaft,
  Freundeskreis
Haushalt
Arbeitswelt
Vereinigungen
Kirchen, Sekten | **Eigener Zugang**

Sozialisierung
Formale
  Ausbildung
Lehrzeit | **Mobilität**

Wohnort
Soziale
Heirat
Berufliche
Wirtschaftliche
Religiöse | **Gegenwärtige Rollen/Aktivitäten in:**
Gemeinde
Verwandtschaft,
  Bekanntenkreis
Haushalt
Arbeitswelt
Vereinigungen
Kirchen, Sekten | DIMENSION |

halb der großen Variationsbreite der Kategorien solcher Ein-
gänge nur einen dar. Individuelle Handlungen des Ungehorsams
oder des Widerstandes, spontane Demonstrationen, öffentliche
Meinungsäußerungen, Kampagnen der Massenmedien, Forderungen, Appelle und Drohungen von organisierten Bewegungen und Interessengruppen, Angebote und Gegenangebote bei
Verhandlungen zwischen Verbänden, Reaktionen und Vor-

BÜRGERS

ORIENTIERUNGEN IDENTIFIKATIONEN	**Elterliche Orientierungen an/Identifikationen mit:** – eigener Gemeinde, Verwandtschaft, ethnischer Gruppe; – väterlicher Autorität; – wirtschaftlichen Bedingungen, Aussichten; – Arbeitskollegen, Gewerkschaften; – Kirchen, Sekten; – Parteien	**Eigene, bei Eintritt ins Erwachsenen-Sein** Konformität – Ablehnung – Revolte	Eigene gegenwärtige Orientierungen/ Identifikationen
PERZIPIERTE ALTERNATIVEN	**Elterliche Perzeption/ Images von:** – **Lokalen** politischen Alternativen, Unterschieden politischer Programme, Führern, Unterstützung, Chancen der Gewinnung von Mandaten, Mehrheit; – **Nationalen** politischen Alternativen	**Eigene frühere Perzeptionen/ Images** Veränderungen in lokalem Kontext Veränderungen auf nationaler Ebene	Eigene gegenwärtige Perzeptionen/Images
POLITISCHES VERHALTEN — Privat	**Elterliches Verhalten:** Politisches Interesse und Wissen; Suche nach Information; Artikulation von politischen Problemen; Anteilnahme an politischen Problemen; Parteipräferenz	**Eigenes, bei Beitritt zur Wählerschaft:** „Sozialisierung" zu politischer Aktivität/ Inaktivität	**Eigenes gegenwärtiges Verhalten:** Ausmaß privater Partizipation
POLITISCHES VERHALTEN — Öffentlich	Offene Stellungnahme für politische Richtungen; Aktivität in politisch einflußnehmenden Organisationen Parteimitgliedschaft, Subskriptionen; Wahlen { Aktive Mitwirkung im Wahlkampf Wahlbeteiligung Stimmabgabe für Partei	Rekrutierung zu aktiver Partizipation Erste Stimmabgaben	Öffentliche politische Aktivität/ Aktivität in politischen Organisationen Gegenwärtige Wahlbeteiligung Gegenwärtige Stimmabgabe für Partei

MIKRO

Abbildung 2: Anordnungsdiagramm für die Variablen der Wahlforschung.

schläge als Antworten seitens der Verwaltungsbehörden: das alles sind Beispiele für *inputs*, die bei jeder Analyse des Entscheidungsprozesses eines Nationalstaates mit berücksichtigt werden müssen. Wie passen die in Form von Wahlen zugeführten *inputs* in diesen weiteren, durch Äußerungen, durch Forderungen und durch zusammengeballten Druck bestimmten Bezugsrahmen? Dieses Problem besitzt bei der Zusammenfassung von Ansätzen zur Untersuchung der politischen Prozesse eine zentrale Bedeutung: es ist bei der Analyse der funktionalen Einheit der Systeme sowie bei der Untersuchung der Motivationen und Erscheinungsformen individueller Teilnahme an den Angelegenheiten der Gemeinde oder der Nation wichtig.

Dieses Problem weist eine entscheidende *historische* Dimension auf. Die Prozesse der Zentralisation und Demokratisierung während des 19. und frühen 20. Jahrhunderts brachten einen mehr und mehr ausgeprägten Gegensatz zwischen Wahlen und anderen Arten der Mitwirkung am Entscheidungsprozeß mit sich: der scheinbar nicht aufzuhaltende Zug zur formalen Vereinheitlichung der Verfahren der Durchführung führte schrittweise zu einer Unterscheidung zwischen den Formen der Aggregation von Wahlen und den anderen Formen des traditionellen Einflusses der herrschenden Familien im lokalen Bereich und des Einflusses der aufkommenden funktional differenzierten nationalen Organisationen.

In voll entwickelten politischen Demokratien unterscheiden sich Wahlen als Form der politischen Partizipation in drei entscheidenden Punkten von anderen Handlungen dieser Art.

Erstens in der *Universalität des Zugangs:* alle verantwortlichen Erwachsenen ohne schwerwiegendes Strafregister besitzen das Stimmrecht, wie oberflächlich auch immer ihr Interesse an politischen und öffentlichen Angelegenheiten sein mag, wie abhängig und untergeordnet auch immer ihre Stellung innerhalb ihrer Gemeinde oder ihrer Organisation sein mag;

Zweitens in der *Gleichheit des Einflusses:* jede abgegebene Stimme zählt als anonyme Einheit des Einflusses völlig unabhängig von der Person und der Rolle des sich beteiligenden Bürgers;

Drittens in der *Geheimhaltung und mangelnden Zurechenbarkeit des Aktes der Mitwirkung:* der Wahl wird der Status einer „vertraulichen Mitteilung" an die Regierung eines Territoriums verliehen. Eine Rückwirkung auf andere Rollen des Bürgers in seinem Gemeinwesen findet nicht statt, und insofern liegt die Entscheidung, ob er seine Handlung offenlegt und die Verantwortung dafür in seiner alltäglichen Umwelt übernimmt oder nicht, bei jedem einzelnen Wähler.

Die Geschichte der sich im Westen entwickelnden formalen Demokratie könnte zutreffend als eine Analyse der Folgen von Entscheidungen beschrieben werden, die zu der Annahme und Durchsetzung dieser drei institutionellen Lösungen des Problems der Legitimität der Repräsentation geführt haben. Eine zentrale Bedeutung kam bei dieser Entwicklung der in zunehmendem

Maße anerkannten Vorstellung zu, den *Bürger als Einheit* innerhalb des Nationalstaates zu betrachten, der unabhängig von seinen spezifischen Rollen in der organisatorischen und institutionellen Struktur der Gesellschaft handelt. Die sich so entwickelnden Kanäle der Partizipation der Allgemeinheit an der Politik als ein Glied in einer verzwickten Kette von Prozessen zu betrachten, die zu der Entwicklung und Integration territorial abgegrenzter Nationalstaaten führten, ist sehr verlockend. Einer der vielen wichtigen Aspekte eines globalen Prozesses der *politischen Mobilisierung* innerhalb eines nationalen Gebiets war die Ausdehnung der politischen Bürgerrechte auf alle verantwortlichen Erwachsenen und die gleiche Bewertung aller Wählerstimmen innerhalb eines standardisierten Systems von Wahlentscheidungen. Dieser Prozeß nahm ständig an Umfang zu und führte zu einer direkten und nicht vermittelten Kommunikation zwischen der Bevölkerung eines Territoriums und der zentralen Regierungsgewalt (zur detaillierten Ausarbeitung dieser Vorstellung vgl. *K. Deutsch* 1953, S. 100 f.; siehe auch *Shmuel N. Eisenstadt* und *S. Rokkan* 1973–1974 und *S. Rokkan* 1975 a). Leicht kann dieser Prozeß in der Geschichte der Konsolidierung und Integration der westlichen Nationalstaaten im 19. Jahrhundert verfolgt werden, und bei der gegenwärtigen Entstehung neuer Staaten in Afrika und Asien gibt es ebenfalls wichtige Parallelen dazu. (Der Begriff der „politischen Mobilisierung" wird von *Karl W. Deutsch* 1961 und *Stein Kuhnle* 1974 diskutiert. Zum Verständnis der die Integration bzw. den Dissensus fördernden Faktoren sind vergleichende Studien der Wirkung des Massenwahlrechts in unterentwickelten Staaten wesentlich; vgl. *W. J. M. Mackenzie* und *K. Robinson* 1960 und *T. E. Smith* 1960.) Im wesentlichen finden wir einen Prozeß institutioneller Neuerungen, der zur Auferlegung von formal gleichen Pflichten und zur Gewährung formal gleicher Rechte für alle verantwortlichen Erwachsenen führt, unabhängig von Unterschieden in deren angestammten, durch Rollen im Verwandtschaftssystem, in der lokalen Gemeinschaft oder in anderen Körperschaften bedingten Einfluß. Direkte Besteuerung, Einberufungen zum Militär und allgemeine Schulpflicht sind die wichtigsten Beispiele für die allgemeinen Pflichten gegenüber dem Nationalstaat, während Gleichheit vor dem Gericht, Maßnahmen zur sozialen Sicherung und das allgemeine Wahlrecht wichtige Beispiele für die Rechte des nationalen Bürgers darstellen. (Die bemerkenswerteste Studie eines solchen Wandlungsprozesses in einer einzigen Nation ist *T. H. Marshall* 1950; vgl. auch *Reinhard Bendix* und *S. Rokkan* 1964.) Wir finden kaum eine geradlinige Entwicklungsrichtung zur Universalisierung all dieser Pflichten und Rechte: wir finden vielmehr eine Reihe provisorischer Kompromisse, die in einem verwickelten „bargaining"-Prozeß zwischen den wichtigsten Machtgruppen in jedem politischen Gemeinwesen zustande kamen.

In diesem Zusammenhang muß besonders hervorgehoben werden, daß dieser Prozeß der Nationwerdung beinahe zwangsläufig die Verleihung der Wahlrechte an große Massen politisch nicht bewußter Bürger mit sich brachte und diesen damit formal die Möglichkeit gab, traditionale Loyalitäten gegenüber den lokalen Gemeinwesen mit deren Machtstruktur abzubauen. *Edmund Burke* war wahrscheinlich der erste, der die Entwicklung der formalen Gleichheit unter dieser Perspektive betrachtete: er brandmarkte die Französische Revolution, weil sie eine abstrakte Gleichheit der Bürger einführte, um eine größere Zentralisation der nationalen Regierungsgewalt sicherzustellen. *Alexis de Tocqueville* ging in dieser Analyse der parallelen Bewegungen nationaler Integration und der Einführung des allgemeinen Wahlrechts einen Schritt weiter. In der Entwicklung der *démocratie* sah er einen Teilprozeß im Rahmen einer umfassenden Mobilisierung, die alle erwachsenen Staatsbürger in direkte, unmittelbare Beziehungen zum Nationalstaat brachte. *Démocratie* beinhaltet mehr als eine Ausdehnung der politischen Bürgerrechte auf die Bourgeoisie und die unteren Klassen; sie bedeutet eine Entwicklung, die zu einer Auflösung aller intermediären Gewalten führt, die zwischen der Regierung und der Masse der juristisch gleichen Bürger liegen. Für *Tocqueville* war in der Tat die Aufhebung aller Unterschiede in der rechtlichen und politischen Stellung aller Staatsbürger in einem Regierungssystem der Kernpunkt einer umfassenden Entwicklung in Richtung einer Zentralisierung der territorialen Gewalten in einem Nationalstaat. Die Forderungen der Bürger nach größerer Gleichheit verstärken die Ansprüche des zentralisierten Staates, und die Inhaber von zentralen Machtpositionen unterstützen eben diese Forderungen, um störende Beeinflussungen intermediärer Mächte – seien sie feudal, lokal oder Korporationen – auszuschalten. *Tocqueville* sagte voraus, daß dieser dialektische Prozeß durch die Entwicklung der Industriebetriebe und die Abnahme der sich auf die Landwirtschaft stützenden lokalen Mächte beschleunigt werden würde. Die Industrialisierung würde nicht nur Veränderungen in der Sozialstruktur verstärken, sie würde auch Konflikte hervorbringen, die die Notwendigkeit erhöhten, lokale Angelegenheiten durch zentrale Herrschaft zu regeln.

Inwieweit stimmen diese Zukunftsprojektionen mit den tatsächlichen Fakten der politischen Entwicklung in den westlichen Nationalstaaten während der darauffolgenden hundert Jahre überein? *Tocqueville* erwies sich auf einem Gebiet als bemerkenswerter Prophet: nämlich da, wo es um die Entstehung *formaler* politischer

Institutionen und Ordnungen ging. Das fortwährende Wachstum der Industrien führte tatsächlich zu zunehmender Zentralisation des Entscheidungsprozesses innerhalb einer Nation und zur Gleichheit der Bürgerrechte und -pflichten.

Am Ende des ersten Weltkrieges hatten praktisch alle westlichen Staaten das allgemeine Wahlrecht eingeführt und eine Mehrzahl dieses Recht auch auf die Frauen ausgedehnt. *Tocqueville* erkannte jedoch weniger klar, daß *im gleichen Maße, wie die formale Gleichheit verwirklicht wurde, ein pluralistisches Beziehungsgeflecht von Vereinigungen und Verbänden ständig zunahm.* Das Modell des Entscheidungsprozesses, bei dem die Stimme eines jeden Bürgers gleiches Gewicht hatte, wurde sozusagen durch „bargaining"-, Konsultations- und Repräsentationsverfahren zwischen einer wachsenden Anzahl von Interessenverbänden, freiwilligen Vereinigungen und öffentlichen Körperschaften zurückgedrängt. Bei seiner Beschreibung der politischen und staatlichen Organisation der Vereinigten Staaten sah *Tocqueville* diese Erscheinungen wohl, aber diese Erkenntnis vermochte seine Hauptvision von der Entstehung der Massendemokratie nicht zu modifizieren. Er sah nicht, daß die Institutionalisierung der formalen Gleichheit nicht nur das Weiterbestehen der traditionellen Loyalitäten gegenüber lokalen Honoratioren und Wortführern in Innungen und Vereinigungen zuließ, sondern manchmal sogar unterstützte und, was noch wichtiger ist, den Weg für das Entstehen neuer Organisationen vorbereitete.

V. Vier Hauptprobleme der vergleichenden massenpolitischen Forschung

Gabriel Almond (1960, S. 20–25) hat sich in überzeugender Weise für die Entwicklung eines „dualistischen Modells" bei dem Vergleich politischer Systeme auf verschiedenen Entwicklungsstufen eingesetzt: ein System kann in einem Teilbereich und bei einem der für den Entscheidungsprozeß wichtigen Kanäle „modern", „universalistisch" und „leistungsorientiert" sein, gleichzeitig aber noch „traditional", „partikularistisch" und „askriptiv" in anderen Teilbereichen und bezüglich anderer Kanäle. Nationale politische Systeme sind „multi-strukturell": die zunehmende Komplexität der Wirtschaft mag eine Vielfalt differenzierter rational-legaler Systeme des Entscheidungshandelns mit sich bringen; die traditionalen lokalen Strukturen werden aber in der einen oder anderen Form unveränderlich weiterbestehen und das tatsächliche Funktionieren der neuen Institutionen in entscheidender Weise beeinflussen.

Nachdrücklich betont *Almond* die Bedeutung dieser Perspektive bei funktionalen Vergleichen globaler Systeme: ebenso wichtig ist sie jedoch bei der Untersuchung struktureller Zusammenhänge der individuellen Partizipation am Entscheidungsprozeß. *Almonds* ursprüngliches Beispiel weist auf den Gegensatz zwischen den durch die Ausdehnung des Wahlrechts gegebenen Möglichkeiten zur formalen Partizipation und dem Weiterbestehen früherer Abhängigkeitsstrukturen von lokalen Wortführern hin: d. h. auf den Gegensatz zwischen den den Institutionen der Massendemokratie zugrunde liegenden Annahmen der Gleichheit, Anonymität und individuellen Wahl einerseits und den in *„The People's Choice"* (P. F. *Lazarsfeld* u. a. 1944) und einer Reihe anderer empirischer Untersuchungen vorgelegten Ergebnissen über die Bedeutung der Kommunikation von Angesicht zu Angesicht mit Meinungsführern (opinion leader) in der unmittelbaren Umgebung des mit allen Bürgerrechten ausgestatteten Bürgers andererseits (E. *Katz* und P. F. *Lazarsfeld* 1955).

Auf diesen Gegensatz zwischen den Institutionen der politischen Demokratie, die sich an dem Grundsatz „ein Bürger, eine Stimme" orientieren, und den weiterbestehenden Ungleichheiten im faktischen Entscheidungsprozeß sind politische Wissenschaftler immer wieder gestoßen. Immer wieder haben Untersuchungen den Gegensatz zwischen dem hohen Anteil an Wählern und dem niedrigen Anteil an politisch interessierten und umsichtigen Bürgern innerhalb der Wählerschaft unterstrichen:

1. Auf der einen Seite die große Mehrheit der *„Nur-Wähler"*, also der Bürger, die zwar die Wahllokale aufsuchen, sich aber nur in wenig sichtbarer Weise an den Problemen der Politik interessiert zeigen, um die Alternativen nur unvollkommen wissen und nicht gewillt sind, aktiv an dem Konflikt zwischen den Parteien teilzunehmen;

2. auf der anderen Seite eine kleine Minderheit von Bürgern, die sich aktiv am politischen Leben beteiligen, die sich interessiert zeigen, zum Handeln motiviert sind und Standpunkte beziehen wollen.

Diese Ungleichheiten haben sich in allen Massendemokratien erhalten. Mit der Ausdehnung des Wahlrechts wurde deren unveränderlicher Charakter nur noch deutlicher. Zwar mögen die Anhebung des Bildungsniveaus, die Verbreitung der Massenkommunikationsmittel und die organisierte Arbeit der Massenparteien dazu beigetragen haben, das Niveau der „politischen Bildung" in den meisten Systemen anzuheben, die grundlegenden Ungleichheiten in der Partizipation sind aber bestehen geblieben. Dadurch wird eine Reihe von Fragen über die Folgen der *Einfüh-*

rung des allgemeinen Wahlrechts für das Funktionieren moderner politischer Systeme aufgeworfen. Bis jetzt sind solche Fragen der funktionalen Beziehungen hauptsächlich anhand von Materialien aus einzelnen Ländern diskutiert worden (vgl. *B. Berelson 1952; B. Berelson u. a. 1954; R. S. Milne* und *H. C. Mackenzie 1958; R. E. Lane 1959; A. Campbell u. a. 1960*). Um zu einer *vergleichenden Perspektive* solcher Fragen auf der „Makro-Makro-Ebene" zu gelangen, werden wir sehr viel mehr tun müssen. Wir müssen Daten von Ländern vergleichen, die sich auf ihrem Weg zu einer voll entwickelten Demokratie einmal in den charakteristischen Sequenzen dieser Entwicklung und zum anderen in der politischen Ausrichtung der Masse ihrer durch diese Entwicklung mit Bürgerrechten ausgestatteten Bürger unterscheiden;

1. Wir benötigen *historische* Vergleiche der Entscheidungsprozesse, die zu der Vergrößerung der Wählerschaft und zu einer Vereinheitlichung der Registrierungs- und Wahlverfahren führten;

2. wir benötigen *statistische* Vergleiche der Grundtendenzen in den politischen Reaktionen der Unterschichten und der Frauen nach Zuerkennung des Wahlrechts;

3. wir benötigen schließlich *institutionelle* und *strukturelle* Vergleiche über die verschiedenen Arten, wie der von der Masse der Wähler, der Parteien und der gewählten Körperschaften ausgehende Druck in den weiteren Rahmen des zwischen Interessenverbänden sowie privaten und öffentlichen Verbänden stattfindenden Entscheidungsprozesses integriert wird.

Es gibt vier Problemkreise, die wir bei jeder Untersuchung der strukturellen Kontexte für politische Partizipation als entscheidend behandeln müssen:

Erstens die Entscheidungen, die die *formalen Bedingungen* für eine politische Mobilisierung der großen Masse unbeteiligter Staatsbürger innerhalb eines Territoriums schaffen;

Zweitens das Wachstum und die interne Strukturierung der *Mobilisationsagentien*, wie sie durch die verschiedenen Gruppen politischer Unternehmer während der Ausdehnungsphase der Wählermärkte aufgebaut wurden;

Drittens das *tatsächliche Ausmaß der politischen Aktivität* und die Bedingungen, die die Höhe der Aktivitäten bestimmen;

Viertens die Bedingungen für verschiedene Arten von Beziehungen *zwischen partei-politischer Aktivität und der Mitwirkung in anderen Gruppen, Kollektiven oder Organisationen, die Einfluß auf die Politik nehmen.*

Hier soll nun nicht der gegenwärtige Stand der Forschung auf jedem dieser Bereiche detailliert diskutiert werden, wir werden uns vielmehr auf einige wenige Bemerkungen über die meistversprechenden Richtungen der Analyse beschränken.

1. Der institutionelle Rahmen und strukturelle Schranken

Alexis de Tocqueville stellte eine „unveränderliche Regel in der Geschichte der Gesellschaft" fest, als er die Fortschritte, die die Demokratie in den USA gemacht hatte, erörterte: es sei unmöglich, die Entwicklung auf das allgemeine Wahlrecht hin an irgendeinem Punkt zum Stehen zu bringen, wenn erst einmal mit dem Abbau der Einschränkungen des Wahlrechts begonnen würde (1835, Bd. 1, Kap. IV). *Tocquevilles* Projektionen erweisen sich als außerordentlich zutreffend für die tatsächlichen Entwicklungsstufen, die die einzelnen Nationalstaaten auf dem Wege zur voll entwickelten Demokratie zurückgelegt haben. Die Entscheidungen, die zur Ausdehnung des Wahlrechts führten, waren nicht überall eine Reaktion auf den Druck von unten, sondern oft das Ergebnis von Machtkämpfen in der Führungsspitze und von gezielten Maßnahmen, die die Grundlage für eine integrierte nationale Machtstruktur erweitern sollten. Die Französische Revolution hatte ihre plebiszitäre Saat ausgestreut und der Erfolg *Napoleons III.* verfehlte nicht seinen ausgeprägten Einfluß auf die politischen Geister in Westeuropa (vgl. vor allem *H. Gollwitzer* 1952). Die beiden großen konservativen Führer *Disraeli* und *Bismarck* haben 1867 innerhalb eines Zeitraums von wenigen Monaten – dieses historisch auffällige Zusammentreffen wurde ausführlich diskutiert – eine viel weitergehende Ausdehnung des Wahlrechts durchgeführt, als es ihre liberalen Gegenspieler jemals wollten. (Bezüglich der Entwicklungen, die zur Second Reform Act führten, siehe *Ch. Seymour* 1916; für den Norddeutschen Bund vgl. *W. Gagel* 1959.) In beiden Fällen wurde der „Sprung ins Ungewisse" durch den unerschütterlichen Glauben daran ausgelöst, daß die Einbeziehung der Arbeiterklasse in die wahlberechtigte Bevölkerung die Einheit und Stabilität des Nationalstaates fördern würde. *Disraeli* setzte in die Arbeiterklasse große Hoffnungen und versprach sich von deren Aufnahme in die Wählerschaft eine Stärkung der konservativen Partei. Nach den Worten eines 16 Jahre später in der Times erschienenen Nekrologs erkannte *Disraeli* „in der unstrukturierten Masse des gemeinen englischen Volkes" den konservativen Arbeiter, ebenso wie „der Bildhauer den Engel in einem Marmorblock wahrnimmt" (Times vom 18. April 1883; zit. nach *R. T. McKenzie* 1955). Die jüngste Diskussion des Glaubens der Konservativen an das Prinzip „one man, one vote, one value" findet man bei *I. Jennings* (1960). Ebenso betrachtete *Bismarck* die Arbeiterklasse als wichtigen Bundesgenossen gegen die Liberalen. Bei seiner Entscheidung wurde er sehr stark durch die geheimen Gespräche mit *Ferdinand Lassalle* beeinflußt: Der Junker und der Sozialist fanden zu einer gemeinsamen Plattform in ihrem Glauben an die integrierende und zentralisierende Wirkung der Einführung eines allgemeinen Wahlrechts für Männer (*E. R. Augst* 1916; *G. Mayer* 1928). Das Motiv für die Ausdehnung des Wahlrechts auf die Arbeiter bestand offenkundig nicht darin, einen Kanal für die Artikulierung der Interessen der ökonomisch abhängigen Schichten zu schaffen. Das Ziel war vielmehr, die Politik der Zentralisierung zu stärken, indem man sich der Unterstützung der am wenigsten strukturierten Klasse der deutschen Gesellschaft versicherte. *Bismarck* spielte sogar mit der Möglichkeit, ein Wahlsystem einzuführen, das durch die stillschweigende Einwilligung der sich nicht äußernden Massen eine zahlenmäßige Unterstützung garantieren sollte: die Stimmen derjenigen, die nicht wählen gingen, sollten zugunsten der Kandidaten der Regierung gezählt werden (*G. Mayer* a. a. O., S. 36). *Lassalle* entwickelte eine Idee, die er selbst sein „Zauberrezept" nannte, die Ergebnisse in der gleichen Richtung durch eine Form der *Wahlpflicht* garantieren sollte. Diese Idee wurde in der Debatte über die Verfassung des Norddeutschen Bundes nicht aufgegriffen; sie wurde aber später zu einer allgemein angewendeten Strategie bei den Bestrebungen, in Massen-Wahlrechts-Systemen ein Machtgleichgewicht zu garantieren (für eine allgemeine Übersicht dieser Entwicklungen vgl. *K. Braunias* 1932, Bd. 2 S. 35–45).

Im Mittelpunkt der harten Debatten um die Ausweitung des Wahlrechts standen divergierende Erwartungen über die Auswirkungen, die das Auftreten der „politisch Ungebildeten" auf dem Schauplatz der Wahl haben würde. Es gab unterschiedliche Meinungen über die *Loyalitäten und die möglichen Reaktionen* der auf einmal mit Rechten ausgestatteten Massen und abweichende Einschätzungen der Möglichkeiten, die neuen Kräfte zu kontrollieren und in bestimmte Bahnen zu lenken. Die Liberalen neigten dazu, sich vor einer verantwortungslosen und explosiven Radikalisierung der Politik zu fürchten; die Führer der konservativen und christlichen Parteien sahen in dem Zugeständnis von Rechten an die unteren Klassen und alle Frauen einen wichtigen strategischen Schachzug zur Stabilisierung des nationalen Systems gegen die Angriffe der sozialistischen Linken. Auf Grund dieser divergierenden Interessen entstand eine breite Skala institutioneller Kompromisse. Die Geschichte dieser eingeführten Neuerungen ist nicht nur von antiquarischem Interesse: diese Entwicklungen setzten in jedem Land den Rahmen für die Organisation der Massenpolitik, und die auf jeder Stufe erreichten Lösungen halfen, die Bedingungen für die Integration der unteren Klassen in die nationale Gemeinschaft zu bestimmen.

Bei einem systematischen Vergleich der Folge der Entscheidungen, die zur Einführung einer voll entwickelten formalen Demokratie führte, muß eine große Zahl von *Dimensionen des institutionellen Wandels* berücksichtigt werden. Für den vorliegenden Zweck genügt ein vereinfachtes schematisches Schaubild *(Abbildung 3)*, das deutlich die auffallendsten Unterschiede zwischen den westeuropäischen Ländern hervortreten läßt, die bei der Entwicklung zur Emanzipation der unterprivilegierten Schicht jeder Bevölkerung führten (vgl. *Ch. Seymour* und *D. P. Frary* 1918; *K. Braunias* 1932, Bd. 2; *S. Rokkan* 1968 und 1970). Dieses Schaubild berücksichtigt nur drei Dimensionen der Veränderungen: die verschiedenen Schritte zur *Ausweitung des Wahlrechts*, die über die *Gewichtung der Stimmen* getroffenen Entscheidungen und die Entwicklungsstufen auf dem Wege zu einer *Geheimhaltung der Wahlentscheidung*.

Ein Vergleich dieser Abfolgen von Entscheidungen fördert einige bemerkenswerte Unterschiede zutage: nicht nur in der Anzahl der benötigten Jahre und Einzelschritte zur Einführung des allgemeinen Wahlrechts bestehen Unterschiede. Wichtiger noch sind die Unterschiede in den Entscheidungen, wie den bis dahin unbeteiligten Gruppen der Bevölkerung ein Zugang zur Politik ermöglicht wird.

Es dürfte schwierig sein, eine Wahlmaßnahme zu schaffen, mit deren Hilfe die Unterschichten wirksamer dem politischen System eines Staates entfremdet werden können, als es mit dem preußischen Wahlrecht von 1849 möglich war: allen erwachsenen Männern wurde zwar das Wahlrecht zugestanden, aber den Arbeitern und der unteren Mittelschicht wurde wegen der Einteilung der Wählerschaft in drei Klassen nur die Illusion einer Chance eingeräumt, die Wahlen faktisch zu beeinflussen. Noch bemerkenswerter bei dem preußischen Beispiel ist jedoch, daß es für einen Zeitraum von mehr als zwei Generationen möglich war, ein System allgemeiner Wahlen für Männer beizubehalten, bei dem *in öffentlichen Versammlungen mündlich abgestimmt* wurde. In anderen Ländern gab es einzig in Dänemark und Ungarn eine gewisse Zeit nach der Einführung eines fast allgemeinen Wahlrechts für Männer Vorschriften für eine öffentliche Durchführung der Wahl. In Frankreich standen die Geheimhaltungsvorschriften weitgehend nur auf dem Papier. Bis weit in die Ära der Dritten Republik hinein bereitete es Bürgermeistern und anderen Beamten kaum Schwierigkeiten, die Stimmen der Unterprivilegierten zu kontrollieren. In den meisten anderen westeuropäischen Ländern wurden die Vorschriften für die geheime Wahl vor oder gleichzeitig mit der Einführung des Wahlrechts für alle Gruppen erlassen.

Der ungewöhnliche Gegensatz zwischen den Wahlsystemen in Preußen und im Deutschen Reich von 1870 bis 1918 führte unter Historikern und politischen Theoretikern zu einer Vielzahl von Diskussionen. Das Wahlrecht war in Preußen extrem ungleich, offen und indirekt; im Reich hingegen gleich, geheim und direkt, jedoch für ein Parlament, das keinen nennenswerten Einfluß auf die Geschicke des Staates hatte. Viele Tatsachen deuten darauf hin, daß diese Konstellation der Institutionen höchst dysfunktional war: die Ausweitung des Wahlrechts schien die Partizipation der unteren Klassen zu fördern, aber der Gegensatz zwischen den beiden Wahlsystemen erzeugte ein weitverbreitetes Ressentiment und trug dazu bei, die Arbeiter in permanenter Opposition zum Regime zu isolieren. *Ernst Fraenkel* (1958, S. 178) wies darauf hin, daß die Einführung der *geheimen Wahl* im Deutschen Reich entscheidend zur Isolierung der städtischen Arbeiterklasse als eine *„soziale Ghettopartei"* beigetragen habe. Er wollte damit zum Ausdruck bringen, daß das durch das preußische System ungleicher und offener Wahlen bedingte, tiefverwurzelte Ressentiment sich in geheimer und ungefährlicher Weise bei den Wahlen zum Reichstag niederschlagen konnte, wo auf den gewöhnlichen Wähler kein Druck ausgeübt wurde, seine Meinung offen innerhalb seiner Gemeinschaft kundzutun. Die Einführung der geheimen Wahl lief in der tief gespaltenen deutschen Gesellschaft faktisch darauf hinaus, den jüngst zur Wahl zugelassenen Bürger in seiner Isolation außerhalb des nationalen politischen Systems zu belassen. Damit wurde ganz eindeutig nicht zur Integration des Staates beigetragen.

Interessanterweise deuten verschiedene Tatbestände darauf hin, daß die Entwicklungen in anderen Ländern, vor allem in England, das Gegenteil bewirkten. Fünf Jahre nach der entscheidenden Ausdehnung des Wahlrechts im Jahre 1867 wurde der „Ballot Act" verabschiedet. Das fiel mit den angestrengten Bemühungen der konservativen Partei zusammen, Arbeiterklubs für politische Aktionen ins Leben zu rufen. Der Ballot Act reduzierte drastisch die Möglichkeiten der lokalen Einflußnahme auf die Wahl der Arbeiter mit Hilfe von Bestechungen oder Schikanen. Gleichzeitig aber wird es für den „untertänigen Arbeiter" möglich, mit den Herrschenden zu stimmen, ohne daß dies für die alltäglichen Beziehungen zu seinen Arbeitskollegen problematisch würde. Zweifelsohne hängt der entscheidende Unterschied zwischen den Entwicklungen in England und Deutschland nach der Aus-

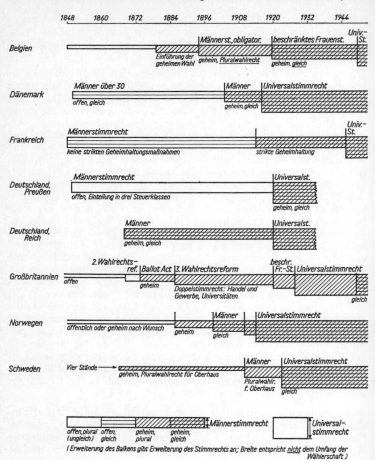

Abbildung 3: Vergleichende chronologische Darstellung von Entscheidungen zur Erweiterung des Stimmrechts und zum Wahlverfahren ausgewählter westeuropäischer Länder.

dehnung des Wahlrechts im Jahre 1867 vom Verhalten der Parteien ab: In England riefen sowohl Konservative als auch Liberale Massenorganisationen ins Leben, die auf die neuen Wähler ausgerichtet waren. In Deutschland blieben die Parteien der Rechten *Honoratiorenparteien* und überließen es der Sozialdemokratischen Partei, ein Beziehungsgeflecht politischer, sozialer und kultureller Organisationen für die Arbeiter zu entwickeln, die letztere in deutlicher Weise vom Rest des Staatskörpers trennten. Die Einführung des geheimen Wahlrechts in beiden Ländern unterstrich diese Entwicklung.

Aus dieser gegensätzlichen Entwicklung resultiert eine Anzahl verzwickter Fragen nach den Funktionen, die die Einführung von Institutionen zur Sicherung der *Geheimhaltung der Wahl* für die politischen Systeme hat. Bemerkenswerterweise wird in der Literatur den Auswirkungen dieses grundlegenden Wandels in den Wahlverfahren wenig Aufmerksamkeit gewidmet (die formale Geschichte der angelsächsischen Systeme wird bei *J. H. Wigmore* 1889 behandelt; vgl. auch *E. D. Evans* 1917 und über andere Systeme *K. Braunias* 1932, Bd. 2, S. 168–174). Was im Augenblick dazu gesagt werden kann, ist notwendigerweise spekulativ und beruht nur auf vereinzelten, unsystematischen Beobachtungen.

Alexis de Tocqueville würde in den Geheimhaltungsmaßnahmen sicherlich eine weitere Tendenz des sich zentralisierenden Nationalstaates erkannt haben, mit jedem Individuum in direkter Kommunikation zu stehen und alle zwischengeschalteten Gewalten zu untergraben. Die entscheidenden Auswirkungen der Geheimhaltungsvorschriften bestehen darin, daß die Gleichheit jedes Bürgers durch die Abschirmung gegenüber Einflüssen lokaler Machteliten hervorgehoben wird. Die Macht der lokalen Aristokratie, der Notabeln und des Klerus wird durch die Geheimhaltungsvorschriften weiter vermindert, während – dem Modell von *Tocqueville* folgend – im gleichen Maße die Tendenzen zur Zentralisation gestärkt werden.

Soziologisch gesprochen wird der einzelne Erwachsene in der Situation der geheimen Wahl von all seinen Rollen innerhalb der Subsysteme des Haushalts, der Nachbarschaft, der Arbeitsorganisation, der Kirche und der freiwilligen Organisationen abgetrennt und in die Lage versetzt, ausschließlich in seiner abstrakten Rolle als Bürger eines umfassenden politischen Systems zu handeln. Was er in seiner anonymen Rolle tut, hat keine Auswirkungen auf das, was er in anderen Rollen tut, und insofern besteht für ihn auch keine Veranlassung, für seine Wahlentscheidungen in den Interaktionen des alltäglichen Lebens in seiner normalen Umgebung die Verantwortung zu übernehmen. Die manifesten Gründe für die Einführung der Maßnahmen zur Geheimhaltung sind in den zahlreichen öffentlichen Skandalen von Einschüchterungs- und Bestechungsversuchen zu sehen. Das

Hauptmotiv bei der Einführung des geheimen Wahlsystems bestand darin, Sanktionen von seiten der Herrschenden zu verhindern. Das war sowohl ein Kernpunkt der frühen Forderungen der Chartisten als auch ein grundlegendes Anliegen der Arbeiterbewegung.

Bei den historischen Beschreibungen der Wahlinstitutionen wurde jedoch so gut wie nicht beachtet, daß die Geheimhaltungsvorschriften es den Wählern ebenso sehr gestatteten, sich den Einflüssen ihrer Statusgleichen wie ihrer Vorgesetzten zu entziehen. Oft wird übersehen, daß es zwei verschiedene Elemente bei den Geheimhaltungsvorschriften gibt: das erste macht es dem Wähler *möglich*, seine Entscheidung geheimzuhalten und Sanktionen von seiten derjenigen, die seine Entscheidung nicht kennen sollen, zu vermeiden; das zweite macht es dem Wähler *unmöglich*, seine Wahlentscheidung denjenigen, denen er sie mitteilen will, nachzuweisen. Für den zweiten Punkt waren die strengen Regeln in bezug auf die Ungültigkeitserklärung aller nicht regulär gekennzeichneten Stimmzettel gedacht, die in immer mehr Ländern eingeführt wurden. Diese Regeln sollten sicherstellen, daß der Bürger seine Stimme nicht länger als Ware ansehen konnte. Zwar kann er noch immer bestochen werden, doch sinkt der Preis für eine Stimme in dem Augenblick, da eine Überprüfung der tatsächlich abgegebenen Stimme unmöglich gemacht wird (vgl. *Ch. Seymour* 1916, S. 434–435; Einzelheiten über die Wirkungen auf den „Wahlmarkt" bei *H. J. Hanham* 1959, Kap. 13). Entscheidend ist, daß es bei der Zusicherung der vollständigen Anonymität der Wahlen nicht nur möglich wird, die Bestechung der ökonomisch Abhängigen durch ihre Arbeitgeber zu verringern, sondern daß ebenso der Konformitätsdruck und die Solidarität innerhalb der Arbeiterklasse verkleinert wird.

Für die bis dahin politisch nicht vertretenen neuen Wähler stellen die Geheimhaltungsvorschriften eindeutig einen Ausweichmechanismus dar. Jedoch variieren die tatsächlichen politischen Auswirkungen der geheimen Wahlen sehr stark mit der organisatorischen Umwelt dieser Bürger. (Dies ist der Gegenstand der Arbeiten von *Mosei J. Ostrogorski;* eine ausführliche Aufzählung der Entwicklungen in England, Schottland, Wales und Irland findet sich bei *H. J. Hanham* 1959.) In Deutschland vermochte es die Sozialdemokratische Partei, zumindest in den großen Städten, durch die Gründung einer Vielzahl sekundärer Organisationen für die Arbeiterklasse eine weitgehend homogene Umgebung zu schaffen. Sie wurde eine, wie *Sigmund Neumann* (1954) es genannt hat, „integrale Partei", eine Partei also, die eine Loyalität ihrer Wähler in all deren sozialen Rollen beanspruchen konnte und sie dadurch von störenden Gegeneinflüssen fernhielt. In diesem Fall führte die Einführung des geheimen Wahlrechts für den Reichstag mehr zu einer Isolierung dieses Subsystems, da das Bedürfnis nach Interaktionen über politische Kontroversen mit der politischen Gemeinschaft auf ein Minimum reduziert wurde (*Ernst Fraenkel* 1958). In Großbritannien setzten die auf die Massen gerichteten Bemühungen der konservativen und liberalen Parteien die neuen Wähler divergierenden Einflüssen von den verschiedensten Seiten aus. In dieser Situation wurde das Prinzip der Geheimhaltung dadurch zu einem stabilisierenden Element des Systems, daß ein legitimer Rückzug aus dem offenen politischen Kampf nicht nur durch die Stimmenthaltung bei der Wahl, sondern auch durch die Geheimhaltung möglich war, und dadurch, daß für das alltägliche Leben keine Konsequenzen zu befürchten waren. Mit zunehmender sozialer Mobilität und infolge der durch die sich stärker innerhalb der Gemeinde und des Staates ausbreitenden Vereinigungen hervorgerufenen gegenläufigen Einflüsse, mußten immer mehr Arbeiter unter divergierenden politischen Druck geraten und das Bedürfnis nach Geheimhaltung der Wahl verspüren.

An dieser Stelle sollte die wichtige Tatsache festgehalten werden, daß das Bedürfnis nach Geheimhaltung tendenziell bei politisch Indifferenten ausgeprägter ist als bei denen, die aus welchen Gründen auch immer motiviert sind, sich selbst mit öffentlichen Problemen zu befassen. Bei dem Verhältnis zwischen System und Wähler findet sich bei den Bestimmungen für die geheime Wahl eine wichtige Asymmetrie: das „System" ist verpflichtet, die Geheimhaltung der Wahl zu gewährleisten, der Wähler jedoch ist durch keinen gesetzlichen Zwang angehalten, seine Wahl geheim zu halten. Er kann jedoch wenig tun, direkt sein tatsächliches Verhalten bei der Stimmabgabe zu beweisen. In dieser Hinsicht stellt die Einrichtung der geheimen Wahl jeden Bürger vor eine Reihe alternativer Entscheidungen: soll er – was sein Recht ist – die Wahl vollständig für sich behalten oder soll er seine getroffene Wahl anderen Personen nur innerhalb seiner Primärgruppen oder auch innerhalb der Organisationen oder Vereinigungen, deren Mitglied er ist, oder gar der allgemeinen Öffentlichkeit bekanntgeben?

Das führt faktisch zu einer schichtartigen Anordnung der Wählerschaft entlang der Dimension „geheim – öffentlich". Die Skala reicht von jenen, die ihre Wahl niemals irgendjemandem verraten, bis zu jenen, die offen ihren Standort gegenüber den alternativen Möglichkeiten beziehen und erklären, wie sie wählen oder gewählt haben. Die *Aktiven* und *Militanten* in den politischen Parteien können natürlich von den Geheimhaltungsvorkehrungen nur wenig Gebrauch machen: allenfalls bei der Wahl einzelner *Kandidaten* mögen diese Vorkehrungen für sie wichtig sein, ansonsten aber gehört es mit zu ihrer innerhalb der Gesellschaft übernommenen Rolle, sich öffentlich für eine der generellen Alternativen zu entscheiden.

2. Die Vermehrung der Mobilisationsagentien: Parteien, Bewegungen, Vereinigungen

Zwei Grundprinzipien wirkten zusammen im Prozeß der Demokratisierung, die sich mit der Amerikanischen und der Französichen Revolution entwickelten: das Prinzip der *Assoziationsfreiheit* und des *Plebiszits* (*R. Bendix* und *S. Rokkan* 1964).

Das Recht, Assoziationen zu begründen, war ein Ableger der alten Tradition *ständischer Vertretungen* in Europa: in dieser Tradition wurde die Bevölkerung eines Territoriums in mehreren *funktional spezifischen* Gruppen organisiert, und jede dieser Gruppen erhielt das Recht, ihre Interessen im Rahmen des übergeordneten politischen Körpers zu verteidigen.

Die Französische Revolution brach mit dem Prinzip der ständischen Vertretung und gab dem *Nationalstaat* die absolute Priorität. Das Gesetz *Le Chapelier* von 1791 verbot alle Assoziationen von Bürgern, alle *intermediären Mächte* zwischen dem Individuum und dem Staat. Dies direkte Mittelglied zwischen dem Individuum und der territorialen Autorität fand seinen höchst feierlichen Ausdruck im Plebiszit: hier war jeder Bürger aufgerufen, seinen Willen in unmittelbarer Kommunikation mit den verantwortlichen Leitern des Politischen Körpers auszudrücken (*E. Fraenkel* 1958 a).

Auf der rein ideologischen Ebene konnten diese beiden Prinzipien nicht miteinander vereinigt werden. In Frankreich wurde die Spannung zwischen dem Plebiszitarianismus und dem Pluralismus niemals ganz überwunden. Das System schwankte über fast zwei Jahrhunderte zwischen einer konstitutionellen Lösung und der entgegengesetzten. Die Restauration von 1815 verwarf alle Spuren des jakobinischen Plebiszitarianismus und begrenzte das Stimmrecht auf einen kleinen Teil der Bevölkerung. Die Revolution von 1848 brachte das allgemeine Stimmrecht zurück und eröffnete gleichzeitig den Weg für eine plebiszitäre Diktatur unter *Napoleon III.* (*H. Gollwitzer* 1952). Die Dritte Republik behielt das allgemeine Stimmrecht bei, eröffnete aber gleichzeitig den Weg für eine allmähliche Pluralisierung durch die Entwicklung von Parteien, Vereinigungen und Interessenvertretungen. Frankreich kehrte im Laufe der Krisis von 1958 zu einer plebiszitären Verfassung zurück: es gibt eine direkte historische Verbindung zwischen dem Nationalismus der Jakobiner und *de Gaulles* Glauben an Plebiszite als Ausdruck des allgemeinen Willens der französischen Bürgerschaft.

In anderen Ländern war es leichter, praktische Kompromisse zwischen den beiden Prinzipien auszuarbeiten. Die Einführung der formellen Gleichheit und die Sicherung des Wahlgeheimnisses waren Konzessionen an das plebiszitäre Prinzip. Jedem Erwachsenen wurden die gleichen abstrakten Rechte unangesehen seiner Stellung in der sozio-ökonomischen Struktur, unangesehen seiner Ausbildung oder praktischen Erfahrung mit den Problemen der politischen Öffentlichkeit gegeben. Gleichzeitig ließ man das Assoziationsprinzip frei spielen, zunächst durch Schutz für die Bürgergruppen, politische Parteien zu gründen und diese bei der Wahl als Konkurrenten aufzustellen; zweitens durch Anerkennung korporativer Verhandlungsrechte für Interessengruppen, Gewerkschaften und andere kollektive Akteure in Wirtschaft und Politik.

Die Institutionalisierung der politischen Parteien ging den großen Wellen der Erweiterung des Wahlrechtes im 19. Jahrhundert voraus. Die ersten Parteien erwuchsen aus Koalitionen zwischen ständischen Versammlungen und Parlamenten. *Giovanni Sartori* (1976) hat uns eine klare Darstellung des Übergangs von illegitimen Organisationen parlamentarischer Faktionen zur allmählichen Annahme des Prinzips der loyalen Opposition zwischen den Parteien in einem übergreifenden verfassungsmäßigen Rahmen gegeben. *Maurice Duverger* (1951) hat in seiner klassischen Abhandlung über die Politischen Parteien die idealtypischen Schritte nachgezeichnet, die von solchen intraparlamentarischen Allianzen zur Bildung nationaler Parteiorganisationen im System des Massenwahlrechts führten:

1. Die Begründung von *Allianzen gewählter Vertreter*, allgemein in Form von Faktionen, Cliquen, Klubs oder anderen Gruppierungen von Mitgliedern, die die gleichen oder komplementäre Interessen hatten im Schutz begründeter Kontrollrechte über Schlüsselressourcen wie Land, Positionen im militärischen Verwaltungsapparat, Handelskonzessionen und ähnliches;

2. mit der Erweiterung des politischen Marktes und der intensiveren Konkurrenz für Ämter die Organisation *lokaler Assoziationen von Wahlverbündeten* von niedrigeren Notablen, von denen man erwarten konnte, daß sie an Mobilisierungskampagnen für die Amtsträger oder ihre gewählten Nachfolger teilnehmen würden;

3. schließlich folgte die Verbindung solcher lokaler Assoziatio-

nen zu *das ganze Territorium umfassenden Organisationen*, die auf standardisierten Regeln für die Mitgliedschaft wie auch auf klaren verfassungsmäßigen Regeln für die Wahl der Führer und die Ernennung des administrativen Personals begründet waren.

In der Praxis wichen die Entwicklungen beträchtlich von diesem Modell ab. In einer Reihe von Ländern wurden Parteien als nationale Organisationen deutlich *vor* der entscheidenden Phase der Erweiterung des Stimmrechtes begründet, und das war der Fall sowohl für *intra*-parlamentarische wie *extra*-parlamentarische Organisationen, die im Bemühen entstanden waren, noch nicht erfaßte Gruppen zu mobilisieren. Andererseits finden wir auch eine Reihe von Fällen für eine *sehr späte* Entstehung: locker definierte Gruppen von Notablen, die es nicht für nötig erachteten, formelle politische Organistionen vor Ablauf von vielen Jahren nach Einführung des allgemeinen Stimmrechtes für Männer zu begründen.

Das Modell von *Duverger* paßt auf den *britischen* und den *deutschen Fall*: in diesen Ländern folgten die Begründungen von nationalen Parteien eindeutig auf die Erweiterung des Stimmrechts. In England wurden die Konservative und die Liberale Partei als nationale Organisationen im Laufe des Second Reform Act von 1867 begründet. Die Labour Partei kam erst viel später, nach dem Third Act von 1885. In Deutschland wurde die Konservative Partei formell im Jahre 1861 begründet, deutlich nach der Einführung des allgemeinen Stimmrechtes für Männer in Preußen (*T. Nipperdey* 1961), während die Liberalen, die Sozialisten und das katholische Zentrum sich während der Einführung des allgemeinen und gleichen Stimmrechts im norddeutschen Bund organisierten (*Hans Kaack* 1972).

Aber wir finden auch Fälle von formeller Parteigründung in Systemen mit ernsthaft beeinträchtigtem Stimmrecht. Der klarste Fall ist *Belgien*. Hier organisierten sich die Liberalen schon im Jahre 1846, reichlich vor der ersten kleinen Erweiterung des Stimmrechts. Weniger als 2 % der Bevölkerung waren damals stimmberechtigt. Die Katholiken warteten, bis der Konflikt über das Erziehungswesen 1879 seinen Höhepunkt erreicht hatte, aber das Stimmrecht war noch immer sehr ernsthaft beeinträchtigt und das Ziel der Mobilisierung war nicht so sehr, Unterstützung durch die Wähler zu erhalten, sondern die Kirchgänger zur kollektiven Verteidigung ihres Glaubens zu verpflichten. Ein anderer interessanter Fall ist der *Schwedens*. Dort wurden die Parteien *während des Kampfes um die Ausweitung des Stimmrechts* begründet. Die Sozialisten und die Liberalen mobilisierten den Kampf um die Demokratisierung in den Unter- und den Mittelklassen, bevor diese Gruppen ihre politischen Rechte erhielten. *Duverger*

(1951) klassifiziert solche Parteien als „von außen verursacht": sie wurden nicht aus einem parlamentarischen Kreis geboren, sondern aus Bewegungen, die außerhalb des etablierten Vertretungssystems operierten. Aber wir finden auch Fälle von Koalitionen oder Einigungen zwischen den intraparlamentarischen Kerngruppen und außerhalb ihrer gebildeten Bewegungen. In *Norwegen* hatte die Bauernschaft schon um 1814 politische Rechte erreicht (*S. Rokkan* 1967) und war in den 1860er und 1870er Jahren gegen die etablierte Herrschaft der königlichen Beamten mobilisiert worden. Zur gleichen Zeit war eine Reihe von Volksbewegungen außerhalb der parlamentarischen Kanäle gebildet worden: z. B. Gruppen von religiösen Dissentern, Alkoholgegnern, Verbänden für die Verteidigung der ländlichen Sprache. Der endgültige Schritt zur Begründung einer nationalen Parteiorganisation aus diesen Opponenten des Ancien Régimes kam 1884. In der Terminologie von Duverger war das eine intern generierte Partei, weil sie sich auf einen starken Kern gewählter Vertreter stützen konnte, aber die tatsächliche Organisation war stark durch die Volksbewegungen beeinflußt, die sich außerhalb der parlamentarischen Arena gebildet hatten. Die daraus resultierende linke Partei (Venstre) blieb eine schwierige Koalition von parlamentarischen Notablen und Führern der Volksbewegung. Sowie diese Partei Kontrolle über die Regierung gewann und die Verantwortung für legislative Entscheidungen übernehmen mußte, fielen einige der sie zusammensetzenden Bewegungen aus. Für die Volksbewegungen war die Partei ein Instrument in ihrem Kampf um Zugang zu denen, die die Entscheidungen trafen. In diesem Sinne war die Partei genauso sehr intern wie extern entstanden.

Wir haben gesehen, daß Parteien auf nationaler Ebene begründet werden konnten, lange *bevor* das Stimmrecht erweitert worden war. Wir können auch auf klare Fälle von *Verspätungen* in der Entwicklung der Parteiorganisationen hinweisen. Der wichtigste Fall ist *Frankreich.* Dort verspätete die starke Tradition der plebiszitären Politik den Fortschritt der Parteibildung: es gab zwar ein universales Stimmrecht, aber für mehrere Jahrzehnte keinen Fortschritt in der Parteienentstehung. Erst im Jahre 1901 konstituierten sich die Radikalen als eine nationale Partei, aber sie sind bis heute eine Koalition von lokalen Notablen geblieben. Die Mitgliedschaft ist sehr schwach entwickelt. Einzig auf der Linken schien es möglich, eine straffe Mitgliederorganisation zu bilden: die SFIO im Jahre 1906, die PCF im Jahre 1920. Eine ähnliche Geschichte von verspäteter Parteienbildung gab es auch in *Dänemark.* 1849 wurde ein beinahe universales Stimmrecht für Männer eingeführt, aber formell begründete Parteien erschienen erst viel später. Die Sozialdemokraten 1871, die Konservativen 1883, die Liberalen 1888. Die Bauernschaft war massiv gegen die Beamten und das Patriziat des Zentrums mobilisiert worden, aber die Opposition blieb lokal und fragmentiert bis tief hinein in die achtziger Jahre. Ein ähnlicher Prozeß scheint sich auch in den katholischen Regionen der *Niederlande* abgespielt zu haben. Das niederländische politische System war durch religiöse Konflikte schon lange vor der ersten Erweiterung des Stimmrechts zerrissen worden. Die fundamentalistischen Kalvinisten begründeten eine eigene Partei im Jahre 1879, aber das war nur die Spitze eines organisatorischen Eisbergs. Die Antirevolutionäre Partei war nur der politische Flügel einer viel breiteren antikulturellen Bewegung. Die Kalvinisten bauten dies starke Netzwerk von Organisationen auf, um ihre Gläubigen vor den säkularisierenden Einflüssen des Staates und der liberalen Bourgeoisie zu schützen. Die Katholiken empfanden eine gleiche Bedrohung nicht. Sie hatten ihren Rückhalt im Süden des Landes und lebten in größerer geographischer Isolierung. Die katholischen Gemeinden schickten ihre lokalen Notablen für Jahrzehnte ins Parlament, bevor sie das Bedürfnis verspürten, sich formell zu organisieren. Das geschah erst 1926, lange nach der Einführung des universalen Stimmrechts (*Hans Daalder* 1955, 1966; *Arend Lijphart* 1974).

Der Aufstieg der Massenparteien war der Teil eines viel breiteren Prozesses sozialer, kultureller und organisatorischer Mobilisierung: Parteien waren mehr als nur legislative Wahlallianzen, sie übten viel breiter gelagerte Funktionen für die Gruppen, die ihre klare Identität zu begründen suchten, und für Bewegungen, die Kontrolle über einige Quellen der Ungewißheit in ihrer Umgebung zu gewinnen suchten. Es ist unmöglich, irgendein Verständnis für die Operation von Parteien zu gewinnen, ohne diese *vielseitigen Funktionen* auf der lokalen wie auch auf der nationalen Ebene zu analysieren. Diese anderen Funktionen – die sozialen, die kulturellen und identitätssichernden – waren für die Schichten und die Gruppen, die zuletzt in den Kreis des politisch nationalen Systems eintraten: für die Bauern an der Peripherie und die Arbeiter im primären und sekundären Sektor der Wirtschaft von größter Bedeutung. Die Massenparteien führten eine Reihe von identitätssichernden Ritualen ein: Demonstrationen, Lieder, Flaggen und andere Symbole. Die voll entwickelte Partei konzentrierte sich keineswegs nur auf Wahlpropaganda: sie versuchte vielmehr, eine viel breitere Basis für eine kontinuierliche Handlung zwischen den Wahlen aufzubauen. Idealtypisch wollte sie Klubs oder sogar Schulen für Kinder, Jugendorganisationen, getrennte Abteilungen für die Mobilisierung von Frauen, sogar Versicherungsschutz oder Anspruch auf öffentlichen Wohnungsbau für ihre Mitglieder.

Im äußersten Falle bildete die Partei ein Schlüsselelement in einer engverwebten Gegenkultur, die vom Rest des politischen Systems isoliert war. Das war vor allem der Fall mit den religiösen Parteien in den kulturell besonders gespaltenen, politischen Systemen. In den *Niederlanden* bauten die orthodoxen Kalvinisten und später auch die Katholiken straff kontrollierte Netzwerke von gegenkulturellen Organisationen auf: innerhalb dieser Elemente *versäulter* Strukturen war die Partei nur einer zwischen anderen Körpern, die zum Schutz der Gläubigen und vor allem der Jugendlichen vor den säkularisierenden Einflüssen organisiert wurden. Ein ähnlicher Zug zur politischen „Ghettoisierung" (*E. Fraenkel* 1958 b; *Guenther Roth* 1963) zeigte sich auch innerhalb der sozialistischen Bewegung der Arbeiterklasse: der extremste Ausdruck dieser Tendenz konnte im sozialistischen *Lager* Österreichs gefunden werden (*Rudolf Steininger* 1975).

Diese engverwebten Netzwerke kultureller, ökonomischer und politischer Organisationen dienten der Verstärkung des Bewußtseins einer *Schicksalsgemeinschaft*, um die Mitglieder, wenn immer man sie benötigte, zu konkreten Aktionen zu verpflichten. Diese mobilisierenden Netzwerke wurden nicht nur errichtet, um bei den Wahlen Stimmen zu sichern: das war nur eine ihrer Funktionen. Die breiter gelagerten Bewegungen trugen dazu bei, ein Bereitschaftspotential für gemeinsame Aktionen am Leben zu erhalten, und zwar nicht nur in der legislativen Wahlarena, sondern vielmehr in den Arenen der direkten Aktion gegen Opponenten, im Rahmen des industriellen Systems: Streiks, Boykotte, Sabotage, im extremsten Falle sogar bewaffneter Widerstand. (Zu einer allgemeinen Analyse der Parteien als Teile eines vielfältigen Komplexes von Organisationen siehe *Birgitta Nedelmann* 1975.)

In der Tat mußten die Massenbewegungen eine doppelte Strategie verfolgen: die eine für die Mobilisierung einer Unterstützung auf was man die *territoriale Wahlarena* nennen könnte, die andere für die Mobilisierung von Verpflichtungen zu gemeinsamer Aktion in der *funktional* korporativen Arena (*S. Rokkan* 1966 c und 1975 b).

Die Normen für die *territoriale Arena* wurden aus dem plebiszitären Prinzip abgeleitet: abstrakte Gleichheit der Rechte, individualisierte Entscheidungen, universalistische Gesetzgebung für die gesamte territoriale Bevölkerung. Die Normen der *funktionalen Arena* wurden aus den *pluralistischen* Prinzipien der freien Verhandlung zwischen korporativen Akteuren abgeleitet. In der ersten dieser Arenen wurden Entscheidungen *numerisch* ermittelt: Stimmen wurden gezählt, Proportionen und Majoritäten errechnet. In der zweiten wurden Entscheidungen *durch Verhandeln zwischen gegenseitig voneinander abhängigen Systemen* erreicht: Was in diesen Verhandlungen zählte, war die Fähigkeit, den Opponenten Ressourcen durch kollektive Handlungen wie Boykotte, Arbeitseinstellungen, Streike und Streikdrohungen vorzuenthalten. Die größeren Massenbewegungen, die während des 19. Jahrhunderts und dem Anfang des 20. Jahrhunderts aufstiegen, mußten Strategien für diese beiden Arenen entwickeln. Wenn sie die Interessen ihrer Mitglieder in der einen Arena nicht schützen konnten, verstärkten sie den Druck in der anderen. Das war der Fall bei den zuhöchst *versäulten* religiösen Bewegungen, es war sogar noch mehr der Fall bei den bäuerlichen Bewegungen und den Organisationen der Arbeiterklasse. Diese Dualität schuf oft Spannungen zwischen verschiedenen Führungsstilen. Die Frühgeschichte der Mobilisierung der Arbeiterklasse war schwer belastet durch den Konflikt zwischen den Sprechern einer *parlamentarischen Wahlstrategie* und den Vertretern der *industriellen Strategie* einer direkten Konfrontation mit Eigentümern und Arbeitgebern. Dieser Konflikt zwischen den Syndikalisten auf der einen Seite und den Sozialdemokraten auf der anderen war besonders bitter bis in die 30er Jahre. Die Wahlsiege der Sozialdemokraten und ihre Erfolge in der Kontrolle von Teilen des Regierungsapparats machten es leichter, eine wirksame Kooperation zwischen den beiden Armen der Bewegung, den Gewerkschaften und der Partei, herbeizuführen (eine Übersicht über solche Verbindungen in Finnland, Norwegen und Schweden bietet *Victor Pestoff* 1977). Eine Reihe verschiedener Taktiken wurden für die Vertretung der Gewerkschaftsinteressen in den Sozialdemokratischen oder Sozialistischen Parteien ausgebildet (kollektive Mitgliedschaft, Stimmblöcke usw.), aber es erwies sich als schwierig, eine völlige Vereinigung herbeizuführen: die Operationsweisen und die Repertoires an Massenappellen waren in den beiden Fällen allzu verschieden.

Gabriel Almond war wahrscheinlich der erste, der diesen Kontrast als einen zwischen der *Artikulation* von Interessen im funktionalen Kanal und einen zwischen der *Aggregation* von Interessen im territorialen Kanal beschrieb (vgl. *G. Almond* und *J. S. Coleman* 1960). Korporatives Verhandeln konnte Sektor für Sektor vorgehen: Landwirtschaft, Forstwirtschaft, Fischerei, Bergbau, Stahlindustrie usw. Auf der territorialen Ebene konnten wirksame Majoritäten einzig durch Aggregation über eine Reihe von Sektoren und über verschiedene mögliche Spannungslinien im System entwickelt werden.

Parteien waren wesentlich Maschinen für die Aggregation von Interessen, für die Errichtung gemeinsamer Fronten in der Opposition. Schnelle Wandlungen in der Wirtschaft, in der Struktur der Siedlung, in der Verbreitung von Inhalten der Massenkommunikation schufen in allen sich industrialisierenden Gesellschaften eine Mannigfaltigkeit von Spannungen. Diese Betonung der Spaltungen (cleavages) bot Gelegenheiten und Herausforderungen für eine neue Art von politischen Unternehmern: Ideologen, Militante, Organisatoren, Parteifunktionäre. Ihre Grundstrategie war die Vertiefung dieser Spaltungen, ihre Umsetzung in manifeste Oppositionsfronten: Ihre Aufgabe war die Politisierung der Distanz zwischen „uns" und „jenen", die durch die Prozesse des sozialkulturellen Wandels entstanden waren, und das latente Bewußtsein einer *Schicksalsgemeinschaft* in konkrete Programme kollektiver Aktion zu übersetzen (eine allgemeine Diskussion der Begriffe und der Messung der Spaltung findet sich bei *Rae* und *Taylor* 1970). Aber die möglichen Spaltungslinien waren vielfältiger, und jede Gruppe von stimmberechtigten Bürgern war aufgeschlossen für eine Mannigfaltigkeit solcher die Identität verstärkenden Appelle: die Bürger konnten auf der Basis ihrer Loyalität zu einer ererbten Autorität, zu deren Sprache oder Herrschaft, zu ihren Verbindungen mit der lokalen Gemeinde oder Region, Stellung in der Wirtschafts- oder Klassenstruktur, auf der Basis ihrer Ausbildung oder ihrem Informationsstand, auf der Basis von Geschlecht, Familienstand oder einfach Alter reagieren. Die Parteiaktivisten hatten sich einem vieldimensionalen Markt zu stellen und mußten komplexe Strategien in ihrem Bemühen entwickeln, die Unterstützung für ihre besondere Front zu maximieren.

Alle Positionen, die in unserem Anordnungsdiagramm für die Variablen beim Wahlverhalten (*Abbildung 2*, S. 28/9) verzeichnet sind, zählen auf die eine oder andere Weise für die Determination des *politischen Verhaltens individueller Bürger:* bei ihren aktuellen Wahlen zwischen den Alternativen, die ihnen auf dem Wahlmarkt begegnen. Aber nur einige dieser Positionen zählten in der Konstitution der Spaltungslinien, die für die *Begründung dieser politischen Alternativen* entscheidend waren. Es ist in der Tat entscheidend, zwischen den Serien von strukturellen Variablen zu unterscheiden, die für die *Parteienbildung* entscheidend waren, und jenen, die sich als für die *individuelle Entscheidung, die eine oder andere dieser Alternativen* zu unterstützen, entscheidend erwiesen. Das ist nicht nur eine Unterscheidung zwischen Ereignissen auf verschiedenen *Ebenen* des Systems: es ist auch eine wichtige Unterscheidung in der Untersuchung der *Verspätungen* in der Mobilisierung der verschiedenen Zielgruppen für die verschiedenen Parteien. Die Parteialternativen wurden in den meisten Fällen sehr früh im Prozeß der Demokratisierung entschieden. Die Majorität der Parteien in der westlichen Welt kann auf nahezu kontinuierliche Geschichten (mit Ausnahme von Kriegen und Perioden fremder Besetzung) vom Beginn des 19. Jahrhunderts an oder spätestens seit der letzten Ausdehnung des Wahlrechts nach dem Ersten Weltkrieg zurückblicken. Sie sind ein Teil der politischen Landschaft seit viel längerer Zeit gewesen als der durchschnittliche Wähler. Die strukturellen Oppositionen, die in Parteifronten übersetzt wurden, haben sicher die individuellen Entscheidungen innerhalb des Massenelektorats beeinflußt, aber eine Reihe anderer Variablen mußte in der Analyse der Variationen auf dieser niederen Ebene des politischen Systems hinzukommen. Nur wenige der theoretisch möglichen strukturellen Gegensätzlichkeiten waren in der Begründung der ursprünglichen Parteifronten entschieden, und diese strukturellen Bedingungen variierten erheblich zwischen den größeren Gruppen von Ländern in der industrialisierten Welt.

Nur eine Handvoll von Forschern hat es versucht, Modelle für die Quellen der Variationen in der Strukturierung der Parteialternativen zu entwickeln. *Maurice Duverger* (1951) schlug in seinem großen Traktat über „Die politischen Parteien" drei größere Konfliktdimensionen vor: Die konstitutionelle Spaltung, die die Verteidiger der ererbten Monarchien gegen die Republikaner stellte; der religiöse Konflikt zwischen den Verteidigern der Rechte der Kirchen gegen die säkularisierenden Protagonisten der staatlich kontrollierten Erziehung; der wirtschaftliche Konflikt zwischen Arbeitern und Eigentümern. Duverger arbeitete jedoch die Kombinationen dieser Dimensionen nicht weiter aus, auch versuchte er es nicht, die Gewichte jeder der Dimensionen von Land zu Land zu berechnen. Ein erster Versuch in dieser Richtung wurde durch *Seymour Martin Lipset* und *Stein Rokkan* 1965/67 unternommen (*S. Rokkan* 1965; *S. M. Lipset* 1967): dieser Versuch ist seither in *Stein Rokkans* Werk über die Strukturen von Zentrum und Peripherie in Europa in größerer historischer Tiefe weiter verfolgt worden (1970, 1975 a, siehe auch das Kapitel in *Shmuel N. Eisenstadt* und *S. Rokkan* 1973–74).

Die Elemente dieses Modells kann man in einem zweidimensionalen Diagramm darstellen (*Abbildung 4*). Eine vertikale Achse stellt die *Peripherien* des Territoriums dem etablierten *Zentrum* gegenüber. Die horizontale Dimension unterscheidet Gegensätze, die im wesentlichen in der *Wirtschaft* des territorialen Systems, von jenen, die vor allem in *kulturellen* Begriffen ausgedrückt sind. Die peripheren Gegensätze auf der ökonomischen Front werden vor allen Dingen durch die Tendenzen zur *Monetarisierung*, die vom territorialen Zentrum ausgehen, erzeugt, während die Oppositionen oder die kulturelle Front als Antwort auf *Standardisierung* und *Säkularisierung* angesehen werden können. Der Cha-

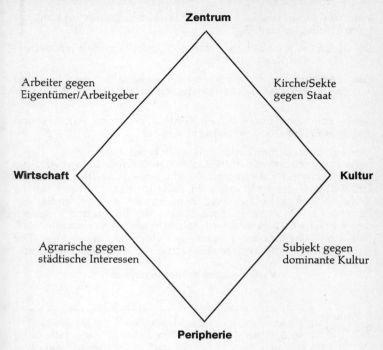

Abbildung 4: Eine zweidimensionale Charta für die Lokalisierung kritischer Spaltungen.

rakter und Inhalt der Oppositionen wird mit der Distanz der zentralen Knoten des Systems variieren. Auf diese Weise wird die Kombination der beiden Achsen *vier grundlegende Spaltungen* erzeugen: zwei auf der ökonomischen Front, zwei auf der kulturellen, die im Folgenden systematisch beschrieben werden sollen.

Die kulturellen Spaltungen waren direkte Produkte dessen, was man als Nationale Revolution bezeichnen kann:

Am nächsten zum peripheren Pol war der Konflikt zwischen der *zentralen, das Territorium aufbauenden Kultur* und der wachsende Widerstand der *linguistisch oder ethnisch unterschiedenen* Bevölkerungen;

näher zum Zentrum gab es den Konflikt zwischen dem zentralisierenden Nationalstaat und den historisch begründeten korporativen Privilegien der *Kirche.*

Die wirtschaftlichen Spaltungen waren Produkte der sich ausbreitenden *industriellen Revolution:*

Am nächsten zur Peripherie war der Konflikt zwischen den *agrarischen Interessen* und der aufsteigenden städtischen Bourgeoisie;

näher zum Zentrum war der Konflikt zwischen *Arbeitern* und *Arbeitgebern,* zwischen Arbeit und Kapital.

Das war noch immer ein abstraktes Schema: eine einfache Typologie von kritischen Spaltungslinien. Der nächste Schritt wäre die Entwicklung einer Reihe von Regeln, eines Algorithmus, für die Übersetzung der Spaltungen in Parteifronten. Um eine solche Reihe von Regeln zu entwickeln, schien es notwendig, ein Schema für die verschiedenen Phasen der Interaktion zwischen den wirtschaftlichen und kulturellen Wandelprozessen im Aufbau einer territorialen Einheit in Europa zu entwickeln. Die Grundelemente dieses Schemas werden in *Abbildung 5* gegeben.

Variablen der Vorbedingungen

	Wirtschaft	Territorium	Kultur
	W	T	K
I: Periode bis 1500	Stärke und Struktur der *städtischen Netzwerke*	*Geopolitische Position:* Nähe zum „Rückgrat", seewärts, landwärts	Homogenität gegen Heterogenität von *ethnischen und linguistischen Strukturen*
	W	T	K
II: 1500 bis 1700	Wandel in der *geoökonomischen Position:* Durchbruch des atlantischen Kapitalismus	*Kontrolle der Peripherie:* Grad der Vereinheitlichung/Zentralisation	Ausdehnung der *„Nationalisierung" der territorialen Kultur:* Erfolg/Scheitern der Reformation
		T	
III: 1648 bis 1789		Überleben von *repräsentativen Institutionen* gegen absolutistische Herrschaft	

Intervenierende Prozeßvariablen
Interaktionen von „nationaler" und „industrieller" Revolution
1789- bis 1920er Jahre

	W	T	K
IV: Intensivierte Nationenbildung	Arten der *städtisch-ländlichen Ressourcenkombination:* Händlerische oder militärische Kombinationen mit ländlichen Ressourcen	Zwänge zur *Zentralisierung/ Vereinheitlichung* gegen *Befreiungsbewegungen/Sezessionen*	Ausmaß der Spannung von *Peripherie und Zentrum:* Ethnisch-linguistische Mobilisierung
	W	**T**	**K**
V: Urbanisierung, Industrialisierung, Säkularisierung	Geschwindigkeit, Lokalisierung des *industriellen Wachstums*	Zwänge zur *imperialen Ausdehnung* gegen Entspannungs- und Friedensbewegungen	Charakter der *Beziehungen Staat und Kirche:* Spannungen, Konflikte, Allianzen

Explikanda: Variationen in den politischen Reaktionsstrukturen
1848- bis 1950er Jahre

	Rechte: Erweiterungen	Systemalternativen	Parteialternativen
	R	**R**	**P**
VI: Die Strukturierung der Alternativen	Allmähliche Schritte zur *Universalisierung politischer Rechte*	Häufigkeit/Intensität von *Übergangskrisen:* Ausmaß gewaltsamer Auseinandersetzungen	Allmähliche Schritte in der Ausbildung eines *Systems von Parteialternativen*
	R	**S**	**P**
VII: Folgende Parteibindungen	Klasse/Kultur Konditionierung der Ebenen/ Typen der *Partizipation*	Klasse/Kultur Konditionierung der *Einstellungen zum System:* Annahme gegen Ablehnung	Klasse/Kultur Konditionierung der *Parteienwahl*

Abbildung 5: Die primären Elemente eines Modells für die Übersetzung von Spaltungen in Parteifronten.

Das Modell beginnt mit einer einfachen Klassifikation der Variationsquellen in diesem Anfangsstadium: es weist als *ökonomische Grundvariable* die Stärke des städtischen Netzwerks und den zugeordneten Strom von Fernhandel auf, als wichtigste *territoriale Variable* die militärisch-administrative Stärke der dynastischen Zentren und es betont als gleichermaßen wichtige *kulturelle Variable* die ethnisch-linguistische Homogenität der von den gegebenen Zentren kontrollierten Bevölkerungen.

Das Modell geht dann über zu einer entsprechenden Spezifizierung der Variablen für das nächste Entwicklungsstadium: die Konsolidierung der Territorialstaaten und die Restrukturierung der Bodenwirtschaft während der wirren Jahrzehnte interner Konflikte von 1500–1648.

Das Modell gibt nicht die gleiche Bandbreite von Variablen für die Konsolidierungsperiode vom Westfälischen Frieden bis zur Französischen Revolution. Für dies Stadium der Entwicklung weist das Modell nur auf eine einzige Quelle von Variationen hin, nämlich die Stärke der repräsentativen Institutionen während der Zeit des Absolutismus.

Dieser komplexe Satz von *Variablen der Voraussetzungen* gibt einen Ausgangspunkt für die *Analyse intervenierender Prozeßvariablen* im Modell: das sind die Variablen, die in jeder systematischen Darstellung der *Entstehung der Spaltungsfronten* in den anderthalb Jahrhunderten nach der Französischen Revolution als wesentlich angesehen werden. Diese Zeit war wiederum eine Periode großer politischer Verwirrungen: die Französische Revolution bereitete die Bühne für eine Varietät von Zentralisationsbemühungen, Bemühungen um territoriale Konsolidierung, nationale Selbstbestätigung, und die industrielle Revolution brachte sogar noch größere Kontraste zwischen den wirtschaftlich fortgeschrittenen Kerngebieten und den stagnierenden Provinzen und Peripherien. Die Interaktion dieser parallelen Revolutionen erzeugte komplexe Variationen in den Spaltungsstrukturen und diese produzierten ihrerseits entscheidende Differenzen in Stil und Struktur der sich entwickelnden Politiken der Massenmobilisierung durch Westeuropa.

Dieser komplexe Satz von *intervenierenden Prozeßvariablen* gibt schließlich einen Ausgangspunkt für die Analyse der *Explikanda*, den Variationen in den Strukturen der politischen Reaktionen. Hier weist das Modell wiederum zwei Stadien und drei Variationssektoren auf. Im ersten Stadium werden Fragen über die *Strukturierung der politischen Alternativen gestellt.* Welche Arten von Optionen gab es für die aufsteigenden Massenbürgerschaften und wie stabil oder wie verletzbar waren Strukturen dann tatsächlich? Im Endstadium werden Fragen nach den *entscheidenden Dimensionen der Massenorientierung* in jedem territorialen System gestellt: Welches ist das Gewicht der ethnisch-religiös-kulturellen Verpflichtungen, welche Unterschiede gibt es zwischen aufsteigenden und stagnierenden Klassen, zwischen der Bauernschaft und der industriellen Arbeiterschaft?

Die Variablen in *Abbildung 5* bieten das allgemeine Schema der Analyse. Nur wenige der Variablen werden für die Analysen der Übersetzung *spezifischer Spaltungen* in Parteigegensätze benötigt.

Wir geben ein Beispiel: um die Anwesenheit oder Abwesenheit von stabilen *Christlichen Parteien* in einem System vorauszusagen, scheint es hinreichend, eine Typologie aufzustellen, die auf folgenden Variablen aufgebaut ist. I: T (*Geopolitische Position*), II: K (*Ergebnis der Reformation*), III: (*Kombination von Stadt-Land-Ressourcen*), IV: (*Zeit der Vereinheitlichung oder Sezession*) und V: (*Allianz von Kirche und Staat gegen die Opposition*). Im katholischen Europa wäre die Anwesenheit oder Abwesenheit von christlichen Parteien eine Funktion von: Geopolitischer Position und Allianz von Kirche und Staat gegen die Opposition.

Es gibt keine solchen Parteien von Bedeutung in Frankreich, Spanien oder Irland, dagegen althergebrachte Parteien dieser Art in Österreich, Deutschland und Italien, Schweiz, Belgien und den Niederlanden. Im protestantischen Europa wird man starke nichtkonformistische oder orthodoxe Oppositionsparteien zur Allianz zwischen Kirche und Staat treffen und diese werden in einigen Fällen ihren Ausdruck in großen liberalen (England, Dänemark, Schweden), nationalistischen (Finnland) oder agrarisch-peripheren Fronten (Island) finden, in anderen Fällen früher (Niederlande) oder später (Norwegen) in Christlichen Parteien.

Ähnliche kombinatorische Analysen wurden für Abwesenheit resp. Anwesenheit von *Bauernparteien*, für das Entstehen von *ethnisch-linguistischen* Parteien und für die Schärfe der *Spaltung zwischen kommunistischen oder sozialistischen Parteien* im Rahmen der Arbeiterfront durchgeführt (*S. Rokkan* 1970).

Bei allen diesen Analysen erwies es sich als nützlich, von einer „Begriffskarte" der Ursachen für Variationen in Westeuropa auszugehen. Diese Karte wurde erreicht durch eine Kombination von Variable I: T *Geopolitische Position* mit Variable II: K *Ergebnis der Reformation* in einer zweidimensionalen Graphik. *Abbildung 6* gibt das wesentliche Ergebnis dieser topologisch-typologischen Karte Europas wieder. Beide Dimensionen dieser Karte haben sich bei der vergleichenden Untersuchung der Massenmobilisation als wichtig erwiesen. Die Nord-Süd-Dimension differenziert zwi-

Die West-Ost-Dimension: Die wirtschaftliche Basis des Staats

		Seewärtige Peripherien	Seewärtige Imperien-Nationen	Zentraler Stadt-Gürtel	Landwärtige Imperien-Nationen	Landwärtige Puffer-Territorien
Die Süd-Nord-Dimension: Die kulturelle Basis des territorialen Staats	Protestantische Peripherie					Finnland
	Protestantische Zentren	Island Norwegen Schottland Wales	Dänemark England		Schweden Preußen	
	Nation. Territorien, katholisch oder gemischt		Frankreich	Rheinland Niederlande Schweiz		Tschechoslowakei
	Gegenreformatorische Zentren		Spanien	Belgien Katalonien Italien	Österreich	Polen Ungarn Kroatien
	Katholische Peripherie	Irland	Portugal	Sizilien		

Abbildung 6: Die Begriffskarte Westeuropas (Einzelheiten bei *Stein Rokkan* 1975).

schen zwei sehr verschiedenen Mobilisationsstilen: im katholischen Europa kam die ursprüngliche Mobilisierung *von oben* über die etablierte Kirche und das Netzwerk der säkularisierten Bourgeoisie; im protestantischen Europa, vor allem in England, den Niederlanden und den nordischen Ländern vorwiegend *von unten* über religiöse, linguistische und andere kulturelle Bewegungen, die einen wichtigen Teil ihrer Führerschaft aus der Bauernschaft, aus den Neueinwanderern in die Städte oder der industriellen Arbeiterklasse bezogen. Die West-Ost-Dimension stellt eine viel komplexere Konstruktion dar: sie kombiniert in der Tat zwei Variable in einer fünfgliedrigen Typologie. Die zentrale Spalte wird durch den starken städtischen Gürtel gebildet, der vom Römischen Reich ererbt wurde: seine wesentlichen Charakteristiken waren eine starke städtische Wirtschaft, kombiniert mit einem geringen Maß an territorialer Zentralisation. In diesem Teil Europas waren die frühen Staatsbildungen vom kontraktuell-bündischen Typ (Schweiz, Niederlande); die anderen Territorien blieben fragmentiert und durch äußere Mächte bis spät ins 19. Jahrhundert hinein dominiert. Die ersten zentralierten Staaten wurden an den *Rändern* dieses städtischen Gürtels: zuerst seewärts (England, Frankreich, Spanien und Portugal) später an der weniger urbanisierten Landseite. Außerhalb dieser seewärtigen oder landwärtigen Staatsstrukturen finden wir schließlich zwei Arten von Peripherien, die beide durch einen niedrigen Urbanisierungsgrad und schwache oder späte Staatsbildung ausgezeichnet sind. Diese Klassifizierung der Territorien ist wiederum ein nützliches Ordnungsprinzip in der vergleichenden Untersuchung der Mobilisationsprozesse. Es gab beachtliche Unterschiede in der Geschwindigkeit und im Charakter der Mobilisationskampagnen zwischen den schon lange bestehenden Einheits- oder Bundesstaaten und jenen Territorien, die heftige Vereinheitlichungsprozesse oder Sezessionen im 19. und 20. Jahrhundert durchmachten. Diese Klassifikation der Territorien scheint von der größten Bedeutung zu sein in der vergleichenden Untersuchung der Erfolge oder Mißerfolge der *faschistisch-nationalsozialistischen Bewegung* in den zwanziger und dreißiger Jahren: Warum fielen manche Staaten diesen monolithischen Bewegungen anheim, während andere imstande waren, ihre pluralistische Struktur beizubehalten und sogar Wahlen zwischen konkurrierenden Parteien inmitten der großen Krise von 1929? Blickt man auf die Begriffskarte, so fällt es leicht zu sehen, daß die überwältigenden Siege dieser totalitären Bewegungen in den beiden Territorien des zentralen Gürtels stattfanden, der bis in das Zeitalter der Massenpolitik fragmentiert geblieben war: Deutschland und Italien. In diesen Territorien fiel der Drang nach Vereinheitlichung der nationalen Institutionen mit dem Konflikt zwischen konkurrierenden politischen Fronten für ihren Anteil am sich erweiternden Massenmarkt zusammen. Diese Kumulation von Pressionen erwies sich als zu groß für das Überleben irgendeines Scheins von Pluralismus. Es ist von Interesse zu vermerken, daß diese beiden Staaten ein gemeinsames Schicksal hatten mit zwei anderen Staaten, die durch bittere Erinnerungen einer vereitelten Reichsgründung gezeichnet waren: Österreich und Spanien. In allen vier Fällen gab es eine wohlerinnerte imperiale Vergangenheit, eine alteablierte und verbitterte Bourgeoisie auf Grund Jahrhunderte langer Peripheralisierung in der Welt des kapitalistischen Systems – und es gab auch Versuche, neue Positionen der Stärke durch Allianzen zwischen der städtisch-industriellen Bourgeoisie und den militärischen Eliten aufzubauen. Eine oder zwei dieser Vorbedingungen waren in einer Reihe anderer Fälle in Europa gegenwärtig, aber einzig in den vier Ex-Imperien erreichte die Kumulation der Pressionen den kritischen Punkt.

Viel muß noch getan werden, um diesen Modellversuch zu vervollständigen. Trotz seiner Grenzen und mancher Ungewißheiten beweist er die Bedeutung der makro-historischen Perspektive in der Untersuchung der Prozesse der Massenmobilisierung. Alle ernsthaften Versuche zu einem systematischen Vergleich solcher Prozesse müssen notwendigerweise zu einer Analyse der ererbten institutionellen Strukturen in jedem einzelnen Territorium führen, und eine solche Analyse kann ohne einige Kenntnisse der früheren Phasen der Staatsentstehung und Nationbildung in jedem einzelnen Falle nicht vollzogen werden.

Die vergleichenden Makroanalysen, wie sie von *Seymour M. Lipset* und *Stein Rokkan* (1967) eingeleitet und durch *Rokkan* in späteren Veröffentlichungen (1970, 1975 a) weiter vorangetrieben wurden, konzentrieren sich auf die Parteiensysteme der 20er Jahre und ihr Schicksal während der Faschistisch-Nationalsozialistischen Schläge der 30er Jahre. Man hat noch keinen Versuch unternommen, in das Modell Variablen einzubauen, die den Veränderungen in diesen Systemen in späteren Entwicklungsstadien Rechnung tragen sollten. Das war teilweise gerechtfertigt durch die in den meisten Systemen über eine Periode von 30–40 Jahren beobachtete erstaunliche Kontinuitäten: „The party systems of the 1960s reflect, with few but significant exceptions, the cleavage structures of the 1920s" (*S. M. Lipset* und *S. Rokkan* 1967, S. 50). Aber daß man nicht weitergegangen ist, kann mindestens teilweise durch den Umstand entschuldigt werden, daß ein großer Teil dieser vergleichenden historischen Soziologie in den ruhigen Jahren der Konsolidierung nach dem zweiten Weltkrieg durchgeführt wurde: lange vor den Erhebungen der zweiten Hälfte der 60er Jahre. Lipset und Rokkan wiesen auf einige möglichen Quellen von Entfremdung und Unstabilität in den Schlußseiten der Einleitung zu „Party Systems and Voter Alignments" hin, aber sie boten keine Voraussagen über den Prozeß des „Entfrierens" oder der „Entsäulung". Wie es so geschieht, waren nur wenige Parteisysteme des Westens durch die Erhebungen der

späten 60er Jahre stark beeinflußt. Das deutsche und das österreichische Parteiensystem veränderte sich nur sehr unwesentlich.
Starke Betonungen der Kontraste zwischen Zentrum und
Peripherie gab es vor allem in Ländern wie England (*I. Crewe, B.
Särlvik* und *J. Alt* 1977; *William Miller* 1977), Belgien (*Keith Hill* 1977)
und der Schweiz (*Henry Kerr* 1974), aber die Kernstruktur jedes
Systems war nur geringfügig beeinflußt. In Frankreich und Italien gab es Veränderungen im Gleichgewicht der Kräfte zwischen der sozialistisch-kommunistischen Linken, aber der Rest
der politischen Landschaft veränderte sich sehr wenig. Die größten Veränderungen gab es in den Niederlanden und in Dänemark: beschleunigte Entsäulung des holländischen Spaltungssy-
stems und Pressionen, eine überkonfessionelle Partei vom Typ
der CDU im Zentrum des politischen Spektrums zu begründen;
ein erstaunlicher Rückschlag gegen die Steuerlasten des Wohl-
fahrtsstaats in Dänemark und eine bemerkenswerte Fragmentie-
rung der Parteianhänger auf der Rechten wie auf der Linken.
Niemand war bisher imstande, ein übersichtliches Modell für die
Erklärung dieser Variationen im Rahmen der „nach-bürgerlichen"
Politiken zu entwerfen. *David Cameron* (1974) hat eine interessante ökologische Analyse der Ursachen der Unstabilität in acht
Ländern durchgeführt und *Max Kaase, Hans Klingemann, Samuel
Barnes* und *Ronald Inglehart* haben vergleichende Analysen der
Variationen in der politischen Unzufriedenheit und im Protest-
verhalten durchgeführt (*R. Inglehart* 1971; *M. Kaase* und *H. Klingemann* 1976), aber diese Studien blieben auf der Mikroebene und
haben sich bisher noch nicht systematisch mit Quellen der Wandlung auf der Ebene der politischen Alternativen befaßt. Die vielleicht interessantesten Longitudinaluntersuchungen der Ursache
des Wandels in Gesellschaften mit hohem Konsumstandard sind
in den Vereinigten Staaten durchgeführt worden: *Dean Burnham*
(1970, 1975), *Philip Converse* (1969, 1975) und jüngstens *Norman
Nie* und *Sidney Verba* (1976) haben reichliches Material an Daten
über den erstaunlichen Schwund an Vertrauen in den Regie-
rungsprozeß, der sich zwischen 1960 und 1974 abspielte, und
dem entsprechenden Wandel im Gleichgewicht zwischen Partei-
identifizierung und thematischer Identifizierung in der Wahlentscheidung zusammengebracht (vgl. auch *G. M. Pomper* 1972).
Über den schwindenden Einfluß der bestehenden Parteien auf
das jüngere Elektorat ist bisher in Westeuropa noch keine Longi-
tudinaluntersuchung unternommen worden. Die Analysen, die
den amerikanischen am nächsten kommen, sind wahrscheinlich
die aus dem Programm der University of Essex in England her-
auswachsenden (*I. Crewe* 1974; *Ian Budge, Ivor Crewe* und *Dennis
Ferlie* 1976; *I. Crewe, B. Särlvik* und *J. Alt* 1977), das ZUMA-Pro-
gramm in Deutschland (*H. Klingemann* 1969; *M. Kaase* 1973, *Franz*

U. Pappi 1977) und das von *Henry Valen* geleitete norwegische Programm (*Willy Martinussen* 1977).

3. Von der Mobilisierung zur Aktivierung: Der Eintritt neuer Gruppen in die politische Arena

Wie sich die zur Geheimhaltung getroffenen Vorkehrungen auf das Verhalten der durch die endgültige allgemeine Ausweitung des Wahlrechts emanzipierten Gruppen der Arbeiter und später der Frauen ausgewirkt haben, ist niemals systematisch untersucht worden. Die charakteristischen Unterschiede in der Beteiligung bei den parallel verlaufenden Wahlen in Preußen und im Deutschen Reich sind zwar häufig dokumentarisch belegt, aber soweit wir ermitteln konnten, sind keine detaillierten ökologischen Vergleiche der Ergebnisse bei offenen und geheimen Wahlen durchgeführt worden.

Erik Høgh (1972) hat eine erste Studie der individuellen Wahlberichte in einigen Wahldistrikten Dänemarks während der Periode der offenen Wahlen durchgeführt. *John Vincent* (1966) und *Jeremy Mitchell* (1976) haben gezeigt, was man mit den noch existierenden Wahlbüchern der offenen Wahlen in England vor dem Ballot Act von 1872 alles anfangen kann. Aber wir kennen keine ernsthafte Untersuchung des *Übergangs* von offener zu geheimer Wahl mit spezieller Berücksichtigung der weniger artikulierten Schichten der Bevölkerung (als Bericht über den institutionellen Kontext siehe *Cornelius O'Leary* 1961).

In der Tat stecken vergleichende Untersuchungen über den Prozeß des *Eintritts in die Politik* bisher noch in den Kinderschuhen. *Herbert Tingsten* (1937) war der erste, der sich ernsthaft der Untersuchung von Wahlregistern für die letzten emanzipierten Gruppen, den Arbeitern und den Frauen zuwandte. Seine Analysen gehen jedoch nicht über den *ersten Schritt* in diesem Prozeß hinaus: der *Ausübung des Wahlrechts.* Er arbeitete in dieser Hinsicht gleich wie *Hans Beyer* (1933), der die Rolle des Frauenstimmrechts auf den Erfolg der NSDAP untersuchte. Über die Wahlbeteiligung dieser letzten emanzipierten Wähler sind für einige Länder Statistiken vorhanden. Als sehr viel schwieriger erweist es sich aber, Statistiken über das *weitere Eindringen* in den politischen Bereich zu erlangen, und, was hier noch bedeutungsvoller ist, nach Wählerkategorien aufzuschlüsseln.

Maurice Duverger (1951, Kap. 2) stellte eine wichtige Sammlung vergleichender Daten über *Partei-Mitgliedschaften* zusammen und erarbeitete Entwicklungsrichtungen im Verhältnis der Mitglieder zu den Wählern für die Massenparteien in Westeuropa. Diese Informationen waren jedoch alle aus Aggregat-Zahlen ganzer Parteien abgeleitet, ohne jede Aufschlüsselung nach Beruf oder Geschlecht der Mitglieder. Historische Statistiken über die Rekrutierung der Parteimitglieder aus den Schichten der als letzte emanzipierten Wähler könnten noch bei den bisher dokumentierten Parteien ermittelt werden, aber die Daten sind oft lückenhaft und schwer zu bewerten. Günstiger sind die Aussichten für historische Analysen der *letzten Schritte* innerhalb des Partizipationsprozesses in jedem System: für den Konkurrenzkampf bei Kandidaturen und für die Beteiligung am Entscheidungsprozeß in formal festgelegten Wahlämtern. Allgemein wird sich bei solchen Untersuchungen herausstellen, daß eine Fülle dokumentarischen Materials zur Verkodung und Auszählung vorhanden ist; aber bis jetzt ist in keinem Land etwas unternommen worden, solche Statistiken für die *unteren Ebenen* der politischen Systeme aufzustellen. Es gibt eine wachsende Literatur über die Beteiligten in *zentralen, nationalen* Entscheidungsprozessen (vgl. *D. Marvick* 1960), aber um größeres Verständnis für den Prozeß des „Zugangs zur Politik" zu gewinnen, müssen wir natürlich Daten über Kandidaten und Beamte in einer Auswahl lokaler Verwaltungsbezirke sammeln (bzgl. eines Programms zur Auswertung solcher Daten für Norwegen nach dem II. Weltkrieg vgl. *S. Rokkan* und *A. Campbell* 1960, S. 81–84).

Über den sozio-ökonomischen Hintergrund der Parteimitglieder, Kandidaten und gewählten Beamten können Daten zum großen Teil aus den regelmäßig unterhaltenen Aufzeichnungen gesammelt werden. Quellen dieser Art werden jedoch nur selten detaillierte Informationen für Analysen liefern, die die Wege der Rekrutierung und die generellen Muster der Beteiligung am Gemeindeleben, an die Politik beeinflussenden Organisationen und innerhalb des öffentlichen und privaten Kommunikationsflusses über Politik und deren Angelegenheiten mit einbeziehen. Um eine Grundlage für solche Analysen zu gewährleisten, werden wir normalerweise Verfahren direkter Datensammlung anwenden müssen, entweder durch lokale Untersuchungen von Experten oder durch persönliche Interviews. Bei solchen Untersuchungen haben sich zwei unterschiedliche Strategien der Datensammlung entwickelt: die eine geht von einer Liste der organisatorisch identifizierbaren Beteiligten aus – z. B. Parteimitglieder (vgl. *O. Rantala* 1956; *R. Mayntz* 1959), Parteifunktionäre (vgl. *H. Valen* und *D. Katz* 1960), Kandidaten, gewählte Beamte; die andere Strategie wählt einen Querschnitt der Gesamt-Wählerschaft aus und stützt sich auf eine Aufgliederung nach dem Grad der Aktivitäten innerhalb des Samples. Jedes Verfahren hat seine Vor- und Nachteile: die ideale Lösung wäre eine Kombination beider Verfahren (siehe hierzu: *S. Verba* und *N. Nie* 1972).

Untersuchungen, die sich ausschließlich auf die identifizierbaren Beteiligten konzentrieren, ermöglichen nur sehr wenige Vergleiche mit dem Rest der Wählerschaft. Querschnittsuntersuchungen lassen zwar für direkte Vergleiche einen großen Spielraum, werden aber in den meisten Fällen zu umfangreich sein müssen, um Analysen der Beteiligten auf den oberen Ebenen zu ermöglichen. (Dies wird natürlich mit der Verwaltungsstruktur und der Bevölkerungsdichte eines Landes variieren. So zeigen Zahlen für Finnland und Norwegen, daß bis zu 2 % eines nationalen Samples Kandidaten für öffentliche Positionen in lokalen Wahlen sind; vgl. *S. Rokkan* und *A. Campbell* 1960.) Die grundsätzliche Schwierigkeit liegt jedoch in der *zeitlichen* Dimension: nach der endgültigen Ausweitung des Wahlrechts dauerte es in den meisten westlichen Ländern Jahre, ehe mit einer Sammlung adäquater Umfragedaten begonnen wurde. Alle Zeitreihen, die für die Rekrutierung der aktiv Beteiligten unter den Angehörigen der Unterschicht und den Frauen aufgestellt werden können, sind in der Tat sehr kurz. Durch Aufschlüsselung nach dem Alter innerhalb der Auswahlen kann einiges gewonnen werden. Das gleiche gilt in wahrscheinlich stärkerem Maße für die systematische Anwendung von retrospektiven Fragen über den Aktivitätsgrad in der Herkunftsfamilie und für Analysen der sozialen und politischen Mobilität. Was immer wir aber auch in dieser Richtung unternehmen, schwerwiegende Lücken werden in unserem Wissen über die zeitliche Abfolge der Prozesse des Eintretens in die Politik bestehen bleiben.

Wie beschränkt auch immer die Möglichkeiten historischer Vergleiche sind, so sind international vergleichende Analysen von Untersuchungsdaten für jeden Versuch unerläßlich, um einige Einsichten über die Begleiterscheinungen des Massenwahlrechtes für das Funktionieren politischer Systeme westlichen Typs zu gewinnen. Dabei können uns Vergleiche über das Ausmaß und den Bereich der Beteiligung der unteren sozio-ökonomischen Klassen behilflich sein, Einsichten über die funktionale Bedeutung des Wahlrechtes zu erlangen: was bedeutet das Wahlrecht für die Bürger dieser Klassen? Ist die Wahl eine am Rande liegende Aktivität mit geringen Konsequenzen oder ist sie in einen weiteren Rahmen von partizipatorischen Aktivitäten in der Gemeinde, in Vereinigungen oder in der Politik eingeordnet? Untersuchungen anhand von Samples können uns Daten über diesen weiteren Kontext der Beteiligung verschaffen (*G. Almond* und *S. Verba* 1963; *S. Verba* und *N. Nie* 1972). Die Vergleiche solcher Daten zwischen Gemeinden und einzelnen Staaten können uns Anhaltspunkte liefern, die Bedeutung der strukturellen Bedingungen und der Alternativen innerhalb eines Systems für die Rekrutierung aktiver Teilnehmer aus der Unterschicht in jeder Gesellschaft zu verstehen.

Ein Versuch, Daten über die Partizipation in zwei sich so stark voneinander unterscheidenden Systemen wie Norwegen und den Vereinigten Staaten zu vergleichen (S. Rokkan und A. Campbell 1960), zeigt mögliche Wege für die Forschung in dieser Richtung. Unser prinzipielles Interesse lag dabei im Ausmaß der politischen Beteiligung der Unterschichten innerhalb der gesamten Wählerschaft der beiden Staaten: der Arbeiter im Gegensatz zu den gehaltsempfangenden Angestellten, den freien Berufen und Geschäftsleuten; derjenigen mit dem Abschluß einer Primarschule im Gegensatz zu denjenigen mit Sekundarschul- oder College-Abschluß. Wir fanden in beiden Ländern die üblichen Unterschiede in der Wahlbeteiligung bei den verschiedenen Schichten. Ebenso stellten wir konsistente Unterschiede für den Grad der *Aufmerksamkeit gegenüber den Massenmedien* während des Wahlkampfes fest. Diese Ergebnisse sind lediglich Reproduktionen üblicher „Mikro-Mikro"-Aufschlüsselungen. Das Neue an dieser Analyse war das Ergebnis, daß es für die *organisatorische Aktivität in der Politik* keine ebensolchen einheitlichen Unterschiede zwischen den einzelnen Schichten gibt. Bei Verwendung eines einfachen Partizipations-Index, der auf der Mitgliedschaft in Parteien, dem Besuch von Versammlungen und der Mitarbeit in Wahlkämpfen beruhte, stellten wir *keine konsistenten Unterschiede zwischen den Schichten in Norwegen, aber ausgeprägte und konsistente Unterschiede in den USA* fest. Um den Gegensatz zwischen den beiden Staaten zu erklären, stellten wir unsere Interpretation auf die für den Bürger als Wähler und als potentiellen Beteiligten an Parteiaktivitäten bestehenden Alternativen ab: im einen Fall ein klassisch-betontes, „status-polarisiertes" (zu diesem Begriff vgl. A. Campbell u. a. 1960) Parteisystem; im anderen Fall mangelnde Korrespondenz der Trennungslinien im sozio-ökonomischen Bereich mit denen der politischen Konflikte. Um dies weiter zu klären, gingen wir zu einem „Makro-Mikro-Mikro"-Vergleich dritter Ordnung über (KR-V in der in *Abbildung 1* vorgeschlagenen Typologie). Wir stellten in beiden Systemen eine Rangordnung der Parteien nach dem Anteil der Arbeiter unter ihren Wählern auf und fanden dabei heraus, daß der Klassencharakter der Parteien eine unterschiedliche Rekrutierung der aktiv an der politischen Arbeit Beteiligten bedingt. In der Norwegischen Arbeiterpartei waren die Arbeiter mit höherer Wahrscheinlichkeit aktiv als die Wähler aus der Mittelschicht. In der mehr heterogenen Demokratischen Partei in den USA ergab sich eine entgegengesetzte Tendenz: der Grad der Beteiligung war für die Arbeiter etwas geringer als für die Wähler aus der Mittelschicht. Die ausgeprägtesten Statusunterscheidungen wurden bezüglich der Beteiligung innerhalb der Parteien mit dem niedrigsten Anteil von Wählern aus der Arbeiterklasse festgestellt: der Oppositionsparteien in Norwegen und der Republikanischen Partei in den USA. Dies kann natürlich nicht als schlüssiger Beweis angesehen werden, weil sich die Unterschiede bei diesen Querschnittsuntersuchungen im Rahmen der Gesamtgesellschaft ergaben und daher noch der Überprüfung nach Gemeindekategorien bedürfen. Immerhin legen die Ergebnisse wichtige Hypothesen für weitergehende vergleichende Untersuchungen nahe: sie betonen die Bedeutung der Sammlung von Daten über den Charakter der politischen Alternativen, die sich dem Arbeiter bieten, über die ihm zur Verfügung stehenden Möglichkeiten zum Erwerb von Erfahrungen und zum Einüben von organisatorischen Fertigkeiten, und über die Kanäle der Rekrutierung aus klassenbedingten Vereinigungen wie den Gewerkschaften in politischen Parteien.

Eine eingehende Kontrolle der Hypothese, die zuerst von *Rokkan* und *Campbell* vorgetragen worden war, ist mittlerweile im Rahmen des *„Cross National Program in Political Participation"*, das von *Sidney Verba* und *Norman Nie* geleitet wird (1972, vgl. auch den demnächst erscheinenden Bericht von *Verba, Nie* und *Kim*). Sie organisierten in sieben Ländern Sample-Erhebungen und konnten eine konsistente Beziehung zwischen dem Grad an Klassenpolarisation in der Parteiunterstützung und dem Niveau der politischen Aktivitäten in der Arbeiterklasse zeigen. *Tabelle 1* faßt ihre Ergebnisse für sieben Länder zusammen.

Die Aussage dieser vergleichenden Analyse ist klar: Bürger aus

Tabelle 1   Beziehungen zwischen sozio-ökonomischer Position und politischer Aktivität in sieben nationalen Querschnitten (*Nie* und *Verba* 1975)

	Daten aus den Querschnitten		Daten über lokale Führer	
	Korrelationen zwischen sozio-ökonomischen Vorteilen und Partizipation	Prozentsatz aktivistischer Bürger, die aus dem oberen Drittel der sozio-ökonomischen Skala stammen	Prozentsatz lokaler Führer, die aus dem oberen Drittel der sozio-ökonomischen Skala stammen	Prozentsatz der lokal *gewählten* Beamten, die aus dem oberen Drittel der sozio-ökonomischen Skala stammen
Indien	.36	66	99	99
Jugoslawien	.35	62	87	87
USA	.35	55	89	87
Niederlande	.18	54	82	76
Nigeria	.24	56	97	96
Japan	.12	40	69	50
Österreich	.11	42	66	61

der Arbeiterklasse haben ein größeres Maß an aktiver Beteiligung an der Politik in Ländern mit einem nach sozialen Klassen strukturierten System von Alternativen (Österreich, die Niederlande, Japan), ein geringeres Maß an aktiver Beteiligung in Ländern mit weniger ausgesprochener Beziehung zwischen sozialer Klasse und Partei (Indien, die USA, Jugoslawien; der Fall Nigeria ist schwerer zu interpretieren). Die Untersuchung von *Verba* und *Nie* hat einen Weg eröffnet für eingehendere Vergleiche gegenwärtiger Daten über Rekrutierung von lokalen Führern, aber mehr muß noch getan werden in einer weiteren historischen Perspektive.

Das vielleicht wichtigste, bei jeder vergleichenden Untersuchung der Partizipation einzubeziehende Faktorenbündel bezieht sich auf die organisatorischen Grundlagen, die bei der Rekrutierung aktiver Anhänger für parteipolitische Arbeit maßgebend sind: wie offen, direkt und dauerhaft sind die Rekrutierungskanäle, die zwischen den gegebenen ökonomischen, kulturellen oder religiösen Organisationen und den gegebenen Parteien existieren? Worin besteht der alternative politische Nutzen anderer Mitgliedschaften und anderer Einflußmöglichkeiten für die gegebene Organisation? Wie sehen die alternativen Leistungs- und Erfolgschancen für den aktiv Beteiligten innerhalb der gegebenen Organisation aus?

Für jede Vereinigung oder Organisation und für jede Partei können Fragen aufgeworfen werden, die sich auf dieser Ebene bewegen. Bei vergleichenden Studien der sozio-ökonomischen Grundlagen der Konflikte von Parteien sind sie besonders wichtig. Das sind genau die Fragen, die im einzelnen bei der Fortführung unseres versuchsweisen Vergleichs zwischen Norwegen und den Vereinigten Staaten zu klären waren: die Merkmale der verdeckten Zusammenhänge zwischen den verschiedenen Gewerkschaften und den Parteien; die Besonderheit der Gewerkschaftswahlen; das Ausmaß der Rekrutierung von der gewerkschaftlichen zur politischen Aktivität; die Beziehungen zwischen der gewerkschaftlichen Betätigung und der Partizipation in anderen Organisationen und Vereinigungen innerhalb der Gemeinde und des Staates.

4. Wahlaktivitäten, Einfluß in der Gemeinde und organisierte Macht

Mit diesen Fragen befinden wir uns im Grunde schon auf einem anderen wichtigen Gebiet vergleichender Untersuchungen: dem Studium von Faktoren, die Unterschiede bedingen in dem Gewicht der Parteipolitik und der Wahlen innerhalb des umfassenden Entscheidungsprozesses der Bevölkerung eines Territoriums. *Peter Rossi* (1960) schlug vor einigen Jahren bei einem Versuch, Probleme der gegenwärtigen Debatte über Methoden und Theorien bei der Untersuchung gemeindlicher Machtstrukturen (vgl. hierzu R. A. *Dahl* 1961) zu klären, eine Typologie und einen Hypothesenkatalog vor, die bei vergleichenden Untersuchungen der Partizipation von allgemeiner Bedeutung sind. Sein zentrales Interesse besteht darin, Bedingungen innerhalb der Gemeinde herauszufinden, die zur Trennung der politischen von der ökonomischen Elite führen. In unseren Begriffen ausgedrückt heißt das: Angelpunkt seiner Analyse sind die Bedingungen für die Entwicklung zweier unterschiedlicher Kanäle des Entscheidungsprozesses. Der eine beruht auf dem Wahlrecht der Massen und auf den Parteien, der andere stützt sich auf Berufsprestige, Innehaben von Managerpositionen und auf die Kontrolle von Eigentum.

Im einzelnen nennt *Rossi* drei Gruppen von Bedingungen für die Entwicklung dieser verschiedenen Kanäle:

1. Die *Größe der Gemeinde:* hierdurch wird der Umfang festgelegt, in dem lokale Dienststellen zeitlich voll ausgelastete Rollen erfordern, die von allen anderen Rollen der Amtsinhaber getrennt sind;

2. die *Stärke der Traditionen der Parteiherrschaft* innerhalb der Gemeinde: also die Stabilitäts- und Konkurrenzmerkmale des lokalen Parteisystems; und

3. das *Ausmaß der „politischen Kristallisation":* d. h. der Grad, in dem die soziale Struktur einer Gemeinde sich in der Wählerverteilung bei Wahlen widerspiegelt.

Rossi sieht im Gemeindeleben einen „natürlichen Druck", der zu einer Überlappung und einem Zusammenfallen von ökonomischer und politischer Macht tendiert. In kleinen Gemeinden, die im Süden der USA von Demokraten, im Norden von Republikanern regiert werden, ist dies die normale Situation. In größeren Gemeinden mit einer starken Tradition einer nicht parteigebundenen „Manager-Herrschaft" herrscht eine ähnliche Tendenz vor: solche Traditionen führen generell dazu, die Position der lokalen ökonomischen Elite zu stärken und die Entstehung entgegenwirkender Kräfte, die ihre Stärke aus dem Wahlrecht der Massen beziehen, zu verhindern.

In den von der Demokratischen Partei regierten Städten des Nordens kann man generell diese Trennung zwischen politischen und ökonomischen Eliten finden. Die Macht basiert hier auf sozio-ökonomisch und ethnisch unterschiedlichen Wählergruppen. In solchen Gemeinden ist der Grad der Status-Polarisation in der Regel ebenso hoch wie bei Ländern mit eindeutig klassenorientierten Parteisystemen innerhalb des ganzen Landes. (Die Korrelationen zwischen ökonomisch/ethnischen Indikatoren und der Wahl der Demokratischen Partei sind für die Wahlbezirke sehr hoch; vgl. *P. Rossi* und *P. Cutright* 1960; auch *S. Verba* und *N. Nie* 1972.) Vergleichen wir gerade diese amerikanischen Städte mit Städten in einem Land wie Norwegen, wo eine starke Arbeiterpartei vorhanden ist, so wäre zu erwarten, daß wir im Vergleich zu den von uns erwähnten Ergebnissen bei einem das gesamte Land umfassenden Sample keine Unterschiede im Grad der Status-Polarisation finden. Festgehalten werden muß, daß in den Vereinigten Staaten ein hoher Grad der Status-Polarisation bei der Verteilung der lokalen Wahlen nicht in nennenswertem Umfang zu einer Rekrutierung von Angehörigen der Arbeiterklasse für öffentliche Ämter zu führen scheint. Vergleichbare Daten von Gemeinden, die unterschiedliche Grade der Status-Polarisation aufweisen, dürften nicht schwierig zu beschaffen sein, aber die zur Verfügung stehenden verstreuten lokalen Untersuchungen sind im Hinblick auf die Rekrutierungsdaten nicht immer leicht zu vergleichen. Bei der Durchsicht solcher vorhandenen Daten fand *Rossi* heraus, daß die Kluft zwischen politischen und wirtschaftlichen Eliten in hohem Maße auf eine Kluft innerhalb des Bereiches der Wirtschaft und der Professionen hinausläuft. Die Führer der „öffentlichen" Bereiche in solchen Gemeinden rekrutieren sich eher aus der Schicht kleiner Geschäftsleute und Rechtsanwälte im Rahmen eines Beziehungsgeflechtes ausgedehnter lokaler Bekanntschaften von Angesicht zu Angesicht, während die Führer der „privaten" – ökonomischen und professionalen – Bereiche ihre Macht größtenteils aus Positionen herleiten, die quer über eine ganze Anzahl von Gemeinden hinweggehen (für Details vgl. *P. Rossi* 1960).

An dieser Stelle stoßen wir auf ein wichtiges Thema, das für die Analyse der Begleiterscheinungen des Wahlrechts der Massen, für das Funktionieren pluralistischer politischer Systeme relevant ist: Welche Wandlungen ergeben sich für den umfassenden Entscheidungsprozeß durch die Mobilisierung der indifferenten Wähler für politische Aktionen und die daraufhin entstehenden unabhängigen Macht-Zentren, die sich auf jeweils eigene Wählermassen stützen? *Rossi* stellt die Hypothese auf, daß die ökonomische Elite drei grundsätzliche Strategien anwendet, um den Auswirkungen des durch Wahlen legitimierten Machtzuwachses entgegenzuwirken:

1. Die Förderung von nicht an Parteien gebundenen Wahlsystemen und von technisch neutralen Verwaltungsinstanzen;

2. die verstärkte Vermehrung von privat kontrollierten Gemeinde-Institutionen und freiwilligen Bürger-Vereinigungen, die als Instrumente des Einflusses und des Druckes bei Konflikten über die lokale Politik dienen; und

3. die Entwicklung von Interessenverbänden, die das gesamte

Staatsgebiet umfassen und die Politik unabhängig von der Kontrolle durch die lokale politische Elite beeinflussen.

Hypothesen dieser Art können entweder mit diachronischen oder synchronischen Daten getestet werden. Verschiedentlich ist versucht worden, in den USA für die letzten Jahrzehnte einen Trend zum Rückzug der ökonomischen Eliten aus der lokalen Politik festzustellen (als allgemeine Diskussion vgl. *R. A. Dahl* 1961; *T. N. Clark* 1968; sowie *Robert R. Alford* und *Roger Friedman* 1974, 1975). Die dafür verantwortlichen Faktoren sind jedoch komplexer Natur: sie können sicherlich nicht ausschließlich dem Anwachsen von unabhängigen, durch Wahlen legitimierten Machtzentren zugerechnet werden. Synchronische Vergleiche des Umfanges, in dem private Tätigkeiten mit Hilfe von Gemeindeinstitutionen und freiwilligen Vereinigungen Einfluß auf die Politik nehmen, sind in den USA nicht durchgeführt worden. *Peter H. Rossis* hierfür aufgestellte Hypothese ist die, daß solche Aktivitäten um so ausgedehnter sind, je ausgeprägter die Trennung zwischen ökonomischen und politischen Eliten in der Gemeinde ist. Die grundlegende Aufgabe wäre hier, ein sinnvolles Maß für die „Bedeutung" privater Institutionen und freiwilliger Vereinigungen in jeder Gemeinde zu entwickeln: bloße Statistiken über die Größe der Mitgliedschaft und die ökonomischen Rollen der aktiv Tätigen werden uns wahrscheinlich in dieser Richtung nicht sehr viel weiterbringen. Wie auch immer die technischen Schwierigkeiten bei der Überprüfung der von *Rossi* vorgeschlagenen Hypothese beschaffen sein mögen: der dem Entscheidungsprozeß innerhalb von Systemen mit allgemeinem Wahlrecht der Massen zugrunde liegende Gedankengang wird sich bei zukünftigen Versuchen internationaler Vergleiche als bedeutsam erweisen.

Die einfachste Aufgabe, die bei der vergleichenden Untersuchung dieser weiteren Zusammenhänge der Partizipation erfüllt werden muß, besteht darin, nationale Statistiken über die Rekrutierung der Mitglieder und Funktionäre in den verschiedenen Kategorien freiwilliger Vereinigungen aufzustellen. In verschiedenen Ländern sind während der letzten Jahre Untersuchungen über die Zusammenhänge zwischen der Mitgliedschaft in solchen Vereinigungen und der politischen Aktivität durchgeführt worden.

Die vielleicht beste vergleichende Untersuchung ist in der Untersuchung von *Sidney Verba* und *Norman Nie* über sieben Länder geboten worden (*N. Nie* und *S. Verba* 1975; *S. Verba, N. Nie* und *Jaeon Kim*, im Erscheinen). Eine breitere Auswahl von Sekundärdaten ist durch *Victor Pestoff* (1977) analysiert worden. Eingehendere Analysen von Beziehungen zwischen Mitgliedschaft in Organisationen und Parteipolitik sind in Untersuchungen von einzelnen Ländern durchgeführt worden. Für die USA gibt es die früheren Sekundäranalysen von C. R. Wright und H. H. Hyman 1958 und die Untersuchung von Murray Hausknecht (1962) über „The Joiners", aber die beste Behandlung ist eindeutig in dem großen Band von Sidney Verba und Norman Nie über „Participation in America" zu finden. Dieser Bericht stellt den amerikanischen Teil der Sieben-Nationen-Studie dar. Eine eingehende Untersuchung von Mitgliedschaft in Organisationen und politischer Partizipation ist jüngstens auch für Norwegen produziert worden (Willy Martinussen 1977). Sie hebt die Bedeutung der Unterschiede zwischen den Arbeiterklassen, zwischen den reichen und organisatorisch gut gestellten und den Armen in marginalen Positionen in der wirtschaftlichen Struktur hervor.

Beweise über die Eigenschaften solcher Verbindungen können nur für wenige strukturell unterschiedliche Systeme erbracht werden. Die bisher durchgeführten Untersuchungen konzentrierten sich auf soziale Aktivitäten innerhalb der Gemeinden und größerer Organisationen als einem Variablenbündel, mit dem Grade der politischen Parteipräferenzen und der Beteiligung erklärt werden sollten. Der einfachste Weg, diese Zusammenhänge zu identifizieren, besteht darin, die absolute Anzahl der nicht-politischen Mitgliedschaften und Ämter jedes Befragten festzustellen und eine Korrelationsanalyse mit Indikatoren politischer Aktivitäten durchzuführen. Auf dem Wege zu vergleichenden Analysen der Einflußkanäle innerhalb der Politik einer Gemeinde wird man natürlich über solche groben Korrelationen hinausgehen müssen: die freiwilligen Vereinigungen und privaten Organisationen müssen nicht nur nach ihren wichtigsten Zielen und den Kriterien für eine Mitgliedschaft differenziert werden (vgl. A. M. Rose 1954, Kap. 3), sondern auch nach dem sozio-ökonomischen Hintergrund und politischen Mitgliedschaften ihrer Mitglieder und ihrer Führer. Darüber hinaus ist es besonders wichtig, eine Analyse des wahrscheinlichen Nutzens von Aktionen mit Hilfe von Parteien im Gegensatz zu direkten Aktionen gegenüber Politikern und Verwaltungsstellen durchzuführen. Detaillierte Untersuchungen in dieser Richtung erfordern die Koordination von Analysen der Institutionen mit den Ergebnissen, die durch Umfrageforschungen bei ausgewählten lokalen Führern als auch einfachen Wählern gewonnen wurden. In dieser Richtung sind einige Versuche in verschiedenen Ländern durchgeführt worden, aber die Forschung steckt auf diesem Gebiet im wesentlichen noch in den Kinderschuhen. Entsprechende vergleichende Untersuchungen können uns weitere Einsichten in die Implikationen politischer Wandlungsprozesse in Systemen ökonomischen Wachstums vermitteln. In der frühen Phase der Industrialisierung fanden gleichzeitig viele Entwicklungen zu einer Integration des nationalen Entscheidungssystems eines Staates und zur Vergrößerung der repräsentativen Basis der Regierungen statt. Die Einführung des allgemeinen Wahlrechts für die Massen ermöglichte die Mobilisierung der unteren Klassen der ökonomisch Abhängigen in verschiedenen Parteien und setzte den Rahmen für die Entwicklung neuer Einflußkanäle auf die Entscheidungsprozesse auf der gemeindlichen und nationalen Ebene. Zur gleichen Zeit – und teilweise als Reaktion auf diese Entwicklungen – fand in den meisten westlichen Ländern eine gewaltige Ausdehnung des Tätigkeitsbereiches und der Aktivitäten von freiwilligen Organisationen und Interessenverbänden statt. Mit dem fortgesetzten Wachstum und den laufenden Differenzierungen der Volkswirtschaften verliefen die Beziehungsgeflechte dieser Organisationen quer durch die bisherigen parteipolitischen Trennungen und erzeugten einen gegenläufigen Druck, der die Polarisation des Systems verringerte (diesen Punkt erörtert im einzelnen für Schweden: *H. Zetterberg* 1960). Wenn *Rossi* mit seinen Vermutungen recht hat, haben wir hier einen verwickelten Prozeß historischer Dialektik vor uns: die Ausdehnung des Wahlrechts erhöhte die Chancen für eine Status-Polarisation innerhalb der Politik eines Staates, aber gerade diese Polarisierung brachte eine starke Vermehrung lokaler und funktionaler Organisationen mit sich. Diese wiederum führten ihrerseits zu einer Aufweichung der global in einem System vorhandenen Spannungen und damit zu einer Verringerung des Polarisationsgrades (vgl. *N. W. Polsby* 1963, Kap. VII). Was wir in zunehmendem Maße finden, ist eine Anhäufung von Kräften, die die politischen Alternativen eines Staates einengen, zur Auflösung der zwischen den die Politik beeinflussenden Organisationen bestehenden Beziehungsgeflechte führen und folglich die Entscheidungen des Wählers immer bedeutungsloser werden lassen. Dies kann zu einer Verringerung des Grades der politischen Partizipation und zu einer Entfremdung von der Politik bei beträchtlichen Teilen der einmal gleichberechtigten Bürgerschaft führen. Die grundsätzlichen Entscheidungen werden dann zwischen den Interessenverbänden, den Parteien und den bürokratischen Behörden der Verwaltung ausgehandelt. Tendenzen hierzu können wir in vielen westlichen Ländern beobachten: die Entwicklungen zur sogenannten Entideologisierung, der Zug zu „Allparteienregierungen" und die Akzentuierung der Generationsgegensätze gehören hierher (vgl. insbesondere *O. Kirchheimer* 1966 sowie *S. M. Lipset* und *S. Rokkan* 1967). Über die Dynamik dieser Entwicklung wissen wir viel zu wenig. Bei den Untersuchungen dieser Probleme in den verschiedenen Ländern bedarf es daher einer weitgehenden Kooperation und Koordination.

Die Wahlökologie und Wahlgeographie

Von Rudolf Heberle

Das folgende Kapitel beschränkt sich im wesentlichen auf die geographisch-statistische oder soziographische Untersuchung politischer Tendenzen, Bewegungen und Parteien, soweit sich diese in Wahlergebnissen äußern. Die Behandlung ist nicht historisch, sondern systematisch und zieht einzelne Untersuchungen nur als Beispiele für Problemstellungen heran, ohne eine vollständige Literaturübersicht geben zu wollen (Literaturübersicht bei *G. Dupeux* (1954/55; *G. Lehmbruch* 1957 und *Niels Diederich* 1965). Für eine ausführliche systematische Erörterung der verschiedenen Richtungen und Methoden der Wahlforschung siehe *R. Heberle* 1967.

I. Der Begriff der Wahlsoziologie. Beziehung zur politischen Soziologie im allgemeinen

Die Wahlsoziologie im engeren Sinne ist ein Zweig der politischen Soziologie. Sie untersucht die politische Einstellung der Wählergruppen und versucht, durch Erfassung der Faktoren, welche die Wähler beeinflussen, die Wahlergebnisse zu erklären. Sie will also zum Verstehen politischen Verhaltens beitragen und womöglich kausale Erklärungen liefern.

Die Wahlsoziologie unterscheidet sich von der Meinungs- oder Umfrage-Forschung dadurch, daß ihr Gegenstand das tatsächliche Verhalten der Wähler bei politischen Entscheidungen ist. Auch die Abstimmung bei Volksentscheiden (Referendum) gehört zu den Gegenständen der Wahlsoziologie. Die politischen Einstellungen der Wähler kommen beim Volksentscheid oft klarer zum Ausdruck als bei Wahlen, sofern es sich beim Volksentscheid um ganz bestimmte, legislative Maßnahmen handelt. Die Wahlsoziologie hat mit rechtsgültigen, politisch wirksamen und historisch bedeutsamen Tatsachen zu tun, die Umfrageforschung dagegen mit unverantwortlichen Meinungsäußerungen, denen als Akten privater Natur keine rechtliche und keine im strengen Sinne politische Bedeutung eignet. Außerdem ist die Umfrageforschung aus dem Bestreben entstanden, den Ausgang einer Wahl vorauszusagen, während die Wahlsoziologie bereits erfolgte Wahlen erklären will.

Eine Wahl ist sozusagen eine Meinungsumfrage größten Stils; aber wegen des *Wahlgeheimnisses* kann man die Meinungsäußerung der Individuen nicht direkt mit ihren politisch relevanten Charakteristiken oder mit Umweltfaktoren in Beziehung bringen, wie dies bei den Stichprobenumfragen zu geschehen pflegt. Bei diesen werden Geschlecht, Alter, Beruf, Religion des Befragten und andere politisch relevante Daten erfaßt, so daß man auf *direktem* Wege erfahren kann, wie z. B. die Bauern politisch eingestellt sind. Die Wahlsoziologie muß sich statt dessen indirekter Verfahren bedienen. Außerdem finden Wahlen in der Regel nur in größeren Zeitabständen statt; will man also erfahren, wie zu einem Zeitpunkt zwischen zwei Wahlen die Wählerschaft „gestimmt" ist, so muß man sich der Umfrageforschung bedienen (vgl. *P. F. Lazarsfeld* u. a. 1948; *B. R. Berelson, P. F. Lazarsfeld, W. N. McPhee* 1954, Appendix A).

Die beiden Verfahren können einander also sehr wohl ergänzen. Tatsächlich werden sie neuerdings in zunehmendem Maße miteinander verbunden. Für eine solche Verbindung sprechen vielerlei Erwägungen. So kann die Zuverlässigkeit von Umfrage-Ergebnissen post festum durch Vergleich mit Wahlergebnissen geprüft werden; vor allem aber ist die Heranziehung von Wahlergebnissen unumgänglich, wenn man frühere Perioden politischer Meinungsbildung untersuchen will, für die noch keine Umfrageergebnisse vorliegen, wohl aber Wahlresultate.

Die Problematik der beiden Methoden und ihrer Verbindung ist ausführlich behandelt in *M. Dogan* und *Stein Rokkan* (Herausgeber), Quantitative Ecological Analysis in the Social Sciences 1969, insbesondere in dem Beitrag von *Juan Linz*, „Ecological Analysis and Survey Research".

Die auf Vorhersage von Wahlergebnissen abzielende Umfrageforschung kann mit kleineren Stichproben arbeiten, indem sie die Interviews auf wenige Stimmbezirke konzentriert, die auf Grund ökologischer Wahlforschung als „kritische" Bezirke bekannt sind. Bahnbrechend auf diesem Gebiet war *Samuel Lubell* mit verschiedenen Veröffentlichungen.

II. Die Technik der Wahlgeographie

In der Wahlsoziologie besteht das technische Problem darin, die Wahlergebnisse mit gewissen, als „Faktoren" der politischen Willensbildung in Frage kommenden Eigenschaften der Wählerschaft bzw. der Bevölkerung in den Stimmbezirken zu vergleichen und aus dem Grad der Entsprechung Schlüsse auf den kausalen Zusammenhang zu ziehen. Genauer formuliert handelt es sich darum, die „Entsprechungen" zwischen den für eine Partei abgegebenen Anteilen der Gesamtstimmen und den Proportionen bestimmter Bevölkerungskategorien in der Gesamtbevölkerung der Stimmbezirke zu finden und zu messen. Man wird bei diesem Verfahren möglichst kleine territoriale Einheiten zugrunde legen, um größtmögliche Homogenität zu erreichen. Freilich können auch sehr kleine Stimmbezirke, die einen bestimmten sozio-ökonomischen Typ repräsentieren, scharfe Klassenunterschiede unter den Wählern aufweisen; auch ist zu beachten, daß lokale Eigentümlichkeiten um so schwerer ins Gewicht fallen, je kleiner der Stimmbezirk.

Dabei stößt man aber auf die Schwierigkeit, daß die sozialstatistischen Daten oft nicht für diese kleinsten Stimmbezirke erhältlich sind. Auch sind die kleinsten Bezirke, für welche solche Daten zur Verfügung stehen, oft nicht mit den Wahlbezirken entsprechender Größe identisch, und die Umrechnung der Daten ist nicht immer möglich. Aus diesem Grunde kommt neben dem rein statistischen Verfahren das „geographische" zur Verwendung. Es besteht in dem visuellen Vergleich von statistischen Kartendiagrammen, welche die Wahlergebnisse darstellen, mit entsprechenden Kartendiagrammen, welche die geographische Verteilung der „Faktoren" darstellen. Neben den bekannten schraffierten Diagrammen kommt für manche Zwecke eine andere Form in Anwendung, bei der die Gesamtstimmzahl in einem Stimmbereich durch Kreise verschiedener Größe dargestellt wird, und die auf die einzelnen Parteien oder Parteigruppen entfallenden Anteile durch Kreissektoren in verschiedenen Schraffierungen dargestellt werden (s. *R. Heberle* 1951, S. 254, 255). Aber die Unterschiede sind unerheblich.

In Frankreich, wo die Wahlsoziologie ursprünglich als *géographie électorale* bezeichnet wurde, hat man sich früher fast ausschließlich des „geographischen" Verfahrens bedient. In den Vereinigten Staaten sind dagegen die ersten wahlsoziologischen Untersuchungen rein „statistisch" – unanschaulich – betrieben worden (s. die historische Übersicht in: *R. Heberle* 1951).

Nun ergeben sich bei dem geographischen Verfahren wie bei allen Darstellungen mancherlei technische Probleme – von der statistischen „Gruppierung" der territorialen Einheiten (so können die Stimmbereiche entweder nach gleichen Klassenintervallen auf Grund der Parteistärke oder nach dem Quartilverfahren gruppiert werden, wobei sich letzteres für den Zeitvergleich eignet; z. B. *P. H. Howard* 1956) bis zur Wahl der „besten" Symbole (Schraffierungen usw.) –, auf die hier nicht eingegangen werden kann, von deren Lösung aber unter Umständen die Deutung der Ereignisse beeinflußt werden kann. Deshalb empfiehlt es sich, soweit irgend möglich, die Ergebnisse des geographisch-visuellen Verfahrens durch Berechnung von Rangkorrelationskoeffizienten oder andere Korrelationsverfahren nachzuprüfen (vgl. hierzu H. Tingsten 1937; H. F. Gosnell 1942; V. O. Key 1954).

Grundsätzlich kommen zwei Arten von Korrelationsberechnungen zur Anwendung: 1. Die Korrelation zwischen Stimmanteilen der Parteien und den die „Faktoren" repräsentierenden Daten; 2. Korrelationen zwischen den Stimmanteilen a) verschiedener Parteien oder Kandidaten bei der gleichen Wahl, b) derselben Partei bei verschiedenen Wahlen und c) verwandter Parteien bei verschiedenen Wahlen. Die zweite Gruppe von Korrelationen dient der Feststellung von Gegensätzen (a) und Affinitäten (b, c).

Wenn z. B. mehrere Kandidaten derselben Partei miteinander konkurrieren, wie dies in den Vereinigten Staaten bei den Vorwahlen *(primaries)* oft der Fall ist, so kann man mittels Korrelationsrechnung herausfinden, welche Kandidaten ähnliche Wählergruppen vertreten und welche Kandidaten gegensätzliche Interessen repräsentieren (R. Heberle, G. Hillery, Jr., und F. Lovrich 1953). Ebenso läßt sich durch Korrelationsrechnung ermitteln, ob eine neue Partei die Wähler einer früheren übernommen hat usw. Allerdings setzt die sinngemäße Deutung solcher Korrelationsberechnungen genügende Landes- und Geschichtskenntnisse voraus. Die Tatsachen sprechen auch in diesem Fall nicht immer für sich selbst.

Neuere Fortschritte in den statistischen Methoden in Verbindung mit der Computer-Technik ermöglichen die vergleichende Messung vieler Faktoren (multivariate analysis) – also eine Weiterentwicklung und zeitersparende Anwendung der „partial correlation" Technik – sowie die Anwendung der „path-analysis". Sehr wesentlich ist dabei, daß die verschiedenen „Faktoren" nicht isoliert, sondern in konkretem Zusammenhang in der Umwelt des Wählers betrachtet werden (contextual analysis). Dies ist der alte Grundgedanke, der die ökologische Methode von der nur geographischen und statistischen unterscheidet[1].

III. Die Faktoren der politischen Willensbildung

Der Ausdruck Wahlgeographie hat aber nicht nur einen technischen Sinn. Vielmehr liegt ihm, zumal bei dem Begründer der französischen Schule, *André Siegfried* (1913, 1937, 1949), der Ge-

---

[1] Hinweise auf diese neueren Techniken verdanke ich *P. H. Howard* und *Charles Grenier*.

danke zugrunde, daß regionale Unterschiede in den Wahlergebnissen zu einem wesentlichen Teil geographisch zu erklären seien; sowohl die physische Geographie als auch die *géographie humaine*, die Kulturgeographie, liefern den Schlüssel zum Verständnis der *géographie électorale*. *Siegfrieds* Problem war es, die oft erstaunliche Konstanz politischer Grundrichtungen in den Landschaften Frankreichs trotz wenig konstanter politischer Parteibildungen zu erklären. Diese Stetigkeit der politischen Grundhaltungen im Wandel der Parteikonstellationen mußte auf konstante Faktoren zurückgeführt werden. Und was ist konstanter als die geographischen Bedingungen, insbesondere die geologischen Formationen? Die geologische Struktur einer Landschaft bedingt die Topographie und die Bodenarten; die beiden letzteren in Verbindung mit dem Klima stellen die Voraussetzungen dar für die Entwicklung der Landwirtschaft: sowohl die Produktionsrichtung als auch die Betriebs- und Besitzgrößen sind zu einem wesentlichen Teil abhängig von Bodenverhältnissen und Klima. Die landwirtschaftliche Betriebs- und Besitzverfassung, in Verbindung mit der Produktionsrichtung, bedingt die soziale Schichtung der landwirtschaftlichen Bevölkerung und der ländlichen Gesellschaft überhaupt (die natürlich durch Industrie und Handel Modifikationen erfahren kann). Die Klassenlage ist nun, nach *Siegfrieds* Ansicht, ausschlaggebend für die politische Orientierung. Genauer gesagt ist es die Auffassung, die sich der Wähler von seiner Klassenlage und von den politischen Interessen seiner Klasse bildet. Nun wohnen aber oft Wähler verschiedener Klassenlage in denselben Gemeinden, Kreisen usw. und beeinflussen sich gegenseitig; die wirtschaftlich und sozial Mächtigen werden versuchen, die Stimmen der anderen für ihre Parteien zu gewinnen. Oft sind sie imstande, erheblichen Druck auszuüben. So kommt es, daß eine Parteirichtung eine ganze Region beherrschen kann. In anderen Fällen spiegelt sich die Klassenstruktur in der verschiedenen Stärke der Parteien. Die Verbreitung neuer Ideen hängt zum Teil von der Siedlungsform und den Verkehrsverhältnissen ab. Einzelhofgebiete neigen zum Traditionalismus, wie *Siegfried* meint.

Nun hängt aber gerade in Frankreich die politische Ausrichtung sehr wesentlich ab von der Einstellung zur Kirche, und schließlich spielen Erinnerungen an politisch bedeutsame, vergangene Ereignisse, insbesondere an die große Revolution, sowie traditionelle Bindungen an vergangene *régimes* (Napoleon I., III. usw.) eine Rolle. So kommt *Siegfried* also dazu, eine ganze Reihe von Faktoren in Betracht zu ziehen. Seine Schüler, die dem geographischen Determinismus noch ferner stehen als der Meister, sind wohl deshalb zu der Bezeichnung *sociologie électorale* übergegangen.

Es muß aber doch betont werden, daß ein wesentliches Verdienst dieser Forschungsrichtung darin liegt, die Faktoren der politischen Willensbildung (soweit sie in den Wahlergebnissen zum Ausdruck kommt) in ihrem räumlichen Mit- und Beieinander zu sehen, das heißt so, wie sie in der politischen Wirklichkeit auftreten; dasselbe gilt von den Parteien oder politischen Richtungen: auch sie werden in ihren gegenseitigen Beziehungen gesehen – es wird sozusagen das gesamte politische „Klima" einer Landschaft untersucht. Deshalb hat man sich auch des Ausdrucks *„political ecology"* bedient, um anzudeuten, daß es sich nicht nur um Beschreibung koexistenter Phänomene, sondern um Aufdeckung von Beziehungen handelt. Will man aber die Gesamtheit der Faktoren berücksichtigen, so ist eine umfassende und gründliche Kenntnis der lokalen, sozialen und kulturellen Zustände sowie der Geschichte und der Traditionen erforderlich; aus diesem Grunde allein ist eine Beschränkung derartiger Untersuchungen auf kleinere Gebiete – Landschaften, Regionen, Provinzen – praktisch unumgänglich. Die Wahlgeographie ist eine *intensive*, die rein statistische Forschungsrichtung eine *extensive* Arbeitsweise, jedenfalls der Tendenz nach.

Was die größeren Städte betrifft, so wird man die Wahlergebnisse in den verschiedenen Stadtteilen miteinander vergleichen, um zu sehen, welche „Faktoren" die Willensbildung der städtischen Bevölkerung bedingen. Hier scheint nun auf den ersten Blick die „Geographie" keine Rolle mehr zu spielen; bei näherem Zusehen wird man aber in vielen Fällen bemerken, daß die Lage der „Arbeiterbezirke", der „Villenviertel" usw. doch durch topographische Züge mitbedingt ist, sei es unmittelbar, indem die wohlhabenderen Schichten in den wegen topographischer Vorzüge begehrteren Teilen des Stadtgebietes sich angesiedelt haben – z. B. in höheren Lagen, um gegen Überschwemmung geschützt zu sein, oder in landschaftlich schönen Stadtgegenden: Fluß- oder Seeufer (Hamburg: Alster, Elbchaussee!) –, sei es mittelbar, indem die Lage industrieller und kommerzieller Betriebe sowie der Hafen- und Eisenbahnanlagen topographisch bedingt ist und ihrerseits auf die Geographie der Wohngegenden zurückwirkt. In Stadtteilen, wo in mehrstöckigen Mietshäusern Angehörige verschiedener sozialer Schichten und Gruppen wohnen, ist die Inbeziehungsetzung der Wahlergebnisse zu bestimmten Kategorien der Wählerschaft schwierig. Je mehr aber das Einfamilienhaus vorherrscht, umso definitiver wird im allgemeinen die geographische Trennung der sozialen Schichten sein, was die Aufgabe der Wahlsoziologie erleichtert (Beispiele: *J. A. Kinneman* und *S. E. Shipley* 1945; *C. F. Schmid* 1944; *F. Goguel* 1951; *P. H. Howard* 1956).

War das Problem der ersten französischen Untersuchungen die Stetigkeit politischer Grundhaltungen im Wandel der Parteien und politischen Gruppen, so handelte es sich bei der Untersuchung, die *Rudolf Heberle* in den Jahren 1932 bis 1934 unternommen hat (1945, 1963), darum, die in den Jahren 1919 bis 1932 erfolgte, scheinbar radikale Wandlung des politischen Klimas in Schleswig-Holstein zu erklären. Hier war die Wählerschaft, auch auf dem Lande, seit 1871 mehr oder weniger „links" gerichtet, und in den Wahlen zur Nationalversammlung im Jahre 1919 hatten die Demokratische Partei und die SPD zusammen 65 Prozent der ländlichen Stimmen erhalten; im Jahre 1932 erreichte die NSDAP fast 64 Prozent der ländlichen Stimmen und in dem ganzen Wahlkreis 51 Prozent – der einzige Wahlkreis, in dem die NSDAP eine absolute Mehrheit erzielte. Die „geographische" Methode ließ sich hier besonders gut anwenden dank der klaren Gliederung Schleswig-Holsteins in drei geographisch, wirtschaftlich und kulturell deutlich unterschiedene Landschaften oder Zonen (Marsch, Geest und Hügelland). Da die meisten Landkreise von der Marsch auf die Geest oder vom östlichen Hügelland in die westlichen Zonen hinüberreichen, mußten, wenigstens für gewisse Phasen der Untersuchung, Wahlergebnisse nach Gemeinden zugrunde gelegt werden.

Es erwies sich, daß die Nazibewegung unter den Bauern nicht, wie ursprünglich vermutet, als eine Schuldnerbewegung gedeutet werden konnte (obwohl Verschuldung eine Rolle spielte); denn die Bewegung war von der Geest ausgegangen und hatte dort ihren stärksten Anhang, obwohl die Geestbauern weniger verschuldet waren als die kreditfähigeren Marschbauern. Es zeigte sich bald, daß unter den wirtschaftlichen „Faktoren" die Krisenempfindlichkeit bestimmter marktorientierter landwirtschaftlicher Produktionszweige ein wesentlicher Faktor war. Daß krisenempfindliche, marktorientierte Landwirte, besonders wenn sie auf marginalen, das heißt von Natur benachteiligten Böden sitzen, zum politischen Radikalismus neigen, ist auch in den Vereinigten Staaten, in Frankreich und in Skandinavien beobachtet worden (*S. S. Nilson* 1950).

Dazu kam nun in Schleswig-Holstein als ein weiterer wichtiger Faktor für die Erklärung feiner Unterschiede in Tempo und Grad des Umschwungs zwischen den drei Zonen die verschiedenartige soziale Schichtung in den Dörfern. Wo die Klassenunterschiede innerhalb der ländlichen Bevölkerung am geringsten waren, hatte die NSDAP ihre ersten und größten Erfolge; dies war im allgemeinen auf der Geest häufiger der Fall als in den beiden anderen Zonen. Ähnliche Unterschiede bestanden übrigens auch in Ostpreußen, wo bei den Juliwahlen 1932 die NSDAP ihre größten

Erfolge im bäuerlichen Masuren hatte, während die typischen, stark klassenmäßig geschichteten Großgrundbesitzbezirke noch relativ hohe Stimmanteile der Deutschnationalen und der SPD und KPD aufwiesen (*C. P. Loomis* und *A. J. Beegle* 1946; *R. Heberle* 1951).

Die Verwendung von Gemeindeergebnissen ermöglichte den Nachweis dieser Unterschiede auch *innerhalb* der drei Zonen; in Ostholstein z. B. hatten die bäuerlichen Gemeinden im allgemeinen höhere Prozentsätze von NSDAP-Stimmen als die Gemeinden, die große Güter umfaßten. Ein extremes Beispiel für den Einfluß sozialer Solidarität auf den Umschwung der politischen Meinung in kleinen Gemeinden bot die Fischerinsel Maasholm. Hier erfolgte ein Umschwung von fast einstimmiger Entscheidung für die KPD zu einem fast einstimmigen Sieg der NSDAP im Jahre 1932. Die Gründe für den Radikalismus lagen in wirtschaftlichen Verhältnissen, insbesondere der Abhängigkeit der Fischer von Großhandelsgesellschaften. Daß der Umschwung von einem Extrem zum anderen fast einstimmig war, ist wohl dadurch zu erklären, daß die Bevölkerung aus ganz wenigen Verwandtschaftsgruppen bestand, die alle miteinander verschwägert waren. Verwandtschaftsverhältnisse sollten also, namentlich in kleinen Gemeinden, auch als „Faktoren" berücksichtigt werden.

In dieser Untersuchung ist übrigens die wahlgeographische Methode durch die historische ergänzt worden. Schleswig-Holstein gehörte, wie auch andere Hochburgen des Nationalsozialismus z. B. Hessen und Niedersachsen, zu den 1866 von Preußen annektierten Gebieten, und die noch immer lebendige antipreußische Einstellung hat sicher dem Nationalsozialismus das Eindringen erleichtert. Noch wichtiger aber war der Nachweis, daß sich Ideen und Haltungen nationalsozialistischer Art schon in den Vorläufern der NSDAP zeigten, z. B. in der Schleswig-Holsteinischen Landespartei und später in der Landvolkbewegung; auch wurde gezeigt, wie die nationalsozialistische Bewegung allmählich in die landwirtschaftlichen Organisationen eindrang.

Heberles Untersuchung hat in der Nachkriegszeit mehrere Arbeiten angeregt. Unmittelbar anknüpfend an „Landbevölkerung und Nationalsozialismus" hat *Peter Wulf* „Die politische Haltung des schleswig-holsteinischen Handwerks 1928–1932" untersucht (Dissertation Kiel 1967). Eine „Überprüfung einiger Thesen Heberles" hat *Heinz Sahner* (1972) unternommen, auf Grund einer ökologischen Analyse der Landtagswahlen von 1967. Umfassender ist *Timothy Tiltons* Analyse der Nachkriegswahlen in Schleswig-Holstein von 1949–1969 (1975), die im Grunde ähnliche Interessen verfolgen. In beiden Untersuchungen ist ein Hauptproblem die

Frage, wie weit in Schleswig-Holstein nach 1945 nationalsozialistische Haltungen überlebt haben, insbesondere inwieweit die NPD und ihre Vorläufer die gleichen Wählerkategorien angezogen haben wie seiner Zeit die NSDAP.

Die Ergebnisse sind nicht sehr eindeutig, da die extreme „Rechte" niemals auch nur entfernt die Stimmenstärke der NSDAP erreicht hat und überdies ein großer Teil ehemaliger Nazis die CDU gewählt hat. Andererseits zeigt sich eine erstaunliche Kontinuität in der geographischen Verteilung der Sozialisten auf der einen, der Konservativen und Rechts-Liberalen auf der anderen Seite.

Eine ähnliche ökologische Untersuchung für Baden und Hessen im Rahmen einer allgemeinen Diskussion über die soziale Zusammensetzung der NSDAP-Wähler hat *Alexander Weber* (1969) unternommen. Die badischen Ergebnisse der Berufszählung konnten nach wirtschaftlichen Gemeindetypen aufgegliedert werden, eine methodologische Neuerung, die Nachahmung verdient, wo die regionale wirtschaftliche Gliederung nicht so klar ist wie seiner Zeit in Schleswig-Holstein.

In den Vereinigten Staaten, wo seit fast hundert Jahren dieselben zwei Parteien das Feld beherrschen und „dritte Parteien" meist schnell wieder verschwinden, besteht eine Hauptaufgabe darin, aus der sozialen Zusammensetzung der Wählerschaft die verschiedenen politischen Tendenzen und Bewegungen innerhalb der beiden großen Parteien zu untersuchen und zu erklären. Da es nun, besonders im traditionsmäßig republikanischen Mittelwesten, bestimmte „Sturmzentren" radikaler agrarischer Bewegungen gibt (oder gegeben hat) und da in anderen Gegenden, z. B. im Südosten, seit langem scharfe Gegensätze – innerhalb der dort alleinherrschenden Demokratischen Partei – zwischen Küstenniederung und inländischem Hochland bestehen, hat sich die Vorstellung gebildet, als seien solche Gegensätze nicht durch Klassenlage, sondern durch regionale Interessen und kulturelle Besonderheiten bedingt (*R. Heberle* 1951, S. 238 ff., wo eine kurze Übersicht über ältere amerikanische Wahlsoziologie geben wird).

Diese Auffassung übersieht, daß in den Vereinigten Staaten sehr große Gebiete durch monokulturelle landwirtschaftliche Produktion und gleichförmige Betriebsweise charakterisiert sind, so daß ganz bestimmte Interessengruppen politisch den Ton angeben. Daß es sich bei diesen um Klassen bzw. Klassenteile innerhalb der Farmbevölkerung handelt, wird nicht klar gesehen. So sind z. B. die agrarischen „Unruhe"-Gebiete im Mittelwesten Landschaften, in denen aus klimatischen Gründen der Weizenanbau mit großen Risiken verbunden ist, während die wirtschaftlich gesicherteren, weil weniger einseitigen und klimatisch günstiger gelegenen Farmer im Maisgebiet nicht zum Radikalismus neigen. Es handelt sich in diesen wie in manchen anderen Fällen scheinbar regionaler Differenzierung letztlich um Unterschiede in der Marktlage und also, wenn man *Max Weber* folgen darf, in der Klassenlage verschiedener Farmerkategorien. Im Süden handelt es sich im wesentlichen um den Klassengegensatz zwischen Pflanzern einerseits und Klein-, auch Mittel-Bauern (Farmern) andererseits. Dies wird ganz deutlich in Staaten wie Louisiana und Mississippi, wo jener regionale Gegensatz durch den zwischen Flußtälern und Hügelland ersetzt ist: dort die *planters* – hier die *farmers*, dort die „Rechte", hier die „Linke". Dieser Gegensatz ist außerordentlich stetig und dauerhaft: für Louisiana läßt er sich bis in die Anfänge der Staatlichkeit zurückverfolgen. Untersucht man für die Zeit nach dem Bürgerkrieg die Ergebnisse der *democratic primaries* (Vorwahlen) für die Gouverneurswahlen, in denen manchmal ein halbes Dutzend oder mehr Kandidaten miteinander konkurrieren, so zeigt sich, daß diesen scheinbar „persönlichkeits-orientierten" Spaltungen in den Reihen der Demokraten klare soziale Gegensätze zugrunde liegen. Ganz deutlich wird dies, wenn man den Anhang der Hauptkandidaten für das Gouverneursamt mit dem Anhang der demokratischen und republikanischen Präsidentschaftskandidaten vergleicht, was freilich nur möglich ist, wenn ein republikanischer Präsidentschaftskandidat erhebliche Stimmenzahlen im Süden gewinnt. So ergab sich bei den Präsidentschaftswahlen von 1948 eine deutliche Entsprechung zwischen der Verteilung der Stimmanteile für *Truman* in den *parishes* (Kreisen) von Louisiana mit der Verteilung der Stimmen für den Kandidaten der Farmer und Arbeiter einerseits – eine Entsprechung zwischen den Hauptstärkegebieten für *Dewey* und die Gouverneurskandidaten der Industrie-, Pflanzer- und Geschäftsinteressen andererseits. Dasselbe traf für die Wahlen von 1952 zu: *Eisenhower* war am stärksten in den Plantagengebieten, wo auch der Vertreter der demokratischen „Rechten" bei den Gouverneurswahlen seinen Hauptanhang hatte.

Genauere wahlgeographische Vergleiche zeigen nun, daß es in diesem Staat einen traditionellen ländlichen Unruheherd gibt, der in dem durch die Holzindustrie entwaldeten, durch arme Böden charakterisierten Hügelland im Norden des Staates liegt. Hier war die Heimat des „Diktators" *Huey Long,* hier hatte dieser seinen Hauptanhang. Ihm gelang es, die Stimmen der kleinen Farmer im protestantischen Norden mit denen der französischen Farmer im katholischen Süden zu vereinigen und der alten politischen Elite von Pflanzern und Geschäftsleuten die Herrschaft zu entreißen. Daß seit seiner Ermordung dieselbe Kombination unter der Führung seines Bruders fortdauerte, ist ein weiteres Zeichen für die Kontinuität politischer Tendenzen. Hier erhielt auch 1912 der sozialistische Präsidentschaftskandidat *Eugene Debs* bis zu 30 Prozent der Stimmen, hier hatte 1896 die *Populist Party* ihren stärksten Anhang und hier widersetzte sich die damals noch sehr dünne Bevölkerung um 1860 der von den Pflanzern betriebenen Sezessionspolitik. Die Kontinuität läßt sich kartographisch nachweisen und wird auch durch Korrelation zwischen den verschiedenen Wahlen bestätigt (*P. H. Howard* 1956, 1, 1971).

Freilich wird man zwischen den Ergebnissen von Wahlen, die ein Menschenalter oder mehr auseinander liegen, keine sehr hohen Korrelationskoeffizienten erwarten, zumal wenn, wie in diesem Falle, die Bevölkerung stark gewachsen ist und die wirtschaftlichsoziale Struktur des Landes sich stark verändert hat. Auch sind solche „Unruheherde" niemals fest umgrenzt – in Zeiten wirtschaftlicher Depression dehnen sie sich aus, um sich in Zeiten wirtschaftlicher Blüte wieder zusammenzuziehen.

Die Wahlerfolge der Sozialisten in Louisiana 1912 sind auf die Arbeiter in der damals sehr ausgedehnten Sägewerksindustrie zurückzuführen; sie haben ihre Parallele in Frankreich (*J. Pataut* 1956, Kap. 2). Die Sägewerksindustrie bringt einerseits Wanderarbeiter in die Waldgegenden, die typischerweise zum politischen Radikalismus neigen (die IWW in den USA), andererseits hinterläßt sie, wo keine geregelte Forstwirtschaft betrieben wird, eine Bevölkerung von kleinen Landwirten, die nun einer unentbehrlichen Nebenerwerbsquelle beraubt sind. Auf diese Weise erklärt sich im wesentlichen die Tatsache, daß in den entforsteten Gebieten der traditionsmäßig republikanischen Staaten Wisconsin, Minnesota und Michigan die Demokratische Partei seit den dreißiger Jahren Mehrheiten erzielt hat. Durch ähnliche Faktoren ist auch die Verbreitung des Linkssozialismus und der kommunistischen Partei im nördlichen Schweden zu erklären (*R. Heberle* 1925). Hier kam noch die Konzentration ehemals kleinbäuerlicher Sägewerksarbeiter in den Küstenstädten hinzu, in denen einerseits die sozialen Unterschiede sehr augenfällig waren, andererseits sozialistische Ideen durch Seeleute, Hafenarbeiter und Fremde leicht Eingang finden konnten. Neuere Untersuchungen skandinavischer Soziologen haben zur Herausarbeitung des „arktischen" und „Hinterwäldler"-Kommunismus geführt (vgl. *S. S. Nilson* 1951 und *E. Allardt* 1964).

In französischen Untersuchungen ist auf die Bedeutung der Binnenwanderung für die Unterschiede und Veränderungen in der politischen Einstellung hingewiesen worden. Bodenständige Wählerschaften neigen zu größerer Stetigkeit (*A. Siegfried* 1949);

auf Grund gewisser Beobachtungen in schleswig-holsteinischen industrialisierten Dörfern ist man zu dem Ergebnis gekommen, daß sehr mobile Arbeiter unter Umständen radikaler wählen als alteingesessene (R. *Heberle* 1963, S. 89).

François Goguel (1951) hat darauf hingewiesen, daß die politische Meinung in ländlichen Gebieten mit starker Abwanderung nach den Städten oft den Einfluß des politischen Klimas in den letzteren zeige; dies läßt sich wohl durch Besuche, Briefwechsel und Rückwanderung erklären. In Louisiana läßt sich außerdem zeigen, daß zugewanderte Wählermassen die politische Einstellung ihres Herkunftsgebietes mit sich bringen: Farmer-Neusiedler im Plantagengebiet am Mississippi wählen ebenso wie die Farmer der Hügelregion, aus der sie kommen, eine Tatsache, die verständlich wird, wenn man die große soziale Distanz zwischen diesen Neusiedlern und den Pflanzern bedenkt, ganz abgesehen von der verschiedenen wirtschaftlichen Lage. Schließlich spielt auch hier wieder die „Geographie" eine Rolle: die Neusiedler sitzen auf schlecht entwässerten Böden minderer Qualität. So erklärt es sich, daß in den Wahlbezirken *(wards)* unmittelbar am Mississippi die Kandidaten der Pflanzer und Geschäftsleute, in den etwas abseits gelegenen *wards* die Kandidaten der *Long*-Richtung gewählt werden (P. H. *Howard* 1956, S. 139 f.).

Die Zuwanderung erklärt auch, neben dem Hauptfaktor der Klassenlage, die Parallelität zwischen der politischen Spaltung der städtischen und der ländlichen Wählerschaft. In Louisiana, wie auch sonst im Süden, stammt ein großer Teil der Industriearbeiter aus der Farmerschicht; es ist daher nicht verwunderlich, daß die *Long*-Gruppe in den Arbeiterdistrikten von New Orleans und Baton Rouge starken Anhang hatte, zumal diese Gruppe eine mehr arbeiterfreundliche Politik betrieben hat als die andere Richtung in der demokratischen Partei, die in den von wohlhabenden Geschäftsleuten, Anwälten und anderen Angehörigen der Oberschicht bewohnten Stadtteilen Mehrheiten erzielt. Wiederum zeigt ein Vergleich mit den Präsidentschaftswahlen, daß es sich hier nicht um persönliche Gefolgschaften von Politikern handelt, sondern um echte, durch Klassenlage bedingte Gegensätze: die demokratischen Präsidentschaftskandidaten *Truman* und *Stevenson* erzielten 1948 und 1952 ihre Haupterfolge in denselben Stadtteilen wie die Kandidaten der *Long*-Gruppe, während *Dewey* und *Eisenhower* die höchsten Stimmanteile in den Wohngegenden der Oberschicht erhielten (P. H. *Howard* 1956, S. 172 f.).

Bei den Präsidentschaftswahlen 1960 zeigte sich, zum ersten Male seit *Hoovers* Wahlsieg über „*Al*" *Smith* von 1928, der Gegensatz zwischen Protestanten und Katholiken als ein wichtiger Faktor. In Louisiana wurde dies sehr deutlich, indem *Kennedy* nur in den Kreisen der südlichen, vorwiegend katholischen Region des Staates Mehrheiten erzielte, ebenso wie bei den Gouverneurswahlen desselben Jahres der katholische, aus New Orleans stammende Kandidat. In beiden Fällen spielte aber die Frage der Gleichstellung der Neger mit: die katholischen Kandidaten erhielten die Stimmen der Neger und der „integrationists" (*W. Havard, R. Heberle* und *P. H. Howard* 1963).

Bei den folgenden Wahlen 1964, 1968 (und 1972) waren, nachdem eine Spaltung in der Long-Fraktion der Demokratischen Partei erfolgt war, die Klassengegensätze in Land und Stadt überschattet (aber keineswegs aufgehoben) durch den Konflikt über die politische Gleichstellung der Neger. Dies wirkte sich aus in dem Aufkommen der „States-Rights" und „Segregationist" Bewegung und Parteibildung sowie in dem Aufbau einer effektiven Republikanischen Partei Organisation (*Howard* 1971). Dadurch wurde die politische Ökologie des Staates radikal geändert – eine Warnung für diejenigen, die unter Mißachtung der Streitfragen („issues") nach allgemeinen Gesetzmäßigkeiten des Wählerverhaltens suchen.

IV. Kritik und Bewertung

Es erhebt sich nun die Frage, was denn eigentlich durch die Wahlgeographie oder Wahlökologie Besonderes geleistet werde. Könnten nicht dieselben Ergebnisse mit historisch-soziologischen Methoden ohne den umständlichen statistisch-kartographischen Apparat gewonnen werden?

Hierzu ist zu sagen, daß die quantitativen Verfahren an sich niemals zu neuen Einsichten führen können, immer kommt es auf die richtige Fragestellung oder den richtigen „Ansatz" an; ein gewisses Maß an Sachkenntnis muß also schon vorhanden sein. Aber oft dient die „statistische" oder die „geographische" Untersuchung nur dazu, Hypothesen zu prüfen, zu verwerfen oder zu bestätigen. Doch kann die Methode auch zu unerwarteten Einsichten führen, wie das folgende, einer neueren Studie von *François Goguel* entnommene Beispiel zeigt: die RPF (d. h. die frühere Partei *de Gaulles*) wird im allgemeinen als eine Partei der „Rechten" angesehen. Eine kartographische Darstellung der bei den Wahlen vom 17. Juni 1951 in Paris erzielten Stimmanteile nach Stadtbezirken zeigt kein klares Bild, jedenfalls keine Entsprechung zu den auf die anderen Parteien der Rechten entfallenen Stimmanteilen. Diese hatten ihre Hauptstärke in den westlichen Stimmbezirken, wo die bürgerlichen Schichten wohnen.

Die RPF aber hatte nicht nur hier, sondern auch im proletarischen Osten starken Anhang. Vergleicht man nun den *Anteil* der RPF an den gesamten Stimmen für alle Rechtsparteien mit den Stimmanteilen aller Rechtsparteien an der Gesamtzahl der abgegebenen Stimmen in den Stimmbezirken, so ergibt sich eine *negative* Entsprechung: je größer der Stimmanteil der gesamten Rechten an der gesamten Stimmanzahl, um so niedriger der Anteil der RPF und umgekehrt. In diesem Beispiel ist also durch eine *Verfeinerung* der Analyse demonstriert worden, daß der scheinbaren Unregelmäßigkeit der geographischen Verteilung der RPF-Stimmanteile doch eine Regelmäßigkeit innewohnte, und daß die Wähler der RPF jedenfalls in Paris nicht denselben bürgerlichen Charakter hatten wie die Wähler der übrigen Rechten, sondern daß sie einen guten Teil proletarischer Wähler umfaßten (*F. Goguel* 1951, besonders Karten 14/15). Die Ergebnisse der Untersuchung über die politische Willensbildung auf dem Lande in Schleswig-Holstein mögen heute, wo wir die Entstehung und Ausbreitung der nationalsozialistischen Bewegung überblicken, als trivial erscheinen. In den Jahren 1932 bis 1934 aber bestanden viele irrtümliche Auffassungen über die Anhängerschaft der Bewegung, die nur durch empirische Forschung mittels statistischer Methoden berichtigt werden konnten.

Die unter *Heberles* Leitung durchgeführten Untersuchungen in Louisiana haben *überhaupt erst bewiesen*, daß dem scheinbar ganz willkürlichen Cliquenwesen innerhalb der demokratischen Partei etwas politisch Sinnvolles zugrunde liegt; selbst ein so ausgezeichneter Wahlstatistiker wie *Harold F. Gosnell* hatte noch in seinen *„Grass Roots Politics"* (1942) erklärt, er könne keinerlei Beziehung feststellen zwischen der Wählerschaft *Huey Longs* und irgendwelchen sozialen oder wirtschaftlichen Gruppierungen. Die neueren Untersuchungen von *P. H. Howard* haben ferner gezeigt, daß die *Huey-Long*-Bewegung keineswegs nur eine Krisenerscheinung war, sondern daß sie einen ziemlich langen „Stammbaum" hat. Ohne „geographische" Analyse der Wahlstatistiken für einen Zeitraum von mehr als hundert Jahren wäre dies nicht möglich gewesen.

Oft zeigt sich der Wert der soziographischen Analyse erst bei den feineren Unterschieden, so wenn *Herbert L. G. Tingsten* (1937, S. 126, 134, 179) berichtet, es habe sich erwiesen, daß die Rate der sozialistischen Stimmen pro hundert Arbeiter um so höher ist, je größer der Anteil der Arbeiter an der Bevölkerung eines Stimmbezirks – also je konzentrierter die Arbeiter wohnen, und je mehr daher der einzelne Arbeiter sich im Einklang mit seinen Nachbarn befindet.

Seitdem ist die Bedeutung des „Kontext", in dem der Wähler handelt, zu allgemeiner Anerkennung gelangt (*Scheuch* in *Dogan* und *Rokkan* 1969, auch *Segal* und *Meyer* ibid). Neuerdings hat *Mattei Dogan* mittels ökologischer und statistischer Analysen und gelegentlicher Benutzung von Umfrageergebnissen das Verhalten der Arbeiter-Wähler zu *de Gaulle* und zum Kommunismus untersucht und ist dabei zu wichtigen Ergebnissen gelangt (*M. Dogan* 1965).

Die geographische Richtung in der Wahlsoziologie ist in erster Linie eine Technik der Kausalforschung an konkreten, einmaligen politischen Vorgängen. Dennoch ist es verlockend, aus den vielen monographischen Untersuchungen allgemeingültige Erkenntnisse abzuleiten. *Goguel* hat nachgewiesen, daß *A. Siegfrieds* Ergebnisse für Nordwestfrankreich und für das Ardèche keineswegs allgemeingültig sind, sondern infolge des Hinzutretens anderer Faktoren in manchen Gegenden stark modifiziert werden müssen. Immerhin ist aber *Goguel* der Ansicht, daß verallgemeinernde Aussagen hinsichtlich der die politische Meinungsbildung beeinflussenden Faktoren möglich seien. Es käme nur darauf an, eine genügend große Zahl von Regionaluntersuchungen durchzuführen (*F. Goguel* 1951). Demgegenüber könnte man geltend machen, daß die Zahl der in Frage kommenden Faktoren wahrscheinlich gar nicht so groß ist, daß eine sehr große Anzahl von Regionalstudien erforderlich wäre; vielmehr ist anzunehmen, daß man bald mit „abnehmenden Erträgen" rechnen müßte.

Bei internationalen Vergleichen ist zu bedenken, daß selbst Parteien gleichen oder ähnlichen Namens oft in verschiedenen Ländern verschiedene politische Richtungen darstellen; z. B. war die sozialdemokratische Partei Schwedens von je her viel weniger marxistisch als die sozialdemokratische Partei Deutschlands. Andererseits wäre es ja sonderbar, wenn das politische Verhalten vergleichbarer Teile der Wählerschaft in den verschiedenen westlichen Ländern nicht viele Ähnlichkeiten aufweisen sollte. Die nationalen Gesellschaften gehören alle zu dem großen Sozialkörper der abendländischen Kultur. Die Reaktionen abendländischer Menschen auf die „Herausforderungen der natürlichen Umgebung" (*A. Toynbee*) variieren doch nur innerhalb ziemlich enger Grenzen. Technik und Wirtschaft des ganzen Abendlandes beruhen auf denselben Prinzipien. Folglich begegnen uns dieselben Typen sozialer Struktur, sozialer Schichtung immer wieder, selbst in weit voneinander entfernten Regionen.

Es fragt sich nur, was für *Arten* von allgemeingültigen Erkenntnissen man erwarten darf. Die Diskussion der Faktoren der politischen Willensbildung hat bereits angedeutet, in welcher Richtung man nach allgemeinen Zusammenhängen suchen kann. Selbstverständlich wird niemand behaupten wollen, daß Leute, die auf Granit wohnen, immer konservativ wählen, oder daß Sandboden Radikalismus erzeuge. Aber die oben erwähnten Fälle agrarischer Unruheherde in den Trockenheitsgebieten des amerikanischen Weizengürtels, in den entforsteten Teilen von Michigan, Wisconsin und Louisiana und die analogen Erscheinungen in von Natur aus benachteiligten Gebieten Deutschlands und Frankreichs sind doch zumindest Fingerzeige dafür, was an politischen Einstellungen in Gebieten ähnlicher ökologischer Struktur zu erwarten ist, zumal wenn Monokultur und Abhängigkeit von sensitiven Märkten hinzukommen. Selbstverständlich kann sich die Unzufriedenheit auf verschiedene Weise äußern.

Dies gilt auch von den Großstädten: wir können zwar auf Grund zahlreicher Lokalstudien die Regel aufstellen, daß die Arbeiterdistrikte im allgemeinen Mehrheiten für die Partei (oder Parteien) aufweisen, die derjenigen Partei (oder den Parteien) entgegengesetzt ist, die in den von Unternehmern, Managern und anderen Angehörigen der Oberschichten bewohnten Stadtteilen Mehrheiten erzielt; aber *welche* Partei dies ist, hängt von lokalen und nationalen Bedingungen ab; in Paris mag es die kommunistische, in Chikago die demokratische Partei sein. Wir können aber auch aussagen, daß der räumliche Bereich, in dem die „Linke" Mehrheiten erzielt, sich in Zeiten wirtschaftlicher Krisen ausdehnt und in Zeiten der Wirtschaftsblüte zusammenzieht.

Sieht man also von den speziellen, in Parteiprogrammen formulierten Zielen ab, so kann man wohl, wie *Sten S. Nilsson* (1950) angeregt hat, typische Zusammenhänge zwischen bestimmten soziographischen oder ökologischen Bedingungen und der Neigung zu bestimmten Richtungsarten politischer Bewegungen und Parteien aufweisen.

Ausgewählte Literatur

(zu den Kapiteln Rokkan/Svåsand und Heberle)

Abendroth, Wolfgang, Aufgaben und Methoden einer deutschen historischen Wahlsoziologie, in: Vierteljahrsheft für Zeitgeschichte, Bd. 5 (1957).

Abrahamson, Paul R., Social Class and Political Change in Europe, in: Comparative Political Studies, Bd. 4 (1971).

Aitkin, Don, und *Michael Kahan,* Australia: Class Politics in a New World, in: *Richard Rose* 1974.

Alford, Robert R., Party and Society, Chicago 1963.

Alford, Robert R., und *Roger Friedman,* Nations, Party and Participation: A Critique of Political Sociology, in: Theory and Society, Bd. 1 (1974).

Alford, Robert R., und *Roger Friedman,* Political Participation and Public Policy, in: Annual Review of Sociology, Bd. 1 (1975).

Alker, Hayward R., Mathematics and Politics, New York 1965.

Allardt, Erik, Social struktur och politisk aktivitet, Helsingfors 1956.

Allardt, Erik, Community Activity, Leisure Use and Social Structure, in: *Stein Rokkan* (Hrsg.) 1962.

Allardt, Erik, Patterns of Class Conflict and Working Class Consciousness in Finnish Politics, in: *Erik Allardt* und *Yrjö Littunen* (Hrsg.) 1964.

Allardt, Erik, Social Sources of Finnish Communism, in: International Journal of Comparative Sociology, Bd. 5 (1964).

Allardt, Erik, Implications of Within-Nation Variations and Regional Imbalances for Cross-National Research, in: *R. Merritt* und *S. Rokkan* (Hrsg.) 1966.

Allardt, Erik, und *K. Bruun,* Characteristics of the Finnish Non-Voter, in: Transactions of the Westermarck Society, Bd. 3 (1956).

Allardt, Erik, u. a., On the Cumulative Nature of Leisure-Time Activities, in: Acta Sociologica, Bd. 3 (1958).

Allardt, Erik, und *Yrjö Littunen* (Hrsg.), Cleavages, Ideologies and Party Systems, Helsinki 1964.

Allardt, Erik, Patterns of Class Conflict and Working Class Consciousness in Finnish Politics, in *Erik Allardt* und *Yrjö Littunen* (Hrsg.) 1964, revidierte Fassung in: *Erik Allardt* und *Stein Rokkan,* 1970.

Allardt, Erik, und *Stein Rokkan* (Hrsg.), Mass Politics, New York 1970.

Almond, Gabriel, und *J. S. Coleman* (Hrsg.), The Politics of Developing Areas, Princeton, N. J. 1960.

Almond, Gabriel, und *Sidney Verba,* The Civic Culture, Princeton, N. J., 1963.

Arambourou, R., Réflexions sur la géographie électorale, in: Revue Française de Science Politique, Bd. 2 (1952).

Augst, E. R., Bismarcks Stellung zum parlamentarischen Wahlrecht. Dissertation Leipzig 1916.

Barnes, Samuel H., Party Democracy, Politics in an Italian Socialist Federation, New Haven 1967.

Barnes, Samuel H., Italy: Region and Class in Electoral Behavior, in: *Richard Rose* 1974.

Bendix, Reinhard, Nation-Building and Citizenship, New York 1964.

Bendix, Reinhard, und *Seymour M. Lipset,* Political Sociology, in: Current Sociology, Bd. 6 (1957).

Bendix, Reinhard, und *Stein Rokkan,* The Extension of Citizenship to the Lower Classes, in: *Reinhard Bendix* 1964.

Bengtsson, Lars, et al., Svenska partiapparater. De politiska partiernas organisatoriska uppbygnad, Stockholm 1972.

Benoist, Ch., La crise de l'état moderne. De l'organisation du suffrage universel, Paris 1896.

Berelson, Bernard, R., Democratic Theory and Public Opinion, in: Public Opinion Quarterly, Bd. 16 (1952).

Berelson, Bernard R., Paul F. Lazarsfeld und *William N. McPhee*, Voting. A Study of Opinion Formation in a Presidential Campaign, Chicago 1954.

Bernard, Philippe, Economie et sociologie de la Seine-et-Marne, 1850 bis 1950, in: Cahiers de la Fondation nationale des Sciences politiques, Nr. 43, Paris 1953.

Beyer, Hans, Die Frau in der politischen Entscheidung. Eine statistisch-soziologische Untersuchung über das Frauenwahlrecht in Deutschland, Stuttgart 1933.

Birke, W., European Elections by Direct Suffrage, Leiden 1961.

Bisco, Ralph, Social Science Data Archives. A Review of Recent Developments, in: American Political Science Review, Bd. 60 (1966).

Blank, R., Die soziale Zusammensetzung der sozialdemokratischen Wählerschaft Deutschlands, in: Archiv für Sozialwissenschaften und Sozialpolitik, Bd. 20 (1904/05).

Bock, Ernst, Wahlstatistik. Ein Beitrag zur politischen Statistik, Halle/Saale 1919.

Boudon, Raymond, Propriétés individuelles et propriétés collectives, in: Revue Française de Sociologie, Bd. 4 (1963).

Boudon, Raymond, L'analyse mathématique des faits sociaux, Paris 1967.

Bracher, Karl D., Die Auflösung der Weimarer Republik, 4. Aufl. Villingen 1964, zuerst 1955.

Braun, A., Die Reichstagswahlen von 1898 und 1903, in: Archiv für Sozialwissenschaften und Sozialpolitik, Bd. 18 (1903).

Braunias, Karl, Das parlamentarische Wahlrecht. Ein Handbuch über die Bildung der gesetzgebenden Körperschaften in Europa, 2 Bde., Berlin und Leipzig 1932.

Bryce, James, Modern Democracies, London 1921.

Budge, Ian, Ivor Crewe and *Dennis Farlie* (Hrsg.), Party Identification and Beyond, New York 1976.

Burdick, Eugene, und *Arthur J. Brodbeck* (Hrsg.), American Voting Behavior, New York 1959.

Burnham, Walter D., The Changing Shape of American Politics, in: American Political Science Review, Bd. 59 (1965).

Burnham, Walter D., Critical Elections and the Mainsprings of American Politics, New York 1970.

Burnham, Walter D., American Politics in the 1970's: Beyond Parties? in: *W. N. Chambers* und *Walter D. Burnham* (Hrsg.), The American Party Systems, 2. Aufl. New York 1976.

Butler, David E., The Study of Political Behaviour, London 1958.

Butler, David E., und *Donald Stokes*, Political Change in Britain, London 1969.

Cameron, David, Consociation, Cleavage and Realignment: Postindustrialization and Partisan Change in Eight European Nations, Paper, APSA, Chicago 1974.

Campbell, Angus, Philip Converse, Warren Miller und *Donald Stokes*, The American Voter, New York 1960.

Campbell, Angus, Philip Converse, Warren Miller und *Donald Stokes*, Elections and the Political Order, New York 1966.

Cappecchi, Vittorio, Cioni Polacchini, G. Galli und *G. Sivini*, Il comportamento elettorale in Italia, Bologna 1968.

Charney, J. P., Société militaire et suffrage politique en France, Paris 1964.

Charney, J. P., Le suffrage politique en France, Paris 1965.

Clark, Terry N. (Hrsg.), Community Structure and Decision-Making, San Francisco 1968.

Clark, Terry N. (Hrsg.), Comparative

Community Politics, New York 1974.

Converse, Philip E., Of Time and Partisan Stability, in: Comparative Political Studies, Bd. 2 (1969).

Converse, Philip E., Some Priority Variables in Comparative Research, in: Richard Rose 1974.

Converse, Philip E., Public Opinion and Voting Behavior, in: Handbook of Political Science, Bd. 4, Reading, Mass. 1975.

Converse, Philip E., und Henry Valen, Dimensions of Cleavage and Perceived Party Distance in Norwegian Voting, in: Scandinavian Political Studies, Bd. 6 (1971).

Conze, Werner, Wahlsoziologie und Parteigeschichte. Neue französische Forschungen, in: A. Hermann (Hrsg.), Aus Geschichte und Politik. Festschrift zum 70. Geburtstag von Ludwig Bergsträsser, Düsseldorf 1954.

Courtney, John C. (Hrsg.), Voting in Canada, Scarborough 1967.

Cox, Kevin, David Reynolds und Stein Rokkan (Hrsg.), Locational Approaches to Power and Conflict, New York 1973.

Crewe, Ivor, Do Butler and Stokes Really Explain Political Change, in: European Journal of Political Research, Bd. 2 (1974).

Crewe, Ivor, und Clive Payne, Another Game with Nature: An Ecological Regression Model of the British Two Party Vote Ratio in 1970, in: British Journal of Political Science, Bd. 6 (1976).

Crewe, Ivor, Bo Särlvik und James Alt, Partisan Dealignment in Britain 1964–1974, in: British Journal of Political Sociology, Bd. 7 (1977).

Crotty, William J., A Perspective for the Comparative Analysis of Political Parties, in: Comparative Political Studies, Bd. 3 (1970).

Crotty, William J., Approaches to the Study of Party Organizations, Boston 1968.

Daalder, Hans, Parties and Politics in the Netherlands, in: Political Studies, Bd. 3 (1955).

Daalder, Hans, Parties, Elites and Political Developments in Western Europe, in: Joseph LaPalombara und Myron Weiner (Hrsg.) 1966.

Daalder, Hans, The Netherlands: Opposition in a Segmented Society, in: Robert A. Dahl (Hrsg.) 1966.

Dahl, Robert A., Who Governs? New Haven, Conn., 1961.

Dahl, Robert A. (Hrsg.), Political Oppositions in Western Democracies, New Haven, Conn., 1966.

Desabie, Jacques, Le réferendum. Essai d'étude statistique, in: Journal de la Société de statistique de Paris, Bd. 100 (1959).

Deutsch, Karl, Nationalism and Social Communication, New York 1953.

Deutsch, Karl, Social Mobilization and Political Development, in: American Political Science Review, Bd. 55 (1961).

Diederich, Nils, Empirische Wahlforschung. Konzeptionen und Methoden im internationalen Vergleich, Köln und Opladen 1965.

Dittberner, J., und Rolf Ebrighausen (Hrsg.), Parteisystem in der Legitimationskrise, Köln-Opladen 1973.

Dogan, Mattei, Le comportement politique des femmes dans les pays de l'Europe occidentale, in: Institut de Sociologie Solvay, La condition sociale de la femme, Brüssel 1956.

Dogan, Mattei, La stratificazione sociale dei suffragi, in: Alberto Spreafico und Joseph G. LaPalombara (Hrsg.) 1963.

Dogan, Mattei, Le vote ouvrier en France. Analyse des élections de 1962, in: Revue Française de Sociologie, Bd. 6 (1965).

Dogan, Mattei, Les contextes politiques en France, Beitrag zum 6. Weltkongreß für Soziologie, Evian 1966.

Dogan, Mattei, Political Cleavage and Social Stratification in France and Italy, in: S. M. Lipset und S. Rokkan (Hrsg.) 1967.

Dogan, Mattei, und *Jacques Narbonne,* Les Françaises face à la politique. Comportement politique et condition sociale, in: Cahiers de la Fondation nationale des Sciences politiques, Nr. 72, Paris 1955.

Dogan, Mattei, und *Stein Rokkan* (Hrsg.), Quantitative Ecological Analysis, Cambridge, Mass., 1969.

Downs, Anthony, An Economic Theory of Democracy, New York 1957; dtsch.: Ökonomische Theorie der Demokratie,Tübingen 1968.

Dupeux, Georges, Le problème des abstentions dans le département de Loir-et-Cher au début de la Troisième République, in: Revue Française de Science Politique, Bd. 2 (1952).

Dupeux, Georges, Le comportement électoral. Revue des recherches significatives et bibliographie, in: Current Sociology, Bd. 3 (1954/55).

Duverger, Maurice, u. a., L'influence des systèmes électoraux sur la vie politique, Paris 1950.

Duverger, Maurice, Les partis politiques, Paris 1951; dtsch.: Die politischen Parteien, Tübingen 1959.

Duverger, Maurice, u. a. Les élections du 2 janvier 1956, Paris 1957.

Easton, David, An Approach to the Analysis of Political Systems, in: World Politics, Bd. 9 (1957).

Einaudi, Mario, The Italian Elections of 1948, in: Review of Politics, Bd. 10 (1948).

Eisenstadt, Samuel N., und *Stein Rokkan* (Hrsg.), Building States and Nations, 2 Bde. Beverly Hills 1973, 1974.

Eldersveld, Samuel J., Theory and Methods in Voting Behaviour Research, in: Journal of Politics, Bd. 13 (1951).

Eliassen, Kjell, und *Lars Svåsand,* The Formation of Mass Political Organizations. An Analytical Framework, in: Scandinavian Political Studies, Bd. 10 (1975).

Epstein, Leon D., Political Parties in Western Democracies, New York 1963.

Epstein, Leon D., Political Parties, in: Handbook of Political Science, Bd. 4, Reading, Mass. 1975.

Evans, E. D., A History of the Australian Ballot System in the United States, Chicago 1917.

Eyck, Erich, Bismarck, Bd. 1, Erlenbach und Zürich 1945.

Faul, Erwin, Wahlen und Wähler in Westdeutschland, Villingen 1960.

Fauvet, Jacques, Les forces politiques en France. De Thorez à de Gaulle. Etude et géographie des divers partis, Paris 1951.

Fraenkel, Ernst, Parlament und öffentliche Meinung, in: Zur Geschichte und Problematik der Demokratie. Festgabe für H. Herzfeld, Berlin 1958 a.

Fraenkel, Ernst, Die Repräsentative und die Plebiszitäre Komponente des demokratischen Verfassungsstaats, Tübingen 1958 b.

Gagel, Walter, Die Wahlrechtsfrage in der Geschichte der deutschen liberalen Parteien, Düsseldorf 1959.

Gallagher, Michael, Electoral Support for Irish Political Parties, 1927 to 1973, London 1976.

Galli, Giorgio, und *Alfonso Prandi,* Patterns of Political Participation in Italy, New Haven 1970.

Garvin, Tom, Political Cleavages, Party Politics and Urbanisation, in: European Journal of Political Research, Bd. 2 (1974).

Geertz, Clifford, The Integrative Revolution, in: *Clifford Geertz* (Hrsg.), Old Societies and New States, New York 1963.

Goguel, François, Esquisse d'un bilan de la sociologie électorale française, in: Revue Française de Science Politique, Bd. 1 (1951).

Goguel, François, Structure sociale et opinions politiques à Paris d'après les élections du 17 juin 1951, in: Revue Française de Science politique, Bd. 1 (1951).

Goguel, François, Géographie des élections françaises de 1870 à 1951, in: Cahiers de la Fondation nationale des Sciences politiques, Nr. 27, Paris 1951.

Goguel, François (Hrsg.), Nouvelles études de sociologie électorale, in: Cahiers de la Fondation nationale des Sciences politiques, Nr. 60, Paris 1954.

Goguel, François, und *Georges Dupeux*, Sociologie électorale. Esquisse d'un bilan. Guide de recherches, in: Cahiers de la Fondation nationale des Sciences politiques, Nr. 26, Paris 1951.

Gollwitzer, Helmut, Der Cäsarismus Napoleons III. im Widerhall der öffentlichen Meinung Deutschlands, in: Historische Zeitschrift, Bd. 173 (1952).

Goodman, Leo, Some Alternatives to Ecological Correlation, in: American Journal of Sociology, Bd. 64 (1959).

Gosnell, Harold F., Why Europe Votes, Chicago 1930.

Gosnell, Harold, F., Grass Roots Politics. National Voting Behavior of Typical States, Washington, D. C., 1942.

Grenier, Charles E., und *Parry H. Howard*, The Edwards Victory, in: Revue de la Louisiane/Louisiana Review 1972 (mit 4 Computer-Karten).

Gruner, Erich, Die Parteien in der Schweiz, Bern 1969.

Gurland, Arkadij R. L. (Hrsg.), Amerikanische Wahlanalysen. Notizen zur neueren Fachliteratur, in: Faktoren der Machtbildung. Wissenschaftliche Studien zur Politik, Schriften des Instituts für Politische Wissenschaft, Bd. 2, Berlin 1952.

Harham, H. J., Elections and Party Management. Politics in the Time of Disraeli and Gladstone, London 1959.

Hansen, Amund, Norsk Folkepsykologi, Kristiania 1899.

Hausknecht, Murray, The Joiness, Totowa, N. J., 1962.

Havard, William, *Rudolf Heberle* und *Perry H. Howard*, The Louisiana Elections of 1960, Baton Rouge La. 1962.

Havard, William C. (Hrsg.), The Changing Politics of the South, Baton Rouge 1972.

Heberle, Rudolf, Zur Ideengeschichte der Arbeiterbewegung in Schweden, Jena 1925.

Heberle, Rudolf, From Democracy to Nazism, Baton Rouge, La., 1945.

Heberle, Rudolf, Social Movements, New York 1951.

Heberle, Rudolf, Landbevölkerung und Nationalsozialismus, Stuttgart 1963.

Heberle, Rudolf, Hauptprobleme der Politischen Soziologie, Stuttgart 1967.

Heberle, Rudolf, George Hillery und *Frank Lovrich, Jr.*, Continuity and Change in the 1952 Primaries in Louisiana, in: Southwestern Social Sciences Quarterly, Bd. 33 (1953).

Heberle, Rudolf, und *Perry H. Howard*, An Ecological Analysis of Political Tendencies in Louisiana Presidential Elections of 1952, in: Social Forces, Bd. 32 (1954).

Hermens, Ferdinand A., Democracy or Anarchy?, Notre Dame, Ind., 1941; Neuaufl.: Europe between Democracy and Anarchy, Notre Dame, Ind., 1951.

Hermens, Ferdinand A., The Representative Republic, Notre Dame, Ind., 1958.

Herz, H., Über Wesen und Aufgaben der politischen Statistik, Leipzig 1932.

Hill, Keith, Belgium. Political Change in a Segmented Society, in: *Richard Rose* 1974.

Himmelstrand, Ulf, A Theoretical and Empirical Approach to Depoliticization and Political Involvement, in: *Stein Rokkan* (Hrsg.) 1962.

Hirsch-Weber, Wolfgang, und *Klaus Schütz*, Wähler und Gewählte. Eine Untersuchung der Bundestagswahlen 1953. Schriften des Instituts für Politische Wissenschaft, Bd. 7, Berlin und Frankfurt/Main 1957.

Høgh, Erik, Vaelgeradfaerd i Danmark 1849–1901, København 1972.

Howard, Perry H., Political Tendencies in Louisiana, revidierte und erweiterte Ausgabe, Baton Rouge, La. 1971.

Howard, Perry H., Louisiana, Resistance and Change, in Havard 1972.

Hugonnier, S., Tempéraments politiques et géographie électorale de deux grandes vallées intra-alpines des Alpes du Nord. Maurienne et Tarentaise, in: Revue de Géographie alpine, Bd. 42 (1954).

Hunt, Richard N., German Social Democracy 1918–1933, Chicago 1970.

Huntington, Samuel P., Political Modernization: America vs. Europe, in: World Politics, Bd. 18 (1966).

Inglehart, Ronald, The Silent Revolution in Europe, in: American Political Science Review, Bd. 15 (1971).

Institut de Sociologie Solvay, Les élections européennes au suffrage universel direct, Brüssel 1960.

Institute of Electoral Research, A Review of Elections 1954–1958, London 1960.

Institute of Electoral Research, A Review of Elections 1959, London 1961.

Institute of Electoral Research, A Review of Elections 1960, London 1962.

Institute of Electoral Research, Parliaments and Electoral Systems. A World Handbook, London 1962.

Institute of Electoral Research, A Review of Elections 1961/62, London 1963.

Jackman, Robert W., Political Parties, Voting and National Integration. The Canadian Case, in: Comparative Politics, Bd. 4 (1972).

Jennings, Ivor W., Party Politics, Bd. 1: Appeal to the People, Cambridge 1960.

Jennings, M. Kent, und *Barbara Farah,* Continuities in Comparative Research Strategies: The Mannheim Data Confrontation Seminar, in Social Science Information, Bd. 16 (1977).

John, Victor, Geschichte der Statistik, Stuttgart 1884.

Kaack, Hans, Geschichte und Struktur des deutschen Parteiensystems, Opladen 1972.

Kaase, Max, Die Bundestagswahl 1971. Probleme und Analysen, in: Politische Vierteljahresschrift, Bd. 14 (1973).

Kaase, Max, und *Hans D. Klingemann,* Politische Ideologie und politische Beteiligung, in: Mannheimer Berichte Bd. 11 (1976).

Katz, Daniel, und *Samuel J. Eldersveld,* The Impact of Local Party Activity on the Electorate, in: Public Opinion Quarterly, Bd. 25 (1960/61).

Katz, Elihu, und *Paul F. Lazarsfeld,* Personal Influence, Glencoe, Ill., 1955.

Kerr, Henry, Switzerland: Social Cleavages and Partisan Conflicts, London 1974.

Key, Jr., V. O., Southern Politics in State and Nation, New York 1949.

Key, Jr., V. O., A Primer of Statistics for Political Scientists, New York 1954.

Key, V. O., The Responsible Electorate, Cambridge 1966.

Kinneman, John A., und *Shirley E. Shipley,* The Ecology of Pluralities in Presidential Elections, in: American Sociological Review, Bd. 10 (1945).

Kirchheimer, Otto, The Waning of Opposition in Parliamentary Regimes, in: Social Research, Bd. 24 (1957).

Kirchheimer, Otto, The Transformation of the Western European Party System, in: *Joseph LaPalombara* und *Myron Weiner* 1966.

Kitzinger, Uwe W., Britain, Europe and Beyond. Essays in European Politics, Leiden 1964.

Klatzmann, Joseph, Comportement électoral et classe sociale in: *Maurice Duverger* u. a., Les élections du 2 janvier 1956, Paris 1957.

Klatzmann, Joseph, Géographie électorale de l'agriculture française, in *J. Fauvet* und *H. Mendras* (Hrsg.), Les paysans et la politique, Paris 1958.

Klingemann, Hans D., Bestimmungsgründe der Wahlentscheidung, Meisenheim 1969.

Kornhauser, William, The Politics of Mass Society, Glencoe, Ill., 1959.

Kuhnle, Stein, Patterns of Social and Political Mobilization: An Historical Analysis of the Northern Countries, London 1974.

Ladd, Everett, Jr., mit *Charles D. Hadley*, The Transformation of the American Party System, New York 1975.

Lakeman, Enid, und *James D. Lambert*, Voting in Democracies, London 1955.

Lancelot, Alain, und *Jean Ranger*, Développements récents de la recherche électorale en France, in: Il Politico, Bd. 29 (1964).

Lancelot, Alain, L'abstentionisme électoral en France, Paris 1968.

Lane, Robert E., Political Life, Why People Get Involved in Politics, Glencoe, Ill., 1959.

LaPalombara, Joseph, und *Myron Weiner* (Hrsg.), Political Parties and Political Development, Princeton, N. J., 1966.

Lasswell, Harold D., u. a., The Comparative Study of Elites, Stanford, Cal., 1952.

Lazarsfeld, Paul F., Notes on the History of Quantification in Sociology, in: *H. Woolf* (Hrsg.), Quantification, Indianapolis, Ind., 1961.

Lazarsfeld, Paul F., *Bernard R. Berelson* und *Hazel Gaudet*, The People's Choice. How the Voter Makes Up His Mind in a Presidential Campaign, 3. Aufl., New York 1968, zuerst 1944; dtsch.: Wahlen und Wähler, Neuwied und Berlin 1969.

Lefèvre-Pontalis, A., Les élections en Europe à la fin du XIXe siècle, Paris 1902.

Lehmbruch, Gerhard, Die Soziologie der Wählerschaft in der internationalen Forschung, in: Gesellschaft und Erziehung, Bd. 2 (1975).

Lenski, Gerhard, Social Participation and Status Crystallization, in: American Sociological Review, Bd. 21 (1956).

Lewis, Oscar, Comparisons in Social Anthropology, in: *W. L. Thomas, Jr.* (Hrsg.), Current Anthropology, Chicago 1956.

Liepelt, Klaus, The Infra-structure of Party Support in Germany and Austria, in *M. Dogan* und *R. Rose* (Hrsg.) 1971.

Liepelt, Klaus, und *Alexander Mitscherlich*, Thesen zur Wählerfluktuation, Frankfurt 1968.

Lijphart, Arend, The Netherlands: Continuity and Change in Voting Behavior, in: *Richard Rose* 1974.

Linz, Juan, Spain. An Authoritarian Regime, in *E. Allardt* und *Y. Littunen* (Hrsg.) 1964.

Linz, Juan, Cleavage and Consensus in West German Politics: The Early Fifties in: *S. M. Lipset* und *S. Rokkan* (Hrsg.) 1967.

Linz, Juan, The Party System of Spain, in: *S. M. Lipset* und *Stein Rokkan* (Hrsg.) 1967.

Linz, Juan, und *A. de Miguel*, Within-Nation Differences and Comparisons, The Eight Spains, in: *Richard L. Merritt* und *Stein Rokkan* (Hrsg.) 1966.

Lipset, Seymour M., Political Man, New York und London 1960; dtsch. (gek.): Soziologie der Demokratie, Neuwied und Berlin 1962.

Lipset, Seymour M., Radical Rightists of Three Decades – Coughlinites, McCarthyites and Birchers, in: *Daniel Bell* (Hrsg.), The Radical Right, New York 1963.

Lipset, Seymour M., The First New Nation, New York 1963.

Lipset, Seymour M., Beyond the Backlash, in: Encounter, Bd. 23 (1964).

Lipset, Seymour M., The Changing Class Structure and Contemporary European Politics, in: Daedalus, Bd. 93 (1964).

Lipset, Seymour M., Ostrogorski and the Analytical Approach to the Comparative Study of Political Parties, in: *Mosei J. Ostrogorski* 1964.

Lipset, Seymour M., Religion and Politics in the American Past and Present, in: *R. Lee* und *M. Martin*, Religion and Social Conflict, New York 1964.

Lipset, Seymour M., u. a., The Psychology of Voting. An Analysis of Political Behavior, in: *Gardner Lindzey* (Hrsg.), Handbook of Social Psychology, Bd. 1, Cambridge, Mass., 1954.

Lipset, Seymour M., u. a. Union Democracy, New York 1956.

Lipset, Seymour M., und *Juan Linz*, The Social Bases of Political Diversity, Stanford, Cal., 1956 (hektographiert).

Lipset, Seymour M., und *Stein Rokkan* (Hrsg.), Party Systems and Voter Alignments, New York 1967.

Loomis, Charles P., und *Allan J. Beegle*, The Spread of German Nazism in Rural Areas, in: American Sociological Review, Bd. 11 (1946).

Mackenzie, William J. M., Free Elections, London und New York 1958.

Mackenzie, William J., und *Kenneth Robinson* (Hrsg.), Five Elections in Africa, Oxford 1960.

Mackie, Tom, und *Richard Rose*, The International Almanac of Electoral History, London 1974.

Maquet, Jacques, Elections en société féodale. Une étude sur l'introduction du vote populaire en Ruanda-Urundi, Brüssel 1961.

Martinussen, Willy, The Distant Democracy, New York 1977.

Marshall, T. H., Citizenship and Social Class, London 1950.

Marvick, Dwaine (Hrsg.), Political Decision-Makers. Recruitment and Performance, Glencoe, Ill., 1960.

Matthias, Erich, und *R. Morsey* (Hrsg.), Das Ende der Parteien 1933, Düsseldorf 1960.

May, John D., Democracy, Organization, Michels, in: American Political Science Review, Bd. 59 (1965).

May, John D., Democracy, Parties' ,Evolution', Duverger, in: Comparative Political Studies, Bd. 2 (1969).

Mayer, Gustav, Bismarck und Lassalle. Ihr Briefwechsel, Berlin 1928.

Mayntz, Renate, Parteiengruppen in der Großstadt, Köln und Opladen 1959.

Mayr, Georg von, Statistik und Gesellschaftslehre, 3 Bde., Freiburg im Breisgau 1895–1917.

McKenzie, Robert T., British Political Parties, London 1955.

McPhee, William N., und *William A. Glazer* (Hrsg.), Public Opinion and Congressional Elections, Glencoe, Ill., 1962.

Meisel, John, Cleavages, Parties and Values in Canada, London 1974.

Merritt, Richard L., und *Stein Rokkan* (Hrsg.), Comparing Nations, New Haven, Conn., 1966.

Meyer, Georg. Das parlamentarische Wahlrecht, Berlin 1901

Michels, Robert, Die deutsche Sozialdemokratie. Parteimitgliedschaft und soziale Zusammensetzung, in: Archiv für Sozialwissenschaft und Sozialpolitik, Bd. 23 (1906).

Michels, Robert, Zur Soziologie des Parteiwesens in der modernen Demokratie (hrsg. und mit einem Anhang versehen von *Werner Conze*), Neudruck der 2. Aufl., Stuttgart 1957, zuerst 1911; engl.: Political Parties (hrsg. und eingeleitet von *Seymour M. Lipset*), 2. Aufl., New York 1962, zuerst 1915.

Milatz, Alfred, Das Ende der Parteien im Spiegel der Wahlen 1930–1933, in: *Erich Matthias* und *Rudolph Morsey* (Hrsg.) 1960.

Milbrath, Lester, Political Participation, Chicago 1966.

Miller, Warren E., One-Party Politics and the Voter, in: American Political Science Review, Bd. 50 (1956).

Miller, Warren E., und *Donald E. Stokes*, Representation in the American Congress, Englewood Cliffs, N. J., 1969.

Miller, William L., et al., The Connection between SNP Voting and the Demand for Scottish Self-Government, in: European Journal of Political Research, Bd. 5 (1977).

Milne, R. S., und H. C. Mackenzie, Marginal Seat. A Study in Voting Behaviour in the Constituency Bristol North East of the General Election of 1955, London 1958.

Mintzel, Alf, CSU. Anatomie einer konservativen Partei, 1945–1972, Opladen 1975.

Mitchell, Jeremy, Electoral Strategy under Open Voting. Evidences from England 1832–1880, in: Public Choice, Bd. 28 (1976).

Morazé, Charles, u. a., Etudes de sociologie électorale, in: Cahiers de la Fondation nationale des Sciences politiques, Nr. 1, Paris 1947.

Nedelmann, Birgitta, Zur Parteienentstehung in Schweden (1866–1907). Historisch-soziologische Aspekte der Institutionalisierung politischer Organisationen, Dissertation, Mannheim 1970.

Nedelmann, Birgitta, Handlungsraum politischer Organisationen, in: R. Wildenmann (Hrsg.), Sozialwissenschaftliches Jahrbuch für Politik, Bd. 4, München 1975.

Neumann, Sigmund (Hrsg.), Modern Political Parties, Chicago 1954.

Nicholas, H. G., The British General Election of 1950, London 1951.

Nie, Norman H., und Sidney Verba, Political Participation, in: Handbook of Political Science, Bd. 4, Reading, Mass. 1975.

Nie, Norman, Sidney Verba und John R. Petrocik, The Changing American Voter, Cambridge, Mass. 1976.

Nilson, Sten S., Histoire et sciences politiques. Essai sur la méthode quantitative, Bergen 1950.

Nilson, Sten S., Le communisme dans les pays du Nord, in: Revue Française de Science politique, Bd. 1 (1951).

Nilson, Sten S., Wahlsoziologische Probleme des Nationalsozialismus, in: Zeitschrift für die gesamte Staatswissenschaft, Bd. 110 (1954).

Nipperdey, T., Die Organisation der deutschen Parteien vor 1918, Düsseldorf 1918.

Oberschall, Antony, Empirical Social Research in Germany 1848–1914, Paris 1965.

O'Leary, Cornelius, The Elimination of Corrupt Parties in British Elections 1866–1911, Oxford 1961.

Olsson, John, Den politiska partifördelningen inom de olika socialer klasserna i Sverige, in: Statsvet. Tidskrift 1923.

Ostrogorski, Mosei J., Democracy and the Organization of Political Parties (hrsg. und eingeleitet von Seymour M. Lipset), 2. gekürzte Aufl., New York 1964, zuerst 1902.

Pappi, Franz U., Sozialstruktur und politische Konflikte in der Bundesrepublik, Habil. schr. Universität zu Köln 1977.

Parsons, Talcott, Voting and the Equilibrium of the American Political System, in: Eugene Burdick und Arthur Brodbeck (Hrsg.) 1959.

Pataut, Jean, Sociologie électorale de la Nièvre au XXe siècle, Bd. I, Paris 1956.

Pesonen, Pertti, Finland: Party Support in a Fragmented System, in: Richard Rose 1974.

Pesonen, Pertti, Dimensions of Political Cleavage in Multi-Party Systems, in: European Journal of Political Research, Bd. 1 (1973).

Pestoff, Victor, Voluntary Associations and Nordic Party Systems, Institute of Political Science, University of Stockholm, 1977.

Polsby, N. W., Community Power and Political Theory, New Haven 1963.

Pomper, Gerold M., From Confusion to Clarity: Issues and American Voters, in: American Political Science Review, Bd. 66 (1972).

Prewitt, Kenneth, und Norman Nie, Election Studies of the Survey Research Center, in: British Journal of Political Science Studies, Bd. 1 (1970).

Pyfferoen, Oscar, L'électorat politique et administratif en Europe, Paris 1903.

Ranney, Austin (Hrsg.), Essays on the Behavioral Study of Politics, Urbana, Ill., 1962.

Rantala, O., Konservatiivinen puolueyhteisö (The Conservative Party Community), Helsinki 1956.

Reigrotzki, Erich, Soziale Verflechtungen in der Bundesrepublik, Tübingen 1956.

Rice, Stuart A., Farmers and Workers in American Politics, New York 1924.

Rice, Stuart A., Quantitative Methods in Politics, New York 1928.

Ritter, Dergard (Hrsg.), Die Deutschen Parteien vor 1918, Köln 1973.

Robinson, William S., Ecological Correlations and the Behavior of Individuals, in: American Sociological Review, Bd. 15 (1950).

Rokkan, Stein, Electoral Activity, Party Membership and Organizational Influence, in: Acta Sociologica, Bd. 4 (1959).

Rokkan, Stein, Mass Suffrage, Secret Voting and Political Participation, in: Archives Européennes de Sociologie, Bd. 2 (1961).

Rokkan, Stein (Hrsg.), Approaches to the Study of Political Participation, Bergen 1962 a.

Rokkan, Stein, The Comparative Study of Political Participation, in: *Austin Ranney* (Hrsg.) 1962 b.

Rokkan, Stein, Zur entwicklungssoziologischen Analyse von Parteisystemen. Anmerkungen für ein hypothetisches Modell, in: Kölner Zeitschrift für Soziologie und Sozialpsychologie, Bd. 17 (1965).

Rokkan, Stein (Hrsg.), Data Archives for the Social Sciences, Paris 1966 a.

Rokkan, Stein, Electoral Mobilization, Party Competition and National Integration, in: *Joseph G. LaPalombara* und *Myron Weiner* (Hrsg.) 1966 b.

Rokkan, Stein, Norway: Numerical Democracy and Corporate Pluralism, in: *Robert A. Dahl* (Hrsg.) 1966 c.

Rokkan, Stein, Geography, Religion and Social Class, in: *S. M. Lipset* und *S. Rokkan* (Hrsg.), Party Systems and Voter Alignments, New York 1967.

Rokkan, Stein, Electoral Systems, in: International Encyclopedia of the Social Sciences, New York 1968.

Rokkan, Stein, Citizens, Elections Parties, Oslo, Universitetsforlaget, New York 1970.

Rokkan, Stein, Dimensions of State Formation and Nation-Building, in *Tilly, C.* (Hrsg.), The Formation of National States, Princeton 1975 a.

Rokkan, Stein, Votes Count, Resources Decide, in: Makt og motiv. Festskrift til Jens Arup Seip, Oslo 1975 b.

Rokkan, Stein, Data Services in Western Europe, in: American Behavioral Scientist, Bd. 19 (1976).

Rokkan, Stein, und *Agnus Campbell,* Citizen Participation in Political Life. Norway and the United States of America, in: International Social Science Journal, Bd. 12 (1960); auch in: *Jean Meynaud* (Hrsg.), Decisions and Decision Makers in the Modern State, Paris 1967.

Rokkan, Stein, und *J. Meyriat,* International Guide to Electoral Statistics, Bd. 1, Paris 1969.

Rokkan, Stein, und *Per Torsvik,* Der Wähler, der Leser und die Parteipresse. Eine Analyse über politische Einstellung und Lesen von Zeitungen in Norwegen, in: Kölner Zeitschrift für Soziologie und Sozialpsychologie, Bd. 12 (1960).

Rokkan, Stein, und *Henry Valen,* The Mobilization of the Periphery, in: *Stein Rokkan* (Hrsg.) 1962.

Rokkan, Stein, und *Henry Valen,* Regional Contrasts in Norwegian Politics, in: *Erik Allardt* und *Yrjö Littunen* (Hrsg.) 1964.

Rokkan, Stein, und *Bjørn Henrichsen,* Building Infrastructures for Social Research. Research in Norway 1976. Oslo, Norw. Research Council 1976.

Rokkan, Stein, Sidney Verba, Jens Viet und *Elina Almasy,* Comparative Survey Analysis, Paris 1970.

Rose, A. M., Theory and Method in the Social Sciences, Minneapolis, Minn., 1954.

Rose, Richard, The Problem of Party Government, Harmondsworth 1974 a.

Rose, Richard (Hrsg.), Electoral Behavior. A Comparative Handbook, New York 1974 b.

Rose, Richard, und Derek Urwin, Territorial Differentiation and Political Unity in Western Nations, London, Beverly-Hills 1974.

Rossi, Peter, Four Landmarks in Voting Research, in: Eugene Burdick und Arthur J. Brodbeck (Hrsg.) 1959.

Rossi, Peter, Theory, Research and Practice in a Community Organization, in: Charles R. Adrian (Hrsg.), Social Science and Community Action, East Lansing, Mich., 1960.

Rossi, Peter, „Public" and „Private" Leadership in America. Bericht für The Fund for the Advancement of Education, hektograph., Chicago 1960.

Rossi, Peter, und Philipps Cutright, The Political Organization of an Industrial Community, in: Morris Janowitz (Hrsg.), Community Power Systems, Glencoe, Ill., 1960.

Roth, Guenther, The Social Democrats in Imperial Germany, Totowa 1963.

Rustow, Dankwart A., Politics and Westernization in the New East, Princeton. N. J., 1956.

Ryderfelt, Sven, Kommunismen i Sverige, Lund 1954.

Särlvik, Bo, Sweden: The Social Basis of the Parties in a Developmental Perspective, in: Richard Rose (1974 b).

Sahner, Heinz, Politische Tradition, Sozialstruktur und Parteiensystem in Schleswig-Holstein. Ein Beitrag zur Replikation von Rudolf Heberles: Landbevölkerung und Nationalsozialismus, Meisenheim a. Glan 1972.

Sartori, Giovanni, From the Sociology of Politics to Political Sociology, in: S. M. Lipset (Hrsg.), Politics and the Social Science, Oxford University Press 1969.

Sartori, Giovanni, Parties and Party Systems, Bd. I, Cambridge 1976.

Schepis, Giovanni, I sistemi elettorali, Empoli 1955.

Scheuch, Erwin K., Cross-National Comparisons Using Aggregate Data. Some Substantive and Methodological Problems, in: Richard Merritt und S. Rokkan (Hrsg.) 1966.

Scheuch, Erwin K., und Rudolf Wildenmann (Hrsg.), Zur Soziologie der Wahl, Sonderheft 9 der Kölner Zeitschrift für Soziologie und Sozialpsychologie, 2. Aufl., Köln und Opladen 1968, zuerst 1965.

Schlesinger, Joseph, Political Party Organizations, in: James G. March (Hrsg.), Handbook of Organizations, Chicago 1965.

Schleth, Uwe, und Erich Weede, Causal Models on West German Voting Behavior, in: Sozialwissenschaftliches Jahrbuch für Politik, Bd. 2, München 1970.

Schmid, Calvin F., Social Trends in Seattle, in: University of Washington Publications in the Social Sciences, Bd. 14 (1944).

Schulze, R. O., The Role of Economic Dominants in Community Power Structure, in: American Sociological Review, Bd. 23 (1958).

Schwartz, Mildred, Canadian Voting Behavior, in: Richard Rose 1974 b.

Seymour, Charles, Electoral Reform in England and Wales, New Haven, Conn., 1916.

Seymour, Charles, und D. P. Frary, How the World Votes. The Story of Democratic Development in Elections, 2 Bde., Springfield, Mass., 1918.

Shils, Edward, Primordial, Personal, Sacred and Civil Ties, in: British Journal of Sociology, Bd. 7 (1957).

Shively, W. Philips, Party Identification, Party Choice and Voting Stability: The Weimar Case, in: American Political Science Review, Bd. 64 (1972).

Siegfried, André, Géographie électorale de l'Ardèche sous la IIIe République, in: Cahiers de la Fondation nationale des Sciences politiques, Nr. 9, Paris 1949.

Siegfried, André, Tableau politique de la France de l'Ouest sous la Troisième République, 2. Aufl., Paris 1964, zuerst 1913.

Siegfried, André, Une géographie de l'opinion politique, est-elle possible?, in: La Nouvelle revue française, Bd. 49 (1937).

Smet, Roger v. de, La géographie électorale en Belgique, in: Revue Française de Science Politique, Bd. 2 (1952).

Smiley, Donald, Canada's Poujadists. A New Look of Social Credit, in: The Canadian Forum, Bd. 42 (1962).

Smith, T. E., Elections in Developing Areas, London 1960.

Spreafico, Alberto, und *Joseph G. LaPalombara* (Hrsg.), Elezioni e comportamento politico in Italia, Mailand 1963.

Stammer, Otto (Hrsg.), Politische Forschung, Köln und Opladen 1960.

Stammer, Otto (Hrsg.), Party Systems, Party Organizations and the Politics of the New Masses, Berlin, Institut für Politische Wissenschaft, 1968.

Steininger, Rudolf, Polarisierung und Integration, Meisenheim am Glan 1975.

Sternberger, Dolf, und *Bernhard Vogel,* Die Wahl der Parlamente und anderer Staatsorgane, Bd. 1: Europa, Berlin 1969.

Stokes, Donald, A Variance Components Model of Political Effects, in: *H. Bernd* (Hrsg.), Mathematical Applications in Political Science, Dallas, Tex., 1965.

Stokes, Donald F., Cross-Local Inference as a Game with Nature, in: Mathematical Applications in Political Science, Bd. 4, Charlottesville 1969.

Svåsand, Lars, 1976. The Emergence of Organized Parties: Dimensions, Sequences, Forces, Paper presented at the IPSA Congress 1976.

Szalai, Alexander, R. Petzella, S. Rokkan und *E. K. Scheuch* (Hrsg.), Gross-National Comparative Survey Research, Cambridge 1977.

Tilly, Charles, The Vendée, London 1965.

Tilton, Timothy A., Nazism, Neo-Nazism and the Peasantry, Nazi Success and Neo-Nazi Failure in Rural Schleswig-Holstein. Bloomington-London 1975.

Tingsten, Herbert L. G., Political Behaviour, Studies in Electoral Statistics, 2. Aufl., Totowa, N. J., 1963, zuerst 1937.

Tocqueville, Alexis de, De la démocratie en Amérique, Bd. 1, Paris 1835.

Tönnies, Ferdinand, Korrelation der Parteien in der Statistik der Kieler Reichstagswahlen, in: Jahrbuch für Nationalökonomie und Statistik, Bd. 122 (1924).

Torgersen, Ulf, The Structure of Urban Parties in Norway During the First Period of Extended Suffrage 1884 bis 1898, in: *Erik Allardt* und *Yrjö Littunen* (Hrsg.) 1964.

Tynell, Knut, De olika befolkningsgruppers deltagande i de almänna valen, in: Statsvet. Tidskrift 1910.

Unkelbach, Helmut, Grundlagen der Wahlsystematik. Stabilitätsbedingungen der parlamentarischen Demokratie, Göttingen 1956.

Urwin, Derek W., Germany: Continuity and Change in Electoral Politics, in: *Richard Rose* 1974 b.

Valen, Henry, und *Daniel Katz,* An Electoral Contest in a Norwegian Community, in: *Morris Janowitz* (Hrsg.), Community Power Systems, Glencoe, Ill., 1960.

Valen, Henry, und *Daniel Katz,* Political Parties in Norway, 2. Aufl., Oslo 1968, zuerst 1964.

Valen, Henry, und *Willy Martinussen,* Velgere og politiske frontlinjer, Oslo 1972.

Valen, Henry, und *Stein Rokkan,* The Norwegian Program of Electoral Research, in: Scandinavian Political Studies, Bd. 2 (1967).

Valen, Henry, und *Stein Rokkan,* Norway: Conflict Structure and Mass Politics in a Developmental Perspective, in: *Richard Rose* 1974 b.

Vangrevelinghe, G., Etude statistique comparée des résultats des réferendums de 1958 et 1961, in: Journal de la Société statistique de Paris, Bd. 102 (1961).

Verba, Sidney, und *Norman Nie,* Political Participation in America, New York 1972.

Verba, Sidney, Norman Nie und *Jae-on Kim,* Social Stratification and Political Participation: A Seven Nation Comparison, Forthcoming 1978 (?).

Vincent, John R., Poll Books: How Victorians Voted 1830–1872, Cambridge 1966.

Villey, E., Législation électorale comparée des principaux pays de l'Europe, Paris 1895.

Weber, Alexander, Soziale Merkmale der NSDAP-Wähler. Eine Zusammenfassung bisheriger empirischer Untersuchungen und eine Analyse in den Gemeinden der Länder Baden und Hessen, Dissertation Freiburg i. Br. 1969.

Westergaard, H., Contributions to the History of Statistics, London 1932.

Whiting, John W., The Cross-Cultural Method, in: *Gardner Lindzey* (Hrsg.), Handbook of Social Psychology, Bd. 1, Cambridge, Mass., 1954.

Wigmore, J. H., The Australian Ballot System, Boston 1889.

Williams, Philip M., French Politicians and Elections 1951–1969, Cambridge, Mass. 1970.

Wilson, David J., Power and Party Bureaucracy in Britain, London 1971.

Wilson, James Q., Political Organizations, New York 1973.

Wright, C. R., und *H. H. Hyman,* Voluntary Association Membership of American Adults, in: American Sociological Review, Bd. 23 (1958).

Wright, William, A Comparative Study of Party Organization, Columbus, Ohio 1975.

Wulf, Peter, Die politische Haltung des Schleswig-Holsteinischen Handwerks 1928–1932, Diss. Kiel 1967.

Zetterberg, Hans L., Voluntary Associations and Organized Power, in: Industria International 1960.

Zur Problemsituation der Vorurteilsforschung

Von Heinz E. Wolf

I. Zum Stand der Diskussion

Was Mitte der 70er Jahre als *Vorurteilsforschung* zu diskutieren ist, hat mit jener, die rund 20 Jahre vorher als relativ eigenständige Disziplin angemeldet wurde *(John Harding, Bernard Kutner, Harold Proshansky, Isidor Chein 1954; Gordon W. Allport 1954)*, nur noch den Namen gemeinsam. Doch scheint sich diese Entwicklung fast unbemerkt vollzogen zu haben, so daß selbst die einschlägigen Fachartikel der Handbücher sie bestenfalls ansatzweise kennzeichnen *(J. Harding, H. Proshansky, B. Kutner, I. Chein 1969; Heinz E. Wolf 1969; Reinhold Bergler und Bernd Six 1972)*. Mit dem Erscheinen des Artikels von *Harding et al.* (1954) und dem Buch *The Nature of Prejudice* von *Gordon W. Allport* (1954) schien die Vorurteilsforschung als neuer wissenschaftlicher Ansatz ausgewiesen, und man versprach sich viel von ihr. 20 Jahre später scheinen diese Ansätze eher ein *vorläufiges Ende*, statt der erhofften Entwicklung auszudrücken.

Bereits Mitte der 60er Jahre war die *Problemflucht* aus der herkömmlichen Vorurteilsforschung unübersehbar *(H. E. Wolf* 1969, S. 915 f.). Mit Beginn der 70er Jahre intensiviert sich die Kritik und *spricht dieser Vorurteilsforschung schließlich die Existenzberechtigung als Wissenschaft ab (Ilselore Remier* 1970; *Monika Mein* 1970; *Gisela Göhring* 1972; *Gabriele Schüller* 1973; *Donald R. Soulman* 1974; *Charles R. Steputat* 1975; *Werner Dammann* 1975; *Alice de Trutt* 1975; *Arnold Brescher* 1975; *Rudolf Brekenbach* 1975). Schon die amerikanischen Autoren verwiesen darauf, daß das *Problem der Definition* zwar in *jedem* Gebiet der Sozialwissenschaften schwierig sei, ungewöhnlich schwierig jedoch im Bereich der Vorurteilsforschung *(Harding et al.* 1969, S. 3); zu einer befriedigenden methodologischen Analyse der Gründe gelangten sie jedoch nicht. Die Beschränkung auf das Definitionsproblem dürfte die Problematik auch eher verdecken. Die *neueren* Kritiken stützen sich auf Sachverhalte, die sich in Geschichte und Literatur der Vorurteilsforschung unübersehbar ausweisen (vgl. bei *H. E. Wolf* 1969, S. 912 ff.). Wissenschaftshistorisch und -systematisch zutreffender sollte man jedoch hier von der *Prejudice-Forschung* als von einer *Vorurteilsforschung i. e. S.* sprechen und sie von der vorausgehenden und übergreifenden *Vorurteilsforschung i. w. S.* unterscheiden *(H. E. Wolf* 1972). Die eigentümlich naiv-kritiklose Unterordnung der Prejudice-Forschung unter Kriterien der *Attitüden-Forschung* zeitigte drei Resultate: a) Das Problembewußtsein ging verloren; b) der methodologische Stellenwert des Ausgangsbegriffs wurde immer mehr vergessen; c) zu eigenständigen Theorien und Modellen kam es kaum noch. So verfiel die *Prejudice-Forschung früh in Agonie.* Ihre Unzulänglichkeit erklärt teilweise die gekennzeichnete Problemflucht. Nicht nur die *Attitüden-Forschung,* auch neuere

Forschungseinrichtungen wie: *Stereotypen-, Autoritäts-, Aggressions-, Image-, Bild-* und *Konfliktforschung* bemächtigten sich teils nacheinander, teils gleichzeitig der Teile des Gegenstandsgebietes der Prejudice-Forschung. Damit entwickelt sich im Bereich der Terminologie jener Zustand, den *James B. Wilcott* (1965, 1967) als *„Begriffssalat"* bezeichnet hat: Einige Definitionen bezeichnen mit unterschiedlichen Begriffen denselben Sachverhalt, andere bezeichnen mit gleichen Begriffen Verschiedenes.

Rückbezüglich erscheint die Überwindung dieses Zustandes an die von *Hegel* beschworene *List der Vernunft* zu gemahnen. Unbeschadet nämlich der Güte verschiedener Lösungsvorschläge scheint sich die *heutige* Konzeption der Vorurteilsforschung eher *zufällig* herausgebildet zu haben. Sieht man genauer hin, dann zeigt sich, wie die aufeinanderfolgenden Hinweise und Diskussionen, unabhängig davon, was im Detail bezweckt wurde, die Gesamtdiskussion schier zwangsläufig vorangetrieben haben, ohne daß dies zunächst recht bemerkt worden wäre. Selbst die Vertreter der *Bild-Analyse*, die die entscheidenden Konsequenzen gesehen und formuliert haben, scheinen nicht zu erkennen, daß die Gesamtentwicklung der letzten 10 Jahre methodologisch mehr erbringt, als es in den Konzeptionen der Bild-Analyse ausgewiesen ist. Wir können heute folgende unterschiedliche Auffassungen von *Vorurteilsforschung* unterscheiden:

1. *Vorurteilsforschung i. w. S.* bezeichnet die frühere, insonderheit philosophische, sodann wissenssoziologische und ideologiekritische Behandlung der Phänomene der Vorurteile; 2. *Vorurteilsforschung i. e. S.* ist weitgehend identisch mit der vornehmlich in den USA entwickelten *Prejudice-Forschung*, auf deren grundlegende Mängel bereits kurz hingewiesen wurde; 3. Vorurteilsforschung kann sodann als Versuch verstanden werden, die *Vorurteilsforschung i. w. S.* mit der *i. e. S.* wenigstens partiell zu verbinden. Dies scheint kennzeichnend zu sein für die Verwendung des Vorurteilsbegriffs z. B. bei *René König;* 4. Die vierte Bedeutung wird sichtbar in der ursprünglich ungewollten und lange Zeit unbemerkten, aber doch sachlogisch kontinuierlichen Diskussionsentwicklung der Abfolge von: *Attitüden-, Prejudice-, Stereotypen-, Autoritarismus-, Aggressions-, Bild-* und *Konfliktforschung;* 5. Eine fünfte Bedeutung ist durch die Begriffe und Richtungen der *Bild-Forschung* und *Bild-Analyse* gekennzeichnet, wobei besonders die letztgenannte Prejudice- und Imageforschung als zwar selbständige, aber gleichzeitig auch untereinander verbundene Sachverhalte definiert; 6. Eine sechste Bedeutung scheint sich in der neueren Kritik herauszuschälen (*Gisela Göhring* 1972; *Arnold Brescher* 1975; *Rudolf Brekenbach* 1975), die Vorurteilsforschung in Relation zur *Methodologie* sieht und somit Vorurteilsforschung als *Hilfswissenschaft der Methodologie* definiert.

Diese Übersicht verdeutlicht, warum *Göhring* den entscheidenden Fehler der herkömmlichen Vorurteilsforschung im *Gegenstandsbereich* finden konnte. Die Prejudice-Forschung hat die im *Wort* vorgegebene Gegenstandsbestimmung zu wenig beachtet und damit den *Ansatzpunkt* durch Unachtsamkeit, Sorglosigkeit und stupiden Pragmatismus verloren. Als Folge treffen wir auf Definitionen, die eher einer Kampfansage an die Logik oder dem Halo-Effekt ähneln. Diese Fehlerquelle erscheint allerdings weitgehend verdeckt durch die *psychologische* Problembehandlung. Mit der *Rückbesinnung auf den Wortgehalt* des Gegenstandes, die im Bereich der *Image-Forschung* erfolgte (vgl. hierzu das Kapitel über die *Interpretationsansätze der Imageforschung*), beginnt Mitte der 60er Jahre, was am Beginn der neueren Vorurteils- (Prejudice-)Forschung hätte geklärt sein müssen.

Göhring hat der Vorurteilsforschung vorgeworfen, sie tendiere letztlich dazu, die Welt der Forschung zu verdoppeln, indem alle antreffbaren Objekte nochmals unter dem Aspekt der Vorurteilsforschung betrachtet würden, was indes einer Verniedlichung ähnele, weil Vorurteile, den bisherigen empirischen Daten nach, *Resultate* spezifischer Bedingungen, nicht aber eigenständige Größen seien. Diese Kritik erscheint richtig und falsch zugleich. Es ist keineswegs die Aufgabe der Vorurteilsforschung, immer von neuem festzustellen, daß es irgendwo irgendwelche Vorurteile gibt. Vielmehr liegt die *primäre* Aufgabenstellung der Vorurteilsforschung darin, *innerhalb der sozialen Gegenstandsgebiete diejenigen spezifischen Bedingungen aufzudecken, die für Existenz, Struktur und Wirkungsweise eines konkreten Vorurteils nachweislich ausschlaggebend sind.* Was die *Theorienbildung* im Bereich der Vorurteilsforschung vorantreibt, *ist die fortschreitende empirische Kenntnis der Strukturen und Bedingungen von Vorurteilen in unterschiedlichen Gegenstandsgebieten.* Wir haben es somit mit drei Problemgruppen zu tun:

1. Die *Abfolge von Definitionen der Gegenstandsbezeichnungen* (Prejudice, Attitüde, Autorität, Aggression, Stereotyp, Image, Bild, Konflikte etc.). Aus dem zunächst wirr erscheinenden Mit-, Gegen- und Durcheinander der Definitionen unterschiedlich benannter Gegenstandsgebiete wird – eher unabsichtlich, aber sicher kontinuierlich – ein Trend deutlich, der zu einem neuen, übergreifenden Definitionsansatz führt.

2. Die *Abfolge der Zielgebiete* (Antisemitismus, Nationale Vorurteile, Minderheitenprobleme, Nationalismus, Anti-Ideologien etc.). *Hier treffen wir auf die wahrscheinlich wichtigste Forschungsbasis für die Vorurteils-Theorie.*

3. Die *Interpretationsschemata* (Theorien, Modelle etc.). Sie lassen sich in drei Klassen unterscheiden: a) Theoreme, die im wesentlichen die unter Punkt 1 bezeichneten Begriffe behandeln; b) Theoreme, die wesentlich die unter Punkt 2 gekennzeichneten Zielgebiete zu durchleuchten suchen; c) Theoreme, die die in den Punkten 1 und 2 gewonnenen Ergebnisse zusammenfassen.

In dieser Reihenfolge drückt sich auch die steigende Bedeutung der einzelnen Problemgruppe für die Forschung aus; und dies wiederholt sich auch innerhalb der Klassen der Interpretationsansätze. Für den Stand unserer Kenntnisse gilt jedoch das Umgekehrte: Scheinen wir das Definitionsproblem nunmehr einigermaßen im Griff zu haben, so sind unsere Detailkenntnisse von Struktur, Funktion und Wirkungsweisen der Vorurteile in den einzelnen Gegenstandsgebieten bei weitem noch nicht ausreichend. Eine systematische Durchforstung dieser Frage, die bis vor kurzem offensichtlich nicht einmal recht gesehen wurde, hat gerade erst begonnen. Überaus kläglich ist die Situation im Bereich der Interpretationsansätze. Eine diskutable Konstruktion im Punkte 3 c existiert nicht; sie könnte erst erst versucht werden, wenn die Erforschung im Bereich der Problemgruppe des Punktes 2 wenigstens vorläufig abgeschlossen ist, was eine bessere Kenntnis z. B. auch der ideologischen, weltanschaulichen, schulischen, theoretischen u. ä. Vorurteile einschließt. Selbst die Durchsicht der bisherigen Ansätze der Punkte a und b zeigt in methodologischer Hinsicht stark verzerrte Problemstrukturen. Was z. B. als Theorie im Punkt a vorgelegt wird, erscheint oft genug als Versuch, das empirisch Erfaßbare in das Korsett eines Begriffsgerüstes zu zwängen, ohne daß ausreichend geklärt ist, inwieweit solche Begriffe, ihren Definitionen gemäß, das Vorgegebene überhaupt adäquat kennzeichnen. Nicht selten auch werden hier Definitionen naiv als Theorien gewertet. Im Punkt b hingegen werden oft die verwendeten Begriffe (Prejudice, Stereotyp, Attitüde etc.) eher heuristisch – gewissermaßen als ein notwendiges Übel – verwendet, und die Theorie folgt dann jeweils den Intentionen anderer Disziplinen, wie z. B. denen der Gruppentheorie, Ideologiekritik, Konfliktforschung etc.

All dies zusammengenommen läßt methodologisch die augenblicklich noch recht dürftige Kenntnissituation der Vorurteilsforschung erkennen. Dennoch erscheint es durchaus möglich, in einer einigermaßen umfassenden Durchleuchtung der einzelnen Problemgruppen eine erste, vorläufige Gesamtbilanz zu erarbeiten. Bedauerlicherweise ist dies im vorliegenden Zusammenhang aus Raumgründen nicht möglich.

II. Abfolge der Definitionen der Gegenstandsbezeichnungen

1. Prejudice-Forschung

Die Gründe für das Auseinanderklaffen von *vorausgehender Vorurteilsforschung i. w. S.* und späterer *Prejudice-Forschung* kennen wir nur annähernd. Eine Darstellung der Geschichte dieser Prejudice-Forschung findet sich weder bei *Harding u. a.* (1954, 1969), noch bei *Gordon W. Allport* (1954). So bleibt nur das Resultat, und dies zeigt methodologisch einen qualitativen Unterschied zu Lasten der Prejudice-Forschung (*G. Göhring* 1972; *H. E. Wolf* 1972; *R. Brekenbach* 1975; *A. Brescher* 1975).

Das „Nicht-zu-Ende-Denken" sieht *Brescher* in der Darstellung des allgemeinen Begriffswandels des Begriffs Vorurteil bei *Allport:* Das englische Wort *prejudice* ist aus dem lateinischen *praejudicium* entstanden (*Allport* 1954, S. 20; zukünftig zitiert nach der deutschen Ausgabe 1971). a) Ursprünglich war damit etwas gemeint, was *vorausgeht*, also z. B. auf vorangegangene Erfahrungen und Entscheidungen basiert (dagegen: *Göhring* 1972); b) Im Englischen wurde daraus ein Urteil, das *vor* der genauen Prüfung und Berücksichtigung gefällt wird (hier setzt die spätere Analyse im Bereich der *Image-Forschung* ein, die zur *Bild-Analyse* führt); c) Sodann erhielt dieser Begriff die Bedeutung des Günstigen und Ungünstigen, die das vorschnelle Urteil begleiten (*Allport*, S. 20). Unter diesen Umständen konnte eine verkürzte Form der Definition lauten: *Von anderen ohne Begründung schlecht zu denken (John LaFarge* 1945, S. 174 f.; abweichend von dieser Interpretation: *Brescher* 1975). *Allport* zitiert auch das *New English Dictionary* (herausgegeben von *Sir James A. H. Murray* 1909), wonach ein Vorurteil *ein zustimmendes oder ablehnendes Gefühl gegenüber einer Person oder Sache (ist), die der tatsächlichen Erfahrung vorausgeht, nicht auf ihr gründet* (*Murray* Bd. 7, Teil II, S. 1275). *Allport* unterscheidet sodann zwischen dem *irrigen Urteil*, bzw. der *Voreingenommenheit* auf der einen und dem *Vorurteil* auf der anderen Seite: Voreingenommenheiten seien nur dann Vorurteile, wenn sie *angesichts neuer Information nicht geändert würden* (*Allport* S. 23), und definiert *Vorurteil* schließlich so: „*Ein ethnisches Vorurteil ist eine Antipathie, die sich auf fehlerhafte und starre Verallgemeinerungen gründet. Sie kann ausgedrückt oder auch nur gefühlt werden. Sie kann sich gegen eine Gruppe als ganze richten oder gegen ein Individuum, weil es Mitglied einer solchen Gruppe ist*" (ebd).

Die Behauptungen, wonach sich Vorurteile durch neue Informationen nicht ändern, bzw. sich durch starre Verallgemeinerungen (bzw. gar Überverallgemeinerungen) kennzeichnen, erweisen sich mindestens im ersten Fall als *Leerformeln*. Schon 1965 stellte *Mabel D. Sevlund* fest, sie habe in der amerikanischen Literatur nicht eine einzige Arbeit gefunden, die diese Behauptung beweise oder mindestens zu beweisen suche (im Vorwort von *M. D. Sevlund, H. E. Wolf* 1965). 10 Jahre später bestätigt dies *Alice de Trutt* (1975). Neuere Kritiker haben die obige Kennzeichnung des *eigentlichen Vorurteils* (*Rudolf Bergius* 1976, S. 154 ff.) gegenüber dem *Vorausurteil* (bzw. *Vor-Urteil*) mit dem schottischen Loch-Neß-Ungeheuer verglichen, das man auch nie findet, wenn man es sucht und *Allport* in diesem Fall die sog. *Nessie-Theorie* angelastet (*Gösta Nierdall* 1975). In der Tat gibt es eine Reihe von Untersuchungen, die ausweisen, daß sich selbst stark verfestigte Vorurteile revidieren ließen (u. a. *M. D. Sevlund, H. E. Wolf* 1965; *Ursula H. Soldan* 1965, 1970; *G. Nierdall* 1975; *A. de Trutt* 1975). Diese Nessie-Theorie erscheint jedoch oft der zweiten obigen Vorstellung von den starren Verallgemeinerungen bzw. Überverallgemeinerungen verknüpft. Dieser Theorienkomplex scheint sich auf zwei Sachverhalte zu stützen: a) auf einer Psychologisierung des Problems und b) auf einer Problemverwischung: Dem *Vorurteil* wird angelastet, *was lediglich Resultat bestimmter Stadien der Konflikteskalation ist* (vgl. hierzu das Kapitel über die neueren *Interpretationsansätze der Konfliktforschung*).

Harding u. a. (1954) nennen zwar die Studien von *Robert Ezra Park* (1913, 1924, 1950), *William I. Thomas* und *Florian Znaniecki* (1918), *Emory S. Bogar-*

dus (1925, 1927), *Gunnar Myrdal* (1944) u. a., beschränken sich aber ausschließlich auf den *psychologischen* Standpunkt und verweisen nur am Rande auf *soziologische* Arbeiten (so auf: *A. M. Rose* und *Carolin Rose* 1948; *E. Berry* 1951; *P. A. F. Walter* 1953; *E. C. Hughes* und *Helen Hughes* 1952; *G. E. Simpson* und *J. M. Yinger* 1953; *E. C. McConagh* und *E. S. Richards* 1953). Sie definieren das Vorurteil als eine „ethnic attitude in which the reaction tendencies are predominantly negative. In other words, for us a prejudice is simply an unfavorable ethnic attitude" (S. 1022). Diese Definition mit ihrer naiven Unterwerfung unter das Vokabular der *Attitüdenforschung* verdeutlicht unverkennbar eines: Der diesem Handbucharartikel wissenschaftssystematisch verbundene Anspruch der Prejudice-Forschung, eine neue, relativ eigenständige Disziplin zu sein, *wird in dieser Definition zum wissenschaftssystematischen Suicid.* Und dies gilt auch für den neueren Artikel (1969): Ausgegangen wird von der „ethnic group" nach *Melvin M. Tumin* (1964); es erfolgt die Überleitung zur „ethnic attitude", womit Prejudice-Forschung abermals der Attitüdenforschung unterworfen ist. Lediglich die scholastische Diskussion erscheint etwas breiter: „Careful examination of writings on prejudice discloses three different ideal norms from which a prejudiced attitude may be said to depart. Each of these has been emphasized by a different group of writers. We shall refer to them as the *norm of rationality,* the *norm of justice,* and the *norm of humanheartedness*" (S. 5).

Diese Beispiele zeigen eines: Prejudice-Forschung in dieser Periode erscheint entscheidend den ideologischen Wertungen wie den Inhalten der *Aggressions-* und *Autoritarismus-Forschung* unterworfen. Erst dies läßt die mehrfache Reduktion der Problemlage verstehen: Das *allgemeine Vorurteilsproblem* wird auf das der *Sozialen Vorurteile,* dies auf das der *negativen sozialen Vorurteile,* und dies wiederum auf das Verhältnis zwischen *Minorität und Majorität* reduziert, wobei Majorität außerdem sowohl der *Zahl,* als auch der *Macht* nach als Majorität erscheint. Wird dann noch auf die *Psychologie* zurückgegriffen, reduziert sich die Problematik endgültig auf persönlichkeitspsychologische bzw. charakterologische Phänomene. Daß dies nicht notwendig sein muß, zeigt sich nicht nur bei *Park,* in dessen Kennzeichnung des Vorurteils das Phänomen des Aggressiven fehlt, sondern auch bei *Otto Klineberg* (1954), der auch positive Vorurteile anerkennt.

2. Attitüden-Forschung

Im Gegensatz zur Prejudice-Forschung sind Geschichte und Problematik der Attitüden-Forschung bekannt (*G. W. Allport* 1935, 1954; *Theodore M. Newcomb* 1937; *Robert F. Green* 1954; *H. E. Wolf* 1959, 1971; *Martin Irle* 1966; *William J. McGuire* 1969; *Robert B. Zajonc* 1969; *Hans J. Hummell* 1969; *Charles A. Kiesler, Barry E. Collins, Norman Miller* 1969; *Klaus Eyferth, Kurt Kreppner* 1972; *R. Bergler, B. Six* 1972; *Hans Benninghaus* 1973, 1976 u. a. m.). Bedeutsam ist, daß die Attitüden-Forschung anfangs als synonym zur *Sozialpsy-*

chologie verstanden wurde (*W. I. Thomas, F. Znaniecki* 1918; *John B. Watson* 1925), was wichtige negative Auswirkungen für die Prejudice-Forschung brachte:

Am Anfang und Ende steht der Verzicht auf eine eigenständige Theorienbildung. a) Viele Prejudice-Forscher betrieben zwar empirische Forschung, überließen aber die Konstruktion von Interpretationsschemata der Attitüden-Forschung; b) Diese Abstinenz in Sachen Theorie führte auch dazu, daß sich die Prejudice-Forschung der Möglichkeit begab, aus den theoretischen und methodologischen Diskussionen der Attitüden-Forschung Nutzen zu ziehen (vgl. *bei H. E. Wolf* 1972, 1976; c) Das hat zwei thematische Auswirkungen. Einerseits erscheint die Beziehung zwischen *Vorurteil* und *Kontakten* immer komplizierter und verwirrender, andererseits schiebt sich – auch in diesem Zusammenhang – das Problem des Unterschiedes zwischen den *Pencil-and-paper-Testen* und dem *praktischen Verhalten*, wie es die Studie von *Richard T. LaPiere* (1969) ausgewiesen hatte, immer mehr in den Vordergrund.

Nach *McGuire* erreichte die Attitüden-Forschung in den 30er Jahren ihren Höhepunkt, ab 1950 verlagert sich das Interesse auf die Problematik der *Gruppen-Dynamik*, um sich in den 60er Jahren wieder stärker der Attitüden-Forschung zuzuwenden (1969, S. 136 f.). Hier deutet sich eine *allgemeine* Trendentwicklung an: a) In der *Konflikt-Forschung* ist sie gekennzeichnet durch den Übergang von der vorausgehenden *Erforschung* der Konflikte zur Aufgabe der *Lösungen* von Konflikten, man wird deutlich *konfliktscheu*; b) In der Kleingruppenforschung geht diese Entwicklung von der Gruppen*forschung* zur Gruppen*therapie*; c) In der *Prejudice-Forschung* drückt sich dies aus im Übergang von der Vorurteils*forschung* zur Vorurteils*bekämpfung*.

Dem geht *innerhalb* der Attitüden-Forschung ein weiterer Wandel einher. Diese war lange Zeit gerade durch die Relevanz ihrer Fragestellungen für soziale, politische, religiöse Probleme gekennzeichnet. Nunmehr verlagert sich das Interesse auf die Konstruktion *formaler* Modelle des Attitüden-Wechsels (vgl. bei *H. E. Wolf* 1972 S. 764 ff.), womit die genannte Relevanz verlorengeht. Dafür bieten sich zwei Gründe an: a) Der Einfluß der *Psychologie*. Bei *William J. McGuire* heißt es: „We shall confine our examination of the meaning of attitude to those issues that have implications für psychological theorizing and experimentation" (1969, S. 141). Noch deutlicher zeigt sich dies bei *Klaus Eyferth* und *Kurt Kreppner:* „Solange die Psychologie der Einstellungen sich vorwiegend an akuten Problemen orientierte, gelang ihr keine hinreichende Verallgemeinerung" (1972, S. 1343). In der Tat: Eine Psychologie, die sich von diesen „akuten Problemen" abwendet, mag die erwünschte Verallgemeinerung erlangen, nur können wir mit dieser in der sozialen Praxis nichts anfangen. b) Die Problematik des *Begriffs* der Attitüde. Hier ist die Schwierigkeit noch wesentlich größer als in der Prejudice-Forschung (vgl. bei *McGuire* 1969, *Kiesler, Collins, Miller* 1969).

Wie in der Prejudice-Forschung, so läßt sich auch in der Attitüden-Forschung erkennen, daß das Problem der Definition mehr verdeckt als aufdeckt. Das wurde schon früh in der Kritik deutlich (*R. T. LaPiere 1934, 1938; Stephen M. Corey 1937; Herbert Blumer 1955; H. E. Wolf 1959*) und verdichtet sich neuerdings (*Norman C. Weissberg 1965; Ralph H. Turner 1968; Kiesler et al. 1969; Eugene J. Webb, Jerry R. Salancik 1970; H. Benninghaus 1973, 1976; W. Dammann 1975; A. Brescher 1975*). Was als imponierendes Gebäude erschien, ähnelte bei genauerer Betrachtung eher einem Koloß auf tönernen Füßen (*Wolf 1959* S. 606). *Kiesler et al.* (*1969* S. 343) kommen zu folgendem Resultat: „However, for the most part theorizing in this area is still at a relatively low level: assumptions are not made explicite; relations between theoretical constructs are not spelled out; and the details necessary for precise predictions are often missing. Consequently, we feel that detailed criticism is necessary and desirable at this stage in the study of attitude change."

Die Beziehungen zwischen Vorurteils- und Attitüdenforschung sind mehrfach diskutiert worden (*H. E. Wolf 1958; 1967; M. D. Sevlund 1970; Wolfgang Stumme 1975*). Drei Möglichkeiten bieten sich an: a) Die in der Tradition übliche Unterordnung der Vorurteilsforschung unter die Attitüdenforschung. Die Konsequenzen wurden diskutiert. b) Eine grundsätzliche Trennung (*Wolf 1967*), wobei thematisch die Attitüdenforschung als übergreifende Disziplin angesehen werden könnte (*Wolf 1969; Stumme 1975*). c) Die dritte Möglichkeit hat *Sevlund* vorgeschlagen und in ihrer Proportionsregel praktiziert: sofern der Vorurteilsforschung Selbständigkeit im Bereich der Forschung und Theorienbildung gelassen würde, könne sie durchaus im Rahmen der Attitüden-Forschung operieren.

3. Die Autoritarismusforschung

Aussagen über die Beziehungen zwischen Vorurteils- und Autoritarismusforschung hängen davon ab, *was* auf beiden Seiten im konkreten Fall gemeint ist. Wie wir zwischen der Vorurteilsforschung i. w. S. und der Prejudice-Forschung zu unterscheiden haben, muß bei der Autoritarismusforschung gesagt werden, *welche* ihrer Richtungen zum Vergleich herangezogen werden sollen.

Als *Autoritarismusforschung* lassen sich folgende Diskussionsrichtungen zusammenfassen: a) Die Autoritätsdiskussionen in der *Familiensoziologie* und den *Staats- und Rechtslehren;* b) die Diskussionen über den *Autoritären, Totalitären* Staat und die entsprechenden staatlich-politischen *Führungsstile* in der Weimarer Republik; c) das Autoritätsproblem in den Lehrmeinungen der Philosophie (weitgehend identisch mit der Vorurteilsforschung i. w. S.); d) das Autoritätsproblem in den revolutionären Theorien und Praktiken; e) die experimentelle Autoritarismusforschung: (1) Die *„Studies in Prejudice"*, von denen die Studie über die *Authoritarian Personality* (*Theodor W. Adorno, Else Frenkel-Brunswik, Daniel J. Levinson, R. Nevitt Sanford 1950*) die bekannteste ist. (2) Die Untersuchungen der *Füh-*

rungsstile bei Jugend- und Kindergruppen (*Kurt Lewin, Ronald Lippitt, Ralph K. White*). (3) Die Untersuchungen über den *Autoritätsgehorsam* (*Stanley Milgram*); f) die ideologischen Richtungen, wie sie vom vormaligen *Institut für Sozialforschung* in Frankfurt am Main und sodann von der sog. *Frankfurter Schule* ausgehend entwickelt worden sind; g) die *Organisationssoziologie*, die teilweise *militärsoziologische* und *kriminalsoziologische* Probleme einbezieht (siehe hierzu die drei Fachartikel im vorliegenden Handbuch); h) der (eher) rechtsideologische pädagogische Antiautoritarismus vom Typ *Summerhill* (*Alexander Sutherland Neill*); i) die verschiedenen Sekten der sog. *Neuen Linken, Anti-Autoritären Erzieher, Kritischen Psychologen* etc., in der Regel stark mit der *Frankfurter Schule* verquickt; j) Spezialideologien in der *Randgruppenforschung* und *Kriminologie* (zugeordnet den Themen: *Stigma-Theorie, Sozialtherapeutische Anstalt*), oft ebenfalls mit der *Frankfurter Schule* etc. verknüpft. Die Diskussion blieb lange Zeit beschränkt auf das Theorem der *Authoritarian Personality*. Demgegenüber blieb in der Prejudice-Forschung die Untersuchung über die *Führungsstile* von *Lewin* und seinen Mitarbeitern entweder unberücksichtigt oder erfreute sich zunächst – gerade im deutschsprachigen Bereich – naiver Zustimmung. Dies scheint sich heute grundlegend geändert zu haben.

Hinweise auf die *ideologische* Basis dieses Ansatzes gab es schon relativ früh (*K. Eyferth* 1966; *M. Mein* 1970; *Heide Gerstenberger* 1971; *G. Göhring* 1972). Was *Lewin* und seine Mitarbeiter als *„demokratischen Führungsstil"* bezeichnen, dem „wird ein bevorzugter Wert eingeräumt, der über das – zumindest augenblicklich – wissenschaftlich Beweisbare hinausgeht" (*Rainer Bastine* 1972, S. 1691). Die logisch sichtbare Mehrdimensionalität der Handlungsanweisungen der Führungsstile ist mehrfach aufgezeigt worden (*Wolf* 1958; *Göhring* 1972). In dem eher sophistischen pars-pro-toto Vorgehen wird die Definition der drei Führungsstile (*autoritär, demokratisch, laissez-faire*) faktisch absurd. So wundert es nicht, wenn die empirischen Untersuchungen zu recht widerspruchsvollen Ergebnissen kommen (vgl. die Darstellung von *Rainer Bastine* 1972). Die grundsätzlich problematischen Ansätze mögen zeitweilig deswegen unbeachtet geblieben sein, weil die vorausgehenden experimentellen Arbeiten *Lewins* und seiner Mitarbeiter in der Affekt- und Willenspsychologie den Eindruck suggerierten, es handele sich auch jetzt um ähnlich gediegene Ansätze. Auch an der demokratisch-humanitären Gesinnung *Lewins* tauchen Zweifel auf, wenn er meint „wer Mord und Totschlag ablehne, weil er das Chaos vermeiden wolle, der werde die Wiederherstellung der alten Gleichgewichte mitverschulden" (zit. nach *Caspar Schrenk-Notzing* 1965, S. 123).

Anders verhält es sich mit den Experimenten von *Stanley Milgram* (1963, 1965, 1966). *David M. Mantell*, der diese Experimente 1970 in München wiederholte, kennzeichnet das Problem: „Die Versuchsperson wird angewiesen, Elektroschocks, selbst im äußerst schmerzhaften und gefährlichen Bereich, zu erteilen. Die Aufgabe, die der Schüler meistern soll, ist offensichtlich unmöglich. Er kann sie in einer derartig kurzen Zeit nicht erlernen; niemand könnte das. Das Opfer schreit und protestiert, schreit vor Schmerzen, fleht darum, befreit zu werden, und verstummt schließlich. Aber das Experiment muß trotzdem weitergehen. Das Experiment wird um so unglaubwürdiger und sinnloser, je weiter es fortgesetzt wird. Es disqualifiziert und entlegitimiert sich selbst. Es ist völlig lächerlich, absurd, sinnlos. Es kann nur zeigen, wieviel Schmerz ein Mensch einem anderen zufügen wird. Und dennoch fahren die Versuchspersonen fort. Es ist die sekundäre Art der Manipulation – in Instruktion, relativem Druck, im Verhalten des Versuchsleiters –, die entscheidet, wie weit sie zu gehen bereit sind" (1971, S. 174).

Milgrams Studie hat die Nahtstelle zwischen dem positiv romantisch verklärten Bild eines grundsätzlichen „guten" Menschen, der nur unter extremem Druck Böses tut, und der Realität verletzt. Im Grunde hat er nichts Neues aufgezeigt. Unabsichtlich hat die Reaktion auf seine Experimente gezeigt, daß *positive* Vorurteile, wenn sie verletzt werden, ebenso jene Reaktionen hervorbringen, die man sonst nur den *negativen* Vorurteilen zuschreibt. Darüber hinaus verletzt *Milgram* zweifellos ein Tabu mit seinem Experiment: Es bedarf offenbar keines wesentlichen Druckes, um den Alltagsmenschen Handlungen ausführen zu lassen, die der sog. Gesunde Menschenverstand sonst nur den Extremsituationen, Kriminellen, Fanatikern, Geisteskranken zutraut. Die „Banalität des Bösen" (*Hannah Arendt* 1964) wird hier einmal mehr unterstrichen. Diese Hinweise ergänzen die zu einer übergreifenden Theorie der Vorurteile führenden Überlegungen, die besonders im Bereich der *Konflikt-* und *Terror-Theorien* eine Rolle spielen. Sie lassen erkennen, wie isoliert und damit unrealistisch die übliche, insbesondere psychologische Betrachtung des Vorurteils ist, die die Persönlichkeit und deren individuell bedingten Motive in den Vordergrund stellt.

4. Die Aggressions-Forschung

Die Aggressionsforschung hat mit der Autoritarismus-Forschung gemeinsam, daß ihr Einfluß auf die Prejudice-Forschung nicht im Auswechseln des Grundbegriffs, sondern in der Thematik und der dieser *verknüpften ideologischen Wertung* sichtbar wird. Der Artikel von *Harding et al.* (1954) und das Buch von *Allport* (1954) zeigen dies deutlich. Die Wertung des Vorurteils als *negativ* wird verstärkt dadurch, daß das Vorurteil gewissermaßen die *aggressive Attitüde* in sich einschließt (*Arnold H. Buss* 1961; *Harry Kaufmann* 1970). Insgesamt sind es 3 Thesen, deren Einfluß sich in der Prejudice-Forschung feststellen läßt:

a) Die These vom sog. *Aggressionstrieb.* Sie geht ursprünglich auf *Alfred Adler* zurück und ist von *Sigmund Freud* erst unter dem Eindruck des Ersten Weltkrieges aufgegriffen worden. Sie hat in jenem Teil der aggressionspsychologischen Forschung, die psychoanalytischen Wertungen folgte, eine große Rolle gespielt. Gleichwohl ist dieses Konstrukt in der Prejudice-Forschung nur gelegentlich anzutreffen. Das mag damit zu erklären sein, daß dieses nativistische Konzept in der Regel nicht selbständig operiert, sondern in anderen Konzeptionen steckt.

b) Dazu gehört ohne Zweifel die *Frustrations-Aggressions-These.* Sie spielt noch bei *Peter Heintz* (1957) eine gewichtige Rolle. Entstanden aus dem Versuch, lerntheoretische (behavioristische) und psychoanalytische Vorstellungen zu verknüpfen (*John Dollard, Leonard W. Doob, O. Howard Mowrer, Robert R. Sears* 1939), zwei Jahre später revidiert (*Neal E. Miller, R. R. Sears, O. H. Mowrer, L. W. Doob, J. Dollard* 1941), gehört sie seitdem zu den umstrittensten Thesen überhaupt. *Soldan* (1965, 1970) nennt sie eine Bauernregel vom Typ: Kräht der Hahn auf dem Mist, dann ändert sich das Wetter, oder es bleibt, wie es ist. *Ilselore Remier* hat in einer zwar polemischen, aber sachlich instruktiven Analyse aufgezeigt, daß die Fehlerquelle nicht, wie üblich angenommen, im Begriff der Aggression, sondern im Frustrationsbegriff steckt, und sie spricht von einem „*Frustrationsmythos*" (1970). Die zeitgeschichtliche Wirkung hat *Herbert Selg* (1968 S. 12) beschrieben: „In den folgenden Jahren bestimmten ... das Triebkonzept und die Theorie, alle Aggression sei eine Frustrationsfolge, nebeneinander das psychologische Denken über Aggression und Aggressivität, das man retrospektiv als etwas rigide, beinahe ‚lustlos' bezeichnen möchte. Hin und wieder wurde ein experimenteller Befund veröffentlicht, aber es herrscht das Gefühl vor, die vorliegenden Theorien hätten die Aggression ausreichend erklärt." Die von *Leonard Berkowitz* (1968, 1969) zuletzt angemeldete Revision ähnelt einer Bankrott-Erklärung (siehe bei *H. E. Wolf* 1971 S. 229 f.). Die unpräzisen Teile des Theorems werden deutlich bei *Amitai Etzioni:* „We need to know more about what kind of frustration leads to what kind of aggression. While frustration might well be universal and unavoidable, the kinds that are more likely to lead to violence might not be universal, or perhaps we could learn avoid them" (1969, S. 554).

c) Die *Katharsis-These* hat im Gegensatz zur obigen These direkt wenig und zudem nur kurzzeitig auf die Prejudice-Forschung eingewirkt; aber sie scheint noch heute vielen Vorstellungen über *Vorurteilsabbau* verknüpft zu sein. Wie überall, wo Psychoanalyse einwirkte, war auch hier die Vagheit der Begriffe das Hindernis. Instruktiv gerade für die Studien *Nationaler Vorurteile: Benjamin Shalit* (1970) untersuchte (aufbauend auf die Studien von *D. Bramel, B. Taub* und *B. Blum* 1968; *P. Bourne, W. M. Coli, W. E. Dattel* 1968) die Einstellung israelischer Soldaten *vor, während* und *nach* dem 6-Tage-Krieg. Daß er kein Nachlassen der aggressiven Haltung der Israelis gegen die Araber fand, spricht allerdings weniger gegen die Katharsis-These, als vielmehr gegen seine mangelhaften Informationen, die ihn übersehen ließen, daß bei den Israelis offenbar ein negatives Vorurteil gegenüber den Arabern vorliegt (*John E. Hofman* 1970).

Hinsichtlich des Einflusses der Aggressions- auf die Prejudice-Forschung sind zwei Ebenen zu unterscheiden: 1. Aggressions-*psychologie* versus -*soziologie.* Die ältere Forschung folgt psychologischen Fragestellungen und zielt damit immer de facto auf die individuelle Problematik ab. Die neueren Ansätze, identisch mit der *Konflikt-Forschung*, berücksichtigen demgegenüber vorwiegend gesellschaftliche Komponenten. 2. *Singularistische* gegen *pluralistische* Auffassung. Die erstere nimmt Aggression und Aggressivität als Einheit; daraus erklärt sich auch das Zusammenwirken mit nativistischen Trieb- und Instinktvorstellungen. Die zweite sieht in diesen Begriffen nur Sammelbezeichnungen für unterschiedliche Gegebenheiten. Die moderne Vorurteilsforschung neigt dazu, sich nach den *aggressionssoziologischen* und damit *konfliktsoziologischen* Sachverhalten zu orientieren (siehe dazu Kapitel über die *Interpretationsansätze der Konfliktforschung*).

5. Stereotypen-Forschung

Als ihr Beginn gilt allgemein das Buch von *Walter Lippmann* über die *Öffentliche Meinung* (1922), obschon es Vorläufer gibt (*J. B. Wilcott* 1967, S. 4 f.; *R. Bergler, B. Six* 1972, S. 1371). Rund ein Jahrzehnt blieben die Hinweise relativ unbeachtet. Dies änderte sich in den 30er Jahren (*Daniel Katz, Kenneth W. Braly* 1933, 1934; *Otto F. Litterer* 1933; *H. Meltzer* 1932; *S. L. Menefee* 1936; *M. Sherif* 1935 u. v. a.). Im deutschen Sprachraum waren es die kontinuierlichen Veröffentlichungen von *Peter R. Hofstätter* und die Untersuchung von *Kripal Singh Sodhi* und *Rudolf Bergius* (1953). Es folgten die bis heute andauernden Einordnungsversuche (u. v. a.: *S. E. Asch* 1952, 1961; *R. Bergler* 1960, 1962, 1965, 1970, 1974; *K. D. Hartmann* 1962; *F. Merz* 1963; *G. Kaminski* 1963; *J. B. Wilcott* 1965, 1967, 1969; *H. E. Wolf* 1966, 1969, 1972, 1976; *W. Müller* 1967; *W. Manz* 1968; *E. L. Hartley* 1968; *Bergler, Six* 1972; *W. Stumme* 1975). Ausführlichere Darstellungen der Begriffs-, Problemgeschichte und Problemsituation finden sich bei: *Benjamin J. Derton* 1959; *Wilcott* 1969; *Bergler* 1960; *Bergler und Six* 1972; *Wolf* 1972, 1975.

Grundsätzliche Kritik hat *Wilcott* angemeldet (1965, 1967, 1969). Der Stereotypenbegriff habe keinerlei positive Wirkungen gehabt, sondern nur Holzwege geschaffen: Diesem pragmatisch-journalistischen Begriff stand *zunächst* das Prestige der „*Goldenen Jahre*" der amerikanischen behavioristischen Lerntheorie (*E. L. Thorndike, D. L. Hull, E. R. Guthrie, E. R. Hilger, B. F. Skinner, E. C. Tolman* – zusätzlich *H. Ebbinghaus, W. Köhler, I. P. Pawlow*) entgegen (eine gute Übersicht über Lerntheorie gibt *Klaus Foppa* (1968). Erst mit der Ausbreitung der (holistischen) Ganzheitsmythen und einer entweder mißverstandenen oder verzerrt dargestellten Ganzheitstheorie (typisch hierfür die Ansätze von *Fritz Heider* 1944, 1946 und seine Nachfolger) habe das vorwissenschaftliche pragmatische Denken der Amerikaner Oberhand gewonnen, wobei die Dirigentien des amerikanischen Nationalismus sofort wirksam würden. Bei *Lippmann* sei der Stereotypenbegriff noch halbwegs neutral angesetzt; aber die Kennzeichnung dieses Stereotyps als *starr* und *unveränderlich* war für die nationalistische Ideologie des *American Way of Life* unannehmbar. Die Konfliktscheu dieser Ideologie, die Anpassung und Integration positiv bewertet, stufte den Stereotypenbegriff *negativ* ein. So erhielt dieser den „Geruch der Unanständigkeit und Fremdheit" (*J. Benjamin Derton* 1959 S. 224). Schließlich habe dann jeder den Stereotypenbegriff so aufgefaßt, wie er es wünschte, womit Merkmale, die sich gegenseitig ausschlossen und anderen Begriffskategorien angehörten, unter dem Begriff „Stereotyp" subsumiert wurden. Damit aber wurde eine *Fiktion* geschaffen, die der Klärung im Wege stand.

Im Gegensatz zur Auffassung von *Wilcott* haben z. B. *Reinhold Bergler* (1966) und *Wolfgang Manz* (1968) den Stereotypenbegriff als Hauptbegriff in der Unterscheidung z. B. gegenüber Prejudice, Image etc. benutzt. Nach *Bergler* handelt es sich um *eine soziale Grundkategorie*, und selbst die Attitüde ist ihm zunächst auch nur eine stereotype Erscheinung (1966 S. 103). Seine Definitionsmerkmale *stereotyper Systeme* schließen Prejudice, Meinung, Image ein. „Stereotype Systeme sind Orientierungspunkte menschlichen Verhaltens, da sie die Wahrnehmungssituation bereits mit ganz bestimmten Erwartungshaltungen aufladen" (S. 111). Dem folgend entwickelt *Manz* seine Vorstellungen: a) Stereotypen sind kulturelle Objektivationen; b) sie führen dazu, daß der Einzelne in den Sozialisierungsprozessen vor sich gehende Übernahmen vorgeprägter Meinungen mehr oder weniger akzeptiert; c) die Addition individueller Meinungen führt zu einem mehr oder minder ausgeprägten Stereotyp der Gruppe; d) Stereotype sind kognitive Schemata; e) die Voraussetzungen liegen im Individuum begründet, das eine unzulässige Substanziierung des Gruppenbegriffs vornimmt und deswegen als selbstverständlich annimmt, Angehörige bestimmter Gruppen besäßen bestimmte Eigenschaften.

Die Vorstellungen von *Bergler* und *Manz* lassen gut erkennen, was wir mit dem *Theorienvakuum* der Prejudice-Forschung gemeint haben (*Wolf* 1972): Der Last der negativen Begriffsbezeichnung ledig, die dem Prejudice-Begriff anhaftet, rollt die Stereotypendiskussion die *Problematik* der Prejudice-Forschung auf und entwickelt in systematischen Begriffs- und Problemanalysen *neue Ansätze*. Dabei scheint allerdings die Stereotypenforschung von der ideologisch erzwungenen Ambivalenz ihres Grundbegriffs nicht recht frei zu kommen, woraus sich recht unterschiedliche Folgerungen ergeben. *Hermann Müller* (1967) greift auf den Stereotypenbegriff zurück, um einem Prejudice-Begriff auszuweichen, der wesentlich negative Bedeutung besitzt. *Bergler* und *Six* argumentieren genau umgekehrt: „Da auch der Stereotypenbegriff in zunehmendem Maße mit einem bewertenden Bedeutungsumfeld aufgeladen wurde, würden wir in Abweichung von unserer früheren terminologischen Festlegung (*Bergler* 1966) als Konzept nicht mehr das der ‚Stereotypen', sondern das der ‚Einstellungs-Systeme' definieren" (1972, S. 1381).

Wieder anders geht *Wolfgang Stumme* vor. Unter Bezug auf *Peter Heintz* (1957), der an *Allport* (1954) orientiert nicht zwischen *Vorurteile i. e. S.* und *Stereotyp* unterscheidet, gelangt er, wie *Bergler* und *Six*, zu einem Ansatz, der Vorurteil und Stereotyp definiert, sie synonym setzt und sie gleichzeitig der Attitüden-Forschung unterordnet: „Zusammenfassend kann gesagt werden, daß wir Einstellungen bzw. Attitüden (im Gegensatz zu Vorurteilen bzw. Stereotypen) dahingehend verstehen wollen, daß Attitüden weder in der Richtung determiniert, noch einem Wandel (attitude change) unzugänglich sind. Dagegen handelt es sich bei Vorurteilen und Stereotypen, die hier synonym verwendet werden sollen, um ausschließlich negative Attitüden, die sich weitgehend einer Beeinflussung widersetzen" (1975, S. 18). Damit ist bereits ein wichtiger Schritt getan.

Von solchen terminologischen und methodologischen Skrupeln, wie sie bei *Wilcott, Bergler, Manz, Bergler* und *Six, Stumme* u. a. Autoren deutlich werden, bemerkt man in der orthodoxen deutschen wie amerikanischen Prejudice- und Stereotypenforschung nur selten etwas. Typisch hierfür noch *Harding* u. a. (1969). Als Beispiel kann gelten: „Stereotypes are generalized impressions of groups, acquired by individuals from a number of sources, including sometimes direct experience with members of the stereotyped groups. For the most part, however, stereotypes appear to be learned by word of mouth or from books and films. These media create a vast cultural matrix in which images can develop and persist irrespective of the reality they are supposed to represent..." (*Marvin Karlins, Thomas L. Coffmann* und *Gary Walters*, 1969, S. 1. Vgl. ferner: *John C. Brigham* 1971; *Russel A. Jones* und *Richard D. Ashmore* 1973; *Minako K. Maykovich* 1975 u. a. m.).

Rückblickend läßt sich sagen: die Stereotypen-Forschung schien mit dem Auftreten der *Image-Forschung* zunächst an Bedeutung zu verlieren. Heute hat man den Eindruck, als sei *sie* es, die neben der Attitüden-Forschung ihren Platz im vorliegenden Problemkomplex behauptet. Dies läßt sich wohl kaum mit ihrer empirischen und methodologischen Basis erklären, eher mit der Tatsache, daß sie – wie die Prejudice-Forschung – ihren traditionellen Stellenwert in den Hochschulen besitzt.

6. Die Image-Forschung

Die Image-Forschung, obschon sehr alt (*Göhring* 1972), wird in den 50er Jahren wirksam (also *nach* dem Modernwerden der Stereotypenforschung). Sie erreicht in den 60er Jahren ihren Höhepunkt, verliert aber bereits gegen Ende des Jahrzehnts an Bedeutung und scheint heute weitgehend in den Hintergrund getreten zu sein.

Dieses wissenschaftshistorische Phänomen stellt wahrscheinlich eines der faszinierendsten Probleme der neueren Geschichte der Sozialforschung dar. Fast alle Forscher, die z. B. in der Entwicklung der neueren Vorurteilsforschung (*Bild-Analyse*) eine Rolle gespielt haben, *haben ihre Gedanken auf der Basis der Image-Forschung entwickelt*. Die meisten unter ihnen haben es allerdings nicht an Kritik an eben dieser Image-Forschung fehlen lassen. So erscheint diese Image-Forschung nachträglich als *Grenzscheide*, die die ältere Prejudice- und Stereotypenforschung (inkl. der Autoritarismus- und Aggressionsforschung) von der neueren (Bild-Forschung, Bild-Analyse und Konfliktforschung) trennt. Eine zusammenfassende Wertung dieser Image-Forschung erscheint heute zwar realisierbar, sie bleibt aber dennoch schwierig.

Die Image-Forschung setzt zunächst den Trend der Verdrängungsversuche der Attitüden-, Aggressions-, Autoritarismus- und Stereotypenforschung gegenüber der Prejudice-Forschung fort. Im Bereich der *Konfliktforschung* verdrängt sie außerdem die dort bislang vorherrschende *Aggressionsforschung* (*Dieter Senghaas* 1969). Darüber hinaus tendierte sie zur Verdrängung der *Stereotypenforschung*, bzw. wies deren grundsätzliche Schwächen auf. Am bemerkenswertesten ist jedoch ihr Trend des Verdrängungsversuchs der *Attitüden-Forschung* (*W. J. McGuire* 1969, S. 137). Bereits 1962 trägt die *Unesco Studie*, die *Paul-Henry Chombart de Lauwe* herausgibt, den Titel *Image of Women in Society*, obschon mehrere Autoren (*Antonia Kloskowska, Nelly Forget, Olivera Buric*) den Attitüden-Begriff verwenden. Der Image-Begriff, schon bei *Lippmann* (1922) anzutreffen, u. a. von *Stuart A. Rice* (1926) verwendet, wird bei *Gustav Ichheiser* (1943) benutzt zur Kennzeichnung von „frame of image". *Gilbert Gadoffre* führt ihn 1951 in die französische Literatur ein. *Kenneth E. Boulding* legitimiert ihn 1956 in den USA. In der BRD ist es wesentlich *Gerhard Kleining*, der ihn popularisiert (1959, 1961). 1964 überträgt ihn *Silvaine Mirandon* in die Völkerpsychologie. Im Jahre 1966 schreibt *Anke Brunn*, auf das Jahr 1965 und auf *Scott* hinweisend, der 1958 den Begriff der *Internationalen Attitüden* eingeführt hatte, der *gleiche Gegenstand* würde nunmehr unter dem Begriff der *Internationalen Images* abgehandelt (S. 9).

Sieht man von der früheren Philosophie ab, dann lassen sich folgende Ansätze unterscheiden: a) In der jüngeren Philosophie unterscheidet *David Hume* (1782) zwischen dem *Image*, das dem Geist gegenwärtig ist und uns die Dinge der Außenwelt anders sehen läßt, als sie wirklich sind (*Francis Bacon*), und eben dieser *Realität;* b) in der deutschen *Gestaltpsychologie* der vormaligen *Berliner Schule* unterscheidet *Wolfgang Köhler* zwischen der (1) *physikalisch-realen*, der (2) *phänomenal-objektiven* und der (3) *phänomenal-subjektiven* Welt (1929); c) Von nicht minderer Bedeutung ist die *Aktualgenese* der Gestaltpsychologie der vormals *Leipziger Schule* (*Friedrich Sander* 1928; *Erich Wohlfahrt* 1927), die prozessuale Phänomene erkennen läßt; d) abweichend davon entwickelte *Ludwig Klages* (1910) seinen Bildbegriff; e) eine weitere Variante erhält der Begriff durch den des *Kollektivbewußtseins von Emile Durkheim;* f) ein weiterer Ansatz liegt im Konzept der *Archetypen* von *Carl Gustav Jung;* g) bekannter wurde der Begriff *Imago* von *Sigmund Freud;* h) eine weitere Quelle stellt sodann *Lippmann* dar, der von dem *Bild* spricht, das wir im Kopfe haben. *Wilcott* hat angemerkt, hier zeige sich bereits, daß dem Begründer der Stereotypenforschung ein viel treffenderer Begriff zur Verfügung gestanden habe.

Konnte der Prejudice-Begriff leicht negativ gewertet werden, so war dies beim Stereotypenbegriff zwar schon schwieriger, aber, wie wir gesehen haben, noch durchaus möglich. Der Image-Begriff entzieht sich dieser Bewertung weitgehend. Und dies mag vielleicht erklären, warum Forscher, die aus der Prejudice- bzw. Stereotypenforschung kamen, aber in der Imageforschung arbeiteten, es leichter hatten, ausgehend von der Neutralität dieses Imagebegriffs, *auch* das Problem der Vorurteile *neu aufzurollen.* Der ideologische Bewertungstrend zeigt sich dabei mindestens andeutungsweise in einigen interessanten Systematisierungsversuchen. *Gerhard Kleining* definierte *Stereotyp* als *Verfälschung der Realität, Prejudice* gar als *negative* Verfälschung, *Image* hingegen als einen legitimen seelischen Komplex. *Reinhold Bergler* hat kritisiert, mit der ethischen Kategorie der Verfälschung habe *Kleining* ein neues Problem eingeführt. Das ist gewiß richtig, trifft aber die Unterscheidung von *Kleining* kaum. Entscheidender ist die Behauptung von *Bergler,* der Imagebegriff besitze keinen spezifizierten Inhalt (1966, S. 115). Dies läßt sich kaum halten und ist wahrscheinlich nur aus der Überdehnung des Stereotypenbegriffs bei *Bergler* zu verstehen. (Auch später taucht der Image-Begriff bei *Bergler* 1974 z. B. nur im Begriff des *Body-Image* auf.)

Eine wesentliche Schwierigkeit des Verständnisses der Image-Diskussion liegt darin, daß *mit* und *neben* dem Imagebegriff *weitere Bild-Begriffe* verwendet wurden. Dies hat zur *Bild-Forschung* überhaupt erst übergeleitet. Am Ausgang der Image-Diskussion, die gleichzeitig die Überleitung zur Bild-Forschung ist, standen drei Hypothesen: 1. Image ist von der individuellen Erfahrung unabhängig; 2. Image geht der individuellen Erfahrung voraus; 3. Zwischen Image, Stereotyp, Prejudice, sowie den übrigen als „Bild" bezeichneten Sachverhalten existieren verschiedenartige Verknüpfungen und Einflußrichtungen. Diese dritte These ist die umspannendste.

7. Die Bild-Forschung

Die *Bild-Forschung* versuchte *zunächst* nur, den „Begriffssalat" *(Wilcott)* zu überwinden. Sie verstand sich als *Teil der Image-Forschung (Ursula H. Soldan* 1970), unterschied allerdings schon in den ersten Ansätzen zwischen *Image* und einem jeweiligen *„Bild".* Zeitlich ist sie auf das Jahr 1970 und die damalige Veröffentlichung von *Soldan* bezogen, von der auch der Begriff *Bild-Analyse* im gleichen Jahr entwickelt wurde.

Nachträglich gesehen, lassen sich folgende Typen von Bild-Forschungen unterscheiden: a) Im allgemeinsten Sinn sind Forschungsrichtungen gemeint, die sich mit *singularen* Phänomenen bildhaft und bildartig (deskriptiv) erscheinender Sachverhalte befassen, wobei es nicht primär bedeutsam ist, ob der spezielle Begriff *Bild* verwendet wird; b) im engeren Sinne ist der Versuch gemeint, *plurale* bildartige Gebilde zu unterscheiden, wie dies für die Ansätze gilt, Stereotypen und Vorurteile, Vorurteile und Image, Image und Stereotypen zu trennen bzw. aufeinander zu beziehen; c) in einem dritten, präziseren Sinne ist die Analyse der als *Insgesamt von Bildern* aufgefaßten Struktur gemeint, die auch als *Soziales Orientierungs-System* bezeichnet wurde. Der letztgenannte Punkt kennzeichnet gewissermaßen den Auslöser. *Wolf* hatte (1966, 1969) den von *Heintz* (1957) zur Definition der Vorurteile benutzten Begriff der *Sozialen Orientierungssysteme* verwendet, um darunter Vorurteil, Image und Gegenstandsbild zu kennzeichnen. Die Kritik entzündete sich an dem Begriff „*Gegenstandsbild*" bei Wolf (*Wilcott* 1969; *Soldan* 1970; *Sevlund* 1970).

Die Diskussion über das „*Gegenstandsbild*" entstammt der Marktforschung. Dort wurden mit Beginn der 60er Jahre drei Größen unterschieden: *Bild, Vorstellungsbild, Image,* ohne daß sich akzeptable Unterscheidungskriterien zeigten. Folgende Konzeptionen ließen sich feststellen: a) *Bild* und *Vorstellungsbild* wurden gleichgesetzt, wobei auch *Image* entweder dem einen oder dem anderen Begriff zugeordnet oder überhaupt ausgeklammert wurde; b) *Image* und *Bild* wurden grundsätzlich unterschieden, wobei das *Vorstellungsbild* in der Regel dem *Bild* gleichgesetzt wurde (siehe u. a. bei *Kurt Possehl* 1970). Die Diskussion drehte sich etwas im Kreise.

Dies änderte sich, als man dem „Bild" empirisch genauer zuleibe ging. Hier sind drei Ansätze zu unterscheiden: a) Die Systematisierung des *Images* durch *Hans Sittenfeld* (zit. bei *H. E. Wolf* 1969, S. 948); b) Die Untersuchungen falscher Gedächtnisreproduktionen von Waren- und Firmenbildern; c) Die Berücksichtigung der Probleme und Ergebnisse der Aktualgenese (*F. Sander* 1928). Sie wurden bereits von *Max Simoneit* im Jahre 1958 aufgegriffen und haben dann einerseits empirische Untersuchungen im Bereich der Anzeigenforschung ausgelöst und andererseits übergeleitet zu neuen Versionen einer Beobachtungstheorie (noch unveröffentlicht). Alle drei Gesichtspunkte trafen sich in der Konzeption des Bildbegriffs von *Soldan* (1970).

8. Konflikt- und Friedenforschung

Obschon sich Vorurteils- und Konfliktforschung in der Sache stark berühren und mehrfach überschneiden, fehlt bis heute eine befriedigende theoretische Sichtung der beiderseitigen Zusammenhänge. Der erste neuere, theorienbewußte Ansatz stammt von *Hans Christian Schwartz* (1965). Erst gegen Mitte der 70er Jahre hat eine gezieltere Diskussion eingesetzt (*Wolfgang Töpfer* 1973; *H. Ch. Schwartz* 1976; *H. Ch. Schwartz* und *H. E. Wolf* 1976). Voraus gingen eher zufällige, oft theoretisch wenig durchdachte Konzeptionen. Dies hängt zusammen *teils* mit dem schon gekennzeichneten Mangel kritisch-methodologischer Problemverarbeitung in der Prejudice- und Stereotypenforschung, *teils* mit der Geschichte der neueren Konfliktforschung, *teils* auch mit dem Übergewicht der Aggressionsforschung, die zudem weitgehend aggressions*psychologische* Forschung war; selbst dort, wo nicht unmittelbar aggressionsspezifische Vorstellungen verwendet wurden, wurden Konflikte doch wesentlich als *individuelle* Konflikte gesehen, und wo sich *soziale* Konflikte nicht übersehen ließen, wurden sie auf die Individualität bezogen. Diese Fehlerquelle ist noch bei *Allport* (1954) unübersehbar.

Die Geschichte der Konfliktforschung ist mehrfach aufgezeigt worden (u. a. *Lewis A. Coser* 1956, 1957; *Hans Jürgen Krysmanski* 1969, 1971). Die neuere Diskussion beginnt in der Regel mit der 1907 gegründeten *Amerikanischen Soziologischen Gesellschaft*. Die diesbezüglichen Referate von *Thomas N. Carver* (1908) und *Howard W. Odum* (1931) münden in den 40er Jahren in die Periode *konfliktscheuer* Betrachtungsweisen ein. So kann *Jessie Bernard* (1950) besorgt fragen, wo denn nun die Konfliktsoziologie eigentlich sei. Diese Situation ist zehn Jahre später abermals anders (*Bernard* 1958), und nochmals ein Jahrzehnt später fragt *Dieter Senghaas* (1969 S. 31), „wie angesichts des enormen Wachstums konfliktorientierter Forschung noch ein einigermaßen sinnvolles und akzeptables Gerippe sozialwissenschaftlicher Konflikttheorie und ein gewisser Bestand von Einzelprojekte übergreifenden Konflikttheoremen bei der Fülle vorliegender Studien sich entwickeln lasse." Dies kennzeichnet dann auch die Ansätze der Verarbeitung von Problemen der Vorurteilsforschung im Bereich der Konfliktforschung, wie sie u. a. bei *Bernard* (1958) deutlich werden: a) Der *sozialpsychologische* Ansatz – weitgehend identisch mit der damaligen Prejudice- und Stereotypenforschung – sieht unter der Einwirkung psychoanalytischer Vorstellungen in den Konflikten ein irrationales Moment; b) der strengere *soziologische* Ansatz konzentriert sich auf Struktur und Dynamik der Interaktionsmustern der sich in Konflikt befindlichen Gruppe; c) dem *semantischen* Ansatz erscheinen Konflikte auf Mißverständnissen begründet, weswegen wesentlich *Konfliktlösungen* propagiert und die Annahmen unvereinbarer Interessen als Irrtum bezeichnet werden.

Die neuere Diskussionsentwicklung läßt sich in vier Punkten skizzieren: a) Die Kritik von *Ralf Dahrendorf* (1961, 1967, 1972) an der funktionalistischen Integrationstheorie von *Talcott Parsons* (1951). *Dahrendorf* wirft dieser Theorie vor, Gesellschaften als reibungslos funktionierende, ausbalancierte und in der Tendenz immer zur Harmonie neigende Gebilde aufzufassen; entsprechend erscheinen Konflikte als „dysfunktional", als „widerliche Störungen", womit die soziologische Diskussion in die Analyse der Psychopathologie von Gruppen und Individuen abzugleiten drohe (vgl. hierzu auch *John Rex* 1961; *David Lockwood* 1964). b) Nicht minder heftig brandet die Diskussion um die These eines sog. *Aggressionstriebes (Freud)* bzw. *-instinktes* (*Konrad Lorenz* 1937, 1963, 1966), wobei sich *Lorenz* in seiner Konzeption als Widerspruch zu *Freud* versteht (vgl. u. a. *Robert Ardrey* 1961, 1966; *Malvern Lumsden* 1970; *Kenneth E. Moyer* 1971). c) Die neuere empirisch gestützte Konfliktforschung hat nicht nur nationale und internationale Spannungen u. ä., sondern auch spezifische Probleme untersucht, wie sie in den „Heißen Sommern" der USA bemerkbar wurden (vgl. u. a. *Paul Brown, Roger Elliot* 1965; *Ivo K. Feierabend, Rosalind Feierabend* 1966, 1969; *Amitai Etzioni* 1967, 1968, 1969; *Ted Robert*

Gurr 1968, 1969, 1970, 1971, 1972; T. R. Gurr, C. Ruttenberg 1967; T. R. Gurr, M. McClelland 1971; Robert L. Kahn 1972; H. C. Kelman, Lee H. Lawrence 1972; Gladys Engel Lang, Kurt Lang 1961, 1968, 1972; Stanley Lieberson, Arnold R. Silverman 1965; Edwin I. Megargee 1966; Doris Miller 1972; Dean G. Pruitt 1964, 1965, 1971, 1972; H. Edward Ransford 1968; James Ruke, Charles Tilly 1965, 1972; Ch. Tilly 1969, 1970; Hans Toch 1966, 1970; Donald I. Warren 1972). d) Auf einer anderen Ebene liegt die Frage nach der Reichweite des Konfliktbegriffs (u. a. Stuart Chase 1951; L. A. Coser 1957, 1967; R. W. Mack, R. C. Snyder 1957; J. Bernard 1957; Thomas Schelling 1958, 1960; Anatol Rapoport 1960; Lewis Richardson 1960; J. Rex 1961; R. Dahrendorf 1961; Kenneth E. Boulding 1962; Jürgen Habermas 1962; Johan Galtung 1965; R. K. Merton 1965; Richard Stagner 1967; Charles P. Loomis 1967; Elizabeth Converse 1968; Rudolf Perputter 1968; Niklas Luhmann 1968; K. W. Deutsch 1969; Klaus Holm 1970; H. J. Krysmanski 1970 u. a. m.).

III. Abfolge der Zielgebiete

1. Antisemitismus

Antisemitische Vorurteile stellen innerhalb der Sozialen Vorurteile nur eine Vorurteilsklasse neben anderen dar, doch hat der deutsche Antisemitismus vor 1945 ihre praktische Bedeutung so stark in den Vordergrund gedrückt, daß der erstgenannte Sachverhalt gelegentlich übersehen und ernstlich versucht wurde, aus den Phänomenen der Antisemitismus-Forschung Theorien über den Gesamtbereich sozialer Vorurteile zu entwickeln. Man hätte diesen Versuch vielleicht akzeptieren können; vorausgesetzt werden mußte dann jedoch nicht nur eine ausreichende Klärung in den übrigen Bereichen sozialer Vorurteile, sondern auch eine ernstzunehmende und fortgeschrittene Antisemitismusforschung selbst. Doch gerade davon konnte keine Rede sein. Noch Oskar Karbach (1964) hat auf den geradezu hypnotischen Einfluß des Antisemitismus hingewiesen, der in der Antisemitismusforschung das Diskussionsfeld bestimme und abgrenze.

Hannah Arendt kennzeichnet die Versuche, den Antisemitismus zu erklären, an den Ereignissen selbst gemessen, als unzulängliche und überstürzt hingeworfene Arbeitshypothesen, die lediglich zeigten, daß unser gesunder Menschenverstand mit dem Phänomen nicht fertig würde (1958, S. 5). Und noch 1965 wirft Alphons Silbermann der Antisemitismusforschung völliges Versagen vor; anstatt die diversen Aspekte separat zu erforschen, werfe man alles in einen Topf (1965, S. 319). Diese Kritik wird verständlich, wenn man sich die Ergebnisse der psychologisch und psychoanalytisch begründeten Theorien betrachtet. Danach könnten sich die Juden beim nächsten Pogrom mit dem beruhigenden Bewußtsein massakrieren lassen, daß ihre bedauernswerten Mörder an der „Vorurteilskrankheit" leiden, autoritäre Persönlichkeiten sind, frustriert wurden, in den Haß flüchten (eine sehr sinnige Erklärung, die allerdings wohl nur auf eine Minderheit der Antisemiten zutrifft) u. ä. m. Diese Vorstellungen werden sinnreich ergänzt durch die von *Arendt* ironisch kommentierte psychoanalytische Behauptung eines „unbewußten Todeswunsches" der Juden (1964, S. 13), der dann in den Gasöfen der Vernichtungslager seine Erfüllung fand. Das schließt an die journalistische Diskussion über die angeblich jüdische Abkunft *Hitlers* und *Heydrichs* an, womit der Antisemitismus offensichtlich ein internes Problem der Juden selbst wird, getreu übrigens der Behauptung *Eugen Dührings* von der „*Verjudung" des Antisemitismus* (1930, S.112).

Abgesehen davon haben wir es zunächst mit einigen Schwierigkeiten zu tun, die im *Begriff des Antisemitismus* liegen: a) Gemeint sein kann eine Forschung, die die Antisemiten selbst betreiben und deren Gegenstand die Juden wären; b) gemeint sein kann umgekehrt eine Forschung, die Antisemitismus und Antisemiten zum Gegenstand hat. Nur in diesem letzten Sinne soll hier Antisemitismusforschung gemeint sein. Zudem gibt es eine wissenschaftliche Forschung zum Punkt a überhaupt nicht; ja es handelt sich dort nicht einmal um den ernsthaften Versuch einer systematischen Behandlung des Problems im vorwissenschaftlichen Bereich. Eine andere Schwierigkeit liegt in den Zeitabschnitten antisemitischer Strömungen. Der *Begriff* des Antisemitismus wurde erst im 19. Jahrhundert durch *Wilhelm Marr* und *Ernest Renan* geprägt; deshalb werden die vorausgehenden Epochen antisemitischer Richtungen z. B. als *anti-jüdisch, anti-hebräisch* usf. bezeichnet. Indessen ist dies oft nur eine terminologische Lösung, denn die angebotenen Kennzeichnungen sind keineswegs klarer. Eine dritte Schwierigkeit liegt schließlich in der Feststellung und der Interpretation antisemitischer Quoten, die von verschiedenen Umständen abhängig sind.

Man kann rückbezüglich zunächst die zeitliche Phase von Kriegsende (1945) bis Mitte der 60er Jahre betrachten. In dieser Zeit wurde verschiedentlich versucht, in Sammelreferaten bzw. bei Berücksichtigung empirischer Studien die Antisemitismusquote in der Bundesrepublik Deutschland zu bestimmen (*H. Lamm* 1963; *Th. Filthaut* 1963; *H. E. Wolf* 1966, 1967; *K. H. Bönner* 1967; *A. Silbermann* 1965, 1967). Die Folgerungen weichen erheblich voneinander ab und erreichen, bei Beachtung der Meinungsforschungsstudien, Werte zwischen 4 % bis rund 80 %.

Theodor Filthaut und *Karl H. Bönner* stützen sich teils auf eigene Erhebungen, teils auf die Berichte von *H. T. Risse* (1960, 1961), *Werner J. Cahnmann* (1965) u. a. und teils auf Meinungsforschungsumfragen. Sie vermuten die Höhe der Antisemitismusquote bei rund 12 %. *Bönner* bezieht dies jedoch nur auf die Jugendlichen, weil die von ihm zitierten Befunde der Meinungsbefragungen höher liegen. Gegen viele diese Untersuchungen ergeben sich folgende Einwände: a) Die verwendeten Techniken gehören teilweise dem subjektiven Erfassungsbereich an (Gespräche mit Lehrern in den Klassen, Diskussionen usw.); b) Die Themen sind der Fragestellung oft inadäquat (Geschichte der Juden, Vorstellungen über die Gründe des Antisemitismus u. ä.). Nur in wenigen Fällen wird das

Problemgebiet des Antisemitismus unmittelbar berührt; c) Die Interpreten verarbeiten die Ergebnisse nicht unvoreingenommen, sondern gehen von Vorstellungen über Antisemiten bzw. Prosemiten aus, die oft nicht nur unklar, sondern empirisch und historisch nachweislich falsch sind; d) Die Variablen der Altersgruppen werden entweder nicht berücksichtigt und naiv dem Problem zugeordnet oder bagatellisiert. So stellt z. B. *Karl Herbert Mandel* (1966) bei einer Untersuchung älterer Jugendlicher eine positive Abweichung gegenüber der Studie von *Wolf* (1959) fest und will dies als Abschwächung des Antisemitismus gewertet wissen, obwohl diese Abschwächung als altersspezifische Variable bereits aufgezeigt worden war (*H. E. Wolf* 1963; *A. Hüser* und *H. E. Wolf* 1962). Generell scheint sich folgende Behauptung vertreten zu lassen: *Je objektiver die Techniken, je adäquater die antisemitische Thematik erfaßt wird, desto höher steigen die Antisemitismusquoten* (*W. Schreckenberg* 1953; *U. Bernhard* 1959; *H. E. Wolf* 1959; *P. Schier-Gribowski* 1962; *M. M. Tumin* 1968).

In diesem Zusammenhang sind zwei Meinungsbefragungsergebnisse instruktiv, von denen *Bönner* eines ebenfalls berücksichtigt. 1. Anläßlich der antisemitischen Hakenkreuzaktionen der Jahreswende 1959/60 fragte *EMNID*: „Wie stehen Sie dazu, daß in letzter Zeit Synagogen, Kirchen und andere Gebäude mit Hakenkreuzen und Äußerungen wie ‚Juden raus' bemalt wurden?" und berichtete, nur 1 % hätte dies gutgeheißen, und „daß der Kreis der Bevölkerung, der sich gegen die Juden einstellt und direkt oder indirekt die Vorfälle gutheißt, ca. 4 % beträgt" (*EMNID* 1960). Die Fehler sind offenkundig: Die Frage a) nach der Zahl derjenigen Befragten, die sich *gegen die Juden einstellen*, und b) die Frage nach der Zahl derjenigen, die *die Vorfälle gutheißen*, sind zwei verschiedene Fragen. Der Frageformulierung nach hat die *EMNID* nur die zweite geprüft, kann also über die erste gar nichts aussagen. 2. In einem Bericht des *Instituts für Demoskopie* vom 29. Juni 1959 lautet die Überschrift „Anti-jüdische Einstellung im Schwinden". Sie stützt sich auf die Tatsache, daß auf die Frage „Würden Sie sagen, es ist für Deutschland besser, keine Juden im Lande zu haben?", die „Ja"-Antworten von 1952 (37 %) zu 1956 (29 %) und 1959 (22 %) fielen (1963 waren es 18 %). Dies deutet zwar an, daß innerhalb der antisemitischen Strömungen Verschiebungen eingetreten sein können; *nur läßt sich dieser Sachverhalt nicht interpretieren, weil völlig undurchsichtig ist, welche antisemitischen Merkmale in der Befragung der Sache nach angesprochen wurden.*

Die weitere Diskussion bezieht sich auf die Zeitspanne ab Mitte der 60er Jahre bis heute. Diese hier berücksichtigte Zweiteilung der Gesamtdiskussion über Antisemitismus in der BRD hängt ganz einfach mit der Verschiedenheit der Erscheinungsdaten der beiden Auflagen des vorliegenden Handbuchs zusammen. Aber dieses eher zufällige Moment *akzentuiert sowohl* ein eher *kontinuierliches, allmähliches Absinken* der Antisemitismusquote, *als auch* die Resultate *gegensätzlicher politisch-ideologischer Wertungen*, deren Schnittstelle allgemein das Jahr 1966, d. h. die Ablösung der *Adenauer-Periode* durch die Große Koalition ist.

In der Tat ist seit Ende der 60er Jahre ein deutliches Sinken der Antisemitismusquoten in der BRD zu bemerken (u. a. *U. H. Soldan* 1969, 1978;

Klaus-Christian Becker, H. E. Wolf 1971; Karla Bock, Walter Hoffmann, Peter Petersen 1972; Irene Brückner 1972; Gabriele Terner 1973; Helga Ammann, Christian Luksch 1973; Wolfgang Franke, H. E. Wolf 1973; H. E. Wolf 1974, 1978; Erhard Kahl 1975; Leonore Saalfeld 1976; Leonhard Blaum, H. E. Wolf 1977). So übereinstimmend, wenn auch im einzelnen stark variierend, die *quantitative* Abnahme der Antisemitismusquote ist, ist die Interpretation überaus schwierig. Offenbar hat nicht nur die Sozialwissenschaft ihre Naivität verloren, Absinken von Zahlen mit dem Absinken der Bedeutung gleichzusetzen.

Es bleibt nicht nur die Frage nach der Größenordnung des *latenten Antisemitismus (A. Silbermann, Herbert A. Sallen 1976; H. A. Sallen 1977)*, auch neuere Studien lassen die Ambivalenz des quantitativen Problems erkennen: a) Zwar erscheinen die Merkmalsprofile der Antisemitismen verblaßt (*Becker, Wolf 1971; Wolf 1974*), aber es fehlen vergleichbare Studien aus der Vergangenheit; b) Nach wie vor erscheinen *„Juden"* und *„Deutsche"* auf der traditionellen national-völkischen (und/oder nativistischen) Wertebene als prinzipiell unterschiedlich (*Soldan 1969; Brückner 1972; Wolf 1974; Kahl 1975; Saalfeld 1976; Blaum, Wolf 1977*); c) Ergebnisse noch unveröffentlichter Studien von *Soldan* (Zeitraum: 1974, 1975) und *Wolf* (Zeitraum: 1976, 1977) scheinen folgendes auszuweisen: (a) Der Rückgang der Antisemitismusquoten bei Kindern und Jugendlichen entspricht weitgehend dem Fehlen der Aktualität antisemitischer Diskussionen; unabhängig davon sind alle bisherigen antisemitischen Vorurteile einzeln und in Syndromen, wenn auch oft nur rudimentär, anzutreffen. (b) Es gibt keinen Beleg für die These, die starke Verringerung der Antisemitismusquoten sei Resultat etwa politischer Erziehung, der Vergangenheitsbewältigung, also Einsicht in die Fehler und Gefahren des Antisemitismus. Belegbarer erscheint die These, wir hätten es lediglich mit dem Resultat des Zeitfaktors, speziell mit der Abfolge von Generationen zu tun. (c) In der augenblicklichen Situation stehen alte und neue, teils gegeneinander eskalierende, Anti-Strömungen (Antikommunismus, Antifaschismus, Antikapitalismus, Antiautoritarismus u. ä.) als potentielle Einflußgrößen im Hintergrund; ihnen gegenüber kann – zumindest *augenblicklich* – der Antisemitismus kaum Aktualität gewinnen.

Zu berücksichtigen ist, daß sich diese Überlegungen ausschließlich auf die Verhältnisse in der BRD beziehen, also nichts über den Antisemitismus außerhalb Deutschlands aussagen können (siehe hierzu u. a. *Walter R. Heintz, Steven Geiser 1971; Donald D. Dorfman, Susan Keeve, Carl Saslow 1971; Dieter Bichlbauer, Ernst Gehmacher 1972*).

Weitgehend offen und vielfach umstritten sind die Ansätze einer *Theorie des Antisemitismus*. Im Vordergrund steht die Frage nach Zahl und Struktur unterscheidbarer Merkmale des Antisemitismus. Hier scheint eines der zentralen Probleme der Antisemitismusforschung zu liegen.

Die Diskussion über Zahl, Struktur und Zusammenwirkung antisemitischer Merkmale zeigt neben Übereinstimmungen auch Abweichungen (vgl. u. a. bei: *Hans Ornstein 1946, 1949; A. Silbermann 1965, 1969; H. E. Wolf 1966, 1969*). Empirisch belegen lassen sich folgende Merkmale, die jeweils auch als spezifische Antisemitismen bezeichnet werden können: 1. *Religiöser* Antisemitismus; im europäischen Bereich wesentlich als *christlicher* Antisemitismus in Erscheinung tretend; 2. *Physiognomischer* Antisemitismus, geknüpft an Behauptungen über Gesichts- und Körpermerkmale; 3. *Charakterologischer* Antisemitismus, der den Juden spezifische angeborene bzw. vererbte Charaktereigenschaften zuschreibt. Seine extreme Spielart ist der *sexuelle* Antisemitismus, wie ihn *Julius Streicher* in seinem antisemitischen Wochenblatt *„Der Stürmer"* praktiziert hat; 4. *Beruflicher* Antisemitismus, der einen Überhang jüdischer Personen in bestimmten Berufen behauptet; 5. *Ökonomischer* Antisemitismus, der darüber hinaus meint, Juden hielten die Kommandostellen der Wirtschaft besetzt, bzw. strebten dies an; 6. *Politischer* Antisemitismus – zuerst bei *Wilhelm Marr* –, der Welteroberungs- und -beherrschungsabsichten der Juden behauptet; 7. *Völkisch-rassischer* Antisemitismus, in der Literatur als biologisch-rassischer mißverstanden, scheint wesentlich Resultat der Axiomatik des neueren Nationalismus sog. Urvölker und der diesen unwandelbar mitgegebenen Eigenschaften zu sein (*Eugen Lemberg* 1964; *Manfried Büttner* 1965). 8. *Taktischer* Antisemitismus – in der Literatur meist als politischer Antisemitismus bezeichnet (*Paul W. Massing* 1949; *Eleonore Sterling* 1956; *O. Karbach* 1964) –, der gegenüber der Frage, ob seine Vertreter Antisemiten sind oder nicht, indifferent bleibt. Vier weitere Merkmale wurden sodann zur Debatte gestellt: 9. *Kultureller* Antisemitismus (*R. König* 1964; *A. Silbermann* 1965) als ein in der Wurzel antisemitisch ausgerichteter deutscher Denkstil, der sich vom übrigen europäischen unterscheide; 10. *Volkstümlicher* Antisemitismus (*H. E. Wolf* 1966), der auf einer anderen dimensionalen Ebene liegt, dem Image verwandt erscheint und mehrere Merkmale locker und austauschbar umspannt; 11. *Sozialer* Antisemitismus (*U. H. Soldan* 1969, 1970; *K. Ch. Becker, H. E. Wolf* 1971; *Wolf* 1975), der teilweise dem charakterologischen, beruflichen und ökonomischen Antisemitismus ähnelt, sich von diesen aber doch unterscheiden läßt; 12. Ein Teil des *Pro-* bzw. *Philosemitismus* und *Anti-Antisemitismus* (vgl. *A. Silbermann* 1969, *Silbermann, H. A. Sallen* 1976), der lediglich eine verkappte Form des Antisemitismus darstellt (*P. Pollock* 1955; *Wolf* 1960). Hingegen erwiesen sich bisher der *historische* und der *metaphysische* Antisemitismus als *Pseudomerkmale*. Der letztgenannte ist eine *Erscheinungsform* des *religiösen* Antisemitismus; der erstgenannte ist eine *Betrachtungsweise* antisemitischer Phänomene *in der Geschichte*.

Das Problem für die Theorienbildung liegt – vereinfacht ausgedrückt – in der Frage, ob man sich diese Merkmale als mehr oder minder miteinander verbunden, also als unselbständige Größen, oder als elementare, also selbständige Größen vorzustellen hat. Die Theorien und Modelle des ersten Falles wollen wir als *ganzheitliche Interpretationsschemata*, die des zweiten Falles als *elementare Interpretationsschemata* bezeichnen.

a) Die *ganzheitlichen Interpretationsschemata* lassen sich, etwas vereinfacht, in drei Typen unterscheiden, die verschiedenartige Verknüpfungen untereinander erkennen lassen: (a) Antisemitische Merkmale werden in ein *Kern-Peripherie-Modell* ausgewiesen und sodann nach den Kategorien „eigentlicher" (oder echter) und „nicht-eigentlicher" (unechter) Antisemitismus unterschieden. Echter bzw. eigentlicher Antisemitismus ist dann im *Kernmerkmal* (oder den Kernmerkmalen) ausgedrückt, während z. B. die *peripheren* Merkmale entweder als weniger wichtig gewertet werden oder in ihnen überhaupt nicht mehr antisemitische Merkmale gesehen werden. Im Extrem wird gelegentlich eine Theorie des „. . . nichts weiter als" angeboten (*Dieter Goldschmidt* 1960); doch sind sich die Vertreter dieser Richtung keineswegs einig, welche Merkmale nun den eigentlichen oder echten Antisemitismus ausmachen und welche nicht. Im Grunde wird hier eine These an den *Anfang* der Forschung gestellt, die nur deren *Resultat* sein kann. (b) Das *Syndrom-Modell* kann entweder vollständig auf die Festlegung eines Kerns antisemitischer Merkmale verzichten oder solche Kernmerkmale als austauschbar deklarieren. Oft wird in einer meist dialektisch orientierten Manipulation jeweils ein Merkmal als wichtig, ein anderes als weniger wichtig bezeichnet. Dieses Modell entspricht etwa den Vorstellungen der Theorie vom Typ der *Authoritarian Personality*. Während das Kern-Peripherie-Modell die Zahl der bedeutsamen Merkmale einschränkt, erlaubt das Syndrom-Modell ihre Ausweitung und vermag so auch Merkmale einzubeziehen, die keineswegs mehr zu den antisemitischen Merkmalen zu zählen sind (Ordnungsvorstellungen, Bekundungen der Gegenideologie, aber auch der positiven Wissenschaft). (c) Das *Strukturmodell* vereinigt die Vorzüge des Kern-Peripherie- und des Syndrom-Modells und reduziert gleichzeitig deren Nachteile. Außerdem wird in vielen Fällen die Ganzheitlichkeit stark aufgelockert bzw. reduziert. Abermals vereinfacht lassen sich drei unterschiedliche Thesen antreffen: 1. Die These des *„ewigen Antisemitismus".* Behauptet wird, der Existenz der Juden entspräche die Entwicklung „des" Antisemitismus. In der Regel wird diese These nur vage formuliert, aber von Antisemiten ebenso vertreten wie von jüdischen Theoretikern. Nach *Hannah Arendt* war (und ist) dies für die Antisemiten ein *Alibi*, um ihren eigenen Antisemitismus pseudohistorisch zu rechtfertigen; die jüdischen Theoretiker machten ihrerseits aus der Not eine Tugend: je „ewiger" der Antisemitismus, desto sicherer die „ewige" Existenz eines jüdischen Volkes. „Hinter diesem Aberglauben steckt zudem eine höchst reale geschichtliche Erfahrung, so sehr er selber auch eine Travestie der religiösen Idee der Auserwähltheit des Volkes ist" (*H. Arendt* 1955, S. 11). Der Hintergrund dieser These basiert auf einer *vagen Entsprechung*, die zudem keineswegs empirisch bestätigt ist. Richtig ist, daß Antisemitismus nur in Erscheinung treten konnte, weil die Juden überhaupt einmal geschichtlich in Erscheinung getreten sind. Aber davon geschieden sind die beiden Fragen, ob der Antisemitismus *zu jeder Zeit* der Juden bedürfe, und ob es eine *durchgehende antisemitische Strömung* gibt, die in ihren Auswirkungen allerdings schwanken kann. Da die erste Frage vorschnell bejaht wird, bleiben z. B. die Antisemitismusquoten in der BRD, die keine nennenswerte Zahl von Juden aufweist, unerklärlich und darum wohl auch „unwahrscheinlich". Dabei berichtete schon *Gordon Allport* von einer mittelamerikanischen Gemeinde, deren Mitglieder noch niemals einen Juden gesehen hatten, aber wilde Antisemiten waren; hier spielte ein christlicher Pfarrer die Rolle des Hetzers. 2. Die These der *„objektiven Judenfrage"* (u. a. *Eva G. Reichmann* 1956). Angenommen wird, in definierbaren Zeiträumen ergäben sich zwischen der *Zahl der Juden* (etwa in bestimmten Tätigkeitsbereichen) und *antisemitischen Merkmalen* Zusammenhänge. Es ist dies bestenfalls eine Plausibilitätsthese, die sich bis heute nicht hat empirisch bestätigen lassen (vgl. u. a. *Esra Bennathan* 1963). 3. Die These des *traditionellen Lernens*. Sie stützt sich auf den Tatbestand, daß jede Person mit der Geburt in Kulturmuster gestellt ist, deren Wertrichtungen und Inhalte sie allmählich übernimmt. Dort sind dann auch u. a. die antisemitischen Vorurteile eingebettet.

b) Die *elementaristischen Interpretationsschemata* unterscheiden sich weder in der Thematik, noch in der Anerkennung des Zusammentretens verschiedener Merkmale zu einer faktischen Einheit von den bisher besprochenen Schemata. Sie verwerfen auch nicht – mindestens nicht notwendig – die These, daß sich die heutigen antisemitischen Merkmale nach und nach aus besonderen geschichtlichen Situationen herausgebildet haben. Ihr Kriterium liegt ausschließlich in der Selbständigkeit der einzelnen Merkmale. Auch hier lassen sich vereinfacht drei Thesentypen antreffen: 1. Die *formalen Konsistenz-Thesen*. Sie werden ansatzweise aus faktorenanalytischen Ergebnissen abgeleitet (einige zitiert *de Trutt* in einer noch unveröffentlichten Arbeit). Gemeint ist das statistisch überzufällige Zusammentreten einzelner Merkmale zu einem Merkmalskomplex. So scheinen charakterologischer, beruflicher und ökonomischer Antisemitismus mit Bestandteilen des physiognomischen und rassisch-völkischen Antisemitismus einen Komplex zu bilden. 2. Die *Ideologie-These*. Wenn auch die Merkmale elementare und damit selbständige Größen sind, so treten sie doch sehr selten nur elementar in Erscheinung. Selbst wo wir in der sozialen Praxis auf nur *ein* antisemitisches Merkmal stoßen, erscheint dies eingebunden in Werttendenzen, Rollenvorstellungen und -erwartungen, Einstellungen und selbst Vorurteilen, die nicht antisemitisch sind. Als Regel scheint jedoch zu gelten, daß meist mehrere Merkmale unter einer ideologischen Interpretation zusammentreten. So richtet sich z. B. der *religiöse* Antisemitismus nur gegen die Juden als Anhänger der jüdischen Religion, aber die christlich-antisemitische *Ideologie* greift gern auch Behauptungen des charakterologischen, des beruflichen Antisemitismus etc. auf. Und auch der *völkisch-rassische* Antisemitismus, insbesondere seine nationalsozialistischen Varianten, obschon selbst christfeindlich, haben häufig auch die Verteidigung des Christentums gegen die Juden auf ihr Banner geschrieben. 3. Die *Additions-These*. Diese ist die anspruchloseste. Ihr Ziel ist, eine Theorienbildung auf möglichst breiter Basis zu ermöglichen. Insbesondere bietet sie sich zur Klärung der Frage nach der Höhe der Antisemitismusquote an. Ausgangspunkt ist folgende Überlegung: Die Zahl der in einer Untersuchung berücksichtigten Merkmale beeinflußt das empirische Ergebnis. Setzen wir jedes Merkmal = m, so wäre der bundesrepublikanische Antisemitismus gekennzeichnet durch die Summe der Merkmale, also der Häufigkeit, mit der das einzelne Merkmal repräsentativ besetzt ist. Die Formel würde lauten: $m_1 + m_2 + m_3 + \ldots m_x = (A)$. Wird ein Merkmal nicht berücksichtigt, so ist die ausgewiesene Antisemitismusquote immer kleiner als die tatsächliche. Wäre die tatsächliche durch die Formel $M(Z)$ gekennzeichnet, so ließe sich davon diejenige Größe abziehen, die nicht erfaßt wurde. Nennen wir diese Größe $M(Y)$, dann lautet für jede spezifische Erhebung die Formel $M(Z) - M(Y) = M(A)$. Je weniger Merkmale des Antisemitismus erfaßt werden, desto größer ist die Dunkelziffer in $M(Y)$ und entsprechend kleiner der ausgewiesene Wert von $M(A)$.

Für eine Theorienbildung über den Antisemitismus scheinen sich noch weitere Schwierigkeiten bzw. Fehlerquellen aufzeigen zu lassen. Die wichtigst Erscheinenden seien kurz skizziert:

a) Lange Zeit wurden *Vorurteile* (Stereotype) mit dem *Image* gleichgesetzt. Grundlage dafür war die dämonologische Projektions-These, wie sie heute noch in der journalistischen Literatur und gelegentlich in der kommerziellen Werbediskussion anzutreffen ist. Bereits 1959 stellte *Ute Bernhard* fest, daß über 90 % der von ihr erfaßten Schüler persönlich nichts gegen die Juden hatten, die Mehrzahl von ihnen aber dennoch den Juden entsprechende antisemitische Merkmale zuordnete. Offensichtlich also geht den persönlichen Stellungnahmen bereits ein außerpersönliches Bild von den Juden voraus.

b) Aus Fahrlässigkeit, Unkenntnis, aber vielleicht auch aus Absicht, wird noch oft genug Antisemitismus mit dem *Radauantisemitismus* identifiziert. Diesen Fehler beging die schon zitierte *EMNID*-Studie. Dem scheint das Bild eines Antisemiten verknüpft, der eher einem Halbirren ähnelt. Indessen haben sich – von den völkischen Antisemiten einmal abgesehen – die Wortführer des Antisemitismus in der Mitte und im Ausgang des 19. Jahrhunderts weder als Antisemiten gefühlt noch so bezeichnet und oft genug gegen eine solche Kennzeichnung sogar protestiert (vgl. bei *Paul W. Massing* 1949). Auch für die Bundesrepublik konnte *Peter Schönbach* (1961), anknüpfend an eine ähnliche amerikanische Untersuchung von *Johan Galtung* (1960), nachweisen, daß sich die Mehrzahl der deutschen Antisemiten eindeutig vom Radauantisemitismus distanzierte. Dennoch scheint dieser Fehler kaum ausrottbar. In einer von *A. Silbermann* zitierten Untersuchung in Österreich wurde die Zustimmung zu dem Statement „Die Ermordung der Juden war die größte Schande unseres Jahrhunderts" recht naiv als Absage an den Antisemitismus gewertet (*A. Silbermann* 1967, S. 739).

c) Eine kaum geringere Verwirrung bringt schließlich der Versuch, die positive Zustimmung zur Existenz des Staates Israel als

Absage an den Antisemitismus zu werten. Die Lieder der Hitler-Jugend und SA von der soeben fertiggestellten Einbahnstraße nach Jerusalem und die Forderung der Nationalsozialisten nach Ausweisung der Juden aus Deutschland und ihre Unterbringung in einen eigenen Staat, scheinen merkwürdigerweise vergessen worden zu sein.

2. Nationale Vorurteile

Die Erforschung *Nationaler Vorurteile* hat den Blick geschärft für viele Unzulänglichkeiten der Antisemitismusforschung und der aus dieser abgeleiteten Theorien über Vorurteile. Doch ist dieser Effekt erst relativ spät und auch nur partiell eingetreten. Dies lag u. a. daran, daß die Erforschung Nationaler Vorurteile in den USA der 20er und 30er Jahre eher ein zufälliges Nebenprodukt und keineswegs einen selbständigen Forschungsansatz darstellte. Was heute schier selbstverständlich unter dem Begriff Nationaler Vorurteile rubrifiziert wird, war ursprünglich der Versuch, die Intergruppenspannungen *innerhalb* einer Gesellschaft zu durchleuchten, deren Personen aus aller Welt stammen.

Das Interesse der amerikanischen Forscher war hauptsächlich auf die speziellen Probleme und Strukturen *sozialer Annäherungen* von Mitgliedern unterscheidbarer Teilgruppen gerichtet, mochte es sich um Farbige, Indianer, eingewanderte Deutsche, Türken o. ä. handeln. Der wichtigste Ansatz geht auf *Robert Ezra Parks Theorie der Distanz* zurück. Daraus entwickelte sich die *Soziale Distanzskala (Emory S. Bogardus* 1925), die insbesondere von *Rose Zeligs* (1932, 1937, 1938, 1942, 1947, 1948, 1949, 1951, 1952, 1954, 1955; *R. Zeligs, G. Hendricksen* 1933, 1934) in ihren Versuchsreihen benutzt wurde.

Die Ausrichtung auf *externe* Probleme, die heute das Kennzeichnende der Untersuchungen über Nationale Vorurteile sind, wurde besonders in der Nachkriegszeit mittels der Techniken der *Umfrageforschungen* gefördert (vgl. bei *Hadley Cantril, William Strunk* 1951; *William Buchanan, H. Cantril* 1953). Die Ergebnisse zeigten instruktive alters-, bildungs- und geschlechtsspezifische Unterschiede innerhalb der einzelnen nationalen Sampels; sie reichen aus, die relative Bedeutungslosigkeit einer Vorurteils-*Psychologie* nachzuweisen.

Die Problemlage der Erforschung Nationaler Vorurteile gliedert sich zunächst nach zwei Richtungen auf: 1. Die Analyse der *Binnengliederung* der Ergebnisse eines Sampels bei der Einschätzung der Nation X erbringt Übereinstimmung bzw. Abweichung in den alters-, geschlechts-, bildungsspezifischen, schichtsoziologischen und regionalen Teilsampels. 2. Die Richtungen der Analyse umschließen unterscheidbare Problemgruppen: a) Variable des *technischen Instrumentariums*, insbesondere die der technischen Meßverfahren (z. B. Eigenschaftslisten, Skalen, Rangordnungen, Statements, Gefühlswerte etc.); b) die Variablen der *formalen* und *inhaltlichen* Aspekte, so z. B. die verschiedenen *Verallgemeinerungsgrade (Kripal Singh Sodhi, Rudolf Bergius, Klaus Holzkamp* 1957); c) die Variablen der *Be-*

wertungsebenen (Sympathie-Antipathiebezug, sozialökonomische, wirtschaftliche, technische Leistungsfähigkeit etc.).

Der Informationsgewinn der Erforschung Nationaler Vorurteile für die Theorienbildung der Vorurteilsforschung liegt u. a. darin, daß hier, im Gegensatz zur Antisemitismusforschung, die eher *punktuell* verfährt, *relationale Vergleiche* ermöglicht werden: 1. Interne relationale Vergleiche liegen vor, wenn zwar nur eine einzige Gruppe beurteilt wird, dabei aber mehrere Techniken angesetzt werden. Dies entspricht etwa dem Diagnosenprofil einer psychologischen Testuntersuchung einer Persönlichkeit X, in der mehrere Teste angesetzt werden. Selbst bei maximalem Instrumentarium sind der Interpretation jedoch enge Grenzen gesetzt; denn man weiß nicht, ob das Ergebnis spezifisch ist nur für die untersuchte Gruppe, oder ob es sich verallgemeinern läßt. 2. *Externe* relationale Vergleiche liegen vor, wenn mehrere soziale Gruppen beurteilt werden. Auch hier gilt: Je größer die Zahl der vorgegebenen Gruppen, desto breiter die Basis der Relation, desto transparenter das, was als bislang unerkanntes Faktum in den Relationen steckt. In der Tat ist die Theorienbildung der Nationalen Vorurteile von hier aus befruchtet worden und hat auf weitere Bereiche übergegriffen.

Schon die Untersuchung von *Bogardus* läßt ein *Bewertungsgefälle* erkennen: Die geringste soziale Distanz ergab sich gegenüber Engländern, weißen Amerikanern, Schotten und Iren. Die Deutschen folgten an 9. Stelle vor den französischen Kanadiern, Holländern und Skandinaviern. Die größte Distanz ergab sich gegenüber Hindus, Mulatten, Chinesen, Türken, Negern usw. Dies läßt sich auf einem breiten kultursoziologischen Niveau interpretieren. Aber die übliche Prejudice- und Antisemitismusforschung verfährt in der Regel punktuell und ahistorisch. Dies kennzeichnet noch die Interpretation von *Melvin M. Tumin* (1968). Tumin stellt in seiner Studie die Ablehnung der Russen, Polen und Juden durch die Deutschen, der Ablehnung der West-Inder durch die Engländer und der Algerier durch die Franzosen gleich. *René König* (1968) hat die Unvergleichbarkeit des deutschen Befundes mit den beiden übrigen Befunden aufgezeigt: Lassen sich die beiden letzten aus der *aktuellen Situation* erklären, so ist die Ablehnung der Russen und Polen durch die Deutschen *geschichtlich* interpretierbar. Diese Interpretation ist im Theorem des *West-Ost-Gefälles der Vorurteile* inzwischen bekannt und bestätigt (vgl. bei *H. E. Wolf* 1969, 1972). Es geht im *empirischen* Bereich auf einen Befund von *Sodhi* und *Bergius* (1953) zurück: Die östlich von Deutschland lebenden Völker werden allgemein weniger positiv eingeschätzt als die westlich lebenden; zwischen beiden gibt es eine dritte Gruppe, die u. a. Südeuropäer einschließt. Die Autoren kennzeichnen dies noch nicht als Theorie. Sieht man sich die neueren Studien durch, die in irgend einer Weise mit Nationalen Vorurteilen oder Nationalen Unterschieden zu tun haben (*Ursula H. Soldan* 1969, 1971; *Marvin Karlins, Thomas I. Coff-*

mann, Gary Walters 1969; Dorothy J. Hochreich, Julian R. Rotter 1970; Urie Bronfenbrenner 1970; Ilane Preale, Yehuda Amir, Shlomo Sharan (Singer) 1970; John Hofman 1970; Klaus Christian Becker 1970; Richard Jessor, H. Boutourline Young, Elizabeth B. Young, Gino Tessi 1970; Benjamin Shalit 1970; Robert Frager 1970; Myron Wish, Morton Deutsch, Lois Biener 1970; Rudolf Bergius, Hans Werbik, Gerhard Winter 1970; Bergius, Werbik, Winter, Gerhard Schubring 1970; Charles Morris, Linwood Small 1971; Harold Sigall, Richard Page 1971; K. Ch. Becker, H. E. Wolf 1971; Karla Bock, Waldemar Hoffmann, Peter Petersen 1971; Irene Brückner 1971, Richard C. Sherman 1972; Sherman, L. B. Ross 1972; Russel H. Jones, Richard D. Ashmore 1972, 1973; Allan A. Adinolfi, Robert E. Klein 1972; R. C. Sherman 1973; Adinolfi, Robert I. Watson Jr., R. E. Klein 1973; Jeffrey M. Lohr, Arthur W. Staats 1973; Joan Heller Rollins 1973; W. Franke, H. E. Wolf 1973; Ulrich Mees 1974; Alice de Trutt 1974, 1975; Klaus Dieter Hartmann 1974; Gösta Nierdall 1975; R. Bergius 1975 u. a.), so lassen sich diejenigen Studien, die zum obigen Problem thematische Beziehungen zeigen, in ein Modell einordnen, das sich aus dem gekennzeichneten Theorem ableiten läßt.

Das Theorem hat sich in mindestens vier Problembereichen als fruchtbar erwiesen: a) Das gekennzeichnete Gefälle ließ sich auch innerhalb des deutschen Sprachraums nachweisen (Alois Hüser, H. E. Wolf 1962; Peter R. Hofstätter 1966/1967; K. Chr. Becker, Dieter Lucke 1975; Gieselheid Scholz-Görlach, H. E. Wolf 1975), was wesentlich historisch begründet erscheint (H. E. Wolf 1975). b) Dies lenkt den Blick teils auf das Problem der Regionalvorurteile, teils auf das der nationalistischen Vorurteile. c) Unverkennbar ist der Einfluß übergreifender außenpolitischer Entwicklungen (vgl. bei Anke Brunn 1966). Mit dem Ende des Kalten Krieges scheint sich auch in der BRD dieses Wertgefälle stark reduziert zu haben. In der DDR scheint es mindestens in den 60er Jahren nicht mehr existiert zu haben (Ulrike Siegel 1967; Manfred Vorwerg 1966). d) Zuspitzung und Abklingen dieses Gefälles haben besonders die Interpretationen des Konfigurationsmodells der Gruppenspannungen (Hans Christian Schwartz 1965, 1975; Wolfgang Töpfer 1973) und der Perspektiven-Hypothese (U. H. Soldan 1964, 1970, 1975) beeinflußt.

3. Vorurteile gegenüber Minderheiten und Randgruppen

a) Vorurteile gegenüber Farbigen (i. w. S.)

Bis Anfang 1960 beherrschte die Thematik der (negativen) Vorurteile gegenüber Juden und Farbigen die Diskussion der Prejudice- und Stereotypenforschung. Besonders in den 50er Jahren wurden unter dem Einfluß der Autoritäts- und Aggressionsforschung Konzepte über a) das Verhältnis zwischen Minoritäten und Majoritäten und damit verknüpft b) über Funktion und Struktur von Vorurteilen konstruiert. Diese Konzeptionen verallgemeinerten in der Regel, was bestenfalls partiell haltbar erschien. Die weitere Forschung hat viele Fehlerquellen aufgedeckt und ausgeschaltet. Nachträglich wird erkennbar, wie innerhalb dieser Thematik unterschiedliche ideologische Wertungen wirksam sind; wie sich aber unter dem Einfluß widersprüchlicher empirischer Ergebnisse diese Wertungen modifizieren und differenzieren, bis in neuerer Zeit eine Trennung zwischen Ideologie und Wissenschaft andeutungsweise sichtbar wird.

1. Zunächst standen *drei Ausgangsthesen* zur Diskussion: a) Die These von dem angeblichen angeborenen Unbehagen gegenüber dem Fremdartigen, noch von einem frühen Prejudice-Forscher (*Franklin H. Giddings* 1896) vertreten. b) Die These von der angeblichen intellektuellen und moralischen Minderbegabung der Farbigen. Beide Thesen können heute als widerlegt gelten (vgl. bei *H. E. Wolf* 1969, S. 925). c) Die These von der angeblich andersartigen Mentalität der sog. Primitiven (*L. Levy-Bruhl* 1910, 1928), die – obschon früh kritisiert (*R. Allier* 1925; *Daniel Essertier* 1927; *D. O. Mannoni* 1950 etc.) – noch lange in der (deutschen) *Entwicklungspsychologie* wirksam war (vgl. bei *Heinz Werner* 1953). Auch diese These ist heute überholt.

2. Im Zusammenhang mit den Thesen 1 a und b wird die Frage diskutiert *nach der Auswirkung der Vorurteile auf die Betroffenen.* a) Am Anfang stehen die bekannten Ergebnisse, die alle mehr oder weniger ein *negatives Selbstbild* der betroffenen Farbigen ausweisen (*Kenneth B. Clark, Mamie P. Clark* 1939, 1947; *Eli S. Marks* 1943; *Else Frenkel-Brunswik* 1948; *Marian J. Radtke, Helen G. Trager, H. Davis* 1949; *Radtke, Jean Sutherland, P. Rosenberg* 1950; *Radtke, Trager, Jean Miller* 1952; *Radtke, M. Jacrow* 1952; *M. E. Goodman* 1952; *Frantz Fanon* 1952; *Landreth, B. C. Johnson* 1953; *K. J. Morland* 1958), obschon sich schon bald andersartige Ergebnisse zeigen (*A. J. Gregor* 1963; *C. P. Armstrong, Gregor* 1964; *Gregor, D. A. McPherson* 1966; *K. J. Morland* 1966). b) Sehr bald breitet sich die Forschung aus (schon deutlich bei *J. B. Rotter* 1964, 1966; *H. M. Lefcourt* 1966; *P. Gurin, G. Gurin, R. Lao, M. Beattie* 1966 etc.) und erreicht ihren Höhepunkt mit Beginn der 70er Jahre (*Steven R. Asher, Vernon L. Allen* 1969; *Joseph Hraba, Geoffrey Grant* 1970; *John Lawrence* 1970; *Jan Dizard* 1970; *David Boesel* 1970; *Thomas Crawford, Murray Nadich* 1970; *T. M. Tomlinson* 1970; *H. C. Kelman* 1970; *Frank W. Schneider* 1970; *Rosina C. Lao* 1970; *Harold Sigall, Richard Page* 1970, 1971; *Morgan Worthy, Allan Markle* 1970; *Laure B. Wispe, B. Freshley* 1971; *Bonnie H. Strickland* 1971; *Samuel Gaertner, Leonard Bickman* 1971; *Josef F. Ryschlak, T. J. Tobin* 1971; *Ryschlak, D. B. McKee, W. E. Schneider, V. Abramson* 1971; *Jane Elley Stake* 1973; *S. Gaertner* 1973; *James J. Jones, Adrian Ruth Hochner* 1973 u. a. m.). Diese Studien ergänzen teilweise die frühen Arbeiten über die pro-afrikanische Farbigenideologie in den USA, sowie überhaupt über den Nationalismus der Farbigen (u. a.: *James S. Colman* 1958; *Ch. E. Lincoln* 1961; *U. E. Essien-Udom* 1962; *W. B. Simon* 1963 u. a. m.). c) Der Wandel der Interpretation wird am deutlichsten bei *Joseph Hraba* und *Geoffrey Grant* 1970: (a) Im Gegensatz zu den Schlüssen, die zu einem negativen Selbstbild der Farbigen führten, leiten sie aus ihren und anderen vorausgehenden Studien die Existenz eines *positiven Selbstbildes* ab vom Typ: *"Black is beautiful".* (b) Obschon dies der allgemeinen (nationalistischen und pro-afrikanischen) Entwicklung zu entsprechen scheint, wird als ungeklärt herausgestellt, inwieweit das frühere Ergebnis

der *Clarks* aus der Enge und Besonderheit des Sampels verstanden und generalisiert werden konnte. d) Die *neuere Diskussion* subsumiert die bisherigen Befunde deutlicher unter *nicht-psychologischen* Einteilungsprinzipien, berücksichtigt aber nunmehr reflektierter die *ideologischen Wertungen (Wade W. Nobles* 1972, 1973). Vier Problemzugänge werden unterschieden: (a) Der phänomenologische Ansatz (*L. B. Ames* 1952; *W. D. Smith, D. Lebo* 1956; *P. H. Mussen, M. C. Jones* 1957; *M. Engel* 1959; *M. Manis* 1959 u. a. m.). (b) Der behavioristische Ansatz (*C. Gordon, K. J. Gernen* 1958; *J. Diris* 1959; *O. K. Harvey, H. H. Kelley, M. M Shapiro* 1957 u. a. m.). (c) Der existentialistische Ansatz (*R. C. Wylie* 1961; *E. A. Tiryakian* 1968). (d) Der Ansatz der Symbolic Interaction (*C. H. Coates, R. J. Pellegrin* 1957; *J. R. McKee, A. C. Sheriffs* 1957). – Auf der Basis dieser vier Problemzugänge wird die neuere Literatur des Selbst-Konzepts Farbiger (siehe auch: *Stuart T. Hauser* 1971) verarbeitet: (a) Das negative Selbstbild – der Selbst-Haß der Farbigen (siehe auch *H. Proshansky, P. Newton* 1968) – läßt sich assoziations- (lern-) theoretisch erklären: das farbige Kind lernt mit den Begriffen „Neger" Wörter zu assoziieren wie: schmutzig, schlecht u. ä.; das weiße Kind verbindet demgegenüber mit dem Begriff „Weiß" Begriffe wie: sauber, nett, gut. Eine Verbindung mit dem Antisemitismusproblem versuchte die *Theorie der Identifikation (Anna Freud* 1960; siehe auch *T. A. Pettigrew* 1964; *L. Rainwater* 1966). (b) Da es festzustehen scheint, daß – mindestens neuerlich – viele Farbige wenig oder keine Konflikte hinsichtlich ihrer Identität erleben, erscheint die These „Black is beautiful" als eine Art Imagewechsel.

3. In diesem Zusammenhang sind drei Thesen von *Peter R. Hofstätter* (1959) anzumerken: a) Nicht jede Minorität wird von der Majorität negativ gewertet (Beispiel: Priester, Offiziere u. ä.); b) Minoritäten zeigen anderen Gruppen (Minoritäten wie Majoritäten) gegenüber keineswegs größere Toleranz oder weniger Vorurteile (Beispiel: Die Schöpfungsgeschichte der Neger und Weißen bei manchen Indianerstämmen); c) Minderheiten sind imgrunde verhinderte Eliten. – Die ersten beiden Thesen sind bewiesen, die dritte ist nicht bewiesen (vgl. dazu *H. E. Wolf* 1969, S. 927 f.). In die letztgenannte These spielt stark das Problem der *Randpersönlichkeit* hinein. Diese Fragestellung geht wesentlich auf *Robert E. Park* zurück: Der *Mischling* befindet sich in einer Sondersituation; er lebt in zwei Welten und wird in beiden als fremd gewertet und so *an den Rand der Gruppe* gedrängt (*E. V. Stonequist* 1930, 1935, 1937; *G. Myrdal* 1944; *E. C. Hughes* 1952; *D. I. Golovensky* 1952; *A. C. Kerckhoff* 1953; *A. Antonovsky* 1956; *F. H. Dickie-Clark* 1966 u. a.).

4. Neue Anregungen entstammen der These der *„modal minorities",* die sich besonders auf die amerikanischen Chinesen und Japaner bezieht. Gegen beide Gruppen zeigten sich zunächst die verschiedenartigsten negativen Vorurteile (*E. S. Bogardus* 1925; *Y. Ichibashi* 1932; *D. Katz, K. Braly* 1933; *Y. T. Lin* 1935; *S. Frank Miyamoto* 1936, 1964; *D. S. Thomas, R. S. Nishimoto* 1946; *S. M. Miyamoto, D. S. Thomas, R. S. Miyamoto* 1946; *D. W. Seago* 1947; *Jack M. McLeod* 1947; *M. Grodzins* 1949; *G. H. Gilbert* 1951; *J. TenBroek, E. N. Barnhart, F. M. Matson* 1954; *Richard H. Lee* 1960; *R. Daniels* 1962; 1971; *H. R. Isaacs* 1962; *B. R. Wrigth* 1964; *S. L. M. Fong* 1965, 1968, 1970, 1973; *R. T. Sallenberger* 1968; *B. Hosokawa* 1969; *M. Karlins, T. I. Coffmann, G. Walters* 1969; *S. L. M. Fong, H. Peskin* 1969; *S.*

C. *Miller* 1969; *M. S. Weiss* 1970; *R. W. Paul* 1970; *M. R. Maykovich* 1970, 1972; *S. M. Lyman* 1970; *I. Paik* 1971; *W. Wollenberg* 1971; *H. L. Ayabe* 1971; *L. Chun-Hoon* 1971; *B. L. Sung* 1971; *Derald W. Sue, Stanley Sue* 1971, 1972; *S. F. Kriger, W. H. Kroes* 1972; *V. Nee, B. Nee, C. Y. Yu, S. H. Wong* 1972; *C. McFadden* 1972; *S. Sue, H. H. L. Kitano* 1973; *Albert H. Yee* 1973; *R. A. Jones, R. D. Ashmore* 1973), und noch während des Zweiten Weltkrieges waren z. B. die negativen Vorurteile gegen die Japaner oft ausgeprägter als gegenüber den übrigen Farbigen (*D. W. Seago* 1947); auch waren die Amerikaner eher bereit, zwischen Deutschamerikanern und deutschen Nationalsozialisten zu unterscheiden, als zwischen Japanern und japanischen Amerikanern: wurden die Grausamkeiten der Deutschen als das Werk einzelner schlechter Personen angesehen, so die der Japaner als die einer schlechten Rasse (*R. Daniels* 1971). Zeigten sich noch bei *Gilbert* (1951) deutliche negative Vorurteile gegen Chinesen und Japaner, wurden die Bilder neuerlich positiver (*M. Karlins, T. I. Coffmann, G. Walters* 1969; *Minako Maykovich* 1970, 1972; *H. L. Ayabe* 1971; *R. A. Jones, A. D. Ashmore* 1973). Dem scheint die steigende Zahl der Eheschließungen z. B. zwischen japanischen Amerikanern und anderen Gruppen zu entsprechen (*J. N. Tinker* 1973; *Akami Kikumura, Harry H. L. Kitano* 1973). Die Anpassung z. B. der chinesischen Amerikaner an Verhalten und Gewohnheiten der weißen Amerikaner verringert zwar die üblichen Differenzen (*M. Block* 1971), führt aber auch dazu, den Nationalchinesen die Eigenart des „echten" Chinesen abzusprechen (*Shirley Sun* 1966). Neuerlich scheint sich – besonders bei den chinesischen Amerikanern – ein neues ethnisches Bewußtsein zu entwickeln (*Stanley L. M. Fong* 1973). Man hat in diesem Zusammenhang auf die spezifischen sozialen Rollen bei den asiatischen Völkern hingewiesen (*D. W. Sue, S. Sue* 1972; *S. C. Lee* 1953; *F. L. K. Hsu* 1955; *R. H. Lee* 1970; *S. L. M. Fong* 1970): Enge familiäre Beziehungen, ausgeprägte Disziplin und Tüchtigkeit (*H. Horinouchi* 1967; *A. J. Schwartz* 1970, 1971; *Darrel M. Montero* 1972), eine geringere Delinquenzquote (*H. H. L. Kitano* 1969), was auch für die Sozialpathologie gilt (*Bernard B. Berk, Lucie Cheng Hirata* 1973). 1960 lag das Durchschnittseinkommen der japanischen Amerikaner nicht nur über dem der übrigen ethnischen Gruppen, sondern selbst über dem der weißen Amerikaner (*Gene N. Levine, D. M. Montero* 1973). Aber mit der steigenden Amerikanisierung scheinen sich auch die Generationskonflikte zu steigern (*Richard A. Kalish, Sharon Moriwaki* 1973; *M. R. Maykovich* 1973). Die Vergleiche der neuerlich an asiatisch-amerikanischen Studenten gewonnenen Ergebnisse (*A. Umemoto* 1971; *S. Sue, D. W. Sue* 1971; *D. W. Sue, B. A. Kirk* 1972, 1973) mit älteren Studien (*G. DeVoss, K. Abbott* 1966), sind insbesondere durch die Untersuchungen von *Derald W. Sue* und *Austin C. Frank* (1973) ergänzt worden. Viele junge asiatische Amerikaner verwerfen die These der „Model Minorities" (*A. Tachiki, E. Wong, E. Odo, B. Wong* 1971), weil sie darin lediglich eine neue Technik des alten weißen Rassismus sehen (*S. Sue, H. H. L. Kitano* 1973).

In diesem Zusammenhang ist eine Hypothese von *Soldan* (1970) anzuführen, die eine neue Interpretation der Befunde von *LaPiere* (1934) erlaubt: Unterschiede zwischen verbalen Bekundungen und Verhaltensweisen sind *dann* am größten, wenn ältere Vorurteile bzw. Bewertungen zwar noch bestehen, aber am Abklingen sind zugunsten gegensätzlicher Vorurteile bzw. Bewertungen.

b) Weitere Forschungen

Für die Theorienverarbeitung kann die Vorurteilsforschung die Ergebnisse von Vorurteilen gegenüber drei weiteren Minderheitsgruppen verwerten: a) *Vorurteile gegenüber den Frauen,* b) *Vorurteile gegenüber den Geistig Kranken und* c) *Vorurteile gegenüber den Kriminellen.* Auf die Darstellung muß jedoch wegen Raummangel verzichtet werden. Vereinfacht lassen sich folgende Ergebnisse erfassen: *Zu a):* Frauen sind zwar machtmäßig, keineswegs aber zahlenmäßig Minderheiten. Lassen sich bei Farbigen biologische Unterschiede bestenfalls in den Hautpigmenten feststellen, so ist der große biologische Unterschied zwischen Frauen und Männern unbestritten. Die Vorurteile gehen den – auch gegenüber Farbigen diskutierten – Weg, diese biologischen Unterschiede auch als psychische Unterschiede zu behaupten und daraus Minderbegabungen und mindere Ansprüche der Frauen im politischen, sozialen und wirtschaftlichen Bereich abzuleiten. Die Scheinbeweise sind selbst in neuerer Zeit den veränderten sozialen und politischen Bedingungen verklammert. *Zu b):* Die Problematik der Vorurteile gegenüber Geistig und Seelisch Kranken ist demgegenüber sehr viel komplexer und komplizierter. Neben simplen Mißverständnissen, institutionalen Problemen, veränderten Vorstellungen in der Psychiatrie u. ä., spielen hier unterschiedliche Sachzwänge hinein. *Zu c):* Vorurteile gegenüber Kriminellen stellen einen Übergang zwischen den gruppenspezifischen und den nicht-gruppenspezifischen Vorurteilen dar. In der Literatur läßt sich das Nacheinander des *biologistischen, psychologistisch-charakterologischen* und des *soziologistischen* Vorurteils nachweisen, wobei das letztgenannte ein *positives* Vorurteil darstellt.

4. Nationalistische Vorurteile und ihre Beziehung zum Rassenbegriff

Der Frage nach Existenz, Struktur und Funktion *nationalistischer Vorurteile* ist die Frage nach Struktur und Funktion des *Nationalismus* vorgeordnet. Was sich – nicht nur in der politischen und ideologischen, sondern auch – in der Literatur der Prejudice-, Stereotypen- und Attitüdenforschung der Kriegs- und Nachkriegszeit dazu antreffen läßt, ähnelt teilweise einer Groteske. Nationalismus wurde mit Nationalsozialismus (dieser mit Faschismus) und/oder mit Deutschland identifiziert. Und so genügte es offensichtlich, kein Nationalsozialist und/oder kein Deutscher (gewesen) zu sein, um vom Vorwurf des Nationalismus befreit zu sein. Auf dieser Basis entzog sich nicht nur eine der mächtigsten nationalistischen Strömungen, der *„American Way of Life"*, der kritischen Diskussion und Forschung, sondern führte auch zu dem Kuriosum, daß ausgerechnet den USA das *Fehlen* nationalistischer Tendenzen bescheinigt wurde. Noch in neuerer Zeit wird die Diskussion erschwert durch die Unterscheidung zwischen einem „gesunden Nationalgefühl", das nicht nationalistisch sein soll, und dem negativ gewerteten Nationalismus. Auf die zum Teil tragikomischen Vorstellungen in der amerikanischen Literatur über das, was als deutscher Nationalismus erschien, wurde bereits hingewiesen (*Wolf* 1969).

Eine Änderung der Problemlage bahnte sich langsam an. Schon relativ früh hatte *A. N. J. den Hollander* (1946, 1950) auf das grundsätzliche Zurückgreifen bestimmter Vorurteilsideologien auf historische Sachverhalte, die meist verzerrt wiedergegeben wurden, hingewiesen. *Eugen Lemberg*, dessen Untersuchung über den Nationalismus bahnbrechend war (1951/52, 1964), betonte, wer den Nationalismus als Vorurteil verdamme, erfasse die Problematik ebensowenig wie der, der ihn als politische Tugend preise; Nationalismus erweise sich als eine Erscheinung der Geschichte, epochenbedingt und einem Wandel seiner Erscheinungsformen und Funktionen unterworfen (1964). *Walter L. Bühl* (1966) wies auf die in der Forschung steckenden Tendenzen hin, die sich u. a. an der Theorienbildung über die Nationenentstehung auswirkten. Es war indes nicht die methodologische Besinnung, die die bisherigen ideologischen und theoretischen Vorurteile der Einschätzung des Nationalismus überwand, sondern der immer deutlichere Anstieg des Nationalismus sowohl in den neuen Staaten in Afrika und Asien, wie aber auch innerhalb jener Staaten, in denen man den Nationalismus längst überwunden wähnte (*Bernadette Devlin* 1969, 1971; *Peter Gibbon* 1966; *Liam de Paor* 1970; *Jean-Louis Baudouin, Jaques Fortin, Denis Szabo* 1970; *Myron Rothbart* 1970; *John J. Kane* 1971; *Jürgen Kohl* 1972 u. a. m.). Ein Nebenproblem bietet sich im regionalen Bereich an, so im Unterschied zwischen der Bundesrepublik Deutschland (BRD) und der Deutschen Demokratischen Republik (DDR) (*Abel Miroglio* 1963; *U. H. Soldan* 1964, 1970; *A. Hüser, H. E. Wolf* 1962; *Hofstätter* 1966/67; *C. K. Becker, Wolf* 1971; *Becker, D. Lucke* 1975; *Giselheid Scholz-Görlach, Wolf* 1975; *Wolf* 1975; *Barbara Hille* 1975; *Waltraud Wenzel* 1975; *Walter Jaide* 1975; *Jaide, Hille* 1975; *Arnold Freiburg* 1975; *Christa Mahrad* 1975; *Yves Van den Auweele* 1975 u. a.).

Die Analyse jener Eigentümlichkeiten, die in bestimmten Formen des Nationalismus angetroffen werden und offensichtlich zu nationalistischen Vorurteilen überleiten können, stößt auf zwei Phänomene: a) Das Vorherrschen historizistischen Stammbaumdenkens, b) die damit meist verknüpften nativistischen Vorstellungen vom National- und Volkscharakter. Beides ergibt sich aus dem Schrifttum der vormaligen deutschen *Stammesforschung* (*Wolf* 1975). Dies ist einer der Punkte, die *Lemberg* erhellt hat. Der spezifische Nationalismus der letzten zwei Jahrhunderte ist u. a. durch zwei Axiome gekennzeichnet: a) Die Annahme der Existenz sog. *Urvölker* und b) die Annahme der diesen Urvölkern *unwandelbar mitgegebenen Eigenschaften.* Beide fallen zusammen in der Vorstel-

lung vom *Volk*, das durch seine *Sprache* und sein *„Blut"* gekennzeichnet sein soll. Der auf dieser Basis gebildete Begriff der *Rasse*
hat mit dem biologischen Rassenbegriff nur noch den Namen
und einige erbgenetische Vokabeln gemeinsam. Dies erklärt,
warum sich ein *eigenständiges Rassenvorurteil* bisher nicht hat nachweisen lassen.

Über das hier anzutreffende Problem nativistischer Vorstellungen und
nativistischer Vorurteile wissen wir wenig. Das ist bedeutsam, wenn es sich
um Fragen der Bildung von Nationen und der Entwicklung eines Natio-
nalbewußtseins handelt (u. v.a. *Wendel Bell 1967; Klaus Berkey 1969;
Theodor Hanf 1969; Werner Klaus Ruf 1969; Claus Zeller 1969; Friedrich H.
Kochwasser 1969; Bryce Ryan 1969; Bruno Haller 1969; Hannes Kamphausen
1969; Uwe Simson 1969; Maria Mies 1969; Detlef Kantowsky 1969; Dieter
Fröhlich 1969; Franz-Wilhelm Heimer 1969; Samuel Kodjo 1969; Wolfgang
Freund 1970; Manfred Turlach 1970; Bettina Decke 1972; Peter Flora 1972; H.
Dieter Seibel 1972).* Einige Informationen hat die empirische Studie von
Irene Brückner (1972) gebracht. Danach ist nicht nur das *Abstammungsimage*
vom *Vererbungsimage* zu unterscheiden, sondern Eigenschaften der *Völker*
werden *eher* als vererbbar angesehen als z. B. Eigenschaften von *Kriminellen*. Auch in Untersuchungen des Abstammungs- und Vererbungsimages
nationaler Gruppen erschien das Erbimage stärker ausgeprägt als das
Abstammungsimage. Diese Problematik läßt erkennen, daß wir mit der
Einschätzung der nativistischen Komponenten eines möglichen Nationalismus bestenfalls am Anfang stehen. Es muß deswegen davor gewarnt
werden, aus Hinweisen auf den *Rechtsradikalismus* in der BRD (*A. Silbermann, Udo Michael Krüger 1971; Eugen Lupri 1972*) vereinfachende Erklärungen über Nationalismus und nationalistische Vorurteile anzumelden.

Die Problemlage läßt augenblicklich folgendes erkennen: 1. Die
Einschätzung des *Nationalismus* kann zunächst *Lemberg* folgen:
a) Nationalismus ist keine Größe, die sich eindeutig als positiv
oder negativ werten läßt. b) Nationalismus erweist sich als ein
stark differenzierter Sachverhalt, auf verschiedenen Dimensionen angesiedelt. Die Pole dieser Dimensionen bestimmen die
Relationen des konkreten Tatbestandes. Nationalismus als Ausdruck angespannter, insbesonders extremer Konfliktsituationen
ist somit nicht typisch für Nationalismus schlechthin, sondern
nur ein spezifisches, wenn auch auffallendes Phänomen. c) Nationalismus ist keineswegs schlechthin eine Überspitzung des
Nationalgefühls. Nationalismus erscheint eher als die faktische
Möglichkeit, einen politischen Bezugsrahmen zur Koordinierung,
Konzentration sozialer und wirtschaftlicher Motive und Quellen
zu gewinnen, der sich als eine Sammelbewegung darstellen und
propagieren läßt. 2. Auf diesem Hintergrund erscheint es etwas
leichter, vorläufig die Besonderheit des *nationalistischen Vorurteils*
zu bestimmen. a) Weder sind Nationalismus und nationalistisches Vorurteil identisch, noch folgt das zweite automatisch aus
dem ersten. b) Nationalistische Vorurteile erscheinen abhängig

vom *Grad* der positiven und negativen Gruppenbewertung (a). Dabei sollte die positive Bewertung der Eigengruppe und die gleichgültige gegenüber einer Fremdgruppe noch nicht als Vorurteil bezeichnet werden (b). Von einem solchen sollte man erst sprechen, wenn einer ausgeprägten positiven Eigenbewertung eine ebenso ausgeprägte negative Bewertung der Fremdgruppe gegenübersteht (c). Nationalistisches Vorurteil ist demnach nicht allein dadurch gekennzeichnet, daß die nationalistische Ideologie die Forderung zur Gemeinsamkeit herausgibt; dies kann unterschiedlichste Teilgruppen umspannen. Hinzukommen muß der Sachverhalt im Punkt (b) *und* der Versuch, *ihn historisch zu stützen* (d). Unter diesem Aspekt ist das *völkisch-rassische Vorurteil* nur *ein* spezifisches nationalistisches Vorurteil. Während *nationale Vorurteile,* wenigstens in der Regel, und *einige spezifische nationalistische Vorurteile,* gegen *externe* Gruppen gerichtet sind, die eigene Gruppe also als Einheit auffassen, reißen *spezifisch-völkisch-rassische Vorurteile* innerhalb der eigenen Gruppe Gräben auf, unterscheiden z. B. zwischen „echten" und „artfremden" Deutschen, Amerikanern, Juden etc. Für die letztgenannte Situation lassen sich aus den Untersuchungen von *Hardi Fischer* und seinen Mitarbeitern (*H. Fischer 1961, 1966; Fischer, Hermine Weidmann 1961; Fischer, Urie P. Trier 1962; Satuila Zanolli 1964*) einige Hinweise ableiten. Konfliktsituationen entstehen offenbar immer dann, wenn mindestens *zwei* Unterschiede zwischen zwei Gruppen postuliert werden können.

5. Vorurteile und Anti-Ismen

Obschon jene Vorurteile, die die neuere Prejudice-Forschung bearbeitet hat, fast durchgehend ideologischen Konstruktionen verbunden waren, hat die Prejudice-Theorie damit nichts rechtes anzufangen gewußt. *Göhring* (1972) hat auf zwei daraus folgende Fehler hingewiesen: a) Die aufgezeigten Gruppenvorurteile blieben isolierte Größen, was wiederum historizistische und psychologistische Interpretationen begünstigt. b) Wo die ideologischen Konstruktionselemente bemerkt wurden, verfuhr man naiv nach dem Prinzip des *pars pro toto,* wodurch selbst deutlich trennbare Elemente in gleichartige Vorurteile hineingesehen wurden. Das war ja auch typisch für die Auffassung vom Nationalismus. Damit entwickelte sich letztlich eine Prejudice-Forschung, die mit immer steriler werdenden Gruppenvorstellungen operierte und damit immer weniger in der Lage war, jene Vorurteilsphänomene zu erforschen, die keineswegs immer eindeutig als Gruppenvorurteile bezeichnet werden konnten. Bemerkenswert an diesen spezifischen Vorurteilsphänomenen war und ist jene Tendenz, die gelegentlich durchaus beachtet, aber selten gründlich untersucht worden ist. Es ist dies die Tendenz, sich *gegen* etwas zu richten, dabei eines oder mehrere Vorurteile zu ergreifen, und daraus wieder ein Denkgehäuse zu konstruieren, das durchaus den Anspruch erheben kann, eine eigenständige Größe darzustellen. Wir können hier vereinfacht von den *Anti-Ismen* sprechen. Es bleibt dabei zunächst undiskutiert, ob man sie zu den *ideologischen Vorurteilen* rechnen oder in ihnen einen Übergang von den Gruppenvorurteilen zu den ideologischen Vorurteilen sehen will. In fast allen Fällen handelt es sich jedoch um einen Gegenstandsbereich der nicht-gruppenspezifischen Vorurteile.

Die Untersuchung der verschiedenen Typen der Beziehungen von solchen Anti-Ismen zu spezifischen Vorurteilskomplexen steht in der neueren Vorurteilsforschung erst am Anfang. Aber bereits jetzt wird deutlich, wie hinter der komplexen und oft zunächst verwirrend erscheinenden Problemstruktur formulierbare Sachverhalte greifbar werden, die nicht nur eine bessere Kenntnis von Struktur und Funktion *einzelner* gruppenspezifischer und nicht-gruppenspezifischer Vorurteile erlauben, sondern uns auch einen besseren Einblick in das bisher noch kaum recht erhellte diffizile Zusammenwirken mehrerer Vorurteile gewährt.

Diese Fragestellung ist vornehmlich deswegen so wichtig, weil wir es hier mit Sachverhalten zu tun haben, die alle mehr oder weniger in der *Gegenwart* spielen. Der „Abstand", den die Forschung in der Regel notwendig benötigt, ist deswegen nur schwer einzuhalten, und es erweist sich einmal mehr, daß es nicht möglich ist, ideologischen Werten auszuweichen, es aber gerade darum unbedingt notwendig ist, diese explizit deutlich werden zu lassen.

a) Die Entwicklung der beiden Anti-Ismen in der Bundesrepublik

(a) Die antikommunistische Regierungsideologie von 1950 bis 1966. Am Beginn der Entwicklung der BRD und DDR steht nach 1945 zunächst die Fiktion der *„Stunde Null".* Besonders in der BRD kommt aus linksideologischen Kreisen oftmals das – vulgär ausgedrückt – Bedauern hinzu, durch die Siegermächte an der „Nacht der langen Messer" gehindert worden zu sein. Über die Entwicklung der antikommunistischen Welle in den USA und der Bundesrepublik Deutschland ist andernorts (*Wolf* 1969, S. 934 f.) berichtet worden. Vereinfachend ergibt sich im Vergleich zur vorausgehenden nationalsozialistischen Ära folgendes: a) Die antikommunistische Ideologie ist unterschiedlich motiviert. Die direkter als faschistisch, nationalsozialistisch und nationalistisch zu bezeichnenden Gruppen sind zahlen- und machtmäßig sehr schwach und haben zu keiner Zeit die Politik der Bundesrepublik geprägt. Will man versuchen, den ideologischen Kern dessen zu definieren, was sich als Tendenz *gegen* die

pluralistischen, rechtsstaatlichen und freiheitlich-humanistischen Kriterien wandte, wird man am ehesten von einer Art „katholisch-abendländischer" Ideologie sprechen können. Ob man diese Ideologie als faschistisch oder faschistoid o. ä. werten will, läßt sich bei der Unbestimmtheit dieser Begriffe nicht sicher entscheiden; aber ohne Zweifel reichen Begriffe wie: konservativ, restaurativ u. ä. nicht aus. b) Die zweite Besonderheit liegt in der *Methode:* (1) Das bedeutsame Kommunikationsmittel der *Adenauer-Periode* ist die *ideologische Signalsprache,* die mit dem Weglassen bestimmter präziserer Begriffe, dem Ausfall von Ergänzungen, scheinbar zufälliger Vagheit etc. zwar nie offen gegen die von den westlichen Siegermächten verordneten Bekenntnisse zur Demokratie verstößt, aber Gleichgesinnten ohne größere Schwierigkeiten erkennen hilft, wie das Gesagte gemeint ist. (2) Mit ihr ist die *taktische Vergleichsmethode (Wolf 1967)* und der *Dramatisierungseffekt (K. D. Hartmann 1969)* verknüpft: Demokratie wird definiert durch die Nichtexistenz von Konzentrationslagern wie Auschwitz etc. Auf dieser Basis lassen sich dann die demokratischen Rechte immer mehr einschränken, ohne eine solche „Demokratie" infrage zu stellen.

(b) Der linksideologische romantizistische Irrationalismus. Der romantizistische Irrationalismus, der sich bereits in der ersten Hälfte der 60er Jahre erkennen läßt und sich in der zweiten Hälfte intensiv und extensiv ausbreitet, speist sich aus drei Quellen: 1. Deutlich wird zunächst ein vielschichtiger geistig und politisch übernationaler Trend. Er scheint das konfliktauslösende Moment dargestellt zu haben. 2. In der BRD bewirkt er ein erstaunlich schnelles Umschlagen des vorhergehenden regierungsideologischen primitiven Antikommunismus in einen ebenso primitiven Antikapitalismus. 3. Auf diesem Hintergrund werden Vorstellungen aufgegriffen bzw. neu formuliert, die einst der Linksradikalismus der Weimarer Republik diskutiert hatte.

Mit der Beendigung des Kalten Krieges und dem Beginn der Entspannungspolitik endet die offizielle antikommunistische Regierungsideologie in den USA wie in der BRD. In der BRD geschieht dies mit dem Beginn der Großen Koalition von CDU/CSU und SPD. Die neue Entwicklung beginnt abermals in den USA. Die mißglückte Landung in der Schweinebucht (Kuba), die Rückschläge im Vietnamkrieg, besonders die Aussichtslosigkeit, in Vietnam einen entscheidenden Erfolg zu erzwingen, erschüttern den amerikanischen Nationalismus. Dies verschärft sich noch durch die innenpolitischen Geschehnisse: Bürgerrechtsbewegungen, die „Heißen Sommer" in den amerikanischen Städten. Aber der Prestigeverlust trifft nicht nur den amerikanischen Nationalismus, sondern auch die verbündeten Ideologen: Die weitgehende Tabuierung unangenehmer Probleme in der BRD bekundete nicht nur eine vielschichtige Verlogenheit der politischen, sozialen und religiösen Moral, sondern agierte auch amerikanischer als die Amerikaner.

Die sich entwickelnde *Protestbewegung* in den USA, wie in Europa und insbesondere in der BRD, argumentierte zunächst weitgehend rational und ist in ihren Diskussionsthemen auch rational und moralisch verständlich. Aber sie umschließt Gruppen unterschiedlichster Motivationen. Es ist offensichtlich *das Gewicht der Sachargumente*, das die Eigentümlichkeit *einer* Strömung übersehen läßt, die sich deutlich anti-rational gibt. Auch sie ist keine uniforme Einheit, eher ein Konglomerat geistig ähnlicher Trends. Zu gleichen Teilen getragen und verdeckt durch die *Sachdiskussion*, drängt sich diese Richtung immer mehr in den Vordergrund und verdrängt im gleichen Maße, wie ihr dies gelingt, in immer mehr Gegenstandsgebieten die rationale, realistische und objektive Diskussionsbasis. So verschlingen sich schon früh objektive und subjektive Diskussionsbasen, wenn auch zunächst noch die Sachprobleme im Vordergrund stehen.

Das zeigt sich in den Untersuchungen der Unruhen in den amerikanischen Städten (J. R. *Feagrin* 1968; H. E. *Ransford* 1968; R. R. *Dynes*, E. L. *Quarantelli* 1968; A. *Oberschall* 1968; D. I. *Warren* 1969; R. J. *Murphy*, J. W. *Watson* 1970; D. O. *Sears*, J. B. *McConahay* 1970; J. J. *Foreward*, J. R. *Williams* 1970; N. *Caplan* 1970; N. E. *Cohen* 1970; T. M. *Tomlinson* 1970; *Tomlinson*, D. L. *TenHouten* 1970; S. M. *Moinat* 1971; *Moinat*, W. J. *Raine*, St. L. *Burbeck*, K. K. *Davison* 1972), es zeigt sich auch in den Unruhen und Protestbewegungen der – vornehmlich studentischen – Jugend (F. *Flacks* 1967; K. *Keniston* 1967, 1968, 1971; D. *Bell* 1968; S. M. *Lipset* 1968; J. *Block*, N. *Haan*, M. B. *Smith* 1969; R. *Christie*, L. *Friedman*, A. *Ross* 1969; L. *Feuer* 1969; T. *Roszak* 1969; T. H. *McCormack* 1969; L. *Kerpelman* 1969; R. *Kahn* 1969; R. *Christie*, F. *Geis* 1970; R. *Dunlap* 1970; C. *Hampden-Turner* 1970; E. L. *Thomas* 1971; L. *Silvern*, C. *Nakamura* 1971; St. H. *Levis*, R. E. *Kraut* 1972). Für den europäischen Bereich sind ähnliche Sachverhalte beschrieben worden (Klaus R. *Allerbeck* 1971; M. *Kaase* 1971; A. *Cavalli*, A. *Martinelli* 1971; U. *Beck*, L. *Gernsheim* 1971; Nicole *Abboud* 1971; Sheila *Allen* 1971; Gianni *Statera* 1971 u. a. m.). Auf diese Problematik wird hier nicht näher eingegangen (vgl. hierzu die Hefte 2 und 3 des *Journal of Social Issues* 1974 und den Spezialartikel von Leopold *Rosenmayr* über Jugend in Band 6 dieses Handbuchs).

Der Antikommunismus der *Adenauer-Periode* zeigt eine doppelte Verklammerung: Im Aspekt der Regierungsideologie war jeder Kritiker, Oppositionelle und Andersdenkende ein direkter oder indirekter, offener oder verkappter „Kommunist", selbst wenn seine Vorstellungen denen des Kommunismus diametral gegenüberstanden. Im gegensätzlichen Aspekt waren die Genannten dann „Demokraten", selbst wenn ihre Demokratievorstellungen am ehesten denen einer Volksdemokratie entsprachen. In diesem Schwarz-Weiß-Gemälde war schließlich für Neutrale kein Platz mehr. Dem entsprach die Sinnentleerung der Begriffe Kommunist, Antikommunist, Faschist, Antifaschist, Demokrat, Antidemokrat u. ä. Was die Diskussion des Jahres 1950 über die Staatsschutzgesetze in der BRD nachträglich als politisch pervers erscheinen läßt, ist, daß es niemals in der deutschen Geschichte so wenig Grund gegeben hatte, sich gegen die „Radikalen von

Rechts und Links" strafrechtlich zu wehren. Hier wurde mit schwersten Geschützen auf Spatzen geschossen. Die Tragikomik mag aus dem Trauma über die vorhergehende Epoche verständlich sein, entschuldbar wird sie damit nicht. Es verdient auch festgehalten zu werden, daß die Initiative zu diesen Staatsschutzgesetzen von der *SPD* ausging und sich der damalige Justizminister der FDP sofort anschloß.

Als demgegenüber in den 70er Jahren die anarchistischen Terrorgruppen aktiv und gezielt wirksam wurden, zeigte sich bei den verantwortlichen Politikern eher ein gegenteiliges Bild: erst sehr langsam, dann noch zögernd und keineswegs immer konsequent erkannte man die Notwendigkeit, den Staatsschutzgedanken neu zu durchdenken. Hat man im obigen Fall mit Kanonen auf Spatzen geschossen, so schreckte man gegen die anarchistischen Terroristen lange Zeit eher mit dem Einsatz geeigneter Machtmittel zurück. Ein überaus interessantes Problem einer *Soziologie und Sozialpsychologie der Politik.*

Die Rechtsradikalen haben nach 1945 in der BRD nie eine wesentliche Rolle gespielt, was im bemerkenswerten Gegensatz steht zu den nicht selten hysterisch anmutenden Behauptungen der Linken.

b) Verschwörer- und Massentheorie

Leo Lowenthal und *Norbert Guterman* (1949) fanden bei faschistischen Agitatoren das stereotype Bild einer kleinen Gruppe die Gesellschaft bedrohender, hintergründiger Drahtzieher. Solche *Bedrohungs-* und *Verschwörungsvorstellungen* sind fast allen Vorurteilsideologien gemeinsam. Sie reichen weit in die Geschichte zurück, und die Hexenprozesse des Mittelalters sind die wohl bekanntesten Formen solcher frühen Vorstellungen.

Für die neue Vorurteilsforschung stellt die antisemitische Theorie von *Wilhelm Marr* (in seinem Buch: *Der Sieg des Judenthums über das Germanenthum,* 1873) einen neuen Typ der Verschwörertheorien dar. Wie der berüchtigte „*Hexenhammer" (Malleus Maleficarum)* der beiden Dominikaner *Sprenger* und *Krämer,* 1486, mit einer vorgetäuschten Objektivität zu diskutieren suchte, so erscheint bei *Marr* ein „progressiver" Antisemitismus (vgl. bei *Paul W. Massing* 1949): Die bisherigen Antisemitismen werden verworfen. Den Vorwurf, die Juden hätten Christus gekreuzigt, nennt *Marr* „blödsinnig"; seine Beurteilung der jüdischen Händler und Zinsnehmer des Mittelalters ist fast schichtsoziologisch ausgerichtet, und auch für die jüdischen Revolutionäre hat er Verständnis. Aber das führt nicht zu einer unvoreingenommenen Diskussion, sondern zum *Politischen* Antisemitismus. Die kleine, schwache Minderheit der Juden sei trotz aller Verfolgungen, ohne Schwertstreich in den Besitz der politischen und sozialen Macht gelangt. *Marr* warnt also nicht mehr vor einer *Bedrohung,* sondern spricht von einem *Sieg* der Juden, der zu einem verzweifelten

Endkampf auf Leben und Tod zwinge. Dies hat gewisse Ähnlichkeit mit der antikommunistischen Konspirationstheorie des Senators *McCarthy*.

Bekannter sind die sog. *"Protokolle der Weisen von Zion"*, eine Fälschung, die erst im Jahre 1921 der Korrespondent der Londoner Zeitung *The Time, Philip Graves*, in drei Artikeln vom 16., 17. und 18. August aufgedeckt hat (*Robert Neumann* 1960). Es handelte sich ursprünglich um ein 1864 von dem französischen Anwalt *Maurice Joli* gegen *Napoleon III.* geschriebenes Pamphlet, in dem im Gefilde der Seligen die Geister von *Montesquieu* und *Macchiavelli* diskutierten. Die Schrift war längst vergessen, als eine Intrige am russischen Zarenhof begann. Dort erfreute sich 1901 ein Monsieur *Philipp*, Gedankenleser, Hypnotiseur und Freimaurer der Gunst der Zarin. Russische Geheimdienstoffiziere, die in Paris nach dunklen Punkten im Leben des *Philipp* suchten, entdeckten das obige Pamphlet und schrieben es um. Nunmehr handelte es sich angeblich um die stenografischen Protokolle einer geheimen Sitzung der Führer der Juden, verbündet mit den Freimaurern. Mit dem Freimaurer *Philipp* verschwanden dann auch die „Protokolle"; sie hatten ihren Zweck erfüllt. Nach der Niederlage gegen Japan (1904) brachte sie dann der russische Staatsbeamte *Sergei Nilus* (1905) mit einer neuen Version heraus. Nach dem Ersten Weltkrieg wurden sie in mehrere Sprachen übersetzt. In England sollte damit erklärt werden, daß die Juden die wirtschaftliche Depression planmäßig herbeigeführt hätten; in den USA wurde auf die Zusammenarbeit Alljudas mit den Freimaurern zwecks Versklavung Amerikas hingewiesen; und in Deutschland schrieb der General *Erich Ludendorff* von einem Komplott der Judenführer mit den Generalstäblern in England und Frankreich und mit den Freimaurern und dem Papst, das die unbesiegte deutsche Armee zu Boden gezwungen habe.

Von den neueren Konspirationstheorien hat keine die Wirkung der „Protokolle" erreicht. Sie blieben meist kurzfristig. Lediglich die anti-deutschen Verschwörungstheorien haben in den USA einen Fächer verschwörerischer deutscher Gruppen behauptet (*C. Schrenck-Notzing* 1965): a) Die Verschwörung der deutschen „Junker" (*Frederick Martin* 1945; *Alexander Gerschenkron* 1943; *Lysbeth Walker Muncy* 1944; *Hans Rosenberg* 1943, 1944). b) Die Verschwörung des deutschen Generalstabs (*Sumner Welles* 1944; *Charles R. Allen* 1963). c) Die Verschwörung der deutschen Geopolitiker (*Hans W. Weigert* 1943). d) Die Verschwörung der deutschen Industriellen (*Joseph Borkin, Charles A. Welsh* 1943; *Wendell Berge* 1943; *Corvin D. Edwards* 1945; *Darel McConkey* 1945). e) Die Verschwörung der deutschen Philosophen (*Rohan D. O. Butler* 1942; *William M. McGovern* 1941) u. v. a. mehr.

Die Konspirationstheorien gewinnen ihre Plausibilität aus mehreren Quellen: a) Sie geben dem sog. Gesunden Menschenverstand, der die Kompliziertheit der Welt nicht mehr überschauen kann, was er wünscht: die einfache Erklärung. b) Sie dramatisieren dies durch den „Dahintersteh-Komplex" (*W. Bongart*), der eine Fortsetzung des dämonologisch-personalistischen Denkens darstellt. Hieraus resultiert wahrscheinlich die Vorliebe für die Psychoanalyse. c) Sie können sich auf die Tatsache stützen, daß es in der Tat Personen und Gruppen gibt, die solche geheimen Verschwörungen betreiben, übersehen aber, daß die Zahl solcher Fälle klein und das Ziel in der Regel niemals erreicht wird. d) Siegreiche ideologische Richtungen pflegen nachträglich ihre Erfolge als eindimensional, also zwangsläufig und personenbezogen hinzustellen. Das demonstrieren die Reden *Hitlers*, ebenso wie die *Geschichte der KPDSU*. e) Die Unterlegenen neigen oft dazu, ihre Niederlage den skrupelloseren Methoden des Gegners zuzuschreiben. Es ist offenbar weniger blamabel, durch einen unfairen Gegner – besonders mittels „geheimer Verschwörungen" – besiegt worden zu sein, als eingestehen zu müssen, daß die eigene Demagogie wirkungsloser war und die eigene Ideologie bei der zu gleichen Teilen umworbenen wie verachteten „Masse" keinen Anklang fand.

In fast allen spezifischen Konspirations-Theorien zeigt sich eine doppelte Verknüpfung mit der meist negativ eingeschätzten *Masse* und der *Kultur- und Sozialkritik*: Die gefürchteten „geheimen Verschwörer" könnten als „geheime *Verführer*" die „Masse" beeinflussen und sie gegen die gottgefälligen, staatserhaltenden Führer, politischen Bildner und Vergangenheitsbewältiger einstellen; entsprechend sind dann Gesetze und Methoden notwendig, dieser Verführung zu begegnen, notfalls die bereits Verführten zu eliminieren. In diesem Punkt sind sich alle Vorurteilsideologien einig. In ihrer Vorstellung wird regelmäßig die „Masse" negativ bewertet, gilt als irrational eingestellt, vernunft- und verständnisunbegabt, uneinsichtig und „weiblich". Im wirtschaftlichen Bereich trifft dies auch das Bild des *Konsumenten*, während der *Unternehmer* der als „männlich" bewerteten „Elite" zugestellt wird (*Hofstätter* 1960). „*Die Tröstungen Le Bons*", wie *Hofstätter* sie ironisch genannt hat, also die offen demonstrierte deklamatorische Ablehnung der „Masse", definiert den Ablehnenden gewissermaßen automatisch als zur Elite gehörend und verbürgt einen entsprechenden Prestige- und Befriedigungsgewinn (1957). Daß mit solchen Vorstellungen das demokratische Prinzip infrage gestellt ist (*Gerhard Szczesny* 1962), wird oft übersehen.

Trotz aller Fachliteratur und Einwände tauchen die Massentheoreme (*Gustave Le Bon* 1895; *G. Tarde* 1895; *S. Sighele* 1897 u. a.) in Politik, Wirtschaft und Rechtsdiskussionen immer wieder auf. Dies gilt selbst für wissenschaftliche Autoren. Zwar fällt der Name Le Bons nicht mehr; aber das, was er gesagt hat, taucht immer wieder mehr oder weniger auf. Dazu ist es weniger notwendig, auf die Le Bon-Epigonen hinzuweisen, die sich nach dem Zweiten Weltkrieg gegen das Dritte Reich ereifert, im Reich selbst aber geflissentlich geschwiegen hatten. Wichtiger ist es, die zu nennen, die heutzutage allen Einwänden zum Trotz den einseitigen, unrevidierten Le Bon als gültige Wahrheit verbreiten: *Hehlmann* (1962); *Lersch* (1962, 1964); *Bitter* (1969); *Mitscherlich* und *Muck* (Kap. 3); *Rüfner* (1969) und *Dorsch* (1970); und besonders relevant *Dovifat* (1968) (*Bernhard Kroner* 1972, S. 1447). Neuerdings und besonders bei Jugendgerichten scheint der Begriff der „Gruppendynamik" die alten Massentheoreme in sich einzuschließen.

Auf diesem Hintergrund erklärt sich auch der politische Pädagogismus jener Kultur- und Sozialkritik, die den „Massenmenschen" zu „erziehen" und „abzuschirmen" sucht, ihn zu seinem eigenen Wohl notfalls geistig und informatorisch kurz hält. Diese Meinungsgängelei, die sich sogar demokratisch bezeichnet und publizistische, selbst wissenschaftliche Arbeiten als „volkspädagogisch willkommen" und „volkspädagogisch unwillkommen" (*Golo Mann*) sortiert, mündet in die vergangenheitsbewältigende Literatur und neuerlich konsequent in den Ruf nach *Erziehungsdiktatur* ein. Sie zeigt sich schon früh in den Vorurteilen gegenüber der Werbung (*Willi Bongart* 1963), wie im Ressentiment vieler Politiker und Publizisten gegen die Meinungsforschung (*Gert Höfer* 1954/1955), beides inzwischen dem Arsenal der *Neuen Linken* einverleibt. *Hofstätter* hat vor der Verwechslung zwischen Kulturkritik und Kulturverständnis gewarnt: Kulturkritik neige immer dazu, die Möglichkeiten und Notwendigkeiten einer späteren Epoche mit den Selbstverständlichkeiten einer früheren zu messen, so seien auch *José Ortega y Gasset* und *David Riesmann*, unbeschadet ihres blendenden Intellektes, gute Beispiele für die Sehnsucht nach der guten alten Zeit (1960/1961). *René König* unterscheidet die mehr *revolutionären* Formen der Gesellschaftstheorien, deren *Funktion* in der Auslösung starker Anreize für das Handeln liege, von den *resignierenden* und *desillusionierten* Formen ehemals revolutionärer Gesellschaftstheorien, deren *Funktion* in der Auslösung kritischer Energien liege; je nach unmittelbarer Nähe oder Ferne zur revolutionären Ideologie entwickelten sich diese Denksysteme entweder als aggressive Revolutionsinstrumente, die sich durch Propaganda und Gewaltanwendung zu verwirklichen suchten, oder als subtile Kultur- und Sozialkritik (1962). Dieser Sozial- und Kulturkritik erscheint durchgehend verknüpft das Vorurteil der *Krisentheorie*, die einen Wendepunkt, Scheideweg etc. behauptet, wiewohl sich, nach *James Burnham* (1950), oft genug herausstellt, daß sich die „Krise" nur auf die Ölsardinenindustrie erstreckt und der „Scheideweg" nur eine Episode in der Geschichte des örtlichen Lehrervereins sei.

IV. Probleme der Interpretationsschemata

1. Zum Problem der dimensionalen Struktur

Hinweise auf jene Fehlerquellen, die als wenig diskutierte Selbstverständlichkeiten und Vorannahmen die Interpretation von Befunden und Konstruktion von Modellen und Hypothesen beeinflussen, hat es oft genug gegeben. Solche Fehlerquellen auch in der Vorurteilsforschung anzutreffen, überrascht daher gewiß nicht. Was überrascht, ist das *Ausmaß* dieser Fehlerquellen. Und dies erklärt, warum sich immer wieder Zweifel an der Wissenschaftlichkeit der Vorurteilsforschung einstellen.

Einige Beispiele mögen genügen. Schon früh wurde auf die Leichtigkeit bzw. Leichtfertigkeit hingewiesen, mit der in der Prejudice- und Stereotypenforschung z. B. die wörtlich vorgegebene Gegenstandsbezeichnung zur Seite geschoben wurde (*H. E. Wolf* 1958). Eine Zusammenstellung anglo-amerikanischer Kritik findet sich bei *J. B. Wilcott*. *Sevlund* (1964) bemängelte das Ausbleiben unvoreingenommener Ansätze in der herkömmlichen Vorurteilsforschung. *Wilcott* ironisierte (1965), Vorurteilsforschung erscheine wesentlich als Vorwand, eigene Vorurteile unter dem Mäntelchen der Wissenschaftlichkeit an den Mann zu bringen. Das Fehlen jeglicher methodologischer Besinnung hinsichtlich des Gegenstandsbereichs und die damit verbundene Gelegenheit, Dogmen und

Vorurteile unter der Kennzeichnung der Vorurteilsforschung zu vertrei-
ben, erschien *Göhring* (1972) als typisch für Prejudice- und Stereotypen-
forschung. Und man muß in der neueren Kritik nicht erst den rüden Vorwurf von *Werner Dammann* (1975) zur Kenntnis nehmen, Vorurteilsforschung sei letztlich Kulminationspunkt akademischen Stumpfsinns, vornehmlich von Psychologen. Auch *Alice de Trutt* (1975) kritisiert den „ver-
blüffend naiven Trend", Sachverhalte wie „Vor-Urteil" oder „Vorausurteil" auf keinen Fall in der Vorurteilsforschung ernst zu nehmen. Der
Aufweis, daß sich hinter solchen naiv-erscheinenden Manipulationen
handfeste theoretische, schulische, ideologische u. ä. Vorurteile und Dogmen verbergen (*A. Brescher 1975; R. Brekenbach 1975*), bestätigt nur, was
vorher vermutet werden konnte.

Trotz der offenkundigen und leicht erkennbaren Fehlerquellen,
also der verschiedenartigen Vorurteile im Bereich der Vorurteilsforschung (besonders in den Vorurteilstheorien), hat die systematische Sichtung zunächst zögernd und erst relativ spät eingesetzt; und man wird auch heute noch nicht von einer befriedigenden Klärung sprechen können. Immerhin deuten sich wichtige
Strukturen eines Dimensionsmodells an, das diese Fehlerquellen
zu definieren erlaubt (*M. D. Sevlund 1964; J. B. Wilcott 1965; G.
Göhring 1972; A. Brescher 1975*). Als charakteristisch erscheint dabei die Tatsache der Überschneidungen, suggestiblen Ergänzungen zwischen jenen Bestandteilen von Interpretationsssche-
mata, die offen ausgewiesen werden (*direkte Interpretationsschemata*).
Beide lassen sich nicht immer klar trennen. (1) Gelegentlich
schieben sich die indirekten Interpretationsschemata derart in
den Vordergrund, daß sie auch als *direkte* gewertet werden können; (2) Nicht immer werden die direkten Schemata ausreichend
präzis oder ausführlich ausgewiesen, weswegen Erklärungslük-
ken bleiben, die dann von den indirekten Schemata ausgefüllt
werden; (3) Hinzu kommt, daß sich nicht nur die indirekten, sondern auch die direkten Schemata als untereinander stark verflochten antreffen lassen.

Die *indirekten Interpretationsschemata* stellen jeweils *unterscheidbare Dimensionen von Theorienelementen dar*, die durch polare Gegensätze in ihren Stel-
lenwerten zu definieren sind. Dies ermöglicht zwei weitere Unterscheidungen: (1) Je nach dem welcher Pol einer spezifischen Dimension in der
jeweiligen theoretischen Diskussion vorherrscht, ändert sich die *Richtung*
der Interpretation. (2) Die jeweilige Dimension eines indirekten Schemas
kann innerhalb einer bestimmten theoretischen Diskussion stärker oder
schwächer in Erscheinung treten. Im letzten Fall bedeutet dies immer,
daß beide Pole nur schwach wirksam sind. In solchen Fällen ist zwar die
Existenz der indirekten Schemata noch nachweisbar, doch besitzen die
Elemente ihrer Dimension wenig Wirkung, können also auch für die Problemstellung der direkten Schemata nichts wesentliches beisteuern. In
den entgegengesetzten Fällen kann das jeweilige indirekte Interpretationsschema die theoretische Diskussion derart beherrschen, daß es faktisch das Gewicht eines direkten Schemas einnimmt, ohne daß dies be-

merkt werden muß. Indirekte Interpretationsschemata sind also *keine Aspekte im Sinne des Aspektenverfahrens*, obschon sie unter eingeengten formalen Gesichtspunkten, d. h. im Rahmen der direkten Schemata, als Aspekte aufgefaßt und gewertet werden können. Augenblicklich lassen sich insgesamt 5 Dimensionen jeweils polarer Gegensätze kennzeichnen: 1. *Implizite* versus *explizite* Schemata (*Göhring* 1972); 2. *Funktionale* versus *strukturelle* Schemata; 3. *Singulare* versus *plurale* Schemata; 4. *Ausnahmethese* versus *Gleichheitsthese* (*Sevlund* 1964; *Wilcott* 1965; vergleiche auch bei *H. E. Wolf* 1969, S. 944 f.). 5. *Psychologische* versus *soziologische* Schemata (eine ausführliche Darstellung findet sich bei *Wolf* 1976).

2. Die Problematik des Aspektenverfahrens

Elemente des Aspektenverfahrens sind in ihrem methodologischen Stellenwert wesentlich dem *Beginn* eines neuen Forschungsansatzes zuzuordnen. Sie kennzeichnen den Versuch einer *ersten Orientierung* über den Umfang eines Problemgebietes. Hier liegt auch ihr Nutzen, weil es von nun an leichter ist, Spreu vom Weizen zu trennen und allmählich zu einer praktikablen Systematik zu gelangen. Daraus wiederum folgt, daß das Aspektenverfahren niemals unmittelbar zu Theorien oder Modellen führen oder gar solche ersetzen kann. Wo dies dennoch versucht wird, läßt sich ein Rückfall auf die Ebene des vorwissenschaftlichen Denkens vermuten. Typisch für einen solchen Versuch ist das bekannte Buch *Nature of Prejudice* von *Allport* (1954), aus der damaligen Anfangszeit immerhin noch zu akzeptieren; es wirft aber ein bedenkliches Licht auf das methodologische Niveau, wenn z. B. *Karl-Friedrich Graumann* noch in neuerer Zeit einen solchen Ansatz für erstrebenswert hält.

Im günstigsten Fall lassen sich die Elemente des Aspektenverfahrens als nur unnötig oder überflüssig kennzeichnen. Das gilt z. B. über weite Strecken für die Verwendung der Begriffe: *kognitiv, affektiv* und *konativ* in der Vorurteilsforschung. In weniger günstigen Fällen werden jedoch schwerwiegende Fehlerquellen gesetzt, indem der Blick auf Nebensächlichkeiten gelenkt wird und die Forschung allmählich ins Stocken gerät. Typisch hierfür ist der Geltungsanspruch *psychologischer* Theorien.

3. Funktionale Interpretationsschemata

Funktionale Interpretationsschemata geben Antwort auf die Frage nach dem *Nutzen, Zweck* u. ä. von Vorurteilen. Besonders unter dem Einfluß der Autoritäts- und Aggressionsforschung hat diese Frage in der unmittelbaren Nachkriegszeit im Vordergrund der Prejudice-Forschung gestanden. Von den verschiedenen Ansätzen haben besonders vier Theoreme eine Rolle gespielt: a) Die *Projektionsthese,* b) die *Frustrations-Aggressionsthese,* c) die *Sündenbockthese* und d) die These der *„self-fulfilling prophecy".*

a) *Die Projektionsthese*. Diskussionen über Projektionen lassen sich schon bei *Plato, Leonardo da Vinci, Justus Kerner* u. a. antreffen. Die neuere Diskussion geht auf *Freud* (1920) zurück, der zwei Definitionen vorgelegt hat: (1) Die sog. klassische Definition: die in ein Objekt hineinprojizierten Einstellungen und Gefühle entsprechen den Gefühlen etc. in dem projizierenden Subjekt selbst, nur wird der letztgenannte Sachverhalt verdrängt; (2) in „*Totem und Tabu*" (1924) erscheint die Projektion nicht mehr nur als für die Abwehr der Ichbedrohung geschaffen, sondern kommt auch dann zustande, wenn es keine Konflikte gibt. Die Projektion innerer Erfahrung nach außen erscheint vielmehr als ein primitiver Mechanismus, dem z. B. auch unsere Sinnesorgane unterliegen, und der deswegen an der Gestaltung der Außenwelt den größten Anteil hat.

In der weiteren Diskussion wurden folgende Arten der Projektion unterschieden: (1) Die *attributive* Projektion (*E. M. Weingarten* 1949; *E. G. Schachtel* 1950; *F. E. Fiedler* 1951, 1953; *N. M. Halpern* 1955; *I. Friedman* 1955; *E. E. Minz* 1956). (2) Die *autistische* Projektion (*R. N. Sanford* 1936, 1937; *R. Levine, I. Chein, G. Murphy* 1942; *J. B. Rotter* 1954). (3) Die *rationalisierte* Projektion. Bei *Gordon Allport* auch als *komplementäre* Projektion bezeichnet (1937) (*E. Frenkel-Brunswik* 1939; *D. J. van Lennep* 1951). – Zu Ausweitungen in Richtung auf eine *Totaltheorie* kommt es, wenn man z. B. jedes charakterologische Testverfahren als projektiv wertet (*D. Rapaport* 1942) oder meint, die gesamte Welt sei nur eine Projektion ihres Grundes und erhalte sich durch fortwährende Projektionen selbst (*W. Hochheimer* 1955). Die Schwierigkeiten des Projektionsbegriffs haben zuweilen selbst bei Psychologen zur Kapitulation geführt, indem z. B. jeder Persönlichkeitstest als projektiv bezeichnet wurde (*Heckhausen* 1960; eine ausführliche Darstellung findet sich bei *Hans Hörmann* 1964).

Die Projektionsthese hat die Theorienbildung der Vorurteilsforschung nur zeitweilig und partiell beeinflußt, ist aber noch heute gelegentlich als eine wenig diskutierte Rahmenbedingung erkennbar und nimmt so eine Zwischenstellung ein zwischen direkten und indirekten Interpretationsschemata. Eine Besonderheit stellt die These der *Social Perception* dar. In ihr vereinigen sich tiefenpsychologische Forschungsintention mit psychologischer Forschungs*methodik* (*H. Hörmann* 1964). In der Regel wird die Wahrnehmung als dreiphasiger Vorgang aufgefaßt (*J. S. Bruner, I. Postman* 1948): a) Der Organismus geht mit einer „Hypothese" an die Situation heran; b) er verschafft sich durch Informationen Aufschluß, und c) überprüft diesen. Somit erscheint Wahrnehmung als eine Art Kompromiß zwischen dem, was der Mensch wahrzunehmen erwartet, und dem, was ihm zum Wahrnehmen dargeboten wird. Der Versuch, diese Überlegungen auf die Vorurteilsforschung anzusetzen, scheitert u. a. an der empirisch unterschiedlichen Merkmalsverteilung.

b) *Die Frustrations-Aggressionsthese*. Erstmals 1939 vorgelegt (*Dollard et al.*), 1941 unter dem Einfluß von *Neal E. Miller* erstmals revidiert, gehörte diese These im ganzen wie in Teilen zu den meist diskutierten Theoremen der Sozialforschung und hat lange

Zeit auch die Theorienbildung in der Prejudiceforschung stark beeinflußt (siehe bei *G. W. Allport* 1954; *Peter Heintz* 1957). Dabei erwies sie sich aber als teils zu vage, teils zu widersprüchlich (vgl. bei *H. E. Wolf* 1969, S. 933 f.). Auch außerhalb der Vorurteilsforschung hat die Kritik entscheidende Schwächen dieses Theorems aufgezeigt (*I. Remier* 1970; *U. H. Soldan* 1971; *H. E. Wolf* 1971; *G. Lischke* 1975; *de Trutt* 1975 u. a.).

c) Die Sündenbock-These. Ulrich Mees (1974, S. 57) rechnet die „Sündenbock-Theorie des Vorurteils" zu den populärsten sozialpsychologischen Theorien. Das gilt bestenfalls für die Vergangenheit. Detailliert vorgetragen wurde sie von *Allport* (1954). Die *Jagd nach Sündenböcken* stellt nach *Allport* den *Höhepunkt der Feindseligkeit* und der *Vorurteile* dar. *Allports* Theorem der Steigerungsstufen und Typen der *Sündenbockjäger* kennzeichnet einmal mehr jene wissenschaftsgeschichtliche Phase der Prejudice-Forschung, in der Aggressions- und Autoritarismus-Forschung die Theorienbildung prägten. Noch heute bietet dieser Ansatz eine der Brücken zwischen der Vorurteils- und der spezifischen *Terror-Forschung* (*Hans Christian Schwartz* 1965, 1975). Dies bedeutet, daß sich zwar ihre generelle Bedeutung für die Vorurteilsforschung – schon wegen der widersprüchlichen empirischen Befunde (vgl. u. a. *G. A. Lundberg, L. Dickson* 1952; *S. Stryker* 1959; *E. Faris* 1962) – nicht hat halten lassen, Details aber weiterhin verwertbar sind.

d) Die These der „Self-Fulfilling Prophecy". Im Gegensatz zu den vorher genannten funktionalen Theoremen, die allmählich an Bedeutung verloren haben, hat sich die These der *self-fulfilling prophecy* bis heute gehalten. Sie stammt von *Robert K. Merton* (1948), der den Satz des Nestors der amerikanischen Soziologie, *William I. Thomas*, aufgegriffen hat: Wenn Menschen Situationen als real definieren, dann sind sie in ihren Konsequenzen real. *Merton* nennt dies das *Thomassche Theorem.* Am Beispiel des Zusammenbruchs der *First National Bank*, zu Beginn der Weltwirtschaftskrise 1932, versucht er diese These zu belegen. Er verweist auf *Myrdal* (1944), um zu zeigen, daß der Mechanismus des Theorems weitgehend die Dynamik ethnischer und rassischer Konflikte und Vorurteile erklären könne. „Die ‚self-fulfilling prophecy' gibt ursprünglich eine *falsche* Definition der Situation, die ein neues Verhalten hervorruft, welches am Ende die zunächst falsche Vorstellung *richtig* werden läßt. Die trügerische Richtigkeit der ‚self-fulfilling prophecy' verewigt die Herrschaft des Irrtums. Der Voraussagende wird nämlich den tatsächlichen Ablauf der Ereignisse zum Beweis dafür heranziehen, daß er von Anfang an recht hatte" (1966, S. 146). Diese These hat die weiteren Diskussionen befruchtet (siehe u. a. auch bei *Adolf Grünbaum* 1956; *John M. Tilsner* 1960; *Jonathan R. Reichmann* 1962; *Robert C. Buck* 1963;

Gunnar Björnstell 1965; *Maria Weiland* 1966; *Karl Dieter Opp* 1972). Dabei entwickelte sich bald Kritik. Gerade nämlich jene Phänomene, die zunächst eine Bestätigung der These hätten erwarten lassen, zeigten empirisch abweichende und sehr viel differenziertere Strukturverläufe (*U. H. Soldan* 1964, 1965; *M. D. Sevlund, H. E. Wolf* 1965). Zudem war das Theorem keineswegs in sich logisch (*G. Göhring* 1972; *R. Brekenbach* 1975). Eine neuere grundsätzliche Kritik stammt von *Soldan* (1975).

In der These werden zwei unterscheidbare Einzelthesen zusammengeworfen: a) Eine Aussage über die spezifische Plausibilitätsstruktur vorurteilsvollen Denkens; b) Die Behauptung, eine falsche Voraussage (Aussage, Vermutung etc.) führe auch objektiv zum Eintreten des Vorhergesagten. Gegen die erste Einzelthese sprechen die empirischen Befunde von *Soldan*, sowie von *Sevlund* und *Wolf*, die jedoch eine Bestätigung der These in anderen Fällen nicht ausschließen. Die zweite Einzelthese ist nach *Soldan* eine *Fiktion*, was sie u. a. am Beispiel der *Soziologischen Parabel* des Zusammenbruchs der *First National Bank* aufzeigt. Bei *Merton* heißt es: „Die Parabel zeigt uns, daß Definitionen einer Situation (Prophezeiungen oder Voraussagen), die im öffentlichen Leben wirksam sind, ein integraler Bestandteil selbst werden und dadurch spätere Entwicklungen beeinflussen. Das ist eine Eigentümlichkeit der menschlichen Beziehungen. Es findet sich nicht in der von Menschenhand unberührten Natur. Voraussagen über die Rückkehr des Halleyschen Kometen haben keinen Einfluß auf seine Bahn. Die Gerüchte über die Insolvenz von Millingvilles Bank dagegen hat das tatsächliche Ereignis beeinflußt. Die Voraussage des Zusammenbruchs hat zu ihrer eigenen Erfüllung geführt" (S. 146).

Nach *Soldan* stecken in diesen, wie in ähnlichen Darstellungen zwei unterscheidbare elementare Sachverhalte: 1. Die *thematischen Elemente:* a) eine jeweilige *Leerformel*, die in der Regel sachlich und meist auch formal vorangestellt wird, und b) eine *konkrete* Aussage, die ihr folgt; 2. Diesen Elementen verschachtelt sind zwei, in der Regel implizit gesetzte „Schlüsse": a) der eine „Schluß" bezieht sich auf das Kriterium des *Präzisionsgrades*, setzt beim Element b in Punkt 1 an und leitet zum Punkt a *zurück;* b) Der zweite „Schluß" stützt sich auf das Kriterium der *Beweisbarkeit*, setzt abermals im Punkt b 1 an und leitet die Beweisbarkeit aus Punkt a ab. Daraus ergibt sich dann: (a) Auf der Ebene des Kriteriums der *Präzision* wird von der zwar präzisen, aber sachlich widerlegbaren Aussage des letzten Satzes ausgegangen; damit wird die mangelnde Präzision der *vorausgehenden* Leerformel verdeckt; (b) Auf der Ebene des *Beweisbarkeit* wird die plausibel erscheinende Behauptung der Leerformel als Ausgangspunkt genommen, um die Behauptung der folgenden (zweiten) konkreten Behauptung als bewiesen erscheinen zu lassen; (c) Dies wird unterstützt dadurch, daß die nachweisliche Präzisierung dieses letzten Satzes sich mit der Plausibilität des ersten vermengt, womit als „bewiesen" erscheint, was zwar nunmehr präzis ausgedrückt, aber damit noch nicht schon bewiesen ist. Die These ist aber, so schließt *Soldan*, nur wirksam durch ihre *hochgradige Plausibilität*, die eine *erhebliche Suggestion* erzeuge. Die Voraussage des Zusammenbruchs der *First National Bank* hätte unter normalen wirtschaftlichen Verhältnissen sehr wahrscheinlich nicht zum Zusammenbruch geführt; entscheidend waren die *umgreifenden Voraussetzungen*, eben die Krise, die finanzielle Stützmaßnahmen auf ein Minimum reduzierte.

4. *Ältere strukturelle Interpretationsschemata*

Zu den strukturellen Interpretationsschemata, die in der Nachkriegszeit die Theoriendiskussion der Vorurteilsforschung beeinflußt haben, gehören vor allem die Untersuchungen über die *„Authoritarian Personality"* (*T. W. Adorno u. a.* 1950) und über *Dogmatismus* (*Milton Rokeach* 1954, 1960). Beides sind wesentlich Theoreme der *Attitüden-Forschung*.

a) Das Theorem der *Autoritären Persönlichkeit* hat lange Zeit auf die Prejudice- und Stereotypen-Forschung eingewirkt, obschon die grundlegenden Schwächen frühzeitig aufgewiesen wurden. Es handelte sich zwar zunächst um den Versuch, den *Antisemitismus* zu erklären, doch suchte diese Theorie generelle Persönlichkeitsstrukturen vorurteilsvoller Persönlichkeiten zu definieren. Sie hat eine lange anhaltende Diskussion angeregt; nach *Klaus Roghmann* (1966) inspirierte sie pro Jahr ca. 50–60 Arbeiten, aber auch weitgehende Kritik (zusammengefaßt bei *R. Christie, M. Jahoda* u. a. 1954). Die kritische Würdigung in Deutschland blieb lange aus. Zwar wandte sich *Max Simoneit* (1958) gegen die Identifizierung des Totalitären mit dem Autoritären und *H. E. Wolf* (1958) versuchte, von seinen Hinweisen und der Darstellung der Persönlichkeit *Proudhons* durch *Peter Heintz* (1957) ausgehend, eine allerdings noch psychologistische Trennung beider Persönlichkeitstypen; aber erst *Roghmann* hat eine wissenschaftlich ernster zu nehmende und sehr gründliche Untersuchung der Geschichte, Techniken und Ergebnisse dieser Studien vorgelegt (1966). Als Meßinstrument wurde die F-(Faschismus) Skala entwickelt, wobei man auf das von *Rensis Likert* (1932) entwickelte Einschätzungsverfahren zurückgriff (*D. J. Levinson, R. N. Sanford* 1944). Die spätere Kritik richtete sich zunächst nicht gegen die Reliabilität, wohl aber gegen einzelne Konstruktionselemente und damit gegen die *Validität* der Skala. Nimmt man z. B. den Befragten durch vorgegebene Grobkategorien die Möglichkeit für spezifische Antworten, kann man ihnen hinterher kaum *„stereotypes Denken"* nachweisen (*H. H. Hyman* und *P. B. Sheatsley* 1954, S. 72). Besonders problematisch ist der Fehler des *„response set"* (*L. Cronbach* 1960; zuerst 1946), nach *Roghmann* definiert als Kennzeichen aller Tendenzen, die dazu führen, daß der *gemessene* Wert vom *tatsächlichen* Wert systematisch abweicht (S. 25, Anm.). Die Schwierigkeit, die dieser Skalenkonstruktion im Sinne der *vorgegebenen Theorie* zugrunde lag, wird klar, wenn *Adorno* aus 80 Fällen 11 unterschiedliche Typen bzw. Syndrome (5 vorurteilsfreie, 6 vorurteilsvolle) mit den verschiedensten verwandtschaftlichen Beziehungen untereinander konstruiert, wobei sich in seinem Material keine einzige kommunistische Persönlichkeit befand, die sich als Typ sicher konstruieren ließe (vgl. u. a. *E. A. Shils* 1954: *H. J. Eysenck* 1954; *G. W. Almond* 1954; *H. E. Wolf* 1954). Nun haben viele Kritiker übersehen, daß es sich nicht um eine Studie handelt, die vorgegebene Hypothesen testen wollte, sondern um eine explorative, zudem sehr uneinheitliche Studie, die von einer längst vorgegebenen marxistisch-psychoanalytischen Gesellschaftsideologie ausging (*M. Horkheimer 1936; E. Fromm 1941; H. Marcuse 1955; T. W. Adorno u. a. 1950, S. 225*). *Adorno* nahm an, wenn man nur tief genug in die Persönlichkeit eindringe, ließen sich die meisten Fälle auf wenige Variablen reduzieren (*Adorno u. a. 1950, S. 750*). Demgegenüber sieht z. B. *Melvin M. Tumin* wohl realistischer, die zur *praktischen Aktion* führenden Einstellungen kämen in jenen Meinungen zum Ausdruck, die in Anpassung an die Meinung der Umgebung geäußert würden (1964, S. 75 f.). Dies leitet über zur Diskussion über die Beziehungen von *Attitüden* und (faktischem) *Verhalten*, wovon hier nicht berichtet werden kann (s. *H. Benninghaus* 1976). Die F-Skala wurde also als Meßtechnik konstruiert, ohne daß eine entsprechend vorausgehende sachlogische Analyse und eine daraus abgeleitete Theorie vorlag. Da das spezifische interpersonale Verhalten überhaupt nicht analysiert wurde, stehen wir vor der aus dem „Exaktheitskomplex" resultierenden Tatsache, daß die konstruierte Skala etwas im luftleeren Raum schwebt. Darüber hinaus erscheint eine F-Skala, die tiefverwurzelte Persönlichkeitsstrukturen messen will, mit den Worten *Roghmanns*, für einen empirischen Sozialforscher ebenso interessant und schwierig, wahrscheinlich aber ebenso unmöglich, wie etwa das Perpetuum Mobile für den Physiker oder die Quadratur des Kreises für den Mathematiker (1966, S. 15).

In den 70er Jahren scheint das Interesse an diesem Theorem in der wissenschaftlichen – nicht in der ideologischen – Diskussion eher nachgelassen zu haben. Das hängt möglicherweise mit dem Aufweis weiterer Fehlerquellen zusammen (*Friedrich Heckmann* 1968; *John M. Steiner, Jochen Fahrenberg* 1970; *Erich Witte* 1972; *R. Brekenbach* 1975). Die Aufzählung jener Merkmale, die die „Autoritäre Persönlichkeit" kennzeichnen sollten, glich ohnehin eher einem „kriminalpolizeilichen Steckbrief" (*M. Simoneit* 1959). *Bergler* und *Six* meinen, eine solche Aufzählung würde „eher ein Wortschatztest affiner Eigenschaften werden und ist meist nicht mehr als eine Amplifikation eines als einheitlich vorgegebenen Persönlichkeitssyndroms, über dessen Berechtigung mehr Zweifel als Gewißheit herrscht" (1972, S. 1410).

b) Ausgehend von den Überlegungen von *Else Frenkel-Brunswik* hat *Rokeach* eine *Dogmatismustheorie* als Alternativtheorie zum Theorem der Autoritären Persönlichkeit entwickelt (1956) und dazu eine D-(Dogmatismus)Skala entwickelt (im deutschen Sprachraum siehe dazu J. C. *Brengelmann* 1960; E. *Waldmann* 1963). Im Grunde legt *Rokeach* zwei Theorien vor: (1) Er klammert das Problem der Vorurteile aus und ersetzt es durch eine *Kongruenztheorie;* (2) Die Neigung zu totalitären politischen Einstellungen erklärt er durch eine *Theorie der Orientierungssysteme,* die eine *Persönlichkeitstheorie* ist. Im Gegensatz zur *Berkeley-Gruppe* (um *Horkheimer* und *Adorno*), die an der Autoritätstheorie gearbeitet hatte, setzte *Rokeach* bei Kommunisten und Katholiken an. Hinsichtlich der ersten geriet er in einen kritischen Gegensatz zu *Eysenck* (*H. J. Eysenck* 1954, 1956; *M. Rokeach* und *C. Hanley* 1956). Mit seinen theoretischen Ansätzen haben sich viele andere Forscher beschäftigt (*M. Rokeach* 1960, 1967; *M. Rokeach* und *C. G. Kemp* 1960; *M. Rokeach, H. H. Toch, T. Rottmann* 1960; *M. Rokeach, R. N. Vidulich* 1960; *T. W. Plant* 1960; *S. Fillenbaum, A. Jackman* 1961; *H. J. Ehrlich* 1961; *D. Peabody, H. C. Triandis* 1961; *Vidulich, I. P. Kai-*

man 1961; *H. E. Adams, Vidulich* 1962; *F. Restle, M. Andrews, M. Rokeach* 1964; *G. Stanley, J. Martin* 1964; *D. Foulkes* 1965, *D. Foulkes, S. H. Foulkes* 1965; *B. H. Long, R. C. Ziller* 1965; *D. Peabody* 1966; *M. T. Rebhuhn* 1966, 1967; *P. M. Kerrlinger, M. Rokeach* 1966; *D. Byrne, B. Blaylock, J. Goldberg* 1966; *M. A. Iversen, H. G. Schwab* 1967; *M. R. Kessler, E. J. Kronenberger* 1967; *R. E. Kleck, J. Wheaton* 1967; *D. W. Bailes, I. B. Guller* 1968; *S. A. Karabenick, R. W. Wilson* 1969; *Jack M. Hicks, John H. Wright* 1970; *Henry C. Finney* 1971; *Alan F. Fontana, Barbara Noel* 1973 u. v. a. m.).

Auch im Bereich der BRD hat man diese Problematik aufgegriffen. *Suitberg Ertel* (1972, 1973, 1975) hat Veröffentlichungen solcher Personen analysiert, die als sog. *Dialektiker* gelten (wie: *T. W. Adorno, J. Habermas, K. Holzkamp, P. Keiler, H. Marcuse)* und sie mit Veröffentlichungen anderer verglichen, die als sog. *Kritische Realisten* gelten (wie: *H. Albert, R. Dahrendorf, T. Hermann, K. R. Popper, E. Topitsch)* und bei den erstgenannten eine wesentlich höhere dogmatische Attitüde festgestellt (vgl. hierzu auch: *Ursula Rittmann* 1973; *Karl Peter Drechsler* 1973; *Benita Skroblin* 1975; *Peter Keiler* 1975).

5. Interpretationsansätze der Stereotypen-Forschung

Theorien über Stereotype lassen sich in drei Klassen gruppieren: a) Theorien, die Beziehungen zwischen Vorurteilen und Stereotypen definieren; b) die den Stereotypenbegriff als übergreifende Größe nehmen; c) die Beziehungen zwischen spezifischen Arten von Stereotypen formulieren. Alle drei Klassen überschneiden sich, ebenso wie auch viele Theoreme Beziehungen etwa zu den Attitüden oder zum Image formulieren. Die Theorien der Klasse a standen wesentlich am Beginn der Stereotypendiskussion, treten aber auch heute noch in Erscheinung (u. a. *M. Karlins, Th. L. Coffman, G. Walters* 1969; *H. Sigall, R. Page* 1971; *J. Brigham* 1971; *R. A. Jones, R. K. Ashmore* 1973 usf.). Die Theorien der Klasse b treffen wir seltener an (siehe z. B. *P. R. Hofstätter* 1960; *R. Bergler* 1966; *W. Manz* 1968); es scheint, als führe der dem Stereotypenbegriff auch innewohnende negative Aspekt, wie beim Vorurteilsbegriff, zur Problemflucht (vgl. dazu *Bergler, Six* 1972). Die Theorien der Klasse c sind die augenblicklich fruchtbarsten; aber auch sie zeigen eher eine Überwindung des Stereotypenkonzepts, die zuweilen sogar den Begriff Stereotyp eliminiert.

Die einfachste theoretische Verarbeitung ergibt die Gegenüberstellung von *Autostereotyp* („Eigenbild") und *Heterostereotyp* („Fremdbild"). Hier setzt die Untersuchung von *Hardi Fischer* und *Urie P. Trier* (1962) bemerkenswerte Akzente. Wie bei *Katz* und *Braly*, sowie bei *Sodhi* und *Bergius* wird versucht, die Beziehungen zwischen Stereotyp und Prejudice besser zu definieren. Dabei setzen die Autoren auf der *psychologischen* Problembasis an: „. . . von der Analyse der Denkprozesse zum Spezialfall des stereotypen Denkens – von diesem zu einer Verdichtung in der Prägung der Gruppe, die wir Stereotype nennen, von diesem wieder zur Psychologie des Vorurteils als des Bestandteils des Sterotyps und des stereotypen

Denkens" (S. 17). Dieser Ansatz stützt sich nicht nur auf *Hofstätter*, sondern auch auf *Peter Heintz* (1957) und *G. W. Allport* (1954). Berücksichtigt wird die bei *Allport* anzutreffende *Gleichheitsthese*, wonach ein Vorurteil sowohl positiv, wie negative Seiten haben kann: a) *positiv:* (1) Gegenständen gegenüber (Schulen, Städten, Kunstepochen, Eßgewohnheiten usw.), (2) Personen gegenüber (oft Autostereotyp etc.); b) *negativ:* (1) Gegenständen gegenüber (Nosophobia), (2) Personen gegenüber (Xenophobia; oft Heterostereotyp, rivalisierende Minorität, Feindgruppe usw.). *Hofstätter* hatte für das bessere Verständnis zwischen Gruppen (1957) folgende Bedingungen definiert: a) Die Autostereotype sollten einander ähnlich sein; b) das Bild, das sich eine Gruppe von der anderen macht, sollte möglichst dem Selbstbild dieser Gruppe entsprechen; c) es sollte aber auch möglichst dem eigenen Selbstbild entsprechen; d) die Bilder der anderen Gruppen sollten bei den Mitgliedern beider Gruppen ähnlich sein. *Fischer* und *Trier* setzen zwei Bedingungen hinzu: e) Die Vermutung, die über ein Bild existiert, das sich eine andere Gruppe von der eigenen Gruppe macht, sollte möglichst dem tatsächlichen Heterostereotyp der Fremdgruppe entsprechen; f) diese Vermutung sollte möglichst dem Selbstbild entsprechen.

Was *Fischer* und *Trier* als *„projektives Stereotyp"* kennzeichnen, hat das Arbeitsteam um *Kripal Singh Sodhi* aufgegriffen (*Sodhi, Bergius, K. Holzkamp* 1957, 1958; *Bergius* 1959; *Holzkamp* 1959). Hierbei zeigt sich, wie sich der Zusammenhang zwischen Prejudice- und Stereotypenproblem in der Diskussion lockert. Stand bei *Sodhi* und *Bergius* (1953) zunächst der Begriff des *Vorurteils* im Titel, wurde er bei der geschlechtsspezifischen Analyse bereits durch den *Stereotypen*-Begriff ersetzt (1956), um schließlich in die Formulierung *„Urteile über Völker"* (1957, 1959) einzumünden. Der Ansatz reicht weit zurück (u. a.: *W. Stock* 1925, 1929; *Th. Litt* 1926; *T. Stiegler* 1938; *K. L. Morrow* 1944; *E. Meier 1946; J. H. Thurnau* 1946; *W. Wetter* 1948; *G. Schmehrhahn* 1949 u. a. m.). Kennzeichnend für die Problemstellung ist der Begriff *„frameworks of images"* von *Gustav Ichheiser* (1943).

Sodhi et al. (1957) setzen zunächst bei der üblichen Vorstellung von Autostereotyp und Heterostereotyp an und gliedern sodann die Urteilsformen spezifischer aus: a) Autostereotyp: $S_1 \rightarrow S_1$ („Die Deutschen halten die Deutschen für fleißig"). b) Heterostereotyp: $S_1 \rightarrow S_2$ („Die Deutschen halten die Franzosen für intelligent"). c) Vermutetes Heterostereotyp: $S_1 \rightarrow (S_2 \rightarrow S_2)$ („Die Deutschen glauben, die Franzosen hielten die Franzosen für intelligent"). d) Vermutetes Autostereotyp: $S_1 \rightarrow (S_2 \rightarrow S_1)$ („Die Deutschen glauben, die Franzosen hielten die Deutschen für fleißig"). e) Reziprokale Verschränkung: $S_1 \rightarrow S_2 (S_1 \rightarrow S_2)$ („Die Deutschen meinen, die Franzosen glauben, die Deutschen würden die Deutschen für fleißig halten"). Diese Formeln lassen sich leicht erweitern. Beispiel: $S_1 \rightarrow S_2 (S_3 \rightarrow S_2)$ („Die Deutschen glauben, die Franzosen meinen, die Griechen würden die Franzosen für musikalisch halten"). Oder: $S_1 \rightarrow S_2 (S_3 \rightarrow S_4)$ („Die Deutschen glauben, die Franzosen meinen, die Amerikaner hielten die Vietnamesen für minderwertige Menschen"). *Sodhi et al.* 1957 stellen insbesondere zwei Bezugsformen gegenüber: a) *Das Selbstbild* ($S_1 \rightarrow S_1$) und

b) das *vermutete Selbstbild* $S_1 \rightarrow (S_2 \rightarrow S_1)$. Angenommen wird, das vermutete Selbstbild sei ein „gefiltertes Selbstbild", dem mit hoher Wahrscheinlichkeit Reste des eigentlichen Selbstbildes innewohnten. *Holzkamp* (1962) verwendet demgegenüber die Begriffe „direktes" und „indirektes Selbstbild"; die Abweichung zwischen beiden Bildern sei bedeutsam für die Einschätzung des „Sich-verstanden-Fühlens", und weil darin Nähe oder Ferne zum anderen Partner oder zur anderen Gruppe deutlich würde, könne auch von der „subjektiven sozialen Distanz" gesprochen werden; um aber Verwechslungen mit dem entsprechenden Begriff von *Bogardus* zu vermeiden, spricht *Holzkamp* später von der „Ego-Distanz". Weiterhin stellen *Sodhi et al.* 1957 das a) *Fremdbild* und b) das *vermutete Fremdbild* einander gegenüber. Das Fremdbild sei erheblich dadurch mitbestimmt, was der Beurteilte nach Meinung des Urteilenden über den Urteilenden denke. Diese Fragestellung, die deutlich Residuen der Projektions-Theorie erkennen läßt, ist schon von den Autoren als schwierig erkannt worden.

Nach *Wolfgang Manz* (1968) kommt dem *vermuteten Selbstbild* eine Schlüsselrolle zu für das Verständnis der Dynamik der Urteilsverschränkungen. Aufgabe sei, die Beziehungen zwischen den drei Bezugsformen „Selbstbild", „Fremdbild" und „vermutetes Fremdbild" bei homogenen Gruppen und unter Rückgriff auf die einzelne Person als Analyseneinheit zu untersuchen. Auf dem Hintergrund dieser Fragestellung unterteilt *Manz* die *Eigenschaften* nach ihrer *Funktion.* a) Eigenschaften, die der Befragte als typisch für die eigene Gruppe (Selbstbild) einschätzt; b) Eigenschaften, die als typisch für die fremde Gruppe angesehen werden (Fremdbild); c) Eigenschaften, die die Angehörigen dieser Fremdgruppe als typisch für die Gruppe ansehen würden, zu der die befragte Person gehört. Für die drei Bilder ergeben sich in der *Eigenschaftsanalyse* sodann folgende Unterteilungen: (1) Irrelevante Eigenschaften (die für keines der drei Bilder gelten); (2) spezifische Eigenschaften des Selbstbildes; (3) spezifische Eigenschaften des Fremdbildes; (4) gemeinsame Eigenschaften von Selbst- und Fremdbild; (5) spezifische Eigenschaften der vermuteten Selbstbilder; (6) gemeinsame Eigenschaften des Selbstbildes und des vermuteten Fremdbildes; (7) gemeinsame Eigenschaften des Fremdbildes und des vermuteten Selbstbildes; (8) unspezifische Eigenschaften.

Die Formel: $S_1 \rightarrow S_1$ etc. unterstellt, der Befragte müsse sich mit seiner Meinung (Einstellung etc.) mit jener Gruppe identifizieren, die als S_1 erscheint. Das aber wäre zunächst zu prüfen. Folglich sind zwei Formelgruppen zu unterscheiden: $S_1 \rightarrow S_1$ (entsprechend $S_1 \rightarrow (S_1 \rightarrow S_2)$ usw. und $S_{1(1)} \rightarrow S_1$ usf. Im zweiten Fall heißt dies: Die persönliche Meinung des Befragten der Gruppe S_1 zu eben dieser Gruppe S_1. Das *persönliche Bild* (Selbstkonzept) wird also von dem Bild der *Eigengruppe* getrennt. Damit gewinnt das *Selbstkonzept* in der Diskussion des Autostereotyps eine differenziertere Größe. Diesem Selbstkonzept wird eine wichtige Funktion für das eigene Verständnis und Verhalten zuerkannt (*G. E. Deitz*

1969), und so wird versucht, dies auf therapeutische Ansätze zu übertragen (*C. Roger* 1951; *M. Manis* 1958). Diese Problematik wird insbesondere auch in der *Strafvollzugsforschung* erörtert. Viele Autoren gehen nicht nur von der Annahme aus, Strafgefangene besäßen ein *negatives Selbstkonzept*, ein „poor image of himself and others" (*F. R. Scarpitti* 1965), sondern meinen auch, zwischen Selbstkonzept und Delinquenz ließen sich direkte Beziehungen aufzeigen (*W. C. Reckless, S. Dinitz, E. Murray* 1956; *Reckless, Dinitz, B. Kay* 1957; *E. L. Lively, Dinitz, Reckless* 1962). Ausgehend von den Untersuchungen von *Hoerschelmann* (1970), *Kunze* (1970), *Lippert* (1970), *Müller* (1970) hat demgegenüber *Ingrid M. Deusinger* (1969, 1970, 1973) folgendes belegt: a) Junge (deutsche) Strafgefangene kennzeichnen sich durch ein ausgesprochen positives Selbstkonzept; b) auch ihr vermutetes Selbstbild ist ebenso positiv; c) sie unterscheiden sich in diesen Bildern jedoch grundsätzlich vom Bild des „typischen jungen Strafgefangenen", den sie wesentlich negativer kennzeichnen; d) in allen drei Fällen gibt es zwischen Strafgefangenen und vergleichbaren Nicht-Strafgefangenen keine Unterschiede. Lediglich im letzten Fall erscheint die Distanz der Strafgefangenen zum Bild des „typischen jungen Strafgefangenen" als etwas geringer.

Die aus den sozialistischen Ländern stammenden Ansätze kennzeichnen sich zunächst durch einen geringeren dogmatischen Gehalt bisheriger Stereotypie- und Prejudice-Diskussion. Dies wird deutlich im Arbeitskreis von *Walter Friedrich*, dem man die Studien von *Manfred Vorwerg* (1966), *Günter Baum* (1967) und *Ulrike Siegel* (1967) zuordnen kann. *Vorwerg* knüpft an an Vorstellungen sowjetischer Psychologen (*W. N. Mjassischtschew* 1948; *S. L. Rubinstein* 1958; *D. N. Usnadse* 1959 u. a.), verwendet aber auch Hinweise z. B. bei *Hartley* (*E. Hartley, R. Hartley* 1955), *Hofstätter* (1956, 1957, 1959), *Lübbert* und *Hofstätter* (1958). Er verknüpft die *Attitüdenkonzeption* von *Usnadse*, als persönlichkeitspsychologisches Grundmodell, mit dem die formalen Eigenschaften von Beziehungen geklärt werden könnten, mit dem *Stereotypenbegriff* von *Lippmann*. So gelangt *Vorwerg* zum Begriff des „*Einstellungsstereotyps*" (S. 51), das durch folgende Merkmale beschrieben wird: a) Gesellschaftlicher und sozialer Charakter, der sich u. a. aus der ausdrücklich mitdefinierten Beziehungsfunktion ergibt; b) der Interdependenzcharakter, aus der Tatsache abgeleitet, daß er unter dem Einfluß der Gruppenstruktur steht und selbst wieder auf die Struktur der Gruppe zurückweist (besonders: *Vorwerg* 1958, *H. Hiebsch* 1960); c) der projektive Charakter, daraus ersichtlich, daß sich seine Wertungsstruktur auf Gruppenbeziehungen projizieren kann, die den Ausgangsbeziehungen ähnlich sind, aber andere objektive Grundlagen haben (*Vorwerg* 1958); d) der vorbewußte Charakter, der logisch aus der Tatsache der Projektion ableitbar, auch bezüglich der Einstellungen (*Usnadse* 1958), als auch des Stereotyps (*M. Radke* bei *Hartley* 1955) nachgewiesen ist; e) der konstante Charakter, der u. a. in Ferienlageruntersuchungen (*Vorwerg* 1958; *Hiebsch* 1960) beobachtet werden konnte. „Demnach ist der Einstellungsstereotyp ein unter gewöhnlichen Bedingungen nicht bewußt werdendes sozialpsychologisches Phänomen mit relativ konstantem Charakter gegenüber Veränderungen der ihn betreffenden Wirklichkeit. Er stellt auf diese Weise eine existentielle Voraussetzung des Gruppengeschehens dar, sichert (sich projizierend) die für jede Gruppenaktion nötige Informationsgleichheit der Mitglieder und hält so (im Sinne der Interdependenz) die Gruppenstruktur relativ konstant. Auf diese Weise dient er der Persönlichkeit zur Entscheidungserweiterung im sozialen Akt und erfüllt so eine ökonomische Funktion" (S. 52).

Demgegenüber setzt *Ulrike Siegel* in ihrer Diskussion bei *Sodhi* (1959), *Sodhi, Bergius* (1953), *Sodhi, Bergius, Holzkamp* (1957), *Bergius* (1959, 1962), *Hofstätter* (1940/1941, 1949, 1964), *Heintz* (1957) und *W. Friedrich* (1965, 1966) an. Sie verwirft den Begriff des „Vorurteils" und insbesondere die Definition von *Anitra Karsten* (1953), wonach das Vorurteil ein vorgefaßtes und negatives Urteil über Gruppen von Menschen kennzeichne, das gefühlsmäßig unterbaut sei und mit der Wirklichkeit nicht übereinstimme. Es sei weder gerechtfertigt, den Wahrheitsgehalt der Urteile über Nationen generell anzuzweifeln, noch die Zuverlässigkeit der Urteilsbasis von vornherein in Frage zu stellen und die Aussagen als unüberprüft und voreingenommen zu kennzeichnen; auch der gefühlsmäßige Anteil sollte nicht auf negative, d. h. abwertende und ablehnende Affekte beschränkt werden, weswegen sie sich der Terminologie von *Sodhi et al.* (1957) anschließt und Aussagen über Verhaltenseigenschaften nationaler Gruppen als *Urteile* betrachtet. „Ohne die Wirklichkeitstreue der Urteile grundsätzlich anzuzweifeln, muß die Möglichkeit einer Verzerrung durchaus gesehen werden: Unsere Aussagen über Angehörige nationaler Gruppen stützen sich aus Mangel an direkter Erfahrung auf sozialvermittelte Kenntnisse und Meinungen. Diese Informationshilfen können aber entsprechend dem politischen, ökonomischen und Prestigeinteressen der Kommunikationsträger manipuliert sein und damit in gewissem Grade von der Wirklichkeit abweichen. Dieser ‚Störfaktor' betrifft den Prozeß der Urteilsbildung. Ein weiterer ist mit der Frage verbunden, inwieweit verallgemeinerte Aussagen über die Gesamtheit der Vertreter einer Nation berechtigt sind" (S. 105). *Siegel* geht noch einen Schritt weiter und kommt zu Folgerungen, wie sie auch *Anke Brunn* ähnlich vertritt: Bei der Erforschung der Entstehung von Urteilen über nationale Gruppen sei es notwendig, „eine Analyse der konkreten gesellschaftlichen und historischen Lebensbedingungen der *Beurteiler* in die Untersuchung einzubeziehen, die politische, ökonomische und ideologische Situation im Staat, wie auch im Wesen und Wirken verbindlicher Verhaltensnormen und moralischer Werte zu studieren. Die Beeinflussung der Anschauungen, die von diesen gesellschaftlichen Faktoren ausgeht, vollzieht sich im wesentlichen durch offiziell informierende und meinungsbildende Kräfte, und zwar im Sinne der herrschenden Klasse" (S. 107).

6. Die Interpretationsansätze der Bild-Analyse

Bild-Forschung und *Bild-Analyse* haben sich aus der methodologischen Diskussion der *Imageforschung* entwickelt und die herkömmliche Prejudice- wie Imageforschung überwunden. a) Erzwungen wurde die Rückwendung „zur Sache selbst"; dies ermöglichte eine neue, unvoreingenommene Durchleuchtung der *Ausgangsproblematik* der Vorurteilsforschung; b) dabei zeigte es sich, daß die Prejudice-Forschung offenkundig *schon sehr früh* ihren *Gegenstand* aus den Augen verloren hatte (und dies gilt auch für Attitüden- und Stereotypenforschung, soweit sich diese mit den Vorurteilen beschäftigten); c) damit wiederum wurden die oft allzu naiven Interpretationen verworfen, die wechselseitig Techniken, Definitionen, Theorien etc. miteinander identifizierten.

Jeder Diskussion über Vorurteile ist somit der *Begriff Vorurteil* vorgegeben. Zu klären ist, was sich in dieser *wörtlichen* Vorgabe des Begriffs ausdrückt und für die Forschung verwertbar ist. Eine solche Untersuchung könnte dazu führen, entweder den vorgegebenen Begriff zu verwerfen oder ihn anders zu definieren, keineswegs aber läßt sich dieses erste Stadium straflos überspringen. Aber die Literatur zeigt in diesem Punkt folgendes: Viele Theoretiker unterscheiden z. B. zwischen *Vorurteil* und *Vor-Urteil* bzw. *Vorausurteil* (*R. Bergius* 1975) und lehnen es oft ab, sich mit dem letztgenannten ausführlicher zu befassen; sie rechnen es *nicht* zu den Vorurteilen. Andere erkennen zwar die Existenz solcher Vorausurteile an, und unter ihnen gibt es einige, die diese Vorausurteile ebenfalls zu den Vorurteilen rechnen, gleichwohl halten sie diese Vor-Urteile für weniger bedeutsam. Hier beginnt üblicherweise die Diskussion über Kriterien wie: Erfahrung, Verallgemeinerung, Stereotypie usf.

Wir sagten, es sei statthaft, in einer wissenschaftlichen Forschungsdiskussion sich vom wörtlich vorgegebenen Gegenstand zu entfernen, diese Gegenstandsbestimmung also zu überwinden und neu zu definieren. Dazu aber müssen zwei Voraussetzungen erfüllt sein: a) Es muß gesichert sein, welche (empirischen und theoretischen) Sachverhalte in der wörtlichen Gegenstandsbestimmung enthalten sind; b) es muß festgestellt worden sein, wo die Grenzen oder Mängel dieser Bestimmung liegen. Erst dann ist der dritte Schritt möglich, der diese Grenzen, Mängel etc. zu überwinden hilft. Wird indes bereits die erste Voraussetzung nicht – oder nur unzulänglich – erfüllt, tut man trotzdem den dritten Schritt und definiert den Gegenstand neu, dann operiert man faktisch ins Blaue hinein. Die so entwickelten Theorien, Modelle, Definitionen etc. mögen immer noch „irgendwie" das ursprünglich Gemeinte bezielen, aber eine ernstzunehmende Forschung über längere Sicht scheint kaum möglich. Dies ist es, was z. B. *Göhring* (1972) der Vorurteilsforschung die Existenz als Wissenschaft bestreiten läßt: die weitgehend unklare und widersprüchliche Fassung des Gegenstandes der Vorurteilsforschung bekunde, „daß die Vorurteilsforscher entweder selbst nicht wissen, was sie nun eigentlich untersuchen wollen, oder aber, daß sie imgrunde etwas ganz anderes untersuchen, als sie zu untersuchen vorgeben" (1972).

Die Ausgangsproblematik zeigt, daß im Begriff Vorurteil der Begriff *Urteil* steckt. Gemeint ist damit keine juristische, sondern eine eher sachlogische Kategorie, die dann in der methodologischen Diskussion der analytischen Philosophie zu einer *Ausgangskategorie* wird. Ein *Urteil* ist somit eine *Aussage über ein Objekt.* Kennzeichen dieser Aussage ist ihr Anspruch: wahr, richtig, zutreffend etc. zu sein. Sie muß dafür ihre *Gründe* vorweisen können. Möglichkeitserwägungen, Vermutungen, Hypothesen etc. sind demzufolge *keine* Urteile, und sie können so auch *keine Vorurteile* sein. Der Wahrheits- bzw. Richtigkeitsanspruch eines Urteils ist aber auch ein *überindividueller Verbindlichkeitsanspruch.* Ein Urteil, dessen Geltungsbereich nur auf die Meinung einer einzigen Person zugeschnitten ist, bleibt eine Privatangelegenheit. Somit sind Geschmacksbekundungen – auch Geschmacks*urteile* genannt – nicht Urteile im obigen Sinne und können deswegen ebenfalls nicht zu den Vorurteilen gerechnet werden.

Nun deutet im Begriff *Vorurteil* die Silbe „*Vor*" an, daß hier ein *Urteil* gefällt wird, *ohne* daß jene Voraussetzungen des Urteils erfüllt worden sind, auf die sich sein Anspruch: richtig, wahr, zutreffend etc. zu sein, stützen kann. Kurzum: gefällt wird ein Urteil, ohne daß die *sachlichen Voraussetzungen* vorliegen, die das *Urteil* charakterisieren. Geht man von dieser Vorurteilsdiskussion (etwa bei *Nicolai Hartmann* 1921) aus, dann bietet sich folgende *Definition* an: *Ein Vorurteil ist eine verbindliche Stellungnahme über einen Gegenstand, ohne daß dem Stellungnehmenden die empirische Sachstruktur ausreichend objektiv bekannt ist oder von ihm berücksichtigt wird* (H. E. *Wolf* 1966). Ein so definiertes Vorurteil sagt also nichts darüber aus, ob das gefällte Urteil richtig oder falsch (es könnte zufällig richtig sein), verfestigt oder nicht verfestigt, stereotyp oder nicht stereotyp, stark oder schwach verallgemeinert, durch Erfahrung zu revidieren oder nicht zu revidieren ist.

Der Einfluß der Imageforschung führt aber noch einen Schritt weiter. Hier ist es besonders die *Imagesystematik* von *Hans Sittenfeld.* Lasse ich einer Gruppe X durch das Sampel Y Eigenschaften zuordnen, erhalte ich eine Art „Bild" der Eigenschaften von X, also ein *Eigenschaftimage.* Nun ist das aber weder an die Person des Stellungnehmenden gebunden, noch unterliegt es dem Kriterium der Verbindlichkeit bzw. Richtigkeit. Somit läßt sich *Image* definieren *als das Vorstellungsbild von einem Gegenstand, das unabhängig vom Stellungnehmenden existiert, ihm vorgegeben und seiner Erfahrung gegenüber indifferent ist* (Wolf 1966). Image ist also etwas anderes als das Vorurteil, ebenso wie beide etwas anderes sind als Attitüden oder Stereotypen. Auch das empirisch erfaßbare Image kann im ganzen oder in Teilen stereotyp oder nicht stereotyp sein. Eine solche Fragestellung weist auf die *spezifischen Verrechnungsverfahren* hin. Im Aspekt der Vorurteilsforschung erscheint mindestens ein Teil der Stereotypenforschung als eine Entwicklung, die ursprünglich als Mittel zum Zweck gedacht war, sich zum Selbstzweck herausgebildet hat. Dies erklärt, warum sich mit den aus der Attitüden-, Stereotypen- und Prejudice-Forschung bekannten Techniken oft keine Vorurteile erfassen lassen! Das gilt auch für die Imageforschung. Will ich von den üblichen Studien zum Vorurteilsproblem übergehen, benötige ich immer *zusätzliche Arbeitshypothesen:* Zeigen sich z. B. im Image der Gruppe X die Merkmale a, b, c, etc., nehme ich an, daß sie sich auch im Vorurteil zeigen. Das aber müßte noch nachträglich bewiesen werden. Unter diesem Gesichtspunkt stellt die *Imageforschung* der *Vorurteilsforschung* lediglich Arbeitshypothesen zur Verfügung über Inhalte, Thematik, Strukturen u. ä. Nur in diesem eingeschränkten Sinn läßt sich behaupten, daß Imageforschung der Vorurteilsforschung *vorausgeht.* Über das Verhältnis zwischen Vorurteil und Image lassen sich dann eine Reihe verschiedenartiger Zusatzhypothesen formulieren, z. B. a) Die Inhalte von Image und Vorurteil sind annähernd gleich; b) das Vorurteil zeigt eine schwächere – ärmere – inhaltliche Struktur als das Image; c) (Alternativ-Hypothesen) das Vorurteil zeigt eine stärkere – reichhaltigere – Struktur als das Image; d) die Inhalte von Vorurteile und Image unterscheiden sich grundsätzlich usf., usf.

Es kommt eine weitere gesonderte Problemsituation hinzu. Gegeben sei das Image der Gruppe X mit den Merkmalen a, b, c, d, etc. Unterstellt sei, die behaupteten Merkmale seien als Vorurteile nachgewiesen. Da nach den obigen Voraussetzungen ein Vorurteil aber immer nur eine singulare Aussage sein kann, würde das Ergebnis mehrere aufeinanderfolgende Vorurteile ausdrücken: „X ist a“, „X ist b“, „X ist c“, „X ist d“ usw. Nun zeigt aber die Forschungspraxis immer wieder, daß sich beim Stellungnehmenden gegenüber einer spezifischen Gruppe niemals – oder nur in wenigen Ausnahmefällen – nur *ein* singulares Vorurteil antreffen läßt, sondern wir treffen immer auf ein *Insgesamt mehrerer singularer Vorurteile.* Warum dies so ist, welche psychologischen und/oder sozialen Prozesse dafür verantwortlich sind, kann und muß dabei zunächst unbeachtet bleiben. Wichtig allein ist hier der doppelte Tatbestand, *daß das Vorurteil immer nur eine elementare Größe ist, wir aber in der sozialen Praxis auf eine Pluralität von Vorurteilen gegenüber einem Objekt treffen.* Diese Pluralität wiederum ist aber selbst wieder ein „Bild“, nur eben kein Image (Soldan 1965)! *Soldan* spricht hier vom *Begriff des Vorurteils i. e. S.,* womit die elementare Größe gemeint ist, und dem *Begriff des Vorurteils i. w. S.,* womit das „Bild“ gemeint ist, das uns im Ergebnis einer Studie gegenüber einer Gruppe entgegentritt (1970). Mit dieser Definition der Summe pluraler Vorurteile als *eigenständiges* Bild beginnt die *Bild-Forschung* und unmittelbar ihr folgend die *Bild-Analyse.*

In diese Entwicklung wirken zwei weitere Sachverhalte hinein. Zunächst zeigte sich noch im Bereich der Imageforschung ein drittes, relativ eigenständiges „Bild" (*R. Berth* 1959; *R. Bergler* 1959, 1963, 1965; *G. Kleining* 1959; *B. Spiegel* 1961; *B. Lamahr* 1960; *E. Renck* 1961; *M. Boor* 1961; *S. Suiter* 1961, 1962; *Wolf* 1961, 1962, 1963, 1964; *K. D. Hartmann* 1962, 1973; *K. Possehl* 1970) zunächst als *Gegenstandsbild* bezeichnet (*Wolf* 1966, 1969), dann richtiger als *Subjekt-Bild* (richtiger: *subjektives Bild*) definiert (*Soldan* 1972/1973). Unabhängig davon lief die Untersuchung von *Wilcott* (1965, 1967). *Wilcott* sammelte alle Beschreibungen, Definitionen etc. der Begriffe Vorurteil, Attitüde, Stereotyp, Image, Klischee etc., zerlegte sie in ihre logischen Elemente, überführte diese in mathematische Symbole und behandelte das Ganze als Gleichung mit mehreren Unbekannten. Er erhielt insgesamt 2 ausgeprägte eigenständige und 2 eher rudimentär eigenständige Größen, insgesamt also *vier* „Bilder", die er nicht genauer benennt, obschon er in zweien eindeutig die Phänomene von Image und Vorurteil ausweist. Seine Folgerungen beziehen sich nicht auf die Definitionen, sondern darauf, daß diese vier Größen offenbar zusammen eine eigenständige Forschungsgruppe bilden, die gegenüber anderen deutlich abgehoben ist. Zur Kennzeichnung des Insgesamts dieser vier Größen schlägt er den Begriff der *Sozialen Orientierungs-Systeme* vor, den er von *Heintz* (1957) entlehnt.

Prüft man die Literatur, die zur Bild-Analyse gerechnet wird, so zeigen sich dort drei unterschiedliche Bedeutungen: 1. Bild-Analyse versteht sich als Oberbegriff und Endpunkt der bisherigen Unterscheidung des Begriffs Vorurteilsforschung (*de Trutt* 1975). 2. Bild-Analyse bezeichnet sodann einzelne spezifische Interpretationsansätze wie: (a) *Das Konfigurationsmodell der Gruppenspannungen* (*H. Chr. Schwartz* 1965; *W. Töpfer* 1973); (b) Die *Proportionsregel* von *Sevlund* (1971); (c) Die *Perspektivenhypothese* von *Soldan* (1964, 1965, 1970, 1975); (d) Die *qualitative Prägnanzmethode* von *Sevlund* (1973) und *de Trutt* (1972, 1973). 3. Bild-Analyse meint aber schließlich auch ein *übergreifendes* Interpretationsschema, das u. a. die unter Punkt 2 gekennzeichneten Einzelthesen umspannt und damit weit über die Aufgabenstellung der Vorurteilsforschung hinausgreift. Hauptvertreter dieser Vorstellung sind *de Trutt*, *Sevlund* und *Schwartz*.

Ausgehend von den bereits gekennzeichneten Ergebnissen der Imagediskussion und unter Einbeziehung der Befunde von *Wilcott* hat *Soldan* 5 unterschiedliche „Bilder" definiert:

1. W = *Wissenschaftsbild:* Ausreichende wissenschaftliche Sachkenntnis über ein Objekt.

2. O = *Objektbild* (richtiger: *objektives Bild*): Vorstellungsbild von der praktischen Sachstruktur eines wirksamen Objektes (also z. B. die Kenntnis eines PKW-Fahrers vom fahrtechnischen Funktionieren seines Wagens, darin klar unterschieden von der Fachkenntnis des KFZ-Mechanikers).

3. S = *Subjektbild* (richtiger: *subjektives Bild*): Vorstellungsbild von einem Gegenstand, das durch die bisherige subjektiv gefärbte persönliche Erfahrung bestimmt ist.

4. I = *Image:* Vorstellungsbild von einem Gegenstand, das unabhängig vom Stellungnehmenden existiert, seiner Erfahrung vorgegeben und seiner subjektiven Erfahrung gegenüber indifferent ist.

5. V = *Vorurteil:* Vorstellungsbild, das persönlich als allgemein verbindlich erlebt wird.

Daraus entwickelt *Soldan* ihre Strukturformel:

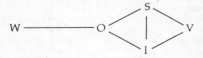

Da W nun in der praktischen Situation des Alltags so gut wie keine Rolle spielt, beschränken sich Bild-Forschung und Bild-Analyse in der Regel auf die Bilder: O, S, I, V. Der Begriff *Bild* ist dabei definiert als *Soziales Orientierungssystem* im Sinne der Vorurteilsdefinition von *Heintz* (1957). Die *Bild-Forschung* untersucht dementsprechend: *Struktur, Wirkungsweise, Entstehung* und *Funktion* des jeweils *einzelnen* Bildes; insofern bleiben hier z. B. Image- und Prejudice-Forschung erhalten, wenn sich auch ihr Stellenwert geändert hat. *Bild-Analyse* untersucht demgegenüber die *Beziehungen zwischen den einzelnen Bildern, die in der Bild-Forschung definiert sind. Vorurteilsforschung* auf der Basis der *Bild-Analyse* ist also *das Insgesamt von Bild-Forschung und Bild-Analyse.* Sie untersucht also konkret: *Existenz, Struktur, Wirkungsweise, Entstehung, Funktion sowohl der einzelnen Bilder als auch ihrer internen Beziehungen.*

Die neuere Diskussion ist besonders von dem Modell angeregt worden, das *Sevlund* entwickelt und als *Proportionsregel* (PR) bezeichnet hat. Diese *Proportionsregel* ist durch folgende Sachverhalte gekennzeichnet: 1. Formal handelt es sich um ein Interpretationsschema auf der Basis der *attitude changes*-Theorie. Das Problem liegt im *Wechsel* der Bilder – bzw. Bildproportionen – untereinander. Im Gegensatz aber zur üblichen Diskussion über Attitüden und Vorurteile geht *Sevlund* von einem theoretisch recht offenen Attitüdenbegriff aus, den sie in Anlehnung an *Joy Paul Guilford* formuliert: Eine Attitüde besteht darin, daß eine Person einem Objekt (einer anderen Person, Personengruppe, Gegenstand u. ä.) gewogen, nicht gewogen oder gleichgültig gegenübersteht. Damit behält die Vorurteilstheorie trotz des übergreifenden Attitüdenbegriffs ihre Eigenständigkeit. 2. *Sevlunds* Absicht, mittels der PR insbesondere die Möglichkeiten vorurteilshaltiger Einstellungen zu untersuchen – was dazu führt, daß sie fast durchweg mit dem Vorurteilsbegriff operiert –, steht dem scheinbaren Paradoxon gegenüber, daß sie das V in ihr Modell nicht unterbringen konnte, also nur die Beziehungen zwischen den Bildern O, S und I diskutiert. 3. Im Grunde legt *Sevlund* zwei Interpretationssätze vor: a) Eine Vorstellung über die *Entwicklung,* angefangen von relativ spannungslosen, und „summen"-artigen Verhältnissen der Bilder bis hin zu den Dominanz-Proportionen; b) eine Modellsammlung über jene – letztgenannten – Fälle, in denen jeweils ein Bild über die beiden anderen Bilder *dominiert*. Nur diese Fälle interessieren uns hier.

Der Schwerpunkt der Interpretation der PR liegt in der Bestimmung und Zuordnung der Intensitätsstufen zu den einzelnen Bildern. Wie der Gesamtansatz, so wurden auch diese Erfahrungswerte wesentlich im Bereich der Werbe- und Absatzforschung gewonnen. Dort hatte es sich z. B. bei der Verwendung von Eigenschaftslisten gezeigt, daß die Wirksamkeit eines Produktes nicht einfach Resultat quantitativer Steigerung ist, sondern daß *Schwellenwerte* existieren – je nach Objekt unterschiedlich – die erreicht bzw. überschritten werden müssen, soll sich eine neue Wirkung zeigen. Eliminiert man die Fälle, in denen sich keine – oder so gut wie keine – Intensität zeigt, so sind es wesentlich drei Intensitätsstufen: X_1 = schwache Intensität, X_2 = stärkere, wirksame Intensität, X_3 = dominierende Intensität. Ausgegangen wird davon, daß die Summe der Intensitäten in den Dominanzstufen immer = 6 ist. Außerdem gilt das O als vom I und S grundsätzlich unterschieden, weswegen es in den Formeln allein steht; es hat gewissermaßen immer I und S „gegen sich". Geht man von der Attitüde (at) gegenüber einer Gruppe Z aus, dann ergeben sich folgende Dominanzproportionen:

$$\text{a) } at_Z = \frac{I_3 + S_1}{O_2} \qquad \text{b) } at_Z = \frac{I_1 + S_3}{O_2}$$

$$\text{c) } at_Z = \frac{I_1 + S_2}{O_3} \text{ etc. } \qquad \text{d) } at_Z = \frac{I_3 + S_2}{O_1}$$

$$\text{e) } at_Z = \frac{I_2 + S_3}{O_1}$$

Soldan hat gezeigt, daß die Fälle d und e nun offenkundig jene Zustände charakterisieren, die das V ausmachen. Damit wären diese Proportionen gleichzeitig als *Strukturformel der Vorurteile* definiert, was aber zur Folge hat, daß wir im V dann – im Gegensatz zu I, S und O – *kein eigenständiges Bild, sondern nur noch das Produkt spezifischer Bildproportionen* sehen können.

Obschon die Bestimmung der „Schwellenwerte" der Intensitätsstufen die schwächste Stelle der PR ist (*Soldan* 1975), scheinen die neueren Studien dennoch die Zweckmäßigkeit dieses Ansatzes zu bestätigen. Offenkundig führen selbst starke suggestive gegen das *negative* Vorurteil (V_) gerichtete Informationen noch keineswegs zum O, sondern eher zu einem *Positiven* Vorurteil (V_+) (*Charles R. Steputat* 1975), und dies scheint generell für alle Bilder zu gelten. Der entscheidende Motor der Einstellungsänderung scheint bei dem beweglicheren, „labileren" S zu liegen, während sich demgegenüber das I eher als verfestigt, verfestigend und überdauernd erweist (*Gösta Nierdall* 1975); dies ist bedeutsam, weil S zu seiner „Unterstützung" sehr viel eher auf Informationen des I, aber nicht des O zurückgreift (*de Trutt* 1975). Prinzipiell erscheint so, nach *de Trutt*, jener Gegensatz zwischen O und V, von dem zunächst *Soldan* ausging, auch für das Verhältnis von S und I zu gelten.

Mit diesem Hinweis von *de Trutt* scheint sich die Einschätzung des *Kontaktproblems* innerhalb weniger Jahre zum dritten Mal grundsätzlich zu ändern. Daß die Vielzahl kaum vergleichbarer, übereinstimmender, wie nicht übereinstimmender Ergebnisse der *Kontaktforschung* den Verdacht erweckte, sie sei immer mehr zum Synonym für empirische Sozialforschung schlechthin geworden (*Wolf* 1971), wurde von *Sevlund* und *Soldan* so gewertet, daß die Kontaktforschung auf Fiktionen beruhe. Das war im Lichte z. B. der Proportionsregel verständlich. Läßt sich jedoch weiterhin zeigen, daß Einstellungsänderungen zum erheblichen Teil über das S – und nicht über das I oder O – gehen, so ergibt dies für die Kontaktforschung einen neuen Ansatz.

Die Beziehungen der PR zur *Perspektiven-Hypothese* (PH) von *Soldan* und der *qualitativen Prägnanzmethode* (quM) von *Sevlund* und *deTrutt* sind eher *mittelbar*: a) *Soldan* hat ihre These im kritischen Gegensatz zu *Abel Miroglio* (1963) entwickelt (1964, 1965, 1970, 1972, 1975), der davon ausging, die bessere Differenzierung regionaler Eigengruppen sei nur für Franzosen typisch. Nach *Soldan* gilt dies für *jede* nationale Gruppe: immer werden die eigenen Unter- und Teilgruppen differenzierter als die anderer nationaler Gruppen gesehen. Dies sei aber keine bloße Funktion geographischer Entfernung, sondern hänge von den jeweiligen verfügbaren und verarbeiteten Informationen ab. *Soldan* hält dies für eine allgemeine *psychologisch* bedingte Tatsache, die sich deswegen *nicht* mit den übrigen Ansätzen der Bild-Analyse in Beziehung bringen lasse (1975). b) Der quM liegt folgende Überlegung zugrunde: Die Bewertung von Gruppen erfolgt niemals prägnant und präzis, sondern in der Regel eher vage und ungenau. Die üblichen quantifizierbaren Techniken „durchstoßen" deswegen meist die reale Basis der Gruppenbewertung in der sozialen Praxis, und die entsprechenden exakten Verrechnungstechniken ergeben dann künstlich isolierte Gebilde, die erst mittels „subjektiver" Interpretation wieder auf die soziale Realität „zurückgebogen" werden können. Die quM beansprucht, eine Technik zu sein, die unmittelbarer diese reale Basis der Gruppenbewertung sichtbar werden läßt. Die von den Autorinnen vorgeschlagenen Verrechnungsverfahren scheinen in der Tat ihre These zu stützen (*W. Franke, H. E. Wolf* 1973).

7. *Interpretationsansätze der Konfliktforschung*

Die für die Vorurteilstheorie bedeutsamen Ansätze aus dem Bereich der Konfliktforschung kennzeichnen einmal mehr die wechselhaften und trotz vieler gegensätzlichen Strömungen doch wiederum aufeinanderfolgenden, kontinuierlichen Diskussionen. Das hängt nicht nur zusammen mit den unterschiedlichen thematischen Diskussionsstadien der Vorurteilsforschung, sondern auch mit den schon angeführten wissenschaftshistorischen Schwankungen der Einschätzung der Bedeutung von Konflikten in der Konfliktforschung. Sieht man von einigen früheren Ansätzen ab, die Vorurteils- und Konfliktforschung wenigstens fragmentarisch verbunden hatten – was wesentlich durch die gruppensoziologische Betrachtungsweise bedingt war –, so kennzeichnen sich die neueren Problemlagen, die seit der Mitte des 20. Jahrhunderts deutlich werden, durch das Zurücktreten dieses soziologischen und das Eindringen der ideologischen und psychologistischen Ansätze. Das Resultat ist bekannt: Konflikte und Vorurteile galten generell als *negative* Phänomene.

Gegen diese simplifizierende Gleichsetzung meldete sich früh Kritik an. Zunächst zerstörte die *Empirie* die pragmatische Gleichsetzung von *Vorurteil* und *Diskriminierung* durch den Hinweis, es gäbe ebenso Vorurteile ohne Diskriminierung wie Diskriminierung ohne Vorurteile, beide könnten die Gründe für den jeweils anderen Sachverhalt darstellen und sich in den meisten Fällen auch wohl gegenseitig verstärken (*G. E. Simpson, J. M. Yinger* 1951; *M. Rehbinder* 1963). In der *Politischen Psychologie* zeigte *Wanda von Baeyer-Katte* (1964) am Beispiel des Antisemitismus, wie *Gruppen-Vorurteile* lediglich den *Vorwand* abgaben. Schon *Gordon Allport* (1954) hatte in seiner *Sündenbock-Theorie* gezeigt, wie Vorurteile *dann* zu kollektiven Aggressionen werden können, wenn politische, wirtschaftliche und soziale Spannungen dazu Gelegenheit bieten. Nach *Baeyer-Katte* verursacht diese Sündenbock-Konstellation aber keine Verfolgungswelle, sondern sie helfe nur nachträglich, wenn die Verfolgung bereits beschlossen oder in Gang gesetzt sei, sie bei der Bevölkerung oberflächlich zu begründen (S. 37).

Faßt man zusammen, was sich heute über das Verhältnis von Vorurteilen und Konflikten sagen läßt, so ergeben sich folgende Zusammenhänge:

1. Vorurteile gibt es für und gegen alle Objekte;
2. Die überwiegende Mehrzahl dieser Vorurteile sind in der Regel harmlos und wenig konfliktträchtig;
3. Konflikte, wie z. B. Gruppenspannungen, entstehen nicht wegen existierender Vorurteile, sondern bei sich steigernden Spannungen greifen die Konfliktgegner auf solche Vorurteile zurück;
4. In diesem Stadium werden Vorurteile zu *Waffen*. Ihre Funktion liegt in der Rechtfertigung der eigenen und der Abweisung der gegnerischen Vorstellungen;
5. Spitzt sich der Konflikt weiterhin zu, *dann werden Vorurteile zu relativ selbständig wirkenden und motivierenden Konfliktgrößen.* In dieser Situation stützen sie nicht nur die Konflikte, sondern verschärfen sie auch noch;
6. Eine besondere Gefährlichkeit erhalten Vorurteile in der weiteren Konfliktsteigerung, insbesondere wenn diese das Stadium des *Terrors* erreicht;
7. Vorurteile haben ein *größeres Beharrungsvermögen* als Konflikte; sie sind weniger beweglich. Dies erklärt einerseits, warum sie selbst dann nicht sofort wirksam werden, wenn Konfliktspannungen schnell steigen oder gar sich eine Terrortaktik ihrer bedient; es erklärt andererseits, warum sie selbst dann noch lange nachwirken, wenn die Konflikte bereits abgeklungen und ggf. deren Ursachen beseitigt worden sind. Ein Beispiel für den letztgenannten Fall bietet der Antisemitismus in der BRD nach 1945.

Diese Übersicht zeigt, daß *Vorurteile* und *Konflikte* unterschiedliche Zusammenhänge haben können, die vom *jeweiligen Prozeßstadium* der Konflikte abhängen. Dies läßt zwei kritische Einwände klären: a) Die Vorurteilsforschung beschäftigt sich in der Regel *nicht* mit jenen vielen Vorurteilen, die für oder gegen alle möglichen Objekte existieren. Obschon auch diese unzweifelhaft Gegenstand der Vorurteilsforschung sind, *beginnt* Vorurteilsforschung *aus praktischen Gründen* bei den Phänomenen im Punkt 3. Damit steht Vorurteilsforschung *nicht* vor der problematischen Situation, die Welt gewissermaßen zum zweitenmal zu erforschen, wie es *Göhring* (1972) ihr vorwirft, sondern sie kann sich beschränken auf aktuelle Phänomene. b) Damit aber operiert Vorurteilsforschung *notwendig* – und keineswegs zufällig oder gar überflüssigerweise – im Bereich der *Gruppenspannungen,* also auf dem Gebiet der *Gruppenforschung, ohne daß* sie sich deswegen mit dieser identifizieren müßte. Insofern scheint die Kritik gegen die Behandlung von Gruppenvorurteilen durch die Vorurteilsforschung auf einem Mißverstehen der Problemlage zu beruhen.

Vorurteile, wie sie von Punkt 3 an angetroffen werden, sind offenbar *in verschiedenartige Spannungsprozesse* eingebettet. Und dies könnte verstehen lassen, warum der Vorurteilsbegriff in der Proportionsregel als Strukturmerkmal spezifischer Situationen in Erscheinung tritt, nämlich bei der *geringsten* Intensität des Objektbildes. Dies ist ja das Kennzeichen der Konfliktspannungen. Nicht also „das" Vorurteil, sondern *der konkrete Spannungsprozeß erklärt Situation und Wirksamkeit von Vorurteilen.* Dies erklärt weitere Mißverständnisse. Was die Vertreter der *Vorurteilsbekämpfung* den Vertretern der *Vorurteilsforschung* vorwerfen, ist ja, diese beschäftigten sich nicht, oder nur sehr lax, oder nur zögernd mit der Vorurteilsbekämpfung. Das genaue Gegenteil ist richtig: Vorurteilsforschung hat überhaupt nur darin ihren Sinn, Vorurteile – gleich welcher Art – zu überwinden; aber ihre Vertreter sind nicht naiv genug zu meinen, dies mittels moralischer, politischer oder pädagogischer Appelle erreichen zu können. Und so gleicht die *herkömmliche* Methode der Vorurteilsbekämpfung auch eher jener des Münchhausen, der, mit seinem Pferd in einen Sumpf geraten, sich an den eigenen Haaren wieder herauszog. Die *Bekämpfung von Vorurteilen* trifft in den Situationen, die in den Punkten 2 bis 6 beschrieben wurden, auf von Konflikten abhängige Größen, die – wenn man den Zusammenhangsmechanismus ignoriert – *isolierte* Größen bleiben, weswegen man auch nichts erreicht. Eine spezifische Vorurteilsbekämpfung wird erst wieder im Punkt 7 deutlich.

Die Einsicht in die jeweils konkrete Besonderheit der Relation zwischen den unterschiedlichen Prozeßstadien von Konflikten und Vorurteilen hat die Interpretationsrichtung der Vorurteilstheorie mit Beginn der 70er Jahre geprägt. Dabei allerdings erwies sich der übliche Konfliktbegriff teils als zu weit, teils als zu eng. Der neue Trend scheint sich in dem Versuch charakterisieren zu lassen, die besonderen Bedingungen der spezifischen Konfliktsteigerung und -zuspitzung besser in den Griff zu bekommen.

V. Die Entwicklung der Diskussion ab 1975

Mit Beginn der zweiten Hälfte der 70er Jahre deutet sich eine mehrfache Veränderung der Problemlage an. Im Bereich der *Bild-Analyse* entwickeln sich die bisher eher punktuellen Ansätze zu *Theorien mittlerer Reichweite*. Aber auch in der eher orthodoxen Attitüden-, Stereotypen- und Prejudice-Forschung werden nunmehr Zweifel an den traditionsgeheiligten Konzepten deutlicher. Dabei kommt es, eher zufällig, in der Sache zu einer *thematischen* Überdeckung der neueren Thesen der Bild-Analytiker mit Teilen der Stereotypen-Forschung – trotz des Verdikts von *Wilcott* gegen die letztere.

1. *De Trutt* differenziert den von *Soldan* und *Sevlund* entwickelten Bild-Begriff. Sie unterscheidet zwischen dem *engeren* Bildbegriff: der *Ausstattung* des jeweiligen Bildes und dem *erweiterten* Bildbegriff; den *Festlegungen*. Als *Ausstattung* gemeint ist die Summe (auch das Profil) der einem Objekt zugeschriebenen Eigenschaften. *Festlegung* meint hingegen zweierlei: a) Ein bestimmter Eigenschaftsbegriff kann als ausdrücklich positiv, neutral oder negativ gewertet (bestimmt, beurteilt etc.) werden; b) er kann sodann einer Gruppe (oder einem Objekt) als dieser (diesem) untrennbar (wesensmäßig, erb-, anlagebedingt etc.) zugeschrieben werden. D. h. also: in jeder *Eigenschaftsausstattung* – die qua Technik gesetzt wird – stecken zwar immer Bewertungen, doch sind diese in ihrer Bedeutung in der Regel locker, relativ variabel, also *nicht* festgelegt im obigen Sinne. Unter Rückgriff auf mehrere – auch eigene – Faktorenanalysen unterscheidet *de Trutt* vier *Klassen der Festlegungen:* (1) Die *Voreingenommenheit* (Vo): Festlegung einer Bewertung auf der Basis einer Überzeugung, eines Dogmas, eines (theoretischen, ideologischen o. a.) Vorurteils; (2) *Voreiligkeit* (Vk): Die Festlegung erfolgt unter Zeitdruck oder persönlicher Belastung (u. a. auch unter ideologischen, administrativen Forderungen, Erwartungen, Befürchtungen); (3) *Emotionaler Bezug* (Eb): Die Festlegung ist ein Resultat der allgemeinen oder/und speziellen Sympathie-Antipathie-Relationen (die als Grundkategorie aufgefaßt wird); (4) *Mißverständnisse und Denkfehler* (MD). Es sind *formale* Größen, die unabhängig von den drei anderen wirksam sein können; doch können sie sowohl eine oder mehrere oder alle anderen „verursachen", als auch sie von anderen einzeln oder insgesamt „verursacht" werden können. Für die Erforschung z. B. des Bildes V (Vorurteil) bedeutet dies, daß zunächst einmal diese *Festlegungen*, die bei einem Objekt zu finden sind, separiert werden müssen; erst dann wird das *engere Bild* V, also die *Ausstattung* sichtbar, um deren Struktur, Regulierung, Überwindung es im Grunde geht. *De Trutt* verweist ausdrücklich darauf, daß diese Klassen der Festlegungen schon früh und vielfach gesehen und beschrieben worden sind, so z. B. teilweise bei *Gordon Allport* (1954); der übliche Fehler habe jedoch meist in der *Psychologisierung* des Problems und/oder in der entsprechenden Verquickung mit *holistischen* Thesen gelegen.

Um diese Fehlerquelle zu überwinden, geht *de Trutt* einen Schritt weiter. Sie unterscheidet in einer vorläufigen Modellvorstellung *zwei Ebenen:* a) Auf der *elementaren (sozialen)* Ebene sind Vk, Vl, Eb und MD voneinander trennbare und getrennte – eben elementare – Größen. Sie stehen somit z. B. *neben dem Vorurteil,* sind also auch von diesem unabhängig. Dies ergibt die Basis für *pluralistische Interpretationsansätze.* b) Sowohl in der sozialen Praxis, als auch im Bereich des *Individuellen,* lassen sich aber diese Größen in der Regel nicht oder nur teilweise (und zeitweise) trennen. Sie erscheinen daher auf der *psychologisch-holistischen* Ebene als Teilinhalte eines funktionell übergreifenden Ganzen. Dies ergibt die Basis für *singularistische* Interpretationsansätze.

2. Die Problemdiskussion in der *Attitüden-Forschung* ist wie immer breiter, differenzierter, die neuere Kritik aber auch grundsätzlicher. Noch immer scheint zwar in der Überzahl der Studien und Diskussionsbeiträge Kritik an den traditionsgeheiligten Selbstverständlichkeiten als unfein und störend bewertet zu werden, wie es noch *Charles A. Kiesler et al.* (1969) herausgehoben haben, oder sie wird ignoriert. Die Überlegungen, die zur Kritik führen, entwickeln sich zunächst in einigen mehr oder weniger komplexen Spezialgebieten. Einige Beispiele mögen genügen: a) Attitüden und Vorurteile gegenüber *Frauen* werden neuerlich häufiger und differenzierter diskutiert (vgl.: *Diane N. Ruble, Irene H. Frieze, Jaquelinne E. Parsons* 1976). Das Interesse richtet sich u. a. auf die unterschiedliche historische Entwicklung des Bildes der Frau (*Erika-Ruth Brunotte* 1965; *Jean E. Hunter* 1976; *Ruth B. Dixon* 1976 u. a. m.) z. T. aber auch auf praktische schulsoziologische und damit verbundene sozialpsychologische Probleme (u. a. *Barbara Hille* 1976). Die Auseinandersetzung mit lautstarken journalistischen Bekundungen einiger Wortführerinnen des Feminismus verbindet sich bei *Triggy Ruth Richards* (1977) mit einer detaillierten Kritik an den herkömmlichen Attitüden-Konzeptionen; die von ihr vorgeschlagenen neuen Ansätze ähneln recht weitgehend den Bildbegriffen von *Soldan* und *Sevlund.* b) Angeregt durch die Analysen von *Emil Lohsar* (1962, 1965), *M. D. Sevlund* (1967) und *U. H. Soldan* (1972) des Anti-Polizei-Ressentiments und unter Einbeziehung neuere Untersuchungen (vgl. bei *Ezra Stotland* 1975) und im Vergleich mit militärsoziologischen Problemen (vgl. bei *David Mark Mantell, Marc Pilisuk* 1975), besonders bezogen auf die aggressiven Ausbildungsmethoden des amerikanischen Militärs (*R. Wayne Eisenhart* 1975), kritisiert *Jack R. Tomaro* (1977) ebenfalls die üblichen Attitüden-Konzepte, die er als ablenkend, irreführend und steril verwirft. c) Eine ähnliche Diskussion bahnt sich an in dem sehr komplexen Gebiet, das man mit den Begriffen Soziologie des Rechts und der Justiz umschreiben könnte (*Melwin S. Lerner* 1975; *Sheldon S. Zalkind* 1975). *Jeffry Eric Hartmann* (1977) kommt, wie *Richards,* zum Schluß, die üblichen Attitüden-Konzeptionen würden die praktischen und theoretischen Bedeutungen der angesprochenen Phänomene eher verdecken als klären, was auch für den Prejudice-Begriff gelte. d) Im deutschsprachigen Bereich gab es ebenfalls seit jeher Vorbehalte gegenüber der Attitüden-Konzeption (*K. S. Sodhi* 1953). In der *politischen Psychologie* scheint dennoch bis vor kurzem das Attitüden-Konzept eine eher unangefochtene Rolle zu spielen (*W. v. Baeyer-Katte* 1972; *K. D. Hartmann* 1976; *Klaus Simon* 1976). Aber auch hier stellt neuerlich *Gundula Fleischmann* (1977) in einer fundierten methodologischen und ideologiekritischen Analyse das Attitüden-Konzept und den psychologistischen Ansatz einer solchen politisch-sozialen Psychologie infrage (vgl. auch bei *Bernhard Kroner* 1975 und *Hans Dieter Schmidt* 1975). Anders sieht es *Rudolf Bergius,* der 1953 zusammen mit *Sodhi* die Prejudice-Forschung bei deutschen Psychologen gewisser-

maßen hoffähig gemacht hat. Auch für ihn stellt das Attitüden-Konzept einen *undurchsichtigen Allerweltsbegriff* dar (1976, S. 124), er behält ihn aber bei und versucht lediglich eine Modifizierung.

Neben diesen Kritiken, die in Spezialgebieten entwickelt wurden, finden sich andere, die sich dem zentralen Problem unmittelbar zuwenden (*H. Benninghaus* 1976). *Cathy T. Delefoe* (1977) sieht den grundlegenden Fehler der Attitüden-Konzepte in der Vermischung der psychologischen und sozialen Ebenen: Der ständige Rückbezug auf die Individualität hebe nicht nur faktisch den sozialpsychologischen Ansatz auf, sondern tarne dahinter ein grundlegendes Konzept, das man im englischen Sprachraum sonst eher verwerfe: die (deutsche) Charakterologie. Reduziere man die Attitüden-Konzeption auf außerindividuelle Objekte, so zerfalle einerseits zwar der spekulative Überhang der üblichen Attitüden-Theorien, gebe aber andererseits auch verwertbare Informationen und meßtechnische Ansätze für die soziale Praxis an die Hand.

Auch *de Trutt* (1976) und *Veronika Kathleen Thies* (1976, *de Trutt, V. K. Thies* 1977) verwerfen eine als übergreifend und relativ einheitlich verstandene Attitüden-Konzeption und wollen den Attitüden-Begriff lediglich als Hilfskonstruktion verstanden wissen. *De Trutt* geht unter diesen Voraussetzungen von zwei gegensätzlichen Einstellungen aus, die sie als Grundkategorien auffaßt: Extraversion (Objektivität) und Introversion (Subjektivität). Sie wendet sich gegen diese Begriffe, wie sie *Hans Jürgen Eysenck* verwendet hat (siehe auch: *Lindon Eaves, Hans Eysenck* 1975), und die empirisch unstimmig sind (siehe auch *Lewis W. Brandt, Gerald Maier* 1976). Der Ansatz von *de Trutt* will u. a. jene Problematik besser in den Griff bekommen, die im Begriff des *Objekt-Bildes* gekennzeichnet wurde.

3. Die *Prejudice-Forschung* ist schon vom Volumen her nicht mit der Attitüden-Forschung vergleichbar. Auch dort stand und steht immer von Neuem das Problem der Vorurteile und Attitüden gegenüber den Farbigen zur Diskussion (vgl. bei *R. S. Ashmore* 1976), oft verknüpft mit Vorurteilen gegenüber anderen Gruppen (*E. Donnerstein, M. Donnerstein, Ronald Evans* 1975; *John A. Keats, Stephan G. Harkins* 1975; *Ron Shouval, Sophie Kav Venaki, U. Bronfenbrenner, Edward C. Devereux, Elizabeth Kiely* 1975; *Lorene Wilson, Ronald W. Rogers* 1975; *Kenneth L. Dion, Briam M. Earn* 1975; *Irwin Katz, Sheldon Cohen, David Glass* 1975; *M. K. Maykovich* 1975; *Warren O. Eaton, Gerald L. Clore* 1975; *Richard L. Turenne, Michael D. Child* 1976; *Jemba Melc* 1976; *E. Donnerstein, M. Donnerstein* 1977; *Florian Deltgen* 1977 u. a.). Dabei werden, hier vereinfacht dargestellt, zwei Diskussionsrichtungen deutlich. Die eine bezieht sich auf die Veränderungen des Selbstbildes der Schwarzen in den USA. Die frühere Selbstunterwerfung unter Prestige und Image der Weißen (*K. B. Clark, M. P. Clark* 1939, 1947 u. a) weicht einem positiven Selbstbild (*J. Hraba, G. Grant* 1970; *J. Porter* 1970; *S. H. Ward, J. Braun* 1972; *Byron G. Fiman* 1975; *Fiman, Jonathan F. Borus, M. Duncan Stanton* 1975; *Yakov M. Epstein, Edwards Krupat, Constance Obudho* 1976; *Ronald B. Abeles* 1976; *Sandra Kenyon Schwartz, David K. Schwartz* 1976). Die andere bezieht sich auf die üblichen theoretischen Voraussetzungen der Attitüden-, Stereotypen- und Prejudice-Konzeptionen und stellt diese ganz oder mindestens teilweise infrage. Dies zielt teils auf die üblichen theoretischen Voraussetzungen, die als undiskutierte Selbstverständlichkeiten von einer Generation auf die andere in der Forschung

übergehen (*R. L. Turenne, M. D. Child* 1976), teils aber auch auf die herkömmlichen Konzeptionen der „Randgruppen", „Minoritäten-Majoritäten" (*J. Melc* 1976) und schafft damit eine Verbindung zur neueren Kritik von *R. Brekenbach* (1977). Darüber hinaus zeigt sich verstärkte Kritik an der „Nessie-Theorie", die *G. Nierdall* (1975) *Gordon Allport* (1954) angelastet hat (*Leonard M. Herman, Tilly S. Herman* 1977).

Im deutschsprachigen Raum hat *Bergius* mit seinem Team etwa ab 1970 die Prejudice-Problematik im erweiterten Rahmen wieder aufgegriffen. Dabei zeigt sich ein interessantes Phänomen. Zwar folgt *Bergius* mit seinen Mitarbeitern noch immer der Unterscheidung zwischen dem (eigentlichen) Vorurteil – also der „Nessie-Theorie" – und dem Vor-Urteil oder Vorausurteil (*U. Mees* 1974; *R. Bergius* 1975, 1976; *R. Günther* 1975), aber die Untersuchungen zielen doch quantitativ und qualitativ eher auf das *Vorausurteil* ab, behandeln also faktisch das Gegenstandsgebiet der Bild-Forschung, wenn auch unter den üblichen Begriffen.

4. Eine spezielle und komplexe Untersuchungsrichtung hebt sich neuerlich in zunehmend systematischeren Forschungen heraus. Es geht um die *Überschneidungen* z. B. der nationalen, regionalen u. a. Ebenen in der Beurteilung von Gruppen vornehmlich im deutschsprachigen Bereich. Das resultiert aus zwei Gründen: Der eine liegt in der anhaltenden aktuellen Situation der Existenz zweier ideologisch gegensätzlicher deutscher Staaten. Der andere Grund liegt in der Erkenntnis, daß die Ursachen für die Beurteilung z. B. nationaler Gruppen nicht immer allein auf nationaler Ebene liegen, was auch forschungstechnische Konsequenzen hat. Beide Gründe verquicken sich in der Entwicklung der Erforschung regionaler Vorurteile. Der neuere theoretische Ansatz geht auf die Kritik von *Soldan* an *Miroglio* zurück, verbindet sich aber mit der sich verändernden politischen Situation, was dann wiederum theoretische Konsequenzen nach sich gezogen hat. Mit dem Abklingen des Kalten Krieges wurden die weniger aktuellen, historisch bedingten Problemstrukturen in der Bewertung deutscher Regionalgruppen deutlicher. Während lange Zeit die beiden Axiome des neueren Nationalismus (Urvölker, erbliche Charaktereigenschaften) offenbar das Bild „des" Deutschen prägten (vgl. bei *H. E. Wolf* 1975), ergab sich bei der Frage, inwieweit Angehörige deutscher Regionalgruppen „echte" (richtige, eigentliche) Deutschen seien, kein klares Verhältnis mehr (*G. Scholz-Görlach, H. E. Wolf* 1975). Dies zwingt den Blick hin zur Fragestellung nach den nativistischen Vorstellungen von der Völkerabstammung (*Irene Brücker* 1971; *Erhard Kahl* 1975; *Leonore Saalfeld* 1976). Bei den bisherigen Studien schob sich immer mehr die Frage nach dem Bild von Preußen und den bisherigen empirischen Ansätzen in den Vordergrund (*H. E. Wolf* 1977). *Leonhard Blaum* und *H. E. Wolf* (1977) stießen bei einem Sampel in der Pfalz auf folgende Befunde: Für die Regionalgruppen der BRD galt prinzipiell die „Germanenabstammung"; dies galt auch noch für einige Gruppen der DDR und für die Gruppe *Preußen*, nicht jedoch für Pommern, Schlesier und Ostpreußen; besonders die erstgenannten galten als Polenabkömmlinge. Die relativ eindeutige Germanenabkunft schloß andererseits nicht aus, daß Saarländer, aber auch Rheinländer und Pfälzer als Franzosenabkömmlinge eingeschätzt wurden. Das Bild der Preußen erwies sich als eine Art Klammer, die die Regionalgruppen der BRD, DDR und die früheren Landsmannschaften des Deutschen Reiches zusammenhält. In einer weiteren

Studie zeigte sich außerdem (*L. Blaum, Peter Schreiner, Winfried Fischer, H. E. Wolf* 1977), daß z. B. die individuellen Bezüge – das Selbstbild – und das positiv angestrebte Berufsbild in der Sympathiebeziehung noch vor der eigenen Regionalgruppe rangieren. *Soldan* (1977) hat in ihrem Perspektiven-Modell einen neueren Versuch unternommen, die vielfältigen Überschneidungen und die entsprechenden empirischen Werte in ein vorbereitetes Bezugssystem einzuordnen, das eine theoretische Verarbeitung erlaubt.

5. Ein neuerer, bereits angedeuteter Trend zeichnet sich ab in der Überdeckung eines Teils der Thematik der Stereotypen-Forschung mit einer entsprechenden der Bild-Analyse: a) In der Stereotypenforschung kennzeichnet sich eine Richtung durch die Reduzierung des Problems auf das der *Eigenschaftslisten*. Im deutschsprachigen Bereich läßt sich dies bei *Manz* (1968) antreffen und wird neuerlich von *Rudolf Günther* (1975) übergreifend analysiert. b) Dem entspricht in der Bild-Analyse die Rückbesinnung darauf, daß Begriffe und Theoreme der Bild-Forschung ebenfalls in der Arbeit mit *Eigenschaftslisten* gewonnen wurden. Diese teilweise formale Gemeinsamkeit führt u. a. dazu, daß *de Trutt* diese Stereotypen-Forschung als Bestandteil der Bild-Analyse einbezieht.

Trotz dieser Gemeinsamkeit sind Ansatzpunkte und Interpretationsrichtungen verschieden. *Günther* hat 24 Hypothesen aus dem bisherigen empirischen Material und der entsprechenden Diskussion herausgelöst und untersucht. Seine Absicht ist, Bedingungen anzugeben und „psychologisch-theoretisch" zu begründen, warum die Urteile über Charakterunterschiede der Angehörigen verschiedener Nationaltitäten entsprechend angetroffen werden, wobei es ihm hauptsächlich um das überzufällige Maß an Urteilsübereinstimmungen zwischen den Aussagen der Angehörigen einer nationalen Gruppe geht.

Die Frage nach der Bedeutung und -struktur der Eigenschaftsbegriffe für die Beurteilung eines Objekts kann nicht als geklärt bezeichnet werden. Allgemein gilt, daß z. B. einem Objekt, das als sympathisch gewertet wird, in der Regel auch positive Begriffe zugeordnet werden, einem Objekt, das als unsympathisch gewertet wird, in der Regel negative Begriffe. Aber abgesehen davon, daß auch dies nicht schlechthin für alle als sympathisch oder unsympathischen Objekte gilt, sich Sympathie-Antipathie-Relationen und positiv-negative Eigenschaftsrelationen nur in groben Zügen decken, gibt es in der Praxis mehr Ausnahmen als Regelfälle. Hier spielen eine Reihe von zusätzlichen Bedingungen mit (*R. Günther*, 1975; *L. Blaum, H. E. Wolf* 1977; *L. Blaum et al.* 1977).

Ausgehend von den Untersuchungen von *W. Franke, H. E. Wolf* (1973) und *Michael Meier-Hahn* (1973), sowie den bisher bekannt gewordenen Befunden über Rocker in Hamburg (*H. E. Wolf, H. J. Wolter* 1974; *Marie-Agnes Arnold, Beata v. Uexküll, Dieter Wagner* 1976) haben *Ute Marie Tiedemann* und *H. E. Wolf* (1977) die Veränderung der positiven und negativen Einschätzungen von Begriffen mit dem Grad der Identifizierung zum jeweiligen Rockergang untersucht. Sie fanden recht klare Zusammenhänge: Ursprünglich werden z. B. Begriffe wie grausam, brutal, gefährlich als negativ, Begriffe wie freundlich, fleißig, intelligent u. ä. als positiv gewertet. Je mehr der „Neorocker" dann ein echter Rocker wird, desto stärker ändert sich das Bild, bis schließlich die vorher negativ gewerteten

Begriffe positiv gewertet und die vorher positiv gewerteten nunmehr negativ gewertet wurden. Dem geht eine Verschiebung – allerdings nicht durchgängig – des Bildes des „Sympathischen Mannes" mit dem des „Unsympathischen Mannes" einher. Mit der Ablösung von den Rockern läßt sich dann wiederum die entsprechende Veränderung der positiven und negativen Begriffsbewertungen feststellen.

Es ist mehrfach versucht worden, die *qualitative Prägnanz-Methode*, die *Sevlund* und *de Trutt* vorgeschlagen haben (*W. Franke, H. E. Wolf* 1973), mit der positiv-negativen Begriffsbewertung zu vergleichen. Dabei stieß man, wie auch im obigen Beispiel, auf den Gegensatz zwischen „Alltagssprache" und „Wissenschaftssprache" (*Ingrid Fischer* 1977). Bei der Untersuchung der Frage, was Befragte eigentlich vor Augen haben, wenn sie einem Objekt Begriffe wie z. B. freundlich etc. zuordnen, zeigte sich, daß insgesamt 5 unterschiedliche Zuordnungsebenen existieren, von denen allerdings wohl nur drei eine wesentliche Rolle spielen: 1. Die *Erwartung* (es wird angenommen – erhofft, befürchtet - daß X „freundlich", „grausam" ist); 2. *Bewertung* (X ist gut, freundlich zu sein, ist auch gut; „folglich" ist X freundlich); 3. *Festlegung* (X *ist* freundlich – Selbstverständlichkeitsannahme) (*Karin Fehlmar* 1976; *K. Fehlmar, H. E. Wolf* 1977). Die Proportionen der drei Ebenen können in einem Sampel sehr unterschiedlich verteilt sein; ebenso, wie in einer spezifischen Zuordnung eines Individuums mehrere Ebenen in Erscheinung treten können, was die Analyse nicht gerade erleichtert.

6. Eine weitere spezielle Richtung, ausgehend von der Bild-Analyse, läßt sich in dem Versuch kennzeichnen, die spezifischen Bedingungen der Konflikteskalation zwischen Gruppen und den dieser verbundenen jeweiligen Entwicklung und Wirksamkeit von Vorurteilen näher zu durchleuchten. Initiator dieser spezifischen Fragestellung war und ist *Hans Christian Schwartz* (1965). Neuerlich ist auf dieser Grundlage eine neue theoretische Übersicht über die Phänomene des *Terrors* entwickelt worden. *Bernd Weinert* (1976), der viele Hinweise von *H. Ch. Schwartz* aufgegriffen hat, hat neuerdings eine Problemanalyse vorgelegt (1977), die die eher randständigen, wenn auch aktuellen Phänomene des Terrors, wie sie etwa noch *Friedrich Hacker* (1975) behandelt, als Sonderformen auffaßt und sich dem Komplex des Miteinander von Terror, Verbrechen und militärischer Aktion zuwendet. Dies entspricht auch der neueren Fragestellung von *H. Ch. Schwartz* (1977).

Lassen wir die konkreten Einzelheiten Revue passieren, die im letzten Abschnitt wenigstens andeutungsweise dargestellt wurden, so stehen wir abschließend abermals vor einem verblüffenden Ergebnis: es scheint so, als „drängten" alle komplexen Einzelprobleme „irgendwie" aufeinander zu; und dies gilt auch für die Fakten des letzten Punktes, die wir nicht näher ausgeführt haben. Ist dies aber so, dann kann dies nicht nur als Auswirkung jener „Härte des Realen" von *Nicolai Hartmann* aufgefaßt werden, sondern es könnte ein Beleg sein für die Annahme einer *sachlogischen Integration* jenes Gesamtproblems, das wir bislang doch eher als ein heterogenes Gebilde mit dem Begriff der Vorurteils-Forschung bezeichnet haben.

Ausgewählte Literatur

Abeles, Ronald P., Relative Deprivation, Rising Expectations, and Black Militancy, in: Journal of Social Issues, Bd. 32 (1976).

Abraham, Henry L., Social Distance and Patterns of Prejudice in Germany and Sweden, in: Archiv für die gesamte Psychologie, Bd. 118 (1966).

Ackermann, Nathan W., und *Marie Jahoda*, Antisemitism und Emotional Disorder, New York 1950.

Adinolfi, Allan A., Robert I. Watson, Jr., und *Robert E. Klein*, Aggressive Reaction in Urban Guatemalan Children: The Effect of Sex and Social Class, in: Journal of Personality and Social Psychology, Bd. 25 (1973).

Adorno, Theodor W., Else Frenkel-Brunswik, Daniel Levinson und *R. Nevitt Sanford*, The Authoritarian Personality, New York 1950.

Adorno, Theodor W., Hans Albert, Ralf Dahrendorf, Jürgen Habermas, Harald Pilot, Karl R. Popper, Der Positivismusstreit in der deutschen Soziologie, 3. Auflage, Neuwied 1971.

Aich, Prodosh, Soziale Determinanten der politischen Einstellung der afrikanischen und asiatischen Studenten in deutschsprachigen Ländern, in: Kölner Zeitschrift für Soziologie und Sozialpsychologie, Bd. 18 (1966).

Aiello, John R., und *Stanley E. Jones*, Field Study of the Proxemic Behavior of Young School Children in Three Subcultural Groups, in: Journal of Personality and Social Psychology Bd. 19 (1971).

Allport, Gordon W., Attitudes, in: *C. Murchinson* (Hrsg.), Handbook of Social Psychology, Worcester, Mass. 1935.

Allport, Gordon W., The Nature of Prejudice, Cambridge Mass. 1954 (dtsch. 1971).

Amin, Samir, Underdevelopment and Dependence in Black Africa, in: Journal of Peace Research, Bd. 6 (1972).

Ammann, Helga, und *Christian Luksch*, Einstellung zu fremden Gruppen, in: Kritische marxistische Studien, Bd. 4 (1973).

Arendt, Hannah, Elemente und Ursprünge totalitärer Herrschaft, Frankfurt a. Main 1955.

Arendt, Hannah, Eichmann in Jerusalem. Ein Bericht von der Banalität des Bösen, München 1964.

Arnold, Marie-Agnes, Beata v. Uexküll und *Dieter Wagner*, Soziale Situation, Einstellung und Persönlichkeitsaspekte von Rockern, in: Zeitschrift für klinische Psychologie und Psychotherapie, Bd. 24 (1976).

Asch, Salomon E., Social Psychology, 6. Aufl., New York 1961 (zuerst 1952).

Ashmore, Richard D. (Hrsg.), Black and White in the 1970s, in: The Journal of Social Issues, Bd. 32 (1976).

Baeyer-Katte, Wanda von, Das Zerstörende in der Politik, Heidelberg 1957.

Baeyer-Katte, Wanda von, Sozialisation im politischen Verhalten, in: Handbuch der Psychologie, Bd. 7, 2. Halbband, Göttingen 1972.

Bailey, Ronald, Black Studies in Historical Perspective, in: Journal of Social Isues, Bd. 29 (1973).

Bastine, Reiner, Gruppenführung, in: Handbuch der Psychologie, Bd. 7, 2. Halbband, Göttingen 1972.

Baudouin, Jean-Louis, Fortin Jacques und *Denis Szabo*, Terrorisme et Justice. Entre la liberté et l'ordre: le crime politique, Montreal 1970.

Becker, Klaus Christian, Einstellungen deutscher Schüler gegenüber Franzosen, Polen und Russen, in: Kölner Zeitschrift für Soziologie und Sozialpsychologie Bd. 22 (1970).

Becker, Klaus Christian, und *Heinz E. Wolf*, Über Veränderungen von Vorurteilstendenzen bei deutschen Schülern, in: Westermanns pädagogische Beiträge, Bd. 10 (1971).

Becker, Klaus Christian, und *Dieter Lucke*,

Das Bild der DDR und ihrer Bürger bei Haupt- und Realschülern, in: Kölner Zeitschrift für Soziologie und Sozialpsychologie, Bd. 27 (1975).

Bennathan, Esra, Die demographische und wirtschaftliche Struktur der Juden, in: *Werner E. Mosse* (Hrsg.), Entscheidungsjahr 1932. Zur Judenfrage in der Endphase der Weimarer Republik, Tübingen 1965.

Benninghaus, Hans, Soziale Einstellungen und soziales Verhalten. Zur Kritik des Attitüdenkonzepts, in: *Günter Albrecht, Hansjürgen Daheim, Fritz Sack* (Hrsg.), Soziologie, Opladen 1973.

Benninghaus, Hans, Ergebnisse und Perspektiven der Einstellungs-Verhaltens-Forschung, Meisenheim am Glan, 1976.

Bergius, Rudolf, Änderungen von Urteilen über Völker nach Kontakten mit Ausländern, in: Materialien zur Politischen Bildung (1975).

Bergius, Rudolf, Sozialpsychologie, Hamburg 1976.

Bergius, Rudolf, Hans Werbik und *Gerhard Winter,* Urteile deutscher Arbeitnehmer über Völker in Relation zur Zahl ihrer ausländischen Bekannten. I. Theorie, Methode und kollektive Stereotype, in: Psychologische Beiträge, Bd. 12 (1970).

Bergius, Rudolf, Hans Werbik, Gerhard Winter und *Gerhard Schubring,* Urteile deutscher Arbeitnehmer über Völker in Relation zur Zahl ihrer ausländischen Bekannten. II. Unterschiede zwischen verschiedenen Kontaktgruppen, in: Psychologische Beiträge, Bd. 12 (1970).

Bergius, Rudolf, und *Paul Klein,* Urteile deutscher Arbeitnehmer über Völker in Relation zur Zahl ihrer ausländischen Bekannten. III. Weitere Analysen der Unterschiede zwischen den Kontaktgruppen, in: Psychologische Beiträge, Bd. 13 (1971).

Bergler, Reinhold, Sauberkeit. Norm – Verhalten – Persönlichkeit, Bern, Stuttgart 1974.

Bergler. Reinhold, und *Bernd Six,* Stereotype und Vorurteile, in: Handbuch der Psychologie 7. Bd., 2. Halbband, Göttingen 1972.

Berk, Bernard, und *Lucie Cheng Hirata,* Mental Illness among the Chinese: Myth or Reality? in: The Journal of Social Issues, Bd. 29 (1973).

Berkowitz, Leonard, Social Motivation, in: *Gardner, Lindzey,* und *Elliot Aronson* (Hrsg.), The Handbook of Social Psychology, 2. Aufl., Bd. 3, Cambridge, Mass. 1969.

Berkowitz, William R., Spectator Responses at Public War Demonstrations, in: Journal of Personality and Social Psychology, Bd. 14 (1970).

Bernhard, Ute, Einstellungen Juden gegenüber bei 13- und 14jährigen Jugendlichen der Münchner Volksschulen, unveröffentl. Examensarbeit, München 1959.

Berreman, Gerald D., Race, Caste, and Other Individuous Distinctions in Social Stratification, in: Race, A Journal of Race and Group Relations, Bd. 13 (1972).

Bettelheim, Bruno, and *Morris Janowitz,* Dynamics of Prejudice, New York 1950.

Bichlbauer, Dieter, und *Ernst Gehmacher,* Vorurteile in Österreich, in: Kölner Zeitschrift für Soziologie und Sozialpsychologie, Bd. 24 (1972).

Bjerstedt, Ake, Ego-Involved World Mindedness, Nationality Images, and Method of Research, in: Journal of Conflict Resolution, Bd. 4 (1960).

Bjerstedt, Ake, Informational and Non-Informational Determinants of Nationality Stereotypes, in: Acta Psychologica, Bd. 18 (1961).

Blaum, Leonhard, und *Heinz E. Wolf,* Empirische Untersuchungen des Bildes von Preußen in Relation zu den Bildern deutscher Regionalgruppen der BRD und DDR und Landsmannschaften des früheren Deutschen Reiches, Manuskript, Tornesch u. Germersheim, 1977.

Blaum, Leonhard, Peter Schreiner, Winfried Fischer und *Heinz R. Wolf,* Empirische Untersuchung des Eigenschaftsbildes des Sozialpädagogen, Manuskript, Bad Bergzabern, 1977.

Blumer, Herbert, Recent Research on Racial Relations: USA, in: International Social Science Bulletin, Bd. 10 (1958).

Bock, Karla, Waldemar Hoffmann und *Peter Petersen,* Untersuchung zur Gruppentoleranz bei Berufsschülern, Manuskript, Hamburg 1971.

Boesch, Ernst E., Psychologische Überlegungen zum Rassenvorurteil, in: Politische Psychologie, Bd. 3 (1964).

Bogardus, Emory S., Changes in Racial Distance, in: International Journal of Opinion and Attitude Research, Bd. 1 (1947).

Boulding, Kenneth E., National Image und International Systems, in: Journal of Conflict Resolutions, Bd. 3 (1959).

Boulding, Kenneth E., The Image, Michigan University, 1965.

Boyanowsky, Ehor O., und *Vernon L. Allen,* Ingroup Norms and Self-Identity as Determinants of Discriminatory Behavior, in: Journal of Personality and Social Psychology, Bd. 25 (1973).

Brandt, Lewis W., und *Gerald R. Maier,* Was mißt Eysencks Persönlichkeitsinventar (EPI)?, in: Archiv für Psychologie, Bd. 128 (1976).

Breitenbach, Dieter, Das Afrika- und Asienbild bei deutschen Studenten, Berlin und Bonn 1964.

Brekenbach, Rudolf, Die Verquickung des Vorurteilsproblems mit der Frage nach den Gruppenspannungen. Eine Kritik, Manuskript, Berlin (West) 1975.

Brekenbach, Rudolf, Kritische Überlegungen zum Gebrauch einiger soziologischer Kategorien (Randgruppenkonzeptionen, Minoritäten-Majoritäten), in: Probleme der Sozialen Praxis, Bd. 2 (1977).

Brescher, Arnold, Über die Phänomene der Vorurteile in der philosophischen Diskussion, Manuskript, München 1975.

Brigham, John, und *Theodore Weissbach,* Racial Attitudes in America. Analyses and Findings in Social Psychology, New York 1972.

Brückner, Irene, Empirische Untersuchung über nativistische Gegenwarts- und Zukunftsvorstellungen strafgefangener Frauen, Manuskript, Hamburg 1971.

Brunn, Anke, Das Deutschlandbild der Franzosen. Allgemeine theoretische Überlegungen und Sekundäranalyse von Umfrageergebnissen, ungedr. Diplomarbeit, Köln 1966.

Buchanan, William, und *Hadley Cantril,* How Nations See Each Other, Urbana 1953.

Buss, Arnold H., The Psychology of Aggression, New York 1961.

Campbell, Donald T., On the Genetics of Altruism and the Counter-Hedonic Components in Human Culture, in: Journal of Social Issues, Bd. 28 (1972).

Cantril, Hadley, und *William Strunk,* Public Opinion 1935–1946, Princeton, N. J., 1951.

Carlson, Julia A., und *Clive M. Davis,* Cultural Values and the Risky Shift: A Cross – Cultural Test in Uganda and the United Staates, in: Journal of Social Psychology, Bd. 20 (1971).

Christie, Richard, und *Marie Jahoda* (Hrsg.), Studies in the Scope and Method of the „Authoritarian Personality", Glencoe, Ill., 1954.

Clark, Kenneth B., Prejudice in Your Child, Boston 1955.

Clark, Kenneth B., und *Mamie P. Clark,* The Development of Consciousness of Self and the Emergence of Racial Identification in Negro Preschool Children, in: Journal of Social Psychology, Bd. 10 (1939).

Cohen, Ronald, Altruism, Human, Cultural, or What?, in: Journal of Social Issues, Bd. 28 (1972).

Corey, Stephen M., Professed Attitudes and Actual Behavior, in: Journal of Educational Psychology, Bd. 28 (1937).

Coser, Lewis A. (Hrsg.), Collective Violence and Civil Conflict, in: The

Journal of Social Issues, Bd. 28 (1972).

Couchman, Iain S. B., Notes from a White Researcher in Black Society, in: Journal of Social Issues, Bd. 29 (1973).

Crockett, Stanley, The Role of the Researcher in Educational Settings: Perspectives on Research and Evaluation, in: Journal of Social Issues, Bd. 29 (1973).

Dammann, Werner, Holzwege der Wissenschaften, in: Kritische marxistische Studien, Bd. 1 (1975).

Dannick, Lionel I., The Relationship between Overt Behavior and Verbal Expressions as Influenced by Immediate Situational Determinants, Ph. D. Syracuse University, Ann Arbor, Michigan 1970.

Davis, Clive M., und Julia A. Carlson, A Cross-Cultural Study of the Strengh of the Müller-Lyer Illusion as a Function of Attitudinal Factors, in: Journal of Personality and Social Psychology, Bd. 16 (1970).

Davis, Earl E., Zum gegenwärtigen Stand der Vorurteilsforschung, in: Politische Psychologie, Bd. 3 (1964).

Degenkolbe, Gert, Über logische Struktur und gesellschaftliche Funktionen von Leerformeln, in: Kölner Zeitschrift für Soziologie und Sozialpsychologie, Bd. 17 (1965).

Delizen, Florian, Der Neger im deutschen Kinder- und Jugendlied, in: Kölner Zeitschrift für Soziologie und Sozialpsychologie, Bd. 29 (1977).

Delefoe, Cathy T., The Problems of Attitudes in the Social Psychology, in: Social Scientific Diskussion, Bd. 1 (1977).

Derton, Benjamin J., Stereotypes, New York 1959 (zuerst 1938).

Deusinger, Ingrid M., Untersuchungen zum Selbstkonzept von Strafgefangenen, in: Psychologische Rundschau, Bd. 24 (1973).

Deutsch, Karl W., und R. L. Merritt, Effects of Events on National- and International Images, in: Herbert C. Kelman (Hrsg.), International Behavior, New York 1965.

Devlin, Bernadette, Irland: Religionskrieg oder Klassenkampf? 4. Aufl., Hamburg 1972 (zuerst: 1969).

Dion, Kenneth L., und Brian M. Earn, The Phenomenology of Being a Target of Prejudice, in: Journal of Personality and Social Psychology, Bd. 32 (1975).

Dixon, Ruth B., Measuring Equality Between the Sexes, in: The Journal of Social Issues, Bd. 32 (1976).

Dollard, John, Leonard W. Doob, O. Howard Mowrer, und Robert R. Sears, Frustration and Aggression, New Haven 1939.

Donnerstein, Edward, und Marcia Donnerstein, Variables in Interracial Aggression: Potential Ingroup-Censure, in: Journal of Personality and Social Psychology, Bd. 27 (1973).

Donnerstein, Edward, und Marcia Donnerstein, White Rewarding Behavior as a Function of the Potential For Black Retaliation, in: Journal of Personality and Social Psychology, Bd. 22 (1972).

Donnerstein, Edward, und Marcia Donnerstein, Variables Affecting Black Aggression, in: Journal of Social Psychology, Bd. 84 (1971).

Donnerstein, Edward, Marcia Donnerstein und Ronald Evans, Erotic Stimuli and Aggression: Facilitation or Inhibition, in: Journal of Personality and Social Psychology, Bd. 32 (1975).

Donnerstein, Edward, und Marcia Donnerstein, Modeling in the Control of Interracial Aggression: The Problem of Generality, in: Journal of Personality, Bd. 45 (1977).

Dorfmann, Donald D., Susan Keeve und Carl Saslow, Ethnic Identification: A Signal Detection Analysis, in: Journal of Personality and Social Psychology Bd. 18 (1971).

Downs, Roger M., und David Stea, Image and Enviroment, Chicago 1973.

Dühring, Eugen, Die Judenfrage als Frage des Rassencharakters und seiner Schädlichkeiten für Existenz und Kultur der Völker, Leipzig, 6. Aufl., 1930.

Duijker, Hubertus Karl Johannes, und N. H. Frijda, National Character und National Sterotypes, Amsterdam 1960.

Dutton, Ronald G., Studies in Reverse Discrimination: The Relationship of Amount of Perceived Discrimination toward a Minority Group on Behavior of Majority Group Members, in: Canadian Journal of Behavioural Science, Bd. 5 (1973).

Dutton, Ronald G., Reactions of Restaurateurs to Blacks and Whites Violating Restaurant Free Requirements, in: Canadian Journal of Behavioural Science, Bd. 3 (1971).

Dutton, Ronald G., und Robert A. Lake, Threat of Own Prejudice and Reverse Discrimination in Interracial Situations, in: Journal of Personality and Social Psychology, Bd. 28 (1973).

Drechsler, Klaus-Peter, Dogmatische Tendenzen im Neuen Deutschland vor dem Bau der Berliner Mauer, Unveröffentlichte Diplom-Arbeit, Göttingen 1973.

Eaton, Warren O., und Gerald L. Clore, Interracial Imitation at a Summer Camp, in: Journal of Personality and Social Psychology, Bd. 32 (1975).

Eaves, Lindon, und Hans Eysenck, The Nature of Extraversion: A Genetic Analysis, in: Journal of Personality and Social Psychology, Bd. 32 (1975).

Ekman, Paul, und Wallace V. Frisen, Constant Across Cultures in the Face and Emotion, in: Journal of Personality and Social Psychology, Bd. 17 (1971).

Epstein, Yakov M., Edward Krupat und Constance Obudho, Clean is Beautiful: Identification and Preference as a Function of Race and Cleanliness, in: The Journal of Social Issues, Bd. 32 (1976).

Ertel, Suitbert, Die Dogmatismus-Skala

„darf" nicht zuverlässig sein. Replik auf Keilers „Replikation", in: Psychologische Rundschau, Bd. 26 (1975).

Ertel, Suitbert, Erkenntnis und Dogmatismus, in: Psychologische Rundschau, Bd. 23 (1972).

Essien-Udom, E. U., Black Nationalism, Chicago 1962.

Etzioni, Amitai, Social-Psychological Aspects of International Relations, in: Gardner, Lindzey, und Elliot Aronson (Hrsg.), The Handbook of Social Psychology, 2. Aufl., Bd. 5, Cambridge, Mass. 1969.

Eyferth, Klaus, und Kurt Kreppner, Entstehung, Konstanz und Wandel von Einstellungen, in: Handbuch der Psychologie, Bd. 7, 2. Halbband, Göttingen 1972.

Eysenck, Hans Jürgen, Primary Social Attitudes. A Comparison of Attitude Patterns in England, Germany, and Sweden, in: Journal of Abnormal and Social Psychology, Bd. 48 (1953).

Eysenck, Hans Jürgen, Psychology of Politics, London 1954.

Fanon, Frantz, Die Verdammten dieser Erde, Hamburg 1972 (zuerst 1969).

Fehlmar, Karin. und Heinz E. Wolf, Empirische Untersuchung zum Bedeutungswandel der Eigenschaftsbegriffe, Manuskript, Hamburg 1977.

Feierabend, Ivo K., und Rosalind L. Feierabend, Aggressive Behaviors within Politics, 1948–1962: A Cross – National Study, in: The Journal of Conflict Resolution, Bd. 10 (1966).

Fiman, Byron G., Jonathan F. Borus und M. Duncan Stanton, Black-White and American-Vietnamese Relations among Soldiers in Vietnam, in: The Journal of Social Issues, Bd. 31 (1975).

Fischer, Hardi, Gedanken zu Minoritätsfragen in der Schweiz, in: Politische Psychologie, Bd. 5 (1966).

Fischer, Hardi, und Uri P. Trier, Das Verhältnis zwischen Deutschschweizern und Westschweizern, Bern 1961.

Fischer, Hardi, und Hermine Weidmann, Die Deutschen, die Franzosen und die Österreicher in der Sicht der Schweizer, Bern 1961.

Fischer, Ingrid, Über die unterschiedliche Bedeutungsstruktur zwischen der „Alltagssprache" und der „Wissenschaftssprache", Manuskript, Hamburg 1977.

Fishbein, Martin (Hrsg.), Readings in Attitude Theory and Measurement, New York – Sydney – London 1967.

Fishkin, James, Kenneth Keniston und Catharine MacKinnon, Moral Reasoning and Political Ideology, in: Journal of Personality and Social Psychology, Bd. 27 (1973).

Fleischmann, Gundula, Irrwege der Politischen Psychologie, in: Kritische Studien, Bd. 2 (1977).

Fong, Stanley L. M., Assimilation and Changing Social Roles of Chinese Americans, in: Journal of Social Issues, Bd. 29 (1973).

Fontana, Alan F., und Barbara Noel, Moral Reasoning in the University, in: Journal of Personality and Social Psychology, Bd. 27 (1973).

Foppa, Klaus, Lernen, Gedächtnis, Verhalten. Ergebnisse und Probleme der Lernpsychologie, 2. Aufl., Köln – Berlin 1968.

Fraser, Robert, Conformity and Anticonformity in Japan, in: Journal of Personality and Social Psychology, Bd. 15 (1970).

Francis, Emerich K., Minderheitenforschung in Amerika, in: Kölner Zeitschrift für Soziologie und Sozialpsychologie, Bd. 9 (1957).

Francis, Emerich K., Minderheitenforschung in Amerika, II: Einige Beiträge zur Faktorenanalyse, in: Kölner Zeitschrift für Soziologie und Sozialpsychologie, Bd. 10 (1958).

Franke, Wolfgang, und Heinz E. Wolf, Empirische Untersuchung der Eigenschaftsbilder sozialer Gruppen bei jungen männlichen Strafgefangenen, in: Kölner Zeitschrift für Soziologie und Sozialpsychologie, Bd. 25 (1973).

Freund, Wolfgang S., Minderheiten und Entwicklung am Mittelmeer. Theoretische Überlegungen und praktische Ableitungen am Beispiel von Juden und Arabern, in: Günter Albrecht, Hansjürgen Daheim, Fritz Sack (Hrsg.), Soziologie, Opladen 1973.

Gadoffre, Gilbert, Images nationales françaises et stéréotypes nationaux, in: Bulletin International des Sciences Sociales, Bd. 3 (1951).

Gaertner, Samuel L., Helping Behavior and Racial Discrimination among Liberals and Conservatives, in: Journal of Personality and Social Psychology, Bd. 25 (1973).

Gaertner, Samuel L., und Leonard Bickman, Effects of Race on the Elicitation of Helping Behavior: The wrong Number Technique, in: Journal of Personality and Social Psychology, Bd. 20 (1971).

Galtung, Johan, Anti-Semitism in the Making: A Study of American High School Students, Oslo 1960.

Galtung, Johan, Strukturelle Gewalt. Beiträge zur Friedens- und Konfliktforschung, Reinbek bei Hamburg 1975.

Gaugler, Edward A., und Sheldon S. Zalkind, Dimensions of Civil Liberties and Personality: Relationships for Measures of Tolerance and Complexity, in: The Journal of Social Issues, Bd. 31 (1975).

Genthner, Robert W., und Stuart P. Taylor, Physical Aggression as a Function of Racial Prejudice and the Race of the Target, in: Journal of Personality and Social Psychology, Bd. 27 (1973).

Gergen, Kenneth J., Social Psychology in History, in: Journal of Personality and Social Psychology, Bd. 26 (1973).

Gerstenberger, Heide, Zur Kritik der Politischen Psychologie, in: Gesellschaft, Staat, Erziehung, Bd. 2 (1972).

Glock, Charles Y., und Rodney Stark, Christian Beliefs and Anti-Semitism, New York und London 1966.

Göhring, Gisela, Kritische Analyse der Theorien und Methoden der Vorurteilsforschung der BRD, Manuskript Berlin (DDR) 1972.

Goldschmidt, Dieter, Das Vorurteil gegen Minderheiten in soziologischer Sicht, in: Friedrich-Ebert-Stiftung (Hrsg.), Überwindung von Vorurteilen, Hannover 1960.

Gordon, Thomas, Notes on White and Black Psychology, in: Journal of Social Issues, Bd. 29 (1973).

Graumann, Karl-Friedrich, Sozialpsychologie: Ort, Gegenstand und Aufgabe, in: Handbuch der Psychologie, Bd. 7, 1. Halbband, Göttingen 1969.

Green, Bert F., Attitude Measurement, in: Gardner Lindzey (Hrsg.), The Handbook of Social Psychology, Cambridge, Mass. 1954.

Guilford, Joy Paul, Persönlichkeit, Weinheim 1964 (zuerst New York 1954).

Günther, Rudolf, Einige Bedingungen für Urteile über Völker, Bern – Frankfurt/Main 1975.

Gurr, Robert Ted, Sources of Rebellion in Western Societies: Some Quantitative Evidence, in: Annals of the American Academy of Political and Social Science, Bd. 391 (1970).

Gurr, Robert Ted, Why Men Rebel, Princeton 1970.

Gurr, Robert Ted, und M. McClelland, Political Performance: A Twelfe-Nation Study, Beverly Hills: Sage Professional Papers in Comparative Politics, Bd. 6 (1971).

Gurr, Robert Ted, The Calculus of Civil Conflict, in: Journal of Social Issues, Bd. 38 (1972).

Hacker, Friedrich, Terror, Mythos, Realität, Analysen, Hamburg 1975.

Hagener, Caesar, Analyse einer Empiriker-Beschimpfung. Eine Antwort auf Herbert Haslers Replik, in: Westermanns Pädagogische Beiträge, Bd. 21 (1969).

Harding, John, Harold Proshansky, Bernard Kutner und Isidor Chein, Prejudice and Ethnic Relations, in: Gardner Lindzey und Elliot Aronson (Hrsg.), The Handbook of Social Psychology, 2. Aufl., Bd. 3, 1969.

Hart, Richard, Jamaica and Self-Determination, 1660–1970, in: Race. A Journal of Race and Group Relations, Bd. 13 (1972).

Hartman, Jeffry E., Conceptions of Attitudes and Attitude Change, in: Social Scientific Diskussion, Bd. 1 (1977).

Hartmann, Klaus Dieter, Ein Beitrag zum Problem des „Brand Images", in: GFM-Mitteilungen zur Markt- und Absatzforschung, Bd. 3/4 (1962).

Hartmann, Klaus Dieter, Die Unfähigkeit zur Kritik oder: Über die Wirkung eines Bestsellers, in: Neue Politische Literatur, Bd. 1 (1970).

Hartmann, Klaus Dieter, Auslandsreisen. Dienen Urlaubsreisen der Völkerverständigung? Starnberg 1974.

Hartmann, Klaus Dieter, Persönlichkeitsstruktur und Politisches Verhalten, in: Studien zur Kommunalpolitik, Bd. 4 (1976).

Hartmann, Klaus-Dieter, Psychologische Voraussetzungen der Selbstbestimmung und Selbstverwirklichung, in: Landeszentrale für politische Bildung Rheinland-Pfalz (Hrsg.), Selbstverwirklichung und Verantwortung in einer demokratischen Gesellschaft, Grünstadt 1977.

Hartmann, Nicolai, Grundzüge einer Metaphysik der Erkenntnis, Berlin 1921.

Hass, Paula H., Maternal Role Incompatibility and Fertility in Urban Latin America, in: Journal of Social Issues, Bd. 28 (1972).

Heckmann, Friedrich, Personelle Entwicklungshilfe oder Entwicklung der Persönlichkeit? Eine Untersuchung zur Motivation von Entwicklungshelfern, in: Kölner Zeitschrift für Soziologie und Sozialpsychologie, Bd. 26 (1974).

Heintz, Peter, Soziale Vorurteile, Köln 1957.

Hemm, Ludwig, Die unteren Führer in der HJ, in: Zeitschrift für angewandte und experimentelle Psychologie, Beiheft Bd. 87 (1940).

Hendrick, Clyde, Edwin Bixstenstine und Gayle Hawkins, Race Versus Belief Similarity as Determinants of Attraction, in: Journal of Personality and Social Psychology, Bd. 17 (1971).

Herman, Leonard M., und Tilly S. Herman, Nature and Structure of Prejudice, in: New Scientific Conversation, Bd. 2 (1977).

Hicks, Jack M., und John H. Wright, Convergent Discriminant Validation and Factor Analyses of Five Scales of Liberalism-Conservatism, in: Journal of Personality and Social Psychology, Bd. 14 (1970).

Hille, Barbara, Interessen von Jugendlichen im interkulturellen Vergleich zwischen der Bundesrepublik Deutschland und der DDR, in: Kölner Zeitschrift für Soziologie und Sozialpsychologie, Bd. 27 (1975).

Hille, Barbara, und Walter Jaide, Kurzbericht über die Erforschung sozialer Stereotype bei Jugendlichen in der DDR, in: Kölner Zeitschrift für Soziologie und Sozialpsychologie, Bd. 27 (1975).

Hille, Barbara, Berufs- und Lebenspläne sechzehnjähriger Schülerinnen in der Bundesrepublik Deutschland, Bern und Frankfurt/Main 1976.

Hochreich, Dorothy J., und Julian R. Rotter, Have College Students Become Less Trusting? in: Journal of Personality and Social Psychology, Bd. 15 (1970).

Hofman, John E., The Meaning of Beeing a Jew in Israel: An Analysis of Ethnic Identity, in: Journal of Personality and Social Psychology, Bd. 15 (1970).

Hofstätter, Peter R., Das Denken in Stereotypen, Göttingen 1960.

Hofstätter, Peter R., Was Deutsche über Deutsche denken, Hamburg 1966/67.

Hofstätter, Peter R., und H. Lübbert, Die Untersuchung von Stereotypen mit Hilfe des Polaritätenprofils, in: Zeitschrift für Markt- und Meinungsforschung, Bd. 3 (1958/59).

Hollander, A. N. J. den, Het andere Volk, Amsterdam 1946.

Hollander, A. N. J. den, Die fremde Ferne, in: A. Silbermann (Hrsg.), Militanter Humanismus, Frankfurt 1966.

Hollander, Edwin P., Interdependence, Conformity, and Civil Liberties: Some Implications from Social Psychological Research, in: The Journal of Social Issues, Bd. 31 (1975).

Hraba, Joseph, und Geoffrey Grant, Black is Beautiful: A Reexamination of Racial Preference and Identification, in: Journal of Personality and Social Psychology, Bd. 16 (1970).

Hüser, Alois, und Heinz E. Wolf, Empirische Untersuchungen zum Problem der Regionalvorurteile bei deutschen Jugendlichen, in: Kölner Zeitschrift für Soziologie und Sozialpsychologie, Bd. 14 (1962).

Hummel, Hans J., Psychologische Ansätze zu einer Theorie sozialen Verhaltens, in: René König (Hrsg.), Handbuch der empirischen Sozialforschung, 2. Bd., Stuttgart 1969.

Hunter, Jean E., Images of Woman, in: The Journal of Social Issues, Bd. 32 (1976).

Hyman, Herbert H., und Paul B. Sheatsley, The Authoritarian Personality – A Methodological Critique, in: R. Christie und M. Jahoda (Hrsg.), Glencoe III, 1954.

Ichheiser, Gustav, Structure and Dynamics of Interpersonal Relations, in: American Sociological Review, Bd. 8 (1943).

Irle, Martin, Lehrbuch der Sozialpsychologie, Göttingen 1975.

Izzett, Richard R., Authoritarianism and Attitudes Toward the Vietnam War as Reflected in Behavioral and Self-Reports in Measures, in: Journal of Personality and Social Psychology, Bd. 17 (1971).

Jaide, Walter, Günther Aschoff, Burkhard Roeder, Detlev Hinz, Barbara Hille und Bernd Fiedler, Zur politischen Einstellung Jugendlicher in der Bundesrepublik Deutschlands, in: Bericht über den 27. Kongreß der Deutschen Gesellschaft für Psychologie in Köln 1970, Göttingen 1973.

Jaide, Walter, und Barbara Hille, Über Probleme und Möglichkeiten interkultureller Vergleiche bei Jugendlichen in der Bundesrepublik Deutschland, in: Kölner Zeitschrift für Soziologie und Sozialpsychologie, Bd. 27 (1975).

Janowitz, Morris, Sozialer Wandel und Vorurteile, in: Kölner Zeitschrift für Soziologie und Sozialpsychologie, Bd. 15 (1963).

Jessor, Richard, H. Boutourline Young, Elizabeth B. Young und Gino Tessi, Perceived Opportunity, Alienation, and Drinking Behavior among Italian and American Youth, in: Journal of Personality and Social Psychology, Bd. 15 (1970).

Jessor, Richard, Shirley L. Jessor und John Finney, A Social Psychology of Marijuana Use: Longitudinal Studies of High School and College Youth, in: Journal of Personality and Social Psychology, Bd. 26 (1973).

Johnson, Homer H., und Richard R. Izzett, Relationship between Authoritarianism and Attitude Change as Function of Source, Credibility and Type of Communication, in: Journal of Personality and Social Psychology, Bd. 13 (1969).

Jones, James M., Prejudice and Rassism, Cambridge, Mass. 1972.

Jones, James M., und Adrian Ruth Hochner, Racial Differences in Sports Activities: A Look at the Self-Paced Versus Reactive Hypothesis, in: Journal of Personality and Social Psychology, Bd. 27 (1973).

Jones, Reginal L., Black Psychology, New York 1972.

Jones, Russel A., und Richard D. Ashmore, The Structure of Intergroup Perception: Categories and Dimensions in Views of Ethnic Groups and Adjectives Used in Stereotype Research, in: Journal of Personality and Social Psychology, Bd. 25 (1973).

Jones, Stanley H., und John R. Aiello, Proxemic Behavior of Black and White First-, Third- und Fifth-Grade Children, in: Journal of Personality and Social Psychology, Bd. 25 (1973).

Jones, Stanley, H., und Stuart W. Cook, The Influence of Attitude of the Effectiveness of Alternative Social Policies, in: Journal of Personality and Social Psychology, Bd. 32 (1975).

Kaase, Max, Politisches Verhalten von Studenten im Vergleich mit anderen Gruppen, in: Günter Albrecht, Hansjürgen Daheim, Fritz Sack (Hrsg.), Soziologie, Opladen 1973.

Kagitcibasi, Sigdem, Social Norms and Authoritarianism: A Turkish-American Comparison, in: Journal of Personality and Social Psychology, Bd. 16 (1970).

Kahl, Erhard, Über Abstammungsvorstellungen von Völkern, Manuskript, Hamburg 1975.

Kahn, Robert L., The Justification of Violence: Social Problems and Social Solutions, in: The Journal of Social Issues, Bd. 28 (1972).

Kalsh, Richard A., und Sharon Moriwaki, The World of the Elderly Asian Americans, in: Journal of Social Issues, Bd. 29 (1973).

Kaminski, Gert, Die Beurteilung unserer Mitmenschen als Prozeß, in: Gustav Lienert (Hrsg.), Bericht über den 23. Kongreß der Deutschen Gesellschaft für Psychologie, 1962 Würzburg, Göttingen 1963.

Kaplan, Robert M., und Roy D. Goldman, Interracial Perception Among Black, White, and Mexican-American High School Students, in: Journal of Personality and Social Psychology, Bd. 28 (1973).

Karbach, Oskar, Die Politische Grundlage des deutsch-österreichischen Antisemitismus, Tel Aviv 1964.

Karlins, Marvin, Thomas L. Coffmann und Gary Walters, On the Fading of Social Stereotypes: Studies in Three Generations of College Students, in:

Journal of Personality and Social Psychology, Bd. 13 (1969).

Katz, Daniel, und Kenneth W. Braly, Racial Stereotypes of 100 College Students, in: Journal of Abnormal and Social Psychology, Bd. 28 (1933).

Katz, Daniel, Racial Prejudice and Racial Stereotypes, in: Journal of Abnormal and Social Psychology, Bd. 30 (1935).

Katz, Irwin, Sheldon Cohen und David Glass, Some Determinants of Cross-Racial Helping Behavior, in: Journal of Personality and Social Psychology, Bd. 32 (1975).

Katz, Phyllis A. (Hrsg.), Towards the Elimination of Racism, New York 1975.

Kaufmann, Harry, Aggression and Altruism, New York 1970.

Keiler, Peter, Ertels „Dogmatismus-Skala", eine Dokumentation, in: Psychologische Rundschau, Bd. 26 (1975).

Kelman, Herbert C. (Hrsg.), International Behavior, New York 1965.

Kelman, Herbert C., und Lee H. Lawrence, Assignment to Responsibility in the Case of Lt. Calley: Preliminary Report on National Survey, in: Journal of Social Issues, Bd. 28 (1972).

Kempf, Erwin, Soziologische und sozialpsychologische Probleme der Integration heimatloser Ausländer, in: Kölner Zeitschrift für Soziologie und Sozialpsychologie, Bd. 16 (1962).

Keniston, Kenneth, Radicals and Militants: Empirical Research on Campus Unrest, Lexinton, Mass., 1973.

Kepplinger, Hans Mathias, Die Sympathisanten der Baader-Meinhof-Gruppe. Statusdevianz und Meinungsdevianz, in: Kölner Zeitschrift für Soziologie und Sozialpsychologie, Bd. 26 (1974).

Kevenhörster, Paul, Parallelen und Divergenzen zwischen gesamtsystemarem und kommunalem Wahlverhalten, in: Studien zur Kommunalpolitik, Bd. 4 (1976).

Kiener, Franz, Über die Aggressivität

der Bayern und Franken. Stereotyp und Wirklichkeit, in: Psychologische Beiträge, Bd. 13 (1971).

Kiesler, Charles A., Barry E. Collins und Norman Miller, Attitude Change, A Critical Analysis of Theoretical Approaches, New York, London, Sydney, Toronto 1969.

Kiesler, Sara B., Preference for Predictability or Unpredictability as a Mediator of Reactions to Norm Violationism, in: Journal of Personality and Social Psychology, Bd. 27 (1973).

Kikumura, Akami, und Harry H. L. Kitano, Interracial Marriage: A Picture of the Japanese Americans, in: Journal of Social Issues, Bd. 29 (1973).

Kitano, Harry H. L., Japanese Americans: The Evolution of a Subculture, Englewood Cliffs, N. J. 1969.

Kitano, Harry H. L., und Stanley Sue, The Model Minorities, in: Journal of Social Issues, Bd. 29 (1973).

Klages, Ludwig, Grundlagen der Charakterkunde, 11. Aufl., Bonn 1951 (zuerst 1910).

Klein, Paul, Änderungen des Deutschlandbildes junger Franzosen nach einem einjährigen Deutschlandaufenthalt, in: Psychologische Beiträge, Bd. 14 (1972).

Kleining, Gerhard, Zum gegenwärtigen Stand der Image-Forschung, in: Psychologie und Praxis, Bd. 4 (1959).

Kleining, Gerhard, Das nationale Selbstbild der Deutsch-Schweizer, in: Psychologie und Praxis, Bd. 7 (1963).

Kleining, Gerhard, Das nationale Selbstbild der Österreicher, in: Bericht über die 11. Werbewirtschaftliche Tagung, Wien 1964.

Kleining, Gerhard, und Harriett Moore, Soziale Selbsteinstufung, in: Kölner Zeitschrift für Soziologie und Sozialpsychologie, Bd. 20 (1968).

Klingemann, Hans Dieter, Issue-Orientierung, Issue-Kompetenz und Wahlverhalten aus kommunalpolitischer Perspektive, in: Studien zur Kommunalpolitik, Bd. 4 (1976).

Knoppke-Wetzel, Volker, Finanziell und sozial schwache Bürger und ihr Zusammentreffen mit dem Rechtssystem, in: Kölner Zeitschrift für Soziologie und Sozialpsychologie, Bd. 28 (1976).

König, René, Antisemitism and Ethnocentrism in Germany, Vorbemerkungen zu *Melvin M. Tumin,* Ethnocentrism, and Anti-Semitism in England, France, and Germany, Paris 1968.

König, René, und *Wolfgang Kaupen,* Soziologische Anmerkungen zum Thema „Ideologie und Recht", in: *Ernst E. Hirsch* und *Manfred Rehbinder* (Hrsg.), Studien und Materialien zur Rechtssoziologie, Sonderheft 11 der Kölner Zeitschrift für Soziologie und Sozialpsychologie, Köln und Opladen 1967.

Korte, Charles, und *Stanley Milgram,* Acquaintance Networks Between Racial Groups: Application of the Small World Method, in: Journal of Personality and Social Psychology, Bd. 15 (1970).

Kothandapani, Virupaksha, Validation of Feeling, Belief, and Intention to Act as Three Components of Attitude and Their Contribution to Prediction of Contraceptive Behavior, in: Journal of Personality and Social Psychology, Bd. 19 (1971).

Kroner, Bernhard, Massenpsychologie und kollektives Verhalten, in: Handbuch der Psychologie, 7. Bd., 2. Halbband, Göttingen 1972. S. 1433 bis 1510

Kroner, Bernhard, Aggressives Verhalten und die Entstehung von Kriegen – ein fragwürdiger Zusammenhang. in: *Amélie Schmidt-Mummendey* und *Hans Dieter Schmidt* (Hrsg.), Aggressives Verhalten. Neue Ergebnisse der psychologischen Forschung, 3. Aufl., München 1975.

Kruse, Lenelis, Gruppen und Gruppenzugehörigkeit, in: Handbuch der Psychologie, Bd. 7, 2. Halbband, Göttingen 1972.

LaFarge, John, S. J., The Race Question and the Negro, New York 1945.

Lamm, Hans, Antisemitismus in Westdeutschland, 1945–1963, in: *Internationaler Arbeitskreis Sonnenberg* (Hrsg.), Politik und Bildung, Braunschweig 1963.

Lang, Gladys Engel, und *Kurt Lang,* Some Pertinent Questions on Collective Violence and the New Media, in: Journal of Social Issues, Bd. 28 (1972).

Lao, Rosina C., Internal-External Control and Competence and Innovative Behavior among Negro College Students, in: Journal of Personality and Social Psychology, Bd. 14 (1970).

LaPiere, Richard T., Race and Prejudice in France and England, in: Social Forces, Bd. 7 (1928).

LaPiere, Richard T., Attitudes versus Actions, in: Social Forces, Bd. 13 (1934).

LaPiere, Richard T., Comment on Irwin Deutscher's Looking Backward, in: American Sociologist, Bd. 4 (1969).

Laux, Jeanne K., Small States and Inter-European Relations, in: Journal of Peace Research Bd. 2 (1972).

Lemberg, Eugen, Nationalismus, 2 Bde., Reinbek bei Hamburg 1964.

Lerner, Melwin S. (Hrsg.), The Justice Motive in Social Behavior, in: The Journal of Social Issues, Bd. 31 (1975).

Levine, Gene M., und *Darrel N. Montero,* Socioeconomic Mobility among Three Generations of Japanese Americans, in: The Journal of Social Issues, Bd. 29 (1973).

Lilli, Waldemar, Das Zustandekommen von Stereotypen über einfache und komplexe Sachverhalte. Experimente zum klassifizierenden Urteil, in: Zeitschrift für Sozialpsychologie, Bd. 1 (1970).

Lilli, Waldemar, und *Franz Lehner,* Stereotype Wahrnehmung: Eine Weiterentwicklung der Theorie Tajfels, in: Zeitschrift für Sozialpsychologie, Bd. 2 (1971).

Lischke, Gottfried, Aggression und Aggressionsbewältigung. Theorie und Praxis, Diagnose und Therapie, 2. Aufl. Freiburg und München 1975.

Litterer, Otto F., Stereotypes, in: Journal of Social Psychology, Bd. 4 (1933).

Lohalm, Uwe, Völkischer Radikalismus. Die Geschichte des Deutschvölkischen Schutz- und Trutzbundes 1919–1923, Berlin 1970.

Lohr, Jeffrey M., und *Arthur W. Staats,* Attitude-Conditioning in Sino-Tibetan Languages, in: Journal of Personality and Social Psychology, Bd. 26 (1973).

Lowenthal, Leo, und *Norbert Guterman,* Prophets of Deceit, New York 1949; dtsch: Agitation und Ohnmacht, Neuwied 1966.

Lumsden, Malvern, The Instinct of Aggression: Science or Ideology?, in: Futurum, Zeitschrift für Zukunftsforschung, Bd. 3 (1970).

Lupri, Eugen, Statuskonsistenz und Rechtsradikalismus in der Bundesrepublik, in: Kölner Zeitschrift für Soziologie und Sozialpsychologie, Bd. 24 (1972).

Mandel, Karl Herbert, Wechselbeziehungen zwischen dem Konsum bestimmter Fernsehsendungen und Urteilen deutscher Jugendlicher über soziale Fremdgruppen, in: Kölner Zeitschrift für Soziologie und Sozialpsychologie, Bd. 18 (1966).

Mantell, Mark D., und *Marc Pilisuk* (Hrsg.), Soldiers In and After Vietnam, in: The Journal of Social Issues, Bd. 31 (1975).

Manz, Wolfgang, Das Stereotyp. Zur Operationalisierung eines sozialwissenschaftlichen Begriffs, Meisenheim am Glan 1968.

Margolis, Joseph, und *Clorinda Margolis,* Black and White Polities, in: Social Theory and Practice, Bd. 2 (1972).

Marquis, Peggy Cook, Experimenter-Subject Interaction as a Function of Authoritarianism and Response Set, in: Journal of Personality and Social Psychology, Bd. 25 (1973).

Massing, Paul W., Vorgeschichte des politischen Antisemitismus, Frankfurt am Main 1959, zuerst New York 1949.

Maykovich, Minako K., Political Activation of Japanese American Youth, in: The Journal of Social Issues, Bd. 29 (1973).

Maykovich, Minako K., Japanese American Identity Dilemma, Tokyo 1972

Maykovich, Minako K., Correlates of Racial Prejudice, in: Journal of Personality and Social Psychology, Bd. 32 (1975).

McConahay, John B., und *Joseph C. Hough, Jr.,* Symbolic Racism, in: The Journal of Social Issues, Bd. 32 (1976).

McGee, D. Philipp, White Conditioning of Black Dependency, in: Journal of Social Issues, Bd. 29 (1973).

McGuire, William J., The Nature of Attitudes and Attitude Change, in: *Gardner Lindzey* und *Elliot Aronson* (Hrsg.), The Handbook of Social Psychology, 2. Aufl., Bd. 3, Cambridge, Mass. 1969.

Meenes, M. A., Comparison of Racial Stereotypes of 1935 to 1942, in: Journal of Social Psychology, Bd. 17 (1943).

Mees, Ulrich, Vorausurteil und aggressives Verhalten, Stuttgart 1974.

Megargee, Edwin J., und *Jack E. Hokanson* (Hrsg.), The Dynamics of Aggression, New York, Evanston und London 1970.

Melc, Jemba, Prejudices and Images of Nations, in: Politica, Bd. 5 (1977).

Meltzer, H., The Development of Children's Nationality Preferences, Concepts and Attitudes, in: Journal of Psychology, Bd. 11 (1941).

Menefee, S. L., The Effect of Stereotyped Words on Political Judgments, in: American Sociological Review, Bd. 1 (1936).

Merton, Robert K., Die Eigendynamik gesellschaftlicher Voraussagen, in: *Ernst Topitsch* (Hrsg.), Logik der Sozialwissenschaften, Köln und Berlin 1966.

Merz, F., Die Beurteilung unserer Mitmenschen als Leistung, in: *Gustav*

Lienert (Hrsg.), Bericht über den 23. Kongreß der Deutschen Gesellschaft für Psychologie, 1962 Würzburg, Göttingen 1963.

Metzger, Wolfgang, Vom Vorurteil zur Toleranz, Hannover 1973.

Mezei, Louis, Perceived Social Pressure as an Explanation of Race and Belief on Prejudice across Interactions, in: Journal of Personality and Social Psychology, Bd. 19 (1971).

Middendorf, Wolf, Der politische Mord. Ein Beitrag zur historischen Kriminologie, Wiesbaden 1968.

Milgram, Stanley, Leonard Bickman und *Lawrence Berkowitz*, Note on the Drawing Power of Crowds of Different Size, in: Journal of Personality and Social Psychology, Bd. 13 (1969).

Milgram, Stanley, und *Hans Toch*, Collective Behavior: Crowds and Social Movements, in: *Gardner Lindzey* und *Elliot Aronson* (Hrsg.), The Handbook of Social Psychology, 2. Aufl., Bd. 4, Cambridge, Mass. 1969.

Miller, Dale T., und *John G. Holmes*, The Role of Situational Restrictiveness on Self-fulfilling Prophecies: A Theoretical and Empirical Extension of Kelley and Stabelski's Triangle Hypothesis, in: Journal of Personality and Social Psychology, Bd. 31 (1975).

Mirandon, Sylvaine, Les Images des Peuples, in: Revue de Psychologie des Peuples, Bd. 16 (1964).

Miroglio, Abel, Einige Aspekte des französischen Nationalcharakters, in: Kölner Zeitschrift für Soziologie und Sozialpsychologie, Bd. 15 (1963).

Miron, Murray S., What Is It Beeing Differentiated by Semantic Differential?, in: Journal of Personality and Social Psychology, Bd. 12 (1969).

Mitchell, Herman E., und *Donn Byrne*, The Defendant's Dilemma: Effects of Jurors' Attitudes and Authoritarianism on Judicial Decision, in: Journal of Personality and Social Psychology, Bd. 25 (1973).

Miyamoto, S. Frank, The Forces Evacuation of the Japanese Minority During World War II, in: Journal of Social Issues. Bd. 39 (1973).

Morison, David, The U.S.S.R. and Asian-Commitment and Isolation, in: Race. A Journal of Race and Group Relations, Bd. 13 (1972).

Müller, Hermann, Rassen und Völker im Denken der Jugend. Vorurteile und Methoden zu ihrem Abbau, Stuttgart 1967.

Münch, Richard, Propheten der Dunkelheit. Wahrheitsannäherung und Theorienvergleich, in: Zeitschrift für Soziologie. Bd. 2 (1973).

Muir, Christine, und *Esther Goody*, Student Parents: West-Africans Families in London, in: Race. A Journal of Race and Groups Relations, Bd. 13 (1972).

Myrdal, Gunnar, An American Dilemma. The Negro Problem und Modern Democracy, New York 1944.

Neumann, Robert, Ein leichtes Leben, München 1964

Nierdall, Gösta, Toward the Development of Some New Theories, in: Politica, Bd. 3 (1975).

Nobles, Wade W., Psychological Research and the Black Self-Concept: A Critical Review, in: Journal of Social Issues, Bd. 29 (1973).

Nobles, Wade W., African Philosophy: Foundations for Black Psychology, in: *Russel L. Jones* (Hrsg.), Black Psychology, New York 1972.

Notz, William W., Barry M. Staw und *Thomas D. Cook*, Attitude toward Troop Withdrawal from Indochina as Function of Draft Number: Dissonance or Self-Interest? in: Journal of Personality and Social Psychology, Bd. 20 (1971).

Opp, Karl-Dieter, Methodologie der Sozialwissenschaften. Einführung in die Probleme ihrer Theoriebildung, Reinbek 1971.

Opp, Karl-Dieter, Verhaltenstheoretische Soziologie, Hamburg 1972.

Osgood, Charles E., On the Whys and Wherefores of E, P, and A, in: Journal of Personality and Social Psychology, Bd. 12 (1969).

Ostrom, Thomas M., The Relationship between Affective, Behavioral, and Cognitive Components of Attitude, in: Journal of Experimental Social Psychology, Bd. 5 (1969).

Pagano, Don F., Information-Processing Differences in Repressors and Sensitizers, in: Journal of Personality and Social Psychology, Bd. 26 (1973).

Pappi, Franz Urban, und Edward O. Laumann, Gesellschaftliche Wertorientierung und politisches Verhalten, in: Zeitschrift für Soziologie, Bd. 3 (1974).

Parkinson, J. P., und Barry MacDonald, Teaching Race Neutrality, in: Race. A Journal of Race and Group Relations, Bd. 13 (1972).

Poeppelt, Konrad, Gruppengespräch über den Nationalismus, in Archiv für angewandte Sozialpädagogik, Bd. 1 (1969/70).

Posseht, Kurt, Zum Image des Aufsichtsbediensteten im Strafvollzug, Stuttgart 1970.

Preale, Ilena, Yehuda Amir und Shlomo Sharan (Singer), Perceptual Articulation and Task Effectiveness in Several Israel Subcultures, in: Journal of Personality and Social Psychology, Bd. 13 (1970).

Pulzer, Peter G. J., The Rise of Political Anti-Semitism in Germany and Austria, London 1964.

Quack, Lothar, Beiträge zum Problem der Diskriminierung von Studenten aus afrikanischen und asiatischen Ländern, unveröffentl. Examensarbeit, Bonn 1965.

Quanty, Michael B., John A. Keats und Stephen G. Harkins, Prejudice and Criteria für Identification of Ethnic Photographs, in: Journal of Personality and Social Psychology, Bd. 32 (1975).

Ransford, H. Edward, Isolation, Powerness, and Violence: A Study of Attitudes and Participation in the Watts Riot, in: American Journal of Sociology, Bd. 73 (1968).

Rauball, Reinhard, Die Baader-Meinhof-Gruppe, Berlin – New York 1973.

Rehbinder, Manfred, Die Diskriminierung. Ihre Ursachen und ihre Bekämpfung, in: Kölner Zeitschrift für Soziologie und Sozialpsychologie, Bd. 15 (1963).

Reichmann, Eva Gabriele, Flucht in den Haß. Die Ursache der deutschen Judenkatastrophe, Frankfurt am Main 1956.

Remier, Ilselore, Jugendmythos und Helotentheorie, Manuskript Hamburg 1970.

Rice, Stuart A., „Stereotypes": A Source of Error in Judging Human Character, in: Journal of Personality Research, Bd. 5 (1926/27).

Richards, Triggy R., An Analysis of Prejudices und Stereotypes, New York 1977

Rittmann, Ursula, Dogmatischer Sprachgebrauch in nationalsozialistischen Texten während des Zweiten Weltkrieges, Unveröffentlichte Diplomarbeit, Göttingen 1973.

Roeder, Burkhart, Kritische Überlegungen zu Holzkamps Kritischer Psychologie, in: Kölner Zeitschrift für Soziologie und Sozialpsychologie, Bd. 25 (1973).

Roghmann, Klaus, Dogmatismus und Autoritarismus, Kritik der theoretischen Ansätze und Ergebnisse dreier westdeutscher Untersuchungen, Meisenheim am Glan 1966.

Rollins, Joan Heller, Reference Identification of Youth of Differing Ethnicity, in: Journal of Personality and Social Psychology, Bd. 26 (1973).

Rosenblatt, Paul C., Origins and Effects of Group Ethnocentrism on Nationalism, in: Journal of Conflict Resolution, Bd. 8 (1964).

Rothbart, Myron, Assessing the Likelihood of a Threatening Event: English Canadians' Evaluation of the

Quebec Separatist Movement, in: Journal of Personality and Social Psychology, Bd. 15 (1970).

Ruble, Diane N., Irene H. Frieze und Jaquelinne E. Parsons (Hrsg.), The Journal of Social Issues, Bd. 32 (1976).

Rubovits, Pamela C., und Martin L. Maehr, Pygmaleon Black and White, in: Journal of Personality and Social Psychology, Bd. 25 (1973).

Ryschlak, Josef F., C. William Hewitt und Jean Hewitt, Affective Evaluation, Word Quality, and the Verbal Learning Styles of Black Versus White Junior College Females, in: Journal of Personality and Social Psychology, Bd. 27 (1973).

Sales, Stephen M., Threat as a Factor in Authoritarianism: An Analysis of Archival Data, in: Journal of Personality and Social Psychology, Bd. 28 (1973).

Sallen, Herbert A., Zum Antisemitismus in der Bundesrepublik Deutschland, Frankfurt 1977.

Sander, Friedrich, Experimentelle Ergebnisse der Gestaltspsychologie, in: Bericht über den X. Kongreß für experimentelle Psychologie in Bonn, Jena 1928.

Sawyer, Jack, und David J. Senn, Institutional Racism and the American Psychological Association, in: Journal of Social Issues, Bd. 29 (1973).

Schelling, Thomas, The Strategy of Conflict, Cambridge Mass. 1960.

Schmidt-Mummendey, Amélie, und Hans Dieter Schmidt (Hrsg.), Aggressives Verhalten. Neue Ergebnisse der psychologischen Forschung, 3. Aufl. München 1975.

Schmidt-Mummendey, Amélie, Vorstellungen und Erklärungsversuche zum aggressiven Verhalten, in: A. Schmidt-Mummendey und H. D. Schmidt (Hrsg.), Aggressives Verhalten, 3. Aufl. München 1975.

Schmidt, Hans Dieter, Zur Einschätzung „friedensrelevanter" psychologischer Forschung, in: A. Schmidt-Mummendey und H. D. Schmidt (Hrsg.), Ag-

gressives Verhalten, 3. Aufl., München 1975.

Schneider, Frank W., Conforming Behavior of Black and White Children, in: Journal of Personality and Social Psychology, Bd. 16 (1970).

Schoeck, Helmut, Die Lust am schlechten Gewissen, Freiburg im Breisgau 1973.

Scholz-Görlach, Gieselheid, und Heinz E. Wolf, Die Bilder von der DDR und ihrer Bürger bei weiblichen Jugendlichen der BRD, in: Kölner Zeitschrift für Soziologie und Sozialpsychologie, Bd. 27 (1975).

Schönbach, Peter, Reaktionen auf die antisemitische Welle im Winter 1959/1960, Frankfurt am Main 1961.

Schönbach, Peter, Sprache und Attituden. Über den Einfluß der Bezeichnungen Fremdarbeiter und Gastarbeiter auf Einstellungen gegenüber ausländischen Arbeitern, Bern – Stuttgart – Wien 1970.

Schreiber, Mathias, Die kollektiven Einzelgänger. Zur kulturellen Situation des Schriftstellers in der heutigen Gesellschaft, in: Alphons Silbermann und René König, Hrsg., Künstler und Gesellschaft, Sonderheft 17 der Kölner Zeitschrift für Soziologie und Sozialpsychologie (1974).

Schrenck-Notzing, Caspar, Charakterwäsche. Die amerikanische Besatzung in Deutschland und ihre Folgen, Stuttgart 1965.

Schrenck-Notzing, Caspar, Zukunftsmacher. Die neue Linke in Deutschland und ihre Herkunft, Stuttgart 1971.

Schüller, Gabriele, Sozialwissenschaftliche Analyse einiger sozialwissenschaftlicher Begriffe, Manuskript, Berlin (West) 1973.

Schwartz, Hans Christian, Einwirkungen politischer Vorgänge auf die Bildung von Gruppenkonstellationen im politischen Feld und politische Vorurteile, unveröffentl. Manuskript, Bonn 1965.

Schwartz, Hans Christian, Bericht über Ergebnisse und Weiterungen einer Teamstudie über Zusammenhänge zwischen Konflikt-, Vorurteils- und Gruppenforschung, Manuskript Bonn 1976.

Schwartz, Sandra Kenyon, und *David G. Schwartz,* Convergence and Divergence in Political Orientations between Blacks and Whites: 1960 bis 1973, in: The Journal of Social Issues, Bd. 32 (1976).

Seeman, Melwin, The Urban Alienation: Some Dubious Theses from Marx to Marcuse, in: Journal of Personality and Social Psychology, Bd. 19 (1971).

Selg, Herbert, Diagnostik der Aggressivität, Göttingen 1968.

Sevlund, Mabel D., und *Alice de Trutt,* Theories and Models on the Problem of the Bild-Analysis, in: Studies of Social Problems, Bd. 1 (1976).

Sevlund, Mabel D., und *Heinz E. Wolf,* Empirische Untersuchung über die Auswirkung bestehender Images auf die Bildung von Vorurteilen, Manuskript, Hamburg 1965.

Shalit, Benjamin, Environmental Hostility and Hostility in Fantasy, in: Journal of Personality and Social Psychology, Bd. 17 (1970).

Sherif, Carolyn W., Social Distance as Categorization of Intergroup Interaction, in: Journal of Personality and Social Psychology, Bd. 25 (1973).

Sherif, Muzafer, An Experimental Study of Stereotypes, in: Journal of Abnormal and Social Psychology, Bd. 29 (1935).

Shouval, Ron, Sophie Kav Venaki, Urie Bronfenbrenner, Edward C. Devereux und *Elizabeth Kiely* in: Journal of Personality and Social Psychology, Bd. 33 (1975).

Siegel, Ulrike, Nationale Gruppen im Urteil Jugendlicher, in: Jugendforschung, Bd. 4 (1967).

Sigall, Harold, und *Richard Page,* Current Stereotypes: A Little Fading, A Little Faking, in: Journal of Personality and Social Psychology, Bd. 18 (1971).

Silbermann, Alphons, Ketzereien eines Soziologen, Wien und Düsseldorf 1965.

Silbermann, Alphons, Erkenntnisse der Soziologie zur Rassenfrage, in: *Klaus-Martin Beckmann* (Hrsg.), Rasse, Kirche und Humanum, Gütersloh 1969.

Silbermann, Alphons, und *Herbert A. Sallen,* Latenter Antisemitismus in der Bundesrepublik Deutschland, in: Kölner Zeitschrift für Soziologie und Sozialpsychologie, Bd. 28 (1976).

Simon, Klaus, Der Einfluß von Gruppenzugehörigkeit auf politisches Verhalten, in: Studien zur Kommunalpolitik, Bd. 4 (1976).

Simon, Maria D., Henri Tajfel und *Nicolaus Johnson,* Wie erkennt man einen Österreicher? Eine Untersuchung über Vorurteile bei Wiener Kindern, in: Kölner Zeitschrift für Soziologie und Sozialpsychologie, Bd. 19 (1967).

Skroblin, Benita, Theorienverzicht als Kriterium undogmatischer Wissenschaft? Thesen zu *Suitbert Ertel:* Erkenntnis und Dogmatismus, 1972, in: Psychologische Rundschau, Bd. 26 (1975).

Slack, Barbara D., und *John Oliver Cook,* Authoritarian Behavior in A Conflict Situation, in: Journal of Personality and Social Psychology, Bd. 25 (1973).

Sodeur, Wolfgang, und *Klaus Roghmann,* Autoritarismus und Dogmatismus im Militär, in: *Günter Albrecht, Hansjürgen Daheim* und *Fritz Sack* (Hrsg.), Soziologie 1973.

Sodhi, Kripal Singh, und *Rudolf Bergius,* Nationale Vorurteile, Berlin 1953.

Sodhi, Kripal Singh, und *Rudolf Bergius,* Geschlechtsabhängige Unterschiede nationaler Stereotypen, in: Jahrbuch für Psychologie und Psychotherapie (1956).

Sodhi, Kripal Singh, Rudolf Bergius und *Klaus Holzkamp,* Urteile über Völker. Versuch einer Problemanalyse, in: Psychologische Beiträge, Bd. 3 (1957).

Sola Pool, Ithiel de, Effects of Cross-National Contact on National and International Images, in: *Herbert C. Kelman* (Hrsg.), International Behavior, New York 1965.

Soldan, Ursula H., Über einige grundsätzliche Veränderungen der allgemeinen Vorurteilstendenzen bei deutschen Arbeitern und Angestellten in Holstein, in: FWS-Report (1971) 1.

Soldan, Ursula H., Versimplifizierungen und Fehlerquellen in der Theorie der „Self-Fulfilling Prophecy", in: FWS-Report (1975).

Soldan, Ursula H., Versuche der Strukturierung eines Perspektiven-Modells auf Basis der Bild-Analyse, in: FWS-Report (1976).

Soldan, Ursula H., Das Konfigurations-Modell: Versuch einer Komplex-Interpretation, in: FWS-Report (1977).

Soldan, Ursula H., Probleme und Struktur des Perspektiven-Modells, in: FWS-Report (1978).

Soulman, Donald R., What's about „Prejudices"?, in: Studies in Social Problems, Bd. 2 (1974).

Staeuble, Irmingard, Faschistoide und kritisch-autonome Haltung, in: Kölner Zeitschrift für Soziologie und Sozialpsychologie, Bd. 20 (1968).

Stake, Jane Elley, Effect of Achievement on the Aspiration Behavior of Black and White Children, in: Journal of Personality and Social Psychology, Bd. 25 (1973).

Steputat, Charles R., Prejudice Researches, in: Studies in Social Problems, Bd. 1 (1975).

Stohn, John, James Bryce and the Comparative Sociology of Race Relations, in: Race. A Journal of Race and Group Relations, Bd. 13 (1972).

Strickland, Bonnie R., Aspiration Responses Among Negro and White Adolescents, in: Journal of Personality and Social Psychology, Bd. 19 (1971).

Strzelewicz, Willy (Hrsg.), Das Vorurteil als Bildungsbarriere, Göttingen 1965.

Sue, Derald W., Ethnic Identity: The Impact of two Cultures on The Psychological Development of Asians in America, in: *S. Sue* und *N. Wagner* (Hrsg.), Asian – Americans: Psychological Perspectives, Ben Lomond, Cal. 1973.

Sue, Derald W. und *Austin C. Frank*, The Typological Approach to the Psychological Study of Chinese and Japanese American College Males, in: Journal of Social Issues, Bd. 29 (1973).

Sue, Derald W., und *Stanley Sue*, Ethnic Minorities: Resistance to beeing Researched, in: Professional Psychology, Bd. 3 (1972).

Sue, Stanley, und *Harry H. L. Kitano*, Stereotypes as a Measure of Success, in: Journal of Social Issues, Bd. 29 (1973).

Süllwold, Fritz, Theorie und Methodik der Einstellungsmessung, in: Handbuch der Psychologie, Bd. 7, 1. Halbband, Göttingen 1969

Sundberg, Norman D., Pritam K. Rohila und *Leona E. Tyler*, Values of Indian and American Adolescents, in: Journal of Personality and Social Psychology, Bd. 16 (1970).

Szalay, Lorand B., und *Jean A. Bryson*, Measurement of Psychocultural Distance: A Comparison of American Blacks and Whites, in: Journal of Personality and Social Psychology, Bd. 26 (1973).

Tack, Werner H., Das Asien- und Afrikabild deutscher Jugendlicher, Ergebnisse einer empirischen Studie, in: Deutsche Jugend, Bd. 2 (1962).

Tamarin, Georges R., The Israeli Dilemma. Essays on a Warfare State, Rotterdam 1973.

Teahan, John E., A Longitudinal Study of Attitude Shifts Among Black and White Police Officers, in: Journal of Social Issues, Bd. 31 (1975).

Teahan, John E., Role Playing an and Group Experience to Facilitate Attitude and Value Changes Among Black and White Police Officers, in:

The Journal of Social Issues, Bd. 31 (1975).

Terner, Gabriele, Übersicht über neuere Ergebnisse der Einstellungen zu fremden Gruppen, in: Kritische Studien, Bd. 3 (1973).

Thomas, Charles W., The System-Maintenance Role of the White Psychologist, in: Journal of Social Issues, Bd. 29 (1973).

Taomas, William J., und Florian Znaniecki, The Polish Peasant in Europe and America, 2 Bde., New York 1958 (zuerst 1918–1920).

Tiedemann, Ute Marie, und Heinz E. Wolf, Untersuchung über die Beziehungen zwischen positiven, neutralen und negativen Begriffsbedeutungen bei Rockern, Manuskript Hamburg 1977.

Tinker, John N., Intermarriage and Ethnic Boundaries: The Japanese American Case, in: Journal of Social Issues, Bd. 29 (1973).

Toch. Hans, Violent Men. An Inquiry into the Psychology of Violence, Chicago 1969.

Töpfer, Wolfgang, Analyse der Einstellung und des Einstellungswandels bei Sympathisanten sozialistischer Ideologien, Manuskript, Berlin (West) 1973.

Tomare, Jack R., Interests, Attitudes, and Behavior, New York 1977.

Triandis, Harry C., Attitude and Attitude Change, New York 1971.

Triandis, Harry C., Variations in Black and White Perceptions of the Social Environment, New York 1975.

de Trutt, Alice, An Investigation of Attitudes Toward Groups, in: Politica, Ed. 3 (1975).

de Trutt, Alice, Observation, Some Empirical and Theoretical Facts, in: Politica, Bd. 4 (1976).

de Trutt, Alice, und Veronika Thies, Attitudinal Effects: Relationships between Objective and Subjective Attitudes, in: The New Scientific Conservation (1976).

de Trutt, Alice, und Heinz E. Wolf, On Observation, in: FWS-Report (1976).

de Trutt, Alice, und Veronika Kathleen Thies, Problems in Social Psychology, in: Politica, Bd. 3 (1977).

Tumin, Melvin M. (Hrsg.), Annual Research on Intergroup Relations – 1965. A Research Study of the Anti-Defamation League of B' nai B' rith, Princeton 1968.

Tumin, Melvin M., Ethnocentrism and Anti-Semitism in England, France, und Germany, Paris 1968.

Turenne, Richard L., und Michael D. Child, Evaluations of Groups as a Function of Prejudices, in: Social Scientific Discussion, Bd. 1 (1977).

Turner, Ralph H., Is the Concept of Attitude Obsolete?, Paper Read at the Pacific Sociological Association Meetings, San Francisco, March 1969.

Upmeyer, Arnold, Hans Layer und Wilfried K. Schreiber, Über die Verarbeitung stereotyper Eigenschaften fremder Völker, in: Psychologische Beiträge Bd. 14 (1972).

Vanneman, Reeve D., und Thomas F. Pettigrew, Race and Relative Deprivation in the Urban United States, in: Race. A Journal of Race and Group Relations, Bd. 13 (1972).

Vorwerg, Manfred, Untersuchungen über Einstellungsstereotype, in: Probleme und Ergebnisse der Psychologie, Bd. 16 (1966).

Wallimann, Isidor, Toward a Theoretical Understanding of Ethnic Antagonism: The Case of the Foreign Workers in Switzerland, in: Zeitschrift für Soziologie Bd. 3 (1974).

Warren, Donald I., Mass Media and Racial Crisis: A Study of the New Bethel Church Incident in Detroit, in: Journal of Social Issues, Bd. 28 (1972).

Watson, Robert I. Jr., Investigation into Deindividuation Using A Cross-Cultural Survey Technique, in: Journal of Personality and Social Psychology, Bd. 25 (1973).

Wegener-Spöhring, Gisela, Vorurteilsstrukturen im Vorschulalter – eine empirische Untersuchung, in: Zeitschrift für Pädagogik, Bd. 21 (1975).

Wegner, Daniel M., und William D. Grano, Racial Factors in Helping Behavior: An Unobtrusive Field Experiment, in: Journal of Personality and Social Psychology, Bd. 32 (1975).

Weinert, Bernd, Konflikte und Vorurteile, in: Kritische Studien, Bd. 2 (1976).

Weissberg, Norman C., On deFleur and Westie's "Attitude as a Scientific Concept", in: Social Forces, Bd. 43 (1965).

Weymann, Ansgar, Zur Konzeption von politischer Bildung in der Erwachsenenbildung, in: Zeitschrift für Soziologie, Bd. 2 (1973).

Wilcott, James B., The Roots of Nonsense. A Critical Analysis of Terminus and Theory "Stereotype", New York 1967.

Williams, John E., Richard D. Tucker und Frances Y. Dunham, Changes in the Connotations of Color Names Among Negroes and Caucasians: 1963–1969, in: Journal of Personality and Social Psychology, Bd. 19 (1971).

Wilson, Glenn D., James Ausman und Thomas R. Mathews, Conservatism and Art Preference, in: Journal of Personality and Social Psychology, Bd. 25 (1973).

Wilson, Lorene, und Ronald W. Rogers, The Fire this Time: Effects of Race of Target, Insult, and Potential Retaliation on Black Aggression, in: Journal of Personality and Social Psychology, Bd. 32 (1975).

Wilson, Warner, Rank Order of Discrimination and its Relevance to Civil Rights Priorities, in: Journal of Personality and Social Psychology, Bd. 15 (1970).

Wohlfahrt, Erich, Der Auffassungsvorgang zur kleinsten Gestalt. Ein Bei-

trag zur Psychologie des Vorgestalterlebens, in: Neue Psychologische Studien (1927).

Wolf, Heinz E., Zur Soziologie der Vorurteile, in: René König (Hrsg.) Handbuch der empirischen Sozialforschung, 2. Bd. 1969

Wolf, Heinz E., Einige Hinweise zum Stand und zur Entwicklung der Aggressionsforschung von 1905 bis 1970, in: Archiv für angewandte Sozialpädagogik, Bd. 2 (1970/1971).

Wolf, Heinz E., Zu einigen Problemen ideologischer Einflüsse auf die Vorurteilsforschung, in: Kölner Zeitschrift für Soziologie und Sozialpsychologie, Bd. 24 (1972).

Wolf, Heinz E., Geschichte und Problemsituation der Autoritarismusforschung, in: FWS-Report (1975).

Wolf, Heinz E., Einführung in die Grundmethoden der Sozialforschung und -pädagogik (Beobachtung und Gespräch), Manuskript, Tornesch/Holst. 1976.

Wolf, Heinz E., Probleme des Bildes von Preußen. Voraussetzungen, Fragestellungen, Empirische Befunde, in: Deutschland Archiv (1977).

Wolf, Heinz E., Hans Jürgen Wolter, Rockerkriminalität, Seevetal – Ramelsloh 1974.

Wolpin, Miles D., Stereotypes in U.S. – Latin American Relations, in: Social Theory and Practice, Bd. 2 (1972).

Worthy, Morgan, und Allen Markle, Racial Differences in Reactive Versus Self-Paced Sports Activities, in: Journal of Personality and Social Psychology, Bd. 16 (1970).

X(Clerk), Cedric, The Role of the White Researcher in Black Society: A Futuristic Look, in: The Journal of Social Issues, Bd. 29 (1973).

Yee, Albert H., Myopic Perceptions and Textbooks: Chinese American's Search for Identity, in: Journal of Personality and Social Psychology, Bd. 29 (1973).

Zajonc, Robert B., Cognitive Theories in Social Psychology, in: *Gardner Lindzey* und *Elliot Aronson* (Hrsg.), The Handbook of Social Psychology, Bd. 3, 1969.

Zalkind, Sheldon S. (Hrsg.), Civil Liberties, in: The Journal of Social Issues, Bd. 31 (1975).

Zellman, Gail L., Antidemocratic Beliefs: A Survey and Some Explanations, in: The Journal of Social Issues, Bd. 31 (1975).

Probleme der Kriminalsoziologie

Von Fritz Sack

I. Kriminologie und (Kriminal)soziologie

1. Die Ausuferung „kriminologischer" Forschung und der Anspruch der Soziologie

Über die Kriminalsoziologie läßt sich nicht schreiben, ohne daß man unmittelbar verstrickt ist in ein kaum lösbares Problem der Abgrenzung und der Aussonderung. Wie keine andere Teildisziplin innerhalb der Soziologie steht sie im Schnittpunkt von verschiedenen anderen Disziplinen und wissenschaftlichen Unternehmungen, zu denen sie sich in Beziehung zu setzen hat. Sie hat die Überlappungen, Differenzen, Kongruenzen, Divergenzen und Konvergenzen zu bestimmen, die zwischen ihr und anderen Territorien der Wissenschaften existieren, die sich gleich ihr mit dem Phänomen der Kriminalität beschäftigen.

Diese Notwendigkeit der Grenzziehung ist zugleich eine solche der pragmatischen Beschränkung und der Entwicklung selektiver Kriterien für Umfang und Auswahl der wissenschaftlichen Ereignisse im weiteren Sinne, über die in einem Übersichtsartikel wie diesem vernünftig und zusammenhängend nur berichtet werden kann. Der Leser mag sich zur Einschätzung dieses Sachverhalts vergegenwärtigen: In einem immer dringlicher werdenden Versuch, die wissenschaftliche Diskussion auf dem Gebiet der – wie wir es zunächst unrestriktiv nennen wollen – Kriminalitätsforschung durch Informationsstraffung und -komprimierung noch überschaubar und handlich zu machen, hat ein Kriminologenteam eines der größten und bestausgestatteten kriminologischen Instituts der USA, des *Center for Studies in Criminology and Criminal Law* der *University of Pennsylvania* in Pittsburgh, unter der Leitung seines international bekannten Direktors, des *Sellin*-Schülers *Marvin E. Wolfgang,* einen zweibändigen „Criminology Index" erstellt, der die empirischen und theoretischen Arbeiten erfaßt und systematisiert, die zwischen 1945 und 1972 in den USA erschienen sind (*M. E. Wolfgang, R. M. Figlio* und *T. P. Thornberry* 1975). In diesem Index sind insgesamt 3132 Aufsätze und 556 Buchoder Berichtsmonographien verzeichnet. Sie sind ausgewählt worden aus einer Gesamtmenge von über 5000 Artikeln aus Zeitschriften, Berichten, Anthologien und nahezu 1000 monographischen Einheiten (S. XI). Zur Gewinnung dieser Ausgangsmenge war für die Artikel die intensive Durchsicht („issue by issue") von nicht weniger als 58 bedeutenden Fachzeitschriften sowie die eiligere Sichtung von nahezu 1650 anderen periodischen Publikationen erforderlich. Hält man sich zunächst die zeitliche und die regionale Begrenzung des Index vor Augen, dann lassen sich in einer ersten gedanklichen Operation die Schritte bezeichnen, die erforderlich sind, um das durch diesen Index vermittelte Bild des wissenschaftlichen Diskussionsstandes der Kriminalitätserforschung in Richtung eines nicht auf nationale und zeitliche Besonderheiten zugeschnittenen Überblicks über den Stand der Disziplin zu erweitern. Der für eine gegenwartsbezogene Einschätzung unerläßliche Blick sowohl auf die Geschichte der Disziplin als auch auf die außeramerikanische wissenschaftliche Diskussion hat eine nicht unbeträchtliche Ausdehnung der zu verarbeitenden Informationsmenge zur Folge.

Es ist jedoch noch ein weiterer Schritt extrapolierender Hochrechnung vonnöten, um die Ausgangssituation zu markieren, vor die sich ein Versuch gestellt sieht, über die wissenschaftliche Erforschung der Kriminalität mit dem Anspruch zu berichten, Vollständigkeit nicht dadurch zu suggerieren oder zu erreichen, daß man sich voreiligen gegenstandsinduzierten, disziplinorientierten oder auch wissenschaftsinstitutionellen Selektionskriterien ausliefert. Ohne daß die Verfasser des kriminologischen Index dieser Vorwurf trifft, weil ihre Beschränkung pragmatisch und ressourcenbedingt ist – den beiden erschienenen Bänden sollen weitere folgen –, bleibt festzuhalten, daß sie neben der zeitlichen und regionalen Restriktion auch eine wesentliche Ausklammerung in inhaltlicher bzw. gegenständlicher Hinsicht vornehmen: „Studies of the administration of justice, the police, courts and corrections are not included" (S. XI). Ebenso bleiben unberücksichtigt die große Anzahl von Lehrbüchern und Anthologien auf dem Feld der Kriminalitätsforschung, die für den Institutionalisierungsgrad wissenschaftlicher Aktivitäten bekanntermaßen ein zentrales Gewicht besitzen. Das qualitative wie quantitative Ausmaß der inhaltlichen Beschränkung kann nicht hoch genug veranschlagt werden. Die literarische wie systematisch-theoretische Fortschreibung dieses kriminologischen Teilgebiets stellte für mich das schwierigste Problem bei der Neufassung der zehn Jahre zurückliegenden Originalversion dieses Überblicks dar.

Angesichts der außerordentlichen zeitlichen, historischen, regionalen sowie inhaltlichen Selektivität des kriminologischen Index von *Wolfgang* u. a. ist es deshalb auch nicht möglich, auch nur annäherungsweise eine quantitative Bestimmung der Literatur zur Kriminalitätsforschung zu geben. Eine Zahl von 10 000 Arbeiten dürfte nicht zu hoch gegriffen sein – bei einem Unsicherheitsgrad, der vierstellig ist. Nicht nur jede kurze, auf relativ grobe Konturen ausgerichtete Bilanzierung der Kriminalitätsforschung, sondern auch Lehrbuchverfasser und an speziellen Fragen und Aspekten der Kriminologie interessierte Forscher stehen deshalb vor dem Problem der Informationssichtung, -reduktion und -strukturierung. Dabei sind ihnen sicherlich die verschiedenen systematischen abstract-Dienste in den Verhaltenswissenschaften, auch kriminologiespezifische[1], sowie verschiedene dem kriminologischen Index analoge bibliographische Unternehmungen[2] und wissenschaftliche Informationsdienste[3] behilflich. Diese ersetzen indessen nicht die systematische und theoretische Durchdringung zum Zwecke der selektiven Sichtung und der systematischen Reduktion des Gesamtmaterials.

2. Die Kriminalsoziologie als „Bindestrich-Kriminologie" – die Soziologie im Verdrängungswettbewerb mit der Kriminologie

Obwohl die Dringlichkeit arbeitsteiligen Vorgehens- und disziplinärer Zuständigkeitsregelung auf dem Gebiet der Kriminalitätsforschung nicht nur wegen der angedeuteten Materialexplosion auf der Hand liegt, ist ein Konsens darüber, in welcher Weise dies zu erreichen ist, weiter entfernt denn je. Die vergangenen zehn Jahre haben die Schwierigkeiten einer sinnvollen und wenigstens mehrheitlich unter den Wissenschaftlern akzeptierten Lösung dieser Frage eher potenziert als einer Klärung zugeführt. Es hat wohl in keiner Bindestrichsoziologie in den letzten Jahren eine derartige Fülle von kleineren und größeren Versuchen einer Standortbestimmung gegeben wie auf dem Gebiet der Soziologie der Kriminalität. Trotz der Intensität einer solchen Selbstverständnisdiskussion ist ihre eigene Identität nach wie vor brüchig und kontrovers.

Die Diskussion hierüber verdient zunächst einen etwas anderen Akzent als in der ersten Version dieses Überblicks. Ich hatte die Frage aufgeworfen, ob es überhaupt eine „Kriminalsoziologie" gäbe und darauf die Antwort entwickelt, daß erst die damals sich anbahnende Auseinandersetzung mit der sogen. positivistischen Schule innerhalb der Kriminologie den Weg zu einer konsequenten soziologischen Analyse der Kriminalität freilegen würde. Während die Entwicklung seither die damalige Diagnose bestätigt hat, sucht man allerdings vergeblich nach Buch-, Aufsatz- oder Zeitschriftentiteln, die ausdrücklich von einer Kriminal-„soziologie" sprechen. Als Ausnahme sei lediglich auf regionale Besonderheiten verwiesen, die auf einen spezifisch „soziologischen" Ansatz insistieren und damit eine eigene Kriminalsoziologie reklamieren, die als distinktive Disziplin gegen andere abzusetzen sei. Dies dürfte für die deutsche Situation charakteristisch sein, wie weiter unten noch ausführlicher darzulegen ist.

Die Tatsache aber, daß die wissenschaftliche Diskussion in der Erforschung der Kriminalität während der letzten Jahre eine Richtung genommen hat, deren entscheidende Impulse aus der Kritik an der positivistischen Kriminologie mittels des theoretischen und methodologischen Rüstzeugs der Soziologie resultieren, ohne daß damit der eigenständige Anspruch einer spezifischen Kriminalsoziologie sichtbar erhoben wird, macht insofern eine andere Akzentsetzung erforderlich, als sie die Stoßrichtung wissenschaftssystematischer Argumentation verändert hat. Die Betonung einer eigenständigen soziologischen Analyse der Kriminalität ist gerichtet gegen andere Disziplinen, etwa gegen die Biologie, die Psychologie, Psychoanalyse, Psychiatrie, Anthropologie und zielt, wie *A. Mergen* (1975, S. 11) und *G. Kaiser* (1976 b, S. 2) in Übernahme eines Begriffs aus der soziologischen Wissenschaftssystematik es nennen, auf die Etablierung einer „Bindestrich-Kriminologie", die das Konzert der schon existierenden anderen um ein zusätzliches Instrument erweitert. Davon ist indessen von Seiten der Soziologie und der Soziologen, die sich mit der Analyse des Phänomens der Kriminalität beschäftigen, immer weniger die Rede. Die Implikationen ihrer theoretischen und empirischen Arbeiten zielen über eine solche Position weit hinaus. Um im Bild zu bleiben, die Ambitionen und Folgerungen richten sich darauf, die Soziologie zur Verfasserin der Partitur für die Kriminologie insgesamt zu machen. Am sichtbarsten hat sich diese Position in der Arbeit der englischen Soziologen *I. Taylor, P. Walton* und *J. Young* niedergeschlagen, die eine kritische Analyse der Geschichte der Kriminologie sowie ihres derzeitigen Standes zum Anlaß einer grundlegenden Neuorientierung nehmen, der sie den Titel „The New Criminology" (1973) geben und deren disziplinären Bezugs- und Ausgangspunkt sie lediglich im Untertitel – „For a social theory of deviance" – kenntlich machen.

Keine andere einzelne Monographie zur Analyse der Kriminalität hat wie dieser Versuch einer theoretischen Neubestimmung der Kriminologie Diskussionen und Kontroversen entfacht, die in ihrer Anzahl und in ihrem Gewicht kaum mehr zu überblicken sind[4], deren versuchte Trivialisierung und Normalisierung, wie etwa durch den deutschen Kriminologen *G. Kaiser* (1976), eher mangelnde Bereitschaft zur Auseinandersetzung mit den Ergebnissen dieser kritischen Bestandsaufnahme der Kriminologie als deren Bewältigung und Verarbeitung verrät. *A. W. Gouldner* hat diese Arbeit mit einem sechsseitigen Vorwort begleitet, dessen nahezu euphorischer Beginn sich so liest: „If any single book can succeed in making ‚criminology' intellectually serious, as distinct from professionally respectable, then this study, remarkable for its combination of the analytical with the historical, will do it. It

is perhaps the first truly comprehensive critique that we have
ever had of the totality, of past and contemporary, of European
and American, studies of ‚crime‘ and ‚deviance‘" (S. IX). Kein Versuch der Standortbestimmung der Kriminologie kann m. E. an
dieser Arbeit, ihrem theoretischen Hintergrund und an der durch
sie ausgelösten Diskussion innerhalb dieser Disziplin, die durchaus derjenigen vergleichbar ist, die um die Jahrhundertwende
durch das Auftreten der Arbeiten der italienischen Begründer
der positivistischen Schule in der Kriminologie, C. Lombroso,
E. Ferri und R. Garofalo ausgelöst wurde, vorübergehen.

Wir kommen auf diese Arbeit, ihren institutionellen und intellektuellen Hintergrund weiter unten noch zurück. In diesem Zusammenhang soll sie nur als ein Beleg und Beispiel dafür dienen, daß
die Kriminalsoziologie in ihrem mittlerweile erreichten Selbstverständnis nicht schlicht nur der Analyse der Kriminalität ihre eigene, die soziologische Perspektive, hinzufügen möchte, sondern
daß sie sich anschickt, die Analyse der Kriminalität gleichsam
ohne Rest mit dem von ihr bereitgestellten theoretischen und
methodologischen Instrumentarium zu erreichen.

Im Verlaufe der weiteren Diskussion wird deutlich werden, daß
dieser Anspruch der Soziologie keineswegs neu und unvermittelt auf die Bühne getreten ist, sondern daß er sich von langer
Hand angebahnt hat, ja eigentlich auf der Tagesordnung steht,
seit die Soziologie sich der Analyse der Kriminalität widmet. Er
ist nur mal sichtbarer, mal verdeckter gewesen, mal defensiver,
mal offensiver aufgetreten. Von daher ist es vielleicht gar nicht
übertrieben zu sagen, daß sich die Geschichte der Kriminologie
als ein permanenter Prozeß der Auseinandersetzung mit der zunehmenden Durchdringung des Phänomens Kriminalität von
seiten der Soziologie begreifen und rekonstruieren läßt. Die Vergangenheit der Kriminologie – darüber besteht weitgehend
Einigkeit – ist gekennzeichnet durch eine zunehmende Einschnü-
rung und ein erfolgreiches Substituieren von nicht-soziologi-
schen durch soziologische „Imperialismen" (F. Hartung 1958, pas-
sim, insbes. S. 733).

Für die Gegenwart und damit auch für die Prognose der weiteren
Entwicklung der Kriminologie aus soziologischer Sicht ergibt
sich jedoch insofern eine entscheidende Verschiebung des Problems, als die ausgesprochene Rivalität verschiedener wissenschaftlicher Disziplinen in der Kriminologie vor dem Hintergrund fast nur einer einzigen als legitim angesehenen Fragestellung gesehen wurde, nämlich der nach den Ursachen und Erklärungen kriminellen Verhaltens. Die Frage des Warum kriminellen
Verhaltens ließ Biologie, Psychologie, Anthropologie, Psychiatrie,

Psychoanalyse und Soziologie miteinander wetteifern und um den Primat im bunten Faktorenbündel individueller oder sozialer Merkmale des Täters streiten. Seit sich jedoch die Gegenstände der Kriminologie – durch die theoretische und praktische Erfolglosigkeit der traditionellen Fragestellung ebenso bedingt wie durch die soziologische, begriffliche und auch rechtstheoretische Bearbeitung des Gegenstandes der Kriminologie – beträchtlich erweitert haben, seit Kriminalität nicht länger als ein Merkmal von Personen oder Personenaggregaten betrachtet, sondern als eine soziale Beziehung zwischen verschiedenen Mitgliedern ein und derselben Gesellschaft angesehen wird, stehen Fragestellungen und Probleme auf der Tagesordnung der Kriminologie, die den Kompetenzspielraum der früher in Konkurrenz zur Soziologie stehenden Nachbar- und Bezugsdisziplinen – aufs Ganze der Kriminologie gesehen – auf eine zu vernachlässigende Größenordnung einengen.

Einzelheiten dieser Entwicklung sind noch auszubreiten. Zur Überleitung der Diskussion auf die Frage, wie sich diese Verlaufsskizze der soziologischen Analyse des Phänomens Kriminalität aus der Sicht der semantisch zuständigen Wissenschaft, der Kriminologie, ausnimmt, soll indessen eine Konsequenz schon hier angedeutet werden, die die Frage nach der endgültigen Etablierung einer Kriminalsoziologie gegenstandslos werden läßt. In seiner Einleitung der inzwischen in dritter Auflage erschienenen „Introduction to Criminology" mit dem Haupttitel: Society, Crime, and Criminal Careers (1977) hält *D. C. Gibbons* aus der spezifischen amerikanischen Situation heraus, die von Beginn an dadurch gekennzeichnet war, daß die Kriminologie eine Teildisziplin der Soziologie darstellte, die Wahrscheinlichkeit für gegeben, daß „in short, criminology as a distinct field of specification may ultimately disappear" (S. 4). Diese Prognose leitet *Gibbons* aus der Beobachtung her, daß durch die quantitative und qualitative Ausdehnung des Gegenstandes der Kriminologie zunehmend verschiedene Teilgebiete der Soziologie sich mit Fragen der Kriminalität unterschiedlichster Art beschäftigen, so daß eine paradoxe Situatin entsteht: „Criminology as a field of specialization within sociology will probably attract fewer recruits in the future, even though interest in facets of criminality will likely continue to grow" (ibid.). Zu einer ähnlichen Schlußfolgerung gelangt *R. Collins* in seinem Entwurf einer konflikttheoretisch angelegten gesamtgesellschaftlichen Analyse, die als ein Moment auch Phänomene des abweichenden Verhaltens und der Kriminalität einzubeziehen habe. Die Überwindung der „self-imposed limitations" der Devianzsoziologie, die durch die Arbeiten zu Themen und Stichworten wie „opportunity model, white collar crime, crimes without victims, labeling theory" schrittweise schon angebahnt sei, habe als nächster Schritt der Versuch zu folgen „to abolish the field of deviance entirely" (1975, S. 17). Schließlich sei eine letzte Stimme zitiert, die in die gleiche Richtung weist. In einer Rezensionsauseinandersetzung mit den Verfassern der „New Criminology" formuliert *M. Phillipson*, ein englischer Kriminalsoziologe, der sich bereits 1971 mit einer ausgezeichneten Monographie über die „Sociological Aspects of Crime and Delinquency" zu Wort gemeldet hat, als Ziel „of truly radical theory": „overcoming and dissolution of criminology" (1973, S. 400).

Die soziologische Analyse der Kriminalität, das ist die Quintessenz dieser einleitenden Erörterung, ist nicht bloß darauf aus, ihr Schärflein beizutragen zur wissenschaftlichen Aufhellung der vielfältigen sozialen Prozesse und Strukturen, die mit dem Kürzel „Kriminalität" zusammengefaßt werden. Sie glaubt sich im Besitz des wissenschaftlichen Instrumentariums, das in der Lage ist, Kriminalität und kriminelles Handeln, die durch sie ausgelösten Konsequenzen und die sie konstituierenden Prozesse umfassend, d. h. in allen ihren Aspekten und Dimensionen, begreifen und erklären zu können. Allerdings tut sie dies nicht unwidersprochen; ja, ein Blick auf die kriminologische Landschaft lehrt nicht nur den unbefangenen Betrachter sehr schnell, sondern erschließt auch dem Soziologen, daß er in die Gefahr gerät, Ringelnatzscher Eulenspiegeleien bezichtigt zu werden, täte er so, als sei sein Anspruch und seine prätendierte Leistungsfähigkeit schon Grund und Anlaß genug, daß sich die Wirklichkeit der Wissenschaft danach richtet.

Denn diese ist nicht eine reine Funktion der Standards und Kriterien, nach denen wissenschaftliches Räsonieren sich stilisiert, sondern hat Determinanten außerwissenschaftlicher Art, die es aufzudecken gilt, wenn man den tatsächlichen Gang und die aktuelle Struktur einer Wissenschft begreifen und bloßlegen will. In solche Zusammenhänge müssen wir jetzt vordringen, wenn es darum geht, die Überlebensfähigkeit und Zähigkeit darzustellen und plausibel zu machen, die das wissenschaftliche Gebilde „Kriminologie" auszeichnet, das nicht nur nicht identisch ist mit Kriminalsoziologie, sondern geradezu ein Gegenprogramm zu ihr darstellt, wobei zunächst offenbleiben kann, ob die Polarität dem fortgeschrittenen Erkenntnisstand der Soziologie oder der intellektuellen Rückständigkeit der Kriminologie geschuldet ist.

II. Der Autonomieanspruch der Kriminologie: Ursprung und Struktur

Die Forderung nach einer neuen Kriminologie in der englischen Diskussion, die Prognose eines Verschwindens der Kriminologie als eines Spezialgebiets innerhalb der amerikanischen Soziologie, die geforderte Auflösung der Kriminologie aus der Sicht einer konsequenten soziologischen Perspektive nötigt zu einer genaueren Antwort auf die Frage nach dem Gegenstand, dessen Beseitigung vorhergesagt und gefordert wird.

Dieser Abschnitt unserer Darstellung steht indessen vor einem besonderen Problem, auf das gleich zu Beginn aufmerksam zu machen ist. Gegenstand der Erörterung soll die Frage nach Struktur und Programm der Kriminologie sein, gegen die sich die im vorigen Abschnitt kurz skizzierte Neuorientierung wendet. Wir stoßen dabei jedoch auf Schwierigkeiten, die für die Kriminologie – verglichen mit anderen Wissenschaften – einzigartig sind. Weniger als andere Wissenschaften ist die Kriminologie beschreibbar als ein über kulturelle, gesellschaftliche und nationale Grenzen hinausgehendes einheitliches System von wissenschaftlichen Regeln, Verfahrensweisen und Instrumenten, das auf einen bestimmten Gegenstandsbereich anzuwenden wäre. Es gibt nationale und historische Besonderheiten innerhalb der Kriminologie von einem Ausmaß, das Verallgemeinerungen außerordentlich erschwert und die Gefahr in sich birgt, der einen oder anderen Seite Unrecht zu tun, wenn man sich gleichwohl darum bemüht. In der Folge werden solche nicht wissenschaftsimmanenten Unterschiede immer wieder zur Sprache kommen.

Hiermit hängt es zusammen, daß die Antwort auf die Frage nach Struktur und Programm der zu kritisierenden Kriminologie nicht leicht zu finden ist, wenn man sie im Bezugsrahmen wissenschaftlicher Theorien und Verfahren sucht. Daraus folgt unsere These, die wir in diesem Abschnitt belegen wollen, daß die Kriminologie vor einem spezifischen Dilemma steht. Die Existenzgründe der Kriminologie sind andere als wissenschaftliche, wenn auch nicht notwendig ihre Legitimationsformeln. Mehr noch: es scheint das zentrale Dilemma der traditionellen Kriminologie zu sein, nicht identisch sein zu wollen mit einer der verschiedenen Zuliefererwissenschaften, aber Mühe zu haben, die eigene Wissenschaftlichkeit zu formulieren und auszuweisen. Das heißt, daß sie ihre außerwissenschaftlichen Verankerungen wissenschaftlich rechtfertigen und drapieren muß, will sie weiter überleben.

1. „Gegenstand" der Kriminologie und die Frage ihrer Autonomie

Eines der schwierigsten und strittigsten Probleme der Kriminologie ist das nach ihrem Gegenstand. Spätere Teile unserer Erörterung werden diese Frage immer wieder aufzunehmen haben. Hier ist nur deshalb kurz auf sie einzugehen, weil die Antwort auf diese Frage weitreichende Konsequenzen für Möglichkeiten und Grenzen des von der Kriminologie erhobenen Anspruchs auf Selbständigkeit und Autonomie hat.

In der neueren kriminologischen Diskussion stehen sich – grob gesprochen – eine weite und eine enge Auffassung des Gegenstandes gegenüber. Die weite Gegenstandsbestimmung weist der Kriminologie neben der Analyse von kriminellem Handeln auch die wissenschaftliche Behandlung der Definitionshandlungen von sowie der Reaktionen auf Kriminalität durch die Gesellschaft zu, während ein engeres Gegenstandsverständnis Probleme der letzten Art von ihr fernhält. Es leuchtet unmittelbar ein, daß die Verwirklichung eines Selbständigkeitsanspruches der Kriminologie bei einer weiten Fassung des Gegenstandes erheblich größere theoretische und methodologische Schwierigkeiten aufwirft, als dies bei einem reduzierten Gegenstandsbereich der Fall ist. Eine Kriminologie, die sich auf Beschreibung und Erklärung kriminellen Handelns konzentriert, hat eine geringere theoretische Integrationsleistung zu erbringen als eine Kriminologie, die auch die Beschreibung und die Analyse des normativen und des reaktiven Aspekts der Kriminalität miteinbezieht. Ja, es scheint so zu sein, daß ein gewisser Zusammenhang besteht zwischen der jeweils gewählten Gegenstandsbestimmung der Kriminologie und der Nachhaltigkeit, mit der ein Autonomieanspruch der Kriminologie vertreten wird. Die am Ende des ersten Abschnitts zitierten Prognosen über die weitere Zukunft der Kriminologie stammen sämtlichst von Wissenschaftlern, die den Gegenstand der Kriminologie über das kriminelle Handeln hinaus ausdehnen. Umgekehrt scheint die Autonomiefrage, wie wir sehen werden, denjenigen Kriminologen ein besonderes Anliegen zu sein, die eine enge Gegenstandsbestimmung vorziehen.

Will man sich genauer vergewissern, welche Gegenstandsauffassung einem bestimmten Lehrbuch oder einer Position zugrundeliegt, sollte man sich nicht auf die jeweils präambelhaft vorangestellten Eigendefinitionen der Kriminologen verlassen, weil diese in aller Regel weit, leerformelhaft, gelegentlich irreführend[5] insofern sind, als sie das Gewicht nicht erkennen lassen, das den einzelnen Komponenten ihrer Definition beigelegt wird. Letzteres trifft etwa für *G. Kaiser* zu, der einerseits einer – wie er es nennt – „weiten Auffassung von der Kriminologie" (1976 b, S. 3 ff.) unter

Einschluß auch der „erfahrungswissenschaftlichen Kenntnis über die *Wandlungen des Verbrechensbegriffs* (Kriminalisierung)" (S. 3 – Hervorheb. im Original) das Wort redet und sie gegen die Kritik anderer Kriminologen heftig verteidigt. Andererseits jedoch: Wenn er die definitorischen, methodologischen und sonstigen Präliminarien der Kriminologie verläßt und gleichsam zur „erfahrungswissenschaftlichen" Sache kommt, ist davon kaum mehr die Rede oder in einer Art und Weise, die fragen läßt, warum er überhaupt den Gegenstand der Kriminologie auf solche Fragen auszudehnen geneigt ist.

Daß die Frage der Einbeziehung strafrechtssoziologischer Forschung – bei aller sonstigen Allgemeinheit und gegenständlicher wie theoretischer Leere der Definitionsformeln der Kriminologie – das einzige Kriterium darstellt, nach dem sich verschiedene Auffassungen über Gegenstand und Zuständigkeit der Kriminologie ausmachen lassen, wird sehr deutlich in einer darauf bezogenen Kontroverse zwischen *H. Mannheim* und *C. R. Jeffery*, die diese im Vorwort und Nachwort zu der von *Mannheim* besorgten Anthologie biographischer Skizzen in kriminologiegeschichtlicher Absicht „Pioneers in Criminology" austragen. Dieser Disput hat deshalb seinen besonderen aufschlußreichen Reiz, weil er, zunächst 1960 bei der Erstauflage dieser Sammlung begonnen, inzwischen anläßlich der Zweitauflage im Jahre 1972 angesichts der seither verlaufenen Diskussion eine vor mehr als zehn Jahren noch nicht vorhersehbare Aktualität und Zuspitzung erfahren hat.

Der internationale Trend, gemessen vor allem an der nach wie vor führenden amerikanischen Kriminologie, zielt auf Einbeziehung auch der Strafrechtssoziologie in die Kriminologie (*E. H. Sutherland* und *D. Cressey* [9]1974; *W. C. Reckless* [5]1973; *D. C. Gibbons* [3]1977; *D. R. Taft* und *R. W. England* [4]1974; *M. R. Haskell* und *L. Yablonsky* 1974).

Die in der deutschen Kriminologie vorherrschende Auffassung – trotz der folgenlosen Ausnahme von *G. Kaiser* und der ebenso unverbindlich bleibenden Deklarierung *H. J. Schneiders*, „Kriminalisierungs- und Entkriminalisierungsprozesse" gehörten zum Gegenstand der Kriminologie ([2]1977, S. 17, 234) – schließt die Analyse des Strafrechts aus dem Kompetenzbereich der Kriminologie aus (*H. Göppinger* [3]1976; *A. Mergen* 1967, 1975; *A. E. Brauneck* 1974).

Extrapoliert man die bisherige Geschichte der Kriminologie, dürfte diese aufgezeigte Differenz jedoch nur eine temporäre sein, die sich in dem Maße abbaut und modifiziert, in dem wissenschaftliches Interesse, gleich welcher Art und Herkunft, sich zunehmend an Fragen der Entstehung des Strafrechts und seiner Normen bindet. Das aber bedeutet – und um diese Pointe geht es mir hier – daß die Kriminologie als Wissenschaft nicht über die theoretischen und methodologischen Kriterien verfügt, die ihre Grenzen zu markieren gestatten. Die Kriminologie ist nämlich immer gerade quantitativ und qualitativ identisch mit dem, was sie an Interessen, an Methoden, an Ergebnissen und an Theorien von anderer Seite empfängt und erfährt. Sie hat ihren Gegenstand, ihr Selbstverständnis geändert in dem Maße, in dem Tempo, nach der Art, wie sich andere Wissenschaften fortentwickelt haben, weil sie „must dine, in order to survive, at other people's tables" (S. Shoham 1963, S. 231).

Erstmals allerdings, so scheint es, erweist sich die Kriminologie als weniger flexibel. Ausdruck dafür ist nicht nur die Forderung nach einer „neuen" Kriminologie, sondern auch das Zögern eines Teils der Kriminologie, ihren Gegenstand in der angedeuteten Weise zu erweitern. Stattdessen beantwortet sie die Tatsache ihrer eigenen bisherigen Abhängigkeit, der in ihren Augen stets so etwas wie ein Makel anhaftete, mit dem Bedürfnis, sich auf eigene Füße zu stellen, und erhebt fast trotzig den Anspruch auf ihre Autonomie.

Die Kriminologie verficht ihn heute nachhaltiger, lauter und auch aggressiver denn je. Nur wenige Kriminologen sehen, wie etwa der deutsche *H. Göppinger*, die „weitgehend(e) Einhelligkeit darüber, daß die Kriminologie eine selbständige empirische Wissenschaft ist" (1976, S. 2).

Man kann jedoch darüber schnell hinweggehen, wenn man sich die dafür beigebrachten Belege *Göppingers* näher betrachtet: er bezieht sich auf eine Aussage des Schweizer Kriminologen *E. Frey* aus dem Jahre 1958, eine Feststellung des deutschen Strafrechtlers *H. Mayer* aus dem Jahre 1962 anläßlich einer Arbeit mit dem Titel „Strafrechtsreform für heute und morgen" und schließlich auf die achte Auflage (1970) des bekannten und bis heute erfolgreichsten amerikanischen Lehrbuchs von *E. H. Sutherland* und *D. R. Cressey*. Was die letzte Quelle betrifft, ist der sorgfältige Leser denn doch leicht irritiert darüber, was sich alles aus der Sprache heraus- und in sie hineinlesen läßt. In der neunten Auflage dieses amerikanischen Lehrbuchs – sie erschien 1974, *Göppingers* „3., überarbeitete und erweiterte Auflage" 1976 – heißt es auf der von *Göppinger* angegebenen S. 20: „Criminology is not a science, but criminologists hope it will become a science. The argument has been made, however, that criminology cannot possibly become a science." Die diesem Zitat folgenden Argumente schließt *D. R. Cressey*, der seit dem Tode *Sutherlands* die wissenschaftliche

Betreuung und Fortschreibung des Lehrbuchs alleine verantwortet, auf S. 21 mit der Feststellung ab: „Some students, admitting the criticism outlined above, have abandoned the effort to make criminology a science and place their emphasis on study of social control." Die Irritation, die sich auf die Verwendbarkeit dieses Zitats als Beleg für die von *Göppinger* aufgestellte Behauptung bezieht, mag behebbar sein durch den Nachweis, daß die achte Auflage von *Sutherland* und *Cressey* tatsächlich in diesem zentralen Punkte so entscheidend von der vier Jahre späteren divergiert. Sie würde jedoch abgelöst durch das nicht mindere Erstaunen darüber, daß sich ein so prominentes Lehrbuch wie das von *Sutherland* und *Cressey* innerhalb so kurzer Zeit gleichsam um 180 Grad in einer für das Selbstverständnis der Kriminologie und die Identität seiner Vertreter so zentralen Äußerung zu wenden vermag.

Die Wirklichkeit sieht denn auch ganz anders aus, als *Göppinger* es wissen will. Seine Position mag Ausdruck der Resignation angesichts der Unlösbarkeit des Problems sein; vielleicht teilt der Verfasser auch die Einsicht *A. Mergens* aus dessen „verunsicherter Kriminologie", daß *Hegels*ches Zuwarten auf das „Ende der Untersuchung" (sprich: Kriminologie) angeraten sei und bis dahin auf die Fortsetzung der bisherigen „historisch-dialektischen Folge von Denkweisen" (1975, S. 21/22) gesetzt werden könne; vielleicht ist es auch schlichte Müdigkeit und mangelnde Widerstandskraft gegenüber der Penetranz des Problems der wissenschaftlichen Selbständigkeit der Kriminologie, die sich zu einer Art „interessierter Ignoranz" verfestigt und verselbständigt hat.

Aber das sieht *G. Kaiser* gegen *Göppinger* richtig: Konflikte lassen sich nicht durch *„definitorische Rückzugsstrategien vermeiden"*. „Deshalb besteht auch für die Kriminologie, wie immer sie sich verstehen und ‚einigeln' mag, keinerlei Möglichkeit, sich von diesem Streit zu dispensieren, falls sie gehört werden will" (1976 b, S. 6 – Hervorhebg. im Original). Der Kontext dieser Bemerkung *Kaisers* bezieht sich ebenfalls auf die Frage nach der kriminologischen Zuständigkeit und Relevanz strafrechtssoziologischer Untersuchungen – also nicht eigentlich auf die Frage nach Selbständigkeit und Autonomie der Kriminologie. Zu vermuten ist deshalb wohl, daß mit der Entscheidung über diese Frage auch Folgewirkungen für die nach der Autonomie der Kriminologie als Wissenschaft eingehandelt werden. Sie wurden bereits sichtbar in der Prognose *D. C. Gibsons*, und auch *E. H. Sutherland* und *D. R. Cressey* sehen die Kriminologie dadurch zu einer „study of social control" transformiert.

Bleiben wir aber noch einen Augenblick bei Autonomie und

Selbständigkeitsanspruch der Kriminologie. Obwohl er keineswegs, wie wir bei verschiedenen Autoren bereits sahen, schon als gesichert oder überhaupt als begründbar betrachtet wird, hat er in Vergangenheit und Gegenwart bereits viele Energien von Kriminologen absorbiert und tut es nach wie vor. Kein Lehrbuch verzichtet darauf. Neben den bereits angeführten läßt sich zum Beleg dafür weiter auf die deutschen Lehrbücher von U. Eisenberg (1972), H. J. Schneider (1974), A. Mergen (1967), das englische Lehrbuch des deutschen Emigranten H. Mannheim, 1965 erschienen, 1974 ins Deutsche übersetzt, auf die amerikanischen Lehrbücher von W. C. Reckless ([5]1973), E. H. Johnson ([3]1974), H. A. Bloch und G. Geis ([2]1970), auf J. Pinatels französisches Lehrbuch ([2]1970) verweisen. Ausschließlich der disziplinären Grundlegung der Kriminologie widmen sich Arbeiten aus Holland von H. Bianchi (1956) und C. I. Dessaur (1971), L. Radzinowicz war schon 1961 „In Search of Criminology" und faßte 1966 weitere Ergebnisse seiner historischen Forschung hierzu unter dem Titel „Ideology and Crime" zusammen. A. Mergen hat Anfang und Mitte der sechziger Jahre verdienstvoll nationale und internationale Sprecher zur „Kriminologie heute" (1961) und „Kriminologie – morgen" (1964) zu Worte kommen lassen und selbst immer wieder in der ihm eigenen kraftvollen, unerschrockenen, ja respektlosen Sprache, gelegentlich in don-quichottesker Attitüde (Die tatsächliche Situation der Kriminologie in Deutschland – o. J.) und in abendländisch-kriegerisch-melodramatischer Pose (1975) in die Speichen dieser Diskussion gegriffen.

Zahlreiche deutsche und ausländische kürzere Standortbestimmungen aus den Reihen solcher Kriminologen, die emphatisch die Eigenständigkeit der Kriminologie reklamieren, informieren über Argumentationsrichtung und -aufwand zur Einlösung dieser Position. An deutschen Publikationen sind vor allem die Arbeiten des – bereits erwähnten – G. Kaiser (1975)[6], Kodirektor des Max-Planck-Institutes für ausländisches und internationales Strafrecht in Freiburg, Leiter der dort seit einigen Jahren existierenden kriminologischen Forschungsgruppe, und die des Münsteraner Kongreß- und Reisekriminologen[7] H. J. Schneider (1966, 1973, 1977) zu nennen. Beider Arbeiten zeichnen sich durch eine stupende Literaturkenntnis, Kaisers Arbeiten zudem durch eine virtuose Technik im Erzeugen eines Scheins distanzierter Objektivität, Schneiders Arbeiten durch Aggressivität nach allen Richtungen und peinliche Besserwisserei aus. An außerdeutschen Arbeiten wollen wir lediglich auf Band VI der „Collected Studies in Criminological Research" (1970) des vom Straßburger Europarat eingesetzten European Committee on Crime Problems, der neben einem „General report" zahlreiche nationale, regionale und individuelle Berichte über den Stand und das Selbstverständnis der Kriminologie enthält, sowie auf Aufsätze von *H. Ellenberger* und *D. Szabo* (1967), *F. Ferracutti* und *M. E. Wolfgang* (1964) sowie *M. E. Wolfgang* (1968, 1973) verweisen – letzterer ist einer der nachhaltigsten Verfechter einer autonomen Kriminologie aus der amerikanischen Kriminologenlandschaft.

Was aber bedeutet nun genau der Anspruch der herkömmlichen Kriminologie auf Eigen- und Selbständigkeit? Worauf zielen die nicht ablassenden Bestrebungen der Kriminologie, angesichts der wachsenden Heterogenität von Fragestellungen und Forschungsaspekten, die das Problem der Kriminalität in modernen Gesellschaften aufnötigt, über die Rolle eines „clearing house" (*Erwin Frey*, 1951, S. 67) der anderen Disziplinen hinauszukommen bzw. den Makel der Kriminologie abzustreifen, „Könige ohne Königreich" zu sein, um ein bekanntes und vielzitiertes Wort von dem international bekannten amerikanischen Kriminologen, *Thorsten Sellin*, aufzunehmen (zitiert nach *H. Mannheim* 1965, S. 18)[8]? Mit welchen Mitteln und Methoden werden die anvisierten Ziele zu realisieren versucht? Sind die manifesten, ausdrücklich genannten Ziele die einzigen, aus denen sich die Realität einer selbständigen Kriminologie erklären und begreifen läßt? Sind es wissenschaftsimmanente oder wissenschaftsexterne Vorgaben und Zwecke, denen die Autonomie und Selbständigkeit einer Kriminologie sich verdankt? Eine Fülle von Fragen, die wir nicht in systematischer Differenziertheit aufgreifen und beantworten, sondern beispielhaft an drei uns charakteristisch erscheinenden Merkmalen und Aspekten behandeln wollen. Die Merkmale beziehen sich erstens auf die Theorielosigkeit und die damit zusammenhängende Form der Interdisziplinarität, zweitens auf den personellen und institutionellen Professionalismus und drittens auf die Praxisunterwerfung der Kriminologie. Es handelt sich bei allen drei Merkmalen um zentrale Aspekte, die insgesamt zum Merkmalssyndrom der traditionellen Kriminologie gehören, jedoch lassen sich bei verschiedenen Autoren durchaus Akzente und Schwergewichte nach den genannten Kriterien setzen. Vor allem dürfte auch nicht überraschen, daß bedeutende nationale Differenzen auszumachen sind, wie zu zeigen sein wird. Wir wollen nacheinander die einzelnen Komponenten dieses Merkmalsgeflechts der Kriminologie erörtern.

2. Theorielosigkeit und Interdisziplinarität: die zwei Seiten einer Medaille

Das hier zu behandelnde Problem hängt eng mit einer Kriminologie zusammen, die die Frage nach dem Warum kriminellen Handelns dadurch glaubt beantworten zu können, daß sie sogen.

Kriminelle mit Nichtkriminellen vergleicht. Derartige Untersuchungen haben das Gesicht und den Aufwand der sogenannten italienischen oder auch positiven Schule der Kriminologie bestimmt (vgl. Abschnitt III). Der springende Punkt dieser Untersuchungen läßt sich dahin zusammenfassen, daß zwischen der kriminellen Experimentiergruppe und der nichtkriminellen Kontrollgruppe Differenzen in bezug auf bestimmte Merkmale festgestellt werden sollen, die die abhängige Variable „kriminelles Handeln" erklären und prognostizieren sollen. Es ist dabei zunächst unerheblich, ob die Fakten, auf die sich das Hauptaugenmerk der Forschung richtet, physischer, psychischer oder auch sozialer Art sind. Die bisherige Geschichte der Kriminologie ist buchstäblich gepflastert mit Untersuchungen solcher Art, wobei sich nationale Differenzen insofern ausmachen lassen, als die europäische Kriminologie insgesamt gesehen stärker individualistische Merkmale und Faktoren, die nordamerikanische Kriminologie eher soziale Faktoren in den Vordergrund gestellt haben.

Diese Kriminologie ist infolge ihrer skizzierten Grundstruktur auf zwei Probleme gestoßen, die sie bislang nicht hat befriedigend lösen können. Das eine besteht in der Frage, wie sie die vielfältigen Faktoren zueinander in Beziehung zu setzen hat. Das andere drückt sich in dem Dauerstreit um die Frage nach dem Verhältnis von „Anlage" zu „Umwelt" in bezug auf kriminelles Handeln aus. Beide Fragen wollen wir kurz aufnehmen.

Wollte man sich auf den allmählich zur Karikatur entarteten Streit um die Priorität „milieubedingter" oder „anlagebestimmter" Ursachen und Faktoren der Kriminalität ausführlich einlassen, ließe sich die Kriminologie zu einer Art Gruselkabinett deformieren. Dessen Schlußakt könnte etwa in der Darlegung und Diskussion sogen. kriminologischer Grundformeln bestehen, wie sie etwa von F. Exner (1949, S. 279–281) oder, diesen modifizierend, von E. Mezger (1951, S. 5–6) entworfen wurden, oder auch in der Erörterung ernsthaft unternommener Versuche, in Prozenten auszudrücken, wieviel an „kriminogener Potenz" Anlage- bzw. Umweltfaktoren zukommt. N. D. M. Hirsch (1937, zit. n. D. R. Cressey 1968) veranschlagte die Erbeinflüsse auf 60 Prozent und die der Umwelt auf 40 Prozent. Auch Sh. und E. T. Glueck (1956) bemühten sich um eine quantitative Bestimmung des jeweiligen Einflusses von Anlage und Umwelt auf die Verursachung von kriminellem Verhalten.

Es geht hierbei natürlich nicht um die Banalität und Trivialität, daß kriminelles Handeln – genauso wie jedes moralisch anders bewertete Handeln ja auch – von Menschen begangen wird, die sich durch physische, genetische, psychische Faktoren voneinander unterscheiden. Auf dieser Ebene jedoch bewegt sich im allgemeinen die Zurückweisung der Kritik an Anlage-Umwelt-Formeln wie den gerade skizzierten. Worum es geht, ist folgendes.

Stellt man biologische, psychische und soziale Faktoren so nebeneinander, wie es in der Diskussion um die Anlage-Umwelt-Formel oder von den Vertretern eines sogen. Mehrfaktorenansatzes geschieht, dann verfehlt man einfach die Tatsache, daß sich diese Arten von verschiedenen Faktoren auf verschiedenen Ebenen zu je spezifischen Systemen organisieren. Der Vorwurf des Soziologismus oder der Monokausalität irgendeines Ansatzes ist nur aus solchem unreflektierten Faktorendenken heraus begreiflich. Die Vorstellung, somatische oder physiologische oder psychische Merkmale einer Person könnten in einem direkten Verursachungszusammenhang zu dem Verhalten dieser Person stehen, unterschlägt einfach die Tatsache, daß diese individuellen Merkmale das menschliche Handeln nur durch Bewertungs- und Erwartungszusammenhänge vermittelt beeinflussen. Diesen spezifisch soziologischen Mechanismus hat *R. König* in einer Kritik an der vor allem von *H. von Hentig* vertretenen These, die Rothaarigkeit sei ein kriminologischer Faktor, sehr deutlich gemacht (1957, S. 2). Eine Kriminologie, die diesen Sachverhalt leugnet, fällt selbst hinter die Einsicht von Vertretern der Disziplinen zurück, in deren Namen sie auf dem horizontalen Nebeneinander von Anlage und Umwelt insistiert (*A. L. F. Montagu* 1941). Sie ist selbst unverträglich mit einer Position wie der von *S. A. Shah* und *L. H. Roth* (1974), die in ihrem Übersichtsartikel über biologische und psycho-physiologische Faktoren der Kriminalität zwar weniger definitiv in ihrem Urteil über deren Irrelevanz für die Erklärung kriminellen Verhaltens sind als *Montagu*, deren interaktives Modell des Zusammenhangs verschiedener Faktoren jedoch weit entfernt ist von der Naivität einer linearen Anlage-Umwelt-Gleichung.

In der amerikanischen Kriminologie hat die „nature-nurture-controversy" zu einer längeren methodologischen Auseinandersetzung geführt, bei der nicht so sehr die inhaltliche Frage im Vordergrund steht, welche Art von Faktoren zur Erklärung der Kriminalität heranzuziehen sind, sondern das Problem, wie die vielfältigen Faktoren in einen systematischen Zusammenhang zu bringen sind. Das Stichwort dazu liefert die Dichotomie „Einfaktorenansatz vs. Mehrfaktorenansatz". Art der Diskussion, Herkunft des Problems, die Arbeiten der Anhänger der einen wie der anderen Position zeigen jedoch die unmittelbare Verwandtschaft dieser Frage mit der Kontroverse um Anlage- und Umweltfaktoren.

Der italienischen Schule kommt das unrühmliche Verdienst zu, hierfür die Grundlage gelegt zu haben. Solange für Theorie und Empirie in der Kriminologie der Täter bzw. das kriminelle Verhalten den Ausgangspunkt darstellt, kann man sich der Folgerung nicht entziehen, daß es zwischen Tätern und Nicht-Tätern signifikante und mehr oder weniger dauerhafte „Unterschiede" gibt, die sich nicht auf einen Faktor reduzieren lassen. Das zu bestreiten, wäre naiv. E. Ferri schon hatte mit seiner Berücksichtigung von Anlage- und Umweltfaktoren die Konzeptualisierung des Mehrfaktorenansatzes vorbereitet (Th. Sellin 1968, S. 507); W. Healys einflußreiche Studie mit dem für seinen Ansatz sehr kennzeichnenden Titel „The Individual Delinquent" (1915) hatte für viele Kriminologen den Stellenwert eines Paradigmas kriminologischer Forschung überhaupt, mit dem Ergebnis, daß die Liste der Faktoren, Bedingungen, Ursachen etc. kriminellen Verhaltens immer länger wurde, länger längst als jene 170 konkreten Einzelumstände, die C. L. Burt in seinem englischen Gegenstück „The Young Delinquent" (1925) zu Healys amerikanischer Studie als „conducive to childish misconduct" ausgemacht hatte. Erweitert werden diese Ergebnisse durch eine ganze Serie anderer Studien, von denen die diversen Bücher des Ehepaars Sh. und E. Glueck mit den immer neuentdeckten statistisch gesicherten Unterschieden zwischen ein paar hundert Kriminellen und Nicht-Kriminellen wohl die bekanntesten darstellen. Letztere haben die Strategie des Mehrfaktorenansatzes gegen E. H. Sutherlands Theorie der differentiellen Kontakte zum theoretischen Nonplusultra in der Kriminologie aufzuwerten versucht, dem sich fast sämtliche Kriminologen angeschlossen haben (vgl. u. a. H. Mannheim 1965; L. Radzinowicz 1961 a; H. E. Göppinger 1964, 1971; G. Kaiser 1964, 1971; H. J. Schneider 1966; M. E. Wolfgang 1961), zum Teil indessen mittlerweile in neuem Gewande (H. J. Schneider 1974), mit unterschiedlicher Begründung und anderer Stoßrichtung als derjenigen, die sich aus der Anlage-Umwelt-Kontroverse herleitet (M. E. Wolfgang 1973).

Allerdings verstärkt sich die Front der Kritiker zusehends, seit A. K. Cohen (1951) vor fast zwanzig Jahren einen ebenso vehementen wie prinzipiellen Angriff auf diese Position gerichtet hatte, die nach seinen Worten nichts anderes sei als eine „. . . abdication of the quest for a theory" (S. 78 des Wiederabdrucks bei M. E. Wolfgang u. a. 1962). Ähnlich, wenn auch in der Formulierung etwas verbindlicher, äußert sich D. R. Cressey: „The multiple-factor approach . . . is not, in the strict sense of the term, a theory at all" (1968, S. 471/472). E. H. Sutherland und D. R. Cressey formulieren unmißverständlich: „The pride which some criminologists take in this multiple-factor approach is entirely misplaced"

(1974, S. 69). *D. C. Gibons* ist nicht minder definitiv in dieser Frage: „We reject such causal nihilism. Multiple-factor orientations as now structured are not explanations at all" (1977, S. 200). Das wohl schärfste Urteil wurde von *L. T. Wilkins* gefällt: „The theory of ‚multiple causation' is, then, no theory. At best it could be considered an anti-theory ... Such an anti-theory may be legitimately put forward as a kind of beatnik philosophy, but not as a scientific theory: ... try anything, it may come off" (1965 a, S. 37).

Die Kritik von *Cohen, Cressey* und *Wilkins* ist wesentlich wissenschaftstheoretischer und methodologischer Art. Diese Einwände wären noch zu ergänzen durch Argumente und Bedenken, die sich gegen implizite Behauptungen und Axiome des Denkens in Faktoren und der Reduktion der Kriminologie auf Täterverhalten beschreiben lassen. Bei *Cohen* finden sich schon Andeutungen in dieser Richtung, nachdrücklicher wird dieser Standpunkt aber von *D. Matza* (1964 a) sowie etwa von *Sc. Briar* und *I. Piliavin* (1965) vertreten.

Eine sehr anregende und die Kritik von *Cohen, Wilkins* und *Matza* zum Teil zurückweisende Diskussion des Themas findet sich bei *N. Walker* (1974), eine andere englische Arbeit (*L. Taylor* 1971) bemüht sich um ein Modell, das die „Verarbeitung" disparater „Faktoren" der Kriminalität als Problem theoretischer Anstrengung sieht (S. 189 ff.).

In der deutschen herkömmlichen Kriminologie ist die Diskussion um diese Frage durch eine Haltung gekennzeichnet, die man am treffendsten als theoretischen Agnostizismus charakterisieren kann. Wir wollen uns ihr etwas ausführlicher widmen. Dieser theoretische Agnostizismus ist zum herrschenden, manchmal verdeckten, gelegentlich mutwillig herausgekehrten Kennzeichen der deutschen Kriminologie alten Stils geworden. Zwar wird *G. Kaiser* nicht müde, diesen Vorwurf zurückzuweisen. Er vermag in ihm nur das Phantasie- und Frustrationsprodukt soziologischer „freischwebender Intelligenz" zu erblicken, die „stärker mit wissenschaftlichen Überlegungen befaßt" sei, als dies bei „den vorwiegend praktischen Tätigkeiten der Juristen, Psychiater und klinischen Psychologen" der Fall sei (1976 b, S. 53); er hat dahinter „in Wahrheit de(n) Anspruch auf totale Unterwerfung unter soziologische Konzepte" (ibid., S. 185) bzw. die Forderung nach „einer totale(n) Kapitulation und Auslieferung an eine theoretische Position ...", deren wissenschaftliche und soziale (?) Relevanz erst noch nachzuweisen" (ibid., S. 188) sei, entdeckt; er sieht an anderer Stelle die Zurückweisung des „interdisziplinären Anspruchs der Kriminologie" durch die Kriminalsoziologie aus „methodologischen und Statusgründen" resultierend und meint das

Adjektiv „methodologisch" auch noch als Kritik (1975, S. 39). Aber: wie *Kaiser* die von ihm als eine Hauptaufgabe der Kriminologie bezeichnete „Erkenntnissteigerung", die zudem „systematisch" zu erfolgen habe, wie er in der „Gewinnung *eines festen Bestandes an gesichertem Wissen*" (alle Zitate 1976 b, S. 10 – Hervorheb. im Original) vorgehen will, das bleibt unerfindlich und ist nicht beantwortbar durch die ständige Beschwörung der Kriminologie als Erfahrungswissenschaft. Außer der wiederholten Warnung vor der Einseitigkeit partieller Theorien und Einsichten – immer mit dem Blick auf die Soziologie – denn auch Kaiser kommt nicht umhin, (im Fettdruck) „einen gewissen Bedeutungsverlust der nur täterorientierten Analyse" (ibid., S. 50) festzustellen –, werden Vorgehensweise und Verfahren, wissenschaftliche Methoden und Mittel, wird nichts darüber gesagt, wie die von ihm anvisierte Kriminologie es zuwege gebracht hat, nachdem ihr *„erst gegen Ende der 50er Jahre . . . die mangelnde Ergiebigkeit der traditionellen Konzepte* naiven Faktensammelns gemäß der Formel von ,Anlage und Umwelt' *zunehmend offenkundig* (wird)" (1976 b, S. 44 – Hervorhebg. im Original), daß ihr *„in dem letzten Jahrzehnt ein erheblicher Sprung nach vorn gelungen"* ist (ibid., S. 46 – Hervorhebg. im Original).

Die Verwirrung steigert sich, wenn man im Zusammenhang der Erörterung des Verhältnisses von Theorie und Empirie auf Aussagen wie diese stößt: „Sie (die Kriminologie – F. S.) folgt also einem empirischen Ansatz, der mehr auf Beobachtung gegründet ist als auf Argumente oder Meinungen. Allerdings bleibt auch in der Kriminologie Raum für Meinung und Interpretation" (1975, S. 5). Es fällt schwer, jemandem, der sich als Forscher durch nichts anderes „legitimiert" sieht als „durch sein Verhältnis zur *Wahrheitssuche*" (1976 b, S. 15 – Hervorhebg. im Original), jene vorpropädeutische Belehrung zu ersparen, die eine Hemmschwelle gegen das Schreiben und Denken solcher Ungereimtheiten errichten würde. Sie würde für *Kaiser* allerdings nur ein weiterer Beleg für jene schon oben zur Sprache gekommenen Untugenden der Soziologie sein, kaum „wissenschaftliche Verständigung oder gegenseitige Beeinflussung" (1976 c, S. 536) bewirken.

Die Beschäftigung mit nur einem deutschen Autor ist angesichts des generellen Kontextes dieser Arbeit nur zur rechtfertigen, wenn er zum einen keine periphere, zum anderen keine extreme Position zu der aufgeworfenen Frage vertritt. Ein solcher Vorwurf wäre sicherlich angebracht, hätten wir zum Beleg unserer These vom theoretischen Agnostizismus auf die Auffassung *H. Göppingers* zurückgegriffen. Für ihn gibt es das „Wechselspiel zwischen Tatsachenfeststellungen und Hypothesen, das eine Erfahrungswissenschaft kennzeichnet" (1976, S. 65), zwar für die

Bezugswissenschaften, nicht aber für die Kriminologie, und zwar deshalb nicht, weil dieses Wechselspiel noch nicht „in Gang gekommen ist". So sei die Kriminologie, „sofern sie sich als selbständige Kriminologie und nicht nur als Teil einer der Bezugswissenschaften versteht, gezwungen, sich zunächst (induktiv) ein Grundwissen anzueignen". Denn die Bezugswissenschaften – Kriminalbiologie, Kriminalpsychologie und Kriminalsoziologie nennt *Göppinger* – stellten bisher nur „einzelne Informationen zur Verfügung, die mehr oder weniger spekulativ zusammengesetzt sind". Für *Göppinger* geht es zunächst noch um „eine unübersehbar große Menge sogenannter roher Tatsachen", die „in besonderem Maße einer naiven Beobachtung" bedürfen. Da die Zeit der Hypothesenbildung also noch weit entfernt liegt, läßt sich wohlfeil von ihr reden, sollte sie aber doch nach „einer sehr differenzierten, zeitraubenden und aufwendigen Kleinarbeit" (alle vorstehenden Zitate 1976, S. 66) dereinst kommen, so warnt *Göppinger* vorsorglich vor der „Gefahr des Methodologismus" (S. 64), weiß er sich sicher, daß „die empirische Kriminologie … auch niemals in der Lage sein (wird), … eine Theorie des Verbrechens, die mehr als Unverbindliches aussagt, zu entwerfen" (ibid., S. 68, vgl. auch S. 111), obwohl er dann auch wieder nicht auf die „*Gesamtschau des Geschehens*" (S. 124 – Hervorhebg. im Original) und die Überwindung der „jeweils eingeengte(n) fachliche(n) Sicht zugunsten einer dem Gegenstand adäquaten, umfassenden, vielschichtigen Betrachtungsweise" (S. 126) verzichten will.

H. J. Schneider hat offensichtlich die Situation zutreffender erfaßt, wenn er schreibt: „Das spezifisch Kriminologische positiv zu definieren, ist außerordentlich schwierig" (1977, S. 23), es dabei beläßt und im übrigen den Kriminologen nachhaltig dazu ermahnt, „jede Einseitigkeit der Betrachtungsweise von einer Spezialdisziplin aus unbedingt (zu) vermeiden" (S. 24).

Nun stehen diese drei Beispiele ausnahmslos deutscher Kriminologen – das muß nochmals gesagt werden – nicht für die Kriminologie alten Stils generell. Die Position der außerdeutschen Kriminologie ist reflektierter, behutsamer, informierter. Kaum lassen sich Beispiele finden wie die zuvor aufgeführten, die aus der Not kriminologischer Theoriebildung die Verdächtigung derjenigen machen, die den Finger auf diese wissenschaftliche Wunde der Kriminologie legen, oder die sich auf das unbeschriebene Blatt der Kriminologie berufen, um daraus den Anspruch herleiten zu können, einfach mit dem Schreiben zu beginnen, ohne sich und den Adressaten Rechenschaft über das Schreibgerät abzulegen.

Ein Beispiel, das der geschilderten deutschen Situation noch am nächsten kommt, findet man in dem deutsch-englischen Kriminologen H. Mannheim, der sich mit Nachdruck dazu bekennt, daß die Kriminologie ihre eigene Existenzberechtigung habe und die Bemerkungen Sellins und Freys als für die Vergangenheit zutreffend akzeptiert, sie jedoch für die Gegenwart zurückweist (1965, S. 14 ff.). Für ihn ist auch in der Kriminologie eine theoriegeleitete Forschung Selbstverständlichkeit, wobei er jedoch den Akzent mehr auf sehr spezifische Hypothesen legt, eine von ihm durch allgemeine philosophische und wissenschaftstheoretische Argumente begründete Skepsis gegenüber weitergehenden Ansprüchen an Theoriebildung äußert und insbesondere zu der theoretischen Gretchenfrage des Mehrfaktorenansatzes eine Position einnimmt, die ihn – gegen L. T. Wilkins (1965 a) und dessen heftige Kritik an der multifaktoriellen „Theorie" gerichtet –, fragen läßt, „warum sollte man nicht zugeben, daß die Mehrfaktoren-Theorie tatsächlich eine, wenn auch nicht ideale, Theorie ist" (1974, S. 11). Gerade weil Mannheim auch für die Zukunft der Kriminologie nicht ausschließt, daß sie „in gewissem Umfang" – wie bis heute praktisch vollständig – eine Schuldnerdisziplin bleibt, insofern sie ihre Beiträge von anderen Disziplinen erhält (ibid., S. 18), könne sie gleichsam „provide a neutral territory as a meeting place for the exchange of ideas on criminological issues" (1965, S. 17/18), wobei schon die Vorstellung etwas seltsam anmutet, Kriminologen könnten „möglicherweise" „ein umfassenderes Verständnis für die Besonderheiten und das geistige Klima jeder dieser Disziplinen (erreichen), als es ihre Durchschnittsvertreter besitzen" (1974, S. 19). Wie dies bewerkstelligt werden könnte, bleibt indessen ganz und gar offen. Wie im Falle der zitierten deutschen Kriminologen ist der Anspruch negativ gewendet, nämlich gegen die einzelnen Bezugsdisziplinen, nicht positiv oder konstruktiv ausgewiesen.

Für die amerikanische Kriminologie – das sei nochmals abschließend gesagt – läßt sich eine dem theoretischen Agnostizismus der deutschen Kriminologie vergleichbare Haltung nicht finden. Ihre seit jeher bestehende Nähe zu den Sozialwissenschaften hat sie wenn auch nicht ganz gefeit, so doch zumindest sensibel gemacht gegenüber Vorwürfen der Theorielosigkeit. Die oben erwähnte Theoriekontroverse um den multifaktoriellen Ansatz, besonders intensiv ausgetragen zwischen E. H. Sutherland und dem Ehepaar Glueck[9], ist nicht eine Randerscheinung in der amerikanischen Kriminologie gewesen, sondern hat sie über lange Strekken mit z. T. beträchtlicher Heftigkeit begleitet. Es hat nie einen der deutschen Situation vergleichbaren antisoziologischen Affekt gegeben und nie auch eine Haltung, die so schnell wie die deutsche Kriminologie bereit ist, die Forderung nach Theoriebildung gleichzusetzen mit der nach einem Tummelfeld für Meinungen und Ideologien. Sicherlich gibt es unter den hier erwähnten deutschen Kriminologen niemanden, der der von *M. E. Wolfgang* in der 1973 anläßlich eines Vortrages im *Institute of Criminology* an der *University of Cambridge* gemachten Prognose zustimmen würde, daß „criminology, like other fields of inquiry, should experience a monumental evolution which will link our macro-thought of the human condition with the mini-microcosm of personality function" (1973, S. 22). Für *G. Kaiser* ist selbst schon zuviel (1976 b, S. 10), wenn das Lehrbuch von *Sutherland* und *Cressey* als strukturierendes Prinzip der Kriminologie: „a study of lawmaking, lawbreaking, and reactions to lawbreaking" (1974, S. 21) vorschlägt, ohne daß sie damit schon einen eigentlichen theoretischen Anspruch nach der Art etwa *R. Quinneys* (1970 b) verbänden.

Sicherlich stehen bei dieser Art eines theoretischen Agnostizismus der deutschen Kriminologie Ängste Pate, die sich auf den Bestand der Kriminologie überhaupt beziehen. In diesem Sinne läßt sich sagen, daß Theorieabstinenz und -skepsis bis hin zur Theoriefeindlichkeit konstitutiv sind für die herkömmliche Kriminologie. In der amerikanischen Kriminologie – das zeigten einige Zitate – wird in der Tat die Möglichkeit nicht ausgeschlossen, daß das Ende der hier erörterten Form wissenschaftlicher Kriminologie ins Auge zu fassen ist – ein Gedanke, der in der traditionellen deutschen Kriminologie kaum gedacht, geschweige denn ausgesprochen wird.

Wir kommen jetzt zur Kehrseite der Medaille: der Akzent, der neuerdings auf die interdisziplinäre Eigenschaft der Kriminologie gelegt wird. Wiederum ist er, wie wir sehen werden, ausgeprägter in der deutschen Kriminologie als anderswo. Wir haben gesehen, daß der Mehrfaktorenansatz bzw. der theoretische Agnostizismus zusammenhängt mit der wissenschaftlichen Empfängerrolle der Kriminologie und ihrer dadurch institutionalisierten Abhängigkeit von den Zulieferdisziplinen. Die Kriminologie ist sich dieser Situation durchweg auch bewußt, hält sie selbst für unerfreulich, verarbeitet diese Situation entweder mit der Hoffnung, das Schuldnerverhältnis gegenüber den übrigen Wissenschaften allmählich lockern oder ganz aufheben zu können, oder mit dem Versuch, die Position dadurch zu relativieren und erträglicher zu machen, daß sie von einer Position jenseits der einzelnen Disziplinen das Verhältnis gewissermaßen umkehrt. Nach der Art einer Automobilfabrik, die ihre Einzelteile von diversen Zuliefererbetrieben erhält und daraus erst das fertige Produkt erstellt, sieht sich die Kriminologie in der Rolle der die Transformation und Integration bewirkenden Wissenschaft, die über Brauchbarkeit, Notwendigkeit, Qualität und Quantität der erforderlichen Einzelteile ebenso befindet und entscheidet wie über Gestalt, Fahreigenschaften und Ausstattung des Gesamt- und Endprodukts.

Woher sie ihre Kriterien und Organisationspläne für diese sich selbst zugemutete Rolle nimmt, wird noch zu erörtern sein. Auf das Arsenal wissenschaftlicher Regeln und Instrumente setzt sie nur geringe Hoffnungen – das ist das Ergebnis unserer Analyse, wie sie mit theoretischen Ansprüchen und Kriterien umgeht. Die Interdisziplinarität ist vielmehr in einem Ausdruck des theoretischen Mißerfolgs der bisherigen Kriminologie und Hoffnungsanker für eine zukünftige Bewältigung des Problems.

Der englische Kriminalsoziologe *St. Cohen* hat auf der Londoner Jahrestagung der *British Sociological Association* im Jahre 1971, die ausschließlich den theoretischen und empirischen Arbeiten junger englischer Kriminalsoziologen gewidmet war[10], dieses einzigartige Strukturmerkmal der traditionellen Kriminologie auf eine über die englische Situation hinaus zu verallgemeinernde Formel gebracht: „It would be a waste of time then to labour this point (die auch von ihm nicht bestrittene Notwendigkeit der Interdisziplinarität – F. S.) if not for two additional turns this feature has taken in British criminology – the first has been to make a religion out of the neccessity of drawing on different disciplines and the second has been the playing down of the sociological contribution to this pantheon" (1974, S. 11).

Daß die Kriminologie alten Zuschnitts, noch mehr: eine Kriminologie, die auf ihrer Autonomie beharrt, den Wert der Interdisziplinarität geradezu erfordert bzw. impliziert, liegt auf der Hand und braucht nicht umständlich belegt zu werden. Inhaltsverzeichnisse oder – so vorhanden – Sachindexe der kriminologischen Lehrbücher reichen zur Bestätigung dieser These hin. In einem merkwürdigen Kontrast dazu steht jedoch die Spärlichkeit der Fundquellen, die genauere Auskunft darüber geben, inwiefern Interdisziplinarität etwas anderes ist als die Umschreibung der Tatsache, daß die Kriminologie eine Empfängerwissenschaft darstellt. Die Beschwörung der Interdisziplinarität steht geradezu im umgekehrten Verhältnis zu dem Informationsgehalt darüber, welche Art von wissenschaftlichen Aktivitäten sich als interdisziplinäre qualifizieren. Nicht gemeint sein kann damit die Vielfalt und Gegenstandsabhängigkeit der Techniken von Datengewinnung, -aufbereitung und -auswertung, denn darin unterschiede sie sich nicht vom akzeptierten Kanon der Bezugswissenschaften.

G. Kaisers Arbeiten sind unergiebig bei der Suche nach Details, obwohl auch er keinen Zweifel am interdisziplinären Charakter der Kriminologie läßt (1964, 1967 b). Allerdings mögen ihn Erfahrungen mit der sogenannten Tübinger „Jungtäter-Vergleichs-Untersuchung", über deren interdisziplinäre Probleme er bereits früher berichtete (1967 a), daran gehindert haben, in seinen kriminologischen Lehrbüchern (1971, 1973) systematisch und ausführlich diesen Punkt aufzunehmen, wenn man nicht die von ihm bezeichnete zweite Hauptaufgabe der Kriminologie, außer der Erkenntnissteigerung auch als „clearing-Zentrale" zu dienen (1976, S. 11), als Einlösung des Interdisziplinaritätskonzepts verstehen will. Bei ihm hat der interdisziplinäre Charakter der Kriminologie wohl denn auch keine methodologische oder theoretische Bedeutung. Worin für *Kaiser* die Funktion der Interdisziplinarität besteht, wird deutlich an einem gleich zweimal erscheinenden Ausspruch in der letzten Auflage seiner Kriminologie (1976, S. 12 und 20): „Die nicht interdisziplinär und nicht multifaktoriell gewonnenen Daten beruhen nämlich auf anderen Mechanismen der *Reduktion von Wirklichkeit* als die rechtspolitische Praxis" (Hervorhebg. auf S. 20 im Original).

H. J. Schneider verwendet zwar einen Abschnitt seines Lehrbuchs (1977, S. 22–24) auf die „Kriminologie als autonome interdisziplinäre Wissenschaft", aus dem wir weiter vorne schon zitierten, aber der Leser findet neben einem Hinweis auf den DDR-Kriminologen *J. Lekschas* (S. 24), neben der gegen *Göppinger* gerichteten Bemerkung, daß „die Betonung des Teamgesichtspunktes" nicht ausreiche und es darauf ankomme, daß der Kriminologe sich „*voll*" und nicht nur „*nebenbei*" „seiner Aufgabe ... widmen" müsse (S. 23 – Hervorhebg. im Original), nur noch einmal die Versicherung, daß die „Kriminalität als ein ‚komplexes deterministisches System'" sich „nur unter interdisziplinärer Integration ins richtige Blickfeld rücken" ließe (S. 24).

Der einzige deutschsprachige Kriminologe, der sich ausführlicher auf die Erörterung der Interdisziplinarität einläßt, ist der bereits mehrfach zitierte *H. Göppinger*, Initiator und Leiter der ebenfalls schon genannten „Jungtäter-Vergleichs-Untersuchung", die seit Jahren an dem von ihm geleiteten Institut für Kriminologie unterwegs ist, bisher jedoch keinen zusammenhängenden monographischen Niederschlag gefunden hat[11]. Die Position *Göppingers* zur Interdisziplinarität der Kriminologie sind im wesentlichen verarbeitete Erfahrungen aus diesem Projekt. Wie sehen diese Erfahrungen aus? Welche übertragbaren Rezepte bieten sie?

Stichworte müssen genügen, obwohl jedem Leser die genaue Lektüre des neunseitigen Abschnitts „Interdisziplinäre Kriminologie" aus *Göppingers* Lehrbuch zu empfehlen ist. In Analogie zur

Medizin konstatiert *Göppinger* zunächst die Einseitigkeit der Befunde, Methoden und Theorien der Bezugswissenschaften der Kriminologie, deren Addition aber noch nicht den „Gesamtbefund" ergebe. „Hierzu gehört vielmehr konstruktiv Neues" (S. 123), denn „in der Kriminologie (hat) bisher eine *Gesamtschau* des Gebietes als Einheit noch nicht vorgelegen" (S. 124 – Hervorhebg. im Original). Dies wird um und um gewendet, wiederholt, paraphrasiert, mit Metaphern versehen und wieder und wieder beschworen.

Im Abschnitt „Unterschiede zur ‚konventionellen' empirischen Forschung" hofft dann der Leser, daß es ernst wird. Er wird enttäuscht: Wieder geht es darum, „die spezifischen Aspekte" ... „zusammenzuführen" und sie „zu einer ausschließlichen kriminologischen Betrachtungsweise zu integrieren" (S. 125). Aber im Grunde ist noch nichts zu integrieren vorhanden, denn: „Da interdisziplinäre kriminologische Forschungen noch keine Tradition haben, stehen entsprechend gewonnenes Tatsachenmaterial oder Hypothesen zumindest in dem hier aufgezeichneten Sinne noch weitgehend aus" – für die „kontinentaleuropäische" wie für „die angloamerikanische Forschung" (ibid.). „So ist interdisziplinäre Forschung nicht nur angezeigt, sondern unumgänglich ... notwendig, damit die jeweils eingeengte fachliche Sicht zugunsten einer dem Gegenstand adäquaten, umfassenden, vielschichtigen Betrachtungsweise überwunden werden kann" (S. 126).

Und was gibt es im Methoden-Unterabschnitt zu den „grundsätzlichen Problemen interdisziplinärer Forschung": die Forderung nach einer „Betrachtung", die den Zusammenhang ... erfassen soll". Und sonst? Die Herausstellung der Bedeutung von „Untersuchungen von Vergleichsgruppen zur Gewinnung gegenstandsbezogener Unterschiede und Gemeinsamkeiten auf dem Wege der erhofften Symptomgewinnung und Konstellationsfindung" (ibid.). Man merke: „Praktisch mußte die interdisziplinäre Kriminologie also beim Stande ‚Null' beginnen" (ibid., S. 125). – Und schließlich den Hinweis auf „Aktenunterlagen" und „auch die Kriminalstatistiken ..., die bisher noch kaum in unmittelbare empirische Untersuchungen des Täters und seines Sozialbereichs einbezogen wurden" (ibid., S. 126).

Göppinger tastet sich weiter an das Phänomen interdisziplinärer Forschung heran, stößt auf semantische Unterschiede zwischen den beiden Vorsilben „multi" und „inter", zählt einige Beispiele von multi – versus – interdisziplinären Projekten auf und kommt letztendlich auf S. 129 zu den „Kriterien multidisziplinärer bzw. interdisziplinärer Forschung mit kriminologischer Fragestellung", die „in erster Linie auf die praktische Durchführung eines Projekts und weniger auf die lediglich theoretische Planung" zu beziehen seien.

Heraus kommt dabei eine nach dem Grad der Integration aufsteigende Linie interdisziplinärer Forschungstypen: die „einfache multidisziplinäre", die „koordinierte multidisziplinäre", die „integrierende interdisziplinäre" und schließlich „die (integrierte) kriminologische Forschung" – die des homunculus criminologicus. Unterscheidung zwischen den beiden letzten: eigentlich keine. „Und doch besteht ein entscheidender Unterschied: Die einzelnen Mitglieder der Gruppe sind ‚nur' noch *Kriminologen*" (ibid., S. 130 – Hervorhebg. v. *Göppinger*). – Und das Ganze „ist ein völlig normaler Prozeß in der Wissenschaftsentwicklung überhaupt".

Es kommen also bei diesem Versuch der Präzisierung der interdisziplinären Komponente der Kriminologie keine neuen Forschungsmethoden, keine neuen Techniken, keine neuen logischen oder sonstigen Gedankenrezepte heraus – wie sollten sie auch? Ernst nehmen könnte man allenfalls den Versuch, Wissenschaft in Gruppendynamik und Wissenschaftssoziologie aufzulösen – auch bei den deutschen Kriminologen, insbesondere bei *G. Kaiser* (1975, 1976 b, 1976 c) hat sich die *Kuhnsche* Wissenschaftsauffassung, auf die sich *Göppinger* allerdings nicht bezieht, herumgesprochen –, aber dann hätte man gern Fragen wie diese beantwortet: Wie sind jene interdisziplinären Teams zusammengesetzt, welche Führungsstruktur zeichnet sie aus, welche Konfliktregelungsmechanismen kennt sie, wie ist die Fluktuationsrate, wer und wie wird kooptiert, wer entscheidet über den „kriminologischen Geist" eines Vorschlags, einer Methode, eines Ergebnisses, einer Formulierung oder eines Berichtes? Nichts aber von alledem läßt sich bei *Göppinger* finden.

Wir wollen diesen Punkt nicht abschließen, ohne ein klärendes Wort dazu zu sagen, inwieweit die hier zur Karikatur gesteigerte Interdisziplinarität in der Tat typisch für die traditionelle Kriminologie ist. Sie ist in dieser Form sicherlich eine nationale Eigenheit der deutschen Kriminologie. Selbst der von *St. Cohen* als Beleg für seine Behauptung der geradezu „religiösen" Betonung der Interdisziplinarität innerhalb der Kriminologie zitierte *L. Radzinowicz* drückt an gleicher Stelle eine deutliche Skepsis gegenüber interdisziplinären Erfolgschancen aus: „But I cannot help thinking that, except in very rare instances, indeed, an enquiry embracing several disciplines from the start, and depending on the coordination of the individual methods and distinct criminologies may well carry the seeds of its own failure and inevitably fall apart into as many untertakings" (1961 a, S. 177). Auch für die amerikanische Kriminologie läßt sich schwerlich ein Beleg für eine Auffassung der Interdisziplinarität wie die hier vorgestellte beibringen.

Was aus der Sicht der amerikanischen Kriminologie hierzu zu sagen ist, ist im Zusammenhang mit der Kontroverse um den Mehrfaktorenansatz zur Sprache gekommen. Das heißt: Die Antwort der amerikanischen Kriminologie auf die Frage der Verknüpfung und Integration verschiedener Faktoren und Merkmale ist eine strikt theoretische und methodologische, wie sie in den beiden Stichworten „multi-variate-analysis" und „grand theory" zum Ausdruck kommt, die für *M. E. Wolfgang* (1973, S. 22) in seiner Prognose der zukünftigen Entwicklung der Kriminologie die beiden zentralen Akzente kriminologischer Forschung bezeichnen[12].

3. Personeller und institutioneller Professionalismus: das soziale System der Kriminologie

Wir kommen jetzt zu dem Aspekt der herkömmlichen Kriminologie, den wir als ihre stärkste Säule betrachten und der geradezu ihren Autonomieanspruch am augenfälligsten macht. Wir meinen mit „personellem und institutionellem Professionalismus" die Komponenten des „sozialen" Systems einer Wissenschaft im Gegensatz zu seinen kulturellen Elementen, um die es bei der Erörterung der Theorielosigkeit und der substanzlosen Interdisziplinarität ging – nicht in analytischen, sondern in konkreten Kategorien ausgedrückt: das Personal der Kriminologie, seine Einrichtungen in Forschung und Lehre, seine materiellen Forschungsmittel und -möglichkeiten. Zweifellos stehen die Errungenschaften der traditionellen Kriminologie auf diesem Gebiet im umgekehrten Verhältnis zu ihren Leistungen auf theoretischem und methodologischem Gebiet, also den „kulturellen" Aspekten des Systems Wissenschaft. In dieser Hinsicht fallen auch die Differenzen zwischen den verschiedenen „nationalen" oder „regionalen" Kriminologien geringer aus als bei den bisher betrachteten Aspekten. Die theoretische Skepsis von *Mannheim*, die geringe Hoffnung auf erfolgreiche interdisziplinäre Unternehmungen von *Radzinowicz* gehen einher mit um so stärkeren Bemühungen um die Schaffung kriminologischer Studiengänge und Forschungseinrichtungen sowie um die Anwerbung von Forschungsmitteln.

Radzinowicz hat seine historische Skizze der Kriminologie ganz auf diese institutionellen und organisatorischen Aspekte abgestellt (1961 a). Zu Recht wird diese Arbeit von *I. Anttila* als eine entscheidende Grundlage für das 1962 vom Europarat ins Leben gerufene *European Committee on Crime Problems* (E.C.C.P.), deren erster Präsident über vier Jahre hinweg *Radzinowicz* auch gewesen ist, bezeichnet (1964 a, S. 26). Seither hat sich die Entwicklung außerordentlich beschleunigt, sowohl in Deutschland wie in anderen europäischen Ländern und in den Vereinigten Staaten. Eine zusammenhängende und systematische Darstellung von quantitativen und qualitativen Aspekten des Institutionalisierungsprozesses der Kriminologie gibt es bisher nicht. Für den europäischen Raum bieten die vom *European Committee* herausgegebenen Publikationen – insbesondere die Collected Studies in Criminological Research[13] – einen guten Einblick in die Forschungsaktivitäten der einzelnen Länder. Für einen Überblick über Forschungsorganisation und -möglichkeiten ist das „World Directory of Criminological Institutes" des in Rom residierenden *United Nations Social Defence Research Institute* (UNSDRI) hilfreich (1974). Es gibt daneben zahlreiche kürzere, meistens aber länderbezogene Berichte. Band 6 der Collected Studies in Criminological Research (1970) enthält Berichte über die Situation in Frankreich (*J. Pinatel*), Deutschland (*Th. Würtenberger*), Italien (*F. Ferracuti*), den Niederlanden (*W. H. Nagel*), Skandinavien (*N. Christie*), Bulgarien, Finnland (*I. Anttila*), Israel (*Sh. Shoham*), Jugoslawien (*M. Milutinovic*). Einige darüber hinausgehende Hinweise seien angefügt. Für den deutschen Leser sind die Stichworte „Organisationen und Institute" des Handwörterbuchs der Kriminologie (Bd. 2, 1977), bearbeitet von *Th. Würtenberger*, der auch sonst regelmäßig über die deutsche Situation der Institutionalisierung der Kriminologie in der Bundesrepublik berichtet (1964/65, 1971), sowie „Institutionen der Kriminologie" im Kleinen Kriminologischen Wörterbuch (*G. Kaiser, F. Sack* und *H. Schellhoss*, 1974) von *J. Kürzinger* zweckdienliche Ausgangspunkte; ferner die Lehrbücher und anderen Arbeiten von *G. Kaiser* (1976 b, S. 28 ff., 1975, S. 10 ff. und 34 ff.) sowie *H. Göppinger* (1976, S. 55 ff.). Über die englische Situation informieren einige Beiträge in der Festschrift für *Sir L. Radzinowicz* (*R. Hood* 1974), weiter *St. Cohen* (1974), *P. Wiles* (1976); für Frankreich sei auf *J. P. Sabatier* (1975), *J. Vérin* (1972) hingewiesen; die skandinavische Entwicklung hat *I. Anttila* (1974 b) skizziert.

Insgesamt läßt sich sagen, daß die Institutionalisierung der Kriminologie zwei entscheidenden Impulsen zu verdanken ist. Zum einen profitiert die Kriminologie bei der Erweiterung ihrer Ressourcen an Personal und Finanzmitteln auf dem Wege über ihre Stellung in der Lehre. Der Auf- und Ausbau spezifisch kriminologischer Studiengänge hat deshalb in den vergangenen beiden Jahrzehnten viel Energie seitens der Kriminologie auf sich gezogen (*J. Pinatel* 1956; *D. Szabo* 1966). Welche Bedeutung nur geringen Formen der Veränderung von Ausbildungsgängen zukommt, läßt sich sehr eindrucksvoll an der deutschen Situation demonstrieren. Hier hat ein milder Eingriff in das Gefüge der juristischen Ausbildung kriminologische Lehrstühle aus dem Boden gestampft und den kriminologischen Buchmarkt außerordentlich belebt. Die Einführung der Wahlfachgruppe „Kriminologie, Jugendstrafrecht, Strafvollzug" – eine von sieben, unter denen der angehende Jurist eine auswählen muß – in das juristische Curriculum hat zu einer Reihe neuer Lehrstühle für Kriminologie an den juristischen Fakultäten geführt, so daß heute praktisch an jeder juristischen Fakultät kriminologische Ressourcen für Lehre und Forschung verfügbar sind, nachdem es zu Beginn der 60er Jahre gerade erst zwei gewesen waren. Nie zuvor hat es in Deutschland eine derartige Fülle, z. T. in schneller Folge wiederaufgelegter Lehrbücher der Kriminologie gegeben (*F. Bauer* 1957, *A. E. Brauneck* 1974, *U. Eisenberg* 1972, *H. Göppinger* [3]1976, *G. Kaiser* [3]1976, [2]1977 a, [2]1977 b, *H. Kaufmann* 1971, 1977, *R. Lange* 1970, *H. Mannheim* 1974, *H. J. Schneider* [2]1977), denen speziell auf juristische Examenszwecke zugerichtete Publikationen an die Seite treten (u. a. *H. Jung* 1975, *H. J. Schneider* 1976).

Mögen Einzelheiten und Ausmaß dieser Entwicklung auch eine spezifisch deutsche Situation widerspiegeln, die mehr mit Tradition und Organisation der juristischen Ausbildung als mit dem Entwicklungsstand der Kriminologie als Wissenschaft zu tun hat, so kann sie doch als Beleg dafür gelten, um wieviel „rentabler" es ist, die Anstrengungen auf die „institutionellen" statt auf die „kulturellen" Aspekte einer Wissenschaft zu konzentrieren.

Der zweite Entwicklungsimpuls für die Kriminologie nach dem zweiten Weltkrieg geht von der Forschungsexplosion auf diesem Gebiet aus. Hier vor allem ist die amerikanische Kriminologie nach wie vor in der Rolle des Schrittmachers, insbesondere durch die ungeheueren Forschungsmittel und -möglichkeiten, die den verschiedenen offiziellen Regierungskommissionen zur wissenschaftlichen Analyse und zur Erarbeitung von kriminalpolitischen Programmen zur Verfügung standen und stehen. Zu erinnern ist vor allem an die z. T. hervorragenden Berichte der *President's Commission on Law Enforcement and the Administration of Justice* (1967), der *National Commission on the Causes and Prevention of Violence* (1969) sowie der *National Advisory Commission on Criminal Justice Standards and Goals* (1973)[14]. Aber auch außerhalb Amerikas verzeichnet die kriminologische Forschung ausgesprochene Entwicklungsschübe und „Investitionsspritzen". In der Bundesrepublik hat dazu vor allem die Errichtung eines Schwerpunktes „Empirische Kriminologie (später erweitert auf) einschließlich Kriminalsoziologie" der Deutschen Forschungsgemeinschaft, die Einrichtung einer kriminologischen Forschungsgruppe am Freiburger Max-Planck-Institut (*G. Kaiser* 1971 a, 1975, S. 34 ff.), der Ausbau der Forschung im Bundeskriminalamt (*G. Steinhilper* 1977) beigetragen und sind u. U. demnächst neue Impulse von der Errichtung eines „Zentralinstituts für Kriminologie" zu erwarten, das seit Jahren in der Diskussion ist und als Bund-Länder-Einrichtung die ersten Züge seines institutionellen und regulativen Gefüges erkennen läßt (*G.-R. Oberthür* 1976).

Diese nicht mehr als impressionistischen Hinweise mögen genügen, um zu veranschaulichen, daß die Kriminologie trotz ihres ungesicherten wissenschaftlichen Status, trotz ihrer ernsten Probleme und Konflikte, die sie mit den Regeln wissenschaftlicher Theoriebildung und den Standards akkumulierender Forschung, mit den Prozessen der Aussonderung obsoleter und überholter Ergebnisse der Vergangenheit hat, nicht ohne sichtbaren Erfolg bei dem Bemühen geblieben ist, sich die sozialen Ressourcen zu verschaffen, die jede Wissenschaft zur eigenen Überlebenssicherung benötigt: Personen, Finanzen, Institute, Forschungsaufträge, Kommunikationsmedien, Adressaten ihrer Ergebnisse, Ausbildungschancen etc. Eine in der Tat paradoxe Situation für eine Wissenschaft, die der Erklärung und der weiteren Entschlüsselung bedarf.

4. *Praxisunterwerfung: Die Ursache der Theorielosigkeit*

Damit kommen wir zum dritten Aspekt, der die traditionelle Kriminologie auszeichnet: ihre *Praxisunterwerfung.* Dieses Strukturmerkmal der traditionellen Kriminologie ist in einem die Erklärung für ihren schwachen wissenschaftlichen und für ihren erstarkenden institutionellen Status. Das soll hier etwas näher ausgeführt und belegt werden, wird aber im übrigen die gesamte weitere Diskussion bestimmen, auch wenn nicht immer ausdrücklich darauf Bezug genommen wird.

Zunächst ist etwas näher zu erläutern, was mit dem sicherlich von nicht wenigen Kriminologen als Polemik und Vorwurf zurückgewiesenen Begriff der „Praxisunterwerfung" gemeint ist. Man kann sich die Antwort darauf leicht machen und eine beliebige Zahl von Zitaten und Aussagen aneinanderreihen, die sich in kriminologischen Lehrbüchern, kriminologiepolitischen Stellungnahmen darüber finden, welche anderen als rein wissenschaftlichen Zwecksetzungen der Kriminologie vorgegeben sind, an deren Erfüllung und Realisierung sie auch oder ausschließlich gemessen wird. Der prominente französische Kriminologe *J. Pinatel* hat in sehr offener und ungeschminkter Weise erklärt, daß „the future of criminological research in this country will depend on developments in crime" (*Collected Studies in Criminological*

Research, Bd. VI, 1970, S. 161) und damit einen sehr unvermittelten Zusammenhang zwischen einem realen gesellschaftlichen Vorgang und dem Schicksal einer ganzen Wissenschaft hergestellt. Er läßt jedoch eine ganze Reihe von Fragen, Restriktionen, genauen Bedingungen dieser Entwicklung noch offen.

Nun ist es keine neue Erfahrung der Kriminologie, daß die Entwicklung der Kriminalität auch über das Schicksal, die Existenz und den weiteren Ausbau anderer als wissenschaftlicher Institutionen und Aktivitäten entscheidet. Sie bestimmt genauso über die Instrumente, Institutionen, Organe und Personen, die eine Gesellschaft und deren Staat aufbeiten, um Kriminalität zu bekämpfen, zu verhindern und auf sie zu reagieren. Deshalb bedeutet dieser Zusammenhang zwischen Kriminalität und Kriminologie, wenn sich leztere an Zwecksetzungen von außen orientiert, „Bedarfsforschung" gemäß „den Absichten von Polizei, Strafrechtspflege, Strafvollzug und Gesetzgebung" (*G. Kaiser* 1976, S. 12) zu treiben.

Man kann dieses Problem dadurch trivialisieren, daß man es einreiht in die grundlegende und für alle Wissenschaften irgendwo und irgendwie auftretende Frage nach dem Verhältnis von Theorie und Praxis, nach den Bedingungen und Möglichkeiten der außerwissenschaftlichen Verwendung und Verwertung wissenschaftlicher Ergebnisse und Befunde, nach der Gegenüberstellung von Grundlagenwissen und Anwendungswissen.

Es geht um die spezifischen Formen der Wechselbeziehung zwischen Wissenschaft und Praxis, die die Kriminologie in der Vergangenheit ausgezeichnet hat, und um das Selbstverständnis, das sie als Wissenschaft, die sie sein will, über das Verhältnis ihrer eigenen Arbeit – einschließlich ihrer Theorien und Methoden – zu der Arbeit und der Praxis der gesellschaftlichen Institutionen, die sich nicht wissenschaftlich, sondern handelnd mit der Kriminalität auseinandersetzen, entwickelt. Nicht das Bedürfnis und der Anspruch, Befunde und Wissen zu produzieren, die auch Anwendung und Umsetzung in praktisches, außerwissenschaftliches Handeln anstreben und möglich machen, sind zu kritisieren, sondern die Besonderheiten der Austauschbeziehungen zwischen Kriminologie und Praxis, auf die sich erstere eingelassen hat.

H. F. Ellenberger und *D. Szabo*, die sich ebenfalls mit dem notwendig multidisziplinären Charakter der Kriminologie beschäftigen, suchen die dennoch anzustrebende Einheit der Kriminologie in Analogie zur Medizin und Pädagogik durch die Formulierung eines „ethischen" Prinzips zu gewinnen: „A notre avis, la notion essentielle sur laquelle se fonde l'autonomie de la criminologie est celle de la finalité éthique qui dirige l'activité du criminolo-

gue . . .: sa finalité éthique, c'est la prophylaxie du crime, la re-
socialisation (et, s'il y a lieu, le traitement) des criminels" (1967, S.
96). Diese Zielsetzung ist noch zu allgemein, um ihr nicht zustimmen zu können.

Sie setzt in dieser Form der wissenschaftlichen Analyse noch
keine Schranken und läßt sich ohne weiteres als einigende Formel von Kriminologie und Kriminalpolitik verstehen. Lediglich
der zweite Bestandteil des ethischen Prinzips, der sich auf die
Resozialisierung und die Behandlung des Kriminellen bezieht,
deutet auf Restriktionen der Fragestellung hin, die genauer zu
betrachten sind. Ebenso muß stutzig machen, daß *Ellenberger* und
Szabo aus der Postulierung und Akzentuierung eines solchen
ethischen Prinzips notwendig den multidisziplinären Charakter
der Kriminologie herleiten, der, wie wir gesehen haben, allein mit
theoretischen und methodologischen Erwägungen wissenschaftlicher Art nicht zu begründen ist.

Deutlicher noch formuliert dies *G. Kaiser* (1976, S. 12), wenn er
schreibt: „Gerade eine Kriminologie, die sich mehrdimensional,
interdisziplinär und vergleichend versteht, . . . verspricht, mit
einer prinzipiell optimalen Reduktion sozialer und persönlicher
Komplexität den Absichten von Polizei, Strafrechtspflege, Strafvollzug und Gesetzgebung am ehesten gerecht zu werden." Und
um gar keine Probleme aufkommen zu lassen, worum es bei der
Erörterung dieser Frage geht: *H. Göppinger* „erinnert" in einer Kritik an dem „weitgehend (einseitig) soziologisch ausgerichteten
Ansatz . . . der Bandendelinquenz in den USA daran, daß nicht
„die Bande" kriminell wird, vor Gericht kommt und bestraft wird,
sondern stets nur die *verschiedenen* Einzelpersonen der Banden.
Deshalb kann gerade aus kriminologischer Sicht eine allgemeine
Betrachtung der Bande zu unrichtigen Schlüssen . . . führen"
(1976, S. 420 – Hervorhebg. im Original).

Die Denk-, Frage- und Forschungsverbote, die damit in die
Kriminologie hineintransportiert werden, liegen auf der Hand. Ist
das von *Ellenberger* und *Szabo* formulierte ethische Prinzip, dem
die Kriminologie sich zu verpflichten habe, identisch mit den
„Aufgaben" der von *Kaiser* genannten Institutionen der sozialen
Kontrolle? Ist es das Ziel des Strafrechts, Verbrechen zu verhü-
ten, des Strafvollzuges, den Kriminellen zu resozialisieren? Sollte
diese Frage zu bejahen sein, dann läßt sich weiter fragen, welche
Mittel es dazu bereithält? Und schließlich drängt sich die Überlegung auf, ob denn Ziel und Mittel zueinander sich fügen, ob die
richtigen Ziele mit den falschen Mitteln verfolgt oder den Mitteln Ziele unterschoben werden, die sie gar nicht erreichen können. Fragen und Probleme dieser Art, so scheint es, werden aus

Kompetenz und Reichweite einer Kriminologie ausgeklammert, deren Bindung und Ausrichtung auf praktische Ziele und Zwecke in der Weise konkretisiert werden, wie es in den obigen Zitaten zum Ausdruck kommt. Die „unrichtigen Schlüsse", von denen *Göppinger* spricht, sind nicht solche aus „kriminologischer" Sicht, sondern genauer: solche aus „strafrechtlicher" Sicht.

Unter diesem Stichwort vor allem ist die Kriminologie in ihrem Verhältnis zur Praxis zu sehen. Denn das Strafrecht, seine Prinzipien und seine Mechanismen verkörpern und sind der Inbegriff dessen, was auf dem Gebiet der Kriminalität die gesellschaftliche Praxis ausmacht und beschreibt. Eine Kriminologie, die die Bedingungen der Umsetzung ihrer Befunde in folgenreiches praktisches Handeln erörtern und reflektieren will, muß sich deshalb zuallererst mit den Strukturen, Institutionen und Prozessen der strafrechtlichen Sozialkontrolle auseinandersetzen. Tut sie dies nicht und wendet sich nur Fragestellungen und Antwortmöglichkeiten zu, die umsetzbar sind in die Kategorien, Ziele und Methoden des Strafrechts und seine Annahmen über menschliches Handeln und gesellschaftliche Prozesse, dann auferlegt sie sich Beschränkungen in gegenständlicher, theoretischer und methodologischer Hinsicht, die an die Substanz wissenschaftlichen Selbstverständnisses gehen. Die These von der Autonomie einer interdisziplinären Kriminologie ist dann nichts anderes als ein dünner Schleier, der ihre eigentliche Heteronomie, ihre Abhängigkeit vom Strafrecht und dessen Strukturen und Institutionen verdeckt.

Diese Heteronomie der Kriminologie bedeutet für die Frage der Verwertbarkeit und Praxisrelevanz ihrer Ergebnisse eine Aussonderung aller derjenigen Befunde und Theorien, die nicht verrechenbar sind auf das Konto des kriminellen Täters, seiner Motivationen und deren Kontingenzen. Das Strafrecht genau ist der Grund dafür, warum ein so herausragendes Element der Kriminologie ihr von verschiedenen Kritikern als „correctionalism" bezeichneter kriminalpolitischer Trend darstellt (*M. Phillipson* 1971, *D. Matza* 1969, *I. Taylor, P. Walton* und *J. Young* 1973, 1975 a, S. 7, *G. Pearson* 1975 a, 1975 b). Die gesamte Kriminologie seit dem Siegeszug der positiven Schule stellt in ihren Mittelpunkt den individuellen Täter, so wie es das Strafrecht auch tut. Der Fragenkatalog dieser Kriminologie ist von seinen Begriffen, seinen Forschungsinstrumenten und -verfahren so angelegt, daß gleichsam nur der Ausschnitt von Erfahrung und Wirklichkeit erfaßbar und erfahrbar ist, der sich zum Handelnden in Beziehung setzen läßt. Entsprechend ist das daraus hergeleitete Therapie-, Präventions- und Besserungsprogramm. Einzelheiten müssen hier beiseite bleiben außer dem Hinweis auf die zunehmende Skepsis gegen die theoretischen und praktischen Implikationen eines solchen Programms, die sich sowohl aus Bedenken gegen das Aufkommen eines „therapeutischen Staates" (*N. N. Kittrie* 1971), aus der nicht mehr faßbaren und verschleierten Beteiligung der Medizin und ihren Institutionen an der Ausübung sozialer Kontrolle (*Th. Szasz* 1974; *T. Moser* 1971), als auch aus der weitgehend negativen Bilanz speist, die Evalutionsstudien bezüglich des Erfolges von Behandlungs-, Rehabilitations- und Resozialisierungsprojekten erbracht haben (*L. T. Wilkins* 1969).

Die Anbindung der Kriminologie an Verwertungsauflagen seitens der Praxis hat neben den kriminalpolitischen Folgen aber auch noch methodologische und theoriebezogene Konsequenzen, die hier nur angedeutet, später noch detaillierter dargelegt werden. Die bisherige Kriminologie läßt sich vom System der strafrechtlichen Sozialkontrolle auch ihre begrifflichen und empirischen Vorgaben machen. Ihre bisherige Forschungspraxis läuft darauf hinaus, daß als „kriminell" dasjenige Verhalten definiert und operationalisiert wird, was von den Instanzen des Strafrechts als solches identifiziert und behandelt wird. Damit aber wird unterstellt, daß die Operationen strafrechtlicher Sozialkontrolle und ihrer Instanzen mit denen identisch sind, die die Wissenschaft für die Erzeugung ihrer Aussage benötigt. Die legitimierenden Folgen, die eine solche wissenschaftliche Praxis für ihre Befunde hat, dürften auf der Hand liegen.

Die Theorielosigkeit und Interdisziplinarität der Kriminologie, die – wie wir oben sahen – begleitet ist von einem deutlichen antisoziologischen Affekt, hat denn auch nicht – entgegen ihrem eigenen Bekenntnis – in erster Linie wissenschaftliche Integration und Systembildung zum Ziel. Sie ist vielmehr das Vehikel zur Abschirmung der Praxis von wissenschaftlichen Befunden und Methoden, die die Prämissen, Alltagstheorien und Prinzipien der Praxis nicht teilen: Die einer solchen Praxis verschriebene Kriminologie bricht im Namen der Wissenschaft den Stab über solche wissenschaftlichen Ergebnisse, weil – was in diesem hier erläuterten Sinne richtig – sie für die Praxis nicht verwertbar oder – und hier beginnt die durchschaute oder objektive wissenschaftliche Unredlichkeit – weil sie wissenschaftlich nicht vertretbar seien.

Für die hier vertretene These lassen sich eine Reihe von weiteren Belegen beibringen. Die Geschichte der Kriminologie war ständig begleitet von der Auseinandersetzung mit dem Strafrecht, seinen Institutionen und Funktionsträgern. Wenn wir „Strafrecht" hier nicht im reinen Wortsinne nehmen, sondern darin das Prinzip sehen, auf „Enttäuschungen" normativer Erwartungen so zu reagieren, daß die Erwartung in ihrem Bestand nicht gefährdet wird (*N. Luhmann* 1972, S. 53 ff.), läßt sich dies nicht nur für die europäische, insbesondere die deutsche Kriminologie sagen, sondern für diejenige Kriminologie generell, die zu ihrem zentralen Problem die Frage nach den „Ursachen" des Verbrechens macht und diese dadurch zu finden hofft, daß sie sie bei den handelnden Kriminellen sucht, gleich, ob diese in physischen, psychischen oder sozialen Merkmalen gesehen werden.

Die Geschichte der Kriminologie ebenso wie die Autonomiebestrebungen in der zeitgenössischen Kriminologie tragen vor allem die Handschrift von Wissenschaftlern und Wissenschaften, die die Fragen der Kriminalität im Eigenschaftsraum der individuellen Person, des Täters glauben auflösen zu können. Juristen, Mediziner, Psychiater und Psychologen haben vor allem an ihr mitgeschrieben und sind die kompromißlosesten Verfechter der im Vorstehenden beschriebenen traditionellen Kriminologie und ihrer Autonomie. Es gibt kaum andere Wissenschaften, deren wissenschaftliche Kongresse, Vereinigungen und Aktivitäten in einem derartigen Ausmaß von Praktikern durchsetzt und bestimmt sind, wie dies in der Kriminologie der Fall ist. Ein Lehrstück für die Heteronomie der Kriminologie sind die Pläne zur Errichtung eines kriminologischen Zentralinstituts in der Bundesrepublik (*G.-R. Oberthür* 1976). Bis in die Zusammensetzung des Aufsichtsrates und die Art der zu erforschenden Fragen gehen die Regelungsdetails des vorliegenden Satzungsentwurfs.

Ihre Kritiker und Opponenten rekrutieren sich aus den Wissenschaften, die die praxisinduzierte Reduktion der Analyse der Kriminalität auf eine ausschließliche Betrachtung des Täters entsprechend ihren theoretischen und empirischen Befunden nicht vertreten und teilen können. Die Geschichte der Geschichte der Kriminologie wird von der Soziologie geschrieben, die selbst ein Teil dieser Entwicklung gewesen ist, sich mehr und mehr daraus löst und die Kriminalität als zutiefst mit den sonstigen Strukturen und Prozessen einer Gesellschaft verwoben und verstrickt begreift. Als Soziologe die Kriminalität einer Gesellschaft zu analysieren, bedeutet deshalb neben der wissenschaftlichen Durchdringung und Analyse dieser Zusammenhänge auch die Kritik einer Wissenschaft wie die der traditionellen Kriminologie, die selbst Ausdruck und Manifestation der Absonderung und der Isolierung der Kriminalität von der Gesellschaft und ihren Institutionen ist.

Sie hat dabei auf ihrer Seite sowohl die Erkenntnis, daß die „short history of criminology has been a history of failure" (*M. Phillipson*

1971, S. 3), läßt sich nicht schrecken davon, daß in „modernen Rechtsordnungen die wissenschaftliche Erklärung abweichenden Verhaltens an unüberschreitbare Grenzen (stößt)" (*N. Luhmann* 1972, S. 58) und nimmt in Kauf, daß eine in diesem Sinne betriebene Kriminologie ihre Vertreter nicht so sehr „as useful problem-solvers, but as problem-raisers" (*N. Christie* 1971, S. 145 – Hervorhebg. im Original) erscheinen läßt. Sie verbindet damit allerdings auch die tröstliche Gewißheit, daß sie den Mißerfolg nicht wird teilen müssen, der einer Kriminologie beschieden sein wird, die sich durch einen falsch verstandenen Praxisbezug der vorherrschenden Strategie strafrechtlicher Sozialkontrolle verschreibt, die *L. T. Wilkins* als „strategy ... to develop more-of-the-same" beschreibt und der er noch vor dem Jahre 2000 „a complete breakdown" prophezeit (1973, S. 13).

III. Die traditionelle Kriminologie: Unbewältigte Vergangenheit – ungewisse Zukunft

Wir wollen in diesem Abschnitt die Kritik an der bisherigen Analyse der Kriminalität fortführen und spezifizieren. Dazu sollen in einem ersten Schritt Entwicklung, Struktur und die zentralen Thesen der sogen. positiven Schule der Kriminologie dargestellt und erörtert werden. In einem zweiten Abschnitt wird am Beispiel der Entwicklung der amerikanischen Kriminologie nachgezeichnet, in welcher Weise die wissenschaftliche Analyse sich von der Konzentration auf den Täter immer stärker auf Faktoren und Strukturen seines sozialen Umfeldes verschoben und sich schließlich analytisch ganz davon gelöst hat, indem sie den theoretischen Zugang zur Kriminalität nicht mehr von dem Handeln des Täters her begreift, sondern von dem Koordinatensystem einer moralischen Ordnung, die das Handeln der Mitglieder in ein horizontal und vertikal geschichtetes System von Bewertungen und Beurteilungen einordnet. Im dritten Abschnitt dieses Kapitels soll eine mehr systematisch orientierte Kritik der bisherigen Kriminologie gegeben werden, die seit ihrem Bestehen kontroverse und bislang ungelöste Probleme aufnimmt. Dabei geht es im einzelnen um die Frage nach der angemessenen Definition des Gegenstandes der Kriminologie, und um Probleme, die mit den Daten der Kriminologie zusammenhängen, insbesondere um Probleme der Kriminalstatistik und der Dunkelziffern.

Dabei sollen vor allem rechtspolitische Folgerungen zur Sprache kommen, die sich aus der neueren methodologischen Kritik ergeben.

1. *Die mißverstandene Geschichte der Kriminologie: Wissenschaft und Politik*

a) *Die fehlende systematische Geschichte der Kriminologie*

Nach den Bemerkungen im ersten Abschnitt dürfte es nicht weiter überraschen, daß es noch keine systematische und vollständige historische Aufzeichnung der Kriminologie gibt, die als verbindliche und akzeptierte wissenschaftshistorische Darstellung der Kriminologie gelten kann. Dies ist zwar wiederholt beklagt worden (*Th. Sellin* 1968 b, S. 508; *H. Göppinger* 1964, S. 9, Anm. 21); aber es spiegelt genau den Weg wider, den die Wissenschaft – oder man sollte besser sagen: die Wissenschaften – auf diesem Gebiet bisher gegangen sind.

Im Augenblick ist es in der Tat so, daß jeder Versuch der Geschichtsschreibung einer Kriminologie in dem vorstehenden Sinne daran scheitert, daß es den Kriminologen und die Kriminologie noch nicht gibt (vielleicht auch als Wissenschaft nicht geben wird), sondern eben nur Vertreter anderer Wissenschaften mit besonders ausgeprägtem Interesse am Gegenstand des Verbrechens oder des Verbrechers. Mit anderen Worten: Jeder historische Versuch würde den Stempel der Herkunftsdisziplin des Autors tragen, würde also eine Geschichtsschreibung aus soziologischer, biologischer, anthropologischer, medizinischer usw. Sicht bedeuten. Die disziplinäre Unsicherheit, die man in den Titeln der zahlreichen Lehrbücher der Vergangenheit und der Gegenwart antrifft[15], würde sich somit auch auf eine historische Betrachtung der wissenschaftlichen Entwicklung übertragen.

Angesichts der Kontroverse innerhalb der Kriminologie, die gerade in den letzten Jahren verschärft zum Vorschein getreten ist und Vertreter einer multidisziplinären Kriminologie und solche einer soziologischen Kriminologie als Kombattanten und Konfliktpartner konfrontiert, ist es nicht verwunderlich, wenn in diesem Konflikt auch die historische Rekonstruktion der Wissenschaft eine zentrale Rolle spielt. Insbesondere die soziologischen Kritiker der bisherigen Kriminologie erinnern an eine historisch nicht aufgearbeitete soziologische Tradition der Kriminalitätsanalyse, die weit ins 19. Jahrhundert zurückreicht (*Y. Levin* und *A. Lindesmith* 1937; *T. Morris* 1957, Kap. 3; *I. Taylor, B. Walton* und *J. Young* 1973, Kap. 1–3; *R. Quinney* und *J. Wildeman* 1977, Kap. 2), mit der Arbeit von *A. Mechler* (1970) liegt sogar der Versuch vor, eine selbständige Geschichte der Kriminalsoziologie vorzubereiten. Ein vergleichbares Unternehmen für eine der anderen Bezugsdisziplinen der Kriminologie der Vergangenheit gibt es nicht.

Die fehlende systematische Leitlinie, an der sich eine Geschichte der Kriminologie orientieren könnte, wird auch deutlich an drei Beispielen von Arbeiten, die zumindest den Versuch unternahmen, Einzeldaten und -aspekte zusammenzutragen, die eine Geschichte der Kriminologie zu verarbeiten hätte. In einem Beitrag der International Encyclopedia of the Social Sciences skizziert der Schwedisch-Amerikaner *Th. Sellin* (1968, zit. n. *A. L. Guenther* 1976) die Geschichte der Kriminologie, die nicht „a science … in the narrow sense of a discipline that possesses universally accepted theoretical concepts" sei (S. 8), die Kriminologie und ihre Entwicklung um das Problem der „search for causes" und unterscheidet dabei „the individualists" und „the environmentalists". Damit zeichnet *Sellin* – analog einer Systematik des Belgiers *J. van Kan* (1903) und des Holländers *W. A. Bonger* (1905) – die angesprochene Polarisierung zwischen Kriminologie und Soziologie vor, aber die in seine Betrachtung eingeschlossenen Wissenschaftler und wissenschaftlichen Arbeiten bedeuten eine wesentliche Auswahl aus dem historischen Material, das wir einem zweiten Beispiel an Vorarbeit für eine Geschichte der Kriminologie entnehmen können. Der bereits erwähnte deutsch-englische Kriminologe *H. Mannheim* hat 1960 eine Sammlung von im allgemeinen sehr guten biographischen Skizzen über Wissenschaftler aus den verschiedensten Disziplinen vorgelegt, die ihr wissenschaftliches Interesse ganz wesentlich auf Fragen des Verbrechens und des Verbrechers gelegt hatten[16]. Eine Sammlung von Einzelbiographien, so sehr sie sich auch auf einen Konsensus hinsichtlich der Auswahl der in den Kreis der „Pioniere" einzuschließenden Personen berufen kann, ist natürlich noch kein Ersatz für eine systematische Geschichtsschreibung. Die „Pioneers in Criminology", wie der Titel der Anthologie von *Mannheim* heißt, trägt denn auch gleichsam den Makel auf der Stirn: Die 17 dort vorgestellten Personen setzen sich wie folgt aus Vertretern der verschiedensten Einzelwissenschaften zusammen: 8 von ihnen waren Juristen, 5 Mediziner, davon die meisten Psychiater, 2 Soziologen, 1 Architekt und schließlich ein Marineoffizier mit geographischem Interesse. In der zweiten Auflage dieses Werkes (1972) sind 6 weitere „Pioneers" hinzugetreten, davon sämtliche – bis auf einen Theologen – „jurists and administrators" (S. IX). Und auch der Versuch des Herausgebers, in seiner Einleitung eine systematische Verklammerung der Vielfalt der Standpunkte und Ansätze der einzelnen Autoren zu erreichen, wird zu Recht wieder durch den Schlußartikel von *C. R. Jeffery* ganz entscheidend in Frage gestellt.

Als drittes Beispiel einer Vorarbeit für die Werkstatt einer Geschichte der Kriminologie soll noch einmal der ebenfalls bereits genannte *L. Radzinowicz* (1961 a) zu Worte kommen. Keine Geschichte von Personen, keine von Ursachenkonzepten intendiert der Autor, sondern – das sahen wir oben schon –, eine solche von Institutionen, Instituten, Forschungsprojekten und Organisationen. So erfährt man etwa detailliert über den historischen Ablauf der von *Lombroso* und *Ferri* begründeten italienischen kriminologischen Institute in Rom bzw. Turin. So beschreibt *Radzinowicz* ziemlich ausführlich und voller Bewunderung die erste „National Conference on Criminal Law and Criminology" von 1909 in Chicago, die zur Gründung des *American Institute of Criminal Law and Criminology* an der *Northwestern University* geführt hat (vgl. *G. O. W. Mueller* 1961, S. IX/X). Während *Mannheim* durch die Auswahl der in seiner Sammlung eingeschlossenen Einzelpersönlichkeiten und durch sein längeres Einführungskapitel so etwas wie eine Ideengeschichte zumindestens dem Ansatze nach intendiert, ist *Radzinowiczs* Buch ganz auf pragmatische und forschungsorganisatorische oder auch wissenschaftssoziologische Bedingungen für das Entstehen einer eigenen Disziplin ausgerichtet. Was die Möglichkeit angeht, ein autonomes wissenschaftlich-systematisches Gebäude zu errichten, dem das Etikett Kriminologie wohl anstehen würde, also eigentlich das zu verwirklichen, was Voraussetzung oder auch Konsequenz jener von uns geforderten kriminologischen Geschichtsschreibung sein müßte, so verrät *Radzinowicz* – ähnlich wie *Sellin* – eher Skepsis als Optimismus, wenn er etwa rät, „in the present state of knowledge, the very attempt to elucidate the causes of crime would be better put aside" (1961 b, S. 175).

b) Die „klassische" und die „positive" Schule der Kriminologie

Trotz der Unsicherheit über den historischen Werdegang scheint es dennoch einen weitgeteilten Konsens über die Phasierung der Kriminologie als „Wissenschaft" zu geben. Danach wird eine vorwissenschaftliche, ideenliefernde, vorgeschichtliche Phase der Kriminologie von einer solchen abgesetzt, die sich mit den Methoden, Verfahren und Techniken der Wissenschaft den Fragen stellt, die die Kriminalität aufgibt. Dies ist nach einem weitverbreiteten Urteil innerhalb der Kriminologie die Scheidelinie, die die sogen. klassische Schule von der sogen. positiven Schule der Kriminologie trennt. So etwa argumentiert *G. B. Vold* (1958) in seiner historisch ausgerichteten „Theoretical Criminology", dem gleichen Prinzip und Trennungskriterium folgt *K.-H. Hering* (1966) in seiner Arbeit „Der Weg der Kriminologie zur selbständigen Wissenschaft", wenn auch beide jenseits dessen zu einer unterschiedlichen Systematik gelangen. Andere Beispiele einer solchen Sichtweise sind *H. A. Bloch* und *G. Geis* (1962), *E. H. Johnson* (1968), *Th. Würtenberger* (1964/65), *A. Mergen* (1967).

Prägnant formuliert *Vold* sein Sichtungsprinzip, nach dem er Vorgeschichte und Geschichte der Kriminologie organisiert: „Except for purposes of background and perspective, this book deals only with those areas of theory that fall within the intellectual orientation usually called ‚positivistic' or ‚scientific'" (S. V) und konkretisiert diesen Anspruch in der üblichen Weise wissenschaftlichen Selbstverständnisses, das Aussagen und Behauptungen nur dann als der Wissenschaft zugehörig reklamiert und zuläßt, wenn es möglich ist, „to examine them in the light of available information" (ebd.). Auf der Basis dieses Prinzips und dieser Überlegungen kommen *Vold* und andere Kriminologen, die wie er die Kriminologie mit der Elle des wissenschaftlichen Instrumentariums bzw. mit dem, was sie dafür halten, messen, zu dem Ergebnis, daß sämtliche Forscher, Gelehrte, Staatstheoretiker- und -philosophen, Ökonomen, die an der Gestaltung der strafrechtlichen Sozialkontrolle in ihrer heutigen geistigen wie institutionellen Struktur entscheidenden Anteil hatten, aus dem Kreis kriminologisch relevanter Autoren ausgeklammert bleiben.

So kommt es zu der Verbannung eines *Cesare Beccaria* (1738 bis 1794), zu dessen Ehren und Erinnerung die Deutsche Kriminologische Gesellschaft unter ihrem Präsidenten *A. Mergen* Mitte der 60er Jahre eine Gedenkmedaille stiftete, in den Vorhof der Kriminologie auf der einen Seite und zur Stilisierung der sogen. italienischen positiven Schule von *C. Lombroso* (1835–1909) zur eigentlichen Begründerin in der Kriminologie auf der anderen Seite.

Auf eine vereinfachte Formel gebracht, ist die Differenz zwischen klassischer und positiver Schule nach dem Verständnis der eine solche Unterscheidung treffenden Kriminologen identisch mit der Trennung von Kriminologie und Kriminalpolitik, noch allgemeiner mit der nach Wissenschaft und Politik, wissenschaftstheoretisch gefaßt: mit der Trennung von Sachaussagen und Werturteilen.

Obwohl es gerade der Kriminologie, wie wir im 1. Kapitel bereits sahen, gut anstehen würde, die dazu inzwischen geführte Diskussion innerhalb der Soziologie und der Wissenschaftsphilosophie und -theorie zur Kenntnis zu nehmen, um sich aus ihren vulgärmethodologischen Simplifikationen zu befreien, ist hier nicht der Ort, eine methodologische Propädeutik zu betreiben. Mir kommt es hier stattdessen auf die Behauptung an, daß weder der klassischen Schule Genüge getan ist, sie als im wesentlichen auf Kriminalpolitik fixiert zu begreifen, noch der positiven Schule Gerechtigkeit widerfährt, wenn man sie auf Kriminologie in dem von *Vold* u. a. gemeinten Sinne reduziert.

Zunächst einmal widerspricht einem solchen Bild der leidenschaftliche Konflikt, der zwischen der klassischen Schule und der positiven Schule der Kriminologie gleich nach dem Auftreten der letzteren ausgetragen worden ist. *W. Naucke* (1964, S. 19 ff.) hat ihn eindrucksvoll aus den Schriften von *C. Lombroso, E. Ferri* und *R. Garofalo* bis hin zu *F. von Liszt* nachgezeichnet, *St. E. Grupp* (1968) drei für diesen Konflikt besonders eindrucksvolle Arbeiten von *Ferri* in Erinnerung gebracht.

Die Kontroverse ist mit aller Schärfe von den Vertretern der positiven Schule angezettelt und getragen worden. Ihnen ging es um kriminalpolitische Zielsetzungen, mehr noch: um die Erschütterung des Fundaments des klassischen Strafrechts. Dieses wurde vor allem in dem Prinzip der Schuld gesehen, der Haftbarmachung des Täters für sein Handeln aufgrund des Dogmas des freien Willens und des individuellen Anders-Handeln-Könnens, von dem aus das klassische Strafrecht sich selbst begriff und rechtfertigte. Deterministen und Indeterministen standen einander gegenüber[17]. Die positive Schule war angetreten, die Sache des Determinismus wissenschaftlich zu klären und empirisch zu belegen.

Der Elan, das Pathos und der Eifer, mit denen die Vertreter der positiven Schule ihre Arbeiten betrieben – so muß man es eher sehen –, waren entscheidend bestimmt von ihren kriminalpolitischen Zielsetzungen. Einer der herausragendsten von ihnen, *E. Ferri*, brachte es bis zum Vorsitzenden der italienischen Strafrechtskommission, die 1921 einen in mehrere Sprachen übersetzten Gesetzesentwurf für ein neues Strafrecht erarbeitete, das indessen beim Gesetzgeber auf keine Gegenliebe stieß (*K.-H. Hering*, 1966, S. 74).

So wenig wie die Stilisierung der positiven Schule zu einer nur der wissenschaftlichen Ergründung des Verbrechens gewidmeten Sache richtig ist, so karikierend ist das Bild der klassischen Schule, das diese nur auf kriminalpolitische und strafrechtsdogmatische Themen und Aussagen gerichtet erscheinen läßt. Richtig ist, daß wir den empirischen Zähl- und Datenaufwand, der für die Arbeiten der positivistischen Kriminologen kennzeichnend ist, etwa in *C. Beccarias* „Dei delitti e delle pene", das sehr schnell in ganz Europa gelesen, kommentiert, auf den Index gesetzt wurde, nicht antreffen; richtig ist auch, daß er sich bis ins Detail hinein über die zweckmäßige und vernünftige Ausgestaltung des Strafrechts, über die Abgrenzung, Fixierung und Ausübung der Staatsgewalt gegenüber seinen Bürgern ausläßt, differenzierter und kriminalpolitischer verwertbarer, als es die Vertreter der positiven Schule getan haben; irrig ist es jedoch anzunehmen, bei ihm fänden sich keine Aussagen und Theorien von der Art, die *Vold* zum Trennungskriterium von klassischer und positiver Schule macht. Die Arbeit *Beccarias* ist voller Hypothesen und empirisch prüfbarer Aussagen über die Konsequenzen, die von der Struktur des Strafrechts in inhaltlicher und prozeduraler Hinsicht, von der Art der angedrohten Sanktionen, von der Art seiner Praktizierung und Durchsetzung auf das Verhalten seiner Adressaten ausgehen. Die Sprache der Aufklärung, der Humanität und der Vernunft – *Voltaire* hat die französische Übersetzung von *Beccarias* Werken mit einem glühenden Vorwort versehen –, ihre Form des Appells und der Empfehlungen an die Träger der Macht im absolutistischen Staat kann nicht darüber hinwegtäuschen, daß nicht beliebiges Werten und dezisionistisches Wollen das Geheimnis des Erfolges von *Beccarias* Gedanken ausmachten, sondern Erfahrungen und Befunde der gesellschaftlichen und staatlichen Wirklichkeit seiner Zeit, die mit ihm alle jene teilten, die zur Verbreitung seiner Schriften beitrugen.

Das der Trennung in klassische und positive Kriminologie zugrunde liegende Prinzip wird also dem Gehalt und den Intentionen der einzelnen Vertreter dieser Schule nicht gerecht. Kriminalpolitische Enthaltsamkeit der einen und wissenschaftliche Abstinenz der anderen, das ist nicht die Differenz zwischen beiden. Allenfalls ließe sich sagen, daß der technologische Aufwand zur Gewinnung der Daten, das Instrumentarium zum Vermessen der „Gegenstände", die im Mittelpunkt der Kriminalität stehen, erheblich voneinander differierten. Das aber wäre ein zu geringer Unterschied, um ihn als schulenbildend zu akzeptieren. Deshalb hat *Mannheim* recht, wenn er, wie wir sahen, nicht das hier kritisierte restriktive Kriterium der Wissenschaftlichkeit für die Frage entscheidend sein ließ, wen er in seine Ahnengalerie der Kriminologie aufnahm und wen nicht. Und ebenso ist deshalb *Vold* wie *Sellin* vorzuhalten, daß sie bei ihrer historischen Rekonstruktion der Kriminologie Gesichtspunkte zugrunde legen, die ihrem eigenen Wissenschaftsverständnis entsprechen mögen, sich jedoch nicht decken mit den Intentionen und Prinzipien derer, die sie danach beurteilen wollen.

Dennoch gibt es Unterschiede zwischen der klassischen und positiven Schule der Kriminologie, die es rechtfertigen, sie als zwei Kontrastprogramme auf dem Gebiet der Analyse der Kriminalität zu verstehen. In der Diskussion der letzten Jahre treten sie mehr und mehr in den Vordergrund und bestimmen immer nachhaltiger das Gesicht einer neuen Kriminologie. Eine Wissenschaft ist nämlich nicht alleine dadurch bestimmt, welche und in welchem Umfang sie Techniken der Datengewinnung verwendet und entwickelt, sondern diesem Schritt ist nicht nur logisch, sondern auch forschungspraktisch die Entscheidung darüber vorgeordnet, welche Fragen sie stellt, wofür sie Antworten sucht, welche Hypothesen sie entwickelt, wie sie den Gegenstand, den sie wissenschaftlich zu analysieren sich anschickt, auflöst und zerlegt in Aussagen, Behauptungen usw. Genau in diesem Punkte aber unterscheiden sich, wie wir sahen, die klassische und die positive Schule ganz erheblich.

Obwohl *Vold* aufgrund seiner theoretischen Erörterung diesen Punkt hätte sehen müssen, verfehlt er diese entscheidende Differenz zwischen klassischer und positiver Schule und stilisiert sie nach der Verfügbarkeit empirischer Daten und Techniken. Da dieser Aspekt für unsere weiteren Überlegungen von zentraler Bedeutung ist, wollen wir dieses Mißverständnis bei *Vold* noch etwas näher beleuchten. Die Arbeit von *Vold* durchzieht ein ungelöster Bruch. Während er in seinem Vorwort davon ausgeht, daß „crime always involves both human behavior (acts) and the judgment or definitions (laws, customs, mores)" (1958, S. V) und daß „there is, therefore, always a dual problem of explanation" (ebd., S. VI), ist der Großteil seines Buches mit der Darstellung und Ordnung der Materialien beschäftigt, die den ersten Aspekt einer Kriminalitätstheorie betreffen. Er ist sich freilich dieser Diskrepanz zwischen programmatischem Anspruch und seiner Einlösung bewußt.

Analog der Systematik bei *Th. Sellin* unterscheidet *Vold* theoretische Ansätze individueller Art von solchen, die „group or cultural influences" (Teil III) betonen. In dieser letzten Gruppe von Theorien erörtert *Vold* ökonomische Einflüsse, kriminelle Lernprozesse, kriminelles Verhalten und Kriminalität, Wirtschaftskriminalität und organisierte sowie professionelle Kriminalität. Unter der Hand gleichsam entrinnt ihm hierbei der archimedische Punkt, der ihm die Trennung der Kriminologie in klassische und positive Schule nahelegt. Hier nämlich organisiert er das ausgebreitete Material nicht um Merkmale und Eigenschaften von Personen und Tätern, sondern hier stehen Konzepte wie „Gruppenkonflikttheorie", „Konflikttheorie" im Mittelpunkt, also Begriffe, die Beziehungen zwischen verschiedenen Gruppen und Teilen einer Gesellschaft erfassen. Die Ebene der Analyse ist auf das soziale System und die Beziehungen und Austauschprozesse zwischen verschiedenen Systemen ein und derselben Gesellschaft verlagert.

In einem seiner drei abschließenden Kapitel erörtert *Vold* diesen Wechsel im theoretischen Bezugsrahmen und kommt auf die schon oben erwähnte Ausgangsfrage nach der zweifachen Erklärungsnotwendigkeit der Kriminalität zurück. Ausgesprochene Unsicherheit charakterisiert seine nochmalige Diskussion des Problems. Er betont zum einen die Relevanz der Theorie für Forschung und für die Aussage der Daten: „In other words, ‚research in criminology' can find only that which the theory of criminality underlying the project makes it possible to look for" (S. 265). Sodann differenziert er verschiedene Theorieansätze gemäß dem Erklärungsdualismus danach, wie die Konzepte „Kriminalität", „Krimineller", „kriminelle Handlung" in der betreffenden Theorie definiert werden: „Another question involves the problem of whether it is the behavior itself that constitutes crime, or whether it is not rather the fact of definition as crime by some political authority that makes the behavior criminal" (S. 267). Während *Vold* nun aber keine Mühe hat, kriminologische Theorien zu identifizieren, die auf der Basis beruhen, Kriminalität werde durch kriminelles Verhalten konstituiert, gelingt ihm dies nicht für die alternative Position, nach der Kriminalität ein politischer Definitionsakt sei. Dem ersten Theorietyp gehören die individualistischen Theorien an: „But such traits and characteristics are related to crime causation only on the basis of a theory which assumes that crime is an aspect of individual behavior" (S. 274). Der andere Theorietyp bleibt in *Volds* Arbeit im Bereich der abstrakten und programmatischen Forderung: Er schreibt zwar, daß „this approach asks not only what are the ‚causes' of criminal behavior, but with equal pertinence what is the reason for the criminal law?" (S. 268). Er deutet auch die Notwendigkeit der theoretischen Integration beider isolierter Fragestellungen an: „There is also the implicit assumption that both criminal behavior and the criminal law are somehow related to more fundamental factors of human nature and of social organization" (S. 268). Er erkennt auch – interessanterweise in Analogie zur Soziologie der Sprache – daß „if ... the point of view is seriously maintained that crime is not primarily a matter of individual behavior but is instead a cultural product ... then all the careful pile-up of ‚data' and of ‚research studies' correlating the traits of individuals with criminality remain as pointless for the explanation of crime phenomena as they are for language phenomena" (S. 274). Aber seine Arbeit enthält keine direkten und unmittelbaren Forschungen zur Beantwortung dieser Fragen, sondern nur methodologische (S. 278) und politische (S. 280) Gründe dafür, daß es sie nicht gibt. Er betrachtet wohl, ohne dies deutlich zu sagen, die gruppenbezogenen und sozialstrukturellen Theorien als Arbeiten auf dem Weg zu diesem zweiten Theorietyp, hebt sie von den rein individualistischen Theorien ab, aber die Anforderungen, die er selbst für diesen zweiten Theorietyp formuliert, lassen ihn zu Recht zu dem Schluß gelangen, daß eine solche Theorie ebenso noch fehlt wie die darauf ausgerichteten empirischen Forschungen.

Die theoretische Diskussion von *Vold* kommt so zu dem Ergebnis, daß Fragen, die für die klassische Schule der Kriminologie zentral waren, wiederaufzunehmen seien und erst eine adäquate Theorie der Kriminalität ermöglichen würden. Er gelangt auch sehr nahe an solche Probleme, wo er z. B. die Kontroverse um die soziologische oder juristische Definition des Verbrechens aufnimmt und den Anhängern der legalistischen Position entgegnet, daß man nicht bei der Entscheidung für eine juristische Definition des Verbrechens stehen bleiben könne, sondern „one must necessarily ask, then, why is there such a law?" (S. 268), aber dabei bleibt es – aus Mangel an relevanten theoretischen und empirischen Arbeiten hierzu. Diesen Mangel bringt *Vold* auf eine Formel, die in einem das Dilemma der Kriminologie ausdrückt und die Heftigkeit der Kontroverse erklärt, die in jüngster Zeit Einzug in diese Wissenschaft gehalten hat: „Crime as an aspect of the struggle for the control of power between different elements and political segments of the population of a community is a frightening thought to many. It suggests that the explanation of causation lies in the nature and structure of the community itself. It is therefore likely to be much less upsetting as well as much less hazardous, as a professional occupation, to do research on the personality characteristics of individuals involved in ordinary crime than to explore the actual reality of the struggle for the control of power in the community" (S. 280).

Einem Mißverständnis freilich möchten wir zum Schluß dieser theoretisch relevanten Diskussion um die sogen. klassische und positive Schule der Kriminologie entgegentreten. Es geht und ging uns nicht darum, Thesen und Theorien der einen Schule gegen die andere auszuspielen. Woran uns liegt, ist zweierlei. Zum einen wollten wir die theoretische Verarmung und Verengung der positiven Schule gegenüber der klassischen Schule aufweisen. Dieser Gedanke wird uns noch mehrfach beschäftigen. Zum anderen wollten wir auf die selbstverschuldete Sterilität einer Kriminologie aufmerksam machen, die ihre eigene Zuständigkeit durch eine Trennung von Politik und Wissenschaft, von Kriminologie und Dogmatik, von Kriminologie und Strafrecht in einer Weise zurücknimmt, die weder dem Stand der wissenschaftstheoretischen Diskussion noch der historischen Aufarbeitung der Kriminologie entspricht. Für die deutsche Diskussion hat diesen Gedanken niemand nachdrücklicher formuliert als der bereits erwähnte *W. Naucke* (1968)[18], die amerikanische Diskussion hierzu soll im folgenden Abschnitt etwas ausführlicher dargestellt werden.

2. *Die Kriminologie im Spannungsfeld zwischen täterorientierter und*
   normzentrierter Wissenschaft: das Beispiel der amerikanischen
   Diskussion

a) Der Streit um die soziologische Orientierung der
   amerikanischen Kriminologie

Das Selbstverständnis der Kriminologie kennt noch ein anderes Klischee ihrer Geschichte und ihrer Struktur. Eine an nationalen Identitäten orientierte Einteilung der Kriminologie hat sich daran gewöhnt, der amerikanischen Kriminologie in toto eine Ausrichtung zu attestieren, an der andere nationale Besonderheiten der Analyse der Kriminalität nicht nur gemessen werden, sondern von der aus letztere auch gleichsam ihre Gegenidentität zu entwickeln trachten.

D. R. Cressey formuliert dieses einheitliche Selbst- und Fremdverständnis, das sich in jedem amerikanischen[19] und nicht-amerikanischen[20] kriminologischen Lehrbuch ebenso nachlesen läßt wie in allgemeinen Standortbestimmungen der Kriminologie[21], wie folgt: „If a distinctive ‚American School‘ of criminology is identifiable at all, it is located in the area of study which may properly be called the sociology of crime" (1958, S. 11).

Dieses Klischee ist jedoch nicht länger unbestritten. Es erweist sich mehr und mehr, daß es nur in einem spezifischen Kontext des Verständnisses der Kriminologie seine Berechtigung hat. Dieser Kontext aber wird zunehmend in Frage gestellt, mehr noch: die Diskussion hat einen Stand erreicht, von dem sich sagen läßt, daß auch die amerikanische Kriminologie auf einen·Bezugsrahmen zugeschnitten und eingeengt war, der nicht nur wesentliche Fragen der Kriminalität ausblendete, sondern in einem spezifischen Sinne gerade soziologische Aspekte nicht berücksichtigte. Wir wollen die amerikanische Entwicklung deshalb etwas näher skizzieren, um an ihr die Fragestellungen herauszuarbeiten, die sich allmählich zu einem veränderten Fundament kriminologischen Selbstverständnisses verdichten, das seinen Anspruch über die amerikanische Situation hinaus zur Geltung bringt.

Es trifft zwar zu, daß fast alle amerikanischen kriminologischen Lehrbücher von Soziologen geschrieben worden sind, daß schon um die Jahrhundertwende „Kriminologie" und „Pönologie" zu den ersten geschlossenen Gebieten gehörten, die als Kurse in den soziologischen Departments der amerikanischen Universitäten gelehrt wurden (*D. R. Cressey* 1968, S. 471; *Frank L. Tolmann*

1902/08). Ebenso erscheint es uns aber bemerkenswert, daß sich
in der wissenschaftlichen Diskussion der Begriff Kriminalsoziologie bzw. „Criminal Sociology" nicht durchgesetzt hat[22], am
ehesten vielleicht noch in Deutschland, wo er aber theoretisch
unverbindlich geblieben ist und bis auf den heutigen Tag pejora-
tiv und als wissenschaftspolitischer Abwehrbegriff gegen
Theoriebildung und gegen Kritik der abgestandenen Kriminologie verwendet wird. In der amerikanischen Tradition gab es um
die Jahrhundertwende einige Titel, die „Criminal Sociology" als
Bestandteil enthielten, aber dieser Sprachgebrauch hat sich auch
dort keineswegs eingebürgert (*D. R. Cressey* 1968, S. 167 Anmerkung). Nach einer Bemerkung von *C. R. Jeffery* (1962 a, S. 806) betrachten sich heute nur noch verhältnismäßig wenige Soziologen
als Kriminologen, und er zitiert als einen Beweis für seine These
die Situation an der University of Chicago. Während der zwanziger und dreißiger Jahre seien dort mit *E. Burgess, E. H. Sutherland*
und *C. Shaw* gleich drei berühmte Soziologen gewesen, die in der
amerikanischen Kriminologie eine ganz hervorragende Rolle gespielt hätten. Diese Tradition sei aber mit dem Weggang von *L.
E. Ohlin* nach New York völlig zum Erliegen gekommen.
Bestätigt wird diese Beobachtung durch die oben bereits mitge-
teilte Einschätzung von *D. C. Gibbons*, der mehr Soziologen an
der Analyse von Fragen der Kriminalität sich beteiligen sieht, bei
einer geringeren Anzahl jedoch die professionelle Identität eines
Kriminologen feststellt (1977, S. 4).

Unabhängig von dieser institutionellen Lokalisierung der Kriminologie in den soziologischen Departments kann der eigentliche
Beitrag der amerikanischen Soziologie zu dem Problem des Verbrechens und der Delinquenz natürlich nur anhand einer Analyse
der Materialarbeit erbracht werden. Ein genereller Gesichtspunkt
allerdings, der an dieser Stelle auf Details an Forschungsergeb-
nissen verzichten kann, läßt uns nochmals auf die kriminologie-
geschichtliche Frage nach der Begründung dieser Wissenschaft
zurückkommen. An ihr hat sich die amerikanische Kriminologie
gerade deshalb besonders beteiligt, weil sie von Anbeginn
theoretisch wie institutionell soziologischen Ursprungs war.
Nach jahrzehntelanger Forschung und Arbeit auf kriminologi-
schem Gebiet entstand eine prinzipielle Kontroverse um *C.
Lombroso* und der von ihm ausgehenden positiven Schule. Dabei
ging es nicht um die Frage, die in der Tat längst entschieden war,
ob die biologischen Vorstellungen von *Lombroso* und sein Konzept vom geborenen Verbrecher irgend etwas zu unserem Verständnis über den Kriminellen oder die Kriminalität beigetragen
haben, sondern um ein viel grundsätzlicheres und folgenschwe-
reres Problem. Es handelte sich darum, daß *Lombroso* jenseits

seiner spezifischen Erklärungsversuche für kriminelles Verhalten ein Grundmuster kriminologischer Forschung überhaupt festgelegt hatte, das zunehmend einer ebenso prinzipiellen Kritik unterzogen wurde.

Die unterschiedliche Einschätzung *Lombrosos* in der amerikanischen Kriminologie wird deutlich an zwei Zitaten, von denen das eine der bereits erwähnten Arbeit von *G. B. Vold*, das andere einem Aufsatz des ebenfalls schon bekannten *C. R. Jeffery* entnommen ist. *Vold* schreibt (1958, S. 39): „The essential point in positivism is the application of a deterministic and scientific method to the study of crime – it must not be confused with the particular emphasis (such as *Lombroso's* or *Garofalo's* biological slant, or *Ferri's* economic one) of one investigator or another" (1958, S. 89). Dieser Behauptung widerspricht *C. R. Jeffery* wie folgt: „This writer would disagree with *Vold's* observation to this extent: the main characteristic of positivism is its attempt to answer the riddle of criminality by means of scientific studies of the individual offender" (1960, S. 872/3).

Wie wir im vorigen Abschnitt gesehen haben, trifft *Jefferys* Kritik *Vold* nicht ganz zu Recht. *Volds* Option für eine täterorientierte Kriminologie ist nicht so ungebrochen und eindeutig, wie *Jeffery* es unterstellen will. Andererseits sahen wir auch, daß *Vold* in seiner generellen Orientierung hinsichtlich des theoretischen Ausgangspunktes der Kriminologie ambivalent und unentschieden ist. Dies nun läßt sich von *Jeffery* nicht sagen. Er ist einer der konsequenten Vertreter einer Theorieoption innerhalb der amerikanischen Kriminologie, die schon frühzeitig und unbeirrt eine totale Kehrtwendung der amerikanischen Kriminologie unter dem Vorwurf ihres unsoziologischen Gehalts gefordert hat.

Jeffery geht es natürlich nicht darum, den wissenschaftlichen Anspruch zurückzuweisen, den *Vold* für die Kriminologie beansprucht. Darin ist er mit ihm einig, und darüber gibt es wahrscheinlich auch keine ernsthaften Meinungsverschiedenheiten unter Kriminologen. Der entscheidende Punkt für ihn ist die Tatsache, daß man das Phänomen des Verbrechens nicht analysieren kann, wenn man es vom Täter her betrachtet. Er löst den Vorgang einer verbrecherischen oder delinquenten Handlung – analog den theoretischen Überlegungen *Volds* – in zwei separate analytische Bestandteile auf: 1. die Handlung als solche und 2. die Definition der Handlung als kriminell. Beide Aspekte seien strikt voneinander zu trennen und müßten gesondert untersucht und analysiert werden. Vorrangigkeit räumt *Jeffery* ohne jegliche Einschränkung allerdings der Frage ein, welches die Bedingungen und die Prozesse sind, die mit dem Entstehen neuer

Strafgesetze verknüpft sind. Eine Kriminologie, die diesem Gesichtspunkt keine Rechnung trage, müsse notwendigerweise die
Antwort auf die Entstehungsbedingungen kriminellen Verhaltens verfehlen. An anderer Stelle schreibt *Jeffery* hierzu: „A
theory of criminal behavior is not a theory of crime; it does not
explain the circumstances under which behavior is labelled criminal" (1962 a, S. 285).

Der Gedanke, der dahinter steht, ist auf den ersten Blick fast zu
banal, um widersprochen zu werden. Ein Modell, das davon ausgeht, ein bestimmtes Verhalten trage das Merkmal kriminell oder
Kriminalität, unterschlägt einfach die Tatsache, daß dieses Merkmal erst aufgrund eines sozialen Definitionsprozesses zustande
kommt. Es trägt nicht der jedermann sichtbaren Tatsache Rechnung, daß es in allen modernen Gesellschaften geschriebene Gesetze gibt, in denen peinlich genau festgehalten ist, was verboten
und geboten ist, und vor allem solche Gesetze, in denen ausdrücklich gesagt ist: als Verbrechen sind die folgenden Handlungen anzusehen. Dieser einer Kriminologie abhanden gekommene
Sachverhalt hat *R. McIver* zu einer Bemerkung veranlaßt, die
viele Kriminologen in der Tat irritiert und verunsichert hat: „In
that sense the only cause of crime as such is the law itself" (1942,
S. 88), womit er sich übrigens in Übereinstimmung brachte mit
einem zentralen Argument einer der heftigsten Angriffe auf die
Kriminologie, die Anfang der Dreißiger Jahre von zwei Mitgliedern der *Columbia Law School* geführt wurden [23].

Jeffery hat in mehreren Publikationen diesen Standpunkt immer
wieder mit großem Nachdruck vertreten (1956 a, 1956 b, 1957,
1959 a, 1962 a). Wegen seiner grundlegenden Einwände gegen
die Kriminologie ist er in die bereits genannte Kontroverse über
den Ein- oder Ausschluß strafrechtssoziologischer Erwägungen in
die Kriminologie mit *H. Mannheim* in den „Pioneers of Criminology" geraten, die in der zweiten Auflage dieses Sammelwerks
(1972) fortgesetzt worden ist und hier *Jeffery* die Gelegenheit bot,
die inzwischen eingetretene Entwicklung der Kriminologie mit
Genugtuung zu registrieren: „During the 1960 s there was an important movement in criminology to develop a sociology of law"
(1972, S. 493). *Jeffery* stand mit seiner Kritik gegenüber der herrschenden Kriminologie nicht allein. Einen ebenso heftigen wie
grundlegenden Angriff auf die Kriminologie führte bereits J. *Hall*
in dem von *G. Gurvitch* und *W. E. Moore* herausgegebenen Band
„Twentieth Century Sociology" (1945). Dort wie an anderer
Stelle (1947) weist der hauptsächlich als Rechtssoziologe arbei-
tende *Hall* darauf hin, daß die Kriminologie nicht nur die aus der
Soziologie des Rechts erwachsenden Erkenntnisse sträflich igno-
riere, sondern er versucht deutlich zu machen, daß eine Krimino-

logie ohne Rechtssoziologie in die Irre gehen muß. Er geht so weit zu fordern: „Criminology is synonymous with sociology of criminal law" (1945, S. 854; 1947, S. 559). Auch *Hall* sieht in der Beschränkung der Kriminologie auf eine reine Analyse des kriminellen Verhaltens den entscheidenden Wendepunkt, der die kriminologische Analyse verkürzt und der zu ihrem Dilemma beigetragen habe. Seine 1945 geschriebene Standortbestimmung und vorgeschlagene Neuorientierung der Kriminologie beziehen ihre Argumente aus einer unnachsichtigen Kritik der positiven Schule ebenso wie aus der Demonstration der kriminologischen Relevanz rechtssoziologischer Konzepte und Befunde, die er im Rückgriff auf die klassische Schule einführt. Da *Hall* selbst neben seiner sozialwissenschaftlichen Kompetenz auch als Rechtswissenschaftler gearbeitet hat, sind gerade seine Bezugnahmen auf Fragen und Probleme des Rechts, die von der durchschnittlichen Kriminologie ins kriminalpolitische Abseits gedrängt werden, für die kriminologische Diskussion außerordentlich informativ und differenziert und nicht von jener grobschlächtigen Verkürzung, in der sich die kriminologischen Positionen so sehr gefielen.

Nicht etwa der Vollständigkeit wegen, auch nicht aus Gründen der Feststellung eines Erstgeburtsrechts an der Kritik der positiven Schule der Kriminologie in der amerikanischen Szene, sondern aus Gründen, die mit der möglichst präzisen und pointierten Herausarbeit der soziologischen Perspektive der Kritik zusammenhängen, wollen wir eine letzte Stimme gleichsam aus dem Aufbruch der amerikanischen Kritik an der positivistischen Kriminologie zu Worte kommen lassen, die ebenso kompromißlos und bestimmt wie *Jeffery* und *Hall* die Verengung der Kriminologie auf die Analyse des Täters als einen folgenschweren Irrtum herausstellt. Unter dem plakativen Titel: „The Lombrosian Myth in Criminology" zogen die beiden Soziologen *A. Lindesmith* und *Y. Levin* folgendes soziologische Fazit aus den theoretischen und empirischen Arbeiten der positiven Schule der Kriminologie: „From the standpoint of sociological research the shift in emphasis ‚from the crime to the criminal', in the sense in which this phrase is an actual description of what occurred, was an unfortunate error, for in the preoccupation with the criminal as an individual that followed, the social nature of crime and collective responsibility for the conditions in which crime arises were gradually lost sight of" (1937, S. 664).

Dieser letzte Aufsatz hat gleich nach seinem Erscheinen beträchtliches Aufsehen erregt und insbesondere die Nur-Kriminologen unter den Soziologen erschreckt (vgl. *Th. Sellin* 1937; *M. E. Wolfgang* 1960, S. 196, S. 222 ff; *G. B. Vold* 1958, S. 32). Er hallt noch heute nach in der Diskussion um die Orientierung in der

Kriminologie und hat als Nebeneffekt eine Wiederentdeckung der gesamtgesellschaftlich ausgerichteten Kriminologie des 19. Jahrhunderts gezeigt, die – zusammen mit der klassischen Schule – durch die italienischen Positivisten und deren Anhänger schlicht in die schriftlose Phase der Kriminologie verwiesen wurde[24].

Die Kritik von *Jeffery*, *Hall* und *Lindesmith* und *Levin* knüpfte in ihrer allgemeinen Form an den von *Vold* nur erörterten, aber nicht entschieden genug aufgenommenen Gedanken an, daß Kriminalität einen spezifischen Aspekt hat, der über die Tat und den Täter hinausweist und deshalb nicht in den Blick kommt, wenn die wissenschaftliche Analyse sich nur auf die Untersuchung von kriminellen Handlungen und Tätern konzentriert. Sie ist sich einig in der Zurückweisung einer solchen Position, die nur Begriffe und Methoden der Analyse zuläßt, die auf das Individuum zugeschnitten sind, auf den einzelnen handelnden Täter oder Menschen.

Die Antwort darauf, in welcher Weise die Tatsache zu erschließen ist, daß Kriminalität ein über den Täter hinausweisendes Element enthält, das ihn als einen Teil der Gesellschaft auch noch in der Tat und den daran sich anschließenden Reaktionen erscheinen läßt, ist mit der Abweisung einer auf den Täter oder die Handlung ausgerichteten Kriminologie noch nicht gegeben. Daß dies die eigentliche Aufgabe der Soziologie darstellt, wird in der Wendung und in der spezifischen Akzentsetzung der Kritik an der positivistischen Kriminologie mit aller Deutlichkeit herausgestellt. *Jeffery* etwa präzisiert seine Attacke auf den individualistischen Ansatz der Kriminologie weiter dahin, daß er das Konzept der Motivation als einen Schlüsselbegriff kriminologischer Theoriebildung als „quasi-soziologisch" zurückweist und dagegen die Forderung nach einer konsequenten sozialstrukturellen Analyse setzt (1956 a, S. 672).

Dieser Gedanke hat in der Fortführung der Kritik an der positivistischen Kriminologie einen sehr zentralen Stellenwert erhalten, insbesondere in den Arbeiten von *D. Matza* (1964 a, 1969), in phänomenologischen und ethnomethodologischen Varianten der interaktionistischen Theorie, der wir uns noch systematisch zuwenden werden, und dann vor allem in der englischen Devianzsoziologie, die mit zu den stimulierendsten Strömungen in der Nachkriegsentwicklung der Kriminologie zu zählen ist.

Ohne Einzelheiten vorwegzunehmen, sei der entscheidende Einwand gegen das Motivationskonzept schon hier angedeutet. Die Frage nach den Motiven der Handlung komprimiert einen komplexen Prozeß der Genese sozialen Handelns in ein zweckrationales Ziel-Mittel-Schema, das der Struktur sozialer Prozesse nicht gerecht wird. Motive bezeichnen nicht so sehr innere Zustände und Merkmale einer Person, sondern sie sind Bestandteile von der Person äußerlichen Handlungssystemen, sozialen Rollen und Typen sowie Elementen der Konstruktion und der Erzeugung von Sinn und Bedeutung, die in interaktiven Prozessen zwischen Handelnden zustande kommen. In der soziologischen Theorietradition ist dieses Konzept der sinnverstehenden Soziologie *M. Webers* entnommen, in seiner Verwendung durch die herkömmliche Kriminologie hat es den Stellenwert eines begrifflichen Kürzels, das als „Ursachen" begriffene Faktoren der verschiedensten Art gleichsam in Handlungsantriebe und -impulse überinterpretieren soll.

Im Zusammenhang mit abweichendem Handeln, von dem *L. Taylor* zu Recht bemerkt, daß die Motivationsfrage hier besonders im Vordergrund steht (1971, S. 95), wird die Frage nach dem Warum eines Handelns zu einem strategisch wichtigen Problem. Die Antwort hierauf entscheidet über Vorliegen oder Nicht-Vorliegen einer strafbaren Handlung, über die Art und das Ausmaß der sozialen Reaktion, sie ist zentral für das Ergebnis der strafrechtlichen Zurechnung von Tat zu Täter, gleichsam das Band zwischen beiden. Straftatbestände, wie sie vom Gesetz definiert und konstruiert sind, also die der Kriminologie vorgegebenen Sachverhalte, enthalten zur Erfassung des inneren Zustandes des Handelnden im Zeitpunkt der Tat regelmäßig auf die Beschreibung der Motivation gerichtete Merkmale, über deren An- oder Abwesenheit zu entscheiden ist. Die Antwort auf diese Frage erst läßt das gleiche äußere Geschehen, einen identischen Tathergang z. B. entweder als Diebstahl oder als Kleptomanie erscheinen. Die übliche Verwendung des Motivationsbegriffes in der Kriminologie ist unsensibel für solche Probleme.

Die Kriminologie, die derartige Fragen dadurch ausklammert, daß sie die von ihr festgestellten „Ursachen" und „Faktoren" abweichenden oder kriminellen Verhaltens schlicht motivational uminterpretiert und in Eigenschaften der mentalen Struktur der Person transformiert, geht damit implizit von der Unterstellung aus, die subjektiven Bestandteile einer abweichenden oder kriminellen Handlung, also die Intentionen, Ziele, Motive des Handelnden, würden sich automatisch auch auf das normative Element der Handlung, also ihr Verbotensein beziehen. Wer kriminell oder abweichend handelt, hat m. a. W. die Absicht, sich abweichend oder kriminell zu verhalten. Das aber ist nicht nur schlechthin eine empirische Frage, sondern eine These, deren fiktiver Charakter durch die Subkulturtheorie, die Anomietheorie und andere soziologische Erklärungsmodelle kriminellen Handelns längst erkannt ist. Diese Theorien haben gerade nachgewiesen, daß kriminelles und abweichendes Handeln von Motiven begleitet sein kann, sich konform zu verhalten und nicht abweichend, obwohl, wie *D. Matza* (1964 a) für die Subkultur, *St. Box* (1971, Kap. 4 u. 5) es darüber hinaus auch für die Anomietheorie von *R. K. Merton* und für die Chancenstrukturtheorie von *R. A. Cloward* und *L. E. Ohlin* (1960) nachweisen, diese Theorien mit Handlungsmodellen operieren, die ohne die Annahme von Motiven zur Abweichung oder zur Kriminalität nicht auszukommen scheinen. Sie erweisen sich damit naiver als selbst das Strafrecht, das z. B. Verbotskenntnis als eine Voraussetzung subjektiver Schuldannahme und damit der Triftigkeit der Frage nach einer Motivation des Handelns überhaupt normiert.

Diese theoretische Implikation ist es, die *Jeffery* davon sprechen läßt, daß die Beschäftigung mit Motivationsfragen im Zusammenhang mit der Erklärung abweichenden und kriminellen Verhaltens „quasi-soziologisch" ist. Die sozialstrukturelle Perspektive, die an die Stelle eines motivationszentrierten Ansatzes zu treten habe, hat nach *Jeffery* und den meisten anderen Kritikern der positivistischen Kriminologie von Struktur, Inhalt und Arbeitsweise des Strafrechts auszugehen. Das bedeutet nicht, daß Sozialstruktur und Strafrecht miteinander identifiziert werden, sondern zunächst nur soviel, daß das Strafrecht und seine Institutionen die Mechanismen repräsentieren, die die sozialen Beziehungen des Handelnden zu seiner Handlung und Handelnden gestalten und organisieren. In welcher Weise dies geschieht, ist eine Frage, die der theoretischen wie empirischen Entschlüsselung bedarf, insbesondere im Hinblick etwa auf die Frage, ob und wie empirisch begründbar eine Unterstellung ist, die durch das Strafrecht geschützten „Rechtsgüter" stellten den normativen Minimalkonsens der Mitglieder einer Gesellschaft dar. Es liegt auf der Hand, daß Häufigkeit und Intensität kriminellen Handelns mit der empirischen Antwort auf diese Frage variiert, daß die Bereitschaft zu normkonformen Vorbehalten vom „commitment" der Gesellschaftsmitglieder an die Rechtsgüter abhängt. Wie dieses entsteht, an welche Voraussetzungen es gebunden ist, welche Abstufungen es kennt, welchen Einschätzungen es unterliegt – das alles sind Fragen, die für die Funktionsweise des Strafrechts vital, für die Kriminologie positivistischer Provenienz in den Bereich der reinen Kriminalpolitik verwiesen und damit einer empirischen Kontrolle und Bearbeitung als nicht zugänglich erklärt worden sind.

Nur beispielhaft sind damit die Fragen angedeutet, die einer Kriminologie zuwachsen, die nicht vom kriminellen Täter ihren Gegenstand erschließt, sondern von der Struktur und Funktionsweise des Strafrechts. Einzelheiten bleiben der späteren Diskussion vorbehalten.

Exkurs: Durkheim und die traditionelle Kriminologie

Die Kritik an der positivistischen Kriminologie mit ihrer Konzentration auf den kriminellen Täter ist noch um einen Hinweis zu erweitern, der ihr nicht nur weiteren Nachdruck verleiht, sondern gerade das soziologische Element dieser Kritik unterstreicht. Zu einem Kriterium für den soziologischen Gehalt der Kriminologie eignet sich die Frage, ob und in welcher Weise sie mit den Beobachtungen und Gedanken des wohl bedeutendsten Soziologen umgegangen ist, der sich der Analyse der Kriminalität gewidmet hat. Wir meinen keinen geringeren als *E. Durkheim* und dessen sowie seiner Schüler Arbeiten auf dem Felde der Kriminologie und des Strafrechts. Wir werden im weiteren Verlauf noch Gelegenheit haben, auf ihn zurückzukommen, und wollen uns hier nur auf wenige generelle Bemerkungen beschränken, die zu einer Einschätzung der positivistischen Kriminologie beitragen sollen.

Durkheim, von dem *H. Mannheim* in seinen „Pioneers" zu Recht sagt, er gehöre – neben *G. Tarde* – zu den „probably ... most strong antipositivist writers in our series" (1960, S. 26), hat in seinen „Regeln der soziologischen Methode" sowie in seinen Arbeiten über den Selbstmord und die Arbeitsteilung die eigentliche analytische Grundlage für eine soziologische Betrachtung des Verbrechens in der Gesellschaft gelegt[25]. Allerdings hat sich das bei Kriminologen entweder überhaupt noch nicht herumgesprochen, was man daran sehen kann, daß seine Werke nicht zitiert, geschweige denn seine Gedanken verwendet werden, oder man hat nur Bruchstücke von ihm übernommen, wie etwa die Anomietheorie, die sich durch die bereits erwähnten Arbeiten von *Robert K. Merton* (1957) und *R. A. Cloward* und *L. E. Ohlin* (1960) einiger Popularität erfreut, oder sie haben den Stellenwert von unverbindlichen Bildungsnachweisen, die sich zur Garnierung im Anfangs- und Schlußkapitel kriminologischer Betrachtungen gut verwenden lassen, wie z. B. seine allgemeinen Ausführungen über die Kriminalität als einem normalen Bestandteil jeglicher Gesellschaft. *H. Mannheim* räumt denn auch in seiner Auseinandersetzung mit *Jefferys* Kritik vorbehaltlos ein, daß es „is indeed strange to see how widely these views have been ignored in criminological literature" (1960, S. 27). Insbesondere sei *Durkheims* „functional theory of crime and punishment" völlig vernachlässigt worden. Erstaunlich ist, daß die Kriminologie nicht einmal zur Selbstreflexion über diesen Sachverhalt in der Lage zu sein scheint. Sie registriert ihn und geht zur eigenen Tagesordnung über, zieht ihn gelegentlich heran zur Rechtfertigung des eigenen

Mißerfolgs, wenn sie auf seine – falsch verstandene und verwendete – These von der Normalität des Verbrechens eingeht, und glaubt ihn im übrigen mit der Attitüde des Antisoziologismus, der Multidisziplinarität und mit jenem Vertrauen insbesondere der deutschen Kriminologie auf ihre Selbstheilungskräfte abtun zu können, das kürzlich anläßlich einer Tagung von dem auch international bekannten deutschen Kriminologen *Th. Würtenberger* gegen kriminologische Befunde ins Feld geführt wurde, die keinen Wert mehr auf ihre strafrechtliche Unschuld legen (vgl. *W. Steffen* 1975, S. 1072).

Freilich, das sei in Parenthese und vorwegnehmend gleich hinzugefügt, das Bild hat sich seit *Mannheims* Feststellung definitiv geändert. *E. Durkheim* ist in der neueren kriminologischen Diskussion kein Fremdkörper mehr. Man kann geradezu von einer Renaissance *Durkheim*scher Gedanken reden, besser wohl noch: von der begonnenen ernsthaften Auseinandersetzung mit ihm. Vor allem gilt dies für die skandinavische (vgl. *K. Mäkelä* 1974; *P. Törnudd* 1971; *P. Uusitalo* 1969), die britische (*I. Taylor, P. Walton* und *J. Young* 1973; *M. Phillipson* 1971; *L. McDonald* 1976), aber auch für die amerikanische (*K. T. Erikson* 1966, *R. D. Schwartz* und *J. C. Miller* 1964; *St. Spitzer* 1975), vereinzelt selbst für die deutschsprachige (*H. Steinert* 1975 und 1976) Kriminologie, um nur einige Hinweise zu geben (allgemein dazu *R. König* 1978).

Es lassen sich in der Tat, insbesondere in *Durkheims* grundlegendem Methodenbuch, einige sehr deutliche Stellen nachweisen, die ausnahmslos den Kritikern der modernen Kriminologie Recht geben[26]. Vor allem und für unseren Zusammenhang am wichtigsten sind die Ausführungen, die *Durkheim* im dritten Abschnitt des 3. Kapitels seiner „Regeln" zum Verbrechen macht. Es geht dort um die Frage der „Unterscheidung des Normalen und des Pathologischen" am Beispiel des Verbrechens (1961, S. 155–164). Aus diesen Passagen geht ganz klar hervor, daß *Durkheim* eine sehr prinzipielle Trennung zwischen dem Verbrechen als einem gesellschaftlichen Phänomen und dem kriminellen Verhalten als einer Dimension des personalen Systems, um die Terminologie der modernen Handlungstheorie aufzunehmen, vornimmt.

Durkheim hatte sich schon zu seiner Zeit heftiger Vorwürfe zu erwehren, die ihm unterstellten, mit seiner Theorie des Verbrechens würde er eine Apologetik desselben geschrieben haben. Insbesondere sein großer Widersacher *G. Tarde* (vgl. *R. König* 1961) hat gleich, nachdem die „Regeln" 1894 in der Revue Philosophique zum ersten Mal erschienen, eine sehr heftige Polemik gegen *Durkheim* wegen seiner funktionalistischen Betrachtungen zum Verbrechen und wegen der von ihm behaupteten „Normalität" desselben gegen ihn geschrieben, die *Durkheim* allerdings postwendend und überzeugend zurückgewiesen hat (*G. Tarde* 1895; *E. Durkheim* 1895). In die erste Auflage seiner „Regeln", die 1895 erschienen, sind dann auch schon einige Fußnoten bzw. im Vorwort der 1. Auflage einige Bemerkungen eingefügt, die *Durkheims* Standpunkt in denkbarster Klarheit darlegen. So schreibt er unter anderem im Vorwort (1961, S. 86): „Lediglich von der Tatsache ausgehend, daß das Verbrechen verachtet wird und verächtlich ist, schließt der gesunde Menschenverstand mit Unrecht, daß es vollständig verschwinden sollte. In seiner Simplizität begreift er nicht, daß eine Sache, die abschreckend wirkt, einen nützlichen Zweck haben kann; und doch findet sich darin kein Widerspruch." Und weiter: „Der normale Charakter einer Sache und die Gefühle des Widerstrebens, welche sie einflößt, können sogar abhängig voneinander sein. Wenn der Schmerz eine normale Erscheinung ist, so ist er es unter der Bedingung, daß wir ihn nicht lieben; wenn das Verbrechen etwas Normales ist, so ist es dies unter der Bedingung, daß wir es hassen." Noch deutlicher wird *Durkheims* Position in einer Fußnote, die er zum Text selber macht: „Daraus, daß das Verbrechen eine normale Erscheinung der Soziologie ist, folgt nicht, daß der Verbrecher vom biologischen und psychologischen Gesichtspunkte aus normal ist. Die zwei Fragen sind voneinander unabhängig" (S. 157).

Die vorstehend ausgewählten Zitate aus *Durkheims* Regeln sprechen in der Tat eine so deutliche Sprache, daß dem kaum etwas hinzuzufügen ist. Besonders eindeutig ist seine Position bezüglich der Unterscheidung des Verbrechens auf der einen Seite und des verbrecherischen Verhaltens auf der anderen Seite. Man kann sogar so weit gehen zu sagen, daß für *Durkheim* das Verhältnis dieser beiden Ebenen zueinander nicht eines des komplementären Sowohl-als-Auch ist, sondern ganz eindeutig eine Frage des Entweder-Oder, d. h. nach *Durkheim* hat eine soziologische Analyse des Verbrechens nicht vom kriminellen Verhalten als solchem auszugehen, sondern von der Frage des Verbrechens in bezug auf eine Gesellschaft. Das wird ganz deutlich, wenn man sich seine Ausführungen über das Verhältnis von Psychologie und Soziologie näher betrachtet.

Eine Kriminologie, die nicht länger beim Täter ihren begrifflichen Ausgangspunkt nimmt, sondern an der Frage des Strafrechts ansetzt und die Strukturen des normativen Systems, von dem das Strafrecht ja einen Teil darstellt, in den Blick nimmt, gerät damit automatisch in Bereiche und auf Probleme, die nach der institutionalisierten wissenschaftlichen Arbeitsteilung der Politikwissenschaft bzw. der politischen Soziologie zugeordnet sind. Sie hat sich dann Problemen zuzuwenden, die mit der Entstehung, der Durchsetzung und Anwendung von Gesetzen zu tun haben, mit Fragen der Beziehungen zwischen Recht und Sozialstruktur, des Zusammenhangs von Interessen und Recht. *Durkheims* funktionale Analyse von Verbrechen und Strafe beruht u. a. auf der Prämisse, das Strafrecht verkörpere gleichsam die zentralsten und am stärksten verankerten Wertvorstellungen und moralischen Überzeugungen, die von sämtlichen Mitgliedern einer Gesellschaft geteilt würden. Ob diese Prämisse zutrifft, ist durchaus fraglich, der empirischen Überprüfung zugänglich, für die Wahrscheinlichkeit normkonformen oder abweichenden Verhaltens, so läßt sich zumindest vermuten, nicht unerheblich. Ebenso dürfte für die Analyse der Kriminalität nicht ohne Bedeutung sein, in welcher Weise Strafrecht sich selbst beim Worte nimmt, wie hoch seine jeweilige „Verhaltensgeltung" und seine „Sanktionsgeltung" ist, um zwei treffende Begriffe von *H. Popitz* (1968) aus einer der intelligentesten Arbeiten zur theoretischen Analyse des Dunkelfeldes der Kriminalität aufzunehmen.

Um ein letztes Beispiel für die Art von Fragen zu geben, die sich einer Kriminologie stellen, die von den normativen statt vom Handlungsaspekt der Kriminalität ausgeht: unterstellt man einmal die Richtigkeit der *Durkheim*schen These von der Funktionalität des Verbrechens und der Strafe für die Erhaltung der normativen Struktur einer Gesellschaft, dann ist man in Widersprüche verwickelt, mit denen die bisherige auf den Täter konzentrierte Kriminologie schlicht nicht umzugehen weiß. Dann ist man nämlich genötigt, von einer Ambivalenz des Strafrechts und seinen Institutionen auszugehen, die es verbietet, Kriminalität und seine Ursachen in den Motivationshaushalt der Kriminellen zu projizieren; dann hat die Kriminologie das Band und die Beziehungen theoretisch und empirisch zu erfassen, die den Kriminellen mit dem gesetzestreuen Mitglied einer Gesellschaft verbindet. Dann verbietet es sich auch, das Strafrecht und das Handeln seiner Institutionen und Träger nur unter dem Aspekt der Verhütung und Bekämpfung von Kriminalität zu sehen. Zu fragen ist dann nach den Mechanismen, die das Strafrecht dazu in die Lage versetzt, beides zu tun, zu strafen und gleichsam Objekte der Strafe sicherzustellen. Dann ist doch die Vermutung unabweisbar, daß auch das Strafrecht selbst sein Schärflein dazu beiträgt, daß die Gesellschaft die Verbrecher hat, die zu ihrer eigenen Stabilisierung beitragen, dann kann auch der Eigenbeitrag des Strafrechts zur Erzeugung und Erhaltung von Kriminalität für die Kriminologie nicht tabu sein, so entrüstet die „Praxis" auch darüber sein mag, daß ihr solche Fragen und Erkenntnisse in ihrer Arbeit nicht weiterhelfen.

Zweifellos gerät die Kriminologie, die sich in der skizzierten

Weise umorientiert, das kommt in der weiter vorne zitierten Bemerkung von *G. B. Vold* sehr deutlich zum Ausdruck, auf ein Terrain, das konfliktträchtiger ist als der Bereich, in dem sie sich bisher bewegt hat. Das jedem wissenschaftlichen Bemühen innewohnende kritische Potential wird um eine Dimension erweitert, die etablierte Macht und Institutionen der Gesellschaft zumindest in dem Sinne in Frage gestellt, daß sie sie zum Gegenstand wissenschaftlicher Analyse erhebt und das bedeutet gleichzeitig, sie zu „variablen", veränderlichen Größen nach Kriterien wissenschaftlichen Urteilens zu machen. Daß diese Implikation mit jeder kriminologischen Position aufs engste verknüpft ist, das lehrte ja schon unsere Diskussion um die klassische und positive Schule der Kriminologie.

b) Die Entwicklung einer normzentrierten Kriminologie

Die amerikanische Kriminologie hat sich nach der Phase der Kritik an der positiven Schule mehr oder weniger deutlich darum bemüht, die Einengung von Gegenstand und Methoden der Kriminologie, die auch ihr die positive Schule beschert hat, zu überwinden. Es gibt kein mir bekanntes Lehrbuch und keinen bedeutenden amerikanischen Kriminologen, der nicht ausdrücklich eine Position analog der in anderem Zusammenhang bereits erwähnten von *E. H. Sutherland* und *D. R. Cressey* sowie von *D. C. Gibbons* zustimmen würde, wonach die Entstehung und Administration des Strafrechts zu den zentralen Gegenständen der theoretischen wie empirischen Kriminologie zu zählen sind. Sicherlich gibt es Meinungsverschiedenheiten über Gewicht und den theoretischen Stellenwert einer Orientierung, die dem normativen Aspekt der Kriminologie und damit der Analyse des Strafrechts und seiner Strukturen und Prozesse zukommen, aber dieser Streit ist zumindest in der amerikanischen Kriminologie ein interner Vorgang, d. h. es ist keiner um Grenzen und Kompetenzen der Kriminologie. In diesem Sinne hat die amerikanische Kriminologie die Herausforderung, die mit der prinzipiellen Kritik an der positiven Schule verbunden ist, nicht defensiv abgewehrt, sondern offensiv aufgenommen. Wer dafür noch andere als die bereits genannten Belege benötigt, gerät in die Verlegenheit der Auswahl, zumal gegenüber dem deutschen kriminologischen Publikum, dessen aktive Vertreter zwar rhetorisch bemüht sind, den Ruch des Provinzialismus loszuwerden, aber in ihrer Verarbeitung gerade der amerikanischen Kriminologie zwischen einer an Realitätsverleugnung grenzenden selektiven Wahrnehmung – als Beispiel dafür sei auf den bereits mehrfach erwähnten *H. J. Schneider*[37] verwiesen – und einem jegliche Konturen und Akzente verwischenden charakterlosen Eklektizismus – dafür sei nochmals auf G. *Kaiser* aufmerksam gemacht[28] – hin- und herschwanken.

Wir haben schon wiederholt darauf verwiesen, daß es zum kanonisierten Selbstverständnis der amerikanischen Kriminologie gehört, Entstehung und Administrierung des Rechts in ihren legitimen Gegenstandsbereich aufzunehmen. Das ist aber keineswegs neu für die amerikanische Kriminologie und markiert nicht die Zäsur in der theoretischen Orientierung, von der hier die Rede ist[29], obwohl der Hinweis angebracht ist, daß das auf die Analyse des Strafrechts formulierte Programm weithin folgenlos geblieben ist. Mehr als eine nur graduelle Akzentverschiebung des theoretischen und empirischen Interesses der amerikanischen Kriminologie wird indessen sichtbar, wenn man über einen Zeitraum von 10 Jahren hinweg etwa repräsentative Anthologien der Kriminologie miteinander vergleicht. So ist eine Gegenüberstellung der Anfang der 60er Jahre erschienenen beiden Reader von *M. E. Wolfgang, L. Savitz* und *N. Johnston* (1962) und *N. Johnston, L. Savitz* und *M. E. Wolfgang* (1962) einerseits und der dreibändigen Anthologie von *L. Radzinowicz* und *M. E. Wolfgang* aus dem Jahre 1971 außerordentlich aufschlußreich. Beide können als Abbild des zur Zeit ihres Erscheinens in Theorie und Empirie vorherrschenden Profils der Kriminologie angesehen werden, und beide Unternehmen weisen zudem in der Person von *M. E. Wolfgang* ein Moment der Kontinuität auf, das den Vergleich noch signifikanter macht. Das Ergebnis eines rein quantitativen Vergleichs in bezug auf das Gewicht, das die beiden Gruppen von Readern auf Fragen des Strafrechts und seiner Administrierung legen, spricht für sich und für unsere These einer Neuorientierung der amerikanischen Kriminologie: die beiden Anthologien aus dem Jahre 1962 sind solche der „Kriminalitätsätiologie" einerseits und der „Pönologie" andererseits, die dreibändige Anthologie des Jahres 1971 besteht aus zwei Bänden (Bde. 1 u. 3), die von der Intention und vom abgedeckten Interessenfeld her der Systematik der beiden Reader aus dem Jahre 1962 entsprechen, sowie aus dem umfangreichsten weiteren Band (Bd. 2), der den Titel trägt: „The Criminal in the Arms of the Law". Noch deutlicher und genauer: von den insgesamt 101 Beiträgen der 1962er Reader befassen sich 15 mit Fragen des Strafrechts und seinen Instanzen (ausschließlich solchen der Strafvollzuges), von den 127 Aufsätzen etc. der 1971er dreibändigen Anthologie sind es mehr als 60: in dieser Differenz von 15 zu 50 % des Raums, der auf kriminologische Analysen des Strafrechts und seiner Instanzen entfällt, drückt sich gewiß mehr aus als nur eine quantitative oder graduelle Verschiebung innerhalb der amerikanischen Kriminologie.

Und es ließen sich weitere solcher zunächst äußeren Indikatoren

für die von uns behauptete Entwicklung nennen: Der Reader von
D. R. Cressey und *D. A. Ward* (1969) setzt theoretische und empirische Akzente deutlich anders, als es im Lehrbuch des Erstver-
fassers (*Sutherland* und *Cressey*) der Fall ist; besondere Beachtung
verdienen für die Art der hier vorgenommenen Beweisführung
die beiden bisher vorliegenden kriminologischen Jahrbücher des
Chicagoer Verlages Aldine Publishing Company „The Aldine
Crime and Justice Annual" (*Sh. L. Messinger* u. a. 1974; *S. L. Halleck* u. a. 1975). Sie tragen jeweils 30 Beiträge zusammen, die von
einem kompetenten Expertenteam (Editorial Board)[30] lt. Vorwort
als „authoritative selection of the most important work on the
subject that appeared in the past year" betrachtet werden. Wiederum fällt der starke Akzent auf, der auf theoretische und empirische Beiträge zur Struktur und Funktionsweise des Strafrechts
gelegt wird. Schließlich sei der Leser auf das von *D. Glaser* (1974)
herausgegebene „Handbook of Criminology" hingewiesen, das
an den Beginn des Buches und des mit „Explanations for Crime
and Delinquency: Theory and Evidence" überschriebenen Teils I
einen Beitrag von *W. C. Chambliss* über „The State, the Law, and
the Definition of Behavior as Criminal or Delinquent" stellt und
einen selbständigen Teil II mit Beiträgen zu Problemen über „Law
Enforcement and Adjudication" enthält.

Als Folge des geradezu explosionsartig angeschwollenen Interesses auf dem Gebiet der Analyse des Strafrechts und seiner Institutionen hat sich in den letzten Jahren in der nordamerikanischen
Kriminologie eine Unterdisziplin herauskristallisiert, die im Begriff steht, eine eigene feste Institution zu werden, und die zugleich Ursache und Symptom der von *S. L. Halleck* (1975, S. XI)
ausgemachten „identity crisis" unter „theorists and practioners in
... criminology" darstellt. Eine Reihe von Publikationen und Forschungsaktivitäten tragen als Identitätsetikett Begriffe wie „Criminal Justice" oder „Criminal Justice Administration" im Titel,
D. C. Gibbons (1977, S. 4) verweist auf die rapide Entwicklung von
so bezeichneten Studiengängen an amerikanischen „junior
colleges and four-year institutions" hin. Monographien hierzu
haben Lehrbuchformat und -charakter, wie etwa die von *D. J.
Newman* (1975), der als einer der ersten das amerikanische System
der „bargain justice" in die kriminologische Betrachtung (1956)
eingeführt und in der Folgezeit kontinuierlich Probleme der
strafrechtlichen Entscheidungsfindung in ihren verschiedenen institutionellen Kontexten weiterverfolgt hat (1966, 1974), bis hin
zu der erwähnten Einführung in dieses Gebiet, für das er disziplinäre Eigenständigkeit gegenüber der Kriminologie sowie gegenüber dem Recht reklamiert. Andere Monographien (*A. S. Blumberg* 1967; *A. K. Bottomley* 1973) sowie Anthologien (*W. C.*

Chambliss 1969; R. Quinney 1974; W. B. Sanders und H. C. Daudistel 1976; E. Viano 1975) sind weitere Belege für diesen Trend, der vielleicht seinen nachhaltigsten Schub durch die Arbeiten der verschiedenen offiziellen Kommissionen erhalten hat, die auf Initiativen der Regierung und des Kongresses der USA Ende der 60er und Anfang der 70er Jahre entstanden sind. Die Berichte der *President's Commission on Law Enforcement and Administration of Justice* (1967), der *National Commission on the Causes and the Prevention of Violence* (1969), der *National Advisory Commission on Criminal Justice Standards and Goals* (1973) gehen sämtlichst von einem Bezugsrahmen aus, der Kriminalität und deren Kontrolle als eine Einheit begreift und zum Gegenstand der Untersuchung genauso die Polizei, die Gerichte, den Strafvollzug, kurz das gesamte „Crime-Control-Establishment" (*I. Silver* 1974) wie die Kriminalität selbst macht.

b 1) Das „criminal-justice-system" kriminalpolitisch: programmatische Einschnürung und theoretische Verengung

Ohne auf Einzelheiten dieser Entwicklung eingehen zu wollen, sei für die Frage nach der theoretischen Orientierung der amerikanischen Kriminologie, um die es uns hier vor allem geht, auf zwei divergierende Richtungen aufmerksam gemacht, die diese Umorientierung begleiten. Sie hängen beide mit Einschätzung und Erfolg der bisherigen Kriminologie zusammen und mit den daraus resultierenden Konsequenzen. Die eine Position wird repräsentiert durch eine Arbeit des Harvard-Professor of Government *J. Q. Wilson,* dessen „Thinking about Crime" (1975), eine Sammlung von Aufsätzen früherer Jahre, beträchtliches Aufsehen und zum Teil erbitterte Kontroversen ausgelöst hat[31]. Unter dem Eindruck der ständig steigenden Kriminalität und der kaum sichtbaren Erfolge ihrer Kontrolle kritisiert er die Kriminologie in zweifacher Hinsicht. Der empirisch und täterorientierten Kriminologie generell – so weit verstanden, wie *D. Matza* und *C. Jeffery* sie als positive Schule der Kriminologie begreifen –, also sowohl den Ansätzen und Arbeiten, die sich – wie etwa das Ehepaar *Glueck* – einem Mehrfaktorenansatz verpflichtet fühlen, als auch den spezifisch soziologischen Theorien in dieser Tradition, repräsentiert durch die Theorie der differentiellen Assoziation (*Sutherland/Cressey*), die Anomietheorie (*R. K. Merton*), die Subkulturtheorie (*A. K. Cohen*), die Chancenstrukturtheorie (*R. A. Cloward* und *L. E. Ohlin*), die Unterschichtkulturtheorie (*W. B. Miller*), wirft er ihre geringe Umsetzbarkeit in praktische und politische Maßnahmen vor: *„But none could supply a plausible basis for the advocacy of public policy"* (J. Q. Wilson 1975, S. 48 – Hervorheb. im Original). Die Gründe dafür sieht er darin, daß die „Ursachen" der Kriminalität, die die Kriminologie aufgespürt hat, jenseits der Reichweite politischer Intervention und Veränderbarkeit liegen. In ihrer Suche nach den „root causes' of crime" (S. 51) würden alle spezifischen Theorien, ungeachtet ihrer disziplinären Herkunft und Vielfalt, eine zentrale Variable betonen: „All make attitude formation a key variable. All stressed that these attitudes are shaped and supported by intimate groups – the family and close friends" (S. 48). Damit würden Bedingungen als Kriminalitätsursachen identifiziert, die „cannot be easily and deliberately altered" (S. 49). Das Problem mit dieser Art von Kriminologie liege in der Verwechslung von „causal analysis with policy analysis" (S. 50), und *Wilson* treibt seine Kritik bis an die Grenzen des Zynismus und der Mißrepräsentation der Kriminologie, die er attackiert, wenn er der „theoretically important and scientifically correct observation ... that men commit more crimes than women and younger men more than older ones", die Nutzlosigkeit dieser Befunde für politische Zwecke bescheinigt: „... men cannot be changed into women or made skip over the adolescent years" (S. 50). Neben dem Einwand der praktischen und politischen Irrelevanz der von ihm nicht angezweifelten Erklärungsbefunde der positivistischen Kriminologie zieht er sie weiterhin der Propagierung einer Kriminalpolitik vor, deren empirische Triftigkeit nicht nachgewiesen oder sogar widerlegt sei. Er meint damit die Orientierung der Kriminologie an Rehabilitierung und Resozialisierung, ihre generellen Vorbehalte gegen den Abschreckungsgedanken. Beide Defizite hängen nach *Wilson* miteinander zusammen: „Attempts to explain the causes of crime not only lead inevitably into the realm of the subjective and the familial, where both the efficacy and propriety of policy are most in doubt, they also lead one to a preference for the rehabilitative (or reformation) theory of corrections over the deterrence or incapacitation theories" (S. 53). Da sich *Wilson* zu Recht bei einer solchen Pauschalisierung der kriminalpolitischen Implikationen der verschiedenen Kriminalitätstheorien etwas unwohl fühlt, nimmt er sich als „a major apparent exception to the general perspective of criminologists ... the work of Cloward and Ohlin" (S. 56) besonders vor, aber auch dort findet er keine befriedigende Antwort: „They can only write of those structures or groupings that affect learning and values, and this requires an (unexplained), social reorganization'" (S. 57).

Wilsons Angriff auf die Kriminologie ist also jenseits des Streits um individuelle oder sozialstrukturelle Erklärungen von Kriminalität, und es mag hier nicht interessieren, daß die Arbeit von *Cloward* und *Ohlin* kriminal- und sozialpolitisch mehr hergibt, als *Wilson* unterstellt; daß sie die Hoffnung aussprechen, „that we have at least made it clear that services extending to delinquent individuals or groups cannot prevent the rise of delinquency among others. For delinquency is not, in the final analysis, a property of individuals or even of subcultures; it is a property of the social systems in which these individuals and groups are enmeshed" (1968, S. 211); daß sie die Strukturmerkmale der Großstadtslums, deren ökologische, bauliche, soziale und physische Struktur in einer Detailliertheit beschreiben, die es mühelos erlaubt, ihre deskriptive Form in eine an den Politiker gerichtete präskriptive Form zu verwandeln, sie, in Begriffen der modernen Wissenschaftstheorie gesprochen, „technologisch zu transformieren".

Die Attacke von *Wilson* auf die Kriminologie ist kompromißlos: UNESCO, Staatsmänner wie Bürger erlägen in gleicher Weise der „causal fallacy – to assume that no problem is adequately addressed unless its causes are eliminated" (S. 51). Worin aber besteht genau die Kausaltäuschung und worin besteht die Differenz zwischen „causal analysis" und „policy analysis"?

Eine formale Antwort ergibt sich schon aus der referierten Kritik: Politische Analyse hat sich auf Faktoren und Bedingungen zu erstrecken, die der Veränderung und Beeinflussung durch politische Maßnahmen zugänglich sind: „It (policy analysis – F. S.) asks not what is the ‚cause' of a problem, but ... what policy tools does a government (in our case, a democratic and libertarian government) possess that might, when applied, produce at reasonable cost a desired alternation in the present condition or progress toward the desired condition?" (S. 53). *Wilson* spezifiziert diese Bedingungen global als solche, die „can affect the risks of crime, the benefits of noncriminal occupations, the accessibility of things worth stealing, and the mental state of criminals or would-be criminals" (S. 54). Man fragt sich allerdings, wieso er die praktischen Implikationen von *Cloward* und *Ohlin* bei dieser Definition seines Kontrastprogramms nicht unterbringen kann, zumal wenn er eine weitere Unterscheidung beider Analysetypen darin sieht, daß Kausalanalyse auf „subjektive" und Politikanalyse auf „objektive" Bedingungen und – die Verwirrung noch weiter steigernd – erstere auf eine Attitüdenänderung, letztere auf Verhaltensänderung gerichtet sei (S. 55/56).

Der eigentliche Kern der Position von *Wilson* ist damit jedoch noch nicht bloßgelegt. Er besteht nicht in der Dichotomie „Theorie versus Praxis" oder „Wissenschaft versus Politik". Er schließt aus der Nichtverwendbarkeit kriminologischer Befunde nicht schlicht auf die Unwissenschaftlichkeit der Kriminologie und hält auch die Forderung nach Befunden, die von vornherein die politischen Handlungsspielräume einkalkulieren, nicht für wissenschaftskompromittierend. Jedoch verhalten sich beide Erklärungstypen – die der „causal analysis" wie die der „policy analysis" – antagonistisch zueinander und schließen sich tendentiell aus: „Searching for the social causes of crime will direct attention away from policy-relevant ways of explaining differences in crime rates" (S. 54).

Das Beispiel, das sich diesem Zitat anschließt, zeigt erst den eigentlichen Standort *Wilsons*: er bezeichnet es als unentschuldbar, daß die bisherige Kriminologie es versäumt habe, eine seriöse Forschung über den Zusammenhang von Kriminalität und „the certainty and severity of penalties" zu unternehmen (S. 54/55) und stattdessen „flatly" keine oder eine negative Beziehung unterstellt habe. Und noch deutlicher wird seine Position durch den Hinweis darauf, daß sich hieran erst in jüngster Zeit etwas ändere, und zwar „by economists rather than sociologists" (ibid.) „because economists are by and large not interested in causality in any fundamental sense – they do not care, for example, why people buy automobiles, only that they buy fewer as the cost rises" (ibid.).

Was *Wilson* damit vertritt, braucht kaum noch umschrieben oder beim Namen genannt zu werden. Es ist die utilitaristische Konzeption des Menschen aus dem 19. Jahrhundert. Der Mensch als homo oeconomicus, als Grenznutzen kalkulierendes Wesen, das sein Verhalten gemäß einer Kosten-Nutzen-Analyse vorentwirft. Die politisch relevante Kriminologie *Wilson*scher Prägung hat die Faktoren zu ergründen, die die „Kosten" des Verbrechens erhöhen, d. h. vor allem die Münze wieder zur harten Währung machen, die dem Strafrecht wesentlich ist: die Strafe. Aber *Wilson* diskutiert – das sei gerechterweise hinzugefügt – nicht nur diese Faktoren, denn er weiß, daß eine detaillierte Kosten-Nutzen-Analyse differenzierter auszufallen hat.

Entscheidend für unseren Zusammenhang ist die Rückkehr zur Doktrin des 19. Jahrhunderts und dem damit verbundenen Menschenbild des isolierten, rational wägenden Individuums, an dem eine höhere Vernunft als die der Wissenschaft gleichsam festzuhalten gebiete: „The radical individualism of Bentham and Beccaria may be scientifically questionable but prudentially neccessary" (S. 56).

Das ist die eine Strömung der amerikanischen Kriminologie in ihrer Hinwendung zum Strafrecht und seinen Institutionen. *Wilson* ist einer ihrer markantesten Vertreter und Sprecher. Eine rein ökonomisch-utilitaristische Betrachtungsweise, die nach der Art der dargestellten „Logik" operiert, hat sich auf sämtliche Gegenstände und Aspekte des Phänomens Kriminalität erstreckt. Sie ist

weiter eingebettet in eine breitere Strömung, Rechtsphänomene
im Bezugsrahmen einer ökonomischen Allokationstheorie zu behandeln. Mit dem gesamten Instrumentarium der modernen
Ökonomie, insbesondere der Neoklassik, der Grenznutzenschule,
werden individuelle und gesellschaftliche Nutzen-Kostenfunktio-
nen erstellt, Kostenminimierungs- und Nutzenoptimierungs-
punkte bestimmt, aus denen kriminalpolitische Maßnahmen abgeleitet werden. Es gibt eine ständig zunehmende Literatur auf
diesem Gebiet. *H. L. Votey, Jr.*, und *L. Phillips* (1974) spielen ein solches Modell bis in seine mathematischen und ökonometrischen
Einzelheiten durch, *R. F. Sullivan* (1973) hat schon vor mehreren
Jahren einen Literaturüberblick hierzu erstellt, *H. S. Becker*, einer
der prominentesten Vertreter einer utilitaristischen Kriminalitätstheorie, hat zusammen mit *W. M. Landes* (1974) „Essays in the
Economics of Crime and Punishment" herausgebracht, andere
stammen von *L. J. Kaplan* und *D. Kessler* (1976) und *R. W. Anderson*
(1976)[32]. Der deutsche Leser findet eine wertvolle monographische Darstellung der Grundprämissen des Ansatzes, ihrer historischen Verortung in der klassischen Schule sowie ihrer beispiel-
haften Anwendung auf die Prohibitionsgesetzgebung der USA,
auf das Drogenproblem sowie auf die organisierte Kriminalität
bei *H. J. Kunz* (1976).

Die Anstöße zu dieser Entwicklung sind sicherlich primär in dem
Mitte der 60er Jahre seinem Höhepunkt entgegengehenden „Ruf
nach Recht und Ordnung" (*G. Arzt* 1976) und dem in den USA
geführten „Crime War" (*R. M. Cipes* 1968) zu suchen. Die Forderung der Öffentlichkeit nach staatlichen Maßnahmen zur Bekämpfung der Kriminalität zwang Politiker und Regierung zum
Handeln. Dies lenkte die Aufmerksamkeit auf das institutionelle
Instrumentarium staatlichen Handelns, auf die Instanzen strafrechtlicher Sozialkontrolle, begonnen bei den Strafgesetzen bis
hin zu Polizei, Gerichten, Strafvollzug und sämtlichen Annexin-
stituten und -einrichtungen im Vorfeld und Nachfeld der Kriminalität. Die vielen isolierten, mehr oder weniger selbständigen Instrumente staatlichen Handelns in ihrer horizontalen wie vertika-
len Gliederung boten Interventionsmöglichkeiten der verschiedensten Art, die sich kumulieren, neutralisieren oder auch widersprechen können. Von daher lag es nahe, gewissermaßen simula-
tiv verschiedene Alternativstrategien der Kriminalitätskontrolle
durchzuspielen. Knappheit von Kontrollressourcen, die sowohl
personelle (manpower) wie finanzielle Aspekte umschließt, zwin-
gen zu Entscheidungen darüber, wo ein Dollar Mehrausgabe im
Gesamtgeflecht der strafrechtlichen Sozialkontrolle den größten
Grenznutzen hinsichtlich der Reduktion von Kriminalität stiftet,
und wurde zum Kriterium kriminalpolitischer Maßnahmen. Ins-

besondere trat das Zusammenspiel der verschiedenen Kontrollinstanzen ins Blickfeld, die Frage etwa der Konsequenzen eines
überproportionalen Ausbaus der Polizei für das Entstehen von
„bottlenecks ... in the courts and correctional institutions"
(*M. Cobern* 1973).

Probleme der geschilderten Art führten dazu, systemtheoretische
Modelle und Ansätze zur Analyse und Abbildung dieses vielschichtigen Geflechts der Kriminalität und seiner Kontrolle
heranzuziehen. Sichtbarster Ausdruck dafür ist das berühmte
und vielfach in Lehrbüchern reproduzierte graphische Ablaufsmodell des „Criminal Justice System" im Gesamtbericht der *President's Commission on Law Enforcement and Administration of Justice*
(1967 a, S. 8/9), auf dessen systemtheoretische Logik *A. Blumstein*
(1967, 1972) ausdrücklich hinweist. Die Herausbildung einer
eigenen Disziplin in dem von *D. Newman* beschriebenen Sinne ist
denn auch stark begleitet von Anleihen bei der Systemtheorie,
der Organisationswissenschaft, der Managementwissenschaft
und anderen ökonomischen und betriebswirtschaftlichen Alloka-
tions- und Kontrolltechniken. Für die theoretische Ausrichtung
der Kriminologie hat diese Entwicklung die bei *Wilson* erörterte
Konsequenz gezeitigt, der noch eine andere vorangegangen ist
bzw. zu der es eine Parallelentwicklung in institutioneller Hinsicht gibt, die den Wissenschaftssoziologen interessiert, der den
Einfluß außerwissenschaftlicher Faktoren auf Stil und Richtung
der Wissenschaft untersucht. Der Druck von Öffentlichkeit und
Politik auf konkrete Maßnahmen der Kriminalitätsbekämpfung,
der *Wilson* zu seiner Unterscheidung von „causal analysis" und
„policy analysis", zur Verweisung der „causal analysis" in den Bereich gesellschaftlicher Nutzlosigkeit und politischer Folgenlosigkeit sowie zur Denunzierung solcher Aktivitäten als „most
worthwhile" „for intellectuals" (1975, S. 58) angeregt hat, führte
schon 1968 zu der bekannten *Omnibus Crime Control and Safe
Streets Act* des amerikanischen Gesetzgebers[33]. Dieses Gesetz sah
u. a. auf Vorschlag des damaligen amerikanischen Justizministers
R. Clark die Errichtung einer neuen Abteilung des Justizministe-
riums vor, die als *Law Enforcement Assistance Administration* (LEAA)
1969 ihre Arbeit aufnahm und inzwischen zu einem finanzkräfti-
gen und mächtigen Instrument der Steuerung und Allokation
der amerikanischen Kriminalpolitik geworden ist[34]. Für Wissenschaft und Forschung über Probleme der Kriminalität bedeutete
dies eine gewisse Verlagerung der Forschungsmittel vom bis dahin wichtigeren *Department of Health, Education, and Welfare* auf das
LEAA und damit eine inhaltliche und theoretische Akzentverschiebung der Forschung von Ansätzen mit Reformimplikatio-
nen („change oriented") zu solchen, die auf die Effizienzsteige-

rung der Kontrollmechanismen ausgerichtet sind[35] bzw. von – in der Terminologie *Wilsons* – „Kausalforschung" zur „policy-Forschung".

Zwei Bemerkungen sollen die Darstellung dieser Entwicklungsrichtung der amerikanischen Kriminologie abschließen. Es wäre falsch, sie nur als einen Reflex auf die wissenschaftsimmanente Kritik an der positiven Schule der Kriminologie zu begreifen. Diese ist, wie wir an den Arbeiten von *J. Hall, G. B. Vold, C. R. Jeffery, D. Matza* sahen, älter und theoriegeleiteter als Argumente, die den Gesichtspunkt der politischen und praktischen Verwertungsmöglichkeiten herauskehren, wie dies prototypisch bei *Wilson* der Fall ist. Der erste Punkt, auf den wir verweisen wollen, betrifft die Parallelität der amerikanischen Entwicklung mit derjenigen in Deutschland, die weiter oben bereits zur Sprache gekommen ist. Der Frontstellung zwischen Kriminologie und politikorientierter Analyse in den USA entspricht die Polarität zwischen der Auffassung einer theoretisch ausgerichteten, im wesentlichen sozialwissenschaftlich ambitionierten Kriminologie auf der einen Seite und einer multidisziplinär angelegten Kriminologie nach dem Durchschnittsverständnis der traditionellen deutschen Kriminologie auf der anderen Seite. So wie *Wilson* gegen die Kriminologie global – sowohl die konsequent individualistische, als auch (entsprechend der amerikanischen Tradition der Kriminologie) die stärker soziologisch orientierte Richtung – ihren geringen Verwertungsbeitrag bzw. Resozialisierungsmißerfolg ins Feld führt, machen die Vertreter der multidisziplinären Kriminologie gegen soziologische Konzepte und Theorien in der Kriminologie ebenfalls praktische Bedürfnisse geltend und mobil. Allerdings gibt es entscheidende Differenzen. Für die Anhänger einer multidisziplinären Kriminologie ist das praktische Argument, das sie gegen eine soziologisch angeführte Kriminologie ins Feld führen, ein nur verdecktes und zusätzliches Argument, dem sie nicht den Anspruch auf Wissenschaftlichkeit zu opfern bereit sind. Ihr multidisziplinäres Anliegen verteidigen sie hauptsächlich unter Berufung auf den noch ausstehenden Reifungsprozeß der Kriminologie, mit Stunde-Null-Hinweisen, nähere Charakterisierungen des angestrebten Zustandes wenden sich sehr schnell zu alltagssprachlicher Polemik – Einseitigkeit, Ausschließlichkeitsanspruch – gegen die Soziologie.

Sieht man genauer zu, dann findet diese Differenz zwischen der amerikanischen und der deutschen Situation darin ihre Erklärung, daß die deutsche Kriminologie, soweit sie bisher als soziologieskeptische in den Arbeiten der jüngeren Lehrbuchverfasser zu Wort gekommen ist, sich gleichsam in einen Zweifrontenkrieg verwickelt sieht: neben der soziologischen Front innerhalb der Kriminologie gibt es noch eine juristische Front, die gegen jegliche Kriminologie Argwohn hegt und zum Sammeln bläst. Diese zweite Juristenfront, die sich erstmals nachhaltig um die Jahrhundertwende gegen *F. von Liszt* zu Wort gemeldet hat, besitzt heute in *R. Lange* (1960, 1970) ihren ebenso unermüdlichen wie intransigenten Generalstäbler[36]. Sie ist von einer geradezu panischen Furcht davor besessen, daß die Kriminologie dem Strafrecht Terrain und Zuständigkeiten streitig machen könnte, wie in periodischen Aufsätzen und Abhandlungen sichtbar wird, die schon im Titel die bange Frage aufwerfen, was die Kriminologie oder deren Vertreter vom Strafrecht „übriglassen" (*K. Birkmeyer* 1907; *A.-E. Brauneck* 1963; *H. Kaufmann* 1962), wobei die „Bedrohung" durchaus unterschiedlich eingeschätzt wird.

Der Zweifrontenkrieg der deutschen Kriminologie ist ein geradezu exemplarischer Bezugskonflikt[37]. Gegen die Juristenfront insistiert die Kriminologie auf das Moment „Empirie" ihres Status, gegen die Soziologenfront insistiert sie mit den Argumenten der Verwertbarkeit der Befunde sowie dem generellen Ideologieverdacht gegenüber jeglichem theoretischen Anspruch. Und beides speist sich aus der falsch verstandenen Dichotomie von normativen und empirischen Zweigen der Wissenschaft, zwischen denen es gleichsam keinen grenzüberschreitenden Verkehr geben könne.

Die Differenz zwischen der deutschen und amerikanischen Situation läßt sich danach wie folgt zusammenfassen. Der gegen die Kriminologie geltend gemachte Verwertungsgesichtspunkt ihrer Befunde erfolgt in den USA seitens einer sich auch empirisch verstehenden „policy science", in Deutschland im Namen der ausschließlichen Zuständigkeit des Rechts und seiner Vertreter fürs Normative und Praktische, die eine auf Zukunftswechseln basierende, auf Gastrecht in den rechtswissenschaftlichen Lehr- und Forschungsinstitutionen angewiesene Kriminologie begriffs- und widerstandslos hinnimmt.

Die Rechtswissenschaft ist gleichsam die funktionale Alternative zur amerikanischen „policy science" oder vice versa – in bezug auf die Abwehr einer soziologisch orientierten Kriminologie. Zur Geltendmachung bzw. Durchsetzung dieser Funktion kann sie sich jedoch vorerst noch einer Kriminologie bedienen, die von sich aus willfährig genug ist, den praktisch-politischen Zuständigkeitsanspruch der Rechtswissenschaft zu akzeptieren und den soziologischen Theorieanspruch zurückzuweisen.

Eine zweite Bemerkung zur Position von *Wilson* bezieht sich auf seinen expliziten Rückgriff auf die Vertreter der klassischen Schule der Kriminologie und deren radikalen Individualismus, wie er es nennt, bzw. die Philosophie des Utilitarismus. Die Philosophie der Aufklärung sowie die darauf aufbauende klassische Strafrechtstheorie und -philosophie erschöpft sich natürlich nicht im Bild vom Menschen, der sein Handeln dem Lust-Schmerz-Schema fügt, ganz abgesehen davon, daß eine solche Theorie, will sie Handeln erklären oder vorhersagen, eine zusätzliche Theorie darüber benötigt, in welcher Währung und ob in ein und derselben die Menschen Lust und Schmerz wägen und messen. Eingebettet war die utilitaristische Strafrechtstheorie in Annahmen und Bedingungen darüber, wann menschliches Handeln sich entsprechend einem solchen Modell einstellen würde. Für den Bereich des Strafrechts lassen sich diese Voraussetzungen bzw. Handlungskontingenzen direkt *Beccarias* klassischem Werk entnehmen. Die zentrale Annahme der klassischen Schule setzt er an den Anfang seines Werkes, und sie sei an dieser Stelle nur deshalb in Erinnerung gebracht, weil aus ihr unmittelbar ein bezeichnendes Licht nicht nur auf die bis hierher erörterte Richtung der Kriminologie geworfen wird, sondern weil sich aus ihr auch eine andere Strömung der neueren amerikanischen Kriminologie ergibt, der wir uns nunmehr zuwenden wollen: „Die Gesetze", so beginnt *Beccaria* das erste, „Ursprung der Strafen" überschriebene Kapitel seines Werkes von insgesamt 47 Kapiteln, „sind die Bedingungen, unter denen unabhängige und isolierte Menschen sich in Gesellschaft zusammenfanden, Menschen, die es müde waren, in einem ständigen Zustand des Krieges zu leben und eine infolge der Ungewißheit ihrer Bewahrung unnütz gewordene Freiheit zu genießen. Sie opfern davon einen Teil, um des Restes in Sicherheit und Ruhe sich zu erfreuen. Die Summe aller dieser Teile von Freiheit, welche für das Wohl eines jeden geopfert wurden, macht die Souveränität einer Nation aus, und der Herrscher ist ihr gesetzmäßiger Wahrer und Verwalter" (1764, zit. 1966, S. 51). Der Rest des Buches von *Beccaria* ist eine Präzisierung und Konkretisierung dieses Grundgedankens in bezug auf Inhalt, Struktur, Arbeitsweise, Durchsetzung des Strafrechts. Nur ein Strafrecht, das diesen Erfordernissen genügt, kann mit einem Verhalten rechnen, das sich dem Modell eines utilitaristischen Verhaltenskalküls fügt.

Die Geschichte der Soziologie läßt sich begreifen als die theoretische und empirische Überprüfung dieser Annahmen und Voraussetzungen einer utilitaristischen Handlungstheorie, als ein Aufbrechen dieser in den – in der Sprache der Ökonomie ausgedrückt – „Datenkranz" verwiesenen bzw. in der berühmten „ceteris-paribus"-Klausel aufgehobenen Rahmenbedingungen menschlichen Handelns. Diese Geschichte kann hier nicht geschrieben und dargestellt werden. Wo sind, so kann nur angedeu-

tet werden, die Einsichten eines *K. Marx, E. Durkheim, M. Weber,
T. Parsons,* um nur einige der bekanntesten Kritiker des Utilitarismus und Wegbereiter einer nicht-utilitaristischen Handlungs-
und Gesellschaftstheorie zu nennen, in einer Kriminologie unter-
zubringen, die derartig unvermittelt und ungebrochen sich auf
Annahmen der klassischen Schule zurückbesinnt?

Gewiß, ich habe die *Wilson*sche Position etwas stilisiert. Seine kri-
minal politischen Vorschläge erschöpfen sich nicht in einem Plädoyer für die Manipulation der Strafe als „Kostenfaktor" im Re-
gelkreis der Kriminalität. Er berücksichtigt auch Faktoren wie
„Gewißheit" der Strafe, Promptheit der strafenden Reaktion,
Klarheit der Gesetze, also jene Umstände im Reaktionsgefüge
des Strafrechtsapparates, die den „Kalkulierbarkeitsgrad" der
Strafe, ihre Antizipierbarkeit usw. ausmachen. Ebenso ist Ausdruck des Wissens um jene Rahmenbedingungen des Handelns
die bewußte und wiederholte Dämpfung der Erwartungen in die
von ihm anvisierte Kriminalpolitik – „A sober view of man requires a modest definition of progress" (1975, S. 199) –, und es ist
wohl der Tatsache, daß trotz der selbstgepriesenen Konkretheit
und Praktikabilität der Vorschläge *S. L. Halleck* (1975, S. XX/XXI)
zu Recht feststellt: „How this is to be done is not made clear."
Andere, die eine ähnliche programmatische Auffassung wie *Wilson* vertreten, sind denn auch noch zurückhaltender mit ihren Er-
wartungsinvestitionen in die daraus hergeleitete Kriminalpolitik,
betonen stärker die Berücksichtigung der ceteris-paribus-Restrik-
tionen des verwandten theoretischen Modells und sind weniger
arrogant in ihrem Urteil über die Relevanz theoretischer Anstrengungen, die nicht gleich an die gegebenen Bedingungen
politischer Hantierbarkeit angepaßt sind. Ein Beispiel dafür ist die
gerade erschienene Arbeit von *R. P. Rhodes* (1977), die im Ansatz
der Linie von *Wilson* folgt, die damit verbundenen Erwartungen
schon im Titel ganz niedrig hängt – „The Insoluble Problems of
Crime" –, bei der die *Wilson*sche Dichotomie von „causal analysis" und „policy analysis" als eine der „first level of defense" und
der „second level of defense" behandelt wird[38].

b 2) Das „criminal-justice-system" aus soziologischer Sicht

Es gibt nun eine zweite theoretische Richtung der amerikanischen Kriminologie, die sich auf die „first level of analysis" bezieht, die jedoch nicht einfach eine Verlängerung der spezifisch
amerikanisch soziologischen Komponente innerhalb der positiven Schule der Kriminologie darstellt, sondern an jenen Strukturmerkmalen des Rechts und seinen Institutionen anknüpft, die wir
als den Datenkranz der utilitaristischen Handlungs- und Gesellschaftstheorie identifiziert haben. Sie bezieht in ihre Analyse

Struktur- und Rahmenbedingungen politischen Handelns, die von den Vertretern der „second level of analysis" als Ausgangspunkte und invariante Größen unberücksichtigt bleiben, in ihre Analyse mit ein. Sie nimmt die Prämisse des Gesellschaftsvertrages ernst und versucht empirisch zu klären, inwieweit das Strafrecht tatsächlich nach Inhalt und Funktionsweise der Voraussetzung genügt, Ausdruck allgemein geteilter Wertvorstellungen und Überzeugungen zu sein. Sind die in ihm verteidigten Rechtsgüter allgemein akzeptierte Normen oder gibt es sozialstrukturell bedingte differentielle Distanzgrade zu ihnen innerhalb der Gesellschaft? Ist die fiktive Überlegung im Strafrecht eingelöst, die *Beccaria* seine Gesellschaftsmitglieder beim Vertragsabschluß anstellen läßt: „*Wer indessen glücklicher oder geehrter ist als die anderen, der mag noch mehr erhoffen, aber er fürchte nicht weniger als die anderen, jene Verträge zu verletzen, aufgrund derer er über die anderen hinausgehoben wurde?*" (1966, S. 97 – Hervorheb. im Original). Funktioniert unser Recht nach dem Prinzip: die Strafe folge auf dem Fuße?

Diese und andere Fragen stellen, bedeutet fast, den Nichtkriminologen in seinem Vorurteil von der Trivialität und Banalität mancher sozialwissenschaftlicher Fragestellung zu bestärken, ist jedoch für die von uns kritisierte Kriminologie eine Einsicht, die ihr in weiten Teilen erst noch abgerungen bzw. aufgenötigt werden muß. Ein Teil der amerikanischen Kriminologie hat sich ihr jedoch mit äußerster Konsequenz und einem beträchtlichen Folgenreichtum zugewandt, nachdem bei *Vold, Matza, Jeffery, Hall* die Begrenzungen der positiven Schule so deutlich ins Bewußtsein gebracht worden waren. Schon Ende der 60er Jahre konnte *D. Matza*, nur 5 Jahre nach seiner Auseinandersetzung mit dem „positive delinquent", seine Kritik noch weiter pointieren und auf eine Formel bringen, die gleichsam als Motto über den Arbeiten stehen könnte, die wir als die zweite theoretische Richtung der nachpositivistischen amerikanischen Kriminologie herausstellen wollen: „Die große Aufgabe der Auflösung von Zusammenhängen – sie war äußerst schwierig und zeitraubend – fiel der positivistischen Schule der Kriminologie zu. Zu den bemerkenswertesten Erfolgen der positivistischen Kriminologen gehörte es, daß sie das scheinbar Unmögliche erreichten. Sie isolierten die Erforschung des Verbrechens von den Wirkungsweisen des Staates und von der Staatstheorie" (1969, zit. nach der dt. Übers. 1974, S. 156).

Damit ist ein Kontext der Analyse von Kriminalität und kriminellem Handeln geschaffen, der die Kriminologie seither bestimmt hat und den Hintergrund für eine Reihe von theoretischen bis hin zu politischen Kontroversen abgibt. Kriminalität in Zusammenhang mit dem Staat und seinen Institutionen zu bringen, ist in der Tat „a frightening thing to many", wie *Vold*

(1958, S. 280) bereits in seiner Erörterung dieses Aspektes der Kriminalität erkannte. Die ersten Arbeiten, die diesen Gesichtspunkt nicht wie *Vold* mit seiner Gruppenkonflikttheorie als einen unter anderen begriffen, sondern ihn zur theoretischen Grundlegung der Kriminologie üerhaupt heranzogen, waren die Beiträge von *A. T. Turk* (1964 a, 1964 b, 1966) und *R. Quinneys* Aufsatz „Crime in Political Perspective" (1964), der schon im Titel sehr deutlich zum Ausdruck bringt, welcher Art das Programm dieser Kriminologie ist und was damit gemeint ist – um nochmals *D. Matza* zu zitieren – die positivistische Kriminologie habe durch ihr Programm ein halbes Jahrhundert theoretische und empirische Forschung „besonders im Hinblick darauf" bestimmt, „was *nicht* untersucht werden sollte" (1974, S. 156 – Hervorh. im Original).

Quinneys damalige Position spiegelt sich in folgenden Zitaten wider: „From one perspective, then all criminal behavior results from the political organization of a society." Und weiter: „Criminal behavior, thus, is a product of political behavior" (S. 21).

Quinney wie *Turk* haben in der Folgezeit ihre theoretischen Ansätze weiter ausgebaut und präzisiert. Dabei zieht sich durch *Quinneys* Arbeiten wie ein roter Faden die intensive Beschäftigung mit der Analyse des Strafrechts (1969 a, 1969 b, 1972, 1973, 1974), die er auch zum Ausgangspunkt seiner Versuche macht, die Geschichte der Kriminologie neu zu schreiben und ihre Systematik neu zu organisieren (1970 a, 2. Aufl. mit *J. Wildeman* 1977, 1975) und die ihm ebenso das Ordnungsprinzip an die Hand gibt, den akkumulierten Forschungsstand der Kriminologie zu verarbeiten (1970 b). Freilich läßt sich diese Aufgabe nur mit einer Perspektive bewältigen, die das rechtssoziologische Interesse am Strafrecht nicht mit der Frage nach den Inkongruenzen zwischen Strafrecht und außerrechtlichen Normensystemen identifiziert. Dies ist für *Quinney* die logische Ausgangsposition, die eingebettet ist in die Tradition der „sociological jurisprudence" eines *R. Pounds* (*R. Quinney* 1969 b, S. 20 ff.). Das heißt, Fragen der Rechtsdurchsetzung und Analyse der Institutionen des Rechts stehen ebenso auf der Tagesordnung der von ihm konzipierten Kriminologie. Damit ist der globale Gegenstand identisch mit dem „Criminal Justice System" der zuvor besprochenen Richtung der amerikanischen Kriminologie. *Quinney* sieht die Entwicklung seiner kriminologischen Position in Parallele zur allgemeinen Entwicklung einer „Critical-Marxian-Theory" in den Sozialwissenschaften (*R. Quinney* und *J. Wildeman* 1977, S. VII)[39]. Den ersten programmatischen und zu einer etwas voreiligen Formalisierung neigenden Versuchen von *Turk* zur Formulierung einer am normativen Aspekt der Kriminalität ansetzenden Kriminologie folgten Arbeiten, die den konflikttheoretischen Bezug einerseits und die Tradition der Theorie sozialer Kontrolle andererseits stärker betonten (1969, 1972).

Einzelheiten müssen hier beiseite bleiben. Insbesondere kann die seither erfolgte Diskussion nicht in allen ihren Details nachgezeichnet werden. Der relativ breite Raum, den wir den Arbeiten von *Quinney* und *Turk* schon gewidmet haben, ist nur von der Chronologie der Ereignisse, nicht von Repräsentativität, Breite und Gewicht der kriminologischen Diskussion bestimmt. Wir wollen auf die Arbeiten von *W. C. Chambliss*, der sich in der Kriminologie etwa zur gleichen Zeit wie *Turk* und *Quinney* mit einer inzwischen zum Prototyp strafrechtlicher Analyse gewordenen Arbeit über die Entwicklung des „law of vagrancy" (1964) zu Wort meldete und seither seine Position empirisch wie theoretisch in Richtung einer „Political Economy of Crime" (1975 c) mit starkem staatstheoretischen Einschlag (1969, mit *R. B. Seidman* 1971, mit *M. Mankoff* 1976) weiterentwickelte, lediglich hinweisen. Der interessierte Leser sei weiter auf die Werke von *R. S. Denisoff* und *C. H. McCaghy* (1973); *C. A. Hartjen* (1974); *C. H. McCaghy* (1976); *H. E. Pepinsky* (1976) hingewiesen, die auf der allgemeinen Ebene Belege für die Art und den Ertrag einer Fragestellung sind, die einer Kriminologie zuwachsen, die die Prämisse und das Selbstverständnis des Strafrechts, Ausdruck und Manifestation der allgemeinen und zentralen Wertvorstellungen einer Gesellschaft zu sein, nicht ungefragt hinnehmen, sondern sie der empirischen Klärung und der wissenschaftlichen Analyse unterwerfen.

Auf diesen zentralen Aspekt der aus der Kritik der positivistischen Schule erwachsenen Neuorientierung der Kriminologie kommt es uns hier an. In die theoretische wie empirische Diskussion dieser Kriminologie, die beim Strafrecht ansetzt, seinen Inhalt und seine Struktur untersucht, seine Durchsetzung und Arbeitsweise in den Institutionen der empirischen Analyse unterzieht, sind damit Überlegungen hineingetragen worden, die in der allgemeinen Soziologie längst gang und gäbe waren, die Kriminologie aber unberührt gelassen haben. In der Soziologie wurde die Kategorie des Konflikts durch Arbeiten von *L. Coser* und in Deutschland insbesondere durch *R. Dahrendorf* schon Mitte der 50er Jahre wiederentdeckt und führte zu einer Auseinandersetzung mit dem Strukturfunktionalismus und der Konfrontation zweier Theorietypen, einem konflikt-theoretischen und einem integrationstheoretischen Ansatz. Die Konflikttheorie ihrerseits ist nicht unwidersprochen geblieben. Sie hat insbesondere in der politischen Soziologie die Pluralismustheorie herausgefordert, in der Theorie der sozialen Schichtung ist der Klassenbegriff wieder belebt worden. Insgesamt war diese Entwicklung begleitet von einer Rückbesinnung, Neubetrachtung und Wiederentdeckung der theoretischen Ausgangspositionen des 19. Jahrhunderts, und zwar sowohl in methodologischer Hinsicht (Positivismusstreit) wie in inhaltlicher Hinsicht (Neo-Evolutionismus, Neo-Marxismus).

In der Kriminologie hat sich eine sehr parallele Entwicklung vollzogen. Einen Teil davon haben wir bereits skizziert. Die gegenwärtige Situation weist sehr analoge Strukturen auf, wie wir sie in der allgemeinen Soziologie antreffen. So hat etwa W. *Chambliss* (1976) ein funktionalistisches Paradigma einem Konfliktparadigma der Kriminologie konfrontiert, nachdem bereits 1965/66 *J. Horton* „Order and Conflict Theories of Social Problems" voneinander unterschied, und kürzlich hat *L. McDonald* (1976) den grandiosen Versuch unternommen, die gesamte Geschichte der Kriminologie nach dem Leitkonzept Revue passieren zu lassen, ob in ihr der Gedanke des Konflikts oder der des Konsenses im Vordergrund gestanden hat. Als zentrales Prüfkriterium der Zuordnung wählt *McDonald* die Behandlung des Faktors „Macht" in der jeweiligen Theorie: „Conflict theories are those theories in which the factor of power is given prominence in the explanation – Consensus theories are those in which any other factor is dominant – social or economic conditions, psychological factors or biological" (1976, S. 19). Nach einer intensiven Prüfung der theoretischen Prämissen kriminologischen Denkens der letzten drei Jahrhunderte und – dies hebt die Arbeit über viele andere Versuche einer Standortbestimmung der Kriminologie hinaus – einer ebenso sorgfältigen Beiziehung einer großen Zahl empirischer Arbeiten aus der Geschichte der Kriminologie sowie der Ausbreitung umfangreichen Materials, das *Mc Donald* zur empirischen Kontrolle ihrer theoretischen Befunde aufbereitet hat, gelangt sie zu bestimmten *„structural* differences between the two approaches" (1976, S. 284). Der zentralste Unterschied, den *McDonald* ausmacht, besteht in der Rolle und Bedeutung, die beide Ansätze der Analyse kriminellen Verhaltens beimessen: „In consensus theory, criminal behavior was crucial; law and sanctions were said to have developed in response to problems posed to a society through the criminality of certain of its members. . . . In conflict theory, by contrast, behaviour was secondary and ultimately explicable in terms of the interests of the holders of power. Law, which was held to reflect rather directly those interests, was important to the explanation of crime, or precisely the opposite relation to that of consensus theory" (1976, S. 284). Allerdings – und das scheint uns eine Beobachtung, deren Bedeutung und Folgerung nicht hoch genug veranschlagt werden kann und uns zurückbringt zu *D. Matzas* These über die Auflösung von Zusammenhängen – sei diese interne Struktur der beiden Ansätze in der Theoriediskussion des 20. Jahrhunderts deshalb aus dem Blick geraten, weil die wissenschaftliche Arbeitsteilung die Analyse kriminellen Verhaltens institutionell von der Analyse des Rechts getrennt habe, ohne theoretische oder institutionelle Vorkehrungen zu treffen, beide Dinge miteinander zu verknüpfen oder gar zu integrieren.

Der knappe Hinweis auf den Stand der Theoriediskussion in den Sozialwissenschaften wie auf die Konflikt-Konsens-Dichotomie der historischen und theoretischen Rekonstruktion der Kriminologie durch *L. McDonald* hat für unsere Darstellung der Entwicklung der amerikanischen Kriminologie eine zweifache Funktion. Zum einen dient er der Herausarbeitung der entscheidenden Strukturmerkmale verschiedener theoretischer und empirischer Positionen der Kriminologie, geschieht also in kognitiver und systematischer Absicht. Zum anderen intendiere ich damit auch einen gleichsam expressiven Nebeneffekt. Gerade Kriminologen, und dies um so mehr, je näher sie aufgrund ihrer institutionellen und professionellen Stellung und infolge ihres Sozialisationshintergrundes zu „Praxisnähe" verpflichtet sind oder diese für sich selbst reklamieren, haben in besonderer Weise mit einer Art „déformation professionelle" zu kämpfen. Eine soziologische Analyse darf nach einer sehr treffenden Bemerkung von *N. Luhmann* „weder subjektiv noch objektiv durch die Moralität des zu erklärenden Ereignisses behindert werden", was wiederum voraussetzt, daß „der Forscher aus der Perspektive des moralischen Urteils heraustritt und die Beschäftigung mit abweichendem Verhalten und sein Urteil darüber nicht ihm selbst zum Vorwurf gereichen (es sei denn als wissenschaftliche Fehlleistung)" (1972, S. 121). Die „trained incapacity" vieler Kriminologen, diesen Voraussetzungen einer wissenschaftlichen Analyse zu genügen, scheint mir hauptsächlich dafür verantwortlich zu sein, daß Tendenzen einiger Vertreter der hier beschriebenen amerikanischen Richtung der Kriminologie, auf marxistische Theoriebestandteile zurückzugreifen oder gar eine in sich konsistente marxistische Kriminologie zu entwerfen, auf beträchtliche Vorbehalte und Kritik stoßen, wenn diese auch längst nicht den Widerstand erreichen, den ähnliche Entwicklungen etwa in der deutschen Kriminologie bei jüngeren wie alten Vertretern einer traditionellen antisoziologischen Kriminologie auslösen.

Neben den Arbeiten von *Quinney* und *Chambliss* mit ihrem deutlichen marxistischen Bezug ist für die amerikanische Kriminologie vor allem auf die von Vertretern der – inzwischen aufgelösten – *School for Criminology* in Berkeley, Cal., ausgehenden Bemühungen hinzuweisen, eine „radikale" Kriminologie zu etablieren, die einen konsistent marxistischen Theorieansatz verwirklicht und die in *A. Platt* (1975; mit *L. Cooper* 1974) und dem Ehepaar *J. und H. Schwendinger* (1970) ihre bekanntesten Autoren hat[40].

b 3) Die Labeling-Theorie als Wegbereiter zu einer normorientierten Kriminologie

Sicherlich vermißt der informierte Leser in der bisherigen Darstellung und Entwicklungsgeschichte der amerikanischen Kriminologie einen systematischen Hinweis auf den theoretischen Ansatz, der auf den ersten Blick wie kein anderer die wissenschaftliche Öffentlichkeit in den USA und auch außerhalb in den 60er Jahren und bis zur Gegenwart bestimmt hat. Wir haben die Diskussion des sogen. Labeling approach bis zu diesem Augenblick bewußt zurückgestellt, um zuvor die theoretische Perspektive in hinreichender Ausführlichkeit deutlich machen zu können, in die die mittlerweile unüberschaubar gewordene Literatur zu dieser theoretischen Strömung in der neueren Soziologie des abweichenden Verhaltens und der Kriminalität einzuordnen ist. Von hier aus auch alleine läßt sich m. E. die Frage nach der Leistungsfähigkeit, der Notwendigkeit der Korrektur und der Vereinbarkeit des Labeling-Ansatzes mit anderen theoretischen Ansätzen in der Kriminologie beurteilen. Die Einzelerörterung erfolgt an anderer Stelle, da sie ihren Siegeszug zwar in der amerikanischen Kriminologie begonnen hat, ihre Genese und ihren historischen Anfang im Sinne einer diskutierfähigen, artikulierten wissenschaftlichen Position zwar zu Recht übereinstimmend mit den Namen amerikanischer Autoren wie *F. Tannenbaum* (1938), *E. Lemert* (1957, 1964, 1967 a), *H. S. Becker* (1963, 1964), *K. T. Erikson* (1962, 1966) u. a. verbunden wird, inzwischen aber zu einer Diskussion innerhalb der Kriminologie insgesamt geführt hat, die sich nicht länger an geographische Grenzen und nationale Sonderentwicklungen binden läßt – ein Eindruck, der, wie wir weiter oben bereits sahen, gerade in einer bestimmten Ecke der deutschen Kriminologie erzeugt wird (vgl. Anmerk. 27 und 28).

Worauf es uns in diesem Zusammenhang einer generellen Skizze der amerikanischen Kriminologie in bezug auf die theoretische Perspektive der Labeling-Vertreter ankommt, sind zwei zentrale Punkte, die uns in dem allenthalben zu beobachtenden Aufatmen darüber, daß diese Position auf dem Rückmarsch sei, ihre Episode in der auch fürs Modische anfälligen Kriminologie ihrem Ende entgegengehe und man nun wieder gleichsam zur Sache kommen könne, verloren zu gehen scheinen. Geht man davon aus, daß Kriminalität ein soziales Phänomen darstellt, das *E. Durkheim* nicht nur seinem generellen Prinzip, Soziales könne nur durch Soziales erklärt werden, unterwirft, sondern das noch zugespitzter von der Funktionalität von Verbrechen und Strafe für die Erhaltung, das Überleben eines sozialen Gebildes sprechen läßt, dann muß eine Analyse in die Irre gehen, deren theoretisches und empirisches Instrumentarium nur darauf ausgerichtet ist, das Geheimnis der Kriminalität aus der Zerlegung der kriminellen Handlung und des kriminellen Täters zu gewinnen. Gerade der funktionale Aspekt des Verbrechens, also der Beitrag, den es zur Stabilisierung und zur Verstärkung der gemeinsamen Wertvorstellungen der Mitglieder eines sozialen Systems leistet, nötigt dazu, das Verhalten der rechtstreuen und normbeflissenen Mitglieder gleichzeitig in den Blick zu nehmen. Erst die „Dramatisierung" (F. Tannenbaum 1938) des Verbrechens, die am Verbrecher vollzogene „moralische Degradierung" (H. Garfinkel 1956), seine „Stigmatisierung" (E. Goffman 1963), die „soziale Reaktion" (E. Lemert 1951, 1964) auf ihn lösen die Prozesse aus, die das Verbrechen und den Verbrecher, generell: den Abweichenden zu einem Instrument der Fixierung und der Etablierung der Grenzen eines sozialen Systems gegenüber seiner Umwelt machen. Diesen Aspekt hat niemand von den Labeling-Theoretikern der ersten Generation so deutlich formuliert wie K. T. Erikson: „In this sense, transactions taking place between deviant persons on the one side and agencies of control on the other are boundary maintaining systems" (1962, zit. n. H. S. Becker 1964, S. 13 – Hervorheb. d. F. S.). Nicht zufällig finden sich in den Arbeiten dieses Autors die intensivsten Bezugnahmen auf E. Durkheim und die von ihm herausgestellten funktionalen Aspekte des Verbrechens[41].

Die Funktionalität des Verbrechens für die Gesellschaft, die darin liegt, daß nichts die Gesellschaft so sehr einigt und integriert wie ihre Mörder und ihre schwersten Verbrecher, macht darauf aufmerksam, daß der Part des Verbrechens, der auf diese Folgen ausgerichtet ist, nicht vom Verbrecher selbst und seiner Handlung zu spielen ist, sondern von denjenigen, die darauf zu reagieren haben, die das Verbrechen gleichsam zum Zwecke seiner positiven Funktionen zu inszenieren haben. In letzter und logischer Konsequenz sind sogar beide Aspekte als voneinander abtrennbar zu denken, worauf etwa J. I. Kitsuse (1972) sehr nachhaltig insistiert. Die Ironie, die in diesem Band zwischen dem Verbrecher und dem gesetzestreuen Bürger liegt, hat niemand schärfer – und auch in dieser Terminologie – herausgearbeitet als D. Matza (1969, Kap. 4) in seiner kritischen Rekonstruktion der Arbeiten aus der Chicago-Schule, des Funktionalismus sowie der „Neo-Chicago-Schule". Mit letzterer meint er die frühen Vertreter der Labeling-Theorie. Deren Verdienst sieht er gerade darin, daß sie die „Überschneidung" von gesetzestreuem und normbrechendem Verhalten sowie die Ironie der positiven Funktionen des Verbrechens in besonders prägnanter und begrifflich klarer Weise zum Ausdruck gebracht haben.

Das ist der eine Punkt, der es gerechtfertigt erscheinen läßt, bei aller Kritik im einzelnen den Vertretern des „social reaction approach" – wie *I. Taylor, P. Walton* und *J. Young* (1973, S. 139) die theoretische Perspektive zu bezeichnen vorziehen, deren interne Heterogenität und Vielfalt in der Akzentsetzung sich durchaus darin widerspiegelt, daß es keinen allgemeinen begrifflichen Nenner für sie gibt[42] – das Verdienst einzuräumen, den entscheidenden Anstoß dazu gegeben zu haben, „the insulation of criminology from sociology in general" (*I. Taylor, P. Walton* und *J. Young* 1973, S. 268) zu durchbrechen, „its chief significance", wie *P. Rock* (1973, S. 12) es noch deutlicher formuliert, in „the transformation of *criminology* into the *sociology* of deviancy" zu erblikken. Denn, um zu dieser generellen Frage einen weiteren Vertreter der Gründergeneration zu Worte kommen zu lassen, „labeling theory, so called, is a way of looking at deviance which actually represents a complete continuity with the rest of sociology ... The study of crime lost its connection with the mainstream of sociological development and became a very bizzare deformation of sociology" (*H. S. Becker*, zit. n. *F. Sack* 1972 a, S. 27).

Der zweite Punkt, der die Labeling-Theorie nicht einfach ad acta legen läßt, sondern ihr einen dauernden Platz im Selbstverständnis und im Gefüge nicht nur der amerikanischen Kriminologie und Kriminalsoziologie einräumt, besteht in der Einbeziehung der normativen Struktur in die „Erklärung" der Kriminalität. Damit ist nicht schlicht gemeint, daß sie die Aufmerksamkeit der Kriminologie auf strafrechtssoziologische Fragen gelenkt hat, also Untersuchungen darüber angeregt hat, welche Interessen sich bei der Formulierung und Durchsetzung von Strafrechtsnormen zur Geltung bringen. Untersuchungen dieser Art hatten ihren festen Stellenwert im arbeitsteiligen Wissenschaftsgefüge der Soziologie schon vorher, wenn sie vielleicht auch nicht quantitativ soviel Aufmerksamkeit und Forschungskapazität gebunden haben mögen, wie dies für die Analyse von Kriminellen der Fall gewesen ist und wie dies im Gefolge der Arbeiten von Labeling-Theoretikern zu beobachten ist. Das Nebeneinander der Analyse von Normen auf der einen Seite und von Verhalten in bezug auf die gleichen Normen auf der anderen Seite ist das Modell gewesen, nach dem Kriminalität analysiert worden ist. Die untrennbaren Wechselbeziehungen zwischen beiden Seiten der gleichen Sache sind der Gegenstand, auf den Begriffsbildung und Interesse der Labeling-Theorie ausgerichtet sind. *W. C. Chambliss*

(1976, S. 23) macht auf eine Feststellung keines Geringeren als *E. H. Sutherland* aus der ersten Auflage (1924) seines Lehrbuchs aufmerksam, die es in diesem Zusammenhang sich zu vergegenwärtigen lohnt: „An understanding of the nature of criminal law is necessary in order to secure an understanding of the nature of crime. *A complete explanation of the origin and enforcement of laws would be, also, an explanation of the violation of laws*" (Hervorheb. d. F. S.). *Chambliss* bemerkt zu Recht, daß *Sutherland* den Implikationen dieser Aussage in seinen weiteren Arbeiten nicht nachgegangen ist. Noch mehr: Es gibt eine Passage aus dem Lehrbuch von *Sutherland*, die nach der mir möglichen Kontrolle mindestens bis zur 6. Auflage (1960) – also einschließlich der beiden Auflagen, die seit der Mitautorenschaft von *D. R. Cressey* erschienen sind – nahezu unverändert sämtliche Auflagen überlebt hat, in der 9. Auflage (1974) des Lehrbuchs allerdings nicht mehr enthalten ist. Es handelt sich um eine „soziologische" Definition des Verbrechens: „In this, crime was conceived of as a ‚set of relationships' rather than the act of an individual" (*G. B. Vold* 1958, S. 269/270). Für unser Argument und für den Bezug, den diese Auffassung des Verbrechens zum Labeling-Ansatz hat, ist dieses Zitat aus dem gleichen Zusammenhang noch deutlicher: „Crime *is* this set of relationships when viewed from the point of view of the group rather than the individual (*E. H. Sutherland* und *D. R. Cressey*, 6. Auflage, 1960, S. 15 – Hervorh. im Original). Den Grund der Tilgung dieser Stelle aus den späteren Auflagen liefert der nächste Satz gleich mit, wenn es heißt, daß die Bestimmung zwar „suggestive" sei, „but at present certainly lacks precision" (ibid.).

Nach meiner Auffassung kommt der Labeling-Theorie genau das Verdienst zu, den frühen Gedanken *Sutherlands* aufgenommen zu haben und theoretisch wie empirisch an seine Ausarbeitung gegangen zu sein, indem sie zu zeigen versucht, wie nur über das Medium der Normen menschliches Verhalten in „interpretiertes" Handeln transformiert werden kann. In diesem Sinne bleibt es richtig, auch für die Nach-Labeling-Phase innerhalb der Kriminologie, daß „Kriminalität" keine immanente Qualität einer Handlung darstellt, sondern eine an sie durch soziale Prozesse herangetragene Eigenschaft, wie es sinngemäß in den oft zitierten Formulierungen von *H. S. Becker* (1963, S. 9), *K. T. Erikson* (1962, abgedr. b. *H. S. Becker* 1964, S. 11; 1966, S. 6) und *J. I. Kitsuse* (1962, S. 253) heißt.

Vergegenwärtigt man sich diesen grundlegenden Gedanken, dann läßt sich kaum der kürzlichen Feststellung *M. Spectors* in der Jubiläumsausgabe der Zeitschrift *Social Problems* zum 25jährigen Bestehen der *Society for the Study of Social Problems* (SSSP) widersprechen, daß „now, fifteen years later, labeling theory is well established, if not the current orthodoxy" (1976, S. 74).

Die Labeling-Theorie wendet sich also den Normen und ihrer Anwendung nicht in der Art zu, wie dies eine orthodox begriffene Soziologie des Strafrechts tun würde. Sie will mit einer Analyse des Strafrechts und seiner Institutionen deutlich machen, daß „Kriminalität" und kriminelles Handeln erst über das Medium des Strafrechts als sozial relevante Gegenstände entstehen und erzeugt werden. Prototypisch für eine so intendierte Analyse des Strafrechts und seiner Instanzen sind die Arbeiten von *H. S. Becker* über „moral entrepreneurs" in der amerikanischen Marihuanagesetzgebung (1963), von *E. Bittner* (1967) über den polizeilichen Umgang mit Geisteskranken, von *A. S. Blumberg* (1967 b) über das Gerichtsverfahren als „confidence game", von *A. V. Cicourel* (1968) über die Organisation der Jugendgerichtsbarkeit in zwei unterschiedlichen Gemeinden, von *J. Skolnick* (1966 a) über informelle Polizeipraktiken der Durchsetzung des Strafrechts, um an dieser Stelle nur einige wenige Beispiele aus der Vielzahl von Studien über Struktur und Prozeß des Rechts und seinen Institutionen und Personen zu geben, die sämtlichst im theoretischen Bezugsrahmen der Labeling-Theorie stehen und die sich am Ende zu einer Art Rechtssoziologie entwickeln mögen, wie sie *D. Black* (1976) in seiner Arbeit „The Behavior of Law" vorgelegt hat, die von der bekannten Rechtssoziologin *L. Nader* in einer Vorausbesprechung als „a major breakthrough" gerühmt wurde. *Black* will den von *Sutherland* einst erhobenen, später von *D. R. Cressey* getilgten Anspruch einlösen: „The theory of law explains illegal behavior with the same principles that explain law itself" (S. 9), ohne sich dabei allerdings auf *Sutherland* zu beziehen.

c) Zusammenfassende Kennzeichnung der amerikanischen Kriminologie

Die Auseinandersetzung innerhalb der amerikanischen Kriminologie und ihr derzeitiger Diskussionsstand läßt sich in folgenden Punkten zusammenfassen:

1. Der soziologische Kontext, in den die amerikanische Kriminologie seit jeher eingebettet war, hat in ihr einen latenten Konflikt zwischen zwei theoretischen Polen erzeugt, die nur schwer auf einen einzigen Nenner zu bringen sind. Die eine Position ist gekennzeichnet durch die Prämisse, daß Strukturen und Prozesse der Kriminalität am zweckmäßigsten durch die Analyse kriminellen Handelns freigelegt werden. Die zweite Position geht davon aus, daß diejenigen Aspekte, nach denen sich kriminelles Handeln von anderen Formen menschlichen Handelns unterscheidet, nur von einer Analyse der normativen Matrix einer Gesellschaft

erschlossen werden können, die die deskriptiven und moralischen Kategorien zur Ordnung menschlichen Handelns bereitstellt.

2. Die amerikanische Kriminologie hat trotz ihrer institutionellen
und theoretischen Anlehnung an die Soziologie den Großteil
ihres Ertrages aus Arbeiten gewonnen, die einen täterorientierten
Bezugsrahmen zugrunde legten. Sie hat dadurch gerade die
Merkmale der Kriminalität nicht in den Blick bekommen, die Kriminalität zu einem integrierten Bestandteil der Gesellschaft und
ihrer Struktur machen. Sie hat weder die frühen Ansätze konsequent aufgenommen und weiterentwickelt, die *E. Durkheim* zur
funktionalen Analyse von Kriminalität bereitgestellt hat, noch
hat sie sich um die Identifizierung der Mechanismen bemüht, die
aus den gleichen Strukturmerkmalen sowohl den gesellschaftlichen Nutzen wie den gesellschaftlichen Schaden entstehen läßt.
Auch diejenigen soziologischen Kriminalitätstheorien, die analytisch auf der Ebene des sozialen Systems ansetzen, wie die Anomietheorie, die Subkulturtheorie, die Chancenstrukturtheorie sehen den Täter und sein Handeln als Resultanten von sozialen
Kräften, Spannungen und Konflikten.

3. Allmählich erst hat sich in der kriminologischen Diskussion
die schon lange artikulierte Kritik Gehör verschaffen können,
nach der eine Analyse der Kriminalität dann ihr zentrales Moment verfehlen muß, wenn sie die Prozesse außer acht läßt, die
aus der Gesamtheit der Handlungen und Handelnden einer Gesellschaft diejenigen ausgrenzt, die mit dem Makel „kriminell"
belegt werden. Den Weg dahin haben Autoren wie *J. Hall, C. R.
Jeffery, B. G. Vold,* der frühe *E. H. Sutherland* gebahnt, die entweder
Kriminologie ganz mit einer Soziologie des Strafrechts identifizieren oder die zumindest doch eine Kriminologie für unzurei-
chend halten, die diesen Aspekt der Kriminalität weder theoretisch noch empirisch in den Blick nimmt.

4. Das letzte Jahrzehnt kriminologischer Forschung in den USA
war bestimmt von Fragen und Problemen, die sich aus einer Perspektive ergeben, nach der die strafrechtliche Sozialkontrolle ein
gesellschaftliches Subsystem darstellt, das in Austausch steht mit
den übrigen Teilsystemen einer Gesellschaft und dem bestimmte
gesamtgesellschaftliche Funktionen zukommen. Dabei läßt sich
eine vornehmlich kriminalpolitisch akzentuierte Richtung ausmachen, die nach den theoretisch-normativen Prämissen einer Effi-
zienzsteigerung strafrechtlicher Sozialkontrolle fragt und zu
einer Wiedergeburt utilitaristischer Gedankengänge des 19. Jahrhunderts geführt hat. Daneben hat sich eine stärker kritisch ausgerichtete Position entfaltet, die den politischen Charakter des

Strafrechts sowie seiner Institutionen stärker in den Mittelpunkt rückt und eine politökonomische Analyse strafrechtlicher Sozialkontrolle intendiert.

5. In der Ablösung der Kriminologie von ihrem täterorientierten Vorurteil zu einem normzentrierten theoretischen Bezugsrahmen kommt der sogen. Labeling-Theorie eine zentrale Initial- und Transformationsfunktion zu, indem sie Kriminalität konsequent aus der normativen Perspektive begreift und ihre Aufmerksamkeit auf diejenigen Phänomene richtet, die Kriminalität als kollektive und individuelle Kategorie sozial konstituieren.

3. Methodologische Kritik der traditionellen Kriminologie

Die Heteronomie der Kriminologie, die wir im I. Kapitel als ihre Unterwerfung unter die tatsächlichen und vorgegebenen Ziele der strafrechtlichen Sozialkontrolle bereits kennengelernt haben, hat eine methodologische Komponente, die nach den institutionalisierten Regeln der Wissenschaft noch schwerer wiegt als die Akzeptierung des von außen vorgegebenen Ziels der Verwertbarkeit ihrer Befunde für Zwecke der strafrechtlichen Sozialkontrolle. Neben dem Preis, den eine auf Prävention und Rehabilitation verpflichtete Kriminologie der naturalistischen Rekonstruktion des Phänomens Kriminalität abverlangt und dessen Höhe niemand so klar bezeichnet hat wie *D. Matza* (1969), lassen sich weitere Kosten ausmachen, die der Kriminologie dadurch entstehen, daß sie a) ihren Gegenstand bisher nicht autonom zu bestimmen vermocht hat und daß sie b) infolge von a) keine befriedigenden Verfahren zur Messung ihres Gegenstandes kennt. Beiden Problemen wollen wir uns in diesem Abschnitt zuwenden. Es wird zu zeigen sein, daß die Ungelöstheit beider Fragen dazu beigetragen hat, die Umorientierung und Umpolung der Kriminologie voranzutreiben.

a) Die Definition der Kriminalität

Nur auf den ersten Blick scheint die Frage danach, was Kriminalität ist, einfach und schnell beantwortbar zu sein. Moderne Gesellschaften mit einem zentralisierten Gewaltmonopol in den Händen des Staates kennen Strafgesetze oder ihnen analoge schriftliche Ge- und Verbote, die in deskriptiven Termini Handlungen katalogisieren, bei deren Vorliegen bestimmte Sanktionen angedroht sind. Die Gesamtheit dieser Handlungen oder Unterlassungen ist umfangslogisch identisch mit den verschiedenen Kategorien strafbaren Handelns (Verbrechen, Vergehen, Übertretungen etc.). Dieses Gegenstandsverständnis entspricht sowohl dem allgemeinen Sprachgebrauch als auch der Praxis der Institutionen strafrechtlicher Sozialkontrolle.

Die Kriminologie hingegen begleitet ein jahrzehntelanger Streit darüber, ob für sie Kriminalität in gleicher Weise definiert und vorgegeben sei. Der Hintergrund und die Relevanz dieser keineswegs nur akademischen Frage springt unmittelbar ins Auge, wenn man sich das zentrale Ziel wissenschaftlicher Analyse vor Augen führt. Dieses besteht in der Gewinnung von Aussagen allgemeiner Art über Struktur, Entstehung und Funktion von Kriminalität. Einem solchen Vorhaben steht aber die Eigenart gerade moderner Rechtsordnungen entgegen.

Die Rechtsgeschichte, die vergleichende Rechtsforschung, sowie die Anthropologie haben zu einer uns heute selbstverständlich erscheinenden Erkenntnis geführt, der Tatsache nämlich, daß jegliches Rechtsgut, das von irgendeiner Gesetzgebung geschützt wird und dessen Verletzung unter Strafe steht, einen jeweils spezifisch historischen und kulturellen Hintergrund aufweist. Diese Relativität des in einer Gesellschaft als strafbar betrachteten Verhaltens teilt das Strafrecht mit dem Normensystem ganz generell, also auch mit den Normen, die nicht unter dem besonderen Schutz einer Strafgesetzgebung stehen. Diese Tatsache hat zu vielen Mißverständnissen und Fehlentwicklungen innerhalb der Kriminologie beigetragen. Dahinter verbirgt sich u. a. die Kontroverse zwischen Rechtspositivismus und Naturrechtsvorstellungen. Dieser Streit unter Rechtsphilosophen hat sich aber auch in der Kriminologie niedergeschlagen. Die Relativität des Strafrechts, das durch ständige Kriminalisierung neuer und Entkriminalisierung alter Tatbestände manifestiert wird, ist der Formulierung genereller Aussagen in höchstem Maße hinderlich. Der Übertragbarkeit von kriminologischen Befunden, die aus historisch, gesellschaftlich und kulturell spezifischer Kriminalität gewonnen sind, steht nur dann nichts im Wege, wenn unterstellt werden kann, daß dem variablen Umfang an Kriminalität, wie er sich aus dem jeweiligen Strafrecht ergibt, invariante Strukturen und Regelmäßigkeiten unterliegen, die jenseits historischer und sozialer Grenzen Gültigkeit beanspruchen. Die Lösung dieses Dilemmas, das der Kriminologie daraus erwächst, daß sie keinen eigenständigen, vom jeweiligen Strafrechtscode abgelösten Verbrechensbegriff zur Hand hat, ist auf verschiedenartige Weise versucht worden. So hat *R. Garofalo* den Begriff des „natürlichen Verbrechens" in die kriminologische Diskussion eingeführt, worunter er einen materiellen Rechtsbegriff für die Kriminologie fruchtbar machen wollte, der Unabhängigkeit von Zeit und Ort beanspruchte. Er zerlegt damit die Gesamtmenge der durch das Strafrecht definierten strafbaren Handlungen in zwei Teilmengen, einen Kernbestand von Kriminalität, der sich zwischen Gesellschaften verschiedener Art und Epochen kaum ändert, und einen anderen Teil der Kriminalität, der ständigen Fortschreibungen durch das positive Recht unterworfen ist. Diese Differenzierung der Kriminalität entspricht weitgehend der strafrechtsdogmatischen Unterscheidung zwischen den *mala in se* und den *mala prohibita* bzw. der zwischen „klassischen" und neuen Formen der Kriminalität. Eine auf generelle Aussagen gerichtete Kriminologie hat danach ihren zentralen Gegenstand in den Formen des „natürlichen Verbrechens", in der klassischen Kriminalität, in den mala in se. Obwohl bereits *E. Ferri* (1881), vor allem aber *E. Durkheim* einem solchen Versuch mit überzeugenden Argumenten widersprochen haben, wobei *Durkheim* nichts anderes darin sah als „eine rein persönliche Auffassung der Moral" (1961, S. 135), verstummen die Stimmen nicht, die mit geradezu unbelehrbarer Hartnäckigkeit nach eben einem solchen antipositivistischen Verbrechensbegriff verlangen[44], wie etwa die des deutschen Strafrechtlers *R. Lange*, der vor wenigen Jahren in einer heftigen Attacke gegen die Kriminologie dieses Argument besonders nachdrücklich herausstellte (1960), dem *G. Kaiser* allerdings zurecht entgegengehalten hat, daß dieses Versagen eher der Strafrechtsphilosophie und Strafrechtsdogmatik anzulasten sei als der Kriminologie (1964, S. 86).

Trotz empirisch eindrucksvoller Belege, die jüngst eine komparative Studie von *G. Newman* (1976) über „Perception and Law in Six Cultures" zugunsten einer relativen historischen und transkulturellen Konstanz von Verbrechensvorstellungen und -definitionen beigebracht hat, erhebt sich jedoch die Frage, welche Folgerungen sich daraus für die Kriminologie ergeben. Zum einen sind damit die Befunde und Beobachtungen nicht aus dem Wege geräumt, auf die interaktionistische Theorieansätze aufmerksam machen, nämlich die zusätzliche Relativität, die die Verbrechensdefinitionen durch die differentielle Struktur ihrer Umsetzung und Anwendung erhalten. Zum anderen hängen die Probleme des Strafrechts und seiner Institutionen ja gerade mit seinen variablen Komponenten zusammen. Und schließlich wird die Einsicht in die konstanten und invarianten Strukturen des Strafrechts mit einer Abstraktheit der Fragestellung erkauft, deren Antworten die Spezifität und Detailliertheit strafrechtlicher Normen verfehlen. So läßt sich etwa der strafrechtliche Schutz des Eigentums gesellschafts- und geschichtsübergreifend feststellen, aber eine genauere Analyse der Strafrechtsnormen, die dem Schutz des Rechtsgutes „Eigentum" dienen, offenbart eine Variabilität, zunehmende Differenzierung sowohl der Tatbestände selbst wie der Sanktionen, die der Erklärung und Analyse bedürfen, wie dies *J. Hall* (1935) in einer historischen Studie dargelegt hat und wie sich an der aktuellen Diskussion über die strafrecht-

liche Behandlung des Ladendiebstahls exemplarisch zeigen läßt
(E. Blankenburg, H. Steinert und H. Treiber 1977).

Obwohl die Empirie rechtsanthropologischer wie rechtsverglei-
chender Forschung ebenso wie theoretische Erwägungen gegen
die Brauchbarkeit des Konzepts der „natürlicher Kriminalität"
sprechen, läßt sich nicht leugnen, daß ein Großteil kriminologischer und kriminalsoziologischer Theoriebildung implizit auf
Sachverhalte angewiesen und ausgerichtet ist, die den kontingenten Strukturen des Strafrechts widerstehen. So dürfte auch
E. Durkheims funktionale Theorie von Verbrechen und Strafe in
ihrer Gültigkeit beschränkt sein auf diejenigen Formen der Kriminalität, die Ausdruck des allgemeinen Konsenses der Mitglieder einer Gesellschaft sind und die weiterhin habituell und emotional besonders intensiv in ihren Mitgliedern verankert sind.
Das aber bedeutet, daß die normativen Sachverhalte, auf die sich
seine Theorie bezieht, nicht deckungsgleich sein müssen mit den
unter das Strafrecht subsumierbaren Tatbeständen. Seine Theorie betrifft zum einen normative Gegenstände, die strafrechtlich
nicht kodifiziert sind, wie etwa solche aus dem Bereich der Moral
und der Ethik, und sie ist zum anderen auf eine große Anzahl
von Tatbeständen nicht anwendbar, die nach den Regeln des
Strafrechts Kriminalität darstellen, wie Straßenverkehrsregeln,
bestimmte Formen der Wirtschaftskriminalität u. a.

Wie der Versuch, die Relativität des Strafrechts durch die Aussonderung eines konstanten Kernbereichs zu unterlaufen, scheint
uns auch die Lösung des Problems in die Irre zu gehen, an die
Stelle des juristisch definierten Begriffes des Verbrechens eine
soziologische Definition zu setzen, wie es etwa F. Znaniecki (1928,
S. 207), T. Sellin mit seinem Begriff der „conduct norms" (1938),
ihm folgend H. Mannheim (1965, S. 14), in Deutschland A. Mergen
mit dem Begriff der „A- bzw. Antisozialität" (1961 a, S. 74) und
viele andere hauptsächlich soziologisch ausgerichtete Kriminologen getan haben.

Zu Recht haben J. und H. Schwendinger (1970) in einer ausgezeichneten Aufarbeitung der 30jährigen amerikanischen Kontroverse
über die angemessene Definition des Verbrechens darauf aufmerksam gemacht, daß die Position Sellins mit dem Prinzip wissenschaftlicher Wertfreiheit, die Position der übrigen genannten
Autoren mit kriminalpolitischen Überlegungen legitimiert werden. Die Auffassung von Sellin löst das aufgezeigte Dilemma keineswegs. Es kehrt auf anderer Ebene wieder, denn für „conduct
norms" gilt das Gleiche wie für „Verbrechen": sie unterliegen der
historischen Wandlung, der gesellschaftsspezifischen Differenz
und situationsabhängiger Konkretisierung. Aus der wissenschaft-

lichen Analyse der Verletzung von „conduct norms" lassen sich deshalb genauso wenig verallgemeinernde Aussagen gesetzmäßiger oder quasi-gesetzmäßiger Art gewinnen wie aus der Analyse von kriminellen Handlungen.

Mit außergewöhnlicher Heftigkeit entbrannte der Streit um die Definition des Verbrechens erneut im Zusammenhang mit der hauptsächlich von *E. H. Sutherland* entfachten Kontroverse um die sogenannten White-Collar-Verbrechen. Es sei deshalb an dieser Stelle etwas näher auf diese immer noch aktuelle wie exemplarische Diskussion eingegangen. Die Diskussion wurde eingeleitet durch eine inzwischen berühmt gewordene „Presidential Address" von *Sutherland*, die er im Dezember 1939 vor der amerikanischen soziologischen Gesellschaft gab (1940). *Sutherland* hat damit nicht nur eine enorme Fülle von Arbeiten auf diesem Sektor der Kriminalität eingeleitet, sondern er hat damit vor allen Dingen jenem Streit um die Definition des Verbrechens neue Nahrung gegeben.

Es ging darum, ob die vielen Gesetzesverletzungen, die den Wirtschaftsunternehmern und Managern nachgewiesen wurden, als kriminelle Handlungen zu betrachten seien oder nicht. *Sutherlands* Antwort hierauf war schon in seinem ersten Beitrag und vor allem in dem fünf Jahre später erschienenen Artikel „Is ‚White-Collar' Crime?" eindeutig positiv, obwohl, und das ist der springende Punkt hierbei, viele dieser gesetzesverletzenden Handlungen nicht die gleiche „Karriere" durchliefen wie Gesetzesverletzungen anderer Art. Wirtschaftsvergehen werden, so wies *Sutherland* nach, oft von anderen als Strafgerichten geahndet und erfahren auch andere Sanktionen als die normalen Verbrechen, stellen also nach einer streng legalistischen Auffassung keine Kriminalität dar.

Der entscheidende Punkt in der Argumentation von *Sutherland* bestand darin, daß er das Verbrechen anders definiert, als die Strafgesetze es taten. Die Wirtschaftsvergehen waren nach damaligem Recht nicht im Strafrecht geregelt, sondern wurden entweder zivilrechtlich geahndet oder befanden sich im sogenannten Nebenstrafrecht oder Ordnungswidrigkeitenrecht. Entgegen dieser strafrechtsdogmatischen Behandlung wollte *Sutherland* sie aber den Straftaten der klassischen Kriminalität gleichsetzen, weil auch sie in höchstem Maße sozialschädlich seien, selbst wenn ihre Bekämpfung mit den Instrumenten des Zivilrechts und nicht denen des Strafrechts erfolgte. Die Quintessenz, auf die es uns hier ankommt, besteht wie bei *Sellin* darin, daß dem juristischen Verbrechensbegriff ein anderer entgegengesetzt wird, dem sich die Kriminologie zu widmen habe.

Die Konsequenzen, die sich aus der einen oder der anderen Definition des Verbrechens für die Arbeitsweise und Befunde einer Kriminologie ergeben, deren zentrale Untersuchungsstrategie in dem Vergleich der kriminellen Mitglieder einer Gesellschaft mit den gesetzestreuen Mitgliedern der gleichen Gesellschaft besteht, liegen auf der Hand. Sie sind am Beispiel der Ausdehnung des Verbrechensbegriffes auf Wirtschaftsdelikte besonders augenfällig: die typischen Kriminellen im Bereich der klassischen Kriminalität sind in sozialer, ökonomischer und kultureller Hinsicht eine gänzlich andere Gruppe als die typischen Kriminellen im Bereich der Wirtschaftskriminalität.

Sutherland (1945) zielte genau auf diese Konsequenz: Er wollte die White-Collar-Verbrechen auch von Kriminologen als Verbrechen behandelt wissen und auf diese Weise gleichsam die empirische Basis der kriminologischen Wissenschaft erweitern, wobei es ihm, wie *A. K. Cohen, A. Lindesmith* und *K. F. Schuessler* (1956, S. 45) vermuten, mit seiner Polemik gegen das White-Collar-Verbrechen und mit den Argumenten, diese in die Definition des Verbrechens mit aufzunehmen, hauptsächlich darum zu tun war, erstens den Klassencharakter des Strafrechts und dessen Administration nachzuweisen, zweitens aber vor allen Dingen darum, auf diesem Umweg über eine andere Definition des Gegenstandes der Kriminologie eine Attacke gegen die damals vorherrschenden theoretischen Erklärungsversuche der Kriminalität zu führen.

Wir wollen diese Diskussion um das White-Collar-Verbrechen hier nicht in aller Breite rekapitulieren, sondern verweisen neben den schon genannten Arbeiten von *Sutherland* auf folgende Quellen: als Vertreter eines streng legalistischen Standpunktes in dieser Frage vor allem auf *P. W. Tappan* (1947) und *C. R. Jeffery* (1965 a, 1960)[45], als Befürworter einer nicht legalistischen Konzeption auf *Sutherland* selbst (1940, 1941, 1945, 1949), ferner auf *J. D. Spencer* (1965), *M. B. Clinard* (1962, 1968) sowie praktisch alle Autoren, die sich theoretisch oder empirisch mit Gesetzesverletzungen beschäftigt haben, die a) typischerweise von Personen aus den mittleren und oberen Schichten begangen werden, die b) Verletzungen gegen Wirtschaftsgesetze, Wettbewerbsgesetze u. ä. darstellen und die c) oft einer anderen als der reinen Strafgerichtsbarkeit oder innerhalb dieser speziellen Gerichtskörpern unterworfen sind[46].

Die Frage der Definition des Verbrechens und damit auch des Gegenstandes der Kriminologie hat sich ebenso an anderen Fragen entzündet, etwa an der Frage der Abgrenzung und Definition dessen, was als Jugenddelinquenz bezeichnet wird. Der Begriff der Jugenddelinquenz ist insbesondere in der amerikanischen Diskussion problematisiert worden. Dies hängt damit zusammen, daß die Jugendgerichtsbarkeit in den USA systematisch und institutionell weitergehender vom Erwachsenenstrafrecht isoliert und separiert worden ist, als dies etwa in Deutschland der Fall ist. Während es in den USA eine Reihe von jugendspezifischen „Delikten" gibt, die, von Erwachsenen begangen, keine staatlichen Reaktionen auslösen, ist der Straftatenkatalog für Erwachsene und Nichterwachsene nach deutschem Recht weitgehend identisch. Weiterhin sind amerikanische Jugendgerichte tendenziell mit Laienrichtern, Pädagogen, Sozialarbeitern, Psychologen besetzt, während die deutschen Jugendgerichtsspruchkörper fest in der Hand von Berufsrichtern sind und das pädagogische Element nur über bestimmte Mitwirkungs- und Gutachtenmöglichkeiten seitens der Jugendgerichtshilfe an der Jugendgerichtsbarkeit beteiligt ist[47]. Am Beispiel der Organisation der Jugendgerichtsbarkeit läßt sich ein Aspekt der Kontroverse um den Verbrechensbegriff besonders deutlich herauskehren. Die an anderer Stelle bereits erörterte Besserungsideologie der herkömmlichen Kriminologie tritt im Jugendstrafrecht besonders sichtbar zu Tage. Ebenso aber wird der damit verbundene Preis offenkundig: Anlässe wie Maßnahmen der Besserung, der Resozialisierung, der Therapie sind weniger rechtsstaatlich im voraus zu fixieren und zu begrenzen, als dies bei einem Strafsystem der Fall ist, das seine Reaktionen an Art und Schwere der strafbaren Handlung bindet. Die Einwände, die zunehmend in der amerikanischen Kriminologie gegen das „juvenile justice system" formuliert werden, sind deshalb zum einen global ideologiekritischer Art, zum anderen entspringen sie rechtsstaatlichen Besorgnissen – die erste Richtung hat vor allem durch *A. M. Platts* „Child Savers" (1969) ihren plastischen Ausdruck erfahren, die zweite Richtung wird durch eine Reihe kritischer Stimmen (*F. A. Allen* 1964 a; *R. G. Caldwell* 1961; *E. M. Lemert* 1967 c; 1971; *A. Liazos* 1974; *St. Wheeler* 1968; *St. Wheeler; L. S. Cottrell* und *A. Romasco* 1966) repräsentiert. Bemerkenswert für unseren Zusammenhang ist hierbei die Tatsache, daß die Argumentation gegen die Jugendgerichtsbarkeit in vielerlei Hinsicht der Argumentation ähnelt, die *P. W. Tappan* (1947), der schärfste Widersacher von *E. H. Sutherland*, gegen den kriminologischen – im Gegensatz zu einem rein juristischen – Verbrechensbegriff formulierte. *Tappan* berief sich sowohl gegen *Sellin* wie gegen *Sutherland* auf die größere Präzision und Begriffsschärfe eines legalistischen Verbrechensbegriffes und auf dessen Begrenzungsfunktion gegenüber der staatlichen – strafenden oder therapeutischen – Intervention.

Der Streit um eine wissenschaftlich vertretbare Definition des

Verbrechens, die als Ausgangsbasis für die Gewinnung empirisch gehaltvoller und generalisierbarer kriminologischer Aussagen dienen kann, hat trotz seiner Intensität und Dauer zu keinem befriedigenden Ergebnis geführt. Die Forschungspraxis selbst hat sich ohnehin davon untangiert gezeigt und ihre empirischen wie theoretischen Befunde den Handlungen und Handelnden abgewonnen, die nach den Regeln des Strafrechts und seinen Instanzen als kriminell gelten bzw. als solche identifiziert werden. Die verschiedenen Relativitätsdimensionen des Strafrechts sind damit auch konstitutiver Bestandteil der Kriminologie, die mit einem derartigen Verbrechensbegriff operiert. Eine Kriminologie, die das von *Sellin* vorgeschlagene Konzept der „conduct norm" zugrunde legen würde, hätte neben Problemen der empirischen Operationalisierung auch theoretische Schwierigkeiten zu bewältigen: ihre Ergebnisse ließen sich kaum als theoretische Aussagen zur Entstehung, Struktur und Funktion von Kriminalität begreifen. Umgekehrt führt die Übernahme des juristischen Kriminalitätsbegriffes unausweichlich dazu, daß die daraus resultierenden Befunde beschränkt sind auf den jeweiligen Umfang der gemäß eines Strafrechtscodes als kriminell definierten Handlungen und Personen. Etwas pointiert formuliert, sind so gewonnene kriminologische Befunde theoretische und wissenschaftliche Rechtfertigungen und Legitimierungen des jeweiligen Strafcodes einer Gesellschaft. Die Kriminologen, Sozialwissenschaftler und Juristen, die sich an der Diskussion über den Verbrechensbegriff beteiligten, waren sich weitgehend des kriminalpolitischen und normativen Charakters des Streits einig.

Sutherland, so sahen wir schon, ging es um den Nachweis des Klassencharakters des Strafrechts und der Strafgerichtsbarkeit und um die Kritik einiger zeitgenössischer Erklärungsversuche kriminellen Verhaltens. Er erreichte diesen Nachweis dadurch, daß er darauf bestand, daß Verhaltensverstöße, die zwar nicht Bestandteil der der Kriminologie durch das Strafrecht und seine Institutionen zugewiesenen Handlungen und Täter sind, aber nach seinen Kriterien der „Sozialschädlichkeit" und der – wenn auch nur zivilrechtlichen – staatlichen Mißbilligung wegen eindeutig dazu gehören, kriminologisch-wissenschaftlich den gleichen Status zuerkannt bekommen wie die „Normalverbrechen", wie Körperverletzungsdelikte, wie Eigentumsdelikte und andere konventionelle Verbrechensarten, die das traditionelle Feld kriminologischer Forschung darstellen. Die Zusammenfassung beider Gruppen zu einer Gruppe der Kriminellen läßt wissenschaftlich ein anderes „Faktorengefüge" und damit eine differente Theorie der Kriminalität erwarten, macht vor allem aber die zweierlei Maßstäbe sichtbar, nach denen das Verbrechen der einen und das der anderen behandelt und geahndet werden. Dies letztere Motiv scheint der eigentliche Impetus der „theoretischen" Erörterung *Sutherlands* gewesen zu sein, ebenso wie seine Kritiker diese Konsequenzen im Auge hatten. So muß man *G. B. Vold* sicherlich Recht geben, wenn er schreibt: „*Sutherlands* plea for the ‚reformation of the theory of criminal behavior' was really a suggestion for the reformation of cultural values, a plea for change in the mores of economic activity" (1958, S. 261). *P. W. Tappan* vermutete gleich subversive Motive und malte – aus seiner Sicht – den Teufel an die Wand einer so konzipierten Kriminologie, deren Endergebnis „may be fine indoctrination" (1947, S. 99). Ebenso spricht *W. C. Reckless* davon, die Einbeziehung der White-Collar-Verbrechen in das Studium der Kriminalität „is bound to have very definite revolutionary consequences" (1967, S. 352).

Erst sehr allmählich werden indessen jene revolutionären Konsequenzen sichtbar. Sie sind theoretischer wie kriminalpolitischer Art, wobei beide Aspekte nach wie vor eng miteinander verbunden sind. Den von *Sellin* aufgebrachten wissenschaftlich-systematischen Schwierigkeiten läßt sich durch eine Veränderung der theoretischen Fragestellung in der Kriminologie zumindest teilweise begegnen. Im Zusammenhang mit der Diskussion um das White-Collar-Verbrechen ist dies wahrscheinlich am zwingendsten und konsequentesten von dem Norweger *V. Aubert* (1952/53) schon sehr bald herausgearbeitet worden. An einer Untersuchung der strafrechtlichen Vorschriften Norwegens zum Schutze von Hausangestellten und Hauspersonal zeigt er, daß viele der Schwierigkeiten, die die Kriminologen in der Behandlung des White-Collar-Verbrechens lange Zeit hindurch beschäftigt haben, nur durch eine rechtssoziologische Betrachtung gelöst werden können, d. h. durch die Analyse des Zustandekommens, des Aushandelns und der Durchsetzung der von den entsprechenden Strafgesetzen als Normverletzung betrachteten und somit sanktionierten Verhaltensweisen. Auf dieses Verdienst von *Aubert* weisen auch *E. R. Quinney* (1964, S. 214) sowie *M. B. Clinard* und *E. R. Quinney* (1967, S. 186–187) ausdrücklich hin. Die Heteronomie der Kriminologie, die sich daraus ergibt, daß die Kriminologie sich ihren Gegenstand durch das Strafrecht vordefinieren läßt, kann nur dadurch unterlaufen und aufgehoben werden, daß sie gleichsam den vordefinierten Gegenstand selbst zum Untersuchungsobjekt macht, indem sie seine Genese, Struktur und Variabilität analysiert, statt ihn als quasi-ontologische Gegebenheit zu akzeptieren und dadurch noch theoretisch zu legitimieren. Damit macht die Kriminologie einen Schritt in Richtung einer autonomen Wissenschaft, die die institutionalisierte Vormundschaft gegenüber dem Strafrecht zugunsten einer Partner-

schaft ablöst; eine Entwicklung, die im Interesse beider Disziplinen liegen und die weder von Einschüchterungsargumenten hinsichtlich der Praxisrelevanz noch von Ideologieverdächtigungen
einer so konzipierten Kriminologie aufgehalten werden dürfte;
eine Entwicklung zudem, der sich nur die gedankenlos-gestrige
Strafrechtswissenschaft verschließt, nicht jedoch eine Strafrechtswissenschaft, die ihre Sensibilität dafür wiederentdeckt hat,
daß die Antwort auf die Frage danach, was in einer Gesellschaft
als kriminell gilt und zu gelten hat, sich nicht in dem Hinweis auf
das Strafrecht und seine Institutionen erschöpfen kann.

Nicht die Frage der „richtigen" Definition des Verbrechens steht
also im Vordergrund, sondern das Problem eines adäquaten theoretischen Bezugsrahmens für die Analyse des Verbrechens und
des verbrecherischen Verhaltens. Sowohl der Kriminologe als
auch der Soziologe haben davon auszugehen, welche Verhaltensweisen in einer bestimmten Gesellschaft als kriminell definiert
werden, welche mit anderen Worten Bestandteil des Strafkodex
einer bestimmten Gesellschaft sind. Er hat diese zum Ausgangspunkt seiner Analyse zu nehmen, allerdings nicht in dem Sinne,
daß er in einer gewissermaßen verkürzten Perspektive an dem
Endprodukt des komplizierten gesellschaftlichen Apparates ansetzt, der mit der Formulierung, Durchsetzung und Anwendung
von Normen zusammenhängt, sondern er muß diesen Prozeß
selbst ins Auge fassen.

Damit ist aber auch eine Richtung kriminologischer Analyse legitimiert, die in den Untersuchungen von *E. H. Sutherland* zum
White-Collar-Verbrechen ihren ersten exemplarischen Höhepunkt gefunden hat. Sie läßt sich nicht einfach mit dem Hinweis
darauf stillstellen, damit würden normative und wertende Gesichtspunkte in die Kriminologie importiert werden. Sicherlich
sind solche Aspekte metakriminologischer Art vom Standpunkt
einer Auffassung, die die Kriminologie erst jenseits der Antwort
auf die Frage, was als kriminell in einer Gesellschaft zu betrachten ist, beginnen läßt. Derartige wissenschaftliche Arbeitsteilun-
gen sind aber keine Dogmen, deren Preisgabe wissenschaftliche
Erkenntnis behindert, wie manche Kritiker einer so ausgeweite-
ten Kriminologie wissen wollen.

Der Vorwurf an die Kriminologie, ein höchst selektives Material
zu bearbeiten, blind zu sein für bestimmte Formen der Kriminalität, unkritisch die expliziten und impliziten Definitionskriterien,
auch wenn sie in sich widersprüchlich sind und nicht beim Worte
genommen werden können, der eigenen Arbeit zugrunde gelegt
zu haben, ist seither zu einem bestimmenden Thema der Auseinandersetzung mit der herkömmlichen Kriminologie geworden.

Titel wie „Repressives Verbrechen" (*H. Hess* 1976), „Crimes of the Powerful" (*F. Pearce* 1976), „Crime and Privilege" (*B. Krisberg* 1975) stehen für Inhalt und Ton des Kapitels der Kriminologie, das in Fortsetzung des von *Sutherland* Begonnenen von heutigen Kriminologen geschrieben wird. Auf eine vielzitierte und weithin akzeptierte Formel hat *A. Liazos* (1972) das traditionelle Schwergewicht der Kriminologie gebracht, als er ihr – im Blick auch auf die interaktionistische Theorieschule – vorwarf, sie beschäftige sich vornehmlich mit „nuts, sluts and preverts" und nicht mit der Kriminalität der Träger ökonomischer, politischer und sozialer Machtpositionen.

Dabei scheint es unerheblich zu sein, ob die darin enthaltene Kritik einen normativen Akzent trägt wie etwa bei den bereits erwähnten *Schwendingers* (1970), ob sie einen ideologiekritischen Ton anschlägt oder ob sie sich als Ergebnis eines konsequenten strafrechtssoziologischen Programms darstellt. Zweifellos kommt die größte Überzeugungskraft einer Position zu, die die Frage der Definition des Verbrechens in eine Serie von Einzelfragen zu zerlegen sucht, die sich empirisch beantworten und kontrollieren lassen. Ob die Befunde einer solchen wissenschaftlichen Strategie auch zu zwingenden Entscheidungen darüber führen, welche die angemessenen und richtigen „Kriterien" für die „Definition" des Verbrechens in einer Gesellschaft darstellen, kann dabei zunächst offen bleiben.

Abschließend läßt sich zur Frage der Definition des Verbrechens sagen, daß diese Diskussion am Selbstverständnis des wissenschaftlichen Charakters der Kriminologie außerordentlich gezehrt hat und zweifellos einen der Hauptimpulse dafür darstellt, daß die Kriminologie zunehmend ihre eigenen Grundlagen reflektiert und diese gleichsam in ein empirisches und theoretisches Analyseprogramm aufgelöst hat.

b) Methodologische und forschungstechnische Probleme der traditionellen Kriminologie

Die Heteronomie und Fremdbestimmtheit der traditionellen Kriminologie manifestiert sich auch in einer anderen Dauerkontroverse, die um so heftiger geführt wird und um so unlösbarer erscheint, je mehr sich einerseits die Kriminologie als eine empirische, systematisch-wissenschaftliche Disziplin versteht, je mehr sie andererseits durch eben dieses empirisch-wissenschaftliche Selbstverständnis anfällig und durchlässig wird für die generellen Standards und Probleme sämtlicher erfahrungswissenschaftlicher Disziplinen vom Menschen und seinen sozialen Gebilden.

Mit den Problemen, die in der Kontroverse um die angemessene

Definition der Kriminalität sichtbar geworden sind, ist ein anderer Streitpunkt eng verbunden, der sich methodologisch als ein meßtheoretischer begreifen läßt. Die Definition des Gegenstandes „Kriminalität" liefert nicht automatisch schon dessen Operationalisierung mit, d. h. sie enthält noch keine Anweisungen über die Prozesse, die erforderlich sind, um den so definierten Gegenstand empirisch festzustellen und quantitativ zu bestimmen. Zwar hat die Heftigkeit der Auseinandersetzung um die Definition des Verbrechens keine Folgen derart nach sich gezogen, daß unterschiedliche Verfahren zur Messung und Erfassung der Kriminalität angewendet wurden. Die empirische Forschung in der Kriminologie erstreckte sich sowohl bei denjenigen, die einen juristisch-legalen Verbrechensbegriff zugrunde legten, als auch bei den Wissenschaftlern, die einen soziologischen Verbrechensbegriff favorisierten, auf die kriminellen Handlungen und die kriminellen Täter, die von den gesellschaftlichen und staatlichen Institutionen der strafrechtlichen Sozialkontrolle als solche identifiziert und behandelt wurden und über die diese in ihren periodischen kriminalstatistischen Publikationen berichten. Aber diese forschungspraktische und meßtheoretische Irrelevanz und Folgenlosigkeit des Streits um den Verbrechensbegriff bedeutet indessen nicht, daß die Definitionskontroverse nur ein Scheinproblem beinhaltete. Kriminalität im Kontext von „conduct norms" anzusiedeln, wie *Sellin* es vorschlug, erweiterte die Perspektive insofern, als damit darauf aufmerksam gemacht wurde, daß die spezifischen Normen des Strafrechts und seiner Nebengesetze als Teil einer umfassenderen Klasse von normativen Tatbeständen einer Gesellschaft anzusehen sind.

Ebenso lassen sich *Sutherlands* Arbeiten zur White-Collar-Kriminalität sowie die Bestimmungen der Kriminalität als „a- oder antisoziales" bzw. als „sozialschädliches" Verhalten als Versuche verstehen, Kriterien und Gesichtspunkte zu gewinnen oder zu bestimmen, die es gestatten, zwischen strafrechtlichen und sonstigen Normen zu differenzieren. Wir werden weiter unten noch sehen, daß dieser Fragenkomplex zum einen in der Soziologie des abweichenden Verhaltens, zum anderen in der spezifisch strafrechtssoziologischen Forschung seine institutionelle und theoretische Verankerung gefunden hat.

Die Meßprobleme der Kriminologie werden deutlich, wenn man sich vergegenwärtigt, welches die typischen Fragen sind, auf die die bisherige Kriminologie Antworten gesucht hat. Das sind zum einen solche nach dem quantitativen Umfang der Kriminalität einer Gesellschaft zu einem bestimmten Zeitpunkt. Das sind zum anderen Fragen nach der Verteilung der Kriminalität innerhalb einer Gesellschaft nach Raum (Stadt – Land), Geschlecht, Alter, sozialen Gruppen und Kollektiven der verschiedensten Art. Das sind schließlich Fragen, die systematisch die Ursachen und Faktoren der Kriminalität zu beantworten erlauben. Das sind nur erst gleichsam die elementarsten Fragen und Probleme, die am Anfang einer empirisch-wissenschaftlichen Analyse der Kriminalität stehen. Hält man sich vor Augen, daß ein zentrales methodologisches Prinzip wissenschaftlicher Erkenntnis der Vergleich verschiedener Gruppen, Gesellschaften oder Zustände darstellt, auf die Kriminologie bezogen, also Fragen der Zunahme, Abnahme der Kriminalität im historisch-zeitlichen Ablauf, der inter- und intragesellschaftlichen Unterschiede der Kriminalität, dann läßt sich die Bedeutung nicht unterschätzen, die den Instrumenten und Operationen zur Gewinnung der Antworten auf diese Frage zukommt.

Allen diesen Fragen liegt eine Auffassung zugrunde, die Kriminalität als eine meßbare Eigenschaft bzw. ein feststellbares Merkmal von Handlungen oder Personen bzw. Personenkollektiven betrachtet. „Kriminalität" designiert ein gegebenes Merkmal, das beobachtbar ist mittels bestimmter Operationen an Sachverhalten und Personen. Das methodologische Grundparadigma einer von solchen Erkenntnisinteressen geleiteten Kriminologie besteht demgemäß darin, die Gesamtheit der Mitglieder einer Gesellschaft oder die Gesamtheit der Handlungen innerhalb einer Gesellschaft nach dem Merkmal „Kriminalität" in zwei Gruppen derart zu zerlegen, daß die eine Gruppe Träger des Merkmals „Kriminalität" ist, die andere hingegen nicht, und aus dem systematischen Vergleich beider Gruppen die Faktoren und Eigenschaften zu ermitteln, die beide Gruppen – außer dem Merkmal Kriminalität – voneinander unterscheiden. Dies ist das Forschungsprinzip der positiven Schule der Kriminologie, die in ungezählten Untersuchungen die unendliche Palette biologischer, physiologischer, physischer und sozialer Merkmale der Person auf den so bestimmten Prüfstand kriminologischer Analyse gebracht – die methodologische Quintessenz der „Great American Search: Causes of Crime 1876–1976" (*T. Hirschi* und *D. Rudisill* 1976) ebenso wie die der nichtamerikanischen Kriminologie aller Arten –, und die längst noch nicht ihre Faszination für einen Großteil der Kriminologie verloren hat – ungeachtet des schmalen Ertrages, den sie zu verzeichnen hat, ungeachtet auch der erheblichen Kritik, die kriminologische Arbeiten wegen der Verletzung der einer solchen Forschungsstrategie immanenten Standards und Regeln erfahren haben (*T. Hirschi* und *H. C. Selvin* 1967).

Wie nun hat die bisherige Kriminologie das Merkmal „Kriminalität" gemessen? Und wie ist diese „Operationalisierung" unter dem Gesichtspunkt der Gültigkeits- und Verläßlichkeitskriterien erfahrungswissenschaftlicher Analyse zu beurteilen? Die Antwort auf die erste Frage ist schnell gegeben: die Höhe der Kriminalität einer Gesellschaft, ihre positiven und negativen Veränderungen, ihre Unterschiede zwischen verschiedenen Gesellschaften und zwischen verschiedenen Gruppen und Situationen ein und derselben Gesellschaft hat die Kriminologie abgelesen aus den Informationen, die sie von den Institutionen empfangen hat, deren Aufgabe es ist, Kriminalität zu verfolgen und zu bekämpfen, kriminelle Handlungen und Täter zu identifizieren und der gesetzlich vorgeschriebenen Strafe zu unterwerfen. Die ätiologischen Antworten zur Erklärung der Kriminalität hat sie aus dem Vergleich zwischen den von Instanzen strafrechtlicher Sozialkontrolle als kriminell identifizierten Mitgliedern einer Gesellschaft mit den nach dem gleichen Prinzip als strafrechtsnormkonform betrachteten Mitgliedern der Gesellschaft gewonnen. Die bisherige Kriminologie hat m. a. W. unterstellt, daß die Arbeitsergebnisse (sowie die ihnen zugrunde liegenden Prozesse und Methoden ihrer Gewinnung) der Instanzen strafrechtlicher Sozialkontrolle, wie sie sich in deren diversen statistischen Publikationen und Berichten niederschlagen, gültige und zuverlässige Indikatoren für das Merkmal Kriminalität darstellen und gleichsam als empirische Operationalisierung des Begriffs „Kriminalität" zu akzeptieren sind.

Die Implikationen dieser Unterstellung sind weitreichend und nicht ohne theoretische wie praktische Brisanz. Sie sollen nur an einer Überlegung demonstriert werden. Das Stichwort liefert ein Tatbestand, den man kaum als „wissenschaftliche" Entdeckung bezeichnen kann, weil er nicht nur Praktikern wie Wissenschaftlern wohlvertraut ist, sondern weil er gleichsam ein Wesensmerkmal des Gegenstandes Kriminalität selbst darstellt, zur „Natur der Sache" gehört: Kriminalität und Kriminelle in ihrem durchschnittlichen und nichtpathologischen Typus verbergen sich. Wer sie – in strafender oder bloß erkennender Absicht – ans Licht bringen will, hat sich in der Kunst und Technik der Enttarnung in jedweder Hinsicht auszukennen. Demgemäß müssen Praxis wie Wissenschaft mit dem Problem der unsichtbaren, der nicht-entdeckten Kriminalität, mit dem Phänomen des „Dunkelfeldes" bzw. der Dunkelziffer leben. Übersetzt in das oben skizzierte Grundmodell kriminologischer Forschung bedeutet dies, daß sich unter der Gruppe der gesetzestreuen Mitglieder einer Gesellschaft eine unbestimmte Anzahl von Personen befindet, die auf der falschen Seite des Vergleichs zu Buche schlagen bzw. daß die Gruppe der identifizierten Kriminellen nur einen bestimmten Ausschnitt aus der Gesamtpopulation der Kriminellen darstellt. Es liegt auf der Hand, daß die Faktoren, nach denen die Kriminologie zwecks Erklärung und Ursachenbestimmung fahndet, entscheidend davon bestimmt sind, welchen Umfang und welche Struktur die durch das Dunkelfeld verursachte irrige Zuordnung von Personen zur gesetzestreuen „Kontrollgruppe" bzw. Nichtzuordnung zur kriminellen „Experimentiergruppe" aufweisen. Mehr noch: die dunkelfeldbestimmte Verzerrung der Kriminalität kann dazu führen, daß die auf solchen Daten aufbauenden empirischen und theoretischen Verallgemeinerungen nicht solche über die Verbrechenswirklichkeit darstellen, sondern Artefakte, die aus den Operationen des Messens und der Feststellung der Kriminalität resultieren. In dieser Problematik ist die Ursache zu sehen, warum sich die Kriminologie, seit sie als empirische Disziplin existiert, immer wieder mit wechselnder Intensität und mit unterschiedlichem Erfolg ihren empirischen Grundlagen zugewandt hat und weshalb auch die derzeitige theoretische wie methodologische Diskussion erneut den Fragen der Kriminalstatistik und ihrer wissenschaftlichen Verwendbarkeit ein außerordentlich großes Interesse entgegenbringt, das sich, wie wir sehen werden, keineswegs alleine auf die Dunkelziffer erstreckt, wiewohl diese gleichsam als das institutionalisierte schlechte Gewissen der Kriminologie in methodologischer Hinsicht angesehen werden kann.

Exkurs: Die Anwendbarkeit methodologischer Überlegungen auf die Kriminalberichterstattung

Die Übersetzung dieser Probleme in die Regeln und die Sprache der Methodologie einer Erfahrungswissenschaft geschieht selten über die metapherhafte Verwendung der Begriffe „Gültigkeit", „Zuverlässigkeit" bzw. „Verläßlichkeit" und – als Oberbegriff – der „Genauigkeit" hinaus. Es ist jedoch erforderlich, sich genau zu vergegenwärtigen, was mit diesen methodologischen Konzepten gemeint ist und auf welche konkreten Eigenschaften von Daten bzw. Meßverfahren sie sich beziehen. In seiner allgemeinsten Form wird „Gültigkeit" verstanden als die „materiale", Zuverlässigkeit als die „formale" Genauigkeit von Daten bzw. Instrumenten ihrer Gewinnung. Beide Eigenschaften von Daten hängen in der Weise voneinander ab, daß die Verläßlichkeit eines Instruments die Obergrenze seiner Gültigkeit darstellt, d. h. die Verläßlichkeit eines Instruments ist eine notwendige, jedoch keine hinreichende Bedingung für seine Gültigkeit. Zuverlässigkeit eines Instruments ist dabei genauer als die Stabilität eines Meßergebnisses bei wiederholten Meßvorgängen mit dem gleichen Meßinstrument definiert, während die „Gültigkeit" als die Eigenschaft eines Meßergebnisses oder Meßvorgangs verstanden wird, das zu messen, was gemessen werden soll, oder genauer: „auch das wiederzugeben, was man bei der Interpretation von ihm glaubt, daß es dieses wiedergibt" (*E. K. Scheuch* 1967, S. 173). Die Gültigkeitseigenschaft von Daten ist also – anders als die der Zuverlässigkeit – relativ zur Interpretation der Daten, d. h. im Kontext ihrer theoretischen Verwendung zu sehen. Ein besonderer Unterfall der Genauigkeit von Ergebnissen stellt bei der sogen. dimensionalen Analyse bzw. bei der rein deskriptiven Untersuchung die Repräsentativität des Ausschnitts an Ereignissen oder an Merkmalsträgern dar, die in die Untersuchung einbezogen werden.

Diese methodologischen Erwägungen sind auf die Instrumente oder Forschungstechniken zur Gewinnung der Daten anzuwenden. Sie sind in der Geschichte der Sozialforschung zusammen mit der Entstehung solcher spezifischen Techniken entwickelt worden und demgemäß zugeschnitten auf deren Struktur und Verwendungsweise. So sind Fragen der Zuverlässigkeit und der Gültigkeit hauptsächlich in der Methodologie des Interviews und der Umfragetechniken behandelt worden, genereller: bei solchen Forschungstechniken, die sich durch ein hohes Maß an Standardisierung, Formalisierung auszeichnen, z. B. in der Attitüdenmessung mittels Skalenbildung.

Es ist sehr schwierig, diese Erwägungen zur Genauigkeit von Daten und der Techniken ihrer Gewinnung auf die Verfahren der kriminalstatistischen Berichterstattung anzuwenden. Mehr als eine Analogie kann dabei nicht erreicht werden, und selbst diese ist mit einer Vielzahl von unsicheren Entsprechungen zwischen Verläßlichkeits- und Gültigkeitsprüfungen der Interview- oder Skalierungsverfahren auf der einen Seite und den Verfahren der kriminalstatistischen Berichterstattung auf der anderen Seite belastet.

Vor dem Versuch, eine solche Analogie im Detail herzustellen, steht schon ein konstitutiver Unterschied zwischen beiden Sachverhalten, die zueinander in Analogie gesetzt werden sollen: bei den Verfahren, deren Entwicklung zur Formulierung von Genauigkeitsregeln geführt haben bzw. letzteren unterworfen sind, handelt es sich um solche, die der Beschreibung und Analyse von Wirklichkeit dienen, während die Verfahren, die der kriminalstatistischen Berichterstattung zugrunde liegen, das Ziel haben, Sachverhalte und soziale Geschehnisse in einer Weise zu erfassen, die es zu entscheiden gestattet, ob und inwieweit eine strafrechtliche Norm auf sie zutrifft. Diese unterschiedliche Zielsetzung von Erhebungsinstrumenten und Ergebnissen der Sozialforschung und den Verfahren sowie Ergebnissen kriminalstatistischer Berichterstattung setzt der Anwendung von Genauigkeitserwägungen letzte Grenzen, die bis in die Details der Analogie hineinreichen, wie sich sogleich zeigen wird.

Jede Genauigkeitsprüfung hat zunächst die Merkmale zu bestimmen, die gemessen werden sollen. In einer wissenschaftlichen Befragung sollen etwa Schulbildung, soziale Herkunft, politische Einstellung und politisches Handeln gemessen werden. Zunächst „definiert" man, was man unter den einzelnen Merkmalen verstehen will. Dann entwirft man einen Fragebogen, in dem jedes der Merkmale durch Fragen operationalisiert wird, deren Antworten zuverlässige und gültige Ergebnisse in bezug auf die untersuchten Merkmale geben sollen. Ob sie es tatsächlich sind – zur Beantwortung dieser Frage gibt es verschiedene Formen und Möglichkeiten der Überprüfung, die sich prinzipiell leichter bei der Verläßlichkeit als bei der Gültigkeit gestalten und die abhängen von der Art des erfragten Merkmals (Tatsachen, Meinungen, Einstellungen, Handlungen etc.), der zeitlichen Dimension des erfragten Merkmals (Gegenwart, Zukunft, Vergangenheit), der emotionalen Betroffenheit oder der Bedeutung des Merkmals für den Merkmalsträger und von vielen anderen Dingen.

Übertragen wir diesen Prozeß auf das Beispiel der Kriminalitätsstatistik. Gemessen werden soll das Merkmal „kriminell". Merkmalsträger seien Handlungen, die Handelnden zugerechnet werden. Die Definition des Merkmals ist den Strafgesetzen zu entnehmen. Diese enthalten Hunderte von einzelnen Strafnormen, von denen jede durch eine Reihe von Tatbestandsmerkmalen definiert ist. Diese Tatbestandsmerkmale enthalten objektive und subjektive Elemente, also solche, die der direkten, und solche, die nur der indirekten Beobachtung zugänglich sind. Hinzu kommt zu den in den Strafrechtsnormen definierten Merkmalen die sogen. juristische Dogmatik und die Rechtsprechung, die der Definition der Kriminalität weitere Elemente und Präzisierungen hinzufügt.

Eine dem sozialwissenschaftlichen Vorgehen analoge Genauigkeitskontrolle der kriminalstatistischen Berichterstattung kann sich also nicht auf das globale Merkmal „Kriminalität" beziehen, sondern nur auf die einzelnen Merkmale in den verschiedenen strafrechtlichen Tatbeständen. Das Genauigkeitsmaß der letzteren ist also zusammengesetzt aus den Einzelgenauigkeiten der sie konstituierenden Merkmale. Schon auf der Ebene der reinen Begriffsbildung gerät der Versuch der Anwendung von Genauigkeitserwägungen aus den Sozialwissenschaften auf die Kriminalstatistik in Schwierigkeiten, die kaum lösbar erscheinen.

Der nächste Schritt führt zur Frage der operationalen Definition der Merkmale, die Kriminalität konstituieren, also zu den den Fragen eines Fragebogens oder den „items" einer Skala analogen Indikatoren, die den definierten Merkmalen zuzuordnen sind. Hier aber entstellt das Weitertreiben der Analogie den Vorgang der Kriminalitätsermittlung durch die Instanzen sozialer Kontrolle bis zur Karikatur. Es ließe sich allenfalls denken, die Regeln des Beweisrechts und der Strafprozeßordnung als dem Interview analoge Verfahren der Feststellung der gesuchten Merkmale zu begreifen. Sie sind indessen weder hinsichtlich der Standardisierung noch hinsichtlich der Anwendung miteinander zu vergleichen. Es käme einer Parodie gleich, die an Zynismus reicht, wollte man Verhör oder Vernehmung als ein dem Interview analoges Verfahren der Datengewinnung ansehen. Außerdem spielen Beobachtung, Indizien und andere direkte und indirekte Beweismittel eine Rolle. Läßt man sich auf sie ein und sieht die Beweismittel und die Ermittlungsvorgänge im Rahmen der strafrechtlichen Sozialkontrolle als Datengewinnungstechniken an, so wäre die nächste Frage die nach ihrer „Neutralität" gegenüber dem Gegenstand, d. h. es wäre zu prüfen, ob sämtliche als Kriminalität zu verstehenden Tatbestände dem gleichen Erhebungsaufwand ausgesetzt sind. Wir können die Frage im Augenblick ihrer Formulierung auch schon fallen lassen: die Analogie gerät ins Groteske.

Der Aufbau, die Organisation und das Instrumentarium der begrifflichen Definition und der operationalen Verfahren der strafrechtlichen Sozialkontrolle verbieten also die Analogie zum sozialwissenschaftlichen Vorgehen bei der Erfassung von Merkmalen zur Beschreibung von Wirklichkeit. Sie würde in der Tat immer absurder, triebe man den Vergleich weiter, fragte man etwa nach dem Vorgang des Vercodens, der ein wichtiges Moment im Prozeß der Standardisierung sozialwissenschaftlicher Instrumente darstellt, bei der kriminalstatistischen Berichterstattung. Als Vercoden könnte man den rechtswissenschaftlichen Subsumtionsprozeß insgesamt verstehen, also die Entscheidung darüber, welchem strafrechtlichen Tatbestand ein sozialer Sachverhalt zuzuordnen ist. Ein genauer Blick in die hierzu tatsächlich ablaufenden Prozesse im Bereich der strafrechtlichen Sozialkontrolle würde zeigen, daß hieran eine ganze Reihe von unterschiedlich ausgebildeten, betroffenen, interessierten und „kompetenten" Personen beteiligt ist.

Einerseits lassen sich „Datenbeschaffung" und „Datenvercodung" um so weniger voneinander trennen, je geringer der Ermittlungsaufwand der Instanzen sozialer Kontrolle ist. Andererseits ist der Vercodungsprozeß um so sorgfältiger, je weiter ein Sachverhalt in die hierarchisierten Stufen des strafrechtlichen Kontrollprozesses vordringt. Die Vercodung liegt also einmal beim Anzeigeerstatter, einmal beim Bundesgerichtshof. Die Kriminalstatistiken geben partiell Informationen darüber, in welchem quantitativen Verhältnis die einzelnen Straftatbestände von welchen Personen und Institutionen „vercodet" werden.

Wie hat man sich angesichts dieser konstitutiven Unterschiede zwischen den Verfahren der empirischen Sozialwissenschaft und den Verfahren der Tatbestandsermittlung im Prozeß der strafrechtlichen Sozialkontrolle Genauigkeitsprüfungen bei letzteren vorzustellen? Welche Operationen und Aktivitäten könnten im Kontext der letzteren eine äquivalente Funktion zu den Konsistenzprüfungen im Bereich der Interviewoder Skalentechnik besitzen, was konkret der Gültigkeitskontrolle mittels Vergleichs mit „amtlichen Unterlagen" oder anderen Informationsquellen als denen der Instrumente der Sozialforschung im Prozeß der strafrechtlichen Sozialkontrolle entsprechen? Die Fragen so zu stellen, heißt schon, die Antwort erst gar nicht zu suchen sich bemühen.

Eine letzte Überlegung sei angefügt. Die Kriminalstatistik als kriminologische Informationsquelle zu verwenden, wie es in der positiven Kriminologie geschieht, bedeutet ja, sie als Aussage über die Verteilung des Merkmals „Kriminalität" unter den Handlungen und Mitgliedern der Gesellschaft zu akzeptieren. Anders ausgedrückt: Es wird eine Analogie zwischen den Ergebnissen deskriptiver Analysen in der Sozialwissenschaft und den Ergebnissen der strafrechtlichen Sozialkontrolle hergestellt. Bei diesem Typ der empirischen Forschung spielen die Regeln eine Rolle, die angeben, unter welchen Bedingungen ich von der Merkmalsverteilung in einer Teilgesamtheit auf diejenige in der Gesamtheit zurückschließen kann. Die entsprechenden Stichworte aus der Methodologie der empirischen Sozialwissenschaft, die hier einzuführen wären, sind „Auswahlverfahren" und „Repräsentativität". Die Grundüberlegungung hierzu besteht darin, daß Regeln zu beachten sind, die gewährleisten, daß die Wahrscheinlichkeit jeder Einheit der Gesamtmenge, in die „Stichprobe" zu gelangen, gleich groß sein muß. Dies wird erreicht über die verschiedensten Techniken der Herstellung von Auswahlsituationen, die nach dem sogen. Urnenmodell eine Maximierung von Zufallswahlen garantieren. Nichts in der Arbeitsweise der Instanzen sozialer Kontrolle läßt sich auch nur annähernd als methodologisches funktionales Äquivalent zu den Prinzipien begreifen, die im Falle der empirischen Sozialforschung das Auswahlverfahren steuern und Repräsentativität garantieren. Eine solche Vorstellung ist geradezu absurd.

Faßt man das Ergebnis dieses Versuches zusammen, auf die Kriminalstatistiken und ihre Ergebnisse die methodologischen Regeln von Genauigkeitseigenschaften der empirischen Sozialwissenschaften anzuwenden, so kann dieses nur lauten, daß es in einer Parodie endet, die indessen jener Kriminologie nicht bewußt ist, die es gleichwohl nicht unterläßt zu simulieren, die Verfahren der strafrechtlichen Sozialkontrolle verbürgten Ergebnisse, die sich verwenden ließen wie solche, die mittels der Instrumente der empirischen Sozialforschung gewonnen sind. Wir werden im Verlauf der weiteren Diskussion auf diese grundsätzlichen Erwägungen immer wieder zurückzukommen haben.

Ungeachtet der vorstehenden Erwägungen, die sich aus dem derzeitigen Stand der Methodologie ergeben, soll hier kurz nachgezeichnet werden, wie historisch die Diskussion zu diesen Problemen der Kriminalstatistik verlaufen ist. Seit der Begründung der Kriminalstatistik bzw. der mit ihr sehr verwandten, aber über sie hinausgehenden „Moral"-statistik – dieser Begriff des 19. Jahrhunderts (*A. v. Öttingen* 1869; *M. Böhme* 1972) drückt eine heute nicht mehr vertretene Vorstellung aus, Kriminalität sei neben Selbstmord, Geschlechtsmoral und ähnlichen Erscheinungen ein Ausdruck der Unmoral einer Gesellschaft – durch *A. M. Guerry* (1838) und *A. Quételet* (1835) als wissenschaftliche Disziplin und seit den laufenden Veröffentlichungen solcher Daten seit dem ersten Drittel des vorigen Jahrhunderts haben sich viele Kriminologen und Statistiker mit ihrer Eignung als Instrument der Datengewinnung und der Messung beschäftigt[48].

Ein Blick in die Geschichte der Kriminalstatistik bringt zunächst einen Tatbestand in Erinnerung, der auch heute noch zutrifft, dessen Nichtbeachtung und Implikationen jedoch entscheidend dafür verantwortlich sind, daß die Verwendung der Kriminalstatistiken für kriminologische Zwecke zu einer Dauerhypothek hat werden können: Bei der Geburt der Kriminalstatistik standen nicht Erfordernisse und Bedürfnisse der Wissenschaft Pate, sondern solche politischer und administrativer Führungskunst der sich neu organisierenden europäischen Nationalstaaten (*Th. Sellin* 1951; *P. Wiles* 1971). Auch heute noch sind Inhalt, Struktur und Verwendungszweck der Kriminalstatistik zuallererst bestimmt von der Logik und Opportunität staatlichen Handelns. Die Verwendung kriminalstatistischer Informationen für kriminologische Zwecke ist eine Funktion unter vielen anderen (*M. Schindhelm* 1972, S. 4 ff.; *A. K. Bottomley* 1973, S. 26 ff.), und es ist mehr als fraglich, ob sie sich nicht gegenseitig ausschließen. Darüber sollte auch nicht hinwegtäuschen, daß Kriminologie wie Rechtspraxis und politische Praxis oft die gleichen Fragen zu interessieren scheinen, wie etwa die nach der Höhe, der Veränderung oder den Ursachen der Kriminalität.

Das kriminologische Interesse an der Kriminalstatistik, das mit der Entwicklung der Human- und Sozialwissenschaften im vorigen Jahrhundert naturgemäß ständig wuchs, hat sich deshalb von Beginn an auf die Kritik der in den Kriminalstatistiken enthaltenen Informationen und auf die Forderung nach Aufnahme und Erhebung „kriminologisch" relevanter Daten und Informationen konzentriert. Sicherlich nicht ausschließlich, vielleicht auch nicht in erster Linie hierauf ist es zurückzuführen, daß sich der Inhalt und die Struktur der kriminalstatistischen Berichterstattung im Laufe ihrer Entwicklung immer wieder gewandelt und erweitert hat, wie für die deutsche Situation u. a. bei *H. Graff* (1975), für die internationale Kriminalstatistik bei *H. J. Collmann* (1973) dokumentiert ist. Die amerikanische Entwicklung, die freilich durch die föderalistische Struktur des Polizei- und Rechtsapparates besondere Probleme aufweist, ist in den Arbeiten von *Th. Sellin* (u. a. 1931, 1951; zusammen mit *M. E. Wolfgang* 1964), des wohl profundesten und kompetentesten Kriminologen auf diesem Gebiet, nachzulesen.

Will man genauer die Differenzen in den Informationsbedürfnissen bestimmen, die sich aus den politischen und rechtspraktischen Zwecken einerseits und aus den kriminologischen Zielsetzungen andererseits herleiten lassen, muß man sich für die Kriminalpraxis genauer Organisation und Arbeitsweise der Instanzen sozialer Kontrolle vergegenwärtigen, für die Kriminologie hat man sich deren theoretisches und methodologisches Instrumentarium, das die entscheidenden Forschungsfragen generiert, vor Augen zu führen. *W. Heinz* (1972) hat eine Reihe solcher Divergenzen zusammengestellt, die im einzelnen hier nicht referiert werden können, im übrigen vor allem eine Kenntnis der internen Struktur und Organisation der Instanzen sozialer Kontrolle voraussetzen, die nur aus der empirischen Analyse und nicht schon aus den geschriebenen Regeln des materiellen und prozessualen Strafrechts gewonnen werden können.

Eine zentrale Frage, die bis auf den heutigen Tag kontrovers geblieben ist, beschäftigte bereits im vergangenen Jahrhundert die politische und juristische wie die kriminologische Öffentlichkeit. Man würde sie heute unter dem methodologischen Stichwort der Gültigkeit fassen. Was messen Kriminalstatistiken eigentlich? Der Eindruck der Trivialität dieser Frage verfliegt sogleich, wenn man sich eine exemplarische Diskussion vergegenwärtigt, die um die Jahrhundertwende zu der Frage geführt wurde, inwieweit Kriminalität ein „Ausdruck" positiver oder negativer Zustände und Entwicklungen der Gesellschaft sei, inwieweit sie den „moralischen Pegel" einer Gesellschaft messe, eine Behauptung, die von der „Moralstatistik" und ihren Vertretern impliziert war. Noch 1928 hat *R. Michels* am Beispiel der Sexual- und Ehedelikte festgestellt, daß oftmals in der öffentlichen Moral verurteilte Verhaltensweisen in Wirklichkeit das Gegenteil indizieren. *A. D. Biderman* hat Jahrzehnte später folgende Feststellung getroffen: „The Crime Index is highly sensitive to developments that are almost universally regarded as improvements in the society. Thus, it is altogether possible that year-to-year increases in crime rates may be more indicative of social progress than of social decay" (1966, S. 115), womit er der Sache nach an eine Diskussion um die Jahrhundertwende anknüpfte, die der Italiener *F. Poletti* (1882) mit der Behauptung ausgelöst hatte, der Kriminalitätsindex sei in Relation zu anderen Indizes sozialer Aktivität, etwa zu ökonomischem Wachstum etc., zu bringen und erst die relative Veränderung im Vergleich zu anderen sozialen Indizes gebe ein Maß für das Ansteigen oder die Abnahme der Kriminalität. Ihm wurde darin zwar, wie *L. Radzinowicz* im einzelnen nachweist (1966, S. 886 ff.), von *G. Tarde* (1886), *A. Niceforo* (1921), *R. Garofalo* (1885) und – weniger heftig – von *M. Ploscowe* (1931) widersprochen, er fand jedoch Unterstützung in *A. C. Hall* (1902), der u. a. zu beweisen suchte, daß „the persistent enlargement of the field of crime is a necessity for all truly progressive nations" (zit. nach *L. Radzinowicz* 1966, S. 86). In diesen Diskussionen klingt eine theoretische Erörterung an, die an *E. Durkheims* These von der Funktionalität des Verbrechens erinnert und die etwas verkürzt auf die Behauptung hinausläuft, die Kriminalität einer Gesellschaft zerfalle in eine „normale" und in eine „pathologische" Komponente. Der Trennung dieser theoretischen Aspekte sind erhebliche kriminologische Bemühungen gewidmet, die sich auf den ersten Blick als „rein" statistische Operationen ausnehmen. Wenn etwa *L. T. Wilkins* (1968, S. 482) vorschlägt, die Zahl der Autodiebstähle nicht auf die Zahl der deliktsfähigen Bevölkerung, sondern auf die der zugelassenen Automobile zu beziehen – ein Verfahren, das entgegen jeglicher Annahme in der Öffentlichkeit wie in der wissenschaftlichen Diskussion eine Konstanz dieses spezifischen Delikts nachweist –, dann sind das auf die Kriminalstatistik übertragene theoretische Erwägungen über die Ursachen der Kriminalität. Ähnliche Überlegungen wie die von *Wilkins* stehen hinter weit komplexeren Versuchen zur Transformation von kriminalstatistischen Zahlen und Zählungen in sogen. Kriminalitätsindices, deren aufwendigstes Beispiel *Th. Sellin* und *M. E. Wolfgang* (1964) mit ihrem Vorschlag zur Konstruktion eines Kriminalindex liefern, der die Informationen von Kriminalstatistiken nach Gesichtspunkten und Faktoren gewichtet, die sich aus kriminologisch-theoretischen Überlegungen herleiten und nur aufgrund besonderer Erhebungen außerhalb der üblichen kriminalstatistischen Berichterstattung zugänglich sind[49].

Was Kriminalstatistiken „bedeuten", was sie messen, sind deshalb Fragen, die sich sinnvoll nicht losgelöst von theoretischen Erwägungen klären und erörtern lassen. Die Zweifel an der Gültigkeit kriminalstatistischer Aufzeichnungen beruhen deshalb im wesentlichen darauf, daß das Handeln der Instanzen sozialer Kontrolle an Merkmalen, Kategorien und Aspekten der Handlungen und des Handelnden orientiert sind, die entweder auf implizite Annahmen über die Ursachen kriminellen Handelns aufgebaut sind, die sich aus kriminologischer Sicht als falsch erwiesen haben, oder die Aspekte kriminellen Handelns verfehlen, ausblenden und unterdrücken, auf die es zur empirischen Überprüfung bestimmter theoretischer Aussagen ankommt. Eine der zentralen Diskrepanzen zwischen den Kategorien kriminologischer Analyse und den strafrechtlich-kriminalpraktischen Kategorien ist verknüpft mit der weitgehenden strafrechtlichen Irrelevanz der „Bedeutung", die das kriminelle Handeln für den Handelnden besitzt: „Criminal statistics, however, will not reflect the meaning of that action for the deviant concerned, but the ascribed meanings placed upon it by the observer" (*P. Wiles* 1971, S. 215). Dieser Aspekt spielt gerade in der neueren kriminologischen Theoriebildung eine zentrale Rolle, wie wir noch sehen werden.

Der bis heute problematischste Aspekt der Genauigkeit kriminalstatistischer Informationen ist jedoch mit dem bereits oben gegebenen Stichwort der „Dunkelziffer" verbunden, mit dem systematischen Aufklärungs- und Informationsdefizit seitens der offiziellen Instanzen der strafrechtlichen Sozialkontrolle. Dieser Sachverhalt ist so alt und so bekannt wie die Kriminalstatistiken selbst, mit dem er verbunden ist. Die mit ihm aufgeworfenen Fragen und Probleme sind von äußerster Komplexität, was schon darin seinen Ausdruck findet, daß die Dunkelziffer der Kriminalität immer wieder literarischen, theoretischen wie praktischen Gesprächsstoff findet, ohne daß sich sagen ließe, daß die erreichte Klarheit in einem vernünftigen Verhältnis zu Umfang und Intensität der Diskussion steht, so daß H. Kaufmann vor mehr als einem Jahrzehnt (1965, S. 7) bereits die Meinung einer Reihe von Kriminologen zu Recht dahin zusammenfaßte, daß „man ... der Diskussion müde geworden (ist)".

In der Tat hat sich die Lösung der mit Dunkelfeld, mit unentdeckten Taten und Tätern, nicht abgeurteilten Kriminellen usw. verknüpften Probleme und Fragen als so widerständig und undurchführbar erwiesen, daß sich in der Kriminologie zunehmend eine Gewißheit verbreitet, man könnte möglicherweise die falschen Fragen gestellt haben und Scheinproblemen aufgesessen sein. Eines der Kardinalprobleme war dabei die Suche nach der Antwort auf die Frage nach den Veränderungen der Kriminalität, die für praktische Zwecke der Kriminalpolitik und des Strafrechts, für die allgemeine politische Lage der Gesellschaft genauso vital und folgenreich ist wie etwa für den Kriminologen, der sich dafür interessiert, Bewegungsabläufe der Kriminalität in Beziehung zu anderen sozialen, ökonomischen, politischen Veränderungsprozessen zu setzen. R. König hat auf dem IV. Internationalen Kongreß für Gesellschaftsschutz (1956) die Unsicherheiten bezüglich dieser Frage nur erneut formuliert und sie auf die Pointe des Zusammenspiels von Dunkelziffer und ausgewiesener Kriminalität gebracht, indem er darauf hinwies, daß ein Ansteigen der Kriminalität sowohl auf das Konto vermehrter Rechtsbrüche und entfesselter „kriminogener Potenz" der Mitglieder einer Gesellschaft als auch auf das Konto erfolgreicheren Ausleuchtens des Dunkelfeldes zu bringen sei. Die Sache selbst war der Kriminologie und den Spezialisten des Strafrechts sowie den Kennern der Kriminalstatistik, insbesondere – wie man den neuerlichen Rückblicken in die Geschichte der Kriminalstatistik in geradezu redundanter Vielfalt und Wiederholung entnehmen kann[50] – ihren Vätern im 18. und 19. Jahrhundert durchaus gegenwärtig. Daß dennoch das Wissen und die Problematik „of the incomplete state of Criminal Statistics ... tended to be overlooked by many subsequent writers and the fashion developed in which trends in crime *recorded* in the official returns were interpreted as if they gave an accurate account of the crime actually *committed*" (F. H. McClintock 1974, S. 35), hat seine Ursache wohl vor allem in dem Interesse einer Kriminologie, die ihre wissenschaftliche Reputation vor allem von der Exaktheit und Präzision ihrer empirischen Befunde und weniger von der theoretischen Durchdringung ihres Gegenstandes abhängen sah.

Nicht als historische Arabeske, sondern als Hinweis auf die „Modernität" mancher Einsichten des vergangenen Jahrhunderts sei in diesem Zusammenhang auf eine Diskussion aufmerksam gemacht, die im Deutschland des Vormärz im vorigen Jahrhundert um eben die Frage des Umfangs und der Entwicklung der Kriminalität in der juristischen und politischen Öffentlichkeit geführt wurde und über die D. Blasius (1976) in einer ausgezeichneten historischen Arbeit über „Bürgerliche Gesellschaft und Kriminalität" berichtet. Der damalige Direktor des Preußischen Statistischen Bureaus warnte 1837 im Zusammenhang mit einer vom preußischen König veranlaßten Untersuchung über die Entwicklung der Kriminalität und deren Ursachen vor zu unmittelbaren Schlüssen aus kriminalstatistischen Informationen auf die reale Bewegung der Kriminalität und hielt es schon damals für „nicht allein viel wahrscheinlicher, sondern auch viel begründeter, an eine Verbesserung der Aufsicht ... als an eine schnelle Zunahme der Verderbtheit und Rohheit zu glauben" (zit. nach *Blasius* 1976, S. 23/24). Dieser Hinweis ist deshalb von besonderer wissenschaftlicher und historischer Pikanterie, weil die theoretische und kriminologische Diskussion um die Kriminalstatistik von derartigen Einsichten kaum angefochten schien und stattdessen die Verwendung kriminalstatistischer Informationen für wissenschaftliche Zwecke mit einer Unterstellung rechtfertigte, der sie auch noch den Rang eines „Gesetzes" verlieh. Die sich der Dunkelziffer von Beginn an bewußte Kriminologie glaubte sich der Kriminalstatistik deshalb uneingeschränkt bedienen zu können, weil sie von einem mehr oder weniger „konstanten Verhältnis" zwischen der entdeckten und unentdeckten Kriminalität ausging und dies für eine unverbrüchliche Gesetzmäßigkeit hielt[51]. Auch wenn die Diskussion darüber nicht frei war von Zweifeln, wie *H. Heinz* (1972 a, 1972 b) im einzelnen nachzeichnet, und die möglichen Faktoren benannte, die der Geltung einer solchen Regelmäßigkeit im Wege stehen könnten, hat sie sich doch im wesentlichen damit zufrieden gegeben, von ihrer Existenz auszugehen bzw. daran Zweifelnden die Bürde des Nachweises des Gegenteils aufzuladen.

Versuche, den Nachweis der Richtigkeit der einen oder anderen Annahme zu erbringen, blieben denn auch nicht aus. Läßt sich der „wirkliche Umfang" und die „tatsächliche" Struktur der Kriminalität nicht aus der registrierten erschließen, und das war ja der Streitpunkt, dann hatte man nach unabhängigen Wegen zur Feststellung der Kriminalität zu suchen. Auf dieses Ziel hat sich in der Vergangenheit ein Großteil der kriminologischen Forschung konzentriert[52]. So gab es und gibt es immer wieder Schätzungen, die direkt aus der Arbeit und den Erfahrungen der einzelnen Stationen der Instanzen strafrechtlicher Sozialkontrolle resultieren, wie dies z. B. in Deutschland von dem Polizeipraktiker *B. Wehner* (1957) versucht worden ist, dessen Schätzungen vielfach Verwendung gefunden haben (*H. Popitz* 1968, S. 21 ff.; *H. J. Kerner* 1973, S. 45)[53]. Daneben gab es Versuche, aus anderen amtlichen Unterlagen, wie der Todesursachenstatistik (*H. J. Kerner* 1973, S. 42), der Krankenstatistik, der Unfallstatistik u. a. Anhaltspunkte zu gewinnen, die sich zu einer echten Gültigkeitskontrolle eigneten.

Bevor jedoch mit der Anwendung sozialwissenschaftlicher Forschungs - instrumente auf intime, tabuierte Gegenstände (*Kinsey Report*) auch die Frage des kriminellen Dunkelfeldes in den Sog systematischer und kontrollierbarer Verfahren der Datengewinnung geriet, hat sich die Dunkelzifferdiskussion zunächst in der Weise weiterentwickelt, daß sie in ihre einzelnen Bestandteile zerlegt wurde. Die Nichtaktualisierung der strafrechtlichen Norm infolge mangelnder oder irriger Information kann sich auf die verschiedensten Aspekte und Dimensionen beziehen, die Voraussetzung für das vollständige Gelingen der Durchsetzung der in der strafrechtlichen Anweisung enthaltenen Rechtsfolge sind. Das Informationsdefizit kann sich auf die Tat und oder auf den Täter beziehen. Es kann unterschiedliche Ausprägungen haben, so daß nur ein Teil des Tatgeschehens oder der daran beteiligten Täter bekannt ist. Dies hat *H. Popitz*

(1968, S. 10) ein „Modell der Geltungsstruktur sozialer Normen" vorschlagen lassen, das wesentlich differenzierter ist als die üblichen Begriffe „Dunkelziffer", „Dunkelfeld" oder der von B. Wehner gebrauchte Begriff der „Latenz" (1957) und insgesamt drei Unterformen der „Nichtgel-
tung" von Normen voneinander unterscheidet, ähnlich einer Systematik
von F. H. McClintock (1970), indessen noch weit weniger differenziert als
etwa bei K.-D. Opp, der zu insgesamt 15 Arten von Dunkelziffern gelangt
(1974, S. 53 ff.).

Eine derartige Differenzierung und Zerlegung des Informationsprozes-
ses fördert zwei sehr zentrale Einsichten zutage. Zum einen ermöglicht
sie eine genauere Bestimmung der Brüche und Lücken im Informations-
prozeß zwischen Tat und Täter einerseits und den Instanzen sozialer
Kontrolle andererseits. Die Gewinnung von Informationen über das Vorliegen von Straftaten überhaupt unterliegt anderen Regelmäßigkeiten als
die über die Straftäter. Im ersten Fall ist die Polizei ein eher passiver, im
zweiten Fall ein eher aktiver Partner im Informationsnetz strafrechtlicher
Aktivitäten – mit bedeutenden internen Differenzierungen nach Situation, Straftat, Straftäter etc. Die zweite Pointe einer differenzierten Betrachtung des Informationsgefüges hat dazu geführt, die Frage der Kriminalstatistiken entlang dem Ablaufsmodell zu organisieren, das die
„Verarbeitung" und Zurichtung eines sozialen Sachverhalts zu einem ju-
stiziablen Vorgang beschreibt. Danach durchläuft eine Handlung eine
Karriere, die verschiedene Stationen von Beginn ihres Eintretens bis hin
zu ihrer endgültigen sozialen „Besiegelung" umfaßt und auf deren Wege
eine Reihe von Entscheidungen von den verschiedensten Institutionen
und Personen zu treffen sind. Kriminalstatistiken sind die aggregierten
Ergebnisse solcher Karrieren von Handelnden und Handlungen. Eine solche Betrachtung hat etwa L. T. Wilkins vorgeschlagen, wenn er davon
spricht, daß „different decisions are made at different points in this process, and each decision may be considered as a ‚gate' ... Each of these
‚gates' can provide an efficient count of the ‚gate passage'" (1963, S. 478;
vgl. auch L. T. Wilkins 1965 b). Populär ist ein derartiges Modell durch
seine Verwendung in den Arbeiten der President's Commission on Law Enforcement and Administration of Justice geworden, dessen graphische Darstellung dieses Ablaufprozesses (1967 a, S. 8/9) Eingang in viele Lehrbücher
der Kriminologie und des Strafsystems gefunden hat. Auch H.-J. Kerner
(1973) legt seiner Monographie zur „Verbrechenswirklichkeit und Strafverfolgung" ein Modell der „Ausfilterung" zugrunde, das davon ausgeht,
daß zwischen dem Begehen einer Tat und seiner endgültigen „Bewältigung" eine Reihe von Entscheidungen liegen, die man sich als unterschiedlich dichte und enge Filter vorzustellen hat. Diese Filter bewirken
eine zunehmende Ausscheidung von Handlungen und Handelnden, so
daß der gesamte Prozeß von Kerner als ein sich ständig verengender
„Trichter" (a. a. O., S. 25, S. 173–175) abgebildet wird. Die Interpretation
dieser Bildmetapher hat man sich so vorzustellen, daß der gesamte Vorgang auf die Zerlegung sämtlicher Aktivitäten und Mitglieder einer Gesellschaft in die beiden Teilklassen der normkonformen und normverletzenden Handlungen bzw. Handelnden gerichtet ist. Diese Trennung der
beiden Teilklassen von Handlungen und Handelnden geht nun so vor
sich, daß von Stufe zu Stufe eine Veränderung der beiden Teilklassen
stattfindet, indem ein Teil der normverletzenden Aktivitäten und Perso-

nen gleichsam der normkonformen Teilklasse zurückgeordnet wird und gleichzeitig die Schwellen und Barrieren der Rückordnung höher und fester werden – bis hin zu den Mitgliedern, die am Ende physisch in den Institutionen des Strafvollzuges von den normkonformen Mitgliedern der Gesellschaft separiert werden.

Das System der Kriminalstatistiken ist in diesen Gesamtprozeß eingeordnet. Dabei ist es prinzipiell denkbar, daß soviele einzelne Statistiken geführt werden, wie es Stationen in der Karriere einer Handlung oder eines Handelnden gibt. Welche dieser Möglichkeiten tatsächlich realisiert wird, ist wiederum eine Frage, die von der administrativen und organisatorischen Struktur des Systems strafrechtlicher Sozialkontrolle abhängt, u. a. davon, wie stark und formalisiert die Arbeitsteilung zwischen den verschiedenen Instanzen sozialer Kontrolle organisiert ist. Die Entwicklung etwa der polizeilichen Kriminalstatistik ist eng verknüpft mit dem Ausbau, der Professionalisierung der Polizei und ihrer institutionellen Trennung und Autonomie gegenüber den nachfolgenden Instanzen strafrechtlicher Sozialkontrolle. Das heute übliche System der kriminellen Berichterstattung ist durchaus von Land zu Land verschieden und eine Funktion der Strukturmerkmale des Strafrechts und seiner Instanzen. In der Bundesrepublik gibt es neben der polizeilichen Kriminalstatistik, die auf der Basis der von der Kriminalpolizei an die Staatsanwaltschaft zur weiteren Bearbeitung übergebenen Vorgänge basiert, vor allem die Strafverfolgungsstatistik, in der die Gesamtheit der von deutschen Strafgerichten abgeurteilten Täter nach Straftat, Straftäter und Sanktionsfolge festgehalten wird[54].

Die sichtbarste Bedeutung einer solchen prozeßorientierten Betrachtung des Systems kriminalstatistischer Berichterstattung liegt zunächst in dem internen Vergleich der einzelnen Stationen dieses Gesamtprozesses bzw. der sie repräsentierenden Kriminalstatistiken. Hierauf hingelenkt hat vor allem eine Arbeit von *C. C. van Vechten* (1942), der diesen Ausfilterungsvorgang quantitativ zu bestimmen versuchte und die stufenweisen Ausfallquoten errechnete und sie plastisch unter dem Begriff der „criminal case mortality" faßte. So errechnete er für die USA im Jahre 1939 für die sogenannten „Class one offenses", d. h. die sieben „Indexverbrechen" der Uniform Crime Reports, folgende Ausfallquoten – auf der Basis sämtlicher der Polizei bekannt gewordenen Verbrechen: 25 % von ihnen konnten im Sinne einer Täteridentifizierung aufgeklärt werden, 20 % wurden polizeilich angeklagt, 7 % wurden gerichtlich verfolgt und 5,5 % führten zu gerichtlichen Verurteilungen (zit. n. Abdr. bei *M. E. Wolfgang* u. a. 1962, S. 53). Entsprechende Berechnungen für die Situation der Bundesrepublik im Jahre 1962 hat *H. Popitz* (1968, S. 21 ff.) angestellt und ist dabei zu Werten gelangt, die ähnlich große Ausfallquoten innerhalb des Systems der strafrechtlichen Sozialkontrolle bzw. der entsprechenden Kriminalstatistiken in der Bundesrepublik ausweisen.

Diese Ausfallquoten sind freilich noch dramatischer, wenn auch der Teil der Kriminalität mit ins Bild gezogen wird, der sich in den Kriminalstatistiken zahlenmäßig nicht niederschlagen kann, weil die Instanzen der strafrechtlichen Sozialkontrolle aus eigener Kenntnis und Zuständigkeit über keinen Zugang zu ihnen verfügen. Diese quantitativ nicht zugängliche Stufe im Ausfilterungsprozeß ist der eigentliche und größte „Stein des Anstoßes", den die Kriminalstatistiken hinsichtlich ihrer Verwendbarkeit für wissenschaftliche Zwecke bieten. Diese Größe ist es vor allem, die wissenschaftliche Auseinandersetzung, Forschungsanstrengungen, theoretisches Räsonieren und immer noch nicht beseitigte Verwirrung gestiftet hat.

Ließen sich angesichts fehlender Gewißheit und mangelnder Möglichkeit einer empirischen Klärung „Gesetze" über das Verhältnis der entdeckten und bekannt gewordenen zu den ans Licht gebrachten kriminellen Handlungen und Tätern trefflich formulieren, wie jenes erwähnte über die Konstanz des Verhältnisses zwischen beiden Größen, so ließen Fortschritte der Methoden und Techniken in den Human- und Gesellschaftswissenschaften, der weitere Ausbau der Kriminalstatistiken und das damit gewachsene Bedürfnis nach Genauigkeit der Informationen auch das Bedürfnis immer dringender werden, Licht in das Dunkel der Kriminalität zu werfen. Eine neue Qualität bekamen die Bemühungen um die quantitative Erfassung der „wirklichen" Kriminalität mit dem Zugriff der Datengewinnungsverfahren der empirischen Sozialforschung auch auf den Bereich des abweichenden und kriminellen Verhaltens. Nachdem Mitte der vierziger Jahre (*F. J. Murphy, M. M. Shirley* und *H. L. Witmer* 1946; *A. L. Porterfield* 1946; *J. S. Wallerstein* und *C. j. Wyle* 1947) erste Ergebnisse von Versuchen vorlagen, die tatsächliche Kriminalität mittels der Techniken der Umfrageforschung gleichsam instanzenneutral zu ermitteln, und sich dabei herausstellte, daß der Anteil der offiziell bekannten und ermittelten Kriminalität noch weit unter dem Niveau lag, zu dem man aufgrund von mehr oder minder informierten Schätzungen gelangte, setzte etwa zehn Jahre später eine wahre Flut von Untersuchungen gleicher Art ein, die inzwischen bald die Hunderter Grenze überschritten haben dürfte, nachdem *H.-J. Kerner* bereits vor 5 Jahren „weit über 50 veröffentlichte Studien" gezählt hat (1973, S. 160) und mittlerweile eine Reihe weiterer Publikationen hierzu erscheinen ist. Allerdings scheint das Hauptinteresse der Kriminologie an der Dunkelfeldforschung auf dem Wege des direkten Zugangs der Kriminologen und des empirischen Sozialforschers zu Tat, Täter und Opfern – vorbei an den Instanzen sozialer Kontrolle – der Vergangenheit anzugehören. Einer Zusammenstellung „häufig zitierter und neuerer Dunkelfeldforschungen" (insgesamt 36) bei *H.-D. Schwind* (1975, S. 34–36) läßt sich entnehmen: den obengenannten Pionierforschungen der vierziger Jahre folgten Ende der 50er Jahre lediglich die Arbeiten von *J. F. Short, Jr.* und *F. I. Nye* (1957, 1958) sowie von *F. I. Nye, J. F. Short, Jr.* und *V. I. Olson* (1958), ehe dann in den 60er Jahren die eigentliche Blütezeit zunächst der sogen. Selbstmeldeuntersuchungen, später auch der Opferbefragungen einsetzte. Inzwischen aber scheint der kriminologische Hauptertrag in die Scheuer gefahren, jedenfalls soweit es sich um den Zuwachs an empirischen Befunden handelt. Die theoretische Bedeutung der Dunkelfeldforschung ist indessen, wie weiter unten noch auszuführen ist, noch nicht voll ausgereizt.

Es sind schon die beiden zentralen Typen der surveyorientierten Dunkelfeldforschung genannt worden, die im Mittelpunkt der kriminologischen Diskussion der letzten fünfzehn bis zwanzig Jahre gestanden haben: die Befragung von mehr oder weniger repräsentativ ausgewählten

Mitgliedern der Gesellschaft oder bestimmter Gruppen mittels verschiedener Befragungstechniken (offen oder geschlossen) nach dem Umfang und der Art eigener abweichender oder krimineller Aktivitäten, den sogen. Selbstmeldeerhebungen einerseits und die Befragung von repräsentativen Mitgliedern oder Kollektiven (Haushalten) der Gesellschaft nach Art und Umfang krimineller Handlungen, denen sie als Opfer ausgesetzt waren, andererseits.

Der Rahmen dieser Arbeit läßt es nicht zu, in zu intensive und differenzierte Einzelheiten dieser Forschungen zu gehen, zumal es inzwischen eine Reihe von Arbeiten gibt, die dem Leser einen ersten literarischen Überblick und Zugang verschaffen[55]. Wir wollen uns vielmehr mit einigen methodologischen Erörterungen beschäftigen, sodann auf einige Folgerungen für die traditionelle kriminologische Theoriebildung zu sprechen kommen, ferner Fragen rechts- und kriminalpolitischer Art aufnehmen, die die Dunkelfeldforschung ausgelöst hat, und schließlich zeigen, daß Kriminalstatistik wie Dunkelfeldforschung einige gemeinsame Prämissen teilen, die zunehmend in Frage zu stellen sind.

Die *methodologischen Erörterungen* dienen dazu, Grenzen und Möglichkeiten der Dunkelfeldforschung, die sowohl vom Gegenstand wie vom Forschungsinstrument her bestimmt sind, zu skizzieren. Hinzuweisen ist zunächst auf die unterschiedlichen Erkenntnisziele und -möglichkeiten der Selbstmeldeerhebungen einerseits und der Opferbefragungen andererseits. Beide leisten einen Beitrag zur Aufhellung des Dunkelfeldes, jedoch in jeweils spezifischer Weise. Die Opferbefragungen vermögen die Tatseite stärker zu beleuchten, während die Selbstmeldeerhebungen mehr Licht bezüglich der Täterseite zu verschaffen in der Lage sind. Darüber hinaus haben die Opferbefragungen zweifellos mit dazu beigetragen, die theoretische Befangenheit der täterorientierten Kriminologie und die damit verbundenen Erkenntnisschranken sichtbar zu machen, wie in einer frühen Arbeit von *M. E. Wolfgang* (1957) demonstriert wurde, ohne allerdings deshalb voll für die etwas überschätzte Entwicklung der sogen. „Viktimologie", einer Nachkriegsblüte der Kriminologie, verantwortlich zu sein (*I. Drapkin* und *E. Viano* 1974/75; *H.-J. Schneider* 1975; *K. Weis* 1972).

Weiterhin sind charakteristische Unterschiede hinsichtlich des Erkenntnisgegenstandes zwischen beiden Formen der sozialwissenschaftlichen Dunkelfeldforschung zu verzeichnen. Sie ergeben sich zum einen daraus, daß sie auf den beiden entgegengesetzten Polen eines kriminellen Geschehens angesiedelt sind: Die Beziehung zwischen Informant und der von ihm erfragten Information ist in beiden Fällen eine prinzipiell verschiedene, die auch durch den Kontext eines sozialwissenschaftlichen Interviews nicht aufgehoben wird. Weder Täter noch Opfer haben zu dem, worüber sie zu berichten aufgefordert sind, die Distanz des neutralen Beobachters und des unbeteiligten Chronisten. Die daraus resultierenden spezifischen Fehlerquellen und Gültigkeitsprobleme sind gleichsam ablesbar aus den üblichen Untersuchungsanordnungen bei beiden Formen der Dunkelfeldanalyse: Täterbefragungen sind im internationalen Durchschnitt auf Taten und Täter angewandt, bei denen die potentiell antizipierbaren Reaktionen von geringerem Gewicht und/oder von größerer Ungewißheit gekennzeichnet sind. Die bevorzugten Zielgruppen sind demgemäß hauptsächlich Jugendliche und Studenten, die erfragten Handlungen leichtere, weniger sanktionsbewehrte und verfolgungsintensive Taten. Umgekehrt verhält es sich bei den Opferbefragungen. Hier finden wir in aller Regel Repräsentativerhebungen der erwachsenen Bevölkerung eines Landes.

Ein anderer charakteristischer Unterschied bezüglich des Erkenntnisgegenstandes zwischen beiden Untersuchungstypen der Dunkelfeldforschung liegt in dem Akzent der Opfererhebungen auf Fragen und Gründen der unterschiedlichen Anzeigebereitschaft der Bevölkerung bezüglich der Delikte, deren Opfer die Befragten geworden sind.

Weitere Probleme der Interpretation und der „Verwendbarkeit" der aus den Dunkelfeldforschungen gewonnenen Daten hängen mit der differentiellen Struktur der Straftaten einerseits und mit den Problemen zusammen, die der Umfrageforschung generell anhängen. Die Opferbefragungen sind naturgemäß nicht für die Gewinnung von Daten über Straftaten geeignet, bei denen das Opfer nicht individuelle Personen sind, sondern der Staat, die Allgemeinheit oder andere Kollektivgebilde, ferner nicht für die sogen. „opferlosen Delikte" (E. M. Schur 1965). Weiter sind solche Straftaten kaum durch Opferbefragungen „erreichbarer" als durch die Instanzen der strafrechtlichen Sozialkontrolle, bei denen nicht Anzeigebereitschaft die entsprechende Determinante des Dunkelfeldes darstellt, sondern die „Sichtbarkeit" des Verhaltens selbst, bei denen also auch dem Opfer die Sicht auf seine Opfereigenschaft verstellt ist. Dies dürfte bei vielen Vermögensdelikten der Fall sein, deren Unsichtbarkeit u. a. eine Funktion der wachsenden Kompliziertheit und Vermitteltheit wirtschaftlicher Transaktionen ist. Die von der Opferbefragung nicht erreichten Delikte und Straftaten dürften von der Täterstruktur her eher solche sein, die im Bereich der mittleren und höheren Schichten als in den unteren Sozialschichten anzusiedeln sind. Die „klassische" Kriminalität vor allem ist damit das Terrain der Opferbefragungen.

Insofern unterliegen speziell Opferbefragungen Einschränkungen, wie sie auch für die Kriminalstatistik existieren. Anders aber als Kriminalstatistiken sind die sozialwissenschaftlichen Instrumente Erwägungen und Kontrollen zugänglich, die ihre Verläßlichkeit und Gültigkeit in dem eingangs erläuterten strikten Sinn ermöglichen. Ein wichtiger Faktor liegt bei den spezifischen Ausfällen und Erreichbarkeitsbarrieren der Umfrageforschung. Erfahrungsgemäß sind die Ausfall- und Verweigerungsquoten in der empirischen Sozialforschung überproportional bei den sozialen Extremschichten der Mitglieder einer Gesellschaft anzutreffen. Angehörige der obersten wie untersten Sozialschichten sind damit in solchen Befragungen unterrepräsentiert. Andere Vorbehalte ergeben sich aus Erwägungen, die sich auf die jeweils verwendete konkrete Form und Ausgestaltung der Erhebung selbst und auf ihren Einsatz beziehen. Fragen des Erinnerungsvermögens, der Offenheit oder Geschlossenheit der Fragen, des Einzel- oder Gruppeninterviews, der mündlichen oder schriftlichen Befragung u. a. wären hier zu nennen.

Für Einzelheiten dieser methodologischen Fragen sei der Leser auf die einschlägige Behandlung etwa bei R. Hood und R. Sparks (1970, S. 65 ff.), K.-D. Opp (1974, S. 58 ff.) und G. F. Kirchhoff (1975, S. 19 ff.) verwiesen, die eine Reihe von Ergebnissen, Überlegungen und Vorschlägen zur bisherigen und künftigen Behandlung dieser Probleme darstellen, entgegen einer Tendenz jedoch, die sich bei juristischen Kriminologen hauptsächlich findet, den Dunkelfeldforschungen eine im Vergleich zu offiziellen Informationen strafrechtlicher Sozialkontrolle hohe Instrumentenvalidität und -verläßlichkeit zu bescheinigen[56].

Für die Erörterung kriminologischer sowie kriminalpolitischer Folgerungen verdienen zwei allgemeine inhaltliche Tendenzen der Befunde von Dunkelfelderhebungen hervorgehoben zu werden. Die eine besteht in der nahezu gesellschaftsweiten Verbreitung der Kriminalität unter allen Mitgliedern einer Gesellschaft, die andere in der Differenz zwischen der Täterstruktur der offiziellen und der instanzenneutral ermittelten Kriminalität. Hinsichtlich der unterschiedlichen Täterstruktur hat die empirische wie theoretische Forschung aus einsichtigen Gründen vor allem die Differenz bezüglich des Verteilungsmerkmals „sozialer Status, soziale Schicht" interessiert. Eine der behutsamsten Auswertungen dieses Aspekts der Dunkelfeldforschung hat der englische Kriminologe *S. Box* (1971) vorgenommen, der sich nach der methodologischen Sichtung von insgesamt 14 Studien zu folgender Zusammenfassung der inhaltlichen Befunde zum Zusammenhang von Schichtung und Kriminalität berechtigt sieht: „The reader should bear in mind that self-report studies have, on the whole, failed to reveal the significant *inter-class differences implied in official statistics* (1971, S. 91, Hervorhebg. im Original; vgl. auch: *S. Box* und *J. Ford* 1971; *W. R. Bytheway* und *D. R. May* 1971).

Für die *Kriminologie* bedeutete der Befund einer nichtexistenten oder gar positiven Korrelation zwischen Kriminalität und der Schichtvariable eine zentrale *Erschütterung der Theoriebildung*[57]. Als die Kriminologie in den 60er Jahren zu der Neubesinnung ihrer empirischen Grundlagen ansetzte und sich der Kriminalstatistik und ihren Problemen zuwandte, standen in den USA, von wo aus die Dunkelfeldforschung ihren Siegeszug antrat, theoretische Orientierungen im Mittelpunkt des Interesses, die auf der Überzeugung basierten, Kriminalität sei im wesentlichen ein Unterschichtphänomen. Dies galt vor allem für die Anomietheorie, ebenso aber für die Subkulturtheorie, um nur die beiden wichtigsten theoretischen Ansätze jener Zeit zu benennen. Diesen theoretischen Positionen wurde in dem Maße der empirische Boden entzogen, in dem die ersten Befunde der Dunkelfeldanalyse das Licht der kriminologischen Welt erblickten. Ebenso postwendend war aber die Reaktion derjenigen, deren theoretische Interessen davon tangiert waren. *R. K. Merton* hielt gleichsam kontrafaktisch an den Implikationen seiner Anomietheorie fest: „Aber so unterschiedlich die Höhe des abweichenden Verhaltens in den einzelnen sozialen Schichten auch ist (. . .), unsere Analyse wird zeigen, daß der stärkste Druck zum Abweichen doch auf den niedrigen Schichten liegt" (1957, S. 144, zit. n. *F. Sack* und *R. König* 1968, S. 296). Die Front der amerikanischen Lehrbuchkriminologen, die die skizzierte Theorielage weitgehend teilte, verteidigte *D. R. Cressey* dann Mitte der 60er Jahre, als immerhin die einschlägigen Arbeiten von *J. F. Short, Jr.* und *F. I. Nye* (1957), *F. I. Nye, J. F. Short, Jr.,* und *V. I. Olson* (1958), *A. J. Reis, Jr.,* und *A. L. Rhodes* (1961), *J. P. Clark* und *E. P. Wenninger* (1962) bereits vorlagen: Nachdem *Cressey* zunächst alle Bedenken gegen die offiziellen Kriminalstatistiken formuliert und einige sie eindrucksvoll belegende empirische

Befunde zitiert (1964, S. 32–38), kommt seine Schlußfolgerung für den Leser mehr als überraschend: „Despite all their limitations, the criminal statistics give information which is important to our understanding of crime and delinquency and to hypotheses and theories about them. Similarities and differences in crime rates for certain categories of persons are so consistent that it can be reasonably concluded that a gross relationship between the category and crime exists in fact" (S. 50). Zu diesen Regelmäßigkeiten zählt er – neben 5 anderen – „an overrepresentation of lower class persons", die so eindrucksvoll und konsistent sei, „that it is reasonable to assume that there is a real difference between the behavior of social classes, so far as criminality is concerned" (S. 50). Diese „cannot be readily ‚explained away'". Immerhin, Anfang der 60er Jahre lagen ein großer Teil empirischer Befunde und theoretischer Diskussion zu dieser Frage noch in der kriminologischen Zukunft, um mit Cresseys Verteidigung zu sagen, daß sein damals ausgedrücktes Vertrauen in die Kriminalstatistik im allgemeinen und auch im besonderen, nämlich zu der hier diskutierten Frage des Zusammenhangs zwischen Kriminalität und sozialer Schichtzugehörigkeit, zieht man die zehn Jahre später erschienene 9. Auflage seines Lehrbuchs heran, einer weitgehenden Skepsis gewichen ist[58].

Die rechtspolitischen Implikationen der Dunkelfeldergebnisse ergeben sich aus ihren ideologiekritischen Konsequenzen. Niemand hat sie vielleicht treffsicherer herausgearbeitet als H. Popitz (1968) in einem Vortrag vor der Rechts- und Staatswissenschaftlichen Fakultät der Universität Freiburg im Jahre 1967, von dem H. Schöch (1976, S. 211) zu Recht sagt, Popitz habe damit „eine neue Epoche der Diskussion über das Dunkelfeld eingeleitet". Eine Satire des englischen Erzählers W. M. Thackeray über den Gedanken, „daß jeder, der ein Unrecht begeht, entdeckt und entsprechend bestraft wird" (zit. nach H. Popitz 1968, S. 4), gibt ihm das Stichwort zu einer funktionalistisch-ironischen Analyse des Dunkelfeldes, deren rechts- und kriminalpolitische Pointe das Selbstverständnis des Strafrechts – trotz gegenteiliger Beteuerungen – nachhaltig in Frage stellt: „Die Strafe kann ihre soziale Wirksamkeit nur bewahren, solange die Mehrheit nicht ‚bekommt, was sie verdient'" (S. 20). Auf die weiteren kriminologisch-theoretischen Aspekte der These von Popitz kommen wir weiter unten noch zurück.

Als Ärgernisse kommen Popitz' Überlegungen nach meiner Kenntnis nirgends stärker zum Ausdruck als in derjenigen Kriminologie, die sich als Hilfs-, allenfalls als Zwillingsdisziplin des Strafrechts versteht und die dessen normative Prämissen als theoretische Vorgabe für kriminologisches Denken übernimmt und akzeptiert. Wir haben wiederholt gesehen, daß dies vor allem für die traditionelle und neo-traditionelle deutsche Kriminologie gilt. Was für nahezu die gesamte internationale kriminologische Diskussion der letzten beiden Jahrzehnte als kaum mehr diskussionswürdig betrachtet wird und als ein unmittelbarer theoretischer und ideologischer Ertrag der Dunkelfeldanalyse zu gelten hat, nämlich die Tatsache, daß die Differenz zwischen offizieller und „tatsächlicher" Täterstruktur gleichsam als Indikator bzw. Maß selektiver Anwendung und Durchsetzung von Strafrechtsnormen zu nehmen ist[59], als Ausdruck der institutionalisierten Diskrepanz zwischen Rechtsnormen und Rechtswirklichkeit oder, noch anders gewendet, als die quantifizierbare ideologische Komponente des Strafrechts, wird von den strafrechtsorientierten Kriminologen in der Bundesrepublik schlicht hinwegzudisputieren versucht.

Dies geschieht mit beträchtlichem Aufwand, gelegentlich sehr durchschaubar und direkt, so etwa wenn die schlichte „Hoffnung" ausgedrückt wird, „daß ideologiebefrachtete Begriffe wie ‚Diskriminierung' und ‚Selektion' sich im weiteren Verlauf der Forschung von selbst erledigen würden"[60], meistens aber doch in einer Art und Weise, die sich informiert zeigt und eine hohe Bereitschaft erkennen läßt, sich mit den Problemen der Gewinnung und theoretischen Verarbeitung empirischer Daten auseinanderzusetzen. Dennoch stehen etwa sowohl bei *G. Kaiser* wie bei *H. Schöch*, die sich beide mit den rechtspolitischen und ideologiekritischen Implikationen der Dunkelfeldergebnisse befassen, die Bemühungen im Vordergrund, gerade ihnen das Wasser abzugraben. Es sei deshalb stellvertretend auf diese beiden Arbeiten etwas näher eingegangen. *G. Kaiser*[61] (1977 a, S. 28–44) sowie *H. Schöch* (1976) rücken die rechtspolitischen Konsequenzen der Dunkelfeldergebnisse in den Mittelpunkt ihrer jeweiligen Erörterungen. *Kaiser* teilt – unter Bezug auf *K. Lüderssen* (1972) – die Einsicht, mit der Dunkelfeldforschung stehe „die rationale Handhabung der Sozialkontrolle auf dem Spiel, also die rechtspolitische Gleichheit und Zweckmäßigkeit" (S. 42), und auch *Schöch* – beeindruckt und irritiert vor allem durch die Überlegungen von *Popitz* – sieht „die Bedrohung der Geltungskraft der Strafrechtsnormen" (S. 224) heraufziehen. Beide aber gelangen zu dem Ergebnis, die rechtspolitischen Folgerungen, die gemeinhin aus den Befunden der Dunkelfeldforschung gezogen würden, seien nicht gerechtfertigt. *Kaiser* kommt zu der Feststellung – kaum Schlußfolgerung, eher Bekenntnis –, daß die „Legaldefinition des Verbrechens als Integrations- und Kontrollstrategie angemessene Differenzierung, rechtsstaatliche Sicherheit und Gleichheit am ehesten zu gewährleisten (scheint)" (S. 43); *Schöch* „normalisiert" die Ergebnisse der Dunkelfeldforschung durch den Hinweis auf die alte Strafrechtsdoktrin der „fragmentarischen und subsidiären Natur des Strafrechts" (S. 223) und macht aus der Beunruhigung über Ausmaß und Struktur des Dunkelfeldes die Beruhigung über Umfang und Intensität der „Rechtstreue der Befragten" (S. 224). Es ist aufschlußreich, auf welchem Wege *Kaiser* und *Schöch* den Ergebnissen der Dunkelfeldforschung ihre rechtspolitischen Zähne zu ziehen versuchen. Ein durchgängiges Argumentationsmuster besteht in der Aufblähung der Fehlerquellen der Dunkelfeldforschung, die sich aus der methodologischen Genauigkeitskontrolle der Instrumente dieser Forschung ergeben. Freilich unterlassen es beide mit beharrlicher und wohl interessierter Konsequenz, die so gewonnenen Vorbehalte gegenüber der Dunkelfeldforschung mit denen gegenüber den Kriminalstatistiken zu vergleichen. Nur so ist zu erklären, daß *Kaiser* trotz zugestandener „zum Teil erheblicher Unterschiede zwischen Dunkelfeld und registrierter Jugendkriminalität" den Schluß ziehen kann, „die Befragungsergebnisse teil(t)en mithin die Schwächen der Polizei- und Rechtspflegestatistik" (S. 42) – ein Ergebnis, das er zudem daraus gewinnt, daß es sich bei beiden „Wege(n), Daten zu sammeln", um eine „soziale Konstruktion von Wirklichkeit" handle; daß er weiter einen „J-kurvenförmigen" Verlauf der „registrierten Kriminalität" wie des „erfragten

Delinquenzverhaltens" feststellt – manche Kriminologen halten eine bi-
modale Schichtverteilung für wahrscheinlicher (W. C. Reckless 1967,
S. 112; E. H. Sutherland und C. R. Cressey 1974, S. 220). Schöchs Umgang
mit methodologischen und statistischen Fragen und Problemen ist dazu
angetan, das der Statistik gegenüber verbreitete Vorurteil zu nähren[62],
man könne mit ihr alles beweisen. Völlig abwegig scheint mir die von
beiden vertretene Tendenz, die Ergebnisse der Täter- und Opferbefragungen als Attitüden statt Handlungen zu interpretieren (Kaiser, S. 41,
Schöch, S. 217/18); eigentlich indiskutabel vor allem Schöchs Versuch, den
Dunkelfeldergebnissen mit Lügentesten zu Leibe zu rücken (S. 216 ff.).
Atemberaubend ist beider Bemühen, aus der dunkelfeldinduzierten Not
eine strafrechtliche Tugend zu machen: für Kaiser „haben die Dunkelfelduntersuchungen qualitativ das bestätigt, was die sozialen Kontrollinstanzen schon seit langer Zeit mehr oder weniger bewußt praktizieren"
(S. 41), liefern sie die Erkenntnis, „daß die Kontrollinstanzen nicht blind
und willkürlich vorgehen, daß sie sich vielmehr von sachlichen Gesichtspunkten leiten lassen wollen" (S. 42), „rechtfertigen" sie die Praxis, „im
minderschweren Bereich der Kriminalität der Spontanbewährung von
Delinquenten große Chancen einzuräumen" (S. 41). Schöch hält den
rechtspolitischen Folgerungen aus den Ergebnissen der Dunkelfeldforschung sowie „einige(n) allzu selbstverständliche(n) Positionen der Labeling-Theorie" (S. 223)[63] die „überproportionale Deliktsbelastung von Strafgefangenen oder Rückfalltätern, die ja in der Regel der Unterschicht angehö-
ren" (S. 221; Hervorheb. im Original), entgegen und übersieht dabei den
theoretischen Beitrag, den gerade die Labeling-Theorie für die Erklärung
dieses Sachverhalts erbringt.

Alles in allem sind die Bemühungen Kaisers sowie Schöchs um eine rechtspolitische Entschärfung der Dunkelfeldforschungen eher dazu angetan,
den gegenteiligen Eindruck hervorzurufen, zumal sich Kaisers Gesamtur-
teil, auf das wir uns hier ausschließlich bezogen haben, fast wie eine Karikatur auf das von Kaiser selbst in den übrigen Kapiteln des zitierten Buches reichlich ausgebreitete empirische Material zur Selektionsleistung
der strafrechtlichen Sozialkontrolle liest; und zumal Schöch die befürch-
tete Erosion der „Geltungskraft der Strafrechtsnormen" ... „auch durch
undifferenzierten Gebrauch des Schlagwortes von der Normalität der
Kriminalität beschleunigt sieht" (S. 224). Kaiser wie Schöch sind vor allem
daran interessiert, der „Norm (zu geben), was sie braucht: die Heiligkeit
und den Schein" (H. Popitz 1968, S. 14).

Die rechtspolitische Erörterung, insbesondere die Pointierung, die sie
durch die Arbeit von H. Popitz (1968) erfahren hat, hat deutlich gemacht,
daß die methodologisch und meßtheoretisch begonnene Diskussion über
die empirischen Grundlagen der Kriminologie in Gestalt der Kriminalstatistiken wie der sozialwissenschaftlich orientierten Dunkelfeldforschung
unversehens zu Fragen und Problemstellungen geführt hat, die nicht länger methodologischer Natur sind, sondern die weitreichende grundlagentheoretische Folgen nach sich ziehen. Popitz hatte, das ist hier nachzutragen,
den satirischen Gedanken Thackerays dadurch ins Absurde geführt, daß
er ihn voll durchsimuliert und die Voraussetzungen formulierte, die
seine Verwirklichung garantieren würden: totale Verhaltenstransparenz
(S. 6), unbegrenzte Belastbarkeit eines Normsystems durch Erfahrungen

seiner Verletzung (S. 9), unbegrenzte Sanktionskapazität des gesellschaftlichen Kontrollapparates (S. 15). Welche Konsequenzen ergeben sich daraus für die Kriminologie? Eine Kriminologie, die, wie ihre bisherige positive Variante, ihre Ergebnisse an die Informationen der Instanzen der strafrechtlichen Sozialkontrolle bindet, um nochmals *Popitz* (S. 19/20) zu zitieren, „(reflektiert) die Resultate des Selektionsprozesses der staatlichen Sanktionsapparatur" und „verdoppelt... Realitäten, die zu untersuchen wären".

Was bei *Popitz* noch weitgehend als Programm gefordert wird, ist mittlerweile schon ein Stück empirischer und theoretischer Wirklichkeit in der Kriminologie. Dabei läßt sich erneut bei der Ausgangsfrage ansetzen, die die Kriminalstatistik in Verdacht und die Dunkelfeldforschung auf den Plan gebracht hat: Die Frage, wie hoch die Kriminalität „wirklich" ist und ob sie durch Kriminalstatistiken oder mit Hilfe der Instrumente der empirischen Sozialforschung richtiger oder zutreffender zu beantworten ist, ist nicht deshalb so schwer zu entscheiden, weil beide Meßverfahren ihre Meßfehler kennen und ihre relative Meßgenauigkeit angeblich so schwer zu bestimmen ist, sondern deshalb, weil nicht genau klar ist, was eigentlich gemessen werden soll. Der Hinweis auf den fragmentarischen Charakter des Strafrechts, mit dem seine Vertreter – freilich in einer analogiehaften Verwendung dieses üblicherweise anders verstandenen Begriffs – die rechtspolitische Brisanz der Dunkelfeldergebnisse zu unterlaufen suchen, bedeutet ja, daß zumindest der nackte Buchstabe der Strafrechtsnorm so, wie ihn die Dunkelfeldforschung versteht, nicht beim Worte genommen werden kann und will. Genau das tut jedoch die Dunkelfeldforschung.

Das System strafrechtlicher Sozialkontrolle besteht aber nicht nur aus den Strafrechtsnormen, sondern auch aus einem Apparat der Durchsetzung, der institutionelle und organisatorische ebenso wie regulative Aspekte kennt. Das aber bedeutet, daß Kriminalität im Sinne dessen, was eine Gesellschaft an Taten und Tätern zu sanktionieren gewillt und in der Lage ist, jedenfalls nicht identisch ist mit der durch die Strafrechtsnormen bezeichneten Teilmengen des Verhaltens bzw. der Mitglieder einer Gesellschaft. Die Frage, welchen Teil und Ausschnitt dieser Gesamtmenge eine Gesellschaft entsprechend den dafür vorgesehenen Sanktionen tatsächlich verfolgen will, läßt sich zutreffender aus den Ergebnissen ihres Sanktionserfolges und aus deren Verfahrensweisen und Aktivitäten der Instanzen strafrechtlicher Sozialkontrolle erschließen. Z. B. erlegt das Strafverfahrensrecht den Instanzen Beschränkungen der Identifizierung und Verfolgung auf, die sich so lesen lassen: Nur diejenige Kriminalität aus der Gesamtheit allen kriminellen Verhaltens kann und soll als Kriminalität behandelt werden, die die Ermittlungsstandards der Strafprozeßordnung zulassen. Im Sinne des Strafrechts „ist" nur der Teil der Gesamtkriminalität in einem folgenreichen Verständnis „Kriminalität", der nach diesen Regeln als solche identifiziert wird. Über diese „kriminelle Wirklichkeit" sagt die Dunkelfeldforschung unmittelbar nichts, die Kriminalstatistik das Entscheidende.

A. Blumstein und *J. Cohen* (1973) haben aus Erwägungen, „that there are enormous difficulties attending the measurement of levels of crime" (S. 199), den ursprünglich von *A. Quételet* formulierten, von *E. Durkheim* theoretisch fortgeführten und kürzlich von K. T. Erikson (1966) erneut aufgegriffenen Gedanken über die Konstanz bzw. das Gleichgewicht des Verbrechens in einer Gesellschaft die These von der Konstanz des Strafvolumens entgegengesetzt: „Hence, it is not the level of actual criminal behavior which is stable, but rather the level of punished criminal acts" (S. 199). Das bedeutet aber, daß die offiziell registrierte und verfolgte Kriminalität eine Funktion der Sanktionsbedingungen, der Verfolgungsintensität und -kapazität, der Sanktionsmöglichkeiten etc. darstellt. Das bedeutet ferner für die Kriminalstatistik, daß die in ihr enthaltenen Informationen nach Umfang und Struktur nicht vom kriminellen Verhalten, sondern von der Reaktion darauf bestimmt sind. Die oft mißverstandene „Definition" des Verbrechens durch die Labeling-Theorie, die in unterschiedlichen Formulierungen zum konstitutiven Bestandteil das Handeln der Instanzen sozialer Kontrolle macht, nimmt auf diese Zusammenhänge Bezug, ist m. a. W. eine soziologische Fassung dessen, was das Strafrecht als seine „fragmentarische Natur" versteht.

Diese Folgerungen, die sich aus der methodologischen und meßtheoretischen Erörterung der Kriminalstatistik und den Untersuchungen zum Dunkelfeld ergeben, sind mittlerweile auch von verschiedenen Autoren gezogen worden. Der schon frühe Hinweis des englischen Kriminologen L. Radzinowicz aus dem Jahre 1945: „The crimes actually committed and the crimes legally recorded are two fundamentally different phenomena" (zit. n. F. H. McClintock 1974, S. 36), hat mehr denn je seine Berechtigung und hätte davor warnen sollen, Kriminalstatistiken und Dunkelfeldforschung in der Weise gegeneinander zu setzen und auszuspielen, daß man ihren relativen Beitrag zur Messung der „wirklichen Kriminalität" zu bestimmen suchte. Obwohl in der soziologischen Analyse der Kriminalität, wie erneut F. H. McClintock (1974, S. 33) zu Recht bemerkt, von Beginn an „a critical concern with the realistic application and uses of official criminal statistics" (Hervorheb. F. S.) im Mittelpunkt stand, hat die Dunkelfeldforschung als der sozialwissenschaftliche Beitrag zur Messung der Kriminalität sich ebenfalls zunächst als Instrument zur Einlösung einer solchen „realistischen" Konzeption verstanden.

Es geht deshalb nicht darum, nach besseren Instrumenten der Messung von Kriminalität zu suchen. Diesen Gedanken frühzeitig in die Diskussion um die Meßeigenschaften der Kriminalstatistiken eingeführt zu haben, ist zweifellos das Verdienst von J. I. Kitsuse und A. V. Cicourel (1963), die in ihrem vielzitierten Aufsatz „A Note on the Uses of Official Statistics" darauf insistieren „to distinguish between the social conduct which produces a unit of behavior (the behavior-producing processes) and organizational activity which produces a unit in the rate of deviant behavior (the rate-producing processes)" (S. 132; Hervorhebung im Original). In der Sprache des Messens und bezogen auf die Daten der offiziellen Kriminalstatistik formulieren sie: „Rates can be viewed as indices of the incidence of certain forms of behavior" (S. 137). Danach sind kriminalstatistische Informationen, wie sie sich in der Polizei- oder Rechtspflegestatistik niederschlagen, in ihrer Genese, Struktur und Veränderung an das Handeln und die Struktur der Instanzen sozialer Kontrolle gebunden bzw. Ausdruck von ihnen. Sie sind, nochmals in den Worten von Kitsuse und Cicourel, „sociologically relevant data" (S. 139). Noch deutlicher hat diese Position D. J. Black (1970) vertreten, der, wie wir im anderen Zusammenhang bereits sahen, Kriminalität in einem strikt strafrechtssoziologischen Bezugsrahmen zu analysieren vorschlägt (*D. J. Black* 1976). Konsequenter noch als *Kitsuse* und *Cicourel*, denen er – nicht ganz zu Unrecht – vorwirft, sie würden praktisch einen seitenverkehrten Gebrauch von den Kriminalstatistiken machen, wenn sie sie als Indikatoren des Handelns der strafrechtlichen Kontrollinstanzen nähmen, lehnt *Black* eine Betrachtungsweise ab, die offizielle Kriminalstatistiken unter dem Gesichtspunkt ihrer Eignung als „wissenschaftliche" Daten versteht: Er sieht die „crime rate as itself a social fact, an empirical phenomenon with its own existential integrity... It is part of the *natural* world. From this standpoint crime statistics are not evaluated as inaccurate or unreliable. They are an aspect of social organization and cannot ‚sociologically' be wrong" (1970, S. 734; Hervorhebung durch F. S.). *Kitsuse* und *Cicourel* sowie *Black* formulieren damit eine Position, die sich als radikales Gegenprogramm zu den jahrzehntelangen Diskussionen um die Zuverlässigkeit und Gültigkeit der Kriminalstatistiken verstehen läßt. Schon *A. D. Biderman* und *A. J. Reiss, Jr.* (1967), die die Tradition der Opferbefragungen in Rahmen der Primärerhebungen durch die *President's Commission* begründet haben, unterschieden eine „realistische", treffender: „instrumentelle", wie *A. K. Bottomley* und *C. A. Coleman* (1976, S. 33) vorschlagen, und eine „institutionelle" Orientierung gegenüber den Daten der Kriminalitätsstatistik, wobei letztere davon ausgeht, daß es eine objektive Realität „Kriminalität" gibt und das Problem der Wissenschaft darin besteht, Instrumente zur quantitativen Bestimmung dieser Realität zu entwerfen, während erstere unterstellt, daß offizielle Kriminalstatistiken in Abhängigkeit von Faktoren der verschiedensten Art variieren, die alle nichts zu tun haben mit einer wie immer verstandenen „Realität" des Phänomens Kriminalität. Statistische Informationen über die Kriminalität, wie sie auf den verschiedenen Stufen der strafrechtlichen Sozialkontrolle gesammelt und berichtet werden, „indizieren" diese Faktoren. *St. Wheeler* (1967 b) hat Kriminalstatistiken in diesem Sinne als Ausdruck eines interaktiven Geschehens zwischen den Instanzen sozialer Kontrolle, den kriminellen Tätern und ihren Opfern zu sehen vorgeschlagen, ohne daß dieser Prozeß umstandslos in der Weise zerlegbar wäre, daß man die Kriminalstatistiken quantitativ den daran beteiligten Partnern oder Komponenten zurechnen könnte. Nimmt man zu den Überlegungen von *Wheeler* die Arbeiten des bereits erwähnten *L. T. Wilkins*, dem *A. K. Bottomley* (1973, S. 3 f.) – neben dem Amerikaner *D. J. Newman* – zu Recht eine wissenschaftliche Schrittmacherrolle bei der theoretischen Neuinterpretation der Kriminalstatistik bescheinigt, hinzu und versteht das System der offiziellen Kriminalberichterstattung als sichtbar gemachte Knotenpunkte in einem prozeßorientierten Entscheidungsablauf über kriminelle Taten und Täter, dann läßt sich das Interaktionsgefüge *Wheelers* weiter präzisieren. Das Zusammenspiel von Kontrollinstanzen, Tätern und Opfern nimmt im Verlaufe des Kontrollprozesses unterschiedliche Strukturen und charakteristische Muster insofern an, als das relative Gewicht der an dem interaktiven Prozeß beteiligten Partner von Stufe zu Stufe variiert. Die Initiierung des Kontrollprozesses steht ungleich stärker zur Disposition von Opfer und Täter als die späteren Stationen des Kontrollprozesses, wobei es zusätzlich charakteristische Unterschiede hinsichtlich der Tat- und Tätermerkmale geben dürfte.

In einem derartigen theoretischen Bezugsrahmen tritt die Frage nach den meßtheoretischen Eigenschaften der Kriminalstatistik, die Frage nach ihrer Gültigkeit und Verläßlichkeit mehr und mehr in den Hintergrund und ist auch noch jener Rest „instrumenteller" Orientierung ihnen gegenüber zu tilgen, der in dem Vorschlag enthalten ist, Kriminalstatistiken als „Indikator" für das Verhalten der sozialen Kontrollinstanzen zu nehmen. Erst dann wird sichtbar, daß die beiden Betrachtungsweisen kriminalstatistischer Informationen in der Tat „a different social epistemology, a different way of structuring knowledge about crime" (D. J. Black 1970, S. 733) implizieren.

Die Dunkelfeldforschung unterliegt, sofern sie sich als alternatives Meßinstrument zur Kriminalstatistik versteht, den gleichen Vorbehalten wie letztere. Sie teilt mit der „realistischen" Betrachtungsweise der Kriminalstatistiken die Zielsetzung, das Phänomen der Kriminalität in seine Einzelbestandteile zu zerlegen und vom interaktiven Gefüge Kriminalität eine Ebene theoretisch und forschungstechnisch abzusondern, die als „reale Ebene" der Kriminalität zu betrachten ist. Auf diesen Punkt haben W. R. Bytheway und D. R. May (1971) sehr nachdrücklich hingewiesen. Sie kritisieren den „essentially technical level . . . that the debate has been conducted throughout", der sich u. a. in den methodologischen Erörterungen über Auswahlverfahren, Indexbildungen, Verläßlichkeitskriterien, Erhebungsinstrumente manifestiert habe. Dieser Position halten sie ihre Auffassung entgegen: „The idea of a ‚real' rate of crime is a chimera; it proceeds from a false premise regarding the nature of the phenomenon" (S. 601). Sie sehen stattdessen die zentrale Bedeutung von Selbstmeldeerhebungen „in the light they can throw on differential law-enforcement, and on the conditions under which definitions of crime and delinquency emerge and are enforced" (S. 602).

Die Dunkelfeldforschung, konzipiert als Instrument der zuverlässigeren Erfassung der Kriminalität, hat die latente Konsequenz gezeigt, die Strukturen und die Arbeitsweise der strafrechtlichen Sozialkontrolle klären zu helfen und hat entscheidend zu einer theoretischen Neuorientierung innerhalb der Kriminologie beigetragen, die sich nahtlos einfügt in die oben schon in ihren Umrissen skizzierte Soziologie des Strafrechts. Die zitierten Arbeiten von L. T. Wilkins, St. Wheeler, J. I. Kitsuse und A. Cicourel, D. J. Black, A. K. Bottomley, D. J. Newman, A. D. Biderman und A. J. Reiss, Jr., die sich sämtlich speziell mit der Relevanz von Kriminalstatistiken und der Erzeugung und Interpretation von Daten über das Phänomen Kriminalität beschäftigt haben, haben diese theoretische Neubestimmung vorbereitet und formuliert.

Ihr Verdienst ist vor allem in der Vorbereitung eines theoretischen Bezugsrahmens zu sehen, der Kriminalstatistiken nicht länger Meßqualitäten im wissenschaftlichen Sinne abverlangt, sondern sie als Teil und Aspekt des Gegenstandes selbst betrachtet, mit dem es die Kriminologie entsprechend ihrem wissenschaftlichen Selbstverständnis zu tun hat. Die Gesellschaft hat zur Festlegung, Identifizierung Verfolgung der Kriminalität bestimmte Regeln, Normen, Institutionen, Funktionsträger arbeitsteilig ausgesondert. Die Institutionen berichten über ihre Tätigkeiten zählend, systematisierend und ordnend. Die Produkte dieser zuletzt genannten Operationen sind die Kriminalstatistiken. Sämtliche dieser Aspekte gehören zum Gegenstandsbereich der Kriminologie. Sofern die Kriminologie einen Aspekt des Gegenstandsbereichs, nämlich die Kriminalstatistiken, zu ihrem eigenen Instrumentarium der Analyse und Beschreibung des Gegenstandes selbst macht, hebt sie die für jegliche Wissenschaft konstitutive Trennung von Objektbereich und Wissenschaft auf, mehr noch: sind ihre Aussgen *eine Funktion der* sozialen Praxis und nicht mehr solche *über* die soziale Praxis. Dies ist der zentrale Gesichtspunkt der Kritik an der Verwendung kriminalstatistischer Informationen für kriminologische Zwecke. Denn mit ihr übernimmt die Kriminologie die Perspektive der Praxis und macht sie zu ihrer eigenen. Die wichtigsten Aspekte dieser Praxis sind dabei: 1. Die strikte Trennung der Kriminalität von ihrer Kontrolle und Sanktionierung; 2. Das passive und rein reaktive Verständnis der strafrechtlichen Sozialkontrolle; 3. Die typischen alltagstheoretischen Vorstellungen der Praxis über Ursachen, Strukturen und Genese der Kriminalität und der daraus abgeleiteten Strategien über Bekämpfung und Kontrolle. Indem die Kriminologie Kriminalstatistiken als „Beschreibung" des zu analysierenden Gegenstands verwendet hat und auch indem sie sie durch die Dunkelfeldforschung meßtechnisch zu substituieren versuchte, hat sie sich im alltagstheoretischen Selbstverständnis des Gegenstandes selbst bewegt und versäumt, einen eigenen theoretischen Bezugsrahmen zu entwickeln.

IV. Die Neuorientierung der Kriminologie: Elemente, Ansätze, Befunde

1. Vorbemerkung

In diesem letzten Kapitel wollen wir die kritischen Anmerkungen zur traditionellen Kriminologie, wie wir sie entwickelt haben, konstruktiv wenden und die Umrisse einer theoretischen Position skizzieren, die sich insgesamt als alternatives Frage- und Analyseprogramm für die wissenschaftliche Auseinandersetzung mit dem sozialen Phänomen der Kriminalität versteht. Allerdings verzichten wir dabei gerne auf Auseinandersetzungen globaler Art darüber, inwieweit die theoretischen und empirischen Akzente in der Neuorientierung kriminologischer Analyse in Kontinuität oder Diskontinuität zur Tradition dieser Disziplin stehen. Die jüngste Vergangenheit hat gelehrt, daß solche Erörterungen wenig ergiebig sind, zu polemischer Rhetorik einladen (*G. Kaiser*, 1975, 1976 c; *H. Leferenz* 1972; *H. J. Schneider* 1973, 1977), kaum zu präziseren Kriterien als solchen wie „alt" und „neu" (*F. Sack* 1968 b, 1972 a; *K.-D. Opp* 1972) führen und eher den Hang des jeweiligen Betrachters widerspiegeln, den akkumulativen oder den innovatorischen Aspekt wissenschaftlichen Fortschritts zu betonen[63a]. Außerdem stehen dem interessierten Leser eine Reihe von mehr oder weniger ausführlichen Standorterörterungen und Trendberichten genereller Art und auch länderspezifischen[64] Zuschnitts zur Verfügung, die sich zur raschen

Orientierung eignen. Allerdings empfiehlt es sich dabei, darauf gefaßt zu sein, daß Einschätzungen und Gewichte unterschiedlich ausfallen. Sie tun es um so mehr, je intensiver der Leser seinen Blick über Sprachgrenzen hinweg richtet[65]. So sprach 1968 der norwegische Kriminologe N. *Christie* von der täterorientierten Kriminologie in einer Sprache, wie man sie in Märchen antrifft, die über längst vergangene Geschehnisse berichten („once upon a time ..." 1968). So spricht der deutsche Kriminologe G. *Kaiser* 1975 von der Notwendigkeit „einer erneuten stärkeren Zuwendung zur Persönlichkeitsforschung" (1975, S. 67).

Vor einer genaueren Formulierung der Aspekte einer Theoriebildung in der Kriminologie, die die Beschränkungen und Verengungen der traditionellen Kriminologie hinter sich läßt, ist ein kurzer Rückblick auf die bisherigen Erörterungen hilfreich. Wir haben gezeigt, daß die wissenschaftliche Analyse der Kriminalität keine eindeutige disziplinäre Heimat kennt, vielmehr von den verschiedensten Einzelwissenschaften im Konzept der Human- und Gesellschaftswissenschaften reklamiert wird. Der Versuch, den daraus resultierenden Kompetenzstreit zwischen biologischen, psychologischen und soziologischen Ansätzen beim lachenden Dritten, einer sich als interdisziplinär verstehenden Kriminologie, gleichsam still zu stellen, haben wir in Theorielosigkeit, inhaltsleerer Bestimmung des interdisziplinären Anspruchs und in einer widerstandslosen Praxisunterwerfung der Kriminologie enden sehen. Der Blick auf die sehr widersprüchliche Geschichte der Kriminologie hat offenbar werden lassen, um welche Fragestellungen und empirisch zu beantwortenden Hypothesen eine Kriminologie sich betrogen hat, die ihren Beginn und ihre Wissenschaftlichkeit eng mit der positiven Schule der italienischen Kriminologie um die Jahrhundertwende gleichsetzt. Die mit ihr ins Zentrum gerückte Suche nach den Bedingungen und Ursachen des kriminellen Verhaltens hat einen theoretischen Bezugsrahmen für die Beschäftigung mit dem Phänomen der Kriminalität etabliert, der zum ausschließlichen Angel-, Ausgangs- und Endpunkt den kriminellen Täter macht. Eine ausführliche Erörterung der amerikanischen Kriminologie, deren traditionelle Nähe zu den Sozialwissenschaften sie vor methodologischen und theoretischen Verwegenheiten anderer „nationaler" Kriminologien bewahrt hat, offenbarte eine schon seit den zwanziger Jahren mitgeschleppte Ambivalenz in der kriminologischen Theoriebildung, die erst in den sechziger Jahren voll zum Durchbruch kam. Jetzt erst wurde die Tatsache theoretisch und kriminologisch ernst genommen, daß das Merkmal „Kriminalität" seine soziale Existenz dem Bestehen gesellschaftlicher Regeln sowie Institutionen ihrer Durchsetzung und Anwendung verdankt, die die bis dahin obwaltende Kriminologie nicht zu Gesicht genommen hat. Damit trat das Strafrecht in seinen gesetzlichen und institutionellen Strukturen in den Blickpunkt des theoretischen wie methodologischen Interesses der Kriminologie bis hin zu dem Versuch, die Analyse der Kriminalität in eine solche der Analyse des Strafrechts, seiner Genese und Funktion aufzulösen. Das Instrumentarium systemtheoretischer, konflikttheoretischer Norm- und Strukturanalyse wurde zur Rekonstruktion der Einsicht bemüht, daß Kriminalität keine „action", sondern eine „fraction" (*D. Matza* 1964) sei. Die Umpolung der erkenntnisleitenden Interessen der Kriminologie auf ein Programm, das dieser Erkenntnis Rechnung trägt, ist ganz entscheidend der Labeling-Theorie zu verdanken, die nicht nur der Frage der „Definition" des Gegenstandes der Kriminologie eine neue Wendung gegeben, sondern auch die Impulse gesetzt hat, die die Diskussion um die empirische Basis der Kriminologie von einer rein technologischen zu einer wissenschaftstheoretischen und rechtspolitischen Qualität verholfen hat.

Will man bei aller Divergenz der untersuchten Gegenstände, des wissenschaftstheoretischen Ausgangspunktes, der theoretischen und methodischen Instrumente der täterzentrierten und der normorientierten Kriminologie einen gemeinsamen Gedanken herausstellen, so ist er partiell darin zu sehen, daß für die „soziologische" Theoriebildung innerhalb der täterzentrierten Kriminologie eine Fragestellung zum Leitgedanken wurde, die die normzentrierte Kriminologie zu ihrer vehementen Kritik an dem herkömmlichen theoretischen Bezugsrahmen der Kriminologie veranlaßte: die theoretische Entschlüsselung des Zusammenhangs zwischen Gesellschaft und Kriminalität. Kriminalität als durch die Gesellschaft und ihre vielfältigen Strukturen sozialer, politischer und ökonomischer Art „erzeugt" – das ist die Formulierung eines wissenschaftlichen Programms, dem sich sowohl die soziologisch orientierte Täterkriminologie als auch eine normzentrierte Kriminologie verpflichtet fühlen mögen. Letztere besteht indessen darauf, daß ein derartiges Programm sich bereits damit aufgibt und kompromittiert, wenn sie in den Zusammenhang zwischen Gesellschaft und Kriminalität nicht auch die Fragen und Probleme miteinbezieht, die sich auf die sozialen Strukturen und Prozesse beziehen, durch die „Kriminalität" in einer Gesellschaft definiert, identifiziert, sichtbar gemacht und als „soziale Realität" verarbeitet wird.

Wir wollen im folgenden versuchen, das theoretische Rüstzeug bereitzustellen, das einen derartig weitgespannten Analyserahmen zur theoretischen Entschlüsselung des Zusammenhangs zwischen Kriminalität und Gesellschaft ermöglicht.

2. Begriffliche Ausgangspunkte: Norm, Abweichung, Sanktion

Eine soziologische Analyse der Kriminalität und des kriminellen Verhaltens hat zunächst davon auszugehen, daß das Übertreten einer strafrechtlich sanktionierten Norm einen Tatbestand darstellt, der viele Gemeinsamkeiten mit anderen Verhaltensformen teilt, die nicht zum eigentlichen Gegenstandsbereich der Kriminologie gehören. Die strafrechtsrelevante Handlung ist ein Spezialfall einer umfassenden Klasse von Phänomenen, für deren begriffliche Fassung allgemeinere Konzepte nötig sind. Diese liefert die Soziologie mit den Konzepten Norm, Abweichung und Sanktion. Danach ist ein verbrecherisches oder delinquentes Verhalten zunächst zu bestimmen als der Verstoß gegen eine Norm, der mit einer bestimmten Sanktion belegt wird. Die Tatsache, daß es sich dabei um eine Norm handelt, die nach den bestehenden Strafgesetzen einer bestimmten Gesellschaft rechtlich kodifiziert ist – ebenso wie die damit verbundene spezifische Sanktion –, ist zunächst völlig unerheblich.

Die begriffliche Klärung dieses Sachverhalts, die gleichsam vor jeglicher soziologischer Detailanalyse überhaupt steht, da sie erst einmal das konstituiert, was E. Durkheim einen „soziologischen Tatbestand" nennt, verdanken wir wesentlich letzterem sowie M. Weber. Für Durkheim ist die Gesellschaft in einem sehr zentralen und elementaren Sinne eine normative Ordnung, die aus der Struktur des Menschen als einem in seinem Verhalten biologisch und vornormativ nicht festgelegten Wesen erwächst – eine Auffassung, die konstitutiv ist für die gesamte Soziologie, Sozialpsychologie und Anthropologie. In welcher Weise Durkheim diesen Grundtatbestand menschlicher Existenz theoretisch verarbeitet, läßt sich im einzelnen vor allem seinen Werken über die soziale Arbeitsteilung (1893), die Regeln der soziologischen Methode (1895) und über den Selbstmord (1897) entnehmen. Das theoretische Rüstzeug Durkheims dient der Bestimmung des Verhältnisses und der Spannung zwischen Individual- und Sozialexistenz des Menschen. R. König (1978, 1976, 1961), S. Lukes (1971) und A. Giddens (1971) haben die methodologischen, kategorialen und theoretischen Prinzipien der Durkheimschen Soziologie, die durchaus Akzentveränderungen und Gewichtsverlagerungen im Verlaufe der empirischen und theoretischen Arbeiten Durkheims erfahren haben, der neueren Diskussion wieder erschlossen und sie von Mißverständnissen, falschen Prägungen und ungerechtfertigten Vorwürfen befreit. Gerade die kriminologische Diskussion hat sich der Fruchtbarkeit Durkheimscher Gedanken durch Ignoranz oder durch eine sehr klischeehafte Rezeption seiner Arbeiten begeben. Sie hat den Soziologismusvorwurf begierig aufgenommen, ohne ihn zu prüfen; sie hat seine funktionalen Erwägungen und seine Normalitätsthese zur Kriminalität akzeptiert, ohne den theoretischen Kontext und die Bedingungen zu benennen, in die sie einzuordnen sind. Erst die normzentrierte Kriminologie, allen voran die Arbeiten der englischen Kriminalsoziologen, hat Durkheim für die kriminologische Analyse „entdeckt" und folgenreich herangezogen. Wiederum ist hier vor allem die grundlagentheoretische Arbeit von *I. Taylor, P. Walton* und *J. Young* (1973) zu nennen, die der Bedeutung Durkheims für die Kriminologie ein eigenes Kapitel widmen. Wir werden weiter unten sehen, daß die strafrechtssoziologische Diskussion der letzten Jahre ebenfalls auf zentrale Thesen des Durkheimschen Werkes zurückgegriffen hat. Insgesamt liegt die Bedeutung E. Durkheims für die Kriminologie darin begründet, daß für seine Soziologie die „moralische Ordnung" einer Gesellschaft, die Bedingungen ihrer Genese, ihres Wandels und ihrer Stabilität den zentralen Gegenstand ausmachen – bis hin zu seinen religionssoziologischen, anthropologischen, pädagogischen und philosophischen Arbeiten.

Ebenso sind die Arbeiten von *M. Weber* für eine Kriminologie, die von den Normen einer Gesellschaft und ihrer Organisation ausgeht, von zentraler Bedeutung. Mehr als Durkheim hat sich M. Weber mit der internen Systematik, Differenzierung, Hierarchie und dem Zusammenspiel von unterschiedlichen Normensystemen beschäftigt und insbesondere das normative und institutionelle Gefüge des Rechts herausgearbeitet. Derartige kategoriale und theoretische Differenzierungen gestatten erst, die triviale These von der Allgegenwart der Kriminalität in der Weise zu spezifizieren, daß „Kriminalität" als ein Sonderfall sozialer Kontrolle erscheint, der unter angebbaren sozialen Strukturbedingungen auftritt.

Durkheim definiert einen soziologischen Tatbestand als „jene mehr oder minder festgelegte Art des Handelns, die die Fähigkeit besitzt, auf den einzelnen einen äußeren Zwang auszuüben; oder auch, die im Bereiche einer gegebenen Gesellschaft allgemein auftritt, wobei sie ein von ihren individuellen Äußerungen unabhängiges Eigenleben besitzt" (1961, S. 114). Hierbei kommt es besonders darauf an, daß die analytische Dimension der Soziologie auf Phänomene abstellt, die den Individuen vorgeordnet sind, wobei die sprachliche Fassung dieses Tatbestandes durch Durkheim („contrainte sociale", „conscience collective")[65] zu mancher entrüsteten Kritik geführt hat. Hier erscheint uns die Eindeutschung des Begriffs „conscience collective" durch *R. König* als „gemeinsame Glaubens- und Wertvorstellungen" (*R. König* 1961, pass.), die nicht nur ein semantisches Unterlaufen der Durkheim-Kritik darstellt, sondern von *König* aus dem Gesamtzusammenhang des Werkes von Durkheim begründet wird, alle jene Vorwürfe und Polemik aufzuheben, die sich mit der früher üblichen Übersetzung „Kollektivbewußtsein" verbanden.

In dieser allgemeinsten Perspektive der Soziologie ist für unseren Zusammenhang einer Soziologie des Verbrechens bzw. des verbrecherischen Verhaltens ein ebenso allgemeines begriffliches Koordinatensystem zu schaffen. Auch hierzu hat schon Durkheim ganz entscheidende analytische Vorarbeit geleistet, indem er den Begriff des abweichenden Verhaltens als konstitutiven Gegenbegriff zum normbeachtenden Verhalten konzipiert. Aus diesem Sachverhalt heraus hat Durkheim seine Vorstellungen von den stabilisierenden und integrierenden – aber auch ihren destabilisierenden, sozialen Wandel initiierenden oder reflektierenden (*I. Taylor, P. Walton* und *J. Young* 1973, S. 78 ff.) – Funktionen abweichenden Verhaltens entwickelt, die, wie wir weiter oben schon sahen, ihm unverzüglich eine heftige Polemik von seiten *G. Tardes* eingetragen hatten (vgl. hierzu auch *L. Radzinowicz* 1966, S. 72 ff.).

Die Grundgedanken von *E. Durkheim* und *M. Weber* sind dann später in *T. Parsons* Handlungstheorie eingegangen und von diesem konsequent zu einem Paradigma abweichenden Verhaltens entfaltet worden (1951, Kap. 7), das wir jedoch hier nicht weiter ausbreiten wollen[67]. Als Ergebnis dieser begrifflichen Klärung ist festzuhalten, daß es im strengen Sinne eine eigene Theorie des abweichenden Verhaltens im Gegensatz zu einer Theorie des normgerechten Verhaltens nicht geben kann, sondern daß die eine immer die andere impliziert oder, wie *A. K. Cohen* (1959, S. 488) sehr plastisch formuliert: „A theory of deviant behavior ... must also account for its failure to occur, or conformity." Die Erkenntnis spiegelt sich auch in der berühmten Typologie der Arten individueller Anpassung von *R. K. Merton* wider, die er in seinem Aufsatz „Anomie und Sozialstruktur" entwickelt hat (*R. K. Merton* 1957, S. 140; *R. König* 1967 b; *F. Sack* und *R. König* 1968). Ja, man kann sagen, daß die Kriminalsoziologie in immer stärkerem Maße integriert wird in eine allgemeine Soziologie des abweichenden Verhaltens, wie es sich etwa niederschlägt in den Arbeiten von *M. B. Clinard* (1957 a), *L. T. Wilkins* (1965 a), *A. K. Cohen* (1966, 1968), *W. W. Wattenberg* (1966) und *St. Wheeler* (1967 a). In der neueren Diskussion der Soziologie des abweichenden Verhaltens tritt dabei zunehmend eine theoretische Kontroverse zutage, die analog derjenigen zwischen einer täterorientierten und normzentrierten Kriminologie verläuft. D. h. abweichendes Verhalten läßt sich sowohl aus der Perspektive desjenigen analysieren, der eine gegebene Norm verletzt, als auch aus der Sicht desjenigen, der auf diese Abweichung reagiert. Eine

normzentrierte Soziologie des abweichenden Verhaltens organisiert ihre theoretischen und empirischen Verfahren und Instrumente um Fragen nach der Entstehung, Durchsetzung und Anwendung von Normen, der Vielfalt von Normen, ihren internen
Zusammenhängen, ihren nichtnormativen Bezügen, der Hierarchie von Normensystemen usw.

Während die älteren Ansätze zu einer Soziologie des abweichenden Verhaltens eine eher am Verhalten des abweichenden Mit-
gliedes orientierte Position vertreten und widerspiegeln, sind in
den letzten Jahren mehrere Monographien erschienen, die den
Verhaltensaspekt zugunsten einer normorientierten Analyse
stärker in den Hintergrund stellen. Zweifellos ist hier an erster
Stelle *D. Matzas* „Becoming Deviant" (1969) zu nennen, der seine
theoretische Position, wie wir an anderer Stelle schon sahen, der
Kritik an der traditionellen täterorientierten Konzeption abge-
winnt. Daneben ist insbesondere auf die intensive und fruchtbare
devianzsoziologische Diskussion in England hinzuweisen, die die
traditionelle Kriminologie von einer solchen theoretischen Position attackiert und „the new criminology" als eine „social theory
of deviance" begründen will (*I. Taylor, P. Walton* und *J. Young*
1973). Neben der gerade genannten Arbeit ist für eine an den
Normen ansetzende Soziologie des abweichenden Verhaltens in
der englischen Diskussion vor allem auf die Arbeiten von *P. Rock*
(1973 b), *M. Phillipson* (1971), *St. Box* (1971) hinzuweisen, aus der
amerikanischen Devianzsoziologie sind in diesem Zusammenhang weiter die Arbeiten von *J. D. Douglas* zu nennen, der seiner
weithin bekannten[68], jedoch nicht unwidersprochen gebliebenen
Kritik an dem Selbstmordwerk von *Durkheim* (1967) eine ganze
Reihe von Arbeiten – teils Monographien, teils Anthologien –
hat folgen lassen, die als theoretische (1970 a, 1971 a, 1971 b,
1974), methodologische und forschungstechnische (1972) oder
empirische (1970 b) Beiträge zu einer Soziologie des abweichenden Verhaltens unter normorientierter Perspektive zu betrachten
sind. Aus der Fülle weiterer monographischer oder anthologi-
scher Arbeiten zu einer Soziologie des abweichenden Verhaltens,
die in den letzten 10 Jahren erschienen sind, zum Teil auf der
Linie eines verhaltensorientierten Ansatzes liegen (*L. S. Simmons*
1969; *K.-D. Opp* 1974; *G. Wiswede* 1973; *R. L. Akers* 1973), zum
Teil für eine normausgerichtete Perspektive votieren (*E. Rubington*
und *M. S. Weinberg* 1968; *W. J. Filstead* 1972; *R. A. Scott* und *J. D.
Douglas* 1972; *H. Keupp* 1976), zum Teil keine eindeutige theoretische Option erkennen lassen (*D. C. Gibbons* und *J. F. Jones* 1975),
sei noch mit besonderem Nachdruck auf die Monographie von
R. Hawkins und *G. Tiedeman* „The Creation of Deviance. Interpersonal and Organizational Determinants" (1975) aufmerksam ge-

macht. Die Autoren unternehmen den gelungenen Versuch, systematisch die theoretischen Erwägungen und empirischen Befunde zusammenzutragen, die einer täterbezogenen Soziologie des abweichenden Verhaltens entgegenstehen und formulieren gleichzeitig ein eindrucksvolles Plädoyer für eine theoretische Position, die analog der normzentrierten Kriminologie zu konzipieren ist.

Diese Parallelität der theoretischen Kontroverse innerhalb der Kriminologie und der Soziologie des abweichenden Verhaltens, die sich noch erweitern ließe um eine identische Situation im Bereich der Soziologie sozialer Probleme[69], läßt sich bis in die methodologischen und forschungstechnischen Details verlängern, die wir für die Kriminologie erörtert haben. Auch auf anderen Gebieten des abweichenden Verhaltens treffen wir auf eine Situation, in der wir Meßprobleme derart kennen, wie sie für die Kriminalstatistiken aufgewiesen wurden. *E. Lemert* schätzt, daß „only 50 per cent of mentally diseased persons are ever institutionalized" (1946, zit. nach 1967, S. 67), und man muß diese Schätzung noch als sehr konservativ betrachten, wenn man einige der epidemiologischen Untersuchungen heranzieht, die mit Survey-Methoden ganze Gemeinden auf ihren Gesundheitsstand untersucht haben (*D. C. Leighton u. a.* 1968; zusammenfassend *H. Keupp* 1972 b). Ja, selbst im Bereich der körperlichen und organischen Erkrankungen, für die die moderne Medizin ein ganzes Arsenal objektiver Diagnoseinstrumente verfügbar hat, hat *I. K. Zola* eine äußerst beredte Fülle von Material als Beleg dafür zusammengetragen, daß „the more intensive the investigation, the higher the prevalence of clinically serious but previously undiagnosed and untreated disorders" (1968, S. 616). Unter ausdrücklicher Bezugnahme auf eine Reihe von Arbeiten aus anderen Bereichen des abweichenden Verhaltens formuliert *Zola* einige allgemeine Folgerungen aus den von ihm ausgebreiteten empirischen Befunden und schlägt eine Strategie der Forschung vor, die als Resumé auch unserer bisherigen Erörterungen zur Kriminalität bzw. Delinquenz stehen kann: „Given that the prevalence of abnormalities is so high, the rate of acknowledgement so low, and the decision to seek aid unrelated to objective seriousness and discomfort, it is suggested that a socially conditioned selective process may be operating in what is brought in for medical treatment ... The idea is postulated that it might be such selective processes and not etiological ones which account for many of the previously unexplained epidemiological differences between societies and even between subgroups within one society" (S. 615).

Nachdem wir gesehen haben, daß die Soziologie des abweichenden Verhaltens, zu der sich die Kriminologie insofern als ein Spezialfall darstellt, als in beiden Fällen der kategoriale Ausgangspunkt die Norm und die darauf bezogene Abweichung sind, identische methodologische Probleme kennt und von daher zwei kontroverse theoretische Bezugsrahmen entwickelt hat, wollen wir nunmehr die Kategorie der Norm einer genaueren theoretischen Klärung unterziehen und die beiden theoretischen Positionen darauf beziehen.

3. Normatives und interpretatives Paradigma in der Soziologie

In der kategorialen Grundlegung einer Soziologie des abweichenden Verhaltens waren wir unter Berufung auf *Durkheim* und *M. Weber* von dem Konzept der Norm ausgegangen und hatten sie als den Elementartatbestand der sozialen Existenz des Menschen identifiziert. Es bezeichnet eine dem individuellen Menschen und seinem Verhalten vorgeordnete und äußerliche Ebene, einen überindividuellen Sachverhalt, der Kontinuität und Struktur sozialen Handelns verbürgt. Den Normen einer Gesellschaft oder einer beliebigen anderen sozialen Gruppe stehen die Verhaltensweisen und Handlungen der einzelnen Mitglieder solcher kollektiver Gebilde gegenüber. Eine zwar sehr schematische, aber im Prinzip zutreffende Vorstellung hat davon auszugehen, daß jede einzelne Handlung eines Mitglieds eines sozialen Gebildes vor dem Hintergrund der normativen Struktur als dieser entsprechend oder ihr entgegengerichtet zu denken ist. Damit gelangt man zu prinzipiell zwei Teilklassen von Verhaltensweisen: den normkonformen und den normabweichenden.

Da nun die Normen eines sozialen Gebildes mit einem außerhalb des Individuums angesiedelten Verbindlichkeitsanspruch („contrainte sociale") ausgestattet sind, ergibt sich die Frage nach den sozialen Vorkehrungen und Mechanismen der Geltendmachung und Durchsetzung dieses sozialen Verbindlichkeitsanspruches. Wie wird gewährleistet, daß das Verhalten der Mitglieder sozialer Gebilde in möglichst vollständiger Korrespondenz zu den Normen steht? Die sehr pauschale und wiederum schematische Antwort ist mit dem Konzept der „sozialen Kontrolle" gegeben. Die Grundkategorie sozialer Kontrolle, die dem Konzept der Norm entspricht, stellt die Sanktion dar. Von ihr war bisher nicht die Rede. Die Sanktion bezeichnet die Instrumente und sozialen Prozesse, mittels deren ein soziales Gebilde die Kongruenz zwischen einer überindividuellen normativen Struktur und den individuellen Verhaltensweisen seiner Mitglieder zu erreichen sucht. Einzelheiten und nötige Differenzierungen können hier zurückgestellt werden.

Indessen läßt sich die generelle Frage nicht suspendieren, ob dieses Modell des Zusammenhangs zwischen normativer Struktur, sozialer Kontrolle und dem Verhalten der Mitglieder sozialer Gebilde die Wirklichkeit zutreffend abbildet. Genauer: Beziehen sich soziale Normen und Sanktionen auf voneinander isolierbare und unabhängig zu bestimmende empirische Verhaltensweisen? Kann man von einer Norm im Sinne sozialer und außerindividueller Verbindlichkeit reden, wenn ihr keine Sanktion folgt? Ist eine Sanktion denkbar, ohne daß ihr eine Norm zuzuordnen wäre? Indiziert nicht erst das empirische Vorliegen einer Sanktion auch die Existenz einer Norm? Geraten nicht Normen in den Bereich der Unverbindlichkeit, wenn die Sanktion bei der Abweichung von ihr ausbleibt, d. h. hört sie dann nicht in dem von *Durkheim* definierten Sinne zu existieren auf?

Die Fragen alleine schon, ohne daß sie im einzelnen beantwortet werden, machen deutlich, daß ein Modell, das auf der unabhängigen Existenz und Funktionsweise von Norm und Sanktion aufbaut, in beträchtliche begriffliche und methodologische Schwierigkeiten gerät. Es genügt hier der Verweis auf unsere methodologischen Erörterungen zur Kriminologie, um Art und Ausmaß der Probleme zu kennzeichnen. Sie werden noch deutlicher, wenn wir andere Phänomene abweichenden Verhaltens ins Auge fassen, bei denen die ihnen zugrunde liegenden Normen nicht in der Form „objektiviert" sind, wie dies bei Strafrechtsnormen der Fall ist, die schriftlich fixiert und in Gestalt von Gesetzen eine unmittelbare und greifbare Gegenständlichkeit besitzen. Normen bzw. „Abweichungen" im Bereich der Familie, auf dem Gebiet des Sexuallebens, im Primärgruppenbereich, unter Jugendlichen dürften für den Beobachter und oft auch für die Mitglieder solcher sozialen Situationen und Gebilde nur lokalisierbar und erschließbar sein über die Sanktionen, denen die entsprechenden Verhaltensweisen ausgesetzt sind.

Mehr noch: diese letzten Beispiele zeigen nicht nur, daß Norm und Sanktion eng aufeinander bezogen sind, sondern daß sie auch nicht in der Weise aus dem sozialen Kontext und den interaktiven Prozessen innerhalb sozialer Gebilde herausgelöst werden können, wie dies in dem Modell unterstellt wird, das von ihrer unabhängigen Existenz ausgeht. Soziale Normen und Erwartungen sind der Interpretation, der Aushandlung, dem Disput, der sozialen Auseinandersetzung zugänglich und prinzipiell unterworfen. Ob ein bestimmtes Verhalten als abweichend oder nicht angesehen und demgemäß mit einer Sanktion belegt wird, ist eine Frage, die nur dann eine leichte und unbezweifelbare Antwort zuläßt, wenn ich letztere aus der retrospektiven Sicht des insgesamt abgeschlossenen interaktiven Geschehens geben kann. Während des interaktiven Geschehens selbst ist diese Frage durchaus offen und selbst integrierter Bestandteil des sozialen Prozesses.

In den gröbsten Umrissen sind damit zwei theoretische Positionen innerhalb der Soziologie bestimmt, die ein sehr unterschiedliches Verhältnis sozialer Strukturen und Prozesse auszeichnet. Ein Großteil der soziologischen Theoriediskussion in den letzten zwei Jahrzehnten ist der Grundlegung, Konfrontation, methodologischen Erörterung, Fragen der Konvergenz oder Divergenz dieser beiden theoretischen – hier vielleicht ist das ansonsten sparsam zu gebrauchende Konzept anzuwenden – „Paradigmen" gewidmet gewesen[70]. *Th. P. Wilson* (1970, dtsch: 1973) hat bereits vor etlichen Jahren versucht, die divergierenden kategorialen, theoretischen und methodologischen Grundstrukturen des „normative paradigm" und des „interpretive paradigm" herauszuarbeiten. Sein Akzent lag dabei auf der Entwicklung des interpretativen Theorieverständnisses, das zweifellos in den letzten Jahren quantitativ wie qualitativ die größten theoretischen, methodologischen und empirischen Anstrengungen auf sich gezogen und auch den reichsten literarischen Ertrag aufzuweisen hat.

Stichworte müssen jedoch genügen, um die beiden Positionen über das bereits Gesagte hinaus zu skizzieren, auch angesichts der Gefahr, daß nötige Differenzierungen dadurch nicht hinreichend zur Sprache kommen[71]. Zunächst ist der begriffliche Ausgangspunkt von *Wilson* herauszustellen: er erörtert beide Paradigmen als verschiedene „conceptions of interaction" und stellt damit die Frage in den Mittelpunkt, wie interaktive und kommunikative Prozesse zwischen den Mitgliedern sozialer Gebilde theoretisch adäquat zu rekonstruieren sind. Vor diesem Hintergrund entfaltet er die Unterschiede der beiden Paradigmen in bezug auf das verwendete Handlungsmodell, auf die normativen Kategorien (Norm, Rolle, Institution), auf das Konzept der Sozialstruktur sowie in bezug auf die daraus abzuleitenden methodologischen Implikationen. Das normative Paradigma arbeitet mit einem Handlungsmodell, in dem die handelnden Akteure in einer Interaktion als Individuen gedacht werden, die Normen und Erwartungen über Prozesse der Sozialisation und der Internalisierung gleichsam als Handlungsantriebe, Motivationen, need dispositions, Attitüden der Persönlichkeitssysteme integriert haben. Die Externalität der „conscience collective" bzw. der „représentations collectives" ist gleichsam aufgehoben, die „contrainte sociale" ein Vorgang oder eine Beziehung, die sich in das Individuum verlagert hat. Demgegenüber ist der Akteur im interpretativen Paradigma jemand, der in einen ständigen Prozeß des „role-taking" involviert ist, um einen zentralen Begriff des interpretativen Paradigmas aufzugreifen. Im Anschluß an *R. Turner* formuliert *Th. Wilson*: „The actor is assumed to have a tendency to perceive the behaviors of others in such patterns (d. h. Rollen, die als „coherent pattern of behavior" definiert sind – F. S.), and 'it is this tendency to shape the phenomenal world into roles which is the key to role-taking as a core process in interaction'" (1970, S. 700). Das heißt, nach dem interpretativen Paradigma dienen Normen, Erwartungen, Rollen dem Akteur dazu, Eindrücke, Wahrnehmungen, Erscheinungen zu ordnen, zu kohärenten Mustern zusammenzufügen, und zwar in der Weise, daß sie dem Handelnden seine Orientierung und damit sein Handeln gegenüber dem Interaktionspartner ermöglichen. Das Bild, das sich der Akteur von anderen macht, ist die Grundlage seines Handelns. Dieses Bild ist jedoch nach dem Theorieverständnis des interpretativen Paradigmas immer nur ein Entwurf, der im Laufe der Interaktion einer ständigen Korrektur unterworfen ist und an dem die Interaktionspartner wechselseitige Veränderungen vornehmen.

Der Handelnde im normativen Paradigma ist ein passiver Reflex von internalisierten Normen und Erwartungen, der Akteur im interpretativen Paradigma ein aktiver Gestalter und „Produzent" sozialer Prozesse und Strukturen. Aus dieser theoretischen Grundstruktur des normative und interpretativen Paradigmas lassen sich die unterschiedliche Verwendung und Bedeutung der Kategorien „Norm", „Sozialstruktur", „Rolle", „Motivation", „Attitüden" u. a. zentrale soziologische Konzepte ableiten. Für eine genauere Explikation der beiden Paradigmen sei der Leser auf die entsprechende Spezialliteratur verwiesen: *Th. Wilson* skizziert das normative Paradigma im wesentlichen unter Rekurs auf die Arbeiten von *T. Parsons'* „Social System" (1951), das interpretative Paradigma knüpft zentral an die Tradition des symbolischen Interaktionismus von *G. H. Mead* an[72]. *R. Hawkins* und *G. Tiedeman* vermerken zu Recht, daß das normative Paradigma „is most consistent with the dominant thrust in sociology – mainly structural functionalism – while the latter is more consonant with ethnomethodology and symbolic interactionism" (1975, S. 3). Mit dem Hinweis auf die Ethnomethodologie[73], mit der vor allem die Arbeiten von *H. Garfinkel* (1967), *A. V. Cicourel* (1964), des früh verstorbenen *H. Sacks* (1972), *D. Sudnow* (1972), *P. McHugh* (1971) und einer zunehmend größeren Anzahl von Soziologen verbunden sind, sind in die Tradition des interpretativen Paradigmas auch die – vor allem die in der amerikanischen Emigration erschienenen – Arbeiten des *Husserl*-Schülers *A. Schütz*, die gleichfalls auf ihn sich berufende phänomenologische Soziologie (*P. Berger* und *Th. Luckmann* 1969) und über die Fortführung der *M*.

Weberschen Soziologie auch dessen Konzeption einer verstehenden Soziologie einbezogen. Der deutsche Leser sei weiter auf die verdienstvolle, verschiedene Strömungen des interpretativen Paradigmas umfassende, gut eingeführte und kommentierte Anthologie der *Arbeitsgruppe Bielefelder Soziologen* (1973) sowie auf die Arbeit von *H.-P. Dreitzel* (1968) verwiesen. Will man eine generelle Formel finden, die – bei aller Divergenz und auch interner Kritik und Schulenbildung im einzelnen – als erkenntnisleitendes Interesse der Anhänger und Vertreter einer interpretativen Position und deren theoretischen und methodischen Instrumentariums gemeinsam ist, so ist es ein Prinzip, das von dem englischen Kriminologen *G. Pearson* (1975 a, 1975 b) in einer faszinierenden Arbeit – hier zugeschnitten auf die Analyse abweichender Phänomene – folgendermaßen beschrieben wird: „The central unifying tendency within misfit sociology is the attempt *theoretically* to throw off the shackles of pre-defined and offically categorised social reality; that is to say, there is a dissolution of *reification* in social science and its view of the moral and social order" (1975, S. 65; Hervorhebung im Original). Normen verstanden nicht als unbewegliche äußere Faktoren und Kräfte, denen das Individuum unterworfen ist, sondern über die es verfügt in seinen Interaktions- und Handlungsstrategien, soziale Struktur nicht als externe Gegebenheit, sondern als durch das Handeln der Menschen „erzeugte" Wirklichkeit, Rollen nicht als Gehäuse, die man bewohnt, sondern als komplexe Vorstellungsbilder, mit denen man Ordnung herstellt und Phänomenen Gestalt verleiht – das alles sind Sichtweisen traditioneller Konzepte der Soziologie, die ihre „Entreifizierung" beabsichtigen. Darin sieht *Pearson* die kognitiv-theoretischen wie – intendierten oder nicht intendierten – politischen Konsequenzen des symbolischen Interaktionismus, der phänomenologischen Soziologie, der Ethnomethodologie, Teile der kritischen Theorie, der Anti-Psychiatrie wie der Labeling-Theorie und der Stigmatisierungstheorien, darin sieht er die Arbeiten so unterschiedlicher Autoren wie *Th. S. Szasz, E. Goffman, H.-S. Becker, A. V. Cicourel, H. Garfinkel, J. Habermas* u. v. a. m. konvergieren.

Für die kriminologische Diskussion ist die Unterscheidung der beiden Paradigmen in verschiedener Hinsicht von Relevanz. Es dürfte deutlich geworden sein, daß die Kritik an der traditionellen Kriminologie aus der Position eines Theorieverständnisses formuliert ist, das dem interpretativen Paradigma nahesteht. Es wird im kommenden Abschnitt bei der Erörterung der sogen. „Labelingtheorie", auf die wir im Zusammenhang mit der amerikanischen Soziologie schon kurz zu sprechen kamen, deutlich werden, daß auch ihre zentralen Thesen, theoretischen und methodischen Konzepte in der Tradition des interpretativen Paradigmas stehen.

Von besonderer Bedeutung für die Kriminologie erscheint uns die Unterschiedlichkeit in dem Verständnis der beiden Konzepte der „Norm" und der „Motivation". Gerade bei Anhängern des interpretativen Paradigmas nimmt die theoretische Erörterung des Konzepts der Norm bzw. – wie manche von ihnen terminologisch vorziehen – der „Regel" einen breiten Raum ein (R. Hawkins und G. Tiedeman 1975, Kap. I und II; J. D. Douglas 1971 b, Kap. 2, 5, 6; A. V. Cicourel 1964, Kap. IX; G. Falk und H. Steinert 1973). Entsprechend dem allgemein skizzierten Handlungsmodell sind Normen im „normativen" Theorieverständnis Regeln, Vorschriften, Leitlinien des Verhaltens, im interpretativen sind sie Bezugspunkte, Rechtfertigungsstrategien für Verhalten: „Norms do not guide behavior as much as they provide people with after-the-fact justifications and explanations for behavior which occurs" (R. Hawkins und G. Tiedeman 1975, S. 23).

Die Kritik an der traditionellen Kriminologie, insbesondere auch an ihrer Theoriebildung, hat die aus dem Normverständnis des interpretativen Paradigmas resultierende „Zirkularität" vieler kriminologischer „Erklärungen" hervorgehoben. So hat E. M. Lemert (1964) in einer prinzipiellen Auseinandersetzung mit der Anomietheorie von R. K. Merton die häufig zirkuläre Verwendung des Konzepts herausgestellt, indem aus dem beobachteten Verhalten Normen und Werte inferiert und dann als Antezedensbedingungen in das Erklärungsmodell eingebracht würden. Ähnliche Vorwürfe hat D. Bordua gegen einige Varianten der Subkulturtheorie zur Erklärung der Delinquenz vorgebracht (1961), und auch R. Hawkins und G. Tiedeman (1975, S. 53/54) gehen auf diesen Punkt ausführlicher ein. St. Wheeler (1967 b) hat die Frage grundsätzlicher aufgenommen, sie auf den spezifischen Kontext des abweichenden Verhaltens zugeschnitten und in bezug auf die Frage, ob Normen isolierbare Bestandteile eines Handlungszusammenhangs sind, die in der üblichen Weise dem Verhalten als solchem gegenübergestellt werden können, die folgende Position formuliert: „The problem, however, is that norms are very difficult to portray as separate threads in the fabric of culture: the moment we lift a norm out of its content to see how it works as a guide to behavior, we are apt to discover that we have detached it from that shared body of experience which gives it whatever meaning it has to the persons whose lives are touched by it" (S. 604). Er sieht Normen als „a kind of sociological shorthand" (S. 605), deren noch so elegante und präzise begriffliche Fassung es nicht gestatten würde, ihnen einen genauen Spielraum tatsächlichen Verhaltens zuzuordnen.

Aus dieser Situation habe sich für die Kriminologie im besonderen, aber auch für andere Formen abweichenden Verhaltens, ein Dilemma der praktischen Forschung ergeben, das zu zwei sehr unterschiedlichen Ansätzen geführt habe. Der eine, dem der Hauptteil der bisherigen Ansätze auf diesen Gebieten verpflichtet ist, behandelt die Norm als etwas zweifelsfrei Gegebenes und mühelos Faßbares, das sich dem objektiven Betrachter ohne Schwierigkeit erschließt. Die andere Position, die sich allmählich aus Aporien der ersten und aus der Schwierigkeit ergibt, einige empirische Phänomene damit in Einklang zu bringen, verneint die Möglichkeit, die Existenz von Normen klar und eindeutig und losgelöst vom Handlungs- und Interaktionszusammenhang zu klären. *Wheeler* beschreibt beide Positionen wie folgt: „According to the first strategy, then, deviant behavior is conduct that objectively appears to violate a norm. According to the second strategy, deviant behavior is conduct that is perceived by others as contrary to the norms" (S. 607).

Das Alltagsverständnis und der Sprachgebrauch verleihen der „objektiven" Position bzw. dem normativen Paradigma ihre Plausibilität und erklären wohl, warum sie auch innerhalb der Soziologie eine Vorrangstellung einnimmt. Für sie spricht ebenfalls die Systematik und die Arbeitsweise des Rechtsapparates, der infolge eines Umgangs mit sprachlich fixierten Normen diesen einen geradezu greifbaren und gegenständlichen Bezug ansinnt. Auf der anderen Seite erweist gerade die Tatsache, daß eine gegebene Norm, als informelle Handlungsregel zumal, aber auch eine solche, die in symbolisch institutionalisierter Form dem Verhalten konfrontiert ist, für sich genommen nur erst eine potentielle Handlungskonsequenz darstellt, deren Aktualisierung von zusätzlichen Bedingungen abhängt. Mit anderen Worten, eine Norm muß angewandt werden, der Prozeß der Konfrontation von Normen und Verhalten ist ein sozialer Prozeß, der sich nicht schon aus der Existenz der Norm selbst ergibt und auch nicht durch diese vorgeschrieben ist, weder prinzipiell noch nach der spezifischen Art und Weise ihrer Handhabung und Durchsetzung. Die Analyse von Normen und Regeln gehört zu einem bevorzugten Gegenstand theoretischer und empirischer Anstrengung der Phänomenologie wie der Ethnomethodologie, aber auch etwa der modernen Linguistik. Dabei unterscheidet man verschiedene Systeme und Ebenen von Regeln, die in einer Art Hierarchie derart zueinander stehen, daß auf einer elementarsten Ebene gewisse „Basis- oder interpretative Regeln" existieren (vgl. *A. V. Cicourel*, in: *Arbeitsgruppe Bielefelder Soziologen* 1973, S. 174 ff.; *R. Bohnsack* 1973), die allgemeinste Prinzipien der Kommunikation, der Interaktion und Interpretation betreffen. Sie erst ermöglichen, mit den Regeln der nächsten Ebene umgehen und operieren zu können. In der Linguistik hat N. Chomsky darauf die Unterscheidung zwischen der Oberflächen- und der Tiefenstruktur einer Grammatik aufgebaut, wobei erstere der üblichen Grammatik entspricht, wie wir sie für alle modernen Schriftsprachen kennen, und letztere Regeln sind, die der expliziten und manifesten Formulierung nur schwer zugänglich sind, aber für den „richtigen", d. h. situationsgebundenen, aktiven und passiven Umgang mit der Sprache unerläßlich sind.

Wir haben uns an anderer Stelle (F. Sack 1968 b) zur Analyse dieses Sachverhalts u. a. auf rechtsphilosophische Überlegungen des Engländers- H. L. A. Hart (1948/49) berufen, der seinerseits von den Spätwerken L. Wittgensteins und dessen philosophischen Analysen zu „Sprachspielen" und zur Klärung des semantischen Aspekts der Sprache beeinflußt ist, die heute in der Sprechakttheorie ihre Fortsetzung finden. Einen ausdrücklichen kriminologischen Bezug hat eine interessante Arbeit von dem Engländer P. MacNaughton-Smith (1968), der zur Erörterung der „kriminellen Oberflächenstruktur" einer Gesellschaft die Existenz eines „second code" postuliert, der neben dem „first code" des Strafrechts existiert und der gleichsam die „Tiefenstruktur" bzw. „Basis- oder Interpretationsregeln" des Strafrechts darstellt. Diese Basisregeln des Strafrechts sind nicht schriftlich fixiert, sie sind von latenter Natur und nur erschließbar aus der empirischen Beobachtung der Anwendungspraktiken und -situationen, in denen der „first code" aktualisiert wird.

Es liegt auf der Hand, daß damit ein theoretischer Anschluß erreicht ist zu den Befunden und Erörterungen, die wir im Zusammenhang mit den methodologischen Problemen der Kriminologie dargestellt haben. Selektionsergebnisse und -mechanismen gehen zurück auf die Existenz solcher Regeln des „second code", der „Tiefenstruktur", der „logic-in-use", der „rules-in-use", der „Herstellung", der Anwendung und Interpretation, die den Regeln des „first code", der „Oberflächenstruktur", der „reconstructed logic", der „Darstellung" usw. vorgeordnet sind. Alles dies sind Konzepte aus den verschiedensten wissenschaftlichen Disziplinen und Diskussionen, die auf die Komplexität regel- oder normgeleiteten Verhaltens aufmerksam machen und die theoretisch von dem interpretativen Paradigma in der Soziologie thematisiert werden. Um einen letzten Hinweis darauf zu geben, daß die Annahme eines derartig komplexen Regelungsgefüges nicht einem marginalen theoretischen Interesse innerhalb der Soziologie entspricht, sondern daß damit zentrale Prozesse sozialen Handelns und sozialer Interaktion angesprochen sind, sei auf analoge Überlegungen in der rechtstheoretischen und -methodologischen Diskussion der letzten Jahre aufmerksam gemacht. Die Kritik am lange Zeit hindurch herrschenden methodologischen Selbstverständnis der Rechtswissenschaft und Rechtspraxis, die sich selbst als einen rein logischen Subsumtionsprozeß von Sachverhalten unter Normen bzw. Regeln stilisierte, ist nachhaltig durch *J. Essers* (1970) Insistieren auf das bei der Rechtfindung erforderliche „Vorverständnis" auf eine Formel gebracht, deren theoretische Nähe zu den in der Linguistik, Ethnomethodologie und Phänomenologie entwickelten Konzepten der Regelungshierarchie unübersehbar ist, wenn auch anzumerken ist, daß *Essers* Behandlung des Phänomens über eine metaphorische und heuristische Verwendung kaum hinausgeht. *W. Hassemer* hat die Kritik des rechtswissenschaftlichen Subsumtionsmodells am Beispiel des Strafrechts vorgeführt. *W. Hoffmann-Riem* (1972) das Selektionskonzept zur Klärung von Problemen der Rechtsanwendung herangezogen.

Das zweite Konzept aus dem Kontext eines interpretativen Paradigmas, das für Probleme der Kriminologie eine besondere Betonung verdient, ist das der Motivation und ähnlicher Begriffe, die sich auf die intentionalen und voluntaristischen Aspekte des Handelns beziehen. Wir waren hierauf im Zusammenhang mit der Erörterung der amerikanischen Kriminologie schon kurz eingegangen. Hier sind noch einige grundsätzliche Bemerkungen nachzutragen. Im theoretischen Verständnis eines normativen Paradigmas bezeichnet das Konzept „Motivation" die innerindividuelle Entsprechung der Norm bzw. Regel. Auf dem Wege der Sozialisierung und Internalisierung wird diese zum Bestandteil, zur Eigenschaft, zum Merkmal des Bedürfnissystems der Person. Abweichendes und kriminelles Verhalten resultiert bzw. „wird erklärt" aus nicht oder nur unvollkommen gelungener Sozialisation, ist also eine rein lerntheoretisch begriffene und beantwortbare Frage. Demgegenüber steht: „The assignment of a pattern to behavior is based on some imputation of ‚purpose or sentiment to the actor' ... The ascription of motives is a very social phenomenon; motives are of interest not as internal states which supposedly cause behavior, but as social attributions of these internal states, drives, or needs as imputed by observers of an action" (*R. Hawkins* und *G. Tiedeman* 1975, S. 7; vgl. auch *Th. Wilson* 1970, *G. Falk* und *H. Steinert* 1973; *M. B. Scott* und *St. M. Lyman* 1968). Das sind in der Tat zwei diametral entgegengesetzte theoretische Verwendungsweisen des Konzepts der Motivation, die von *A. F. Blum* und *P. McHugh* (1971) – zwei Ethnomethodologen mit gewissen disziplinären Identitätsproblemen – noch weit pointierter und differenzierter auf der Seite des interpretativen Paradigmas herausgearbeitet werden. Sie heben insbesondere den „Regelcharakter" von Motiven hervor: „Motive sind demnach ein kollektiver Mechanismus zur Ausführung sozialer Interaktion und zur Auswahl der verschiedenen Möglichkeiten sozialen Handelns, indem eine besondere Handlung und gesellschaftliche Regeln zu der spezifischen Konstellation des sozialen Handelns zusammengefügt werden, die Beobachter dann als ‚Person', ‚Mitglieder' und ‚Mitgliedschaft' bezeichnen" (n. d. Übersetz. bei *K. Lüderssen* und *F. Sack* 1975 b, S. 172).

Es lassen sich mühelos eine Reihe von Beispielen aus der unmittelbaren Alltagswelt beibringen, in denen Motive den Gegenstand der sozialen Interaktion darstellen, wo es darum geht, sich über Motivzuschreibungen auseinanderzusetzen oder zu verständigen. Motivkategorien sind es, die etwa zwischen einem jugendlichen Streich und einem ernsten Fall von Jugendkriminalität differenzieren, die ein „unbedachtes" Wort von einer groben Beleidigung trennen, die die Müdigkeit eines Kindes von Unwohlsein abheben, die die Kleptomanin von der Diebin unterscheidet, die Erziehung von einer Züchtigung usw. Das zentrale Moment für die soziologische Analyse besteht darin, daß die Entscheidung darüber, welches Motiv zugrunde liegt, aus Umständen und Merkmalen der Situation, der Interaktionspartner, der Lokalität usw. zu erschließen ist, die nicht schon das Motiv selbst sind, sondern als zu ihm in einer bestimmten Beziehung gedacht und vorgestellt werden. Das Motiv ist dann in gewisser Weise ein „Kürzel", das alle Merkmale in einem Symbol, in einer Figur bündelt und dem Geschehen damit zu einem sozial bedeutsamen oder „sinnhaften" Ereignis verhilft. In diesem Sinne sprechen *Blum* und *McHugh* von einer Motivgrammatik, unterscheiden sie zwischen Motiv als „Oberflächenstruktur" und „Tiefenstruktur" – bewußt in Analogie zur Sprache und zur Linguistik. Motivregeln sind die Verfahren, nach denen methodisch soziale Gegenstände „erzeugt" werden.

Der Gedanke, daß Motivationen nicht als innere Zustände und Merkmale der psychischen Struktur des Individuums betrachtet werden, sondern in sozialen Interaktionen zugeschrieben, ausgehandelt, interpretiert, auferlegt werden, hat in einem relativ neuen Zweig der psychologischen Forschung theoretisches und empirisches Interesse auf sich gezogen. Eine durch *F. Heiders* „common-sense-Psychologie" angeregte Richtung der modernen Psychologie untersucht systematisch die in der Alltagswelt ablaufenden Prozesse der Attribution von Merkmalen, Motiven, Ursachen von sozialen Geschehnissen, Zuständen, Abläufen, die Grundlage und Ausgangspunkt für deren soziale Verarbeitung im weitesten Sinne sind. Über theoretische Fragestellung und erste empirische Befunde, dieser „Attributionstheorie", die er zu

Recht in engen Zusammenhang mit ethnomethodologischen Arbeiten bringt, berichtet H. Keupp (1976, S. 110 ff.)

4. Die Labeling-Theorie: Einige Anmerkungen zum Stand der Diskussion und Rezeption

Wir wollen damit die generelle Erörterung der theoretischen Unterschiede zwischen den beiden soziologischen Theorieansätzen und auch ihrer spezifischen Bezüge zur kriminologischen Theoriebildung und Analyse abbrechen. Wir glauben, damit hinreichend den allgemeinen Hintergrund dargelegt zu haben, der es ermöglicht, eine Diskussion aufzunehmen, die in keiner Auseinandersetzung mit der modernen und zeitgenössischen Kriminologie fehlen kann. Nichts hat die Kriminologie der letzten 10–20 Jahre so nachhaltig geprägt wie das Aufkommen, die Diskussion um Reichweite, Innovationskraft, Erkenntnismöglichkeit der sogen. Labeling-Theorie.

Wir haben bei der Erörterung der amerikanischen Kriminologie im Zusammenhang mit der Diskussion der methodologischen Probleme dieser Wissenschaft bereits zweierlei gesehen: Zum einen den theoretischen Impuls, der der Labeling-Theorie in der Kritik und Überwindung einer rein täterorientierten Kriminologie vergangener Jahrzehnte zukommt. Damit verbunden sind die verschiedensten theoretischen und empirischen Anstrengungen, eine alternative Kriminologie zu entwickeln. Soweit die Kriminologie hinter diesen Stand nicht mehr zurückfallen kann und fortfährt, die normative Seite der Kriminalität, das Strafrecht in seiner Genese, in seinen Anwendungsstrukturen und in seinen empirischen Verfahrensweisen zu analysieren, kann nicht von einer „Überwindung" der Labeling-Theorie gesprochen werden, sondern von ihrem theoretischen und empirischen Folgenreichtum. Zum zweiten haben wir gesehen, daß die praktischen und politischen Implikationen der Labeling-Theorie – im Gegensatz zu denen der täterorientierten Kriminologie – von einer Art sind, die die Diskussion über diese Theorie nicht im Raume der wissenschaftlichen Erörterung beläßt, sondern sie zu einem Gegenstand kontroverser Diskussion auch außerhalb der Kriminologie, insbesondere zu einem solchen der Rechtspolitik und der Instanzen sozialer Kontrolle werden läßt.

Vor diesem Hintergrund wollen wir ohne Anspruch auf Vollständigkeit, Systematik und Geschlossenheit in Darstellung und Kritik der Labeling-Theorie – was ohnehin sowohl vom Umfang her wie von der Notwendigkeit angesichts der Verfügbarkeit zusammenhängender Abhandlungen[74] nicht angeraten wäre – einige Anmerkungen machen, die sich auf ihre Entwicklung, ihre

Kritik, ihre empirische Triftigkeit und ihre Fortschreibung beziehen. Dabei, um das gleich vorwegzunehmen, wird sich auf das Eindrucksvollste bestätigen, was wir an früherer Stelle an einer Bemerkung von G. B. Vold (1958, S. 280) bereits herausgestellt haben: „Crime as an aspect of the struggle for the control of power between different elements and political segments of the population of a community is a frightening thought to many." Es lohnt sich, die Diskussion um die Labeling-Theorie, auch soweit sie sich als theoretisch und methodologisch distanziert versteht und gibt, sowohl unter dem Gesichtspunkt zu sehen, inwieweit sie tatsächlich den Machtaspekt einschließt, als auch danach zu fragen, wen und wodurch sie tatsächlich erschreckt.

Versucht man zunächst eine generelle Antwort auf die Frage nach dem Stand der Diskussion um die Labeling-Theorie zu geben, so begegnet man höchst unterschiedlichen Einschätzungen und Urteilen. Es scheint, als eigne sich die Labeling-Theorie wie kaum eine andere spezifische kriminologische Theorie dazu, der selektiven Verwendung und Ausbeutung zugänglich zu sein. Dies hängt zum einen sicherlich mit der wissenschaftsgeschichtlich äußerst heterogenen Ausgangslage zusammen. zum anderen ist aber auch eine ansonsten in der wissenschaftlichen Diskussion kaum anzutreffende vorschnelle Bereitschaft vorhanden, mit der Labeling-Theorie „abzurechnen", um wieder zum traditionsungebrochenen Geschäft kriminologischer Analyse zurückkehren zu können.

H. J. Schneider, einer der ganz wenigen deutschen Juristen-Kriminologen, der nicht offen gegen die amerikanische „Überfremdung" der deutschen Kriminologie polemisiert, sondern offensiven Anschluß an sie sucht (emphatisch: „Die deutschsprachige Kriminologie braucht die nordamerikanische" 1973, S. 581), versteigt sich eingangs eines Handbuchartikels mit dem anspruchsvollen Titel „Kriminologie (Grundlagen)" zu einer Behauptung, die zu charakterisieren das legitime Vokabular wissenschaftlicher Auseinandersetzung sprengen würde und nur noch überboten wird durch Versuche des gleichen Autors, seine fehlenden wissenschaftlichen Argumente durch den Ruf nach dem Staatsanwalt zu übertönen[75].

Schneider schreibt zur Labeling-Theorie: „Der ‚Labeling-Approach' spielt in der internationalen und besonders der nordamerikanischen Diskussion eine sehr untergeordnete Rolle" (1977, S. 575). Man ist verlegen, wie man auf eine solche Aussage reagieren soll. Der übliche wissenschaftliche Comment würde einen so offensichtlichen Irrtum vielleicht schlicht ignorieren oder sich dabei beruhigen – aber das wäre schon fast zynisch –, daß im Spektrum des wissenschaftlichen Pluralismus Platz sein sollte für jede Behauptung, die sich ein mit den Statusinsignien ausgestatteter Wissenschaftler einfallen läßt und ein wissenschaftlicher Verlag zu drukken bereit ist. Wir wollen den Weg wählen, den man zu gehen pflegt, wenn man davon ausgehen kann, daß Aussagen wie die von Schneider durch Argumente und Belege zurückweisbar sind, auch wenn wir Grund zu der Überzeugung haben, daß diese Unterstellung im Falle Schneiders eine rein fiktive ist.

Wir haben an anderer Stelle gesehen, daß in einer kürzlichen amerikanischen Bilanz zu Geschichte und Stand der Labeling-Theorie diese als momentan etablierte „Orthodoxie" in der amerikanischen Kriminologie dargestellt wird (*M. Spector* 1976). In einem anderen Trendbericht aus dem gleichen Jahr, der insbesondere die gegen die Labeling-Theorie vorgebrachten Einwände aufnimmt und verarbeitet, kommt *P. W. Conover* (1976, S. 229) zu der Feststellung: „But when the criticisms are considered one at a time labeling theory emerges as a still lively and viable theory ... the volume of criticism may be seen as a tribute to the power of the theory." Ebenfalls sei die an anderer Stelle (Anm. 27) bereits ausgesprochene Empfehlung wiederholt, die für Zwecke der Trendfeststellung kriminologischer Akzente wertvolle Bibliographie von *L. Radzinowicz* und *R. Hood* (1976) seiten- und titelzählend zur Hand zu nehmen. Wenn das alles noch nicht ausreichen sollte, die Unhaltbarkeit der Schneiderschen „Aufmacherfeststellung" über die Labeling-Theorie auszuweisen, dann sei auf eine außerordentlich interessante und methodisch aufwendige Studie von *St. Cole* (1975) in der Festschrift von *R. K. Merton* zu dem Einfluß seiner Anomietheorie verwiesen[76]. *Cole* versucht, mit Hilfe korrelationsstatistischer und faktorenanalytischer Verfahren die thematischen und personalen Akzente der devianzsoziologischen und kriminologischen Theoriebildung für den Zeitraum von 1950–1973, den er insgesamt in 5 Perioden zerlegt, zu bestimmen. Als Indikator verwendet er dafür die passive Zitierhäufigkeit von kriminologischen Autoren in vier verschiedenen wissenschaftlichen Journalen. Die Ergebnisse können hier im Detail nicht referiert werden. Nur einige wenige Hinweise müssen genügen. Die zitierten Autoren umfassen neben Autoren, deren Identität als Kriminologen unbestritten sein dürfte (*E. H. Sutherland, E. und S. Glueck, Th. Sellin, W. C. Reckless, P. W. Tappan*), natürlich auch solche, die in der deutschen Kriminologie gerne in die soziologische Ecke der Kriminologie gestellt werden (*R. K. Merton, T. Parsons, R. A. Cloward, E. Goffman, H. S. Becker* u. v. a.). Aus einer reinen Häufigkeitsliste der Zitierungen läßt sich sehr deutlich die Akzentverschiebung in der amerikanischen kriminologischen Theorie ablesen: Sie sei an den zwei jeweiligen Hauptvertretern der anomietheoretischen Position (*R. K. Merton, R. A. Cloward*) und der Labeling-Theorie (*E. Lemert* und *H. S. Becker*) demonstriert. Für den Zeitraum von 1960–1964 stehen *Merton* und *Cloward* mit insgesamt 43 bzw. 35 Nennungen an der Spitze, *Lemert* und *Becker* rangieren mit 9 bzw. 8 Zitierungen weit abgeschlagen. Für den Zeitraum 1965–1969 sieht die Relation so aus: *Merton* 48, *Cloward* 39, *Lemert* 28 und *Becker* 26 Nennungen. Für die Jahre 1970–1973 schließlich hat sich das Verhältnis umgekehrt: *Becker* führt mit 26 Zitierungen die Liste an, gefolgt von *Lemert* mit 24, weit hinten folgen *Cloward* mit 11 und *Merton* mit 10 Nennungen. Faktorenanalytische Auswertungen bekräftigen dieses Bild: 1965–1969 erscheinen unter 5 extrahierten Faktoren sowohl „Anomietheorie" wie „Symbolic Interaction, Labeling", 1970–1973 erscheint unter 3 Faktoren nur noch der letzte, die Anomietheorie nicht mehr.

Danach dürfte deutlich geworden sein, daß *Schneiders* Aussage über die Rolle, die die Labeling-Theorie in der amerikanischen Kriminologie spielt, keine Beschreibung der Wirklichkeit, sondern die seiner kriminologischen Wunschwelt darstellt, wie man übrigens – auch ohne den beschwerlichen Umweg über eine Beweisführung wie der vorstehenden – auch wohl einem unaufgelösten Widerspruch der Schneiderschen Auseinandersetzung entnehmen kann. Der Handbuchartikel Schneiders besteht zu ca. 30 % seines Umfangs aus einer Erörterung jener Arbeiten und Positionen, die in der amerikanischen Kriminologie mit der Labeling-Theorie identifiziert werden. Wir können deshalb den Versuch Schneiders, eine globale Einschätzung und Relevanz der Labeling-Theorie zu geben, getrost beiseite lassen; nebenbei bemerkt nicht nur aus den dargelegten Gründen, sondern aus vielen anderen Gründen der Mißrepräsentation von Positionen und Personen, wobei seine geradezu zur Phobie gesteigerte Furcht vor marxistischen Theorieelementen in der Kriminologie sicherlich eine seiner nicht mehr rational kontrollierbaren und domestizierbaren Triebfedern darstellt. Sie macht ihn schlicht blind für Implikationen der Tatsache, daß er etwa als Zeugin gegen eine Position wie die von *R. Quinney* u. a. die „Moskauer Kriminologin Kusnecowa" anruft (1977, S. 535), ohne daß ihm dabei in den Sinn käme zu fragen, ob er sich auf die gleiche Kriminologin berufen könnte, wenn er etwa eine Analyse der „Dissidenten" und der Rolle der Psychiatrie in osteuropäischen Ländern unternehmen wollte. Seine Argumentation ist jedoch in der Hinsicht prototypisch für die gesamte juristisch beherrschte Kriminologie – so sehr persönliche Animositäten und Differenzen im Detail auch einen anderen Schein erzeugen –, als Schneider eine Aussage als Dogma nimmt, die sehr wohl der empirischen Kontrolle zugänglich und auch schon zugeführt ist: „Die herrschende Klasse gibt es im pluralistischen Sozialsystem westlicher Demokratie nicht" (ibid., S. 535). Das ist in der Tat eine Schlüsselaussage, die sowohl die Distanz zwischen der traditionellen Kriminologie und einer normzentrierten Kriminologie wie zwischen verschiedenen Varianten der Labeling-Theorie markiert. Wir kommen noch darauf zurück.

Natürlich läßt sich der Diskussionsstand um die Labeling-Theorie nicht mit dieser generellen Beobachtung abtun. Sie ist nicht mehr auf dem Stand der Problemformulierung und -lösung, der durch die Ausgangsarbeit ihrer meist zitierten Wegbereiter markiert ist: die Arbeiten des Historikers *F. Tannenbaum,* der sich mehr mit „labor problems" und mit Außenpolitik statt mit „Crime and the Community" (1938) zu beschäftigen pflegte, des Devianzsoziologen *E. M. Lemert* (1951) aus der älteren Chicago-Schule von *Ch. H. Cooley* und *W. I. Thomas,* des jüngeren *H. S. Becker* (1963) aus der Chicago-Schule der Zeit von *E. C. Hughes, H. Blumer* und *L. Warner,* der seine professionelle Identität als Soziologe erst langsam an die Stelle eines Tanzmusikers setzte, der Arbeiten schließlich des sich in Kontinuität *Durkheim*scher Soziologie verstehenden *K. T. Erikson* (1962, 1966) und des „Ethnomethodologen" unter der ersten „Generation" von Labelingtheoretikern, *J. I. Kitsuse* (1962). Die seither geführte Diskussion, die in die Hunderte gehende Publikationen empirischer wie theoretischer Art umfaßt, hat zu mannigfachen Weiterführungen, Korrekturen, empirischen Einwänden, theoretischen Rückbesinnungen, Spezialentwicklungen usw. geführt, d. h. die Labeling-Theorie ist dem üblichen Prozeß unterworfen, dem jeder wissenschaftliche Gedanke und jede neue Theorie ausgesetzt ist. Dennoch hat man gerade in dieser Diskussion immer etwas den Eindruck, als sei mit ihr eine Art Gretchenfrage der Kriminologie verbunden, die von einer grundsätzlicheren Dimension und Qualität ist als sonst in der Wissenschaft üblich. E. M. Lemert hat in einer neuerlichen Auseinandersetzung mit der Kritik an der Labeling-Theorie dies auf die schöne Formel gebracht: „A kind of delenda est – Carthage must be destroyed – attitude prevails[77]."

Man gerät jedoch ein Schwierigkeiten, will man das Ergebnis dieser Kritik festhalten. Einige der Begründer dieses Ansatzes haben sich nach jahrelanger Kritik und z. T. heftigen Angriffen mehr oder weniger unangefochten und z. T. trotzig zu ihren Ausgangsgedanken bekannt. E. M. Lemert hat einen forschen Rezensionsartikel zur Labeling-Theorie von P. K. Manning (1973) in Contemporary Sociology, dem Besprechungsjournal der American Sociological Association – deren offizielle Zeitschrift, die American Sociological Review, der quantitativ-empirischen Kritik an der Labeling-Theorie eine „Heimstatt" bot (M. Spector 1976, S. 73) –, bitterironisch angenommen und insbesondere unter Hinweis auf den „striking impact on younger, highly articulate sociologists in Britain" festgestellt: „It seems to me that even with age deviance sociology (im Anschluß an die erwähnte britische Devianzsoziologie identifiziert Lemert seine Intentionen als „sociology of deviance"; F. S.) still is ‚majestic in decay'" (E. M. Lemert 1974, S. 457). Während er sich einerseits von dem in seinen Augen solipsistischen Implikationen der Ethnomethodologie (S. 461), ferner von der „moral-entrepreneur-These" H. S. Beckers, ebenso aber von den „radikalen" Kritikern des letzteren (S. 462) distanziert, auf Widersprüchliches und Ungereimtheiten in der Sozialpsychologie G. H. Meads (S. 458/459) hinweist, hofft er damit andererseits, „(to) free up sociological energies to exploit in the measure it deserves its least worked area, namely the societal reaction" (S. 457), und stellt sehr dezidiert fest: „They obviously ‚can't go home again' to old style structural, positivist sociology any more than conservative sociologists can stomach the extremes of labeling-theory" (S. 467). Zwei Jahre später, aus Anlaß des Erscheinens eines Sammelbandes der Kritik an der Labeling-Theorie, die von ihrem wohl eiferndsten Gegner auf der amerikanischen Bühne, W. R. Gove (1975 a), herausgegeben wurde[78], wird Lemert noch deutlicher, spricht von „misrepresentation" und „card stacking" (Falschspielerei) einiger der Labeling-Kritiker und bekräftigt nachdrücklich die zentrale Fragestellung der Labeling-Theorie und macht das scheinbare „Zugeständnis" an die Kritik, daß „it may be that there is reason to use traditional methodology to study the causes of actions I will cautiously call primary deviance", um aber im nächsten Satz gleich fortzufahren: „But I don't think that search for abstract and timeless and spaceless attributes like seriousness of the offense or of symptoms will ever prove fruitful" (1976, S. 248).

Gleichermaßen unbeeindruckt von Diskussion und Kritik zeigen sich H. S. Becker (1974), J. I. Kitsuse (1972, 1975) und E. M. Schur (1975) – letzterem ist die einzige längere systematische Ausformulierung der Labeling-Theorie (1971, dt.: 1974) zu danken. H. S. Becker weist insbesondere die Kritik zurück, die an sein bekanntes Vierfelderschema geknüpft wurde, in dem er die beiden Dimensionen „Tatbegehung" und „Tatidentifizierung" voneinander trennte und dadurch den Eindruck erzeugte, beide Aspekte seien gleichsam getrennt zu analysieren: „My own original formulation created some confusion by referring to one of those variables as ‚obedient' as opposed to ‚rule-breaking' behavior. The distinction implied the prior existence of a determination that rule-breaking had occurred though, of course, it was just that that the theory proposed to make problematic" (1974, S. 43; vgl. auch S. 47 f., S. 54 ff.). Es kann nicht die Rede davon sein, daß er auch nur ansatzweise die Möglichkeit einschließt, Kritikern wie D. J. Bordua (1970), J. P. Gibbs (1966), N. J. Davis (1975), E. Sagarin (1975) darin zu folgen, in die Labeling-Theorie die ätiologische Analyse des abweichenden Verhaltens nach Art der traditionellen Kriminologie einzubeziehen. Stärker auch als in den früheren Arbeiten betont er den politischen, den „subversiven" (1974, S. 53) Aspekt der Theorie, die mit seinem Konzept der „hierarchy of credibility" (1967) auf einen plastischen Begriff gebracht ist. Er sieht insgesamt in der Labeling-Theorie „a way of looking at deviance which actually represents a complete continuity with the rest of sociology", eine Entwicklung in der Analyse der Kriminalität, die die „very bizarre deformation of sociology", die die herkömmliche Kriminologie auszeichne, rückgängig mache[79]. J. I. Kitsuse hat aus Anlaß kritischer Einwände, insbesondere als Teilnehmer des Symposiums zur Labeling-Theorie, dem der bereits erwähnte Sammelband von W. R. Gove (1975 a) entstammt, die These formuliert, daß viele der „... evaluative efforts ignore the central thrust of the new conception of deviance, forcing it into the mold of old conceptions" (1975, S. 282). Eine Kritik an der Labeling-Theorie, die an den beiden Thesen orientiert sei: „A: Deviant labels are applied without regard to (or independent of) the behaviors or acts of those labelled"; „B: Labeling produces (stabilizes or amplifies) deviance and deviant behavior" (S. 275) verkenne die Struktur und den theoretischen Kern der Labeling-Theorie. Allerdings räumt Kitsuse ein, daß eine Reihe der Mißverständnisse, die die Kritik aufgegriffen habe, durch Formulierungen und Unklarheiten verursacht sei, die sich insbesondere in den Arbeiten Lemerts und Beckers nachweisen lassen. E. M. Schur schließlich weist bei gleicher Gelegenheit wie Kitsuse den Großteil der Kritik zurück: „I do not believe that they do justice to the various dimensions and levels of societal reaction ... they may have an inhibiting effect on your appreciation of the overall value of the central idea underlying this approach" (1975, S. 285). Wie Lemert beklagte auch Schur die Tendenz der Kritik zu einem „Entweder-Oder": „I myself believe quite strongly ... that, in fact, ..., this kind of all-or-nothing insistence has permeated much of the labeling argument" (S. 287). Die Antikritik von Kitsuse spitzt E. M. Schur auf einen zentralen Punkt zu: „By insisting that ‚labeling' be treated only as an explanatory or causal variable, critics can more easily discredit it, but I would suggest that they do so at the peril of casting aside its broader value as an orienting (or, if you will, sensitizing) perspective" (S. 288).

Wir finden also eine erstaunliche Widerständigkeit gegenüber der Kritik an der Labeling-Theorie zumindest bei denjenigen, deren Namen am häufigsten von Anhängern wie von Gegnern dieser Theorie damit verbunden werden. Die Einmütigkeit in der Zurückweisung des größten Teils der Kritik läßt jedoch eine Vermutung aufkommen, der entgegenzutreten ist. Wir hatten an anderer Stelle bereits gesehen, daß eine weitgehende terminologische Uneinigkeit über die angemessene und zutreffende Identifizierung der „Labeling"-Theorie besteht. Häufiger ist darauf

aufmerksam gemacht worden, daß der Eindruck der Geschlossenheit und
der Homogenität, gar der eines „invisible college" (*M. Spector* 1976, S. 73),
eher eine Erfindung der Kritiker und auch Anhänger darstellt, als daß er
durch die Arbeiten der diesen Ansätzen zugerechneten Autoren nahege-
legt wäre (*M. Spector*, ibid.; *E. Goode* 1975; *J. I. Kitsuse* 1972, S. 234 f.). Wir
wollen diesen Gedanken hier jedoch nicht weiter verfolgen. Er sollte nur
Anlaß zu der Mahnung sein, die sich bereits aus der Beobachtung des
Alles-oder-Nichts-Charakters der Kritik an der Labeling-Theorie ergab,
nämlich die Auseinandersetzung nicht in einer Weise zu führen, die Positionen, theoretischen Schwerpunkte und Akzente in der empirischen Erforschung, die man bei jedem einzelnen Autor und Vertreter der „Labeling"-Theorie finden kann, fürs Ganze zu nehmen und eine solche Stroh-
puppe dann anzuzünden.

Der verfügbare Raum verbietet es, in größerer Ausführlichkeit auf die
Einzelheiten der Labeling-Perspektive selbst und die der Auseinandersetzung mit ihr einzugehen. Wir verweisen den Leser dazu auf die bereits
genannte Literatur und möchten darüber hinaus auf einige zusätzliche
Arbeiten aufmerksam machen. Zweifellos stellt die bereits erwähnte Arbeit von *R. Hawkins* und *G. Tiedeman* (1975) den bisher gelungensten Versuch dar, den theoretischen wie empirischen Ertrag zusammenzustellen,
den die verschiedensten Autoren und Ansätze erarbeitet haben, die davon ausgehen, daß abweichendes Verhalten und Kriminalität sich in un-
zähligen sozialen Prozessen und Interaktionen als soziale Realität konstituieren und nicht schlicht gegeben sind. Charakteristisch, d. h. theoretisch signifikant für ihre Position ist dabei, daß sie ihren eigenen Bezugsrahmen unter den Gesichtspunkt der „Creation of Deviance" stellen und
die Labeling-Theorie im engeren Sinne als eine Position innerhalb des
weiteren Theoriekontextes begreifen. Diese leider bisher in der Diskussion zu wenig beachtete Arbeit macht eine Reihe von abstrakt geführten
Auseinandersetzungen und Kritikpunkten obsolet, indem sie das reiche
empirische Material präsentiert, das die Triftigkeit von Fragen unter Beweis stellt, die von der Problematisierung des Zusammenfügens von Verhalten und Normen ausgeht.

Der deutsche Leser sei vor allem auf die beiden Arbeiten von *H. Keupp*
(1976) und *W. Rüther* (1975) aufmerksam gemacht. Beide Arbeiten vertreten unter nahezu vollständiger Auswertung[80] der verfügbaren deutschen
und angelsächsischen Diskussion eine Position, die auf eine Verknüpfung interaktionistischer und traditioneller Theoriebildung hinausläuft,
wobei sie sich in Einklang sehen mit einer stattlichen Zahl deutscher und
nichtdeutscher Autoren. Insbesondere zeigen sie sich beeindruckt von
der Kritik, die der Labeling-Theorie die Vernachlässigung sozial-struktu-
reller Einsichten und Zusammenhänge vorwerfen. *W. Rüther* thematisiert seine Gedankenführung an der Gegenüberstellung von ätiologischen und interaktionistischen Ansätzen, *Keupp* läßt sich auf komplexere
methodologische und theoretische Erwägungen ein. Für ihre Position reklamieren sie sowohl manche ambivalenten, widersprüchlichen und inkonsistenten Aussagen und Formulierungen in den Arbeiten der Begründer und Vertreter der Labeling-Theorie als auch die große Phalanx
der Kritiker. *Keupp* beruft sich insbesondere auf die sehr ausführliche
Auseinandersetzung der Verfasser der „New Criminology" (*I. Taylor*,

P. Walton und *J. Young* 1973): Er übernimmt von ihnen zu Recht die differenzierende Behandlung der Labeling-Theorie im engeren Sinne, d. h. bei *Taylor* u. a. im wesentlichen die Konzentration auf die Arbeiten *Lemerts* und *Beckers*, sowie der phänomenologisch-ethnomethodologischen Vertreter in der Devianzsoziologie – mit Ausnahme der Behandlung der Arbeiten *D. Matzas* (1964, 1969), die *Taylor* u. a. in größere Nähe zu den Phänomenologen und Ethnomethodologen, *Keupp* stärker bei den Labeling-Vertretern angesiedelt sieht. Seine ausführliche Ausbreitung der Elemente der Labeling-Theorie sowie der Kontroverse um sie schließt *Keupp* mit einem „Mängelprofil der Labeling-Perspektive" (1976, S. 89 ff.) sowie mit einer bilanzierenden Einschätzung ab, deren im wesentlichen destruktiven Charakter *Keupp* dadurch konstruktiv zu wenden versucht, daß er ganz ans Ende das Sieben-Punkte-Programm für die „New Criminology" von *Taylor, Walton* und *Young* setzt, innerhalb dessen eine theoretische und empirische Zuständigkeit der Labeling-Theorie allenfalls für drei der genannten Programmpunkte gegeben sei (*H. Keupp* 1976, S. 105/106) – der Umstand allerdings, daß *Keupps* Text in einem entscheidenden Programmpunkt von seinen britischen Bezugskriminologen abweicht, ist wohl eher einem Druckfehler als einem inhaltlichen Dissens zuzuschreiben[81].

Wir verzichten auf die Nennung weiterer Beispiele deskriptiver, kritischer, klarstellender und modifizierender Darstellungen und Auseinandersetzungen mit der Labeling-Theorie, damit sowohl auf die weitere Herausarbeitung interner Differenzen etwa zwischen den symbolischen Interaktionisten, den Phänomenologen und den Ethnomethodologen unter ihren Vertretern als auch auf die Kritiker, die sie aus der Position ätiologischer Theoriebildung attackieren, die ihr Idealismus, Subjektivismus, Sentimentalität, Konservatismus, Relativismus etc. vorwerfen[82]. Wir wollen stattdessen einen Punkt der Kritik herausgreifen, der uns der zentralste in der gesamten Diskussion um die Labeling-Theorie zu sein scheint und der den häufigsten Ansatzpunkt zur „Überwindung" der Labeling-Theorie darstellt. Ihr wird vor allem ihre mangelnde Eignung für die theoretische Erfassung und Einbeziehung makrostruktureller Merkmale der Gesellschaft vorgeworfen, spezifischer: Sie verfüge über keine angemessenen Konzepte, Methoden und Vorstellungen, die Phänomene wie Klasse, Macht, Interesse etc. in die Theorie aufzunehmen gestattet. Die wichtigsten Einzelvorwürfe dieser Kritik sind die der A-Historizität und die der Auflösung von ökonomischen, sozialen, politischen Strukturbedingungen einer Gesellschaft in ein fließendes und zur Disposition situationsbestimmter Definitionsvorgänge stehendes amorphes und unstrukturiertes Ganzes. Die Kritik, deren Einzelheiten wir uns hier ersparen wollen, wird am nachhaltigsten aus Theoriepositionen formuliert, die in der Tradition marxistischer und materialistischer Gesellschaftstheorie stehen bzw. eine Kriminologie intendieren, die Elemente dieser Theorie in sich aufzunehmen hat (*M. Mankoff* 1970, 1971; *I. Taylor, P. Walton* und *J. Young* 1973, 1975; *F. Werkentin, M. Hofferbert* und *M. Baurmann* 1972, *Arbeitskreis Junger Kriminologen* 1974; *H. Bianchi, M. Simondi, I. Taylor* 1975 u. v. a.)[83]. Allerdings fällt die Kritik durchaus bei einigen – so etwa bei den Verfassern der „New Criminology" - moderiert aus im Sinne einer Einbeziehung der Labeling-Theorie in eine Art gesamtgesellschaftliche Theorie und unterscheidet sich von orthodoxen marxistischen Positionen sozialistischer Länder, die die Labeling-Theorie kompromißlos ablehnen, wie wir weiter oben schon sahen[84]. Die Ablehnung der Labeling-Theorie durch orthodoxe marxistische Positionen ist ähnlich heftig und ähnlich motiviert wie ihre Zurückweisung durch die Vertreter der traditionellen Kriminologie, insbesondere derjenigen, die sich durch eine starke Anlehnung an das Strafrecht und deren Interessen auszeichnen, und zwar aus Gründen, die oben im Zusammenhang mit den methodologischen Erörterungen und deren rechtspolitischen Konsequenzen zur Sprache kamen[85].

Die theoretische Einschätzung der Labeling-Theorie ist also auch unter dem Gesichtspunkt der Verträglichkeit mit den sogen. makrostrukturellen Merkmalen einer Gesellschaft uneinheitlich, und die Kritik, die sich auf den ersten Blick als gleichgerichtet ausnimmt, hat sehr unterschiedliche Motive und Zielsetzungen, die wechselseitig instrumentalisiert und regelrecht ausgebeutet und ausgespielt werden. Das Bild wird noch verwirrender dadurch, daß die Vertreter der Labeling-Theorie selbst für sich reklamieren, auch makrostrukturelle Aspekte theoretisch verarbeiten zu können. *H. S. Becker* (1974, S. 63, Anm. 3) hält ähnlich wie ich (*Fritz Sack* 1972 a) – was mir freilich erhebliche Polemik und zynische Reaktionen eingetragen hat[86] – letztlich eine Vereinbarkeit der Labeling-Theorie mit marxistischer Analyse für vereinbar: „I think the continuity (between the analysis of society-wide class groupings . . . and the more intensive study of smaller units characteristic of interactionist theories of deviance) exists, but am not in a position to argue the point analytically at the present time." Darüber hinaus sahen wir schon, daß *Becker* den politischen Aspekt der Labeling-Theorie stark herauskehrt. Bemerkenswert erscheint uns in dieser Hinsicht ebenso, daß die Verfasser der „New Criminology", obwohl dies für den Grundtenor ihrer Behandlung und Kritik der interaktionistischen Ansätze eigentlich folgenlos bleibt, sich beeindruckt zeigen durch Diskussionen mit Vertretern der ethnomethodologisch orientierten Interaktionisten: „Indeed, *Sacks* in particular has *convinced* the authors that there is *no necessary* incompatibility between the work in *The New Criminology* and the work in discovery of microstructural phenomena by ethnomethodologists" (*I. Taylor, P. Walton* und *J. Young* 1973, S. 294, Anm. 8). *E. M. Lemert* (1974) sieht die Behandlung von Fragen der Setzung und Anwendung von Normen, die ohne den Rekurs auf makrostrukturelle Konzepte wie „Konflikt", „Interessen", „politische Struktur" nicht auskommt, nicht nur mit seinen zentralen Konzepten der Labeling-Theorie vereinbar, sondern glaubt sie erst durch den theoretischen Akzent auf den Aspekt der sozialen Kontrolle für die kriminologische Diskussion erschlossen. Daß er dabei eine pluralistische Konzeption vertritt und sich gegen Positionen wie die von R. Quinney (1972, 1973, 1976) und W. Chambliss (1974 b, 1975 b, 1975 c) wendet, ändert nichts an der prinzipiellen Einbeziehung makrostruktureller Faktoren in die Analyse. E. M. Schur schließlich formuliert den theoretischen Bezugsrahmen der Labeling-Theorie auf den drei „Ebenen der kollektiven Regelbildung, der interpersonellen Reaktionen und der organisationsspezifischen Verfahrensweisen" (1974, S. 19) und verweist damit u. E. notwendig auf die Einbeziehung von Makroprozessen und -strukturen in die theoretische und empirische Analyse. Und zu allerletzt sei an das emphatische Plädoyer erinnert, mit dem D. Matza, dessen Arbeiten geradezu ein soziologisches Meisterstück in der Analyse mikrosozialer Strukturen und Abläufe darstellen, in seiner letzten Monographie (1969) sehr nachdrücklich die „Wiederverknüpfung" der Analyse des abweichenden und kriminellen Verhaltens mit der der politischen Struktur einer Gesellschaft, spezieller: mit der Untersuchung staatlich transformierter Macht und Autorität gefordert hat, auch wenn der Vorwurf richtig sein mag, daß bei ihm selbst und bei anderen die Einlösung dieser Forderung ein soziologisches Panorama entstehen ließe, das P. Rock (1974) als „sociological Flatland" (S. 146) bezeichnet, in das der Staat und seine Institutionen als perhorreszierte Gebilde nach den sinistren Phantasien einer „anthropomorphic conspiracy theory" (S. 144) eingezeichnet seien.

Die Kritik also, die die Labeling-Theorie von seiten derjenigen erfährt, die meinen, sie sei zur Berücksichtigung makrostruktureller Variablen und Faktoren nicht bereit und in der Lage, ist zurückhaltend aufzunehmen, zum einen deshalb, weil sie sehr selektiv im Umgang mit dem kritisierten Gegenstand selbst verfährt, zum anderen aber deshalb, weil diese Kritik bei den meisten Autoren darin mündet, eine Art von „Integration" theoretischer Konzepte, methodologischer Prinzipien und Strategien zu fordern, die schlicht auf die additive Aneinanderreihung unverträglicher Elemente hinausläuft, sei es daß, wie etwa bei Taylor, Walton und Young zu beobachten, die Kriminalität aus Art der Vorstellung des „natürlichen Verbrechens" in Teilklassen zu zerlegen ist, von denen die eine dem „ätiologischen" oder „normativen" Paradigma, die andere dem „interpretativen" Paradigma unterworfen ist, sei es, daß bei jeglicher Analyse der Kriminalität auf beide Paradigmen beliebig zurückzugreifen ist, sei es daß man dabei zu Vorstellungen gelangt, wie man sie bei H. Haferkamp (1974, 1975) antrifft, der der „Handlungsebene" der Kontrollierten und Kontrolleure schlicht eine „Bedingungsebene" ihres Handelns vorordnet und dadurch seiner Kriminalitätstheorie in einem zweiten Schritt nimmt, was er ihr im ersten hinzufügen will.

Kritik und Auseinandersetzung mit der Labeling-Theorie haben versäumt bzw. vernachlässigt, sich mit ihr auf der Ebene des sozialen Systems und des institutionellen Gefüges der sozialen Kontrolle auseinanderzusetzen. Ausgangspunkt der Erörterungen sind im allgemeinen die schon zu Formeln erstarrten Formulierungen, wonach „from this point of view deviance is *not* a quality of the act the person commits, but rather a consequence of the applications by others of rules and sanctions to an ‚offender'. The deviant is one to whom that label has successfully been applied; deviant behavior is behavior that people so label" (*H. S. Becker* 1963, S. 8; Hervorhebung im Original), wonach „deviance is not a property *inherent* in certain forms of behavior; it is a property *conferred upon* these forms by the audiences which directly or indirectly witness them. The critical variable in the study of deviance, then, is the social audience rather than the individual actor" (*K. T. Erikson* 1962, zit. n. Abdr. bei *H. S. Becker* 1964, S. 11), wonach „forms of behavior *per se* do not differentiate deviants from non-deviants; it is the responses of the conventional and conforming members of the society who identify and interpret behavior as deviant which sociologically transform persons into deviants" (*J. I. Kitsuse* 1962, zit. n. Abdr. bei *H. S. Becker* 1964, S. 97).

Ein zweiter Punkt, der die Phantasie und die Reaktionen der Kritiker der Labeling-Theorie fast bis zur Ausschließlichkeit beansprucht hat, geht von der von *E. M. Lemert* (1951, S. 75 ff., 1967, S. 40 ff.) getroffenen begrifflichen Unterscheidung zwischen „primary deviation" und „secondary deviation" aus, die analog ist der von *H. S. Becker* zwischen „rule-breaking" und „deviant behavior". Der Akzent von *Lemerts* Interesse liegt auf der Sekundärabweichung, d. h. auf der „special class of socially defined responses which people make to problems created by the societal reaction to their deviance" (1967 a, S. 40) und vernachlässigt diejenigen Abweichungen, die „polygenetic" seien, „arising out of a variety of social, cultural, psychological, and physiological factors, either in adventitious or recurring combinations" (ibid.).

Die Interpretation dieser zentralen theoretischen Formulierungen durch die Kritiker der Labeling-Theorie geschieht in einer oft sehr selektiv zugespitzten Form, die vor allem veranlaßt ist durch ein Modell des sozialen Akteurs, wie wir es im vorigen Abschnitt für das normative Paradigma zu identifizieren versuchten. Die Labeling-Theorie geht jedoch von einem Akteurmodell aus, das dem interpretativen Paradigma entspricht. Das bedeutet, daß „Kriminalität" verstanden wird als ein interaktiver Prozeß, bei dem ein wechselseitiges „role-taking" stattfindet. Der Anfang dieses Prozesses ist ein anderer als das Ende. Dazwischen liegen *wechselseitig* ablaufende Interaktionen, bei denen die interagierenden Partner das jeweilige Handeln des anderen unter Normen subsumieren, mit Motiven und Bedeutung versehen und zu Rollen gestalten. Es findet ein Transformationsprozeß statt, der darauf abstellt, daß ein „gegebener" Sachverhalt, eine „Primärabweichung", sozial, symbolisch in einer Weise „verarbeitet" und verändert wird, daß gleichsam eine neue soziale Wirklichkeit daraus entsteht, nämlich die „Rolle" des Abweichlers, des Kriminellen etc. Dabei ist die Rolle als strukturiertes Bündel von Erwartungen, Eigenschaften, Rechten, Pflichten usw. ein Mehr und ein Anderes als die schlichte Verletzung einer Norm.

Vergegenwärtigt man sich der grundlegenden Konzepte des interpretativen Paradigmas, dann sollten Mißverständnisse vermeidbar sein – durch manche allzu flotten und pointierten Formulierungen von Anhängern der Labeling-Theorie selbst mitgenährt –, die darauf hinauslaufen, der Labeling-Theorie die Annahme eines Einweg-Determinismus zu unterstellen, in dem der Adressat des Zuschreibungsvorgangs nicht die Möglichkeit hat, auf die verschiedenste Art und Weise – selbst wenn er im Zuchthaus und in der sozialen Isolierung landet – sich gegen die Zuschreibung zur Wehr zu setzen; denn für den sozialen Akteur nach dem Modell des interpretativen Paradigmas ist der Interaktionspartner nicht nur die andere Person, sondern auch die eigene Person. Betrachtet man die Identität einer Person als das Produkt der Interpretation des eigenen Verhaltens und der eigenen Existenz, die sich in Prozessen der Kommunikation und Interaktion mit anderen und mit dem eigenen Selbst aufbaut, verändert, stabilisiert usw., dann insistiert man gerade auf der Möglichkeit der Variabilität der Interpretation ein- und desselben Vorganges durch die verschiedenen Interaktionspartner. Diese Tatsache erst ermöglicht es, den Typus des Regelverletzers einschließlich des „Schwerkriminellen" als „soziologische" Kategorie zu fassen, der in der Verletzung der Normen der Gegenwart diejenigen der Normen der Zukunft antizipiert, m. a. W. die Funktionen abweichenden Verhaltens in den Blick zu bekommen, die seit *E. Durkheim* als die innovatorischen und den sozialen Wandel vorbereitenden Konsequenzen bekannt sind. Ebenso sollte die theoretische Verankerung der Labeling-Theorie im interpretativen Paradigma daran erinnern, daß nicht nur moralische Kategorien wie „Krimineller", „Delinquenter", „Verbrecher" dem interaktiven Prozeß des „role-taking" ausgesetzt und genetisch aufzulösen sind in Transformationsvorgänge von Phänomenen in soziale Gebilde, Rollen, Status, sondern daß dies ein genereller Vorgang ist, der sich ebenso auf anderen Lebensbereichen abspielt.

„Soziale Kontrolle" ist kein Vorgang, der sich allein in der Interaktion zwischen Polizei, Strafinstanzen und Straftätern abspielt, sondern sie findet auch und gerade außerhalb dieses formalisierten Bereiches statt, in der Familie, in der Schule, am Arbeitsplatz etc.: sie ist Bestandteil aller sozialen Beziehungen. Auch dort läuft der Prozeß der Anwendung von Normen, der Zuschreibung von Motiven, Intentionen, des „role-taking" ab. Und diese Prozesse tragen ebenso zur Identitätsbildung der Interaktionspartner bei und mögen in der Tat, längst bevor jemand mit den Instanzen sozialer Kontrolle in Kontakt gekommen ist, alle jene Transformationsprozesse bewirkt haben, die in den Worten *E. M. Lemerts* den Effekt haben „to differentiate the symbolic and interactional environment to which the person responds" (1967 a, S. 40). Die Initiation in den Status des „Kriminellen" oder des „Abweichenden" erfolgt gewiß nur selten punktuell und analog einem Konversionsakt, ihre Verwirklichung kennt abgestufte Grade des Gelingens bis hin zu ihrer gänzlichen Vereitelung, und keineswegs sind die Initiationsagenten totale Herrscher des Verfahrens. Der Initiationsadressat hat nicht nur den Dialog mit sich selbst auf seiner Seite, sondern auch den mit seinen „peers", seien es nun „Kavaliere", die ihn umgeben und seine Regel- oder Normverletzung zur Episode gleichen Namens machen und die Metastasenbildung vereiteln oder seien es „Mescaleros" oder „Sympathisanten", die sich darum bemühen, die Regelverletzung mit einem Kontext und einem Sinn auszustatten, der die „moral passage" (*J. R. Gusfield* 1967) erschwert, behindert oder gar unmöglich macht.

R. König (1976 a) hat zu Recht auf dem 9. Kongreß für Soziale Verteidigung in Caracas diese Zusammenhänge erneut in Erinnerung gebracht und die Labeling-Theorie in den theoretischen Kontext gestellt, in den sie wissenschaftsgeschichtlich gehört. Er hat auch an gewisse Parallelen erinnert, die die sozialpsychologischen Elemente der Labeling-Theorie, wie sie insbesondere mit *E. M. Lemerts* Konzept der Sekundärabweichung intendiert sind, mit *R. K. Mertons* Theorem der „self-fulfilling prophecy" (1957, S. 421–436) verbinden – ein Zusammenhang, der auch von den Vertretern der Labeling-Theorie selbst betont worden ist (*R. T. Erikson* 1966; *E. M. Schur* 1965, S. 3). Allerdings sollte man auch sehen, daß es sich bei dieser Parallelität um eine Analogie handelt und keineswegs um eine Identität der Konzepte. Eine größere Nähe zur Labeling-Theorie kommt in diesem Zusammenhang zweifellos dem bekannten *Thomas*-Theorem zu: „If men define situations as real, they are real in their consequences."

Entscheidend scheint uns zu sein, daß theoretisch auf der Differenz zwischen einer Regelverletzung und dem sozialen Status des „Abweichenden", des „Kriminellen" insistiert wird. Erst diese

Differenz erlaubt es, die sozialen Prozesse ins Profil zu rücken, die es sinnvoll erscheinen lassen, zwischen, wie R. König an gleicher Stelle vorschlägt, „marginality" und „marginalization" zu unterscheiden, den Status des Kriminellen vom Prozeß der Kriminalisierung begrifflich zu trennen. Dieser Gedanke kommt bei H. S. Becker infolge des starken Einflusses, den die berufssoziologischen Arbeiten von E. C. Hughes auf ihn ausgeübt haben, intensiver zur Geltung als vielleicht bei anderen Anhängern der Labeling-Theorie. Becker rekonstruiert den Prozeß der Transformation von abweichendem Verhalten in den Status des Abweichenden analog dem Karrieremodell in der Berufssoziologie.

Indessen ist dabei der spezifische Aspekt zu berücksichtigen, den der Status des Kriminellen von anderen sozialen Status unterscheidet. Hier geht es nicht so sehr, wie etwa im Falle des Berufes, um kognitive Fähigkeiten und instrumentelle Fertigkeiten, sondern der „master status" des Kriminellen ist seine moralische Qualität. Die erfolgreiche „Einweisung" eines Menschen in den Status des Abweichenden und des Kriminellen besiegelt zu allererst einen „moralischen Status" in der Gesellschaft, was H. Garfinkel (1956) veranlaßt hat, von den „Conditions of Successful Degradation Ceremonies" zu sprechen und E. Goffman (1961) zu der bekannten Analyse der „Moral Career of the Mental Patient" anregte[87]. Kriminalität als Status zu unterscheiden von der Regelverletzung, die Anlaß zu dieser Statuszuweisung sein kann oder auch nicht, heißt auch den Sachverhalt soziologisch zu fassen, den der bereits an anderer Stelle erwähnte Rechtsphilosoph H. L. A. Hart meint, wenn er davon spricht, daß es sich bei juristischen Urteilen und Entscheidungen nicht um bloße Feststellungen deskriptiver Art eines Sachverhalts handelt, sondern um askriptive Prozesse der Zuschreibung, der Schaffung und nicht nur der Ratifizierung von Realität handelt. Deshalb scheint mir, um nochmals auf R. König zurückzukommen, die Charakterisierung des „labeling approach in criminal sociology" als „much more juridical than ... sociological" (1976 a, S. 6) nicht recht plausibel zu sein, ganz abgesehen davon, daß eine solche Formulierung den Verdacht auf sich zieht, das Gewicht und die Rolle des zentralen Aspektes zu unterschätzen, den das „rein" Juridische ausmacht, die der Macht, die ja als staatliche und zu Recht geronnene vor allen anderen Machtbeziehungen das „Monopol der physischen Gewaltanwendung" im Rücken hat.

Die besondere Statusqualität des „Kriminellen", der moralische Aspekt, der ja deshalb so prekär ist, weil er einerseits die Person als ganze und in allen ihren Verhaltensweisen betrifft, andererseits, weil nicht greifbar und nur schwer „operationalisierbar", den Status eher zu einem „ascribed" statt zu einem „achieved" macht, gepaart mit dem im Recht verankerten, beim Staat und seinen Instanzen angesiedelten Privileg seiner endgültigen Besiegelung und gewaltsamen Durchsetzung – diese Konstellation macht zum einen den soziologischen Gehalt dessen aus, was „Rechtsstaatlichkeit" in juristischem Sinne meint, und läßt zum anderen den zutiefst politischen Charakter der Kriminalität sichtbar werden. Daß diese Konstellation auch ihre psychische Entsprechung und Auswirkung hat, hat niemand nachdrücklicher analysiert als *D. Matza* (1969).

W. Keckeisen (1974) hat in einer der scharfsinnigsten Diskussionen der Labeling-Theorie in deutscher Sprache zu Recht eine Tendenz im Labeling-Ansatz ausgemacht, diesen Charakter *strafrechtlicher* Sozialkontrolle theoretisch nicht hinreichend thematisiert zu haben, obwohl, wie wir oben schon sahen, gerade *H. S. Becker* sich darauf sehr nachdrücklich bezieht. Damit ist meines Erachtens auch das entscheidende Defizit der Labeling-Theorie angesprochen. Dieses ist jedoch nicht in der Weise zu kompensieren, daß im Rückgriff auf das normative Paradigma ätiologische Fragestellungen, Konzepte und Methoden in die Kriminologie re-importiert werden, wie dies z. T. bei *I. Taylor* u. a. (1973) intendiert, sehr nachdrücklich von *H. Haferkamp* (1974, 1975) postuliert wird, sondern kann nur dadurch beglichen werden, daß die „Randbedingungen" des politischen Gehalts des Labeling-Prozesses strafrechtlicher Sozialkontrolle analysiert werden. Diese aber bestehen in dem Strafrecht, seinen Strukturen, Institutionen und Normen.

Ein letzter Gedanke, der zurückführt zu den methodologischen Erörterungen im vorigen Kapitel. Betrachtet man die Kriminalität nicht unter dem sozialpsychologischen Aspekt in bezug auf den handelnden Täter, sondern unter dem Gesichtspunkt des „official registration process – that is, the routine performances of agencies of social control produce rates of deviant behavior" (*St. Box* 1971, S. 251) –, dann gestattet erst der begriffliche Unterschied von Regelverletzungen und kriminellem Status, die Diskrepanz zwischen offizieller, registrierter, verfolgter Kriminalität einerseits und „tatsächlicher" Kriminalität andererseits nicht nur als technische zu begreifen, sondern sie als theoretische zu betrachten. Eine solche Sichtweise läßt nach den „Regeln" der Anwendung und Durchsetzung von Normen fragen und „legitimiert" die kriminologische Analyse des Handelns der strafrechtlichen Sozialkontrolle und ihrer Instanzen. Die Fragen sind fernab der sozialpsychologischen Probleme, deren Behandlung in der Auseinandersetzung mit der Labeling-Theorie hauptsächlich im Vordergrund gestanden haben.

Die Instanzen strafrechtlicher Sozialkontrolle als die institutionell zuständigen und staatlich legitimierten Verwalter und Produ-
zenten des offiziellen und sozial „verwertbaren" Status des Kriminellen haben in dieser Funktion die Möglichkeit, die Kriminalität mehr oder weniger von den Regelverletzungen zu distanzieren, die „offizielle" Kriminalität abzustimmen und anzupassen an
Bedingungen, die durch Sanktionskapazität, Verfolgungsintensität, Legitimationsbedürfnisse, generelle Geltungsansprüche des
Rechts usw. gesetzt sind. Sie haben ferner die Möglichkeit zur
Herausbildung und Praktizierung von „Anwendungs- oder auch
Transformationsregeln", denen Vorstellungen zugrunde liegen,
wie D. Sudnow (1965) sie mit seinem Begriff der „normal crimes"
zu identifizieren suchte. Vor diesem theoretischen Hintergrund
erst wird eine Antwort einsehbar und „rational", die L. T. Wilkins
vor mehr als 10 Jahren auf die Frage nach den möglichen kriminalpolitischen Reaktionen auf eine plötzliche Delinquenzwelle
zur Verblüffung wohl vieler Kriminologen, noch mehr Praktiker
und besorgter Sprecher der Öffentlichkeit gab: „The best thing
to do about juvenile delinquency may be stated in one simple
four – letter word: Less" (1967, S. 183; Hervorhebung im Original).

In dieser theoretischen Sicht erscheint es angebracht, die sozialen
Kontrollinstitutionen einer Gesellschaft, also Polizei, Gerichte
und Gefängnisse oder Anstalten, als die Rekrutierungsinstitutio-
nen in den Status des Abweichenden zu betrachten. Die Rekru-
tierungsmechanismen wären empirisch zu untersuchen nach dem
gleichen Prinzip, nach dem sich sonstige Rekrutierungsprozesse
analysieren lassen. Vor diesem Hintergrund erführen die Befunde
der traditionellen Kriminologie eine theoretisch andere Interpretation und Bestimmung. Die Tatsache etwa, daß die weit überwiegende Anzahl aller Verurteilten aus den unteren Schichten
kommt, wäre ein Indiz für die Statusbezogenheit des Rekru-
tierungsvorganges, ebenso wie z. B. die zerrüttete Familie die
Statuszuweisung in die Rolle des Abweichenden begünstigt, in
der gleichen Weise wären sämtliche signifikanten Korrelationen
zwischen abweichenden Verhaltensmustern und anderen persönlichen oder sozialen Merkmalen zu interpretieren. Kurz: Während die übliche Sichtweise die mit abweichendem Verhalten
statistisch verknüpften Merkmale als Bedingungen dafür betrachtet, daß die betreffende Person sich so verhält, wie sie es tut,
sieht der neue Ansatz darin die Bedingungen für die differentielle Reaktion der Gesellschaft und ihrer Institutionen der sozialen Kontrolle auf den sich abweichend Verhaltenden. Das sind in
der Tat zwei sehr entgegengesetzte Strategien kriminologischer
Forschung.

Auch auf anderen Gebieten des abweichenden Verhaltens hat

sich eine der hier vertretenen Position analoge theoretische Strategie durchgesetzt. Als ein Beispiel sei eine Arbeit von *L. Schatzman* und *A. Strauss* (1966) genannt, die ein Paradigma zu einer Soziologie der Psychiatrie entwickelt haben, das dem vorstehend skizzierten sehr ähnlich ist. Die beiden Autoren vertreten die Ansicht, „That it would be much more fruitful for sociology if more research were done *about* psychiatry than *in* it or *for* it" (S. 4; Hervorhebung F. S.). Die bisherige Beschäftigung der Soziologie mit Problemen der Psychiatrie habe sich entweder auf ätiologische Prozesse der Entstehungsbedingungen psychischer Erkrankungen, bei denen durch die Soziologie gewissermaßen die organischen und physischen Variablen durch soziale Faktoren ergänzt worden sind, oder auf die Analyse psychiatrischer Anstalten und Einrichtungen konzentriert[88]. *Schatzman* und *Strauss* wollen diese beiden Forschungsbereiche um einen dritten erweitert (ersetzt) sehen, der gewissermaßen auf größere Distanz zur Psychiatrie und zu ihren Einrichtungen geht, der empirisch forschend viele Axiome und ungefragte Selbstverständlichkeiten, mit denen der Psychiater arbeitet – und notwendigerweise arbeitet, so muß man hinzufügen –, zum Gegenstand soziologischer Analyse erhebt[89]. In ihrer theoretischen Orientierung greifen sie dabei einerseits auf die „sociological social psychology" mit dem Schwergewicht auf einer Rollentheorie der *Mead*schen Tradition und andererseits – ähnlich wie *H. S. Becker* – auf berufssoziologische Konzepte insbesondere aus den Arbeiten von *E. C. Hughes* zurück, auf den sie sich ausdrücklich beziehen (S. 4).

Die beiden Autoren spezifizieren eine Reihe von konkreten Fragen, die die moderne psychiatrische Anstalt als eine „professional arena" mit konfligierenden Interessen, Ideologien, Theorien, Therapien usw. betrachten, die Karriere des Patienten als eine Abfolge von Situationen, in denen von dem gerade beschriebenen Personal Entscheidungen verschiedenster Art getroffen werden müssen; Prozesse der Professionalisierung und Arbeitsteilung der Psychiatrie, die Teilnahme der Öffentlichkeit im weitesten Sinne an den Tätigkeiten des Psychiaters, der Einfluß von externen Mode- und Stilströmungen auch auf die Psychiatrie und ihre Arbeitsmethoden: das alles sind Stichworte aus dem Katalog interessanter Probleme für die von *Schatzman* und *Strauss* entworfene „sociology about psychiatry", für den Versuch auch, damit ebenso, „a scheme with wide implications for the study of social order" zu entwerfen (S. 4). Zumindest halten sie ihren Ansatz „as useful for the study of other professional practice fields . . . as for the study of psychiatric practice" und im Gegensatz zu anderen Ansätzen gegen die Gefahr gefeit, in die internen Diskussionen vieler Professionen hineingezogen und auf ihre Denkschemata festgelegt zu werden, was den Beitrag des Soziologen zu einem „essentially rhetorical one of an interested citizen" denaturieren würde, und sie versäumen nicht, die Delinquenzforschung als besonders abschreckendes Beispiel in dieser Hinsicht zu nennen (S. 15).

Insgesamt läßt sich zur Labeling-Theorie festhalten, daß der von mancher Seite, insbesondere von Vertretern einer traditionellen Kriminologie vertretene Eindruck, sie sei von der Bühne der Kriminologie-Diskussion schon wieder abgetreten, sicherlich falsch ist und auf eine nur sehr selektive aktive und passive Teilnahme an der kriminologischen Erörterung zurückgeführt werden muß. Die theoretische Verselbständigung, zu der die Dynamik der Auseinandersetzung um sie mehr beigetragen hat als ihr eigener wissenschaftsgeschichtlicher Ausgangspunkt und Standort, macht es nötig, daran zu erinnern, daß sie Bestandteil eines Paradigmas soziologischer Theoriebildung ist, dessen Entwicklung und Ausformulierung einen zentralen Raum soziologischer Theoriebildung der letzten 15–20 Jahre beansprucht haben und noch keineswegs als abgeschlossen gelten können. Wenn eine Akzentverlagerung innerhalb der Labeling-Theorie stattgefunden hat, so ist sie vor allem darin zu sehen, daß die konstitutive Asymmetrie der sozialen Interaktionen im Bereich der strafrechtlichen Sozialkontrolle, ihr politischer Charakter, stärker ins Bewußtsein getreten ist. Dies hat ein vermehrtes Interesse theoretischer und empirischer Forschung auf dem Gebiet der strafrechtlichen Normsetzung sowie der Struktur und der Arbeitsweise des Strafrechts überhaupt nach sich gezogen. Damit ist ein wissenschaftliches Terrain aufgetan, das gerade erst betreten wird und noch längst nicht als durchgeackert gelten kann.

Wir wollen diesen Abschnitt schließen mit zwei Zitaten, die zum einen den Fragen, Problemen und Paradoxien, die die Labeling-Theorie aufgebracht hat und zu lösen sucht, den Charakter von „fads and foibles" nehmen sollten, zum anderen ihnen noch einmal einen prägnanten Ausdruck aus dem Munde zweier der berühmtesten Figuren aus der Geschichte der Soziologie verleihen. Sicher ist einer von ihnen – *Karl Marx* – manchem Sozialwissenschaftler, gewiß sehr vielen Kriminologen ein suspekter Zeuge, *Georg Simmel* freilich ein soziologischer Denker, dem zwar antisemitische Eiferer im Kaiser-Deutschland auch nicht über den Status eines Privatdozenten hinausgelangen lassen wollten, der aber sicherlich nicht so leichthändig abzutun ist, wie es mit ersterem gerade in der bisherigen Kriminologie praktiziert wird. In der *New York Daily Tribune* v. 16. 9. 1859 schrieb *Karl Marx* zum Thema „Bevölkerung, Verbrechen, Pauperismus": „Rechtsverletzungen sind im allgemeinen das Ergebnis wirtschaftlicher Faktoren, die außerhalb der Kontrolle des Gesetzgebers stehen; aber wie das Wirken des Gesetzes über jugendliche Verbrecher bestätigt, hängt es im gewissen Grade von der offiziellen Gesellschaft ab, bestimmte Verletzungen ihrer Regeln als Verbrechen oder nur als Vergehen zu stempeln. Diese Differenz in der Beurteilung, die weit davon entfernt ist, indifferent zu sein, entscheidet über das Schicksal von Tausenden von Menschen und über den moralischen Ton der Gesellschaft. Das Gesetz kann nicht nur das Verbrechen bestrafen, sondern es auch hervorrufen, und das Gesetz der Berufsjuristen ist sehr dazu geeignet, in dieser Richtung zu wirken" (*Karl Marx, Friedrich Engels*, Werke, Bd. 13, Berlin 1961, S. 492/493). *Georg Simmel* hat 1908 in seiner Analyse des „Armen" Zusammenhänge formuliert, die sich so „modern" ausnehmen, daß man fast meinen könnte, analoge Aussagen von *E. M. Lemert, H. S. Becker* usw. seien direkte Übersetzungen von *Simmel* ins Amerikanische: „Und dies wird wohl allgemein gelten: soziologisch angesehen ist nicht die Armut zuerst gegeben und daraufhin erfolgt die Unterstützung – dies ist vielmehr nur das Schicksal seiner personalen Form nach –, sondern derjenige, der Unterstützung genießt bzw. sie nach seiner soziologischen Konstellation genießen sollte – auch wenn sie zufällig ausbleibt –, dieser heißt der Arme." ... „Der Arme als soziologische Kategorie entsteht nicht durch ein bestimmtes Maß von Mangel und Entbehrung, sondern dadurch, daß er Unterstützung erhält oder sie nach sozialen Normen erhalten sollte. So ist nach dieser Richtung die Armut nicht an und für sich, als ein qualitativ festzulegender Zustand zu bestimmen, sondern nur nach der sozialen Reaktion, die auf einen gewissen Zustand hin eintritt – genau wie man das Verbrechen, dessen unmittelbare Begriffsbestimmung eine sehr schwierige ist, definiert hat als ‚eine mit öffentlicher Strafe belegte Handlung'" (*Georg Simmel*, Soziologie, 5. Auflage, Berlin 1968, S. 371/372).

5. *Inhaltliche Einheit und Vielfalt der normativen Ordnung einer Gesellschaft*[90]

Eine Kriminologie, die ihren theoretischen Ausgangspunkt von der Norm und nicht von ihrer Verletzung bzw. dem Träger dieser Verletzung nimmt, hat sich sogleich der Tatsache zuzuwenden, daß die normative Seite einer Gesellschaft oder eines beliebigen anderen sozialen Gebildes ein in sich differenziertes und strukturiertes System darstellt. Die einzelnen Elemente des „moral order" *(P. Rock* 1974) einer Gesellschaft lassen sich nicht nur nach dem Grad ihrer Verbindlichkeit, nach ihrer hierarchischen Anordnung, nach dem Ausmaß von Formalisierung und Systematisierung, sondern auch danach unterscheiden, inwieweit sie in sich konsistent, widerspruchsfrei und aufeinander in inhaltlicher Hinsicht abgestimmt sind. Diesem letzten Aspekt des gesellschaftlichen Normensystems wollen wir uns in diesem Abschnitt zuwenden und eine Diskussion aufnehmen, die gerade in der kriminologischen Theoriebildung eine herausragende Rolle beansprucht.

Die Kriminologie hat Fragen der normativen Ordnung vor allem unter zwei Gesichtspunkten bzw. Stichworten erörtert: „Anomie" und „Subkultur". Beide beziehen sich auf die Bedingungen und Konsequenzen des normativen Gleichgewichts einer Gesellschaft, orientieren sich also an der Annahme, daß das normative System eine interne Konsistenz und Widerspruchsfreiheit auszeichnet. Die kriminologisch bedeutsamen Aspekte dieser Diskussion sollen im folgenden dargestellt werden. Daran anschließen soll sich ein Exkurs, der historische Untersuchungen analoger Art aus dem 19. Jahrhundert in Erinnerung ruft.

Die hier behandelten Ansätze zur Analyse der normativen Ordnung einer Gesellschaft und ihres Beitrages zur Erklärung abweichenden und kriminellen Verhaltens stehen im Kontext des oben behandelten „normativen Paradigmas" der Soziologie und implizieren daher die dort dargelegten Modelle des Handelnden, der Norm, der Motivation, der Beziehung zwischen Handlungen und Regeln etc.

Das Konzept der *Anomie*, obwohl soziologiegeschichtlich mit dem Namen *E. Durkheims* verknüpft, ist zu einem zentralen Gegenstand der soziologischen Theoriebildung im Sinne der Entwicklung von „Theorien mittlerer Reichweite" vor allem seit *R. K. Mertons* Abhandlung über „Social Structure and Anomie" aus dem Jahre 1938 (abgedr.: *R. K. Merton* 1957) geworden, die zu einem regelrechten Boom an theoretischen und empirischen Arbeiten zu diesem Thema geführt hat[91].

Die Anomietheorie wurde von *Durkheim* nicht erst in seinem Werk über den Selbstmord entwickelt, das damit am häufigsten in Verbindung gebracht wird, sondern sie ist ein Grundthema seiner Position überhaupt, das sich schon in der „Arbeitsteilung" behandelt findet wie auch in grundsätzlicher Weise in seinen „Regeln". Ohne auf die nicht ganz einheitliche Position[92] *Durkheims* (*R. König* 1967 b, S. 22) zur Anomietheorie im einzelnen eingehen zu wollen, sei etwas vereinfachend, aber als gemeinsamer Nenner der seitherigen Diskussion zutreffend gesagt, daß Anomie „Zustände mangelnder sozialer Regelung" (*R. König* 1967 b, S. 22) bezeichnet. Im Gegensatz zum individualistischen und altruistischen Selbstmord, die beide durch besonders einseitig ausgeprägte Normensysteme erklärbar sind, ist der anomische

Selbstmord durch das Nichtvorhandensein von gesellschaftlichen Regelungen gekennzeichnet. In den modernen dynamischen Gesellschaften sah *Durkheim* nun besondere strukturelle Elemente, die das Entstehen solcher Zustände begünstigen. So seien insbesondere die durch den Sektor der Wirtschaft verursachten plötzlichen Schrumpfungs- und Expansionsprozesse dazu angetan, das ausbalancierte System gesellschaftlicher Bedürfnisse und Möglichkeiten ihrer Befriedigung dadurch ständigen Störungen auszusetzen, daß sie gewissermaßen normative Vakua schaffen (*R. König* 1978). *J. Young* (1974, S. 173/174) macht deshalb zu Recht darauf aufmerksam, daß die in der Literatur vertretene These, *Durkheims* Anomietheorie basiere auf einem biologisch definierten Konzept des Handelnden und erst *Merton* habe sie rein soziologisch konzipiert, unzutreffend ist.

Bekanntlich hat *R. K. Merton* diese Theoriefragmente in seine Typologie individueller Anpassungen eingebracht, die inzwischen durch *R. A. Dubin* (1959) und *F. Harary* (1966) um einige weitere Dimensionen und „Zellen" erweitert worden ist, deren Einzelheiten hier jedoch nicht interessieren. Lediglich der theoretische Grundgedanke sei festgehalten. *Merton* geht analog zu *Durkheim* von der analytischen Trennung zweier entscheidender Komponenten des sozialen Handelns aus: dem kulturellen System und dem sozialen System. Ersteres besteht aus dem System von Zielen und Normen in einer Gesellschaft, letzteres aus dem System von Interaktionen und sozialen Gruppierungen. Spannungen und Konflikte zwischen diesen beiden Klassen von Phänomenen resultieren vornehmlich daraus, daß Werte und Normen, die im Bereich der kulturellen Dimension aufeinander abgestimmt sind, im Bereich des sozialen Systems unterschiedlich plaziert sind, und zwar so, daß die Verbindlichkeit gesellschaftlicher Ziele nicht mit dem Zugang zu den Mitteln ihrer Verwirklichung korrespondiert. Das Beispiel, an dem *Merton* sein Modell demonstriert, ist das generelle Ideal des Erfolgsstrebens in der amerikanischen Gesellschaft, dessen Erreichung mit legitimen Mitteln jedoch für bestimmte Gruppen in einer Gesellschaft wegen ihrer spezifischen Stellung innerhalb der Sozialstruktur höchst problematisch ist. Daraus resultieren strukturell bedingte Anpassungsnotwendigkeiten, deren Lösung nach nicht näher spezifizierten Bedingungen auf eine der folgenden Weisen möglich ist: Innovation, Ritualismus, Apathie bzw. Rückzug oder Rebellion.

Die weiter unten zu erörternde Subkulturtheorie hat einige entscheidende Berührungspunkte mit der Anomietheorie, die systematische Verknüpfung beider Traditionen ist jedoch das Verdienst von *R. A. Cloward* (1959) sowie von *R. A. Cloward* und *L. E. Ohlin* (1960). Letztere haben den Gedanken der differentiellen Zugangsmöglichkeiten zu zielgerechten Mitteln über *Merton* hinaus auch auf das System illegitimer Verhaltensweisen ausgedehnt, was bedeutet, daß auch die Wege zum „erfolgreichen Verbrecher" gleicher Kontrolle und Limitierung unterliegen wie die zum „erfolgreichen Bürger". Auf diese Weise gelangen sie zu einer Typologie abweichender subkultureller Systeme, deren Entstehungsbedingungen in zweifacher Weise sozialstrukturelle Faktoren einschließen.

Die weitere Diskussion, vor allem die Versuche der empirischen Überprüfung, aber auch die der rigorosen Fassung in theoretischer Hinsicht können hier nicht referiert werden und müssen der eigenen Lektüre des Lesers überlassen bleiben, wofür vor allem die aus einer Diskussion auf dem Jahrestreffen der *American Sociological Association* im Jahre 1962 in Washington. D. C., hervorgegangene Anthologie von *M. B. Clinard* (1962), sowie die bereits genannte Arbeit von *S. Cole* (1975) und die des deutschen Soziologen *H. H. Bohle* (1975) hilfreich sind. Jenseits dieser dort diskutierten Schwierigkeiten der Operationalisierung der einzelnen Variablen, der bisweilen tautologieverdächtigen Formulierungen und der wissenschaftstheoretischen Bedenken an vielen Stellen wollen wir über die schon gelegentliche Kritik hinaus auf einen Umstand aufmerksam machen, auf den *L. Radzinowicz* (1966, S. 87) hinweist und der uns außerordentlich wichtig erscheint. *Durkheims* Anomiethese ist vor dem Hintergrund seines funktionalen Ansatzes zu sehen. *Durkheim* war es ja, der mit seiner Behauptung, Kriminalität und abweichendes Verhalten generell habe einen bestimmten funktionalen Stellenwert im Gefüge von Gesellschaften, eine heftige Kritik seitens der meisten damaligen Kriminologen ausgelöst hatte. Etwas vereinfacht dargestellt, war seine Behauptung eine mittlere Position zwischen jenen beiden Extremen, die entweder von der Dysfunktionalität und dem pathologischen Charakter jeglicher Kriminalität ausgingen oder von der entgegengesetzten These der Normalität und Funktionalität sämtlicher Kriminalität. Tendenziell ist *Durkheims* Position eher der zweiten Alternative zuzurechnen, aber, so schreibt *Radzinowicz* (S. 87): „Even Durkheim wavered at this point." Dieses Schwanken brachte ihn dann dazu, einen Über- oder Unterschuß der Kriminalität, d. h. ein Abweichen nach oben oder unten von einem nicht näher spezifizierten Maß einer Durchschnittsrate an als pathologisch zu bezeichnen und jene Veränderungen im Normensystem einer Gesellschaft dafür verantwortlich zu machen, die er begrifflich unter dem Konzept der Anomie zu fassen versuchte.

Diese Ausgangslage der *Durkheim*schen Anomietheorie ist jedoch in der seitherigen Entwicklung der kriminologischen Diskussion völlig in Vergessenheit geraten. Es wird nicht danach unterschieden, welcher Teil der Kriminalität als normal zu betrachten ist, welcher als pathologisch; die Kriterien der Zurechnung zu diesen beiden Teilklassen des Gesamtphänomens sind von *Durkheim* selbst nicht formuliert worden, aber auch die moderne Version der Anomietheorie im Gefolge *Mertons* bemüht sich nicht um eine solche Antwort, ja stellt sich diese Frage gar nicht mehr. Die Anomietheorie hatte sich herausgelöst aus dem gesamten Gedankengebäude von *Durkheim*. Erst die jüngste kriminologische Diskussion kennt bemerkenswerte Versuche der Wiederaneignung der theoretischen Bemühungen *Durkheims* um die Analyse der Kriminalität. Die englische Devianzsoziologie, allen voran *I. Taylor, P. Walton* und *J. Young* (1973), hat sich erhebliche Verdienste in dieser Hinsicht erworben. *J. Young* (1974) bemüht sich gar um eine Verknüpfung anomietheoretischer und interaktionistischer Ansätze; aus dem Kreis der bekannteren Labeling-Anhänger ist vor allem auf die vielzitierte, mit dem *MacIver-Preis* als beste Buchpublikation auf dem Gebiet der Soziologie des Jahres 1966 ausgezeichnete, historisch-kriminologische Studie von *K. T. Erikson* (1966) hinzuweisen, die sich in ausdrücklicher Kontinuität zu *Durkheims* Soziologie versteht; kriminalpolitische Folgerungen aus *Durkheims* funktionalen Erwägungen zur Kriminalität finden sich seit kurzem vor allem in der skandinavischen Kriminologie thematisiert (*K. Mäkelä* 1974; *P. Uusitalo* 1969).

Der zentrale Punkt, an dem die Anomietheorie am verwundbarsten zu sein scheint, hängt mit der Annahme eines einheitlichen normativen Wertsystems zusammen. Diese Prämisse ist am radikalsten und kompromißlosesten von den Vertretern der Labeling-Theorie zurückgewiesen worden. *E. M. Lemert* (1964) hat diese Kritik gleichsam zum Fundament seiner „social control" – Perspektive gemacht, und in gewisser Weise ist die Anomietheorie, insbesondere in der Version von *R. K. Merton*, für die Labeling-Theorie ein Ort theoretischer Gegenidentifikation (vgl. *H. S. Becker* u. a. 1963; *J. I. Kitsuse* 1972; *J. I. Kitsuse* und *A. Cicourel* 1963; *St. Box* 1971).

Aber nicht erst im Kontext der Labeling-Theorie ist die Annahme eines einheitlichen Wert- und Normensystems kritisiert worden. Eine der wichtigsten soziologischen Erkenntnisse, die sich insbesondere der kriminologischen Analyse verdankt, besteht in der Beobachtung, daß nur in sehr metaphorischer Weise von einem einheitlichen Normensystem in einer Gesellschaft gesprochen werden kann; daß sich vielmehr gerade in der modernen arbeitsteiligen Gesellschaft eine Vielheit von unterschiedlichen Normensystemen entwickelt, deren Träger sich aus verschiedenen Gruppen innerhalb der gleichen Gesellschaft rekrutieren. Diese Normensysteme weisen variierende Grade der Autonomie und Institutionalisierung auf. Sie können einerseits lediglich der kulturelle Aspekt der arbeitsteilig und funktionell gegliederten Gesellschaft sein, andererseits aber auch in sich geschlossene Systeme kultureller Autonomie und Autarkie darstellen, die sich zu ausgesprochenen „Sondermoralen" (R. König 1963 a) verdichten, im Bereich des abweichenden Verhaltens die Form von Subkulturen (A. K. Cohen 1955; A. K. Cohen und F. F. Short, Jr., 1958) oder auch aggressiven „Kontra-Kulturen" (J. M. Yinger 1960) annehmen.

Der Begriff der Subkultur[93], der in diesem Zusammenhang zu erörtern ist, spielt in der modernen Kriminologie eine so zentrale Rolle, daß eine auch nur einigermaßen repräsentative bibliographische Erfassung nicht möglich ist. A. K. Cohens „Delinquent Boys. The Culture of a Gang" (1955) kann aber als die erste theoretisch anspruchsvolle Formulierung dieses Konzepts betrachtet werden, die eine bis heute nicht abgeschlossene Diskussion entfacht hat. Allerdings hat die Tatsache, daß Cohens Arbeit sowie die sich daran direkt oder indirekt anschließenden, zustimmenden oder ablehnenden Publikationen fast ausschließlich die Jugenddelinquenz zum Gegenstand haben, zur Vernachlässigung bzw. Einengung des gesamten Bereichs geführt, innerhalb dessen der subkulturelle Ansatz fruchtbar verwendet werden kann. Erst in jüngster Zeit sind an dieser Einseitigkeit einige erste Korrekturen vorgenommen worden, wobei wir vor allem auf M. B. Clinards und R. Quinneys (1967) „Criminal Behavior Systems" verweisen wollen, in deren Anthologie die subkulturelle Artikulierung der Jugenddelinquenz nur ein Kapitel von insgesamt neun einnimmt. In die gleiche Richtung, indessen weniger konsequent, zielt das Lehrbuch von D. C. Gibbons (1968). Eine weitere theoretische „Auflösung" des Subkulturkonzepts schlägt J. F. Short (1974), unter Auswertung u. a. des reichhaltigen empirischen Materials aus seinen jugendkriminologischen Arbeiten (J. F. Short, Jr., und F. L. Strodtbeck 1965) vor, indem er es in den Zusammenhang der Theorie „kollektiven Verhaltens" zu integrieren versucht und auf diese Weise den statischen Charakter seiner Verwendung durch eine prozeßhafte Analyse ersetzt.

Die Wirksamkeit differenzierter Normensysteme setzt nicht erst ein, wenn diese sich auch auf der Ebene des sozialen Systems in Gruppen und eigenen Gebilden organisiert haben. Dieser fälschliche Eindruck ist vielleicht auch auf das Übergewicht der Diskussion um die Gangbildung unter Jugendlichen zurückzuführen, die seit der klassischen und von einigen Autoren als unerreicht bezeichneten (D. J. Bordua 1961; Wiederabdruck M. E. Wolfgang u. a. 1962, S. 289) Studie von 1313 Gangs im Stadtgebiet von Chicago durch *F. M. Thrasher* (1927) für die kommenden Jahrzehnte geradezu zu einem Prototyp theoretischer Diskussion und kriminalsoziologischer Forschung auf dem Gebiet der Jugenddelinquenz geworden ist[94]. Als bedeutsamste weitere Monographien in dieser Serie sei auf *W. F. Whytes* „Street Corner Society" (1943) verwiesen, in der die soziale Struktur eines Slumdistrikts von Italienern untersucht wird, sowie auf die neben *A. K. Cohen* wohl wichtigste theoretische Fortentwicklung dieser Problematik durch die bereits erwähnte Arbeit von *R. A. Cloward* und *L. E. Ohlin* (1960). Ferner sei auf die Arbeiten einer Gruppe von Soziologen aus Chicago hingewiesen, die zusammen mit Jugendbehörden und -organisationen seit 1958 intensive Analysen der Banden in Chicago durchführen, die *Thrashers* Tugend anthropologischer Nähe bei der Datenerhebung mit *Cohens* sowie *Cloward* und *Ohlins* Mut zu theoretischer Spekulation vereinigen. Eine Reihe bedeutsamer Artikel sind daraus erwachsen, die *J. F. Short, Jr.* und *F. L. Strodtbeck* (1965) z. T. zu einem Buch vereinigt haben.

Kulturelle Muster und Traditionen bedürfen – wie gesagt – nicht unbedingt der festen und organisatorischen Reglementierung in strukturierten sozialen Systemen, wie es insbesondere in der älteren Gang-Literatur angenommen wurde, um das Verhalten zu steuern[95]. Ohne die Form expliziter Verhaltensvorschriften oder verbal artikulierter, ja überhaupt artikulierbarer präskriptiver Normen anzunehmen, steht dem Individuum in seinem kulturellen Kontext ein Reservoir von Verhaltensorientierungen zur Verfügung, die in spezifischen Situationen aktiviert werden können und dann aus dem Verhalten bestimmen, um mit der Situation gleichsam wieder zu entrücken. In der alltäglichen Beobachtung und Wahrnehmung hat ein solches Verhalten meist den Charakter der psychisch bedingten Einmaligkeit oder Idiosynkrasie, gleichwohl lassen sich an ihm Regelmäßigkeiten und situationsspezifische Gleichartigkeiten ausmachen, die dazu nötigen, überindividuelle Sachverhalte zu ihrer Erklärung heranzuziehen.

So hat etwa *D. R. Cressey* (1954) innerhalb der üblicherweise als zwangshafte Verbrechen (compulsive crimes) klassifizierten Normverletzungen viele Elemente kultureller Prägung und Überformung ausgemacht. *S. Wheeler* (1960) hat für den Bereich der Sexualverbrechen Argumente und empirische Belege beigebracht, die eher eine soziologische als psychiatrische Erklärung nahelegen, wobei er von den gruppenspezifischen Sexualattitüden und -praktiken ausgeht, deren gewissermaßen „natürliche" Manifestationen in bestimmten kontingenten Situationen zur Normverletzung führen. *M. E. Wolfgang* (1957, 1958) hat die Gruppe der Totschlags- und Morddelikte und deren „Affektcharakter" auf ihre kulturellen Komponenten hin analysiert und zusammen mit *F. Ferracutti* (1967) eine ausgezeichnete historische und theoretische Analyse des Konzepts der Subkultur vorgelegt. Weitere Beispiele kultureller „Einschüsse" in scheinbar rein psychologisch bedingte Normverletzungen haben *M. B. Clinard* und *R. Quinney* (1967) in ihre bereits erwähnte Anthologie „Criminal Behavior Systems" aufgenommen.

G. M. Sykes und *D. Matza* (1957) haben erstmalig in einer vielbeachteten Kritik an der Subkulturthese von *A. K. Cohen* darauf hingewiesen, daß die Annahme der sozialstrukturellen Geschlossenheit und Isolierung subkultureller Muster delinquenten Verhaltens zugunsten mehr interaktiver Modelle und vermittelnder Prozesse zwischen den Bereichen konformen und nichtkonformen Verhaltens zu modifizieren sei, die den „Täter" gleichermaßen partizipieren und gebunden sieht an die Welt und Werte beider Bereiche[96]. *D. Matza* (1964 a) hat diesen Gedanken systematisch zu einer theoretischen Gegenposition weiterentwickelt, die unter Anknüpfung an einige Gedankengänge aus der klassischen Tradition der Kriminologie letzterer insgesamt einen neuen Bezugsrahmen setzen soll. Äußerst scharfsinnig ist die Analyse *D. Matzas* (1969) der strukturfunktionalistischen Beiträge zur Kriminologie, die Matza – unter Bezug auf *D. Bells* (1953) „Crime as an American Way of Life", *K. Davis'* (1961) Analyse der Prostitution und *R. K. Mertons* (1957) Analyse der „politischen Maschine" – unter den Gesichtspunkten der „Überschneidung" und „Ironie" hauptsächlich darin sieht, daß sie die meist verstellten Zusammenhänge zwischen der dominanten „konventionellen" Moral und der subkulturellen „Variante" sichtbar machen. An anderer Stelle spricht er zur Bezeichnung dieses Verhältnisses von den „subterranean values" (*D. Matza* und *G. M. Sykes* 1961)[97]. Auch in den Arbeiten der schon erwähnten Gruppe um *J. F. Short* und *F. L. Strodtbeck* hat sich die theoretische Perspektive von einem allzu eng geknüpften Modell subkultureller Organisation und Induzierung der Jugenddelinquenz zu einer Vorstellung gewandelt, bei der delinquente Akte nicht gleichsam normativ vorgeschrieben sind, sondern als bestenfalls „in Kauf genommenes", aber nicht angestrebtes Endprodukt eines komplexen Wechselspiels hierarchisch miteinander verknüpfter sekundärer und primärer Werte und Handlungsziele zu betrachten sind[98].

Diese Kritik an der Theorie der Subkultur darf indessen nicht mißverstanden werden als eine Zurücknahme soziologischer Interpretation delinquenten Verhaltens. Vielmehr signalisiert sie vor allem drei Dinge: 1. Ersetzt sie ein allzu naives Kausalmodell, in dem gewissermaßen eine eindeutige Relation zwischen Normen und Verhalten angenommen wird, durch die Annahme eines

Beziehungsgeflechts von Variablen, dessen theoretische Rekonstruktion die Kapazität der bisher üblichen mathematischen und statistischen Kalküle überschreitet; 2. tritt als analytische Einheit der Täter zugunsten der Situation, also der Tat, stärker in den Hintergrund; 3. entfaltet sich damit erst die Komplexität und der oft äußerst verschlungene Aufbau des normativen Systems einer Gesellschaft.

Mehrere Autoren haben in jüngster Zeit die Komponente der Situation herausgekehrt. Der Grund hierfür ist darin zu suchen, daß eine Reihe von empirischen Befunden aus der Delinquenzforschung mit der Annahme personell stabiler Subkulturen unvereinbar ist. Hierauf haben neben *D. Matza* (1964 a) und *S. Wheeler* (1968 a) vor allem *S. Briar* und *I. Piliavin* (1965) hingewiesen. Dabei handelt es sich vor allem um die Einsicht, daß ein großer Teil der Jugenddelinquenz einen durchaus einmaligen, transitorischen und mehr oder weniger zufälligen Charakter trägt. Diese Erkenntnis, die schon eine sorgfältige Analyse der offiziellen Kriminalstatistiken vermittelt[99], ist insbesondere durch die an anderer Stelle besprochenen Umfrageforschungen zur Verbreitung der Delinquenz zur Gewißheit geworden, die jede Theorie in Rechnung zu stellen hat. Weiterhin ist für diese theoretische Modifikation die Einsicht verantwortlich, daß nur ein kleiner Teil der unter dem Einfluß subkultureller sozialer Systeme stehenden Jugendlichen auch tatsächlich „criminal records" aufweisen[100]. Statt aber, wie dies eine Gruppe von Kriminologen um *W. C. Reckless* versucht, daraus erneut einen Rekurs auf personelle Variable für gerechtfertigt zu halten[101], scheint uns die Strategie erfolgversprechender zu sein, die mit einem verfeinerten begrifflichen Instrumentarium die delinquente Situation – und nicht den Täter – zu erfassen sucht.

Besonders ausführlich und für seine theoretischen Folgerungen zentral ist das Plädoyer von *W. B. Miller* (1967) zugunsten einer Situationsanalyse anstelle einer Täteranalyse. Ihm ist die Vernachlässigung des Situationsaspektes geradezu ein Grund dafür, warum Diebstahlsdelinquenz, die nach dem einheitlichen Ergebnis einer großen Zahl von Studien quantitativ am stärksten ins Gewicht fällt, systematisch-theoretisch – im Gegensatz etwa zu Körperverletzungsdelikten – am wenigsten aufgearbeitet worden ist (1967, S. 30/31).

Mit *W. B. Miller* (1958) ist daneben aber eine weitere Modifikation in das theoretische Gerüst der Subkulturtheorie eingeführt worden. *J. F. Short, Jr.,* und *F. L. Strodtbeck* (1965, S. 3 ff.) unterscheiden eine Variante, die die relative Position einer Subkultur innerhalb der Sozialstruktur betont, von einer solchen, die mehr Nach-

druck auf die absolute Position legt. Die Arbeiten von
A. K. Cohen (1955) sowie *R. A. Cloward* und *L. E. Ohlin* (1960) betrachten die Entstehung und die Kontinuität von Subkulturen als
eine Art kollektiver Reaktion einer Gruppe von Mitgliedern
einer Gesellschaft auf bestimmte für diese Gruppe nachteilige
und sie bedrohende Aspekte der Gesamtgesellschaft. *Miller*, der
stark anthropologisch ausgerichtet ist, erklärt einen wesentlichen
Teil der Unterschichtdelinquenz als eine direkte Folge lange eingelebter und fest etablierter kultureller Traditionen der Unterschicht („a long established, distinctively patterned tradition with
an integrity of its own"; 1958, S. 5), deren Aspekte *Miller* zu
sechs „focal concerns" ordnet und denen ein – nach der Klassifizierung von *Short* und *Strodtbeck* – absoluter Stellenwert bei der
Motivation zur Teilnahme an subkulturellen Aktivitäten zukommt. Das Handeln erfolgt mit anderen Worten nicht in Auseinandersetzung mit anderen kulturellen Teilsegmenten der Gesellschaft, sondern ist ein unmittelbarer Ausfluß der eigenen
autonomen Tradition. Obwohl *Millers* Beitrag nicht ohne Kritik
geblieben ist (*D. J. Bordua*, insbes. 1960, aber auch 1961;
D. C. Gibbons 1968, S. 270/272; *J. F. Short* und *F. L. Strodtbeck* 1965,
S. 7; *T. v. Trotha* 1974, S. 30 ff.), urteilt *L. Savitz* bei einem Vergleich der verschiedenen rivalisierenden Ansätze sehr positiv: „In
many ways, Millers view of lower-class life and the way it relates
to delinquency remains the most persuasive model of delinquency currently available" (1967, S. 60). Der Haupteinwand
dürfte darin zu sehen sein, daß *Miller* den Subkulturbegriff zu
statisch interpretiert, wodurch er die Verknüpfungslinien zwischen verschiedenen kulturellen Teilsystemen einer Gesellschaft
aus dem Auge verliert, die *Matza, Short, Cohen* u. a. herausgearbeitet und die *H. Rodman* (1968 a, 1968 b) zu dem Konzept eines
„value stretch" veranlaßt haben, demzufolge die „lower class culture" eine Bandbreite von Werten abgestufter und situationsbe-
zogener Verbindlichkeit impliziert.

Für unseren theoretischen Zusammenhang möchten wir auf die
beiden folgenden Implikationen des Ansatzes von *Miller* verweisen. 1. Die These von Miller ist der Sache nach einzuordnen
in die Reihe der Arbeiten, die früher unter dem Obertitel „Kulturkonflikt" standen (*Th. Sellin* 1938; *L. Wirth* 1931; *M. E. Wolfgang*
1968 a; *K. M. Kapadia* 1952; vgl. hierzu auch allgemein *A. N. J.
den Hollander* 1955). Bei diesen Studien stand ein sehr einfacher,
aber weitreichender Gedanke Pate: Bei dem Aufeinandertreffen
verschiedener Gruppen mit unterschiedlichen kulturellen Traditionen, Wertsystemen, Auffassungen über Recht und Unrecht,
mit voneinander abweichenden moralischen Standards werden
die Mitglieder derjenigen Gruppe oder Gruppen die höchste Kri-

minalität aufweisen, die auf Grund des politischen und sozialen Machtgefüges als Zugewanderte, als ethnische oder rassische Minorität in der schwächeren Position sind. Dieser Gesichtspunkt findet sich exemplarisch gut herausgearbeitet bei E. D. Beynon (1935), der in einer Studie von ungarischen Einwanderern in Detroit die automatisch zu Gesetzeskonflikten führenden, aus einer feudalen Gesellschaftsstruktur herrührenden Vorstellungen über den Diebstahl der ungarischen Minorität im Konflikt mit der amerikanischen Gesellschaft analysiert. Ein anderes Beispiel bietet die Analyse von J. Toby (1958) der beiden extremen kriminellen ethnischen Gruppen der amerikanischen Gesellschaft, den Juden als den gesetzestreuesten und den Italienern als den Mitgliedern der amerikanischen Gesellschaft, die in den Kriminalstatistiken an erster Stelle rangieren[102]. Systematisch gehören hierhin auch die Zusammenhänge, die unter dem Stichwort der „horizontalen Mobilität" bzw. der menschlichen Wanderung erörtert werden (vgl. zusammenfassend G. Albrecht 1972; ferner F. Ferracutti 1968 und K. Sveri 1975). 2. Neben der Tatsache, die Miller in Erinnerung bringt, daß nämlich Kriminalität eine soziale Beziehung ausdrückt zwischen verschiedenen Mitgliedern, Gruppen und Klassen innerhalb einer Gesellschaft, und die auch – eigentlich etwas folgenlos, wie wir an anderer Stelle schon sahen – E. H. Sutherland und D. R. Cressey in früheren Auflagen ihres Lehrbuchs in den allgemeinen Vorbemerkungen voranstellten und deren Quintessenz als Leitmotiv seiner provozierenden „Essays in Law and Criminology" F. A. Allen (1964) so formuliert: „These papers defend the proposition that the central problem of the criminal law is and will remain political in character" (S. VIII), zeigt Millers kulturanthropologische Studie Zusammenhänge zwischen der Kriminalität und kulturellen Elementen auf, deren Aufspüren erhebliche gedankliche und theoretische Anstrengung erfordert. Die Betonung physischer Kraft und Demonstration körperlicher Geschicklichkeit, die in den unteren Klassen eine so entscheidende Rolle spielt, erhöht ihre Wahrscheinlichkeit, mit dem Gesetz in Konflikt zu geraten; die Überzeugung, Glück und Schicksal spielten für den Erfolg im Leben eine größere Rolle als die individuelle Leistung, verführt dazu, dem Glück nachzuhelfen; ein Leben, das auf unmittelbare Befriedigung und spontanes Leben ausgerichtet ist, verletzt leicht die Moral und die Normen, die die Strafgesetze schützen. Die Betonung des politischen Momentes und des Konfliktcharakters in der subkulturellen Analyse der Jugendkriminalität durch W. B. Miller bringt eine theoretische Gemeinsamkeit ans Licht, die zwischen der Jugendkriminalität und anderen Formen der Kriminalität existiert, die aber durch die weitgehend isolierte wissenschaftliche Behandlung der Jugendkriminalität verdeckt wird. Millers Analyse stellt insofern eine komplementäre These zu den Arbeiten dar, die von einem anderen Aspekt aus den Zusammenhang von Kriminalität und dominantem Wertsystem der Gesellschaft in den Mittelpunkt rücken. Die Identifizierung der Elemente einer Subkultur, die diese in den Kontext des Gesamtsystems einbettet, sie als einerseits isoliertes Gebilde, andererseits als mit der „Umgebung" vermittelt und untergründig verflochten sieht – als „subterranean values", als Konfliktbeziehung oder als politisches Moment gefaßt –, ist als der Versuch anzusehen, den theoretischen Blick dafür zu öffnen, daß „crime and criminality are the product of the same social conditions and processes that produce other kinds of social behavior" (D. R. Cressey 1966, S. 169).

Überlegungen und Zusammenhänge, wie sie in dem vorstehenden Zitat von Cressey zum Ausdruck kommen, haben eine stärkere Rolle bei der Analyse von anderen Formen der Kriminalität gespielt als bei denen, die das Konzept der Subkultur hervorgebracht haben. Die sogen. organisierte Kriminalität bzw. das organisierte Verbrechen, als Phänomen wie als kriminologischer Gegenstand in den USA bekannter als in Europa, hat in theoretischer wie in empirischer Hinsicht stets Anlaß zur Freilegung der symbiotischen Beziehungen gegeben, die sie mit den Institutionen, Organisationen, den Wertvorstellungen der Welt der Wohlanständigkeit verbindet: „As social structures, the underworld of crime and the upper-world of business and politics are, as the terms imply, in many ways essentially two sides of the same coin" (G. B. Vold 1958, S. 237). Das organisierte Verbrechen gleichsam als seitenverkehrte Abbildung der strukturellen, organisatorischen und kulturellen Merkmale der Gesellschaft drückt sich nicht nur in den gleichen rationalen, institutionalisierten, rollenhaft geprägten Formen der Aktivitäten des organisierten Verbrechens aus, sondern auch darin, daß das organisierte Verbrechen die Ächtung von Bedürfnissen (Alkohol, Spielen, Sexualmoral) durch die offizielle Moral zuläßt, ohne die Konsequenz scheuen zu müssen, die sich aus deren totaler Unterdrückung und Kontrolle ergeben würde. So paradox es klingt, das organisierte Verbrechen ist zu einem gewissen Ausmaß eine Institution „sekundärer sozialer Kontrolle", die der Domestizierung und damit „organisierten" Befriedigung von Bedürfnissen dient, die andernfalls zu nichtkontrollierbaren Konsequenzen personaler und sozialer Desorganisation führen könnten.

Der Prototyp organisierten Verbrechens, der die Verflochtenheit von legaler und illegaler Struktur einer Gesellschaft und deren ökonomische, politische und institutionelle Interdependenz exemplarisch belegt, stellt immer noch die sizilianische und italienische Mafia dar, der H. Hess (1970) eine ausgezeichnete – auch irs Englische übersetzte – Monographie gewidmet hat und deren „Import" in die USA nach wie vor das beherrschende Thema in der amerikanischen kriminologischen Diskussion auf dem Gebiet des organisierten Verbrechens darstellt[103]. Dies ist durch den „Task Force Report" über „Organized Crime" der *President's Commission on Law Enforcement and Administration of Justice* (1967 b) und insbesondere durch die aus der Mitarbeit an ihr resultierende Monographie von *D. C. Cressey* (1969) mit dem etwas reißerischen Obertitel „Theft of the Nation", was er keineswegs ökonomisch, sondern im Hinblick auf die politische und demokratische Tradition der USA meint, erneut bekräftigt worden. Allerdings hat sich in jüngster Zeit ein kritischer Ton insofern bemerkbar gemacht, als manche in der Identifizierung des organisierten Verbrechens mit der „Mafia" oder der „Cosa Nostra" die empirische und theoretische Bedeutung klischeehaft überhöht sehen (*J. F. Galliher* und *J. A. Cain* 1974; *N. Morris* und *G. Hawkins* 1970) und es in den weiteren Zusammenhang des „vocational crime" (*J. A. Inciardi* 1974) einzubeziehen vorschlagen und damit eine Sichtweise weiter verstärken, die schon in der Anthologie von *M. B. Clinard* und *R. Quinney* (1967) zum Ausdruck kommt. Damit wird zum einen der Akzent stärker auf die soziologischen Aspekte des organisierten Verbrechens gelegt, zum anderen wird diese Form des Verbrechens dadurch vergleichbar mit anderen Formen der Kriminalität, die sich hinsichtlich ihres Organisationsgrades, ihrer Institutionalisierung, ihrer Strukturen über Zeit und Raum hinweg nicht prinzipiell, sondern nur graduell voneinander unterscheiden. *A. K. Cohen* (1977) hat aufgrund derartiger Erwägungen einen theoretischen Merkmalsraum des „Concept of Criminal Organization" vorgeschlagen, der sowohl die institutionelle Verschränkung krimineller mit nichtkriminellen Phänomenen als auch die internen strukturellen Gleichförmigkeiten verschiedener Formen und Manifestationen der Kriminalität sichtbar machen soll. Neue Einsichten empirischer wie theoretischer Art in die Kriminalität als organisierte, auf Dauer und auf überpersonale Existenz angelegte soziale Institutionen und Gebilde wachsen der Kriminologie in vermehrtem Maße durch eine Reihe interessanter historischer Untersuchungen zu, die zeigen, daß nicht nur Umfang und Art der Kriminalität, sondern auch ihre institutionellen und organisatorischen Aspekte von den generellen Strukturmerkmalen der Gesellschaft abhängen. Die englische Kriminologin *M. McIntosh* (1974, 1975) hat in einer ausgezeichneten Überblicks- und Orientierungsstudie unter dem Gesichtspunkt der „Organisation of Crime" auf den ersten Blick so disparate kriminelle Phänomene wie das Banditentum[104] in agrarischen und vorindustriellen Gesellschaften, den berufsmäßig, aber weitgehend „handwerklich" operierenden Dieb, Hehler oder

Betrüger, die logistisch und technologisch aufwendige Raubkriminalität großen Stils (Bankraub, Erpressung) und die konzernartig und unternehmensmäßig betriebene Kriminalität des „racktteering" auf einem Kontinuum zunehmender struktureller Komplexität angeordnet. Die Arbeit von M. McIntosh ist im übrigen ein Beleg dafür, daß die europäische Kriminologie sich zunehmend auch dem Problem der organisatorischen und institutionellen Aspekte der Kriminologie zuwendet. Andere Beispiele sind die Arbeiten von H.-J. Kerner (1973) sowie der durch eine Initiative des Europarates angeregte Bericht von J. A. Mack und H.-J. Kerner (1975), der einen guten Überblick über die kriminologische Diskussion auf diesem Gebiet in einzelnen europäischen Ländern gibt.

Die empirische, theoretische und historische Neuorientierung in der kriminologischen Analyse des organisatorischen, institutionellen und gruppenhaften Zusammenwirkens bei Planung und Ausführung von Kriminalität, das subkulturell indizierte und unternehmensmäßig betriebene Kriminalität insofern unter einem einheitlichen theoretischen Gesichtspunkt zu sehen gestattet, als es jedesmal darum geht, die überindividuellen, sozialen Aspekte der Kriminalität ins Auge zu fassen, hat daneben auch die Grenzen zwischen dem kriminellen und dem „ehrbaren" Teil der Gesellschaft fließender gemacht.

Forschungen dieser Art sind erforderlich, um die Zusammenhänge und die „Integration" der Kriminalität in die Gesellschaft im Detail sichtbar zu machen. Sie erst vermögen Aussagen wie die oben zitierten von D. R. Cressey und G. B. Vold, die noch kaum über Metaphern und heuristische Prinzipien hinausgehen, nach den Mechanismen solcher Verknüpfung zu konkretisieren. Weiterhin sind sie von erheblicher theoretischer wie empirischer Relevanz für die Analyse der Kriminalität unter funktionalistischen Gesichtspunkten, der wir bereits im Zusammenhang mit der theoretischen Erörterung des Subkulturkonzepts begegneten. Das Verbrechen erfüllt nicht nur seine „Funktion" in dem meistens gemeinten Sinne, daß die Gesellschaft durch die strafende Reaktion sich ihrer eigenen Normen vergewissert, sondern auch dadurch, daß kriminelle Aktivitäten Bedürfnissen Rechnung tragen, die als ökonomische, soziale, emotionale keine andere Befriedigung erfahren können. Der Sanktionsverzicht, die Nichtverfolgung von Kriminalität, die wir gerade bei den zuletzt erörterten Formen antreffen, deutet darauf hin, daß er nicht nur eine Folge der technischen Unzulänglichkeit der strafrechtlichen Sozialkontrolle darstellt, sondern daß sein „Nutzen" größer ist als sein „Schaden".

Wir wollen damit die Betrachtung der Kriminalität unter dem Gesichtspunkt ihrer subkulturellen und ihrer überpersonalen Institutionalisierung und Organisation beenden. Wir haben gesehen, daß die ursprüngliche und rigide Fassung des Konzepts der Subkultur angesichts empirischer Befunde ebenso wie theoretischer Entwicklungen in der Kriminologie einer Vorstellung Platz macht, die subkulturelle Normen und Werte nicht als präskriptive und verbindliche Verhaltensimperative auffaßt, sondern diese in vielfacher Weise abgestuft, situationsgebunden und unterhalb der Schwelle planvollen Handelns angesiedelt begreift. Sie sind eingelassen in Verhaltensstile und Problemlösungsstrategien und nicht von diesen nach der Art reflektierter und konsistenter Regelungssysteme zu distanzieren. Wir haben weiter festgestellt, daß sie vielfältige, oft untergründige Beziehungen zu den kulturellen und normativen Strukturen aufweisen, zu denen sie auf den ersten Blick in Isolierung und Opposition erscheinen. Von dort aus ergaben sich Gemeinsamkeiten subkulturell gestützter Kriminalität zu anderen Formen institutionalisierter und organisierter Kriminalität, deren symbiotisches Verhältnis zu normkonformen Institutionen und Aktivitäten einer Gesellschaft die Kriminologie schon immer vermutet, untersucht und theoretisch postuliert hat und die *E. M. Schur* (1969 b) zu dem ebenso plakativen wie provozierenden Buchtitel „Our Criminal Society" veranlaßt hat.

Themen und Thesen dieser Art sind indessen keine Erfindung der neueren Kriminologie, wenn sich auch keineswegs sagen läßt, sie gehörten deshalb zum gesicherten Kanon kriminologischen Wissens. Sie stellen jedoch insofern eine durchaus innovative Errungenschaft dar, als sich die Kriminologie mit der skizzierten theoretischen Entwicklung nur mühsam ihre eigene Vergangenheit wieder aneignen konnte, die ihr durch das Wirken der positiven Schule genommen worden ist. Wir halten es deshalb für angebracht, in einem Exkurs in Erinnerung zu bringen, daß in der Kriminologie des 19. Jahrhunderts vieles von dem, was in der Subkulturtheorie, in der funktionalen Analyse der Kriminalität angesprochen und thematisiert ist, vorgedacht und vorgeforscht wurde.

Exkurs: Kriminalität und Gesellschaft in der vorpositiven Kriminologie

Die unmittelbaren „induktiven" Wegbereiter der Subkulturtheorie, nicht nur in ihrem jugendkriminologischen Akzent, sondern auch in ihrer Bedeutung als „Theoriekonzept" mittlerer Reichweite, sind sicherlich im wesentlichen unter den Forschern und Wissenschaftlern zu suchen, die mittlerweile in die sozialwissenschaftliche und kriminologische Geschichtsschreibung als Chicago-Schule eingegangen sind[105]. Jedes einigermaßen erwähnenswerte Lehrbuch der Kriminologie zeugt heute von dem kaum zu überschätzenden Einfluß, der von solchen Personen wie *W. I. Thomas, R. E. Park, Ch. H. Cooley, G. H. Mead, E. W. Burgess, E. H. Sutherland, C. R. Shaw, H. O. McKay, P. G. Cressey, W. C. Reckless, R. D. McKenzie, L. Wirth, H. W. Zorbaugh, N. Anderson, F. M. Thrasher, H. Blumer* u. a., um nur die wichtigsten Vertreter der Chicago-Schule zu nennen, ausgegangen ist. Sie haben in den 20er und 30er Jahren eine Reihe von vorzüglichen und über die USA hinaus bekannten Arbeiten vorgelegt. Die Erforschung jugendlicher Großstadtgangs hat dort ihren Ausgangspunkt genommen, die Ökologie und Großstadtforschung hat an der Universität Chicago ihre erste Blütezeit erlebt und bis heute nachwirkende Maßstäbe gesetzt[106]. Neben der Subkulturtheorie hat sie der Kriminologie auch *E. H. Sutherlands* Theorie der differentiellen Assoziation[107] eingebracht. Sie wirkt in der Tat bis heute sowohl in der Soziologie wie in der Kriminologie nach.

Das historische Interesse reicht jedoch über die Chicago-Schule hinaus, hat mit ihr aber insofern zu tun, als die Kriminologie, die wir hier aus dem 19. Jahrhundert in Erinnerung bringen wollen, gerade zur Chicago-Schule, zu ihren Fragestellungen wie ihren Antworten, eine erstaunlich große Affinität und Parallelität aufweist.

So sind Beobachtungen, die zur Subkulturtheorie geführt haben, in der kriminologischen Literatur des 19. Jahrh. längst vorgezeichnet gewesen und nur durch jene unglückliche Wendung der weiteren Entwicklung der Kriminologie verschüttet worden. Insbesondere für die europäische Kriminologie darf man darauf hinweisen, daß sie ihren oft latenten Antiamerikanismus, der sich in der Vergangenheit für die Rezeption gewisser theoretischer Ansätze in der Kriminologie sehr hinderlich bemerkbar machte, gar nicht hätte aufzugeben brauchen, um an Ideen anzuknüpfen, wie sie von der Subkulturtheorie – zugegeben heute präziser – verwandt werden. Nur ganz gelegentlich etwa findet man Hinweise auf die 1858/62 erschienene vierbändige Studie „Das deutsche Gaunertum" von *F. B. Avé-Lallemant*[108], die viele interessante Informationen und Details fast anthropologischen Zuschnitts enthält und die ganz eindeutig als historischer Vorläufer eines kulturellen bzw. subkulturellen Ansatzes zur Erklärung der Kriminalität zu betrachten ist (*L. Radzinowicz* 1961 b, S. 61; *A. Lindesmith* und *Y. Levin* 1973, S. 660 f.).

Besonders reichhaltiges Material, das man geradezu als ausgeprägteste Artikulation einer gemeinsamen Kultur, geteilter Lebensweisen und eingelebter Traditionen betrachten kann, bietet eine Gattung kriminologischer Forschung aus dem vorigen Jahrhundert, die aus den zeitgenössischen kriminologischen Lehrbüchern so gut wie verbannt ist. Wir meinen die vielen Untersuchungen über die „Gaunersprache", das „Rotwelsch", kurz über die Verlängerung von Verhaltensmustern und sozialen Teilsystemen in die kulturelle Dimension der Sprache und der Welt der Symbole, wozu natürlich auch der Bereich der Kunst und Literatur[109] gehört.

Avé-Lallemant hat auch auf diesem Gebiet der „Argot-Literatur" eine Fülle von Material zusammengetragen und es als eine Art Wörterbuch der Gaunersprache in sein Werk miteingeschlossen[110]. Dieses unseres Erachtens für eine soziokulturelle Analyse und Interpretation des Verbrechens äußerst bedeutsame Gebiet der kriminologischen Literatur wird von den meisten Kriminologen in das Interessengebiet der Linguistik abgeschoben und als für die eigene Wissenschaft irrelevant betrachtet. Einige Ausnahmen in der amerikanischen Literatur stellen *D. W. Maurer* (1964) dar, der die sprachlichen Muster von Taschendieben untersucht hat, *H. Finestone* (1957), der den unterkühlten Jargon der Subkultur von Süchtigen beschrieben hat, sowie eine ältere Arbeit von *L. S. Selling* und *S. P. Stein* (1934) und ein Artikel von *P. Lerman* (1967 b), die sich beide mit dem spezifischen Argot jugendlicher Delinquenten befassen, wobei letzterer die Sprache als Indikator für gewisse Differenzierungen subkultureller Ausprägungen innerhalb der Jugendkultur verwendet.

Die Verwunderung darüber, daß diese äußerst bedeutsamen Merkmale des Verbrechens nach ihren Ansätzen im 19. Jahrhundert so schnell verschüttet werden konnten und daß eine so treffende Bemerkung wie die von *Lombroso*, daß im Gegensatz zur Dialektvielfalt etwa in Italien „die Diebe aus Calabrien das selbe Wörterbuch wie die der Lombardei" haben (1887, S. 391), zu so gut wie gar keinen theoretischen Fortführungen und Reflektionen angeregt hat, kann nicht nachdrücklich genug herausgestellt werden. Bei *Avé-Lallemant* insbesondere finden sich Einsichten in die komplexen Zusammenhänge zwischen Verbrechen und Gesellschaft, die erst allmählich mühselig formuliert werden müssen, etwa wenn er das Entstehen eines organisierten Berufsverbrechertums mit bestimmten Strukturmerkmalen der sich neu entwickelnden Gesellschaftssysteme verbindet.

Auch die ökologischen Interessen der Chicago-Schule haben ihre Vorläufer im 19. Jahrhundert. Mit der systematischen Aufzeichnung kriminalstatistischer Daten in der ersten Hälfte des 19. Jahrhunderts eröffneten sich Möglichkeiten der wissenschaftlichen Analyse und Interpretation, die bis dahin kaum existiert hatten. *A. M. Guerrys* „Essai sur la statistique morale de la France" (1833) und seine spätere vergleichende Untersuchung über die Moralstatistik in England und in Frankreich (1864) sowie *A. Quételets* Kapitel über das Verbrechen und die Moralstatistik in seiner „Physique sociale" haben viele Nachahmer gefunden und zu einer großen Anzahl von Replikationsstudien geführt[111].

Der Grund, warum diese Arbeiten als Vorläufer und Wegbereiter der Forschung zu betrachten sind, die den Ruhm der Chicago-Schule begründet haben, ist ein mehrfacher. Die für die ökologische Analyse so typische Form der Datenaufbereitung mit Hilfe geographischer Darstellungstechniken findet sich schon als Standardtechnik in diesen Arbeiten verwendet. Praktisch von allen europäischen Ländern verfügen wir über kartographisches Material aus dem 19. Jahrhundert, aus dem sich Zonen bzw. Gebiete niedriger, mittlerer und hoher Kriminalität identifizieren lassen[112]. Das Haupteinteilungskriterium dabei war natürlich das von Stadt und Land.

Diese geographisch-regionale Betrachtungsweise wurde indessen sehr bald auch auf Teilgebilde einer Gesellschaft angewendet, insbesondere auf die großstädtischen Zentren in den damaligen europäischen Ländern. Besondere Beachtung haben in der Literatur das zweibändige Werk „La prostitution dans la vie de Paris" (1837) von *Parent-Duchatelets*, eines

Freundes von *Guerry*, sowie die Arbeiten des Engländers *H. Mayhew* gefunden. Ersterer hat als Leiter der Gesundheitsbehörde von Paris umfängliches Material über die sozialen, wirtschaftlichen, hygienischen und administrativen Aspekte der Prostitution verfügbar gehabt sowie detaillierte Informationen über die regionale Rekrutierung der „filles publiques", die er seiner Analyse zugrundelegte (*T. Morris* 1957, S. 52).

Der Brite *Mayhew*, der mehr Journalist[113] als Wissenschaftler war, darin sozusagen ein Berufsmuster vorzeichnend, das später auch einige der Begründer der Chicago-Schule auszeichnen sollte, veröffentlichte 1862 zwei Werke mit den Titeln „London Labour and the London Poor" und „The Criminal Prisons of London and Scenes from Prison Life". Das erste ist „a comprehensive social survey of early victorian London" (*T. Morris* 1957, S. 60), das letztere eine auf vielen Fallgeschichten und biographischem Einzelmaterial der Gefängnisinsassen des damaligen London basierende Analyse des Großstadtverbrechens. Aber beide Werke ergänzen einander und zeigen vielfache Überschneidungen. Mayhew untersucht die damaligen sieben Polizeidistrikte Londons getrennt und entwirft von jeder dieser Untersuchungseinheiten ein soziales Portrait, das kriminologische Daten gleichermaßen wie soziologische umfaßt. Mit dieser Technik der Datenaufbereitung, mit seinem Vorgehen bei der Sammlung von Informationen und Daten, die er hauptsächlich durch teilnehmende Beobachtung und durch direkte Interviews mit den Kriminellen gewann, die sicherlich, wie Morris richtig schreibt, „would have delighted both Park and Malinowski alike" (1957, S. 63), ist er ohne jeden Zweifel ausgewiesen „as an ancestor of the ecologists of the 20th century" (*T. Morris* 1957, S. 62). Auch in theoretischer Hinsicht werden viele der Schlußfolgerungen, Hypothesen und Theorieelemente vorweggenommen, die später in den 20er Jahren dieses Jahrhunderts verknüpft sind mit Konzepten wie „natural area", „delinquency area", „social disorganization", „differential association", „differential organization" usw., wie folgendes Zitat deutlich belegt: „Again, we say that the great mass of crime in this country ist committed by those who have been bread and born to the business ... living as systematically by robbery or cheating as others do by commerce or the exercise of intellectual or manual labour" (*H. Mayhew* 1862, S. 383, zit. nach *Morris* 1957, S. 60).

Parallelität mit der heutigen Kriminologie besteht indessen nicht nur hinsichtlich solcher begrifflicher Details. Es wäre eine interessante Arbeit wert, etwa gewisse Passagen *E. Durkheims* über die Normalität des Verbrechens im soziologischen Sinne mit einigen Formulierungen *Quételets* über das von ihm sogenannte „Kriminalbudget" zu vergleichen, von dem er an einer Stelle sagt, daß „diese Art von Budget der Schafotte, der Galeeren und der Gefängnisse ... von der französischen Nation ohne Zweifel regelmäßiger eingehalten (wurde) als das Finanzbudget" (1921, S. 255). Ebenso läßt sich sicherlich eine Verwandtschaft von *Quételets* Begriff des „penchant au crime" mit dem von *T. Parsons* der „deviant need disposition" (1951, Kap. 7) feststellen.

Die Verfügbarkeit statistischer Daten von Gesamtgesellschaften, Regionen, Städten, Gemeinden und Stadtvierteln einerseits sowie die durch die wenigen Zitate angedeutete theoretische Ausrichtung andererseits haben eine derartige Fülle von Untersuchungen im vergangenen Jahrhundert angeregt, die zwar heute größtenteils in Vergessenheit geraten sind oder allenfalls als nur von historischer Bedeutung apostrophiert werden, die unseres Erachtens aber in vieler Hinsicht immer noch lesenswert sind. Ja, wenn man sich vor Augen hält, daß in den letzten Jahren innerhalb der Soziologie ein sprunghaftes Interesse an gesamtgesellschaftlichen Untersuchungen und Analysen, an makrosoziologischer Theorie, an Systemansätzen zu beobachten ist, dann muten einen viele Arbeiten aus jener Zeit der kriminologischen Entwicklung äußerst modern an[114].

Dieses Interesse an gesamtgesellschaftlich orientierter empirischer Forschung hat mittlerweile – wie immer mit einem gewissen time lag – auch auf die Kriminologie übergegriffen. Freilich sind hier die Probleme, die sich speziell einem zwischengesellschaftlichen Vergleich stellen, theoretisch und methodologisch besonders gravierend[115]. Deshalb geht die gesamtgesellschaftlich ausgerichtete kriminologische Forschung einher mit einem stark historisch gewendeten Interesse[116], d. h. die Kriminologie hat eine Reihe von historischen Längsschnittanalysen aufzuweisen, die die Entwicklung der Kriminalität in ein und derselben Gesellschaft zum Gegenstand haben. Aber auch hier stehen der empirischen Forschung erhebliche Schwierigkeiten im Wege, die mit den an anderer Stelle erörterten methodologischen Einwänden der Kriminalstatistiken verknüpft sind. Allerdings hat das vermehrte Interesse, das Historiker – insbesondere diejenigen unter ihnen, die an einer Geschichtsschreibung „von unten" interessiert sind – der Kriminalität in zunehmendem Maße entgegenbringen[117], dazu geführt, daß der Analyse der Kriminologie Methoden und Daten zugewachsen sind, die zwar nicht die äußerliche Genauigkeit und quantitative Präzision von Kriminalstatistiken besitzen, ihnen aber vielleicht insofern überlegen sind, als sie – im Gegensatz zu letzteren – den historischen, institutionellen und sozialstrukturellen Kontext von Kriminalität und der gesellschaftlichen Reaktion auf sie widerspiegeln.

Dies läßt sich etwa an der bereits in anderem Zusammenhang erwähnten ersten deutschen historisch-kriminologischen Arbeit von *D. Blasius* (1976) demonstrieren, die sich als Beitrag „Zur Sozialgeschichte Preußens im Vormärz" (so der Untertitel der Studie) versteht und geradezu ein Füllhorn kriminologisch und sozialhistorisch außerordentlich interessanter und aufschlußreicher Daten und Datenquellen erschlossen und verwendet hat. Eine andere hervorragende Studie historisch-kriminologischer Art, die unter Zurücknahme der methodologischen Priorität von Kriminalstatistiken als einem Indikator „realer" Kriminalität sogar dem Typ einer interkulturell-vergleichenden Forschung zuzurechnen ist, stellt die Monographie von *T. R. Gurr* (1976) – eine Vorwegzusammenfassung der Arbeit von *T. R. Gurr, P. N. Grabosky* und *R. C. Hula* (1977) – dar, in der die theoretische Fragestellung, das methodische Instrumentarium und die zentralen Befunde einer Analyse der Kriminalitätsentwicklung während eines Zeitraums von eineinhalb Jahrhunderten in vier Großstädten (London, Stockholm, Sydney und Calcutta) vorgestellt werden.

Auf andere Beispiele für das zunehmende Interesse an historisch orientierter Forschung in der Kriminologie kann hier nur hingewiesen und nicht detailliert eingegangen werden. Insbesondere aus Großbritannien verfügen wir über eine Reihe ausgezeichneter Arbeiten, nachdem

J. J. *Tobias* (1967) vor mehr als zehn Jahren mit seiner Arbeit über „Crime and Industrial Society in the 19th Century" eine Art Startschuß für diesen Typ historisch-kriminologischer Forschung gegeben hatte: G. *Stedman-Jones* (1971), J. M. *Beattie* (1974), J. *Samaha* (1974), J. R. *Gillis* (1975), H. *Zehr* (1976), um nur einige Beispiele zu geben. Besondere Erwähnung verdient die Sammlung historisch-kriminologischer Studien über „Crime in England 1550–1800" von J. S. *Cockburn* (1977), in der sich auch eine verdienstvolle annotierte „Critical Bibliography" zur Kriminalität und zum System strafrechtlicher Sozialkontrolle des genannten historischen Zeitraums findet. Auch aus und für Frankreich lassen sich eine Reihe historisch-kriminologischer Arbeiten nachweisen, die insbesondere aus der Feder von Historikern der „Annales"-Schule stammen: u. a. Y. *Lanhers* (1968), A. *Abbiatecci* (1971). Für die USA wäre aufmerksam zu machen – neben der schon genannten Studie von K. T. *Erikson* (1966) und weiteren anderen – auf Th. N. *Ferdinand* (1967), R. *Lane* (1968), J. M. *Hawes* (1971), J. H. *Langbein* (1974). Die am weitesten in die historische Vergangenheit zurückgreifende kriminologische Arbeit – bezogen auf die Geschichte der italienischen Städte vom 12.–15. Jahrhundert – ist wohl diejenige von L. *Martines* (1972).

Alle diese Arbeiten zeichnen sich durch eine theoretische Orientierung aus, die H. *Zehr* (1976, S. 144) in folgender Weise beschreibt: „Crime – its commission, its causes, its definition, its enforcement – is a political act, and not until we admit this fact can we begin to deal with the phenomenon fairly." Dies unterscheidet sie gewiß von einem Großteil der kriminologischen Forschung des 19. Jahrhunderts, die den moralischen Aspekt stärker betonte, noch mehr aber von der dominanten Kriminologie des 20. Jahrhunderts, deren Konzentration auf den individuellen Täter dem politischen Moment der Kriminalität keine Chance der theoretischen und empirischen Entdeckung bot.

Eine spezielle Fragestellung indessen, die die empirische Kriminologie des 19. Jahrhunderts über weite Strecken beherrschte, hat jedoch eine Nähe zur politischen Dimension der Kriminalität impliziert, die unübersehbar ist. Ihr wollen wir uns jetzt zuwenden.

Es erscheint geradezu grotesk, daß die zahlreichen, sehr sorgfältig durchgeführten empirischen Untersuchungen aus der Schule der französischen Kriminologen mit dem Mediziner J. A. *Lacassagne* als ihrem Begründer und vor allem die Arbeiten der hauptsächlich ökonomisch ausgerichteten, von marxistischen Theorien inspirierten sozialistischen Schule (J. *van Kan* 1903) kaum mehr erinnert werden, geschweige denn fortgeführt worden sind. *Lacassagnes* Diktum: „les sociétés ont les criminels qu'elles méritent" zitiert man heute in vermessener Selbstgerechtigkeit nur noch als Beispiel moralisierenden und pervertierten „Milieuglaubens". Über die „sozialistischen Theorien" teilt man der Sache nach – wir weiter oben schon sahen – das 1893 gesprochene Urteil H. *Kurellas*, wonach „an deren Ausgestaltung verbrecherisch angelegte Naturen so häufig mitgewirkt haben" (S. 217). Bezüglich der bis auf den heutigen Tag unerreicht gebliebenen klassischen Abhandlungen über den Zusammenhang zwischen wirtschaftlicher Situation und Kriminalität – J. *van Kans* „Les causes économiques de la criminalité" (1905) – ist es wohl nur die störende Tatsache, daß sie von der damaligen juristischen Fakultät der Universität Amsterdam preisgekrönt worden sind, die *van Kan* 1936 noch von einem deutschen Kriminologen das Lob eingetragen hat, „das vorzüglichste, tiefgründigste und kritischste in der gesamten internationalen kriminalitätsätiologischen Literatur" darzustellen (*E. Roesner* 1936, S. 1082), und die einen deutschen Rezensenten aus dem Jahre 1905 über *Bonger* diese Formulierung hat finden lassen: „Das Buch hat auf mich einen tiefen Eindruck gemacht, und ich bin dadurch aus einem Biosoziologen fast zu einem reinen Anhänger der Milieutheorie (der französischen Schule) geworden, indem ich jetzt einsehe, daß sehr vieles, was ich früher als persönlichen Faktor hielt, im Grunde nur Ausfluß des Milieus ist" (zit. nach *D. Roesner* 1936, S. 1083).

Wir haben bei der Erörterung der Labeling-Theorie auf die Kritik verwiesen, die insbesondere von marxistisch und politökonomisch orientierten Kriminologen gegen sie vorgebracht worden ist. Eine Wiederbelebung marxistischer Analyse der Kriminalität, die mehr intendiert als die Berücksichtigung „ökonomischer" Faktoren im Kontext einer ätiologisch operierenden täterbezogenen Kriminologie nach der Art von Arbeiten wie denen von *Th. Sellin* (19037), *D. Bogen* (1944), *E. W. Burgess* (1956) und jüngstens wieder der des *United Nations Social Defense Research Institute* (1976), hat diese historischen Vorläufer zu berücksichtigen und miteinzubeziehen. Die Wiederherausgabe des zentralen Teils von *W. Bongers* Arbeit (1969) durch *A. T. Turk* sowie dessen ausführliche Einleitung (1969) sind ebenso Ausdruck dieser Notwendigkeit wie andere Arbeiten (z. B. *D. Gordon* 1973) im Kontext einer politökonomischen Analyse der Kriminalität und anderer sozialer Probleme. Allerdings meinen wir, daß eine rein ökonomische Interpretation und kriminologische Theoriebildung – sowohl auf individueller wie auf kollektiver Ebene – in die Irre führt. Die theoretische Rekonstruktion der Phänomene, mit denen wir es bei der Kriminalität zu tun haben, ist nur über die Analyse und – wenn man so will – über den „Umweg" der Regeln und Normen möglich, die Kriminalität als „mit Strafe bedrohtes Handeln" erst konstituieren. Bekanntlich haben historischer Materialismus und marxistische Gesellschaftstheorie nur rudimentäre Ansätze zu einer Theorie des Rechts entwickelt und damit das entscheidende Terrain unbestellt gelassen, das unseres Erachtens den wichtigsten theoretischen Schlüssel zur Analyse der Kriminalität hergibt. Diesem Gebiet wollen wir uns nunmehr in einem letzten Kapitel zuwenden.

6. Fragen und Befunde einer Strafrechtssoziologie

a) Vorbemerkungen

Während der bisherigen Erörterungen ist immer wieder auf die Notwendigkeit verwiesen worden, an die Stelle einer Analyse der Kriminalität, die von der kriminellen Tat ausgeht und den Täter in den Mittelpunkt rückt, eine Orientierung zu setzen, die genau umgekehrt verfährt und zu ihrem Ausgangspunkt das „Unwerturteil" nimmt, das eine Handlung in einem sehr unmittelbaren Sinne erst zu einer „kriminellen" macht. Wir wollen diesen Gedanken jetzt systematisch in bezug auf das Normensystem aufnehmen und explizieren, das für die Analyse der Kriminalität konstitutiv ist: das Strafrecht.

Die Fruchtbarkeit eines solchen theoretischen Vorgehens ist an verschiedenen Stellen unserer Diskussion bereits zur Sprache gekommen. Sie legitimiert sich zum einen aus der Erfolglosigkeit und aus den Antinomien, die eine täterbezogene Kriminologie mit sich geführt hat. Diese resultieren aus theoretischen wie methodologischen Irrtümern und Problemen. Sie manifestieren sich in der theoretisch nicht mehr zu bändigenden und zu systematisierenden Fülle von Faktoren, die die ätiologisch verfahrene Kriminologie aller disziplinären Spielarten als mit kriminellem Verhalten verknüpft ausgewiesen hat. Sie zeigen sich weiter in dem Problem der angemessenen Definition und Operationalisierung des Begriffes „Kriminalität". Bei der Erörterung der Kriminalstatistiken ist klar geworden, daß diese sowohl die Verletzungen von Normen des Strafrechts wie die Anwendungsregeln von dessen Normen durch die Instanzen der sozialen Kontrolle indizieren. Die täterorientierte Kriminologie intendiert jedoch Erkenntnisse, die sich nur auf Normverletzungen beziehen. Wir haben gesehen, daß das Dunkelfeld der Kriminalität nicht in erster Linie technische Probleme der Effizienz der Kontrollorgane widerspiegelt, sondern theoretische Bedeutung besitzt, die die ätiologische Kriminologie nicht thematisiert. Diese Schwierigkeiten und ungelösten Probleme haben dazu geführt, daß sich eine theoretische Neuorientierung in der Kriminologie angebahnt hat, die mit dem Labeling-Ansatz eine erste gedankliche Identität gefunden und den wissenschaftlichen „Scheinwerfer" auf Fragen, Gegenstände, Aktivitäten gerichtet hat, die in der bisherigen Kriminologie nicht auf der Tagesordnung standen. Sie hat das Verhältnis gesellschaftlicher Normen zu sozialem Handeln problematisiert, den Spielraum zwischen ihnen sichtbar gemacht und die sozialen Prozesse identifiziert, die beide zueinander erst in Beziehung setzen, und zwar sowohl auf der Ebene des individuellen Handelnden als auch auf der Ebene der institutionellen und kollektiven Regelanwendung. Sie ist dadurch auf den Prozeß der kommunikativen Interpretation, des Aushandelns, des Zuschreibens von Motiven, Intentionen, Eigenschaften ebenso gestoßen wie auf den der selektiven Anwendung und Durchsetzung von Normen durch die dafür bestimmten gesellschaftlichen Institutionen. Und sie ist dabei auch bis zu Fragen vorgestoßen, die sich nach dem herkömmlichen Verständnis ohne Umschweife einer Soziologie des Strafrechts einfügen, nämlich Fragen nach der Entstehung und Genese von strafrechtlichen Normen (W. G. Carson 1974 b; A. Kopkins 1975).

Zum anderen rechtfertigt sich eine Analyse der Kriminalität vom

Strafrecht her aus Erwägungen, die die klassische Schule der Kriminologie in ihren Mittelpunkt rückte und die mit Fragen zusammenhängen, die als vorgeblich „kriminalpolitisch" aus dem Fragenkatalog einer empirisch und wissenschaftlich sich verstehenden Kriminologie ausgeklammert wurden[118]. Die Vertreter der klassischen Kriminologie haben an das Strafrecht kriminalpolitische Forderungen gestellt, die sich als empirisch zu überprüfende Hypothesen über die Voraussetzungen und Bedingungen eines funktionierenden Strafrechts verstehen lassen. Diese betreffen Fragen nach Umfang und Anwendung des Strafrechts ebenso wie solche nach dem Zweck und den Konsequenzen der strafrechtlichen Sanktionen. Sie hat damit nicht nur Fragen aktualisiert, die mit der Struktur und der Wirkungsweise des Strafrechts im engeren Sinne zusammenhängen, sondern sie hat auf Probleme aufmerksam gemacht, wie sie heute in systemtheoretischen Betrachtungen und Ansätzen, insbesondere in der amerikanischen „criminal justice"-Literatur (Vgl. Abschn. III, 2 b), vereinzelt auch in der deutschen Diskussion (*G. Arzt* 1976; *W. Hassemer* 1974) zur Sprache kommen.

Das theoretische und empirische Programm einer strafrechtssoziologisch vorgehenden Kriminologie kann hier nur punktuell und induktiv entwickelt werden. Eine vollständige Systematik, geschweige denn theoretisch konsistente und geschlossene Position läßt sich dazu angesichts des Diskussionsstandes und der verfügbaren Vorarbeiten nicht entwickeln. Allerdings wäre es auch verfehlt, tief zu stapeln. Es gibt erste strukturierende empirische Verallgemeinerungen (*W. C. Chambliss* 1974 b; *R. Quinney* 1970 b, 1976; *H. Steinert* 1976), und es gibt den bereits an anderer Stelle erwähnten anspruchsvollen Versuch von *D. Black* (1976) einer „theory of law", die „predicts the same facts as the theory of crime, juvenile delinquency, or other illegal behavior" (S. 9) – von einer Perspektive aus, die identisch mit der hier intendierten ist. Dennoch sind ihre einzelnen Aspekte und Schritte erst noch aufzuweisen und zusammenzutragen.

Eine normzentrierte bzw. strafrechtssoziologisch orientierte Kriminologie – dies sei als letzte Vorbemerkung notiert – sollte auch dazu führen, die weitgehende und unreflektierte Abhängigkeit der Kriminologie von der Praxis der Kriminalitätskontrolle zu emanzipieren. Das Ziel der Kriminologie als eine wissenschaftliche Anstrengung besteht ja gerade darin, soziale Wirklichkeit in ihrer Struktur und ihren Prozessen mit Methoden und Instrumenten zu analysieren, die nicht identisch sind mit denen des Gegenstandes selbst. Das setzt aber Distanzierung von Praktiken und Routineabläufen der sozialen Realität voraus, an der es die Kriminologie bislang hat vermissen lassen.

b) Pluralität von Normen und sozialer Kontrolle

Die Diskussion in den vorhergehenden Abschnitten hat deutlich werden lassen, daß wir es in der Gesellschaft und in anderen sozialen Gebilden mit einer Vielzahl von Normen, Werten, Erwartungen, Vorstellungen zu tun haben, an denen die Mitglieder ihr Verhalten orientieren, sei es, daß sie sie als präskriptive Regeln verstehen, sei es, daß sie sie zur retrospektiven Rechtfertigung ihres Handelns verwenden. Normen sind nicht nur von Gesellschaft zu Gesellschaft von sehr unterschiedlichem Inhalt, sie variieren über die Zeit hinweg, sind der ständigen Veränderung, dem sozialen Wandel und der eigenen Fortschreibung unterworfen, sondern sie weisen auch innerhalb von Gesellschaften eine außerordentlich hohe Vielfalt auf. Dieser Sachverhalt wirft für die Analyse des Strafrechts eine Reihe von Fragen auf. Sie lassen sich zunächst auf den allgemeinsten Nenner bringen, welchen Platz im gesamten komplexen Normengefüge einer Gesellschaft die Normen des Strafrechts einnehmen, wie sie sich von anderen unterscheiden, welche Merkmale sie gegenüber anderen auszeichnen. Will man diese Fragen beantworten, hat man sich zunächst die Kategorien und Merkmale zu vergegenwärtigen, nach denen sich Normensysteme differenzieren lassen. Diese Frage gehört zu den zentralsten Gegenständen der soziologischen Theoriebildung im Sinne der Herausbildung eines Kategoriensystems, das die von E. *Durkheim* so nachdrücklich herausgearbeitete Dimension des Sozialen mit seinen beiden zentralen Eigenschaften der Äußerlichkeit und des Zwanges gegenüber dem Individuum analytisch in verschiedene Aspekte, Formen und Teilsysteme zu zerlegen vermag, so daß man zu einer Typologie bzw. zu einem Klassifikationssystem von Normen gelangt. Große Namen in der Geschichte der Soziologie sind mit der begrifflichen Explikation und der empirischen Analyse so qualitativ verschiedener sozialer Regelungssysteme wie Brauch, Sitte, Konvention, Moral, Recht, Ethik, Religion verbunden. Wir nennen nur F. *Tönnies* Abhandlung über die Sitte und vor allem W. G. *Summers* Klassiker „Folkways" – beide haben entscheidend dazu beigetragen, wichtige analytische Kategorien zur Klassifizierung und qualitativen Unterscheidung verschiedener sozialer Regulierungssysteme bereitzustellen, die die systematische soziologische Betrachtung und Analyse des Rechts als einem Teilsystem des gesamten Normengefüges einer Gesellschaft angebahnt und gefördert haben. Sie sind ganz entscheidende Vorarbeiten sowohl für M. *Webers* systematische Kategorienlehre des sozialen Handelns als auch für seine wie für *Th. Geigers* spezifisch rechtssoziologischen Arbeiten (siehe auch R. *König* 1967 c).

Einige zentrale Ergebnisse dieser theoretischen Analyse des gesellschaftlichen Normensystems verdienen hervorgehoben zu werden. So richtig es einerseits ist die Regeln der Sitte, des Brauchs, der Konvention, des Rechts, der Moral und der Ethik als distinkte Teilsysteme des normativen Gefüges einer Gesellschaft zu sehen, so nachhaltig muß aber betont werden, daß sie nicht unabhängig voneinander existieren, sondern in einem Wechselverhältnis zueinander stehen. Zwar kennt jedes Regelungssystem seine eigenen Gesetzmäßigkeiten, Regelungsbereiche und spezifischen Ausgestaltungen, aber ein Minimum an Überlappung, gegenseitiger Durchdringung und Beziehungen scheint immer gegeben und außerdem eine Art funktionales Erfordernis für das Normensystem insgesamt zu sein. Inwieweit dies aber tatsächlich der Fall ist, in welcher Ausprägung und in welcher Hinsicht, ist eine empirische Frage, die sich theoretisch nicht klären läßt.

Eine zweite Beobachtung besteht darin – und dies haben gerade die Untersuchungen des sozialen Brauchs und der gesellschaftlichen Sitten gezeigt –, daß die insbesondere von der Rechtswissenschaft dogmatisch postulierte Trennung von Sein und Sollen bzw. Verhalten und Norm soziologisch nicht gerechtfertigt ist. Der Brauch steht in einer solchen Nähe zu faktischen Regelmäßigkeiten des Verhaltens, zu habitualisiertem Handeln, zu reinem Gewohnheitshandeln, daß das Handeln bzw. der Handelnde sich seiner oft kaum bewußt ist, ja, dem Brauch sind in gewisser Weise Formen sozialen Handelns vorgelagert, von denen sich gleichsam nur aus der Position des Beobachters bzw. in einem rein analytischen Sinne davon sprechen läßt, daß das Verhalten Prinzipien folgt, die seine Konstanz und Regelmäßigkeit über Personen, Zeit und Situationen hinweg garantieren, d. h. eine soziale Struktur aufweisen. Danach ist die Distanzierung und Konfrontierung von Norm und Verhalten zum einen das Ergebnis eines kulturellen Evolutionsprozesses, zum anderen kein durchgängiges Merkmal des Normensystems, eine Einsicht, die der Ontologisierung der Dichotomie von Sein und Sollen entgegensteht.

Sodann widerspricht eine Analyse der Vielgestaltigkeit des sozialen Normensystems einem vom Recht immer wieder genährten Vorurteil, wonach die rechtlichen Normen zum Inbegriff sozialer Normierung überhaupt erhoben werden. Damit liefert sich das Recht einem verhängnisvollen Irrtum und erheblichen Problemen aus. Das Mißverständnis besteht darin, daß es gleichsam von einem totalen Substitutionsprozeß anderer Normensysteme durch das Recht ausgeht und aus dem Auge verliert, daß die verschiedenen Normensysteme in allen Gesellschaften nebeneinander existieren, auch und gerade in Gesellschaften moderner und arbeitsteiliger Art, daß historisch und soziologisch sogar eher von einem umgekehrten Substitutionsverhältnis gesprochen werden kann. Die Probleme, die sich das Recht damit einhandelt, bestehen darin, daß es unsensibel wird für die Konflikte und Konsequenzen, die sich dann ergeben, wenn das Recht sich von den anderen sozialen Normensystemen entfernt, zu ihnen in Widerspruch und Isolierung gerät.

Ein letzter Punkt der theoretischen Analyse der Komplexität des gesellschaftlichen Normensystems verdient gerade mit Blick auf eine kriminologische Analyse des Strafrechts Erwähnung. Wir hatten oben gesehen, daß der Komplementärbegriff der Norm die Sanktion darstellt. Darin manifestiert sich geradezu der Charakter der Äußerlichkeit und des Zwanges, den die Norm für die Mitglieder der Gesellschaft besitzt. Man kann noch weitergehen und sagen, daß die soziale Sanktion, die auf ein Verhalten folgt, in vielen Fällen erst die Existenz einer Norm zum Vorschein bringt. Dies gilt um so mehr, je weiter wir in Regelungssysteme vorstoßen, in denen die Distanzierung von Norm und Verhalten für den Handelnden in seinem Bewußtsein nicht gegenwärtig ist, wo – in der Terminologie *M. Webers* – das rein traditionale Handeln in reaktives Verhalten übergeht. Mit anderen Worten, eine Analyse des Normengefüges einer Gesellschaft hat parallel dazu auch die Analyse des dazu komplementären Sanktionssystems zu erbringen, hat gleichzeitig eine Analyse der „sozialen Kontrolle" zu intendieren. Dabei läßt sich sagen, daß der Typologie von Normensystemen auch eine analoge der Sanktionssysteme entspricht, d. h. die Mittel und Mechanismen, derer sich Gesellschaften und andere soziale Gebilde zur Durchsetzung ihrer Verhaltenserwartungen an ihre Mitglieder bedienen, variieren mit dem Typ des Regelungssystems, das ein bestimmtes Verhalten verletzt. Übrigens ist auch hier ein verhängnisvolles Mißverständnis des Rechts zu beobachten, das aus dem oben erwähnten Vorurteil resultiert, wonach das Recht gleichsam den Inbegriff einer sozialen Norm darstellt. Analog zu diesem Vorurteil gibt es das andere vom Recht genährte, wonach die rechtliche Sanktion gleichsam die wirkungsvollste, soziale Ordnung und Struktur am ehesten und nachhaltigsten garantierende Sanktion ausmacht. Dieses Vorurteil vor allem scheint uns für eine Tendenz in der Straf- und Kriminalpolitik verantwortlich zu sein, die *L. T. Wilkins* (1973) sehr plastisch und treffend als eine sich ständig hochschaukelnde Politik des „more-of-the-same" charakterisiert hat, die, sollte sie im bisherigen Tempo fortgesetzt werden, „will suffer a complete breakdown before the year 2000" (S. 13). Demgegenüber ist gemäß der vorstehenden Analyse des sozialen Normen- und Sanktionssystems sehr nachdrücklich festzuhalten, daß es Sanktionsformen anderer Art als die des Strafrechts gibt, die letztere an Durchsetzungs- und Kontrolleffizienz bei weitem

übersteigen, ja daß sogar viele normverletzende Verhaltensweisen gerade dadurch ihre Verstärkung und Perpetuierung erfahren, daß auf sie mit den Mitteln des Strafrechts reagiert wird.

Wir haben damit auf der allgemeinsten Ebene die wesentlichen
theoretischen Aspekte benannt, die den Rahmen und die Frage-
richtung für eine Kriminologie abstecken, die statt vom Täter
von dem normativen Gefüge der Gesellschaft ausgeht. Wir haben dabei, ohne dies literarisch im einzelnen zu belegen, von
Erörterungen profitiert, die in der Rechtssoziologie seit langem
thematisiert sind. Neben den Arbeiten der soziologischen Klassiker ist für eine systematische Darstellung des Geflechts und der
Struktur des sozialen Normensystems insbesondere eine ausgezeichnete Arbeit von *R. König* (1967 c) hilfreich, in der die sozialen Regelungssysteme auf einem Kontinuum angeordnet werden,
das auf der einen Seite das Gemeinsame und Verbindende sichtbar werden läßt, auf der anderen Seite sie nach dem Grad ihrer
Distanzierbarkeit vom Verhalten voneinander unterscheidet – bis
hin zu dem Regelungssystem Recht, das als gesetztes, geschriebenes, formalisiertes, gestaltetes, rationales, dispositives, bürokra-
tisch verwaltetes und staatlich monopolisiertes der intensivsten
Distanzierung gegenüber dem Verhalten fähig ist.

Das zu einer soziologischen Analyse des Rechts in Widerspruch
stehende und tretende Selbstverständnis des Rechts selbst, das
sich in der Rechtsphilosophie und Rechtstheorie bis hin zur Ideologie des Rechts- und Gesetzespositivismus ausgebaut hat, ist natürlich eine Folge seiner Autonomie und institutionellen wie
funktionalen Isolierung. Ihre Entlarvung ist ein zentraler Gegenstand der Rechtssoziologie, die sich demzufolge über weite
Strecken als Kritik am Rechtspositivismus versteht, insbesondere
in den amerikanischen Richtungen der sociological jurisprudence
und des legal realism. Wenn die Kritik am Rechtspositivismus
mittlerweile auch in die Front der Rechtswissenschaft selbst ein-
gedrungen ist, wie sich an den deutschen Arbeiten von *J. Esser*
(1970), speziell fürs Strafrecht an *W. Hassemer* (1968) und einer
ganzen Reihe anderer rechtstheoretischer und -methodologi-
scher Publikationen nachlesen läßt, so wäre es doch verfrüht,
daraus zu folgern, dieses Selbstverständnis sei auch für die
Rechtspraxis und rechtswissenschaftliche Dogmatik ein nur noch
historisch nachwirkendes Relikt im System des Rechts. Seine
Zählebigkeit läßt eher vermuten, daß das Recht von seiner Struktur und Funktion her die Fiktion nicht preisgeben kann, seine Gültigkeit gleichsam aus sich selbst und nicht aus seinem Ein-
gebettetsein in das Gesamtgeflecht des sozialen Normengefüges
herzuleiten.

Zur Situation der amerikanischen Rechtssoziologie sei der Leser
auf den immer noch lesenswerten Überblick von *J. H. Skolnick*
(1965) verwiesen, ferner auf den Sammelband von *W. M. Evan*
(1962), die Gemeinschaftspublikation von *F. J. Davis, H. H. Forster,
Jr., E. R. Jeffery, E. E. Davis* (1962) und *E. M Schur* (1968) – um nur
einige wenige Hinweise zu geben, die angesichts der Fülle rechtssoziologischer Arbeiten in der amerikanischen Soziologie und
Rechtswissenschaft als nahezu beliebig erscheinen und deshalb
lediglich noch ergänzt seien um die Bemerkung, daß mit dem
Fachjournal „Law and Society Review" seit 1966 ein Forum existiert, wo der Leser einen unmittelbaren Zugang zu der amerikanischen Diskussion auf diesem sich ausweitenden Feld der Soziologie finden kann. Ein britisches Pendant dazu existiert seit
1974 in dem „British Journal of Law and Society", das Ausdruck
ist eines fast explosionsartigen Interesses an rechtssoziologischen Fragestellungen in der englischen Soziologie und Rechtswissenschaft, die übrigens gekennzeichnet ist durch zwei miteinander konkurrierende theoretische Richtungen, einer „socio-legal" und einer „law and society" Orientierung – eine Unterscheidung, die in etwa der zwischen „Rechtstatsachenforschung" und
Rechtssoziologie im engeren theoretischen Sinne entspricht. Für
die kriminologische Diskussion sei zur englischen Situation der
Rechtssoziologie angemerkt, daß deren Aufblühen ebenso wie
ihre spezifische konflikthafte interne Struktur von *C. M. Campbell*
und *P. Wiles* (1976) u. a. im Zusammenhang mit den Arbeiten der
Devianzsoziologen aus dem Kreis der *National Deviance Conference*
(vgl. Anm. 64) gebracht wird.

Der Aspekt der sozialen Kontrolle als ein spezifisches Theoriege-
biet der Soziologie hat ebenfalls eine bis auf die Jahrhundertwende zurückgehende Tradition. Hinzuweisen ist zunächst auf
die frühen Arbeiten von *Ch. H. Cooley* (1956), *E. A. Ross* (1928).
Die Einbeziehung dieses Konzepts in die allgemeine soziologische Theoriebildung ist am nachhaltigsten von *T. Parsons* (1951)
versucht worden, dem *A. K. Cohen* (1966) in seinen theoretischen
Bemühungen um die Entwicklung einer soziologischen Theorie
abweichenden Verhaltens weitgehend folgt. Eine explizite Theorie der sozialen Kontrolle ist trotz einer Arbeit dieses Titels von
R. T. LaPiere (1954) erst in den sechziger Jahren (*A. J. Clark* und
J. P. Gibbs 1965) angebahnt worden, nach dem *A. B. Hollingshead*
(1941) zu Beginn der 40er Jahre versucht hatte, ihn durch Präzisierung und Einengung analytisch und theoretisch brauchbar zu
machen. Speziell für die Analyse des Systems strafrechtlicher
Sozialkontrolle scheinen mir die Arbeit von *Clark* und *Gibbs* sowie ein ausgezeichneter begriffsgeschichtlicher und systematischer Handbuchartikel von *J. R. Pitts* (1968) besondere Beachtung

zu verdienen, wobei den ersteren das Verdienst zukommt, eine (gelegentlich freilich etwas zu weit getriebene) analytische Zerlegung des Konzepts vorgenommen zu haben, die insbesondere das Zusammenspiel verschiedener Formen der sozialen Kontrolle in den Blick bekommt. *Pitts* diskutiert ausführlich den Aspekt der „Medikalisierung der sozialen Kontrolle" – ein Problem, das in den letzten Jahren in der Kriminologie zu einem zentralen Thema geworden ist. Der deutsche Leser sei auf die Arbeit von *P. Malinowski* und *U. Münch* (1975) verwiesen, die die Verwendbarkeit der Theorie sozialer Kontrolle auf die „Praxis der sozialen Arbeit" erörtern.

Schließlich ist in diesem generellen Überblick zum Diskussionsstand einer norm- und rechtsbezogenen Analyse der Kriminalität darauf zu verweisen, daß die Arbeit *R. Pounds* (1943) „Social Control through Law" außer durch die schon erwähnte von *D. J. Black* (1976) eine ausgezeichnete Fortführung durch *A. L. Wood* (1974) gefunden hat, der rechtssoziologische Theoriestücke und solche aus der Theorie sozialer Kontrolle zusammenzieht und unter Verwertung einer großen Fülle kriminologischen, anthropologischen und soziologischen Materials die Fruchtbarkeit eines solchen Ansatzes demonstriert.

c) Überlegungen zur Genese und Struktur des Strafrechts

Wir wollen jetzt einige der allgemeinen Überlegungen auf das Strafrecht zuschneiden und konkretisieren. Strafrechtliche Normen scheinen in besonderer Weise prekär und anfällig zu sein für Probleme, die sich aus der parallelen Existenz von verschiedenen Normensystemen in einer Gesellschaft ergeben. Der Gedanke des Nebeneinanders verschiedener Normensysteme sowie ihr internes Kontinuum schließen nicht aus, daß Gesellschaften und soziale Gebilde insgesamt sich danach unterscheiden lassen, daß die Akzente ihrer normativen Regulierung und ihrer sozialen Kontrollsysteme stark voneinander divergieren. In der Tat sind die gesamtgesellschaftlichen Typologien, die die Soziologie herausgearbeitet hat, *F. Tönnies* Dichotomie „Gemeinschaft" und „Gesellschaft", *R. Redfields* „folk" und „urban society" charakterisiert durch den Typus normativer Regulierung, wobei Sitte, Brauch, informelle Formen sozialer Kontrolle den ersten Typus bestimmen, Recht und formale soziale Kontrolle den zweiten Typus beherrschen. Dieser Gedanke liegt auch den Arbeiten und Thesen des englischen Klassikers der Rechtsgeschichte, *H. Sumner Maine* zugrunde, der die Entwicklung des Rechts als eine solche vom Status- zum Kontraktrecht hin beschreibt.

Von den soziologischen Klassikern hat sich zweifellos *E. Durk-*

heim am intensivsten mit der Frage der Entwicklung des Strafrechts beschäftigt. Die Diskussion darüber nimmt indessen meistens nur Bezug auf die Thesen, die er in seiner Analyse der gesellschaftlichen Arbeitsteilung vorgelegt hat, und unterschlägt die wesentlich spezifischeren Aussagen, die er einige Jahre danach in einem Aufsatz des 4. Bandes der *L'année sociologique* (1899/1900) entwickelt hat, wo er seine Gedanken über die Entwicklung des Strafrechts in „Zwei Entwicklungsgesetzen des Strafrechts"[119] zusammenfaßt. Das eine formuliert einen Zusammenhang zwischen dem Grad und dem Typus der gesellschaftlichen Arbeitsteilung und dem Charakter der Zentralgewalt einerseits und der Intensität der Strafe andererseits – das Gesetz des quantitativen Wandels; das andere behauptet die Tendenz zur Freiheitsstrafe als Typus strafrechtlicher Sanktion – das Gesetz des qualitativen Wandels. Im allgemeinen wird in der Literatur nur das erste Gesetz behandelt. Es geht auf Durkheims Dichotomie mechanischer und organischer Solidarität zurück, die er als das entscheidende Strukturmerkmal begreift, nach denen sich einfache, segmentäre Gesellschaften von modernen und hocharbeitsteiligen Gesellschaften unterscheiden lassen. Erstere seien durch repressive Formen sozialer Kontrolle und Sanktionen gekennzeichnet, letztere durch solche, die den Gedanken der Restitution und gegenseitigen Verpflichtung herauskehren. Damit korrespondiert weiter die soziale Organisation der Verantwortlichkeit, die in primitiven Gesellschaften kollektiver, in arbeitsteiligen Gesellschaften individueller Art sei – ein Gedanke, der von dem Durkheim-Schüler *P. Fauconnet* (1920) systematisch ausgeweitet wurde.

Obwohl *Durkheim* seine These mit reichlichem ethnologischen Material zu stützen versuchte, sind an der Richtigkeit seiner Behauptung erhebliche Zweifel aufgekommen (zusammenfassend dazu: *H. Steinert* 1975). Durkheim hat sehr prinzipielle und evolutionsgeschichtliche Tendenzen zu bestimmen versucht. Seine beiden gesamtgesellschaftlichen Strukturtypen beschreiben Zustände, die Endpunkte eines Kontinuums von sehr einfachen Gesellschaften bis zu höchst komplizierten Gesellschaften umfassen. Es ist deshalb sehr schwierig, Durkheims Behauptungen in Indikatoren umzusetzen und sie einer rigorosen empirischen Überprüfung zu unterziehen. *R. D. Schwartz* und *J. C. Miller* (1964) haben an einem Sample von 51 Gesellschaften den Zusammenhang zwischen einigen Indikatoren für die Komplexität einer Gesellschaft und einigen Merkmalen des Rechtssystems der entsprechenden Gesellschaften untersucht. Letztere bezogen sich auf das Vorhandensein von institutionalisiertem Rechtsbeistand, die Ausbildung von richterlichen Funktionen und das Vorhandensein von Polizei. Sie haben damit stärker auf Merkmale des Normensystems „Recht" abgestellt, die sich auf dessen institutionelle Organisation, auf ihre funktionale Ausgliederung etc. beziehen – Gesichtspunkte, die Durkheim in dieser Form nicht berücksichtigt. Die Ergebnisse waren, kurz gesagt, daß die drei Merkmale des Rechtssystems sich nach Art einer *Guttman*-Skala in eine sequenzartige Ordnung bringen ließen, die von Gesellschaften mit keiner der genannten Einrichtungen über solche mit Richterfunktionen alleine, Polizei zusammen mit Richterfunktionen, und schließlich Polizei, Richterfunktion und Rechtsbeistand führt, wobei diese Abfolge mit dem Komplexitätsmaß der Gesellschaft zusammenfällt. Mit anderen Worten: je arbeitsteiliger eine Gesellschaft organisiert ist, desto größer ist die Wahrscheinlichkeit eines Zwangsapparates zur Durchsetzung von Normen, desto größer also das Auftreten von repressiven Institutionen in der Gesellschaft.

Zu ähnlichen Ergebnissen kommen rechtsanthropologische Untersuchungen, wobei hier nur an die vielzitierten Arbeiten von *K. N. Llewellyn* und *E. A. Hoebel* (1941) sowie von *E. A. Hoebel* (1954) erinnert sei. Eine gute Zusammenfassung und Übersicht der Ergebnisse findet sich bei *C. R. Jeffery* (1962). *A. L. Clark* und *J. P. Gibbs* resümieren ihre Ergebnisse einer vergleichenden Untersuchung der Reaktionsweisen auf Verbrechen und abweichendes Verhalten in verschiedenen Gesellschaften folgendermaßen: „For example, by virtually any standard, the reaction to crime or deviant behavior was apparently much milder among the Cheyenne, Kiowa, and Comanche than in medieval Nuremberg" (1965, S. 404, Anm.). Einen guten Überblick über die rechtsanthropologischen Forschungen, die für die von *Durkheim* aufgeworfenen Thesen vor allem heranzuziehen und zu befragen sind, geben die ausgezeichneten Beiträge von *L. Nader* (1965, 1975; und *D. Serber* 1976) sowie die gute Anthologie vergleichender rechtssoziologischer und -anthropologischer Art von *D. Black* und *M. Mileski* (1973).

Die rechtsanthropologische Diskussion hat allerdings in den letzten Jahren den lange Zeit vorherrschenden Gedanken eines gleichsam bruchlosen Übergangs normative Regulierungen von primitiven und undifferenzierten zu hochkomplexen Gesellschaften, wie er beispielsweise von *B. Malinowski* (1926) verwandt wird, angesichts insbesondere der Befunde aus Gesellschaften im Übergang von Verwandtschafts- und Stammesgesellschaften zu solchen mit zentralen Institutionen politischer Gewalt in Frage gestellt bzw. ganz zurückgenommen.

In einem bekannten und vielzitierten Aufsatz hat der amerikanische Anthropologe S. Diamond (1973) aufgrund eigener anthropologischer Forschung im „archaic proto-state of Dahomey" (S. 323) und unter Auswertung umfangreichen anthropologischen Materials aus anderen „custom societies" der These seines amerikanischen Kollegen P. Bohannan widersprochen, der die Entstehung des Rechts als einen Vorgang der „„double' institutionalization" beschreibt, womit er nach Diamond „the lending of a specific force, a cutting edge, to the functioning of ‚customary' institutions" (S. 319) meint. Diamond sieht sich in Übereinstimmung mit dem bekannten Rechtstheoretiker W. Seagle, findet Belege und Zustimmung bei so unterschiedlichen Wissenschaftlern wie dem bereits erwähnten H. S. Maine, dem deutschen Rechtstheoretiker R. von Ihering, dem bekanntesten englischen Anthropologen des 19. Jahrhunderts, E. B. Tylor, von dem er den Satz zitiert: „Among the lessons to be learnt from the life of rude tribes is how society can go on without the policeman to keep order" (S. 335); er bezieht sich schließlich auf F. Engels und K. Marx („on this issue I follow Marx"; S. 335).

Pointiert setzt Diamond der These von Bohannan entgegen: „The relation between custom and law is, basically, one of contradiction, not continuity" (S. 320); „Law and custom both involve the regulation of behavior but their characters are entirely distinct; no evolutionary balance has been struck between developing law and custom, whether traditional or emergent" (S. 323). Das Recht ziele gerade auf die Emanzipation des Individuums aus seinen traditionellen Bindungen: „The state creates the disaffiliated individual whose bearings thus become bureaucratic or collective" (S. 326; Hervorhebung im Original). „(The laws) arise in opposition to the customary order of the antecedent kin or kin-equivalent groups" (S. 327). In bezug auf die Entwicklung des Strafrechts kehrt Diamond die übliche Reihenfolge, derzufolge zuerst das Verbrechen, dann das Recht kommt, geradezu um: „In this sense, laws became selffulfilling prophecies" (S. 332) – eine Beobachtung, die sich offenbar nicht nur auf Gesellschaften im Übergang von Stammes- zu politischen Gesellschaften, sondern ebenso auf Gesellschaften mit etablierter zentraler Staatsgewalt bezieht, wie am Beispiel von Drogengesetzgebung zum Überdruß demonstriert (A. Lindesmith 1947, 1965; E. M. Schur 1965; T. Duster 1970).

Diamond generalisiert seine Analyse schließlich zur Aussage über einen Gegenstand der politischen Diskussion, der die amerikanische ebenso wie die deutsche Öffentlichkeit in den letzten Jahren bis zur Ausschließlichkeit absorbiert hat und der Kriminologie – wie wir eingangs sahen – in den letzten Jahren soviel Leben und Kaufkraft gegeben hat: „We come to understand law as the antonym and not the synonym of order" (S. 338). „Law *and* order ist the historical illusion; law versus order is the historical reality" (S. 339; Hervorhebung im Original).

Um nochmals auf *Durkheim* zurückzukommen: Durkheim hat gewiß die außerrechtlichen normativen Regulierungssysteme der Gesellschaft betont und auf den wechselseitigen Bezügen insistiert. Es ist indessen doch fraglich, ob seine Thesen über die Entwicklung des Strafrechts durch Befunde wie die von *Schwartz* und *Miller* oder die von *Diamond* angemessen operationalisiert sind, ob man, wie *H. Steinert* (1975) meint, von einer „Durkheimschen Täuschung" sprechen kann. Durkheim selbst hat keine lineare Entwicklung unterstellt, sondern durchaus gesehen, daß die Entwicklungstendenzen des Strafrechts gebrochen und umgekehrt werden können durch die Organisation der Zentralgewalt, d. h. durch die Struktur der staatlichen Macht. Darüber hinaus ist der Status von Durkheims Aussagen durchaus offen. Er versteht sie zum einen als empirische Verallgemeinerungen, zum anderen aber – dies gerät oft aus dem Blick – will Durkheim aber auch vor allem die Bedingungen formulieren, unter denen soziale und normative Integration von Gesellschaften möglich erscheint. Durkheim geht in allen seinen Arbeiten von der Notwendigkeit eines einheitlichen und von allen Mitgliedern einer Gesellschaft geteilten Wertsystems aus. Auf das Zustandekommen und die Bedingungen der Möglichkeit zur Erhaltung oder Herstellung eines solchen einheitlichen Wertsystems sind Durkheims Analysen gerichtet. Für ihn ist das Strafrecht das soziale Normensystem, in dem jene gemeinsamen und das Allgemeininteresse widerspiegelnden Normen und Werte einer Gesellschaft verkörpert sind.

Versteht man diese Aussage als die Formulierung einer Bedingung für die Funktionsweise des Strafrechts, so läßt sich empirisch danach fragen, inwieweit in konkreten Gesellschaften diese Bedingungen gegeben sind, m. a. W. ob und zu welchem Grade das Strafrecht tatsächlich nur solche Werte und Normen, in der Sprache der Rechtswissenschaft: nur solche Rechtsgüter schützt und enthält, die auf dem Konsens der Mitglieder der Gesellschaft beruhen, ob m. a. W. das Normensystem des Strafrechts in Übereinstimmung steht mit den übrigen Normensystemen einer Gesellschaft. In dem Umfang, in dem dies nicht gegeben ist, das läßt sich aus Durkheims Analyse auch folgern, hat das Strafrecht eher eine Tendenz zu einer repressiven Ausgestaltung.

Diese Frage ist in den letzten Jahen zunehmend in den Mittelpunkt kriminologischen , strafrechtssoziologischen und kriminalpolitischen Interesses gerückt. Sie hat dazu geführt, Struktur und

Inhalt des Strafrechts näher zu analysieren. Sie hat Forschungen angeregt, die der Entstehung und Entwicklung von Strafgesetzen genauer nachgehen, und ist dabei zu dem generellen Ergebnis gelangt, daß das Strafrecht keineswegs immer und nur einen Reflex gemeinsamer Werte einer Gesellschaft darstellt, sondern daß die umgekehrte Vermutung als heuristisches Erkenntnisprinzip der sozialen Wirklichkeit eine Reihe von Befunden abzuringen vermag, die sie sich gerne zu verstellen scheint: das Strafrecht ist Ausdruck des Dissenses einer Gesellschaft.

Das Strafrecht selbst gesteht sich dies nicht ein und spricht eher von den Grundregeln, die sich eine Gesellschaft in ihm gibt, nennt die von ihm geschützten „Rechtsgüter" die Eckpfeiler der sozialen Ordnung: „Whose order, however, is a question, that is rarely asked" (L. Nader und D. Serber 1976, S. 273). Es taucht seine Entwicklung und seine Veränderung in den Dunst des Fortschreitens von Humanität, von Rechtsideen und Gestaltungsprinzipien, die dem Selbstlauf der sich entfaltenden Rechtskultur zugeschrieben werden, und hat noch jede seiner Änderungen, auch diejenigen, die es in düsteren Zeiten der Geschichte wie der des Nationalsozialismus vollzogen hat, als einen weiteren Schritt zur Verwirklichung der Rechtsidee gefeiert und gepriesen. Es gibt keine Geschichte des Strafrechts aus rechtswissenschaftlicher Hand, die sich als eine Sozialgeschichte des Strafrechts begreifen ließe.

In den letzten Jahren erst bahnt sich eine Betrachtungsweise und ein Forschungstrend an, der das politische Element, den Machtfaktor im Strafrecht betont und ihm empirisch wie theoretisch Rechnung zu tragen sich bemüht. Recht als Ausdruck geronnener Macht, als Ergebnis und Stillstand von Auseinandersetzungen zwischen verschiedenen Gruppen, Schichten, Klassen einer Gesellschaft, als die Regulierung und Fixierung von sozialen Beziehungen zwischen ihnen: dieser soziale Sachverhalt und soziologische Truismus hat indessen gerade im Bereich des Strafrechts und damit auch für die sich an es anhängende Kriminologie nur eine geringe Chance, zur Kenntnis genommen zu werden. Es lebt von der Fiktion, das allgemeine Interesse und die gemeinsam geteilten Werte und Vorstellungen zum Ausdruck zu bringen, „Sozialschädlichkeit" schlechthin zu manifestieren, und sollte es nicht jedem Rechtsgenossen deutlich sein, so glaubt es an seine „sittenbildende Kraft".

Dem stehen aber mittlerweile Befunde entgegen, deren Eindringen in das Selbstbewußtsein des Strafrechts zwar seine eigene Geschlossenheit, mannigfaltige Abkapselung und privilegierte Nähe zu den Machtinstitutionen der Gesellschaft im Wege stehen mag, die aber an der Widerständigkeit der Ergebnisse selbst nichts ändern können. Wir können dies nur beispielhaft zitieren und müssen auf Vollständigkeit verzichten. Dem an anderer Stelle erwähnten *J. Hall* (1935) verdankt die Kriminologie eine der ersten und sorgfältigsten sozialhistorischen Untersuchungen der Entwicklung von Rechtsnormen. *J. H. Skolnick* hat sie zu Recht als „a standard of scholarly versatility that is hard to follow" (1965, S. 32) bezeichnet. An einem berühmten Fall aus dem englischen case law des Jahres 1473 (carrier's case) demonstriert er den Zusammenhang zwischen dem aufblühenden Handel Englands mit dem Kontinent und der Entstehung der strafrechtlichen Normen der Unterschlagung. *W. J. Chambliss* (1964) hat das historische Auf und Ab in der strafrechtlichen Behandlung der Landstreicherei (vagrancy laws) mit dem ökonomischen Zyklus und Arbeitsmarkt verglichen und kausale Verbindungen zwischen beiden aufgedeckt.

Seit diesen ersten und beispielgebenden Analysen des Strafrechts unter sozial-historischem Aspekt sind eine große Zahl weiterer Arbeiten erschienen. Wiederum ist besonders auf die englische kriminologische und rechtssoziologische Landschaft zu verweisen. Der international bekannte Sozialhistoriker *E. P. Thompson* (1975) hat eine Episode nur – sie trug sich im Monat Mai des Jahres 1723 zu – aus der Geschichte des englischen Strafrechts zum Anlaß einer außerordentlich materialreichen und fesselnd zu lesenden Studie über den ökonomischen und politischen Hintergrund der „Black Act" gemacht, des wohl blutigsten Flecks in der Geschichte des englischen Strafrechts: 50 verschiedene – bei Berücksichtigung aller situativen juristischen Modalitäten: sogar 200–250 (S. 23) – Delikte der bewaffneten und unbewaffneten Wilddieberei, der Zerstörung von Parkpflanzungen, der Brandstiftung von Häusern, Scheunen und Heuschobern wurden zu Kapitaldelikten erklärt und mit Todesstrafe bedroht. Der Hintergrund, den *Thompson* aufzeigt, ist der eines brutalen Konflikts zwischen den Interessen des nachrevolutionären und aufsteigenden englischen Bürgertums, das große Teile des englischen Ackerlandes in eine Park- und Jagdwirtschaft verwandelte, auf der einen Seite und der Schicht der davon betroffenen Bauern auf der anderen Seite. Die Analyse von *Thompson* ist für die Sozialgeschichte des Rechts ebenso lehrreich wie für die Wissenschaften vom Recht. Er berichtet über einen dramatischen Vorfall der Durchsetzung ökonomischer Interessen mit der mörderischen Waffe des Strafrechts, und er berichtet gleichsam gegen den Strich des bis dahin darüber in der Geschichte der Politik und des Rechts Erinnerten und Überlieferten.

Thompsons Studie war ein Teil einer kooperativen Forschung über die Sozialgeschichte der Kriminalität im England des 18. Jahrhunderts, deren erste Befunde von D. Hay, P. Linebaugh und E. P. Thompson (1975) herausgegeben wurden (vgl. zu beiden die Rezension von G. Pearson 1976). Aus dieser Sammlung verdient insbesondere die Arbeit von D. Hay über „Property, Authority and the Criminal Law" herausgehoben zu werden, und nicht nur sie erinnert den Leser an eine der wenigen detaillierten Ausflüge von K. Marx in den Bereich des Rechts, d. h. an seine wissenschaftlichen Kommentare zu den „Debatten über das Holzdiebstahlsgesetz" im rheinischen Landtag, ein Stichwort übrigens, das von seinem Status eines Hinweisrituals auf K. Marx durch die schon mehrfach erwähnte Arbeit von D. Blasius (1976) befreit worden ist. Blasius zeigt, wie eng im preußischen Vormärz ökonomische und politische Entwicklung mit der Entwicklung des Strafrechts und der Kriminalität zusammenhingen. Dabei hat der Holzdiebstahl gleichsam brennpunkthaft alle Momente und Symptome in sich vereinigt und zur sozialen Darstellung gebracht, die einen sozialen und politischen – keineswegs nur einen personalen – Konflikt ausmachen.

Die vorstehenden Beispiele, die noch ergänzt werden können[120], belegen sämtlichst zweierlei. Zum einen weisen sie die zumindest historische Partikularität mancher Interessen aus, die das Strafrecht als allgemeine proklamiert. Zum anderen passen sie eher in das von S. Diamond entworfene Bild über den Zusammenhang des Rechts zu anderen Normensystemen und stehen ganz sicherlich im Widerspruch zu der These vom Recht als einem „doppelt" institutionalisierten sozialen Regelsystem.

Die Dinge scheinen nicht so einfach zu liegen, wenn es sich um andere inhaltliche Normen des Strafrechts handelt, vor allem aber dann nicht, wenn es nicht um die Norm-, sondern wenn es um die Sanktionsseite des Strafrechts geht. Hinsichtlich des ersten Aspekts scheint es zwar sinnvoll zu sein, wie der finnische Kriminologe K. Mäkelä (1974), auch H. Steinert (1976) und der englische Kriminologe W. G. Carson (1974 b) vorschlagen, inhaltlich zwischen verschiedenen Normen nach dem Grad ihrer Partikularität zu differenzieren, aber keineswegs nötigen die Befunde dazu, das heuristische Prinzip zu verlassen, demzufolge das Strafrecht und seine Regeln nicht einen allgemeinen Konsens widerspiegelt, sondern konfliktgeladene Rechtsgüter enthält. Ein vielfach untersuchter Normenbereich des Strafrechts, worauf wir in anderem Zusammenhang schon kurz aufmerksam machten, stellt die Kriminalisierung des Drogengebrauchs dar. Die Ergebnisse sind für die theoretische Analyse des Strafrechts, seiner Genese und seiner Funktionen in vielfacher Hinsicht von Bedeutung. Der allgemeinen Öffentlichkeit wie der politischen Argumentation fällt es mit diesem Phänomen der Kriminalität leicht, ein gesellschaftliches Allgemeinheitsinteresse zu prätendieren. Dennoch zeigen sorgfältige Untersuchungen, daß wir es auch hier mit anderen als allgemein humanitären Interessen zu tun haben.

H. S. Becker (1963) hat der Kriminalisierung des Drogenkonsums sein Konzept des „moralischen Unternehmers" abgewonnen und damit auf eine strukturelle Eigenschaft von politischen Prozessen der Gesetzgebung in modernen Gesellschaften aufmerksam gemacht, die auch für die Kriminalpolitik ihre Bedeutung hat: die Artikulationsfähigkeit und Organisierbarkeit sozialer Interessen spielen auch für die Kriminalisierung und Entkriminalisierung von Verhalten eine zentrale Rolle. *D. T. Dickson* (1968) hat in Korrektur zur These *Beckers* auf die Einflüsse aufmerksam gemacht, die gerade bei der Drogengesetzgebung von den Kontrollbehörden und -institutionen ausgingen, ein Moment, das unmittelbar aus der strukturellen Autonomie des Regelsystems „Recht" resultiert[121].

Aus der Drogengesetzgebung hat sich eine andere theoretische Einsicht für die Analyse des Strafrechts ergeben, die in der modernen politologischen Diskussion eine zentrale Rolle spielt, nämlich das symbolische – im Gegensatz zum instrumentellen – Moment politischen und staatlichen Handelns, das hauptsächlich von den amerikanischen Politologen *P. Bachrach* und *M. S. Baratz* (1970) sowie *M. Edelman* (1976: „Politik als Ritual") herausgearbeitet worden ist. *H. S. Becker* (1963), vor allem aber *J. R. Gusfield* (1963) in seiner Analyse der amerikanischen „Temperance Movement", haben gezeigt, daß die Kriminalisierung von bestimmten Verhaltensweisen oft nicht so sehr auf deren Kontrolle und Unterdrückung gerichtet ist, sondern der symbolischen Bestätigung des Status einer Gruppe oder Schicht dient – und oft sind es solche Gruppen in der Gesellschaft, deren ökonomischer, sozialer und politischer Status entweder bedroht oder noch nicht hinreichend gefestigt ist. Diese Gruppen sind dann in einer gesellschaftlichen Situation, in der sie sich an der Moral schadlos halten, weil die ökonomische und politische Macht ihnen entweder entglitten oder noch nicht zur Hand ist. Die Beobachtung des dänischen *Durkheim*-Schülers *S. Ranulf* (1938) über die „moral indignation" der modernen Mittelschicht dürfte vermutlich damit zusammenhängen, daß das moderne Strafrecht, wie immer wieder betont wird, u. a. eine Dominanz der moralischen und sonstigen Wertvorstellungen dieser Schichten verrät. *W. G. Carson* (1974 a, 1974 b) hat den symbolischen Anteil an der englischen Fabrikgesetzgebung des vorigen Jahrhunderts herausgearbeitet, an einer Gesetzgebung mithin, die auf den ersten

Blick ein kontraindikatives Beispiel für den Zusammenhang zwischen Macht und Recht zu sein scheint.

Eine der eindrucksvollsten Studien, die in diesen theoretischen Zusammenhang gehört und gleichzeitig auf ein anderes strukturelles Merkmal des Strafrechts aufmerksam macht, das gewissermaßen seine Eignung zur symbolischen Instrumentalisierung erst herstellt, ist die Analyse eines norwegischen Gesetzes zum Schutz des Hauspersonals durch den Rechtssoziologen *V. Aubert* (1952). Dieses Gesetz kriminalisiert zum einen Verhaltensweisen, von denen jedermann wußte, daß bei ihrem Vorliegen das Opfer in aller Regel nicht den Weg zum Staatsanwalt, sondern zu einem neuen Arbeitgeber suchen würde, zum anderen war es in prozessualer Hinsicht so gestaltet, daß die Beweisregeln nur die krassesten unter den gemeinten Fällen „justiziabel" machten. Das Gesetz war ein politischer Kompromiß zwischen zwei Parteien mit unterschiedlichem Wählerreservoir: es ermöglichte jeder von ihr, den Anspruch beizubehalten, die Interessen des eigenen Wählers wahrgenommen zu haben. Das neue strukturelle Element, das bei *Aubert* sichtbar wird, besteht darin, daß partikulare Interessen im Strafrecht sich gleichsam unterhalb der Ebene der inhaltlichen Normen zur Geltung bringen können: sie können auf Nichtdurchsetzbarkeit setzen bzw. Einfluß auf die Bedingungen der Durchsetzung nehmen.

Schließlich hat die Analyse der jahrzehntelangen Kriminalisierung und gesetzlichen Kontrolle des Drogenkonsums auch nicht die Freilegung von dahinter stehenden Interessen anderer als moralischer und allgemeiner Art verfehlt. *S. S. Embree* (1974, zit. n. *D. F. Greenberg* 1976, S. 617) hat nachgewiesen, daß die Bemühungen der USA um einen internationalen Opiumvertrag zu Beginn dieses Jahrhunderts zusammenfielen mit ihrer Kolonialpolitik im Pazifikraum und dem daraus resultierenden Interesse an der wirtschaftlichen Schwächung Englands in Indien, das sein notorisches Zahlungsbilanzdefizit durch die Opiumausfuhr nach China auszugleichen bemüht war. Auf innerpolitische Zusammenhänge der Drogenpolitik machen – neben anderen – *T. Duster* (1970) sowie *J. Helmer* und *Th. Vietorisz* (1974) aufmerksam. Sie verschärfte sich in dem Maße, wie der Drogenkonsum sozial zu wandern begann: aus den Rängen der mittleren und oberen Schichten um die Jahrhundertwende in die rassischen Großstadtslums der zwanziger Jahre, und sie hing weiter, wie insbesondere *Helmer* und *Vietorisz* nachweisen und argumentieren, mit dem Verlauf des Arbeitsmarktes zusammen, dessen Baisse stets am meisten zu Lasten des „secondary one" der „unskilled workers" (S. 37) geht. Damit ist die Kriminalisierung des Drogenkonsums zu einem Instrument der sozialen Kontrolle und Domestizierung von sozialen und nicht primär von kriminellen Konflikten genutzt worden – parallel zu Befunden, die *Diamond* seinem anthropologischen Material glaubte entnehmen zu können.

Mit Erwägungen und Befunden der vorstehend dargelegten Art mag eine Erscheinung zusammenhängen, die *S. Kadish* (1967) als „Krise der Überkriminalisierung" bezeichnet hat und auf die vor und nach ihm besorgte Juristen (*F. A. Allen* 1964) und Bürgerrechtler (*American Friends Service Committee* 1971 a) hingewiesen haben[122]. Damit ist eine Situation gemeint, die gekennzeichnet ist durch immer neue Straftatbestände, die potentielle Erweiterung der Kriminellenpopulation, nicht durchsetzbare Sanktionsandrohungen, eine inflationäre Erweiterung des Dunkelfeldes in der Kriminalität, rechtspolitisch bedenkliche, „demonstrierbare" Ineffizienz der Strafverfolgungsbehörden mit vielen unerfreulichen Nebenerscheinungen. Man kann in diesem Prozeß eine Schaffung von Normen und damit Interventionsmöglichkeiten „auf Vorrat" sehen, deren Durchsetzung nicht mehr so sehr von dem Erfüllen des gesetzlichen Tatbestandes abhängt, sondern von anderen Erwägungen, die der Gesetzeswortlaut unterschlägt und die nur sichtbar gemacht werden können durch empirische Untersuchungen des Sanktionsapparates.

Umgekehrt mag damit aber auch die Tendenz der „Unterkriminalisierung" anderer Verhaltensbereiche zusammenhängen. Dies dürfte insbesondere für die fehlende, nur zögernde oder zaghafte Kriminalisierung sozialschädlicher Verhaltensweisen zutreffen, die man im Bereich der Wirtschaft antreffen kann. Allerdings verweist die notorische Verschonung wirtschaftlicher Aktivitäten vor Pönalisierung vielleicht nicht so sehr auf den unmittelbaren Zusammenhang zwischen ökonomischen Interessen und dem inhaltlichen Bestand der durch das Strafrecht geschützten Rechtsgüter, sondern deutet eine strukturelle Schwäche des Strafrechts an, die gewissermaßen in seiner Tiefenstruktur begründet liegt, also seinem konkreten Inhalt vorgelagert ist. Die von *Durkheim* bereits festgestellte, von *P. Fauconnet* (1920) systematisch und empirisch-anthropologisch zu einer soziologischen Analyse sozialer Verantwortlichkeit ausgebaute Beobachtung, daß entwicklungsgeschichtlich eine Tendenz von kollektiver zu individueller Zurechnung und „Verarbeitung" sozial unerwünschten Handelns wahrzunehmen sei, findet im sog. Schuldprinzip des Strafrechts seinen apotheotisch-dogmatischen Ausdruck.

Es bedeutet, daß das Strafrecht nur für Probleme und soziale Unerwünschtheiten zugänglich und durchlässig ist, die dem individuellen Täter zugerechnet werden können. Seine ganze interne

Systematik, sein Sanktionensystem ist zugeschnitten auf soziale Geschehnisse, die sich auf dem Konto handelnder Individuen verrechnen lassen. *N. Luhmann* (1972) hat deshalb davon gesprochen, daß „in modernen Rechtsordnungen ... die wissenschaftliche Erklärung abweichenden Verhaltens an unüberschreitbare Grenzen" stoße (S. 58), insofern nämlich „allen soziologischen Interpretationen abweichenden Verhaltens gemeinsam ist, ... daß ... auch das abweichende Verhalten ... dem System zugerechnet wird" (S. 124). Dies dürfte indes nicht nur Willkür soziologischer Theoriebildung sein, sondern sich aus dem Gegenstand selbst ergeben. Das Schuldprinzip würde sich danach als ein dem Strafrecht innewohnendes Prinzip selektiver Verarbeitungsmöglichkeit und -kapazität sozialschädlicher Ereignisse einer Gesellschaft verstehen lassen. Die Benefiziare dieses Prinzips liegen auf der Hand. Überlegungen solcher Art haben sich mittlerweile auch im Strafrecht selbst bemerkbar gemacht: indem an die Stelle einer empirischen und ontologischen Interpretation des Schuldprinzips eine instrumentelle bzw. normative tritt, so bei *C. Roxin* (1973, 1974), dem von *N. Luhmann* beeinflußten *G. Jakobs* (1976) und bei *W. Hassemer* (1973).

Wir sehen also, daß das Strafrecht nicht nur nach Art und Inhalt eine sehr komplexe Struktur darstellt, die keineswegs damit angemessen beschrieben ist, wie es sich selbst versteht, nämlich die gemeinsamen Wertvorstellungen einer Gesellschaft zu repräsentieren und durchzusetzen, sondern es hört auch auf Worte und Zwecke, die nicht zu seiner eigentlichen Sprache gehören, ist ansprechbar für bestimmte Interessen und taub wiederum für andere.

Seine sichtbarste Seite, das Sanktionensystem, gilt im allgemeinen als der Aspekt des Strafrechts, der sich am ehesten dem Zugriff und dem Einfluß außerrechtlicher Zwecke und Faktoren entzieht. *Durkheim* sah die Tendenz zur Freiheitsstrafe als eine Besen der untersuchten Gesellschaften folgte: So etwa sei die Gaduellen Verantwortung. Aber auch hier hat die Forschung der letzten Jahre eine entscheidende Korrektur erbracht.

Eine ganz zentrale Stellung in der Soziologie des Strafrechts nehmen in den letzten Jahren sozialhistorische Studien zum strafrechtlichen Sanktionensystem ein, insbesondere solche zur sozialhistorischen Entwicklung des Gefängnisses. Als eine der besten Arbeiten wird von vielen Autoren (*E. M. Schur* 1958/59, S. 223; *E. Sutherland* und *D. R. Cressey* 1974, S. 341 f.; *D. C. Gibbons* 1974, S. 134) die von *G. Rusche* und *O. Kirchheimer* über „Punishment and Social Structure" (1939, dt.: 1974) betrachtet. Darin versuchen die Autoren nachzuweisen, daß die Entwicklung des strafrechtlichen Sanktionensystems ökonomischen Erfordernissen der untersuchten Gesellschaften folgte: So etwa sei die Galeerenstrafe anstelle von körperlichen Züchtigungen und Todesstrafe eingeführt worden, als mit dem Aufkommen des überseeischen Kolonialismus große Scharen von Ruderern gebraucht wurden; so sei die Einrichtung des Arbeitshauses als direkte Funktion der Arbeitsmarktsituation zu betrachten, die Deportation von Strafgefangenen in Kolonien als rein wirtschaftlich motiviert anzusehen; so würde die Gefängnisorganisation mehr nach den Gesichtspunkten effizienter Produktionsbedingungen als solchen sinnvoller Behandlung von Kriminellen ausgerichtet usw. In Parenthese und zur Stützung des Grundarguments von *Rusche* und *Kirchheimer* sei aus heutiger und aktueller Sicht hinzugefügt, daß die Reform des Strafvollzuges, wie sie der Bundesgesetzgeber in den letzten Jahren angestrebt hat, aus Gründen der Knappheit öffentlicher Haushaltsmittel weitgehend auf der Strecke bleibt.

Während *Rusche* und *Kirchheimer* nicht unbestritten gebliebene direkte Zusammenhänge zwischen bestimmten ökonomischen Parametern und dem Sanktionensystem unterstellen, haben neuere Arbeiten eher den Beitrag betont, den speziell Arbeitshäuser, Gefängnisse und Zuchthäuser im Gesamtsystem der Disziplinierung des Menschen unter frühkapitalistischen Wirtschafts- und Lebensbedingungen gespielt haben (*Th. Berger* 1974 b; *A. T. Scull* 1977 b). Der derzeit zu Recht meistzitierte Autor, der die Entwicklung des modernen Systems individualisierter Kontrolle des Abweichenden in seinen verschiedensten – kulturell zugerichteten – Erscheinungsformen auf das Faszinierendste zur Darstellung und zur Enthüllung bringt, ist sicherlich der französische Strukturalist *M. Foucault* (1975). Zu dieser „Entdeckung" der latenten Funktionen des Gefängnisses und der Freiheitsstrafe haben andere historische Arbeiten (*M. Perrot* 1975; *D. Rothman* 1971; *P. Deyon* 1975) ebenso beigetragen wie die diesem Interesse vorangegangenen zahlreichen Untersuchungen vom totalen Institutionen (*E. Goffman* 1961). Im weiteren Zusammenhang hiermit stehen auch Arbeiten wie die von *A. Platt* (1969) und *T. S. Dahl* (1974), die die besonderen Formen der strafrechtlichen Sozialkontrolle gegenüber den jugendlichen Mitgliedern der Gesellschaft analysieren. Dabei geht es ihnen vor allem um deren ständig steigende Tendenz, die sich unter dem Vorwand von Pädagogik, Fürsorge und Benevolenz vollziehe, womit sich diese Art der Kontrolle auch noch die Vernachlässigung rechtsstaatlicher Grenzen staatlicher Intervention erschleiche. Einen weiteren Aspekt des strafrechtlichen Sanktionensystems hat *P. Young* (1976) mit seiner Analyse der historischen Entwicklung des englischen Probationssystems untersucht, und auch hier zeigt die Sichtung des Materials „that probation emerged as a policy measure generated out of the relationships between the social classes of that period" (S. 44).

Die historische wie theoretische Analyse der totalen Institutionen hat Gemeinsamkeiten zwischen zwei Formen der sozialen Kontrolle sichtbar gemacht, die sich in ihrem Selbstverständnis als sehr unterschiedlich begreifen. Erst die Theorie abweichenden Verhaltens hat Kriminalität als nur eine – aktive – Form der Verletzung von Normen begriffen, der sie Formen der passiven Abweichung gegenüberstellt: Kriminalität und Krankheit sind zwei Modi der Verletzung von Normen, deren „soziale" Verarbeitung sich lediglich hinsichtlich der Zurechnung und Vorwerfbarkeit der normverletzenden Symptome, nicht jedoch hinsichtlich der gesellschaftlichen Anstrengungen zu ihrer Beseitigung unterscheiden. Beide unterliegen der sozialen Kontrolle (vgl. u. a. T. Parsons 1951; V. Aubert und Sh. Messinger 1958; A. G. N. Flew 1954 und vor allem P. McHugh 1971). Mit der Entwicklung des Strafrechts zu einem Täterstrafrecht, die kriminologisch insbesondere durch die Arbeiten der italienischen positiven Schule und kriminalpolitisch durch die Bewegung der „défense sociale" (F. Gramatica 1965, M. Ancel 1970) angeregt wurde, ist die Rolle des Kriminellen zunehmend in eine solche des Kranken umdefiniert worden. Diese „medicalization of deviance" (J. R. Pitts 1968, S. 390 ff.), die sich nicht so sehr in neuen Formen des abweichenden Verhaltens niederschlägt, sondern allein bestimmt ist von der Form der sozialen Reaktion auf den Normbrecher, stellt das erschreckendste Beispiel einer institutionalisierten Ironie der Gesellschaft im Umgang mit ihren nichtkonformen Mitgliedern dar. Es gibt wohl keine sublimere Form sozialer Kontrolle als diejenige, die den Menschen als Kranken begreift und seine Hilflosigkeit zur Prämisse und Legitimation der Reaktion macht. Sie stellt die zugleich letzte und konsequenteste Ausformulierung des Prinzips individueller Verantwortung dar, vermag Abweichung nicht mehr als Resultante differierender Normensysteme und situationsangepaßter Rationalität zu begreifen, sondern nur noch als Symptome individueller Unmündigkeit, fehlgeschlagener Sozialisierung, therapeutischer Interventionserfordernisse u. dgl. mehr.

Eine zentrale Rolle auf dem Wege zu diesem Modell des Normbrechers, das durch die Paarung von Macht und Medizin das Schreckgespenst eines „therapeutic state" (N. N. Kittrie 1971) nicht nur als Phantasiegebilde paranoider Ängste, sondern als schon greifbare Realität hat entstehen lassen, spielt die Allianz zwischen Recht und Psychiatrie, die sich einer zunehmenden Kritik ausgesetzt sieht. Einzelheiten dieser Kritik können hier nicht ausgebreitet werden. Als Hinweise sei auf die schon früh einsetzenden Analysen der Psychiatrie in ihrer Ausprägung als Mentalhygiene (*K. Davis* 1938), als „community psychiatry" (*R. Leifer* 1966) aufmerksam gemacht; auf die Arbeiten des wohl militantesten Kritikers der willigen Bereitschaft der Psychiatrie, sich in den Dienst staatlicher Sozialkontrolle nehmen zu lassen: *Th. Szasz* (1963, 1965, 1967, 1970): „Actually he (the psychiatrist) is an interpreter of moral rules and an enforcer of social laws and expectations" (1967, S. 16); auf *T. Mosers* (1971) „Streitschrift" gegen die „repressive Kriminalpsychiatrie", die speziell auf die deutsche Situation zugeschnitten ist. *C. W. Mills* (1943) und – zwanzig Jahre später – *E. Bend* und *M. Vogelfanger* (1964) haben die ideologischen Prämissen des „Pathologiekonzepts" in der Soziologie sozialer Probleme gegeißelt. Diese Analysen haben weitere Nahrung bekommen durch das zunehmend manifester werdende Ausbleiben von Behandlungs- und Therapieerfolgen nichtpunitiver Methoden und Programme im Umgang mit Normbrechern, wie es Evaluationsstudien zu Tage gefördert haben (*W. C. Bailey* 1966; *L. T. Wilkins* 1969; *S. Adams* 1974; *D. Lipton, R. Martinson* und *J. Wilks* 1975). Die Feststellung von *L. T. Wilkins* (1969, S. 7), daß „there is already much hard evidence to show that what is generally regarded as humanitarian (or even ‚lenient‘) treatment of offenders is *at least* as effective as severe punishment or lengthy imprisonment" (Hervorheb. im Original), kann dabei in einem als Ergebnis solcher Evaluationsstudien, als deutliche Zurücknahme von einst mit dem therapeutischen Programm verknüpften Erwartungen und als Vorbeugung gegen Tendenzen der „Reaktion" auf solche Desillusionierung des Therapiemodells verstanden werden.

Die Reaktionen darauf lassen sich in der Tat zwischen zwei Polen ansiedeln, die man markieren kann durch die Arbeiten zweier amerikanischer Autoren, die beide weit über die wissenschaftliche Öffentlichkeit hinaus Beachtung und Publizität erfahren haben: *N. N. Kittries* „The Right to be Different" (1971) – geschrieben von einem Juristen übrigens – zeichnet die Linien und verschiedenen Wege nach, die sich zu der Wirklichkeit eines „therapeutischen Staates" gebündelt haben und gegen die er ein vehementes Plädoyer für die „Freiheit" des Normbrechers formuliert. *E. van den Haags* „Punishing Criminals" (1975) basiert über weite Strecken auf dem gleichen Material und den gleichen Befunden, von denen auch *Kittrie* ausgeht, die Schlußfolgerungen sind jedoch fast entgegengesetzter Art und bekräftigen die Notwendigkeit und das Recht staatlichen Strafens – zynischerweise gerade angesichts der Tatsache, daß außerstaatliche Institutionen als funktionale Äquivalente mehr und mehr ausfielen.

Gleichsam als Nebenprodukt des zunehmenden Unbehagens über die latenten Folgen und die rechtsstaatlichen Implikationen von Resozialisierung, Behandlungsvollzug, Therapiemodell hat sich in der Kriminologie und in der Rechtssoziologie in den letzten Jahren eine intensive theoretische und empirische Beschäftigung mit den klassischen Zielen und Zwecken der Strafe bemerkbar gemacht. Die im wesentlichen von der Rechtswissenschaft entwickelten normativen Theorien über die general- und spezialpräventive Wirkung der Strafe werden in einer Weise formuliert, daß sie der sozialwissenschaftlichen Überprüfung und Kontrolle zugänglich werden. Monographien, Anthologien und Übersichtsartikel sowie Forschungsberichte von u. a. *J. Andenaes* (1974), *W. J. Chambliss* (1966), *M. L. Erickson, J. P. Gibbs* und *G. F. Jensen* (1977), *J. P. Gibbs* (1975), *S. E. Grupp* (1971), *C. H. Logan* (1972), *M. Silberman* (1976), *Ch. R. Tittle* und *Ch. H. Logan* (1973) sowie *F. E. Zimring* und *G. J. Hawkins* (1973) belegen dies Interesse und weisen die Befunde und Fragestellungen aus, die sich aus kriminologischer Sicht zu dieser Frage bieten.

Wir wollen damit die Skizze der Fragen und Befunde abschließen, die sich aus einer soziologischen Analyse der Genese und Struktur des Strafrechts ergeben. Anspruch auf Vollständigkeit war nicht intendiert und ist nicht einzulösen. Die wichtigsten Gesichtspunkte unserer Erörterung – Strafrecht als eine alternative Form sozialer Kontrolle, die inhaltliche und formale Struktur des Strafrechts in ihrem Verhältnis zu der ökonomischen, sozialen und politischen Struktur der Gesellschaft, staatliche Machtakkumulation durch die medizinische Uminterpretation der Kriminalität und strafrechtlicher Sozialkontrolle – weisen auf das Programm, das erkenntnisleitende Interesse und auch die Brisanz hin, mit der eine Kriminologie konfrontiert ist, die sich nicht primär mit der Ätiologie des kriminellen Verhaltens beim individuellen Täter befaßt, sondern ihren Ausgangspunkt bei der Norm nimmt, genauer: deren Struktur, Erscheinungsform und Wirkungsweise im System strafrechtlicher Sozialkontrolle. Obsolet sind deshalb die Befunde der bisherigen Kriminologie keineswegs. Tatsachen wie die der Überrepräsentierung der unteren Sozialschichten, der größeren „kriminogenen Anfälligkeit" identifizierbarer Teilgruppen in der Gesellschaft (Jugendliche, Männer, Stadtbewohner, Jugendliche aus unstabilen und nicht-intakten Familien, mit geringer Schul- und Berufsausbildung) sind nicht zu leugnen, jedoch: Sie sind Reflex des Inhalts und der Struktur strafrechtlicher Sozialkontrolle, sie sind theoretisch als Moment des „behavior of law" zu begreifen, um nochmals *D. Black* (1976) zu zitieren, dessen Arbeit geradezu exemplarisch die theoretische „Konversion" vieler Befunde der bisherigen Kriminologie demonstriert[123].

d) Das Strafrecht und seine Anwendung

In dieser Skizze des Programms einer kriminologischen Analyse des Strafrechts fehlt jedoch noch ein entscheidender Punkt. Wir haben bisher lediglich vom Strafrecht als einem geschlossenen Regelprogramm staatlicher Sozialkontrolle gesprochen. Schon auf dieser Ebene ist sein politischer, sozialstruktureller und machtbezogener Charakter deutlich geworden. In diesem letzten Abschnitt sollen Fragen erörtert werden, die im Laufe unserer Diskussion immer schon eine Rolle gespielt haben, sowohl bei der Darstellung kriminalstatistischer Probleme als auch bei den grundlagentheoretischen Fragen zum Verhältnis von Norm, Anwendung und Verhalten.

Das System strafrechtlicher Sozialkontrolle stilisiert sich, insbesondere in seinen liberalen, rechtsstaatlichen Prinzipien, als ein Prozeß, den ein Maximum vorentworfenen Handelns auszeichnet, der kalkulierbar, bestimmt, nach definitiven und eindeutigen Regeln ablaufend und Rechtssicherheit verbürgend gestaltet ist, wobei allerdings als eine modifizierende „intervenierende" Variable die generelle Orientierung eines spezifischen Systems strafrechtlicher Sozialkontrolle zu berücksichtigen ist, die *H. L. Packer* (1968) zwischen den beiden Polen eines „due process" und eines „crime control" Modells anzusiedeln vorschlägt. Das erste Modell bekämpft und bestraft Kriminalität nur nach Maßgabe streng definierter Regeln der Identifizierung, Verfolgung und Aufdeckung der Kriminalität, das zweite ist tendenziell immer bereit, der Effizienz der Kriminalitätskontrolle die Methodik der Kontrolle anzupassen. Dem Selbstverständnis des Strafrechts steht das Konzept der „discretionary power" bzw. der „discretionary justice" (*A. J. Reiss, Jr.* 1974) als der Inbegriff des Spielraums und des Restes an determinierenden Faktoren des Handelns und der Entscheidungen der Instanzen sozialer Kontrolle, die nicht in den geschriebenen Regeln materieller und prozessualer Art des Strafrechts aufgehen. Die an früherer Stelle erwähnten „Anwendungsregeln", der „second code", die „Selektivität" strafrechtlichen Handelns sind hier wieder in Erinnerung zu rufen.

Wir wollen die Fülle empirischer Belege, von denen wir in der ersten Fassung dieses Überblicks über die Kriminologie einige Beispiele entlang der Karriere einer Straftat zur Legitimierung einer solchen Fragestellung vorstellten, nicht einmal nur andeutungsweise sichtbar machen. Dies würde den Rahmen dieser Arbeit definitiv sprengen und auch kaum die Lektüre der dazu vorliegenden Literatur ersetzen können – zumal die Entwicklung auf diesem Gebiet eine fast geometrische Beschleunigungsrate erreicht und zur innerdisziplinären Arbeitsteilung der Kriminologie geführt hat, wie wir oben bei der Erörterung der amerikanischen Kriminologie sahen. Der Leser sei stattdessen auf die ausgezeichneten und ausführlichen Überblicke von *A. K. Bottomley* (1973), *A. J. Reiss, Jr.* (1974), die entsprechenden Abschnitte im „Handbook of Criminology" (*D. Glaser* 1974) sowie auf *R. Hawkins* und *G. Tiedemans* „The Creation of Deviance", die ihrer theoretisch intendierten Arbeit die hier gemeinte Empirie anfügen, verwiesen. Die hierzu vorliegenden deutschsprachigen Arbeiten werden von *H. Steinert* (1976) vorgestellt und besprochen. Wir wollen hier nur einige allgemeine Gesichtspunkte festhalten, die sich z. T. auf empirische Verallgemeinerungen, z. T. auf theoretische Aspekte dieser Untersuchungen beziehen.

Als gesichert dürfte gelten, daß die Rechtswirklichkeit strafrechtlicher Sozialkontrolle nicht zusammenfällt mit ihrem Rechtsprogramm, sondern – wie alle anderen Bereiche des Rechts auch – gekennzeichnet ist durch das Bestehen eines erheblichen Entscheidungsspielraums der daran beteiligten Instanzen und Personen. Dies gilt unabhängig von Rechtssystemen und Rechtskulturen, trifft für das kodifizierte Rechtssystem der kontinentaleuropäischen Länder ebenso zu wie für das angelsächsische case law. Die Unterschiedlichkeit der Ausgestaltung des Strafrechts bestimmt lediglich, an welcher Stelle und in welcher Form selektive Entscheidungsprozesse auftreten und ablaufen. Die größere Häufigkeit von Hauptverfahren im System des Strafrechts der Bundesrepublik und die größere Häufigkeit der viel erörterten „bargain justice" (*D. J. Newman* 1956, 1966, 1974) können keineswegs als einzig gültige Indikatoren für das Vorliegen und das Ausmaß bestehender Spielräume in der Rechtsanwendung genommen werden, wie Untersuchungen von *D. Peters* (1973) und *E. Blankenburg* (1976) zeigen.

Die Analyse dieser Selektionsprozesse kann nur durch empirische Untersuchungen erfolgen. Notwendig ist zum einen eine Art „Soziologie des institutionalisierten Wegsehens" bei Rechts- und Normbrüchen, zum anderen eine Soziologie der Rechtsanwendung im engeren Sinne. Der erste Schritt zielt im wesentlichen auf die Analyse der „Input"-Größen des Systems strafrechtlicher Sozialkontrolle, der zweite auf die Bedingungen und Prozesse der „rechtlichen Transformation" von sozialen Sachverhalten und Konflikten (*H. T. Buckner* 1971). Die Soziologie des Wegsehens betrifft hauptsächlich die Polizei als Eintrittstor in den Prozeß der strafrechtlichen Sozialkontrolle, die Rechtsanwendung bezieht sich auf die Instanzen, an denen sich *rechtswissenschaftliches* und *rechtsstaatliches* Selbstverständnis klammert: auf Gerichte, Richter und deren Handeln.

Die Selektivität des Handelns der Instanzen strafrechtlicher Sozialkontrolle ist nicht gleichzusetzen mit einer bewußten und geplanten Strategie der Instanzen sozialer Kontrolle und ihrer Träger – ein Mißverständnis, das häufig zu beobachten ist. Sie ist vielmehr das notwendige, dezisionistisch nicht zu beseitigende Ergebnis des Zusammenwirkens verschiedener Faktoren, die nur bedingt oder gar nicht zur Disposition der Kontrollträger stehen. Das – freilich veränderbare – Mißverhältnis zwischen dem strafrechtlichen Normenvorrat einer Gesellschaft einerseits und den verfügbaren Kontrollressourcen andererseits erfordert Prioritätsentscheidungen und Allokationsprozesse, von denen sich theoretisch nicht annehmen und empirisch nicht nachweisen läßt, daß sie zufällig oder beliebig getroffen werden und ablaufen. Ein wichtiges Element in dieser Struktur des Entscheidungsprozesses bildet die sog. „Reaktivität" polizeilichen Handelns – im Gegensatz zu einer „proaktiven" Strategie (*A. J. Reiss, Jr.,* und *D. J. Bordua* 1967) –, d. h. die Polizei operiert gleichsam nach dem Prinzip, daß sie nichts angeht, was nicht an sie herangetragen wird. Das aber bedeutet die „Privilegierung" von solchen Normbrüchen, die die daran beteiligten Mitglieder einer Gesellschaft entweder zu verbergen in der Lage oder – aus welchen Gründen auch immer – unter sich zu regeln bereit sind. Hierbei spielt ein Faktor eine Rolle, der von verschiedenen Autoren hervorgehoben wird: die Sichtbarkeit von Normverletzungen. *R. K. Merton* (1957) hat im Zusammenhang mit seinen Beiträgen zur Bezugsgruppentheorie darauf verwiesen, *A. R. Stinchcombe* (1963) spricht von „Institutions of Privacy", *D. Chapman* (1968) hat den Gedanken zu einer „Differential Distribution of Immunity" ausgeweitet und die institutionellen Bereiche und Aktivitäten geringer Sichtbarkeit und Durchlässigkeit für die soziale Kontrolle konkreter identifiziert, *H. Popitz* nennt sie beim polemischen Namen, wenn er davon spricht, daß „Dunkelziffern . . . käuflich erwerbbar (sind), – z. B. sehr einfach: mit dem Kauf einer Villa und selbst eines Autos" (1968, S. 17). Übrigens gehört in diesen Zusammenhang auch das Phänomen der sog. „Betriebsjustiz" (vgl. hierzu *G. Kaiser* und *G. Metzger-Pregizer* 1976).

Insgesamt läßt sich vermuten und verallgemeinernd aus den empirischen Befunden folgern, daß der Entscheidungsspielraum an den Enden des Prozesses der strafrechtlichen Sozialkontrolle – bei der Polizei und im Bereich des Strafvollzuges – größer ist als in seinem Zentrum. Symptomatisch dafür ist schon die Tatsache, daß die quantitive und qualitative Regelungsintensität wesentlich ausgeprägter für das Handeln der Richter und Gerichte als für die Polizei und den Strafvollzug ist. Andererseits schaffen aber auch die Verfahrensregeln der Rechtsanwendung Möglichkeiten und Wege, auf denen sich Merkmale und Aspekte der Sozialstruktur, wie Einkommen, Prestige, Kenntnisse, Macht, Sprachfertigkeit, differenzierend zur Geltung bringen können – Zusammenhänge, die in der Rechtssoziologie unter dem Stichwort der „Klassenjustiz" seit den frühen Arbeiten von *K. Liebknecht* (1958) immer wieder zur Sprache gekommen sind (*E. Fraenkel* 1968; *H. Rottleuthner* 1969). Sie bleiben sicherlich auch gegen die Ansicht mancher Juristen, „daß man die in der Soziologie absolut legitime Einteilung nach Schichten nicht so ohne weiteres in die Kriminologie und die kriminologische Forschung übernehmen könne" (so ein Landgerichtspräsident aus Waldshut in Bayern auf einer Sitzung des Kuratoriums des Max-Planck-Instituts in Freiburg; vgl. *W. Steffen* 1975, S. 1077), auf der Tagesordnung der Kriminologie.

V. Statt einer Schlußbemerkung

Ich sehe mich nicht in der Lage, in wenigen Worten und numerierten Sätzen den Ertrag der vorangegangenen Kapitel zusammenzufassen. Statt dessen möchte ich einige Ziele benennen, die mich beim Schreiben dieser Arbeit geleitet haben und die mir unterwegs und jetzt am Ende wieder in mancher Hinsicht unvereinbar erscheinen.

Es gingen nicht zusammen das Ausgangsziel dieser Arbeit – die Fortschreibung einer ersten Version, die vor nunmehr 10 Jahren erschienen ist – und das Ziel einer solchen Fortschreibung – die Ergänzung der damaligen theoretischen und empirischen Forschungslage der Kriminologie. Es ist eine neue Arbeit entstanden, die mit der alten über weite Strecken nichts anderes als den Titel und den Hauptherausgeber dieses Handbuchs gemeinsam hat. Ich glaube, dies ist eher ein Indikator für die Veränderung des Gebietes, über das hier berichtet wurde, als ein Zeichen für die mangelnde Fähigkeit des Verfassers, sich mit einem Text zu identifizieren, den er vor zehn Jahren erstellt hat.

Es ging ein weiteres nicht zusammen: Über die Kriminologie zu schreiben und dabei als potentielle Adressaten die deutschsprachigen Kriminologen zu antizipieren. Viele Auseinandersetzungen, zum Teil recht polemischer Art, wären erspart geblieben, hätte nicht im Hinterkopf und vor Augen die deutsche Kriminologie in ihrem derzeitigen Lehrbuchgewande gestanden. Die außerordentlich fruchtbare Entwicklung der britischen Kriminologie seit Mitte der sechziger Jahre ist mit einer als temporär verstandenen Selbstisolierung derjenigen verbunden gewesen, die neue Impulse gesetzt haben. Über weite Strecken dieser Arbeit muß der Leser auch den Eindruck haben, daß zu vielen Fragen und Problemen Meinungsverschiedenheiten schon bei deren Formulierung auftreten. Soweit dies die derzeitige Wirklichkeit der Kriminologie in der Bundesrepublik widerspiegeln sollte, sollte man sie zur Kenntnis nehmen und in der Tat nicht schon darin ein Ende der Disziplin sehen, daß sich hinter dem gleichen nominellen Anspruch sehr ungleiche wissenschaftliche Ziele, Methoden und Theorien verbergen.

Anmerkungen

[1] Neben den *Sociological Abstracts*, die auch einem Großteil kriminologisch relevanter Zeitschriften erfassen, und den *Psychological Abstracts* ist insbesondere zu verweisen auf die *Abstracts on Criminology and Penology* (früher Excerpta Criminologica), die in den Niederlanden erscheinen, sowie auf die Publikation des amerikanischen National Council of Crime and Delinquency (NCCD) *Crime and Delinquency Literature*. Beide sind international ausgerichtet, wenn auch schwerpunktmäßig entsprechend den Herkunftsländern etwas verschieden. Die Abstracts zeichnet eine sehr feingliedrige Systematik aus, während das NCCD Journal durch seine informativen und akzentsetzenden Zusammenfassungen besticht.

[2] Hier ist an erster Stelle die von *L. Radzinowicz* und *R. Hood* besorgte Bibliographie zu „Criminology and the Administration of Criminal Justice" (1976) zu nennen, die Arbeiten auf den genannten Gebieten – in wissenschaftssystematischer, methodologischer, gegenstandsbezogener Untergliederung – aus der Zeit zwischen 1945 und Anfang 1976 verzeichnet. Von Organisation, Aufmachung und Drucktechnik ist dies den Lehrbedürfnissen an der englischen Cambridge University und der amerikanischen Columbia Law School – *Radzinowicz* war Gründer und langjähriger Direktor, *Hood* Mit- und Nachfolgedirektor des Institute for Criminology in Cambridge – entsprungene bibliographische Werk handlicher und schneller im Zugriff. Die zeitliche Anordnung des Materials erlaubt zudem, worauf die Herausgeber in ihrer Einleitung zu Recht hinweisen (S. X), einen aufschlußreichen Blick auf die veränderte Akzentsetzung in kriminologischer Forschung und Theorie seit dem Ende des letzten Weltkrieges. Manchem deutschen Leser – vor allem wohl den Juristen unter den Kriminologen – mag freilich die Beschränkung auf die englischsprachige Literatur als nachteilig erscheinen, obwohl diese Beschränkung unbeabsichtigt erneut deutlich macht, wie gering diese Lücke für das Gesamtbild der Kriminologie zu Buche schlägt.

Als Orientierungshilfen dienen weiter zahlreiche systematisierte – und zum Teil annotierte – Spezialbibliographien, von denen weit über

100 bei *Radzinowicz* und *Hood* (S. 243–247, 357) nachgewiesen sind. Einen besonderen Hinweis für kriminologische Interessen auf dem Gebiet des Strafrechts und seiner Durchsetzung verdienen die „Selected Bibliographies" in den Bänden 2 bis 7 der seit 1966 erscheinenden amerikanischen Zeitschrift *Law and Society Review*, dem wissenschaftlichen Organ der *Law and Society Association*. Im deutschen Schrifttum gibt es derart systematische bibliographische Wegweiser genuin kriminologischer Ausrichtung – mit Ausnahme der wertvollen, seit 1973 erscheinenden *Kriminalsoziologischen Bibliographie* des Wiener *Ludwig-Boltzmann-Instituts für Kriminalsoziologie* unter seinem rührigen und über die Grenzen Österreichs hinaus bekannten Leiter *Heinz Steinert* – nicht; die gelegentlich in Lehrbüchern anzutreffende (*H. Göppinger*, 3. Aufl. 1976, *G. Kaiser*, 1. Aufl. 1971) kapitelweise Anordnung der Literatur ist keine Alternative und oft eher irreführend als klärend.

3 Nachdem frühere Einrichtungen sowohl des Europarates wie des amerikanischen National Clearinghouse for Mental Health Information, die über aktuelle abgeschlossene und in Durchführung befindliche Forschungsprojekte auf dem Gebiet der Kriminologie berichteten, inzwischen in Formen der wissenschaftlichen Informationsaufbereitung überführt sind, wie sie in den Anmerkungen 1 und 2 dargelegt sind, mag für den an der deutschen Situation interessierten Leser der Hinweis auf zwei solcher Unternehmungen in der Bundesrepublik von Nutzen sein. Das *Bundesjustizministerium* hat erstmalig 1974 – eine zweite Auflage ist für 1978 in Vorbereitung – eine „Dokumentation der laufenden und der in jüngster Zeit abgeschlossenen empirischen Forschungsarbeiten" zur „Rechtstatsachenforschung" und „Kriminologie" vorgelegt. Die *Arbeitsgemeinschaft sozialwissenschaftlicher Institute e. V.* erhebt und dokumentiert seit dem Jahre 1972 alljährlich die in den wissenschaftlichen Einrichtungen der BRD, Österreichs und der Schweiz abgeschlossenen, begonnenen und geplanten theoretischen und empirischen Forschungsprojekte – geographisch geordnet sowie mit Personen- und Sachregister versehen. Sie unterhält ferner einen Informationsdienst, der die Forschungsvorhaben auf Teilgebieten und zu bestimmten Detailfragen auf Anfrage zur Verfügung stellt.

4 Die meisten kriminologischen Zeitschriften haben diese Arbeit in herausgehobener Weise rezensiert; u. a. im *British Journal of Criminology* (Bd. 13, 1973) und im *Sociological Quarterly* (Bd. 14, 1974) sind Rezensionssymposia erschienen; *M. B. Clinard* gibt der Arbeit das Prädikat eines seltenen „scholarly provocative theoretical book which has wide implications for the field of criminology" (1974, S. 85), auch wenn er zum Ergebnis gelangt, daß die Verfasser „have not entirely established a ‚new criminology'" (S. 91). In der deutschen kriminologischen Diskussion hat indessen eine systematische und folgenreiche Rezeption, geschweige denn Auseinandersetzung noch nicht stattgefunden.

5 *H. J. Schneider* (1974, zit. nach 2. Aufl. 1977) hat eine Reihe solcher Definitionen aus Lehrbüchern verschiedener Nationalität zusammengestellt, die außerordentlich redundant und unergiebig sind.

6 *Kaisers* Bericht über „Stand und Entwicklung der kriminologischen Forschung in Deutschland" (1975), aus einem Vortrag vor der Berliner

Juristischen Studiengesellschaft hervorgegangen, informiert den Leser ausführlich über deutsche und außerdeutsche Quellen, die er zu befragen und aufzusuchen hat, um sich ein Bild über die Auffassung der Kriminologie im internationalen Rahmen zu machen (S. 15 ff.).

[7] Kein anderer deutscher Kriminologe dürfte einen derartigen „record" an Kongreßbesuchen vor allem internationalen Zuschnitts aufzuweisen haben wie *Schneider*, der sich dieser Quelle seines Wissens und seiner Erfahrungen nachhaltig in seinen Publikationen immer wieder rühmt, ohne daß ihm dies zu höherem nationalen Ruhme gereicht, wie sich erst kürzlich bei *H. Leferenz* und *A. Mechler* (1976) nachlesen läßt, die ihn frostig – bis zum Plagiatsvorwurf (S. 203) – behandeln.

[8] Wenn nicht gesondert vermerkt, zitieren wir *Mannheim* nach der englischen Originalausgabe seines Lehrbuchs und nicht nach seiner 1974 erschienenen deutschen Übersetzung.

[9] Der Leser wird über diese Kontroverse gut bei *M. E. Wolfgang* (1961, S. 147 ff.) informiert, wobei sich allerdings eine Hinzunahme seines amerikanischen Originalbeitrages (1963), der die gleichen Fragen behandelt, empfiehlt. Eine frühe Kritik des Mehrfaktorenansatzes, die insbesondere die verschiedensten in Amerika erschienenen Angriffe gegen die Arbeiten der *Gluecks* zusammenträgt, findet sich bei *F. E. Hartung* (1958). Auf weitere Arbeiten wird im anderen Zusammenhang noch eingegangen. *Sutherland* hat seine Theorie der differentiellen Assoziation, wie in den verschiedenen Auflagen seines Lehrbuches und bei *A. Cohen, A. Lindesmith* und *K. Schuessler* (1956) nachzulesen ist, als methodologischen und theoretischen Kontrapunkt zu den *Glueck*schen Arbeiten begriffen. Die Gegenpolemik der *Gluecks* findet sich bei *Sh. Glueck* (1956), deutsch nachzulesen bei *A. Mergen* (1961).

[10] Eine Auswahl von 9 dieser Beiträge, die im wesentlichen von Mitgliedern der seit 1968 existierenden *National Deviance Conference (NDC)* stammen, enthält die Publikation von *P. Rock* und *M. McIntosh* (1974). Über die Entwicklung der englischen Nachkriegskriminologie ist an anderer Stelle noch näher einzugehen.

[11] Die letzte Auflage von *Göppingers* Lehrbuch enthält im Sachindex eine Reihe von verstreuten Hinweisen auf die „Tübinger – Jungtäter-Vergleichsuntersuchung", aus denen sich der Leser ein Mosaik über dieses ehrgeizige Großprojekt zusammenstellen kann. Methodologische Hinweise auf dieses Projekt finden sich außerdem bei *G. Kaiser* (1967 a), ferner bei *Göppinger* (1966, 1968), erste inhaltliche Daten enthält *Göppinger* (1970).

[12] Die hier ausgedrückte Position steht zumindest in der Akzentsetzung in einem gewissen Widerspruch zu einer Auffassung, die *M. E. Wolfgang* zusammen mit *F. Ferracutti* (1964) zur Etablierung und Begründung einer selbständigen Kriminologie vor mehr als zehn Jahren formulierten. Dort konfrontieren sie eine „klinische Kriminologie" einer „soziologischen Kriminologie", deren Kluft immer größer werde und deren weiteres Auseinanderstreben „represents a serious danger for the further development of criminology" (S. 410). Die Trennungslinie verlaufe nicht so sehr entlang disziplinärer Grenzen, sondern

werde markiert durch Fragen der Verwertbarkeit der Ergebnisse für praktische Entscheidungen im Rahmen der gesellschaftlichen Praxis. Da sie für ihre Diagnose: „All the existing schools (of criminology – F. S.) are either sociological or legal or clinical" (ibid.) nicht die mindeste Erklärung außer der genannten Verwertungsdimension der Ergebnisse zur Hand haben, läßt ihre Antwort: „integrated research design", „training for an integrated criminology" auch offen, in welcher Weise derartige Unternehmungen die Verwertbarkeit der Ergebnisse erhöhen sollen. In der neueren Position *Wolfgangs*, wie sie in seiner Stellungnahme 1973 zum Ausdruck kommt, spielen Praxisverwertungsargumente keine, sondern ausschließlich wissenschaftsimmanente Gesichtspunkte eine Rolle.

13 Diese Bände enthalten Berichte, die auf der alljährlich stattfindenden „Conference of Directors of Criminological Research Institutes" in Straßburg abgegeben werden. Ein Überblick über die Einzelberichte der ersten 11 Bände bis einschließlich 1973 – mittlerweile sind zwei weitere Bände erschienen – findet sich bei *H. Bianchi, M. Simondi* und *I. Taylor* (1975, S. XX f.). Bilanzierende Situationsberichte – offizieller und individueller Art – über die einzelnen, auch osteuropäischen Länder enthält der Band 6 (1970).

14 Diese nur zum Teil (u. a. *J. H. Skolnick* 1969) im normalen Verlagswesen (bei Bantam und Ballantine sind einige der Arbeiten vor allem der „Violence Commission" erschienen), sondern nur über das U. S. Government Printing Office schwer erhältlichen Arbeiten stellen sowohl von Quantität und Qualität der daran beteiligten Wissenschaftler – vornehmlich aus den Gebieten der Sozialwissenschaften im weitesten Sinne (vgl. dazu *L. E. Ohlin* 1975, *J. F. Short* 1975) – als auch von den erarbeiteten theoretischen und empirischen Befunden wie kriminalpolitischen Empfehlungen Meilensteine der wissenschaftlichen Analyse der Kriminalität dar, die inzwischen in der amerikanischen kriminologischen Literatur intensiv ausgeschlachtet und verarbeitet werden (vgl. z. B. das von *D. Glaser* herausgegebene Handbook of Criminology, 1974). Einen genaueren Überblick über die einzelnen Arbeiten und Publikationen dieser Kommissionen findet man bei *G. Arzt* (1976) und *Center for Research on Criminal Justice* (1975).

15 Nimmt man als einen Indikator für das Selbstverständnis der Kriminologie die Titel ihrer Lehrbücher, so offenbart eine Durchsicht verschiedener nationaler und internationaler Lehrbücher eine außerordentliche Unsicherheit in dieser Hinsicht. Etwa die Hälfte oder etwas mehr verwenden den Begriff „Kriminologie" oder analoge Titel („Die Wissenschaft vom Verbrechen"), die das Bild einer einheitlichen Wissenschaft suggerieren. Wenige nur beziehen sich in ihrem Titel auf eine der Bezugswissenschaften, wie dies noch *C. Lombroso* (1876) – Anthropologie, Rechtswissenschaft, Medizin –, *E. Ferri* (1881) – Soziologie –, *F. Exner* (1939) – Biologie, spätere Auflage: Kriminologie –, *W. Sauer* (1933) – Soziologie, später: Kriminologie – getan haben. Systematisch ist allerdings, nebenbei bemerkt, daß die Neigung, einen Bezug zu einer der Zulieferwissenschaften herzustellen, in dem Maße abnimmt, wie in ihrem Reigen die Soziologie an die Rampe tritt, bis hin zu so grotesken Praktiken wie der des erwähnten deutschen

Kriminologen *Sauer*, der sein kaum verändertes Lehrbuch mal als „Kriminologie" (1950), mal als „Kriminalsoziologie" (1933) vorstellt. Fast ebenso häufig finden wir Titel, die jeden semantischen Bezug auf eine globale oder partielle Wissenschaft im Titel vermeiden und schlicht das reale Phänomen und soziale Problem Verbrechen bzw. Delinquenz als Lehrbuchetikett wählen (*W. C. Reckless* 1973: The Crime Problem 1977; *D. G. Gibbons:* Society, Crime and Criminal Careers; *H. A. Bloch* und *G. Geis* 1970: Man, Crime and Society; *F. Bauer* 1957: Das Verbrechen und die Gesellschaft; *F. H. Hartung* 1965: Crime, Law, and Society).

[16] Es ist dies eine Sammlung von Aufsätzen, die vorher im *Journal of Criminal Law, Criminology, and Police Science,* der wohl bekanntesten, sicherlich ältesten amerikanischen Fachzeitschrift auf dem Gebiet der Kriminologie erschienen waren. Die Zeitschrift geht zurück auf die Gründung des *American Institute of Criminal Law and Criminology* an der *Northwestern University* (Evanston, Ill., nahe Chicago) im Jahre 1910. Sie hat – auch das ist ein Beleg für die wechselnde Orientierung und Akzentverlagerung innerhalb der Kriminologie – mehrfach ihren Namen geändert, zuletzt im Jahre 1973 aufgrund der Verselbständigung ihres „Polizeiteils", der jetzt in der Zeitschrift *Journal of Police Science and Administration* ein eigenes Publikationsorgan gefunden hat.

[17] Wir haben bereits an anderer Stelle argumentiert, daß wir die Überbetonung der positiven Schule gegenüber der klassischen Schule für keineswegs gerechtfertigt halten (*F. Sack* 1968 b), wie das auch schon *Hall* (1945) mit großem Nachdruck und heftiger Schärfe bestritten hat. Dabei haben wir uns im wesentlichen auf das 1965 mit dem *C. Wright Mills*-Preis für das beste Buch auf dem Gebiet sozialer Probleme ausgezeichnete Werk von *David Matza* „Delinquency and Drift" (1964) gestützt, der die positive Schule wegen ihres strengen Determinismus, ihrer Beschränkung auf den kriminellen Täter und wegen ihrer anthropologischen Annahme des prinzipiellen Unterschieds zwischen dem Delinquenten bzw. Verbrecher und dem gesetzestreuen Bürger angriff. Die hier entwickelten Gedanken ergänzen die Position *Matzas* und haben insofern einen etwas anderen Akzent, als sie stärker auf die empirisch gehaltvollen Aussagen und Prämissen der klassischen Position abstellen als Matza, dem es hauptsächlich um die Charakterisierung der wissenschaftstheoretischen und empirisch-axiomatischen Ausgangspunkte der positiven Schule geht. *Matza* hat seine Kritik in einer weiteren Arbeit, die auch in deutscher Übersetzung vorliegt und die eine überaus anregende Diskussion zu theoretischen Fragen der Kriminologie ausgelöst hat (1969; *I. Taylor, P. Walton* und *J. Young* 1973, Kap. 6; *D. Beyleveld* und *P. Wiles* 1975), noch pointiert.

[18] Obwohl *W. Naucke* inzwischen die Relevanz der Sozialwissenschaften für das Strafrecht (1972) sehr zurückhaltend beurteilt, wenn nicht gar ganz leugnet, hat er in seiner Arbeit über den strafbaren Betrug (1964) die durch die positive Schule verursachte Undurchlässigkeit zwischen Kriminologie und Strafrecht nicht nur überzeugend diagnostiziert, sondern auch gezeigt, in welcher Weise die Kriminologie Fragen aufnehmen und behandeln kann, die sie als der Dogmatik und dem Strafrecht zugehörig einst aus sich ausschied. Das würde freilich

nach *Naucke* „zu einer Art ‚Kriminologie' des Justizwesens führen"
(1964, S. 47, Anm. 40).

[19] Dies sei an drei Beispielen belegt: *E. H. Sutherland* und *D. R. Cressey*
verweisen in ihrem Lehrbuch auf eine Bemerkung von *J. L. Gillin* bereits aus dem Jahre 1914, daß „the longer the study of crime has conti-
nued in this country, the greater has grown the number of causes of
crime which may be described as social. This is the aspect in the
development of American criminology which has given to that study
in this country the title of ‚The American School"', und urteilen selbst:
„The greatest development of the sociological school has taken place
in the United States", obwohl auch „American sociologists, like most
European scholars, were deeply impressed by many of the Lombrosian arguments" (1974, S. 55). *D. C. Gibbons* erklärt die Kriminologie
aus amerikanischer Sicht schlicht zu einem Spezialgebiet der Soziologie: „Those sociologists who specialize in this substantive topic are
called criminologists ... Most theorizing and research regarding
criminality has been the work of sociologists" (1977, S. 3). Als letzte
Stimme aus dem Kontext amerikanischer Lehrbuchautoren sei *W. C.
Reckless* zitiert. Unter Hinweis darauf, daß in den USA Kriminalität als
„soziales Problem" verstanden wird, konstatiert er „the general
willingness to have criminology taught and researched by sociologists" (1967, S. 9). Für weitere Details der amerikanischen Kriminologie sei der Leser auf das Kap. 8 „American Criminology" von *H.
Mannheim* (1971) verwiesen.

[20] Mit einer gewissen Ambivalenz und einem deutlichen Bedauern stellt
H. Mannheim (1974, S. 862) fest, daß „die meisten der als solche allgemein bekannten nordamerikanischen Kriminologen – Professoren der
Soziologie, nicht der Kriminologie (sind)", was ihm Anlaß ist, der
west-europäischen Kriminologie die „Entwicklung der nordamerikanischen Kriminologie und der mit ihr aufs engste verbundenen Soziologie zum Vorbild und als Warnung" (S. 864) hinzustellen. Die Warnung
richtet er hin wie her: die Übertragbarkeit der amerikanischen Kriminologie auf Westeuropa scheitere u. a. wegen des in Europa nicht bestehenden Negerproblems (S. 867), die amerikanische Kriminologie
möge ihren „zunehmenden isolationism" (S. 868) bedenken. Mit der
gleichen Tendenz kehren auch deutsche Lehrbuchverfasser der
Kriminologie den soziologischen Akzent der amerikanischen Kriminologie heraus: *G. Kaiser* (1976, S. 29 – Hervorheb. im Original): „Dort
(in Nordamerika – F. S.) gilt die *Kriminologie weithin als rein soziologische
Aufgabe außerhalb der Rechtswissenschaft.*" *H. Göppinger* erörtert die amerikanische Kriminologie, die „in den USA überwiegend als Teilgebiet
der Soziologie begriffen wird" (1976, S. 34), schlicht als „Kriminalsoziologie", die er in eine seltsame Ordnung stellt: 3.22. Défense sociale;
3.23. Klinische Kriminologie; 3.24 Angewendete Kriminologie; 3.25.
Sozialistische Kriminologie; 3.26. Kriminalsoziologie ... (ibid., S. XI).
H. J. Schneider ist wohl der einzige, der sich seiner Sache nicht ganz
sicher ist, obwohl gerade in seiner Person die von ihm selbst genannten Voraussetzungen einer angemessenen Einschätzung der Situation,
nämlich „eine ständig wiederholte praktische Anschauung und Mitwirkung bei den nordamerikanischen Instanzen der Sozialkontrolle"

(1973, S. 580), vorhanden zu sein scheinen. Während er in seinem Lehrbuch die kontinental-europäische Kriminologie der nordamerikanischen so konfrontiert, daß letztere „von vornherein eine stark sozialwissenschaftliche Kriminologie entwickelte", während „erstere kriminalbiologisch-juristisch ausgerichtet" sei (1977, S. 54), behauptet er gleich an zwei anderen Stellen nahezu das Gegenteil: „Es ist verfehlt, die nordamerikanische Kriminologie als einseitig psychoanalytisch oder soziologisch ausgerichtet einzuordnen" (1977, S. 555; 1973, S. 580 – die Formulierungen sind bis auf systematische Anordnungen identisch).

[21] Eine Reihe amerikanischer Übersichtsartikel bestätigen diesen Eindruck nicht nur ausdrücklich, sondern auch von Inhalt und Struktur der ausgebreiteten empirischen und theoretischen Arbeiten. Vgl. etwa *D. J. Bordua* (1957), *M. B. Clinard* (1951, 1957 b, 1959, 1962), *A. R. Cohen* und *J. F. Short, Jr.* (1971), *D. R. Cressey* (1961 a), *D. Glaser* (1958), *F. E. Hartung* (1958), *R. Quinney* (1971 b), *W. C. Reckless* (1941), *M. E. Wolfgang* (1961, 1963, 1968 b, 1973). Eine globale Einschätzung findet sich in den Stichworten „Crime" (bearb. v. *D. R. Cressey, L. T. Wilkins, M. B. Clinard* und *M. E. Wolfgang*) sowie „Delinquency" (bearb. v. *J. F. Short, Jr., St. Wheeler, W. McCord* und *J. Toby*) der International Encyclopedia of the Social Sciences (1968).

[22] *E. Ferri*, der wohl die Zentralfigur in der sogenannten italienischen positiven Schule darstellte und für ihren weltweiten Erfolg die Hauptverantwortung trug, hatte sein Hauptwerk in der 3. Auflage (1892) als „Sociologia Criminale" erscheinen lassen, nachdem bereits drei Jahre vorher von *N. Colajanni* ein zweibändiges Werk erschienen war, das wahrscheinlich als erstes und eines der wenigen den Titel „La sociologia criminale" trug.

[23] Dies war der Kernpunkt der vernichtenden Kritik von *J. Michael* und *M. Adler* (1933) an der Kriminologie in ihrem Buch „Crime, Law, and Social Science" das sie als Mitglieder der *School of Law of the Columbia University* im Auftrage des *Bureau of Social Hygiene of New York City* geschrieben haben. Es ist interessant zu vermerken, daß *E. H. Sutherland*, einer der führenden Kriminologen unter den amerikanischen Soziologen jener Zeit, zwar in einer ersten impulsiven Stellungnahme den „*Michael-Adler-Report*" scharf attackierte, nach dem Zeugnis der Herausgeber der *Sutherland Papers*, *A. Cohen*, *A. Lindesmith* und *K. Schuessler*, jedoch seine Meinung revidierte und insbesondere im Gespräch zugab, daß die „negative evaluations of criminological research ... were essentially correct" (1956, S. 230).

[24] In einem zur gleichen Zeit erschienenen Aufsatz haben die beiden Autoren die von der positiven Schule der Kriminologie vergessenen bzw. ignorierten ökologischen Arbeiten des 19. Jahrhunderts über die geographische und sozialstrukturelle Verteilung der Kriminalität wieder ans wissenschaftliche Tageslicht geholt (*Y. Levin* und *A. Lindesmith* 1937). Diese vor allem englischen und französischen Arbeiten waren in vielerlei Hinsicht Vorläufer der sogen. Chicago-Schule, die den 20er und 30er Jahren der amerikanischen Kriminologie ihren Stempel aufdrückte. Für *A. Mechler* war die Arbeit von *Lindesmith* und *Levin*

unmittelbarer Anstoß zu seinen „Studien zur Geschichte der Kriminalsoziologie" (1970, S. 2 f.).

25 Vgl. dazu die Seiten 182–194 in seinen Regeln sowie S. 58 ff. von R. Königs Einleitung zu diesem Buch. Dabei ging es Durkheim primär nicht um die etwaige Grundlegung einer Kriminalsoziologie. Nur schien ihm das Pathologische in der Gesellschaft der wichtigste Bereich sozialen Verhaltens zu sein, an dem sich jede allgemeine Soziologie zuvörderst zu bewähren hat.

26 Durkheims Beitrag zur Kriminalsoziologie, der in der Tat eine bisher nicht geleistete Aufarbeitung verdiente, umfaßt keineswegs nur die Passagen aus den drei genannten Hauptwerken von ihm. Man müßte auch noch den von ihm zusammen mit seinen Schülern verfaßten Rezensionsteil der ersten zwölf Jahrgänge der Année Sociologique heranziehen, in denen sich Besprechungen sämtlicher Publikationen finden. Ebenso hätte man in das Bild miteinzubeziehen die Arbeiten seiner Schüler G. Richard und P. Fauconnet, von denen vor allem des letzteren Studien über die soziale Verantwortung für den Kriminologen und Strafrechtler gleichermaßen anregend sind.

27 H. J. Schneider (1966) sorgt sich um die Enge und Rezeptionsunwilligkeit der deutschen Kriminologie gegenüber ihrem internationalen Umfeld. Auch ein Jahrzehnt später (1977, S. 553 ff.) bleibt er von der Notwendigkeit der Kooperation zwischen deutschsprachiger und nordamerikanischer Kriminologie überzeugt und verteidigt sie mutig – obwohl insgesamt irritierend undiffenziert in bezug auf die Stoßrichtung der Kritik – u. a. gegen an Schmähungen grenzende Angriffe einer bestimmten Richtung der deutschen Altkriminologie (R. Lange, H. Leferenz); der Leser muß sich jedoch fragen, ob er dabei die Kriminologie im Auge hat, von der amerikanische Kriminologen sprechen, wenn sie über Stand und Entwicklungstendenzen ihrer Disziplin sprechen. Pauschal weist er etwa für die amerikanische Kriminologie jene von A. Mergen diagnostizierte „Verunsicherung" zurück und ebenso apodiktisch wie nachweisbar falsch ist seine Beobachtung, der „Labeling Approach" spiele „besonders in der nordamerikanischen Kriminologie eine sehr untergeordnete Rolle" (1977, S. 515). Dem sonst so methodenbewußten Schneider könnten schon einfache inhaltsanalytische Techniken der empirischen Sozialforschung bei der Korrektur seines Eindrucks weiterhelfen, deren Praktizierung delegierbar wäre an wissenschaftliche Hilfskräfte: Vergleich etwa der Seitenzahlen, die auf die verschiedenen theoretischen und praktischen Gegenstände der Kriminologie in der Bibliographie von L. Radzinowicz und R. Hood (1976) entfallen; quantitative Auswertung des Inhaltsverzeichnisses und Indices von Lehrbüchern, Anthologien, Handbüchern der amerikanischen Kriminologie. Dann würden ihm ganz gewiß derartige Materialklitterungen nicht unterlaufen, von denen eine spezielle Kostprobe aus dem Jahre 1973 noch angefügt sei: dort spricht er vom „allerdings völlig isolierten" „nordamerikanischen Kriminologen" D. Matza (1973, S. 579). Auch wenn Schneider diese Bemerkung und damit seine Ignoranz etwas schwer auffindbar in einer Fußnote versteckt, ist man geneigt, Schneiders Brechtschen Aphorismus

über die Wahrheit einen abgestandeneren von *Goethe* nachklappen zu lassen: „So fühlt man Absicht, und man ist verstimmt."

28 Auch G. *Kaiser* ist geradezu ängstlich darum bemüht, wissenschaftliche Grenzen nicht mit nationalen oder gesellschaftlichen zusammenfallen zu lassen und läßt keine Gelegenheit aus, Distanz und Verhältnis der deutschen Kriminologie zur amerikanischen zu bestimmen. Dabei ist er, zusammen mit *H. Schellhoss* (1966), sicherlich zu forsch dem Urteil *Schneiders* über den time lag der deutschen Kriminologie gegenüber der amerikanischen entgegengetreten und hat schon damals nicht gesehen, daß es nicht ein time lag, sondern ein cultural lag ist, der deutsche und amerikanische Kriminologie voneinander trennt. So würde der Leser, der G. *Kaisers* Feststellung beim Wort nähme, „die Rezeption angloamerikanischer Forschungsergebnisse (sei) nunmehr abgeschlossen" (1975, S. 68), auf eine bittere Dissonanz gefaßt sein müssen, wenn er das durch die deutschen kriminologischen Standardlehrbücher (einschließlich des *Kaiser*schen) vermittelte Bild der „angloamerikanischen" Kriminologie auf den Prüfstand der eigenen Erfahrung heben würde. Was G. *Kaiser* als Rezeption versteht, ist eher eine „Abrechnung" mit der angloamerikanischen Kriminologie, allerdings eher im Kleingedruckten und in den Fußnoten seiner diversen Publikationen, wobei eine seiner letzten Publikationen (1976 c) sich durch zwei besondere Taktiken auszeichnet; die eine nach dem bekannten Spruch des Rabbi *Ben Akiba* aus einem Trauerspiel von *Gutzkow:* „Alles schon dagewesen" und die profanere: man schlage den Sack und meine den Esel.

29 Z. B. enthält schon die 5. Auflage des Lehrbuchs von *Sutherland* und *Cressey* aus dem Jahre 1960 ausdrücklich als eine von drei „principal divisions" der Kriminologie „the sociology of law" (S. 3), und ebenso verzeichnet die 2. Auflage des Lehrbuchs von *W. C. Reckless* aus dem Jahre 1955 unter 10 spezifischen Forschungsfragen mindestens drei, die sich auf Entstehung des Strafrechts und dessen Anwendung und Durchsetzung beziehen (S. 6/7).

30 Das Auswahlkomitee für die beiden Jahrbücher bestand aus den folgenden 6 Wissenschaftlern: *Seymour L. Halleck* (Department of Psychiatry der University of North Carolina); *Paul Lerman* (Graduate School of Social Work der Rutgers University); *Sheldon L. Messinger* (School of Criminology der University of California, Berkeley); *Norval Morris* (Center for Studies in Criminal Justice der Law School an der University of Chicago); *Patrick V. Murphy* (Präsident der Police Foundation, Washington, D. C.), *M. E. Wolfgang* (Center for Studies in Criminology and Criminal Law der University of Pennsylvania).

31 Vgl. dazu die März/April-Ausgabe 1977 der Zeitschrift Society (früher: Trans-action), in der *L. A. Curtis* die Arbeit von *Wilson* und das ebenso aufsehenerregende Plädoyer von *E. van den Haag* (1975) für eine Reaktivierung des Vergeltungsgedankens der klassischen Schule unter dem Titel „The Conservative New Criminology" heftig attakkiert und kritisiert, *I. Silver* sich durch *Wilson* und *van den Haag* zur Reflexion über „Crime and Conventional Wisdom" angeregt sieht, *Wilson* seinem Buch ein weiteres „Thinking about" nachliefert und *van*

den Haag in Auseinandersetzung mit den beiden Kritikern *Curtis* und *Silver* die Thesen seines Buches unter dem Titel „Crime, Punishment, and Deterrence" auf prägnante Kurzformeln bringt. S*. Wheeler* (1976, S. 529) bezeichnet *Wilsons* Buch als „perhaps the most influential book affecting current criminal policy."

[32] Die Titel dieser Aufsatzsammlung mögen dem Leser Richtung und Inhalt dieser theoretischen Perspektive weiter verdeutlichen: The Supply and Control of Offences – The Socially Optimal Levels of Offences – The Effectiveness of the Criminal Justice System – The Valuation of Offences – The Optimal Punishment: Police – Allocation Rules – Downstream Costs of Crime Prevention. Neben den genannten Anthologien sei auf das Heft 2 des 19. Bandes (April 1973) der Zeitschrift „Crime and Delinquency" verwiesen, das sich ganz der ökonomischen Analyse der Kriminalität in dem hier beschriebenen Sinne widmet.

[33] Vgl. hierzu die bereits mehrfach erwähnte Arbeit des Tübinger Strafrechtlers *G. Arzt*, der im 5. Kap. seines Buches die konfliktreiche Vor- und Nachgeschichte dieses Gesetzes beschreibt. Seine Arbeit stellt im übrigen das einzige mir bekannte Beispiel einer deutschsprachigen Monographie dar, das umfassend die vielfältigen Bezüge des Strafrechts, seiner kriminalpolitischen Richtung und Potenz zu gesellschaftlichen Strukturen und Prozessen aufzuzeigen sich bemüht, in seinen empirischen Belegen allerdings vornehmlich auf amerikanisches Material zurückgreifen muß – Symptom und Ursache zugleich für die Tatsache dieser literarischen Eintagsfliege im deutschsprachigen Raum.

[34] Den zentralen Hintergrund und die politische Philosophie dieser Entwicklung hat *R. Clark* selbst in einer auch ins Deutsche übersetzten Arbeit (1970) dargelegt. Das Budget der LEAA hat sich innerhalb von nur 6 Jahren von 63 auf 868 Mio. Dollar mehr als verzehnfacht (*Center for Research on Criminal Justice* 1975, S. 82), von dem in den beiden ersten Jahren mehr als die Hälfte für die Verbesserung der Ausstattung der Polizei verwendet wurde (J. C. *Goulden* 1970, zit. n. I. *Silver* 1974, S. 138).

[35] *S. L. Halleck* (1975, S. XIII) macht hierauf aufmerksam und zitiert als Beleg die Aussage eines „eminent scholar in criminology": „A few years ago if I wanted to study riots I would have gone to agencies which would have supported research into the social causes of riots. Today, it would be much easier to obtain funding to study methods of controlling riots."

[36] Diese Charakterisierung orientiert sich zugegebenermaßen an den markantesten Positionen. Das Verhältnis zwischen Kriminologie und Strafrecht ist differenzierter, als es hier zum Ausdruck kommt. Die Differenzierung besteht sowohl auf seiten der Kriminologie wie auf seiten des Strafrechts. Die deutsche Kriminologie, auch diejenige, die sich einig ist in ihrem multidisziplinären Anspruch, in der mehr oder weniger deutlichen Skepsis gegen soziologische Theorien in der Kriminologie, ist heterogener, als dieses eine Merkmal suggeriert. J. *Kürzingers* (1974) kürzlicher Versuch einer Klassifikation deutscher

Kriminologen nach „modernen" und „traditionalistischen" Vertretern überzeugt allerdings nicht hinsichtlich der angewandten Kriterien, die auch unausgewiesen bleiben. So geraten bei ihm u. a. in eine Gruppe *A. E. Brauneck* und *H. Leferenz*, die sich, zieht man die Rezension des Lehrbuchs von *Brauneck* (1974) durch *Leferenz* (*H. Leferenz* und *A. Mechler* 1976, S. 195–200), die in den Vorwürfen eines „milieutheoretischen Vorurteils" und „einseitiger Unterrichtung" gipfeln (S. 200), als Indikator für übereinstimmende Orientierung heran, beide dagegen verwahren dürften, in einen kriminologischen Topf geworfen zu werden. Ebenso geraten Differenzen zwischen dem – zumindest jetzigen – *G. Kaiser* einerseits und z. B. *J. Feest, F. Sack* andererseits aus dem Blick, wie Gemeinsamkeiten der Positionen von *G. Kaiser, H. J. Schneider, H. Göppinger* verloren gehen.

Insbesondere werden Unterschiede zwischen kriminologisch interessierten und arbeitenden Strafrechtlern nicht zur Geltung gebracht. Zum Teil sind letztere in die Bestandsaufnahme gar nicht aufgenommen, wie etwa *K. Lüderssen, B. Haffke, H. Jäger, W. Naucke.* Gerade letztere, zusammen mit *W. Hassemer* und *G. Arzt,* stellen eine Gruppe von zumeist jüngeren Strafrechtlern dar, die die Befangenheit der älteren Strafrechtswissenschaft weitgehend abgelegt haben, auch wenn sie dies selten explizit machen (vgl. *F. Sack* 1975 b).

Vorbehaltlich solcher Differenzierungserfordernisse ist jedoch das Verhältnis zwischen Kriminologie und Strafrecht immer noch so kontrovers und reich an Gesprächsstoff wie zur Zeit der Jahrhundertwende, als aufgeschreckte Kassandrarufe gegen den Strafrechtler *F. von Liszt,* einem – wie *L. Radzinowicz* (1961 a, S. 42 f.) zu Recht bemerkt – moderierten Anhänger des von der positiven Schule der Kriminologie propagierten Gesellschaftsschutzgedankens, aus dem eigenen Lager ertönten und die „Warnung vor der modernen Richtung im Strafrecht" (*K. Birkmeyer* 1907) ausgesprochen wurde. Die Arbeiten dazu sind Legion und hier kaum darstellbar. Die Beziehungen zwischen Strafrecht und Kriminologie stellen sich unterschiedlich im Kontext kriminalpolitischer Fragen und aus der Sicht des konkreten Strafverfahrens. Sie sind – auch das ist zu sagen – natürlich kein spezifisch deutsches Problem, wenn auch die Grenzen hier undurchlässiger zu sein scheinen als in anderen Ländern.

Sicherlich gibt die Polemik *R. Langes* gegen die Kriminologie nach Form und Inhalt nicht den Ton in der Auseinandersetzung an. Er ist – auch aus eigenem Lager (*H. Kaufmann* 1962, *A. E. Brauneck* 1963) – hinreichend dafür kritisiert worden (*F. Sack* 1968 b, *E. Blankenburg, H. Steinert* und *H. Treiber* 1977), wenn auch früherer Kritik gelegentlich spätere Wiedergutmachung folgte (vgl. *G. Kaiser* 1964 und 1976 c). Für *Lange* sind Kriminologie und Sozialwissenschaften alleine bestimmt von der Frage, inwieweit sie nützliche theoretische oder empirische Befunde zur Stützung und Legitimierung des viel beschworenen „Menschenbildes" des Strafrechts erbringen. Dabei spielen anthropologische Prämissen bezüglich der „Instinktungesichertheit", der „Plastizität" und der daraus abzuleitenden Regelungsbedürftigkeit menschlichen Verhaltens die zentrale Rolle. Sie sind Bestätigung des auf „Freiheit" angelegten Menschen – das und nichts anderes behaupte das Strafrecht. Ihn interessiert die Soziologie nur in bezug auf die Ontologie des „gesamten Menschen" – seine historische Vielfalt, das Korrelat der Instinktungesichertheit, überantwortet er der Domäne der „Sollenswissenschaft" Strafrecht – ähnlich hatte zum Abschluß der Arbeiten der großen Strafrechtsreformkommission bereits H. H. Jescheck (1957) argumentiert, als er die vom Strafrechtsentwurf vorausgesetzte „Ordnung sittlicher Werte" durch vielfache Belege aus der Konstitutionsbiologie, der Psychologie, Psychiatrie und der Anthropologie gestützt wähnte, „die Wurzeln des An- und Abschnellens der Kriminalität" aber in die Tiefe der uns nur teilweise bekannten soziologischen Unterströmungen" (S. 36) verwies und in bezug auf kriminalpolitische Erfolge eher auf die „Gnade" (S. 37) als etwa auf kriminologische Befunde setzte.

Sind Lange und Jescheck auch nicht typisch für die Haltung des Strafrechts gegenüber der Kriminologie, so können kriminologisch-strafrechtliche Gemeinschaftsunternehmungen wie die von K. Lüderssen und Fritz Sack (1975 a, 1975 b, 1977) auch nicht darüber hinwegtäuschen, daß sie oft nur um den Preis der Suspendierung und Ausklammerung wechselseitiger Vorbehalte zustandekommen und auf Formelkompromissen aufgebaut sind, die eher bestimmt sind von dem Bedürfnis, eigene Probleme abzuwälzen, als Problemlösungen anderer Art ins Auge zu fassen. Zweifellos bleibt eine der Hauptkontroversen zwischen Kriminologie und Strafrecht das sogen. Schuldprinzip, und es ist schon erfreulich zu sehen, daß sich diese Diskussion nunmehr in anderen Bahnen bewegt als um die Frage, ob es einen „freien Willen" gibt oder nicht, wie man etwa an – durchaus nicht in allen Aspekten übereinstimmenden – Beiträgen von B. Haffke (1976), G. Jakobs (1976), C. Roxin (1966, 1973, 1974), K. Lüderssen (1975 a) und G. Ellscheid und W. Hassemer (abgedr. bei K. Lüderssen und F. Sack 1975 b) sehen kann.

Den bemerkenswertesten und auch erfolgversprechendsten Ansatz für eine Kooperation zwischen Strafrecht und Kriminologie, besser noch: und Sozialwissenschaften stellen sicherlich die Versuche von verschiedener Seite dar, andere Aspekte der strafrechtlichen Sozialkontrolle als die des freien Willens bzw. des Menschenbildes mit den theoretischen und empirischen Möglichkeiten der Sozialwissenschaft zu analysieren. Dafür stehen u. a. sowohl die Arbeiten von W. Hassemer zur Rechtsgutslehre (1973) wie zur Kriminalpolitik aus der Perspektive einer Theorie sozialer Kontrolle (1974) als auch die bereits erwähnten Anthologien von K. Lüderssen und F. Sack, die indessen noch einen konsistenten Bezugsrahmen vermissen lassen, die des in Saarbrücken lehrenden italienischen Strafrechtlers und Rechtstheoretikers A. Baratta (1975, 1977).

Der genaue Blick auf die deutsche Strafrechtswissenschaft nötigt also zu Differenzierungen, die zu noch weiteren Linien und Positionen führen, wenn man neben den erwähnten Arbeiten und Autoren etwa den an anderer Stelle bereits genannten W. Naucke (1964, 1972, 1975) und den stark psychoanalytisch orientierten H. Jäger (1973, 1974, 1976) hinzunähme – ungeachtet dessen, daß Naucke Erwartungen gegenüber den Sozialwissenschaften im Laufe der Zeit deutlich zurückgenommen hat. Welcher Stellenwert allerdings solchen Differenzierungen zukommt, ist eine Frage, die sich nicht an literarischen Erscheinungen ablesen läßt. Dazu wäre ein näherer Blick auf die juristische Ausbildung, auf die Justizpraxis und auf das gesamte Institutionengeflecht strafrechtlicher Sozialkontrolle erforderlich, der uns hier nicht möglich ist.

Umgekehrt wären entsprechend den Differenzierungen auf seiten der Strafrechtswissenschaft analoge Unterschiede in bezug auf die Kriminologie vorzunehmen. Dabei würde sich herausstellen, daß die Differenzen innerhalb der Kriminologie, zieht man in das Bild neben den bisher hauptsächlich betrachteten Vertretern einer multidisziplinären, täterorientierten Kriminologie auch diejenigen mit ein, die ein dazu entgegengerichtetes Kontrastprogramm der Kriminologie zu formulieren sich bemühen – also etwa die im *Arbeitskreis Junger Kriminologen* zusammengefaßten und im *Kriminologischen Journal* publizierenden Autoren –, größer und unüberbrückbarer sind als die zwischen manchen Richtungen der Kriminologie und manchen des Strafrechts.

Wir brechen hier unsere Bemerkungen über das Verhältnis von Kriminologie und Strafrecht insbesondere im Kontext der deutschen Diskussion ab und verweisen den interessierten Leser zum einen auf die späteren Abschnitte dieses Überblicks, zum anderen auf die zahlreichen, hier nicht erwähnten in- und ausländischen Arbeiten zu diesem Problem, von denen nur einige genannt seien: *G. Geis* (1959/60), *D. Glaser* (1971), *H. Göppinger* und *G. Kaiser* (1976), *D. Krauß* (1971, 1976), *G. Kaiser* (1967 b, 1968), *M. Komarovsky* (1975), *K. Lackner* (1964), *H. Leferenz* (1959, 1968), *F. von Liszt* (1905), *K. Lüderssen* (1972, 1975 a), *A. Mergen* (1966), *L. Radzinowicz* (1961 b), *A. J. Reiss, Jr.* (1970 b), *G. Schewe* (1976), *H. W. Schünemann* (1976 b), *G. Stefani, L. Levasseur* und *R. Jambre-Merlin* (1972), *D. Szabo* (1970), *L. T. Wilkens* (1965 a, 1973), *J. Wolff* (1971, 1974 a), *B. Wootton* (1963).

[37] Die soziologische Redensart, man könne in der Wahl seiner Bezugsgruppen nicht vorsichtig genug sein, weil man sich damit kaum vorhersehbaren Kontrolleinflüssen aussetze, läßt sich beispielhaft an der Veränderung des Kriminologieverständnisses von *G. Kaiser* aufzeigen. Einstmals auch Mitglied und Teilnehmer der Veranstaltungen des *Arbeitskreises Junger Kriminologen*, hat er seit seiner institutionellen Einbindung in das Kontrollgefüge von Max-Planck-Gesellschaft und Rechtswissenschaft eine beständige Revidierung seiner kriminologischen Position vorgenommen – belegbar u. a. sowohl an den einzelnen Auflagen seines Lehrbuchs wie zuletzt an der Kritik neuerer Strömungen der Kriminologie in der Festschrift für *R. Lange* (1976 c), die er als Mitherausgeber des kleinen kriminologischen Wörterbuches (*G. Kaiser, F. Sack* und *H. Schellhoss* 1974) zumindest partiell einst gefördert hat. Seine Bezugsgruppe sind die Vertreter eines traditionellen, soziologiefeindlichen Strafrechts: Mit schöner Regelmäßigkeit beobachtet und zensiert *H. Leferenz* (1972, mit *A. Mechler* 1976) im Haus- und Renommierorgan des Strafrechts, der *Zeitschrift für die gesamte Strafrechtswissenschaft*, das kriminologische Lehrbuchspektrum in der Bundesrepublik, darunter auch deren Auflagenveränderungen, und attestiert *Kaisers* 2. Auflage, sie habe gegenüber der 1. Auflage „fraglos gewonnen" (1976, S. 208). Ein anderes Kontrollin-

strument stellt das im Max-Planck-Institut institutionalisierte Kura-
torium dar, in dem man gerade Vertreter einer sozialwissenschaftlichen Ansätzen zugänglichen Strafrechtswissenschaft vermißt (vgl.
vorhergehende Anmerkung). Auf einer kürzlichen Sitzung dieses
Kuratoriums mußte G. *Kaiser* Kritik an einer von ihm initiierten Untersuchung über die Arbeitsweise der Staatsanwaltschaft entgegenneh-
men, die nach Form und Inhalt fast eher einer Strafexpedition als
einem wissenschaftlichen Diskurs entsprach und der er sich selbst nur
mit dem Hinweis auf das Ungenügen der verwandten Datenaufberei-
tungsinstrumente zu erwehren vermochte (vgl. W. *Steffen* 1975, insbesondere S. 1070, 1072, 1076).

38 R. P. *Rhodes* (1977, S. V) definiert beide Positionen wie folgt: „There are
two levels of defense against serious crimes such as murder, assault
with injury, forcible rape, large-scale larceny, and armed robbery. The
first level provides the kind of political and social structure in which
violence, extortion, theft, and greed are minimized. The second level
provides an effective criminal justice system to prevent or, failing that,
to contain criminal behavior when it does occur while protecting the
rights of the innocent."

39 Das Programm dieser Position kommt am deutlichsten in seinem
Lehrbuch aus dem Jahre 1975, der erste zusammenhängende Ertrag in
seiner Monographie: Class, State, and Crime. On the Theory and
Practice of Criminal Justice (1976) zum Ausdruck.

40 Über die Arbeiten dieser Gruppe, die sich institutionell in der *Union of
Radical Criminologists* (URC) zusammengeschlossen hat, informiert die
Zeitschrift *Crime and Social Justice. A Journal of Radical Criminology*, die
von Studenten und Mitgliedern der *School of Criminology* 1974 gegründet worden ist. Damals stand diese erst zu Beginn der 50er Jahre ge-
gründete kriminologische Fakultät bereits unter heftigen internen
Spannungen und im Kreuzfeuer der Kritik von seiten der Universi-
tätsverwaltung und externer politischer Kräfte. Die neue Zeitschrift
ist Ausdruck der Richtung und der Entwicklung des Kritikpotentials
unter Studenten und jungen Wissenschaftlern, das sich im Zusammenhang mit der Studentenrevolte in den 60er Jahren herausgebildet
hatte. Bekanntlich war *Berkeley* einer der Orte, an dem die amerikanische Studentenrevolte ihren Ausgang nahm und ihre ersten Höhe-
punkte erlebte. Schon die Gründung des bekannten Journals *Issues in
Criminology* im Jahre 1965, das von den Graduate Students der *School of
Criminology* herausgegeben wurde, war ein unmittelbares Ergebnis der
berühmten Free Speech Movement. Es hatte sich sehr schnell zu
einem interessanten und anregenden Forum kriminologischer Diskussion in den USA entwickelt, u. a. durch seine Serie von ausgezeichneten Interviews mit international bekannten Kriminologen (u. a. J. F.
Short, Jr., M. Wolfgang, D. Matza, D. Glaser, H. S. Becker, R. Quinney), die
einen intimen Einblick in Problemstand und Entwicklungsrichtung der
amerikanischen Kriminologie vermitteln. Mit der Auflösung der
School of Criminology hat diese Zeitschrift ihr Erscheinen eingestellt und
ist mit der zuvor erwähnten fusioniert worden, die nunmehr den Titel
des älteren Journals als Untertitel weiterführt.

In den Spalten von *Crime and Social Justice* läßt sich auch nachlesen, daß die „radikale" Kriminologie der USA keineswegs ein einheitliches marxistisches Verständnis besitzt, sondern von theoretischen Kontroversen durchzogen ist, wie dies für die marxistisch orientierte Sozialwissenschaft ja nicht untypisch ist. Insbesondere sind die Arbeiten von R. *Quinney,* selbst ein „contributing editor" der Zeitschrift, unter den generellen Vorwurf geraten, „radikal" eher in der Sprache als in der Analyse zu sein (H. 4, 1975, S. 60–64).

[41] Nicht nur hat K. T. *Erikson* (zusammen mit R. A. *Dentler* 1959/60) eine der ersten Arbeiten zur Funktionalität abweichenden Verhaltens in Gruppen vorgelegt, sondern seine berühmte historisch-soziologische Studie über das Verbrechen und seine Sanktion in den Neuengland-Staaten des 17. Jahrhunderts, „Wayward Puritans" (1966), unternimmt den Versuch „to consider *Durkheim's* suggestions in terms more congenial to modern social theory and to see if these insights can be translated into useful research hypotheses". *Durkheims* zentralen Gedanken faßt er wenig später in die folgende Frage: „Does it make any sense to assert that deviant forms of behavior are a natural and even beneficial part of social life?" (S. 5).

[42] Am häufigsten findet *man* zur Identifizierung dieses Ansatzes den Begriff „labeling", obwohl H. S. *Becker* (1974, S. 41 und 44) ihn kritisiert und seine theoretischen Intentionen besser durch das Adjektiv „interaktionistisch" erfaßt sieht, E. *Lemert* vornehmlich von „societal reaction", und „social control" (1964, 1967 a) spricht, neuerdings sogar – unter dem Eindruck der Aufnahme und Verarbeitung dieser Gedanken in der englischen Kriminologie und auch in Übereinstimmung mit K. T. *Erikson,* dessen „Notes on the Sociology of Deviance" (1962) ebenfalls zum Zitierritual von Anhängern und Kritikern dieses theoretischen Ansatzes gehören – den Inbegriff seiner Arbeiten als eine „sociology of deviance" (1974, S. 457) versteht, J. I. *Kitsuse* seinem ebenso häufig zitierten wie abgedruckten „Manifestpapier" aus dem Jahre 1962 den Titel gab: „Societal Reaction to Deviant Behavior" und neuerdings auch dem Vorschlag *Beckers* folgt und von „interactionist approach" (1972, S. 235) spricht. Ein Vorschlag J. R. *Mercers,* die theoretische Orientierung als „social system perspective" (1965, S. 18) zu begreifen, ist trotz einer gewissen Plausibilität nicht aufgegriffen worden. In der deutschen Literatur wird ebenfalls in aller Regel von „Labeling" im Zusammenhang mit diesem Ansatz gesprochen (St. *Ahrens* 1975, W. *Keckeisen* 1974, H. *Keupp* 1976, F. *Sack* 1972 a, F. W. *Stallberg* 1975 a, 1975 b). Vielleicht gar nicht zu Unrecht vermutet J. I. *Kitsuse,* daß die Popularität dieses „labels" der Theorie darauf zurückgeht, „that it invites if not encourages a vulgar acceptance as well as rejection of the approach" (1972, S. 233). Eine Durchsicht der Literatur zeigt in der Tat im englischsprachigen Raum eine gewisse Tendenz dahin, daß Anhänger der Theorie das Wort „label" zu meiden trachten – vgl. außer den Genannten ferner u. a. E. *Rubington* und M. S. *Weinberg* 1968, W. J. *Filstead* 1970 – und Kritiker es bevorzugen (W. R. *Gove* 1975 a, 1975 b, 1976; N. J. *Davis* 1975; P. K. *Manning* 1973).

[43] Vgl. auch D. *Blacks* Einleitung zu D. *Black* und M. *Mileski* (1973), in der er die Arbeiten von Labeling-Theoretikern ausdrücklich als Vor-

arbeiten und Wegbereiter seiner Theorie ausweist, sowie seine Arbeit zur soziologischen Analyse der Kriminalstatistiken (1970), die am konsequentesten von den mir bekannten Erörterungen des Problems offizielle Daten zur Kriminalität nicht als Meßgrößen auffaßt, sondern als „an empirical phenomenon" und als „an aspect of social organization" (S. 734).

[44] Vgl. hierzu vor allem K. O. Christiansen, der sich im neuen Handwörterbuch der Kriminologie ausführlich mit dieser ganzen Problematik referierend auseinandersetzt (1968, S. 197–200). Christiansen geht auch auf die europäische Diskussion zu dieser Frage ein, während H. und J. Schwendinger (1970) eine ausführliche und systematische Rekonstruktion des Verlaufs dieses Streits in der amerikanischen Kriminologie geben.

[45] P. W. Tappan und C. R. Jeffery knüpfen jedoch ganz unterschiedliche Konsequenzen an ihre identische Ausgangsposition eines legalistischen Verbrechensbegriffes: Tappan will die Kriminologie auf ein Analyseprogramm verpflichten, das dem Paradigma der positiven Schule folgt; Jeffery will die Frage der Verbrechensdefinition von der Ebene normativer Geltung auf die empirischer Kontrolle und Befragung herunterholen.

[46] Einige zusammenfassende Darstellungen über die enzyklopädisch ausgeweitete Literatur zum Problem der White-Collar-Verbrechen liefern G. B. Vold (1958, Kap. 13), M. B. Clinard und R. Quinney (1967, Kap. 4), H. E. Barnes und N. K. Teeters (1959, S. 3–57), H. A. Bloch und G. Geis (1968, Kap. 13), D. J. Newman (1958). In praktisch allen kriminologischen Lehrbüchern findet man heute eine gesonderte Behandlung der Wirtschaftskriminalität. In Deutschland hat die „Wirtschaftskriminalität", die nicht vollständig deckungsgleich mit dem amerikanischen „White-Collar-Crime" ist, erst allmählich – und auch heute manchmal noch etwas distanzierend – die Aufmerksamkeit der Kriminologie auf sich gezogen. Ersten Ansätzen der späten fünfziger und der frühen sechziger Jahre (Bundeskriminalamt 1957, 1961, 1963; W. Bertling 1956; W. Zirpins und O. Terstegen 1963) sind inzwischen eine große Anzahl weiterer Publikationen gefolgt, die indessen in ihrer Mehrzahl die kriminalpolitische und strafrechtspolitische Bewegung auf diesem Gebiet (Bundesministerium der Justiz 1972–1974) widerspiegeln als genuine kriminologische Fragestellungen bearbeiten, obwohl sich die Publikationen von K. Tiedemann (1970, 1974, 1976) um eine kriminologisch informierte und angeleitete Behandlung des Problems verdient gemacht haben und obwohl K. D. Opp (1975 a) eine „Soziologie der Wirtschaftskriminalität" vorgelegt hat, die allerdings – wie schon andere Arbeiten von Opp – mehr verspricht als einlöst und sich streckenweise wie eine Karikatur dessen liest, was sie anstrebt.

[47] Die Differenzen zwischen der amerikanischen und der deutschen Situation verwischen sich allerdings, wenn man richtigerweise das gesamte System sozialer Kontrolle jugendlichen Verhaltens in das Bild einbeziehen würde. Das würde bedeuten, daß man auch die Arbeit der Familien- und Kinderfürsorge sowie der Jugendhilfe zu berücksichtigen hätte. Es ließe sich dann zeigen, daß der amerikanischen Situation

analoge Probleme der Unbestimmtheit und Vagheit von Interventions- und Kontrollstrategien der staatlichen und halbstaatlichen Jugendinstitutionen auch in Deutschland durchaus an der Tagesordnung, wenn nicht sogar typisch sind.

[48] Geschichte, Struktur, Vielfalt, Arbeits- und Berichtsweise sowie Veränderungen kriminalstatistischer Aufzeichnungen im nationalen wie internationalen Rahmen findet der Leser für die Zeit bis Anfang der dreißiger Jahre ausgezeichnet dargestellt und dokumentiert in den Stichworten „Kriminalstatistik", „Moralstatistik", „Polizeistatistik", „Strafvollzugsstatistik" und „Vorbestraftenstatistik" des *Handwörterbuchs der Kriminologie und der anderen strafrechtlichen Hilfswissenschaften* (1933 und 1936). Das nach dem 2. Weltkrieg wiederaufgelebte Interesse an den Problemen der Kriminalstatistik ist vielfältig belegbar. Eine ausgezeichnete historisch-systematische Aufarbeitung kriminalstatistischer Praxis und Theorie diente *Th. Sellin* und *M. E. Wolfgang* (1964) als Fragen- und Problemarsenal, aus dem sie ihren viel beachteten Vorschlag zur Konstruktion eines Kriminalitätsindexes entwickelten, dem größere Zuverlässigkeit und Gültigkeit zukommt als den üblichen kriminalstatistischen Daten. Auch in der deutschen Kriminologie ist in den letzten Jahren ein vermehrtes literarisches Interesse belegbar. Hier ist an erster Stelle die Arbeit von *H. J. Kerner* (1973) zur „Verbrechenswirklichkeit und Strafverfolgung" zu nennen, die sich durch Kenntnisreichtum der – in einer fast vollständigen „Bibliographie zur Kriminalstatistik" nachgewiesenen – deutschen und außerdeutschen Diskussion ebenso auszeichnet wie durch systematische und ausgewogene Gedankenführung und ideenreiche Fortführung und Verarbeitung vieler Aspekte und Probleme der jüngsten methodologischen und theoretischen Diskussion zur Kriminalstatistik. Die Arbeit von *A. Mechler* (1970) dient der Wiedergewinnung theoretischer und empirischer Fragen und Arbeiten aus den Anfängen der Kriminal- und Moralstatistik des 19. Jahrhunderts. *H. Graff* (1975) hat verdienstvoll und detailliert „Geschichte und Gegenwart" der deutschen Kriminalstatistik nachgezeichnet und dargestellt, *H.-J. Collmann* (1973) die jahrzehntelangen, dornenreichen und wenig ergebnisträchtigen Bemühungen um eine brauchbare „Internationale Kriminalstatistik" übersichtlich und systematisch nachgezeichnet. *M. Schindhelm* (1972) ist neben der Rezeption – und der Replikation am deutschen Material – des bereits erwähnten „Sellin-Wolfgang-Index" auch die Wiederaufarbeitung analoger Versuche aus der Geschichte der Kriminalstatistik zu danken. Besondere Aufmerksamkeit schließlich verdienen die Arbeiten von *W. Heinz,* dessen Untersuchungen zur Anzeigebereitschaft (1972 a) einen direkten Beitrag zur kriminalstatistischen Diskussion darstellen, der sich als ausgezeichneter Kenner dieses Gebiets (1972 b) – daneben in etlichen anderen, hier nicht nachgewiesenen Beiträgen in der kriminologischen Zeitschriftenliteratur – ausgewiesen hat und von dem demnächst, zusammen mit *U. Dörmann,* der konsolidierte Forschungsertrag seiner mehrjährigen Beschäftigung mit den Problemen der Kriminalstatistik in vier Bänden der BKA-Forschungsreihe erscheinen wird.

[49] Zu Einzelheiten der Arbeit von *Sellin* und *Wolfgang* vgl. *M. Schindhelm*

(1972), der eine deutsche Replikationsstudie vorstellt und daneben die wichtigsten Einwände und Kritikpunkte zusammenstellt, die in der internationalen kriminologischen Literatur gegen den Kriminalitätsindex von *Sellin* und *Wolfgang* vorgebracht worden sind. Eine neuere sehr skeptische Stimme hierzu läßt sich bei *A. K. Bottomley* (1973, S. 29 ff.) nachlesen.

⁵⁰ Vgl. dazu vor allem *Th. Sellin* und *M. E. Wolfgang* (1964), die ihren Vorschlag zur Konstruktion eines Kriminalitätsindex vor dem Hintergrund einer ausgezeichneten historisch-systematischen Behandlung der Fehlerhaftigkeit kriminalstatistischer Berichterstattung entwickeln. Reichliche Hinweise finden sich auch bei *H.-J. Collmann* (1973), dessen Monographie „Internationale Kriminalstatistik" ein für die Schwächen und Verwendungsschranken der Kriminalstatistik besonders anfälliges Thema kriminologischer Forschung aufgreift und der eine Reihe von warnenden Stimmen und Zitaten – so die des berühmten deutschen Strafrechtlers *C. J. A. Mittermaier* und des Franzosen *A. de Candolle* – aus der Mitte des 19. Jahrhunderts in Erinnerung gebracht hat. Weitere Einzelheiten findet der Leser in der Arbeit von *W. Heinz* (1972 a) zu einer der zentralen Bedingungen des Informationsflusses zwischen den Mitgliedern einer Gesellschaft und den Instanzen strafrechtlicher Sozialkontrolle, der sogen. „Anzeigebereitschaft", sowie in einer neueren Arbeit des englischen Kriminologen *F. H. McClintock* (1974), der im Rahmen der kriminologischen Aktivitäten des Europarates zuvor (1970) eine Systematisierung der Dunkelfeldanalyse vorgeschlagen hat. Endlich erschließt sich der Kriminologie aus dem jüngsten internationalen Trend einer verstärkten sozialhistorischen Aufarbeitung der Kriminalität und des Strafrechts reichhaltiges Material zur Problemgeschichte kriminalstatistischer Berichterstattung. Vgl. zu letzterem vor allem die Arbeit des deutschen Historikers *D. Blasius* (1976) mit weiteren Nachweisen zu ähnlichen Arbeiten aus der französischen „Annales"-Schule und zu angelsächsischen Arbeiten. Aus der Reihe englischer Arbeiten sei auf die Untersuchung von *J. J. Tobias* (1967) über die Kriminalität im 19. Jahrhundert hingewiesen, weil sie eine der ersten, theoretisch wie empirisch sorgfältigen Analysen der Kriminalität vormoderner Zeit darstellt: auch sie enthält lesenswerte Ausführungen und Belege zum kriminalstatistischen Denken aus dem Kreis der Pioniere der Kriminalstatistik.

⁵¹ Vgl. zu dieser Annahme und der Kontroverse darüber, die sich beide zurückführen lassen auf die kriminalstatistisch belegten Thesen des Belgiers *A. Quételet* über das konstante „Verbrechensbudget" einer jeden Gesellschaft, vor allem *W. Heinz* (1972 a, 1. u. 2. Kap., 1972 b, S. 823 ff.), zu *Quételets* Arbeiten vor allem *A. Mechler* (1970, S. 18 ff.).

⁵² Geschichte und Literatur der Beschäftigung der Kriminologie mit der Dunkelzifferproblematik können hier nicht im einzelnen ausgebreitet werden. Neben der üblichen Lehrbuchliteratur in- und ausländischer Herkunft, die sich sämtlichst mehr oder weniger ausführlich mit dieser Frage auseinandersetzt, sei besonders hingewiesen auf: *H. J. Kerner* (1973), *Th. Sellin* und *M. E. Wolfgang* (1964), *F. H. McClintock* (1970), *W. Heinz* (1972).

53 Eine Reihe anderer solcher Einschätzungen aus der deutschen kriminologischen Literatur – seit der Jahrhundertwende – ist bei *H.-D. Schwind* u. a. (1975) zusammengetragen.

54 Über die grundsätzliche Systematik dieser Kriminalberichterstattung vgl. die einschlägigen Lehrbücher, insbes. *H. Göppinger* (1976), *G. Kaiser* (1976 b); über Einzelheiten der Berichterstattung und deren Veränderung vgl. *H. Graff* (1975), *W. Heinz* (1972 b), *W. Heinz* und *U. Dörmann.*

55 Eine Anzahl von hauptsächlich amerikanischen Studien werden bei *D. C. Gibbons* (1976, S. 23–31) vorgestellt und beschrieben. Eine der ausführlichsten Sekundär-Diskussionen, die sowohl eine Reihe von Ergebnissen der surveyorientierten Dunkelfeldforschung – Selbstmeldeuntersuchungen wie Opferbefragungen – präsentiert wie methodologische Fragen miterörtert, findet sich bei *R. Hood* und *R. Sparks* (1970, S. 10–81). Der Überblick umfaßt den angelsächsischen und skandinavischen Raum. Skandinavische Arbeiten, deren meistzitierte (*N. Christie, J. Andenaes* und *S. Skirbekk* 1965; *K. Elmhorn* 1976, *V. Greve* 1974) in den *Scandinavian Studies in Criminology* unmittelbar zugänglich sind, werden in ihren Ergebnissen und kriminologischen wie kriminalpolitischen Konsequenzen von *N. Christie* (1971) zusammenfassend vorgestellt. Der ausführlichste Sekundärbericht über Selbstmelde- und Opferbefragungen von einem deutschen Kriminologen stammt aus der Feder von *G. Kaiser* (1977 a, S. 17–44), der insgesamt 16 Einzelforschungen amerikanischer, englischer, skandinavischer und deutscher Herkunft vorstellt. Allerdings bleibt er dem Leser zum einen die Kriterien schuldig, die die ausgewählten Arbeiten in seinen Augen zu den „wichtigsten Dunkelfelduntersuchungen" (S. 19) machen, zum anderen irritiert die Unterschiedlichkeit in Ausführlichkeit und Detailliertheit der Berichterstattung, so daß sich dem Leser der Verdacht einer etwas selektiven Darstellung dieser Forschungen aufdrängt, ein Moment, von dem auch die Behandlung der „selbstberichteten Delinquenz" bei *H.-J. Kerner* (1973, S. 157–166) nicht ganz frei ist. Speziell über Opferbefragungen, deren erstes Auftreten und methodologisches know-how den Arbeiten der *President's Commission* zu verdanken ist (*A. D. Biderman* 1967; *A. D. Biderman* u. *A. F. Reiss, Jr.* 1967; *A. J. Reiss, Jr.* 1967) und die in noch größerem Umfang von der 1969 etablierten *Law Enforcement Assistance Administration* (L. E. A. A.) fortgeführt wurden, informiert eine tabellarische Aufstellung von *E. Stephan* (1976, S. 29–38) in der Stuttgarter Opferbefragung. Letztere ist eine von mehreren deutschen empirischen Arbeiten in der neueren Dunkelfeldforschung, der eine Reihe von Selbstmeldeerhebungen (u. a. die wohl erste deutsche Forschung von *St. Quensel* und *E. Quensel* 1970, *M. Brusten* und *K. Hurrelmann* 1973, *G. F. Kirchhoff* 1975) sowie die sogen. Göttinger Opferbefragung (*H.-D. Schwind* 1975) vorangegangen war. Bei *H.-D. Schwind* (1975) findet sich neben der bereits erwähnten tabellarischen Übersicht von Selbstmeldeerhebungen und Opferbefragungen auch eine Reihe von Ergebnissen aus diesen Untersuchungen zusammengetragen. Verdienstvoll ist auch die bibliographische Zusammenstellung des englischsprachigen und des deutschsprachigen Schrifttums (S. 68) bei *K.-D. Opp* (1974) sowie Spezialbiographien zu Täterbefragungen und Opferuntersuchungen bei *E. Stephan* (1976, S. 381 ff.).

[56] Vgl. z. B. *K.-D. Opp*, dessen Behandlung der Gültigkeitsprobleme der Dunkelfeldforschung in seinen beiden Arbeiten (1968 und 1974 – die letzte „eine völlig umgearbeitete und stark erweiterte Fassung" der ersten) weitgehend identisch ist – bis auf einen Zusatz in der letzten Arbeit, in dem er unmißverständlich und ohne Einschränkungen formuliert: „Vergleicht man die Gültigkeit der Ergebnisse von Befragungen allerdings mit den von Kriminologen üblicherweise verwendeten Daten ..., so wird man Ergebnisse von Befragungen offiziellen Daten ohne Zweifel vorziehen" (1974, S. 63). Diese entscheidende Aussage ist ganz offensichtlich *G. Kaiser* (1977 a) in seiner Einschätzung der Dunkelfeldergebnisse entgangen, wo er sich ausdrücklich in seiner methodischen Kritik an derartigen Untersuchungen u. a. auf *Opp* gleich zweimal beruft (S. 35), allerdings die 68er Version zitiert und die in der Bibliographie verzeichnete 74er Version für die Erörterung dieser Problematik nicht bemüht.

[57] Auf diesen Aspekt ist in der kriminalstatistischen und dunkelfeldorientierten Diskussion vielfach hingewiesen worden. „The Facts Don't Fit" – dieser Titel einer Kritik von *S. Box* und *J. Ford* (1971) an der traditionellen kriminologischen Theoriebildung mit Daten aus der Dunkelfeldforschung ist symptomatisch für eine Reihe anderer Arbeiten: eine Erwiderung auf die genannte Arbeit geben *W. R. Bytheway* und *D. R. May* (1971); *S. Box* (1971) prüft eine Reihe kriminologischer Theorien im Lichte der Dunkelfeldforschung; *J. I. Kitsuse* und *A. Cicourel* (1963) setzen sich mit der Anomietheorie und deren „Daten" auseinander.

[58] In der 9. Auflage des Lehrbuchs von *E. H. Sutherland* und *D. R. Cressey* (1974) wird das Kapitel zu den „Indexes of delinquency and crime" mit einer kritischen Betrachtung der Kriminalstatistik so prinzipeller Natur eingeleitet, daß es schlicht als „almost foolhardy" bezeichnet wird, z. B. „to attempt a comparison of crime rates of various cities" (S. 25). Konsequenterweise schließt das Kapitel mit der Bemerkung, daß die Defizite der offiziellen Kriminalstatistik nicht „merely a matter of making better counts" sei (S. 46). Zum Zusammenhang zwischen sozialer Schicht und Kriminalität heißt es u. a.: „Excessive criminality of the lower class, except in the official crime records, is still questionable" (S. 226).

[59] Vgl. hierzu Art. „Selektion, Selektionsmechanismen" in *G. Kaiser, F. Sack* und *H. Schellhoss* (1974). Die gesamte neuere Kriminologie, soweit sie sich als Strafrechtssoziologie versteht, insbesondere die englische Kriminologie, aber auch die skandinavische und große Teile der amerikanischen Kriminologie, ist über weite Strecken auf die empirische und theoretische Analyse des Handelns der Instanzen sozialer Kontrolle ausgerichtet, d. h. auf die Rekonstruktion der Diskrepanzen, die sich aus dem Vergleich des kriminellen „inputs" mit dem strafrechtlichen „output" ergeben. Als eine zusammenfassende Zwischenauswertung solcher Analysen vgl. *A. K. Bottomley* (1973).

[60] Auf einer Sitzung des Kuratoriums des *Max-Planck-Instituts für ausländisches und internationales Strafrecht* am 21. Februar 1975, auf der ein erster Forschungsbericht über eine empirische Analyse der staats-

anwaltschaftlichen Entscheidungsprozesse in einer repräsentativ ausgewählten Stichprobe deutscher Staatsanwaltschaften vorgelegt
wurde (K. *Sessar* 1975; der endgültige Bericht: *W. Steffen* 1976; vgl.
auch E. *Blankenburg* 1973; E. *Blankenburg, K. Sessar* und *W. Steffen* 1975),
bekannte sich der langjährige Teilnehmer der *Conference of Directors of
Criminological Research Institutes* des Europarates, der deutsche Kriminologe *Th. Würtenberger* dazu, diese Hoffnung gehegt zu haben, die sich
leider nicht erfüllt habe (*W. Steffen* 1975, S. 1072).

61 Ich beziehe mich auf *Kaisers* jüngste und längste literarische Äußerung zu den Dunkelfeldforschungen. Eine ähnliche Position vertritt er
in seinem Lehrbuch (1976).

62 Dazu nur dies: „Hochsignifikante Korrelationen" sagen noch gar
nichts darüber aus, wieviel Varianz mit ihnen erklärt wird (S. 217): ein
Korrelationskoeffizient von 0,54 erklärt $0{,}54^2 = 29\,\%$ der Varianz, ein
solcher von 0,30 = 9 % der Varianz. *Schöch* zieht aus solchen Werten
bei der Erörterung des Zusammenhangs von Delinquenzbelastung
und Lügenscore durch die Daten nicht gerechtfertigte Schlüsse. Wenn
empirische Befunde nicht die „passenden" Ergebnisse erbringen, hat
Schöch geschwind ad-hoc-Erklärungen zur Hand, um die Richtung der
Argumentation beibehalten zu können: das störende Ausbleiben des
Zusammenhangs zwischen Delinquenzbelastung und Schichtzugehörigkeit wird mit den verschiedensten Argumenten bezüglich der
„Aussagekraft" in seiner Bedeutung heruntergespielt, das ausbleibende Stadt-Land-Gefälle mit ungenauen Daten (seiner eigenen Untersuchung) „erklärt" (S. 218).

63 H. *Schöch* mutet seinen Lesern in seiner engagierten und aggressiven
Abwehr rechtspolitischer Folgerungen aus der Dunkelfeldforschung
den von ihm erzeugten Eindruck zu, die „neuere Kriminalsoziologie
... lasse sich auf die empirischen Niederungen der Dunkelfeldforschung" nicht ein (S. 212). Für diese wissenschaftliche Falschmeldung
gibt es nur zwei Erklärungen. Entweder *Schöch* hat sie ungeprüft von
anderer Seite übernommen, wofür der für seine Behauptung beigebrachte Beleg spricht. Oder er ist bei seinen eigenen Recherchen Opfer eines unter Juristen nicht ganz ungewöhnlichen, sprachlich bedingten Ethnozentrismus geworden. Auch dafür gibt es Anhaltspunkte: außer einer skandinavischen Untersuchung zitiert *Schöch* nicht
eine einzige von den zahlreichen einschlägigen nichtdeutschen Untersuchungen zu diesem Problem.

63a Die Neigung, die Entwicklungen in der kriminologischen Diskussion
des letzten Jahrzehnts als „normales" Fortschreiten wissenschaftlicher
Erkenntnis zu betrachten, speist sich aus zwei Quellen. Zum einen ist
eine solche Position in der Regel mit einer wissenschaftstheoretischen
Position verbunden, die ein dualistisches Wissenschaftsverständnis
strikt ablehnt, wie dies in der deutschen kriminologischen Diskussion
vor allem in den verhaltenstheoretisch orientierten Arbeiten von *K.-
D. Opp* (1968, 1972, 1974, 1975 a; vgl. auch seine hier nicht nachgewiesenen Publikationen zur Methodologie der Sozialwissenschaften)
geschieht. Zum anderen neigen zu einer solchen Sichtweise juristisch
inspirierte und verpflichtete Kriminologen. Beredtes Beispiel für eine

solche Position liefert die Kriminologie G. *Kaisers*, der geradezu zwanghaft die Kontinuität kriminologischer Auffassungen betont – bis hin zu grotesken Uminterpretationen wissenschaftstheoretischer Diskussion und ans Unseriöse grenzenden Versuchen der Nivellierung und Gleichsetzung disparater kriminologischer Ansätze. So trivialisiert er die Paradigmaauffassung von *Th. S. Kuhn* zu wissenschaftlicher Entwicklung überhaupt (*G. Kaiser* 1975, 1976 c) und schließt aus identischen Titeln schlicht und umstandslos auf identische Inhalte (1975, S. 27).

⁶⁴ Vgl. z. B. den Eröffnungsvortrag von *M. Milutinovic* (1974) auf dem 7. Internationalen Kongreß für Kriminologie in Belgrad im Jahre 1973, der neben einer interaktionistischen Kriminologie eine klinische Richtung und eine kriminalpolitische Orientierung unterscheidet. Eine knappe und sehr grobmaschige Skizze der Kriminologie hat der bekannte niederländische Kriminologe *W. H. Nagel* (1973) programmatisch der von ihm initiierten neueren internationalen Zeitschrift „*International Journal of Criminology and Penology*" vorangestellt. Sie verzeichnet als neuestes Glied der Kriminologie – datiert seit 1965 – die Soziologie des Strafrechts. Andere, auf die generelle Situation der Disziplin gerichtete Überblicke kürzerer Art geben *E. Doleschal* (1973), *Ch. E. Reasons* (1975), *P. C. Friday* (1977) – mit jeweils starkem Akzent gegen die Restriktionen einer täterzentrierten Kriminologie; Einschätzungen neuer Fragestellungen vor dem Hintergrund des bisherigen kriminologischen Programms finden sich bei *M. B. Clinard* (1974), *G. S. Sykes* (1974), *M. E. Wolfgang* (1973) – Autoren, deren Namen mit der Entwicklung der bisherigen Kriminologie eng verknüpft sind und die dennoch nicht der Versuchung erliegen, in neuen Flaschen nur alten Wein zu suchen, wie man es etwa bei *R. F. Meier* (1976), *G. Kaiser* (1976 c) u. a. finden kann. Als Standortbestimmung monographischer Art ist die Arbeit von *C. I. Dessaur* (1971) zu nennen, der eine methodologische Diskussion ähnlich grundsätzlicher Art wie die von *J. Michael* und *M. Adler* aus dem Jahre 1933 intendiert. Die Unterscheidung solcher Trendberichte und Richtungsdiskussionen danach, inwieweit sie als „Stand der Disziplin" zu sehen sind, ist im Einzelfall schwierig und auch fließend. Manche solcher Arbeiten, obwohl durchaus im Kontext des Wissenschaftsbetriebes eines sprachlich oder national definierten Rahmens angesiedelt, sind eher Ausdruck eines nicht an solchen Kriterien orientierten Wissenschaftsverständnisses als andere. Hierhin gehören etwa die beiden Beiträge von *N. Christie* (1961, 1971) über die skandinavische Kriminologie, die Antwort auf den Stand sowohl der skandinavischen wie der internationalen Kriminologie geben, darüber hinaus auch noch die Wandlungen kriminologischer Forschung innerhalb des dazwischen liegenden Jahrzehnts angeben. Eine andere Arbeit, die sowohl Auskunft gibt über den nationalen wie den internationalen Diskussionsstand der Kriminologie, ist der ausgezeichnete Artikel in der *L'année sociologique* von dem französischen Kriminologen *Ph. Robert* (1973), der nicht nur einen detaillierten Einblick in die Kriminologie Frankreichs gibt, sondern auch die Kriminologie anderer französisch sprechender Länder (Kanada, Belgien) in das Bild einbezieht. Die englische Kriminologie zeichnet sich gleich durch eine Reihe informativer und die generelle

kriminologische Diskussion widerspiegelnder Arbeiten aus (*St. Cohen* 1974; *St. Cohen* und *L. Taylor* 1975), was allerdings speziell in diesem Falle nicht heißt, daß sie unkontrovers sind. Gerade das Gegenteil ist der Fall: Die englische Kriminologie pointiert wie keine andere die Diskontinuität innerhalb der Kriminologie. Die Arbeiten der Mitglieder der *National Deviance Conference* – einer Gruppe von Soziologen des abweichenden Verhaltens, die dem deutschen *Arbeitskreis Junger Kriminologen* (AJK) an Zielsetzung und Kritik der traditionellen Kriminologie weit überlegen ist – sind Marksteine sowohl in bezug auf die kritische Reflexion der bisherigen Kriminologie als auch hinsichtlich ihrer Neuorientierung. Die ersten Arbeiten dieser Gruppe, die sich seit 1968 ein Diskussionsforum in mehrmaligen jährlichen Symposien schaffte, erschienen in Anthologien Anfang der 70er Jahre (*St. Cohen* 1974; *I. Taylor* und *L. Taylor* 1973). Daneben liegen eine Reihe von Monographien und anderer Anthologien von einzelnen Mitgliedern dieser Gruppe vor (u. a. *St. Box* 1971; *W. G. Carson* und *P. Wiles* 1971; *M. Phillipson* 1971; *L. Taylor* 1971; *R. Robertson* und *L. Taylor* 1973; *P. Rock* 1973; *I. Taylor, P. Walton* und *J. Young* 1973; *P. Rock* und *M. McIntosh* 1974; *G. Pearson* 1975; *I. Taylor, P. Walton* und *J. Young* 1975; *P. Wiles* 1976). Diese Gruppe ist keineswegs in sich homogen, allerdings dürften die theoretischen und methodologischen Differenzen untereinander geringer sein als die Distanz zu der traditionellen Kriminologie, die Ausgangs- und Bezugspunkt der Arbeiten dieser wohl theoretisch interessantesten Gruppe von Kriminologen in der Nachkriegsgeschichte der Kriminologie ist. Zur Entstehung, Entwicklung, Arbeitsrichtung und Einfluß dieser Gruppe findet der Leser Hinweise bei *St. Cohen* (1971, S. 9 ff.; S. 26 ff.), *I. Taylor* und *L. Taylor* (1973, S. 209 ff.). Die Impulse, die von dieser Gruppe auf generelle rechtssoziologische und spezielle strafrechtssoziologische Fragestellungen ausgegangen sind, finden sich bei *C. M. Campbell* und *P. Wiles* (1976) nachgezeichnet und sind u. a. nachzulesen in den Bänden der *Law in Society Series* (hrsg. von *C. M. Campbell. W. G. Carson* und *P. N. P. Wiles*) sowie in den Beiträgen des *British Journal of Law and Society* (seit 1974). Wenn sich in der Kriminologie von verschiedenen „Paradigmen" wissenschaftlicher Analyse im Sinne von *Th. Kuhn* reden läßt – und zwar anders, als etwa der deutsche *G. Kaiser* (1975, 1976 c) dieses wissenschaftstheoretische Konzept verwendet –, dann sind die Arbeiten dieser Gruppe – sowohl auf dem engeren Gebiet der Kriminologie sowie dem der Rechtssoziologie – in ihrem Selbstverständnis wie von ihren Gegenständen, Methoden und Theorien her Ansatzpunkte für die Herausarbeitung paradigmatisch heterogener Profile in der Kriminologie. Den intensivsten und differenziertesten Einblick in den Stand, die Probleme und die Aporien der zeitgenössischen Kriminologie liefert deshalb die Lektüre der Arbeiten der englischen Kriminologie, in die auch eingeschlossen sein sollten die Arbeiten der mehr traditionell orientierten englischen Kriminologen, die sich querschnitthaft den Beiträgen englischer Kriminologen zu der Festschrift für *L. Radzinowicz* (*R. Hood* 1974), aber auch der Anthologie von *W. G. Carson* und *P. Wiles* (1971) entnehmen läßt.

65 Diese Mahnung ist insbesondere an die deutsche Kriminologie gerichtet, die wie keine andere „nationale" Kriminologie zur Polarisie-

rung neigt. Die Lehrbuchkriminologie in der Bundesrepublik zeichnet sich nahezu durchweg durch die Tendenz zur Abschirmung und Abwehr gegen die theoretischen und empirischen Innovationen in der internationalen und ausländischen Kriminologie aus. Ihr kommt zweifellos das „Verdienst" zu, heute das letzte noch übrig gebliebene Beispiel für die einst für die gesamte europäische Kriminologie als typisch geltende Orientierung der Kriminologie am Strafrecht und am individuellen Täter zu sein – gleichsam die abendländische Nachhut und das letzte Bollwerk gegen die Transformation der Kriminologie in eine an den theoretischen und methodologischen Kriterien moderner Wissenschaft orientierten Disziplin. Vergleichbar mit der deutschen Kriminologie ist allenfalls die Kriminologie in den orthodox-sozialistischen Ländern wie der DDR, die auch gelegentlich mit artigen und zustimmenden Hinweisen bedacht wird (G. Kaiser 1975, S. 15 ff., S. 33; H. J. Schneider 1977, S. 24). Wiederholt haben wir auf die Sonderstellung der deutschen Kriminologie aufmerksam gemacht. Der unbefangene Betrachter sollte sich bei der Lektüre der deutschen Lehrbuchkriminologie nicht irritieren lassen. Einige ihrer Vertreter sind sehr bemüht, die deutsche Kriminologie im Hauptstrom kriminologischen Denkens angesiedelt auszuweisen (vgl. dazu auch Anm. 27 und 28), sie belegen dies jedoch an rein formalen, äußerlichen und oberflächlichen Kriterien und kommen zu so grotesken Fehlurteilen wie solchen von G. Kaiser, der von der zuvor skizzierten britischen Gruppe der National Deviance Conference, speziell von der neomarxistischen Richtung unter ihr, behauptet, sie blieben „in dem alten Rahmen befangen" und begriffen sich „nur als kritisch zur Hauptströmung . . ., die im übrigen nicht in Frage gestellt wird" (1976 c, S. 537; Hervorh. im Original). Der deutsche Leser bleibt deshalb darauf verwiesen, zu den Primärquellen kriminologischer Auseinandersetzung zu gehen, will er sich ein vollständiges, unverzerrtes und repräsentatives Bild von der internationalen und ausländischen Diskussion in der Kriminologie machen. Hilfe leisten ihm dabei freilich die verschiedensten Monographien und Anthologien in deutscher Sprache, die der Rezeption der ausländischen Kriminologie und der Aufarbeitung der internationalen kriminologischen Diskussion ohne eine vorschnelle und ungerechtfertigte Bereitschaft zu ihrer „Aufhebung" gewidmet sind. Die „traditionelle" theoretische und methodologische Position ist in den Anthologien von P. Heintz und R. König (1958) sowie F. Sack und R. König (1968) vorgestellt, die sie ablösende theoretische Entwicklung innerhalb der Kriminologie kommt in dem Reader von E. W. Stallberg (1975) zur Sprache; K. Lüderssen und F. Sack (1975 a, 1975 b, 1977) haben eine (zu erweiternde) dreibändige Sammlung von Texten vorgelegt, die sich den Anspruch setzt, Bausteine für eine „grenzüberschreitende" Analyse strafrechtlicher Sozialkontrolle zusammenzutragen. Daneben ist hinzuweisen auf eine stattliche deutsche kriminologische Literatur, die sich außerhalb der ausgetretenen Pfade der herkömmlichen Kriminologie bewegt und ihre entscheidenden theoretischen Impulse der Rezeption der angelsächsischen Kriminologie, ihre empirischen Materialien originärer Forschung verdankt und die insgesamt die Nähe zu den Sozialwissenschaften sucht und demonstriert. Dies gilt sowohl für die traditionelle Theoriebildung in der Kriminologie, die insbesondere von K.-D. Opp (1968, 1974) fortgeführt, methodologisch bearbeitet und „gereinigt" wird, die aber auch die Arbeit von *G. Wiswede* (1973) kennzeichnet. Spezifische Theorieansätze in dieser Tradition haben *H. H. Bohle* (1975) mit seiner Darstellung und Erörterung der Anomietheorie und *T. v. Trotha* (1974) mit der Diskussion der jugendlichen Subkulturtheorien rezipiert. (Bei *Opp* wie bei *Wiswede* fällt dabei auf, daß sie die englische Kriminalsoziologie der letzten 8 Jahre so gut wie nicht verarbeiten.) Daneben hat aber auch eine eigenständige Rezeption der neueren kriminalsoziologischen Theoriebildung stattgefunden, insbesondere durch *F. Sack* (1968 b, 1969 a, 1971 a, 1972 a), *H. Haferkamp* (1972, 1975), *W. Springer* (1973), *W. Rüther* (1975), *W. Keckeisen* (1974), wobei allerdings *Haferkamp* und *Rüther* in ihrer eigenen Position zwischen den beiden Theoriefronten anzusiedeln sind. Schließlich verdient die Arbeit von *T. Moser* (1970 a) unter dem Gesichtspunkt der Rezeption – wenn auch unter dem Interesse der Etablierung einer psychoanalytisch ausgerichteten Kriminalitätstheorie stehend – amerikanischer Theoriebildung in die Kriminologie Erwähnung.

66 In seinen späteren Arbeiten verwendet *Durkheim* an Stelle des Begriffs „conscience collective" vorzugsweise den der „représentations collectives", den er vor allem deshalb vorzieht, weil er eine stärkere analytische Zerlegung des Kollektivbewußtseins in seine einzelnen Elemente andeutet (vgl. *S. Lukes* 1971, S. 185 ff.). Früher dazu *R. König* 1961.

67 Vgl. hierzu neben *T. Parsons* (1951) selbst den bei *F. Sack* und *R. König* (1968) abgedruckten Auszug aus *Parsons'* Arbeit, der das Schema reproduziert, sowie *F. Sack* (1968 c) und neuerdings *G. Wiswede* (1973, S. 46 ff.).

68 Die Verbreitung seiner Arbeit ist vor allem darauf zurückzuführen, daß er Gelegenheit hatte, seine methodologischen und theoretischen Einwände gegen die bis dahin in der Soziologie vorherrschende Selbstmordanalyse in der Neuauflage der renommierten *International Encyclopedia of the Social Sciences* (1968) einer breiten soziologischen Öffentlichkeit vorzustellen.

69 Die hauptsächlich in der amerikanischen Soziologie traditionell verankerte Teildisziplin der „Soziologie sozialer Probleme", die ähnlich wie die Soziologie des abweichenden Verhaltens ein sehr weites und variierendes Spektrum „abweichender" und als „Probleme" definierter sozialer Phänomene, Zustände und Unerwünschtheiten umfaßt, steht ebenfalls in einem theoretischen Spannungsfeld, dessen einer Pol an der objektiven und „realen" Struktur eines Problems angesiedelt ist, dessen anderer Pol die Prozesse und sozialen Vorgänge ins Auge faßt, die eine bestimmte soziale Situation oder Tatsache zu einem sozialen Problem werden läßt. Von den zahlreichen Lehrbüchern auf diesem Gebiet sei das von *R. K. Merton* und *R. A. Nisbet* (1961) als ein Beispiel für die objektive bzw. realistische Position, *H. S. Becker* (1966) als Beispiel für die theoretische Gegenposition zitiert. Das Handbuch von *E. O. Smigel* (1971) gibt einen ausgezeichneten und umfassenden Einblick in Geschichte, Probleme und derzeitigen Stand dieser Teildisziplin. Die deutsche Literatur hierzu hat ihren anspruchsvollen theoretischen Ausgangspunkt bei *H. P. Dreitzel* (1968) genommen, weist in

A. *Bellebaum* und *H. Braun* (1974) das erste material-gerichtete Pendant zu den zahlreichen amerikanischen Gegenbüchern auf und hat auf dem letzten deutschen Soziologentag seine erste professionelle Schwerpunktdiskussion erfahren (vgl. dazu u. a. *G. Albrecht* 1977 und *H. Haferkamp* 1977).

70 Vgl. dazu näher *W. Keckeisen* (1974) und *H. Keupp* (1976), die diesen von *Th. S. Kuhn* in die wissenschaftliche Debatte eingeführten Begriff in Auseinandersetzung mit der „Labeling-Theorie" verwenden, wobei die methodologisch angelegten Erörterungen *Keckeisens* überzeugender sind als die auf Theorieintegration angelegten Erwägungen *Keupps*. Letztere verbieten es *Keupp*, paradigmaweite Differenzen zwischen verschiedenen theoretischen Positionen anzunehmen.

71 Vgl. hierzu ebenfalls *H. Keupp* (1976), der allerdings diesem Versuch der Konfrontation zweier unterschiedlicher Ansätze in den Sozialwissenschaften mit geringerer Bereitwilligkeit gegenübersteht, als es hier vertreten wird.

72 Während die Grundzüge des normativen Paradigmas weitgehend bekannt bzw. mühelos zugänglich sind, liegen systematische Arbeiten zum interpretativen Paradigma erst seit einigen Jahren vor, sieht man von den posthum erschienenen Arbeiten von *G. H. Mead* ab, von denen einige mittlerweile auch in deutscher Sprache vorliegen. Hinzu kommt, daß das interpretative Paradigma aus methodologischen Gründen (vgl. auch dazu *Th. Wilson* 1970) und aus wissenschaftsgeschichtlichen Umständen sich nicht in der Geschlossenheit und logischen Konsistenz darstellen läßt, wie dies bei dem normativen Paradigma der Fall ist. Es scheint in sich in eine Reihe von Schulen und distinkten theoretischen Positionen zu zerfallen. Selbst der symbolische Interaktionismus, der zumindest über ein relativ festes konzeptionelles Gefüge gebietet – vgl. dazu den bedeutendsten *Mead*-Schüler *H. Blumer* (in: *Arbeitsgruppe Bielefelder Soziologen* 1973) sowie die systematisch wie historisch gleich informative und differenzierte Darstellung von *R. H. Lauer* und *W. H. Handel* (1977) –, hat zwei verschiedene Ausprägungen entwickelt, wie *G. Falk* und *H. Steinert* (1973) in ihrer ausgezeichneten Einführungsskizze ihres Sammelbandes zu einer „reflexiven" Soziologie – auch das ist ein Beleg für die These mangelnder innerer Geschlossenheit des interpretativen Paradigmas – zeigen. Für die methodologische Auseinandersetzung der Anhänger einer interpretativen Soziologie mit der normativen Soziologie vgl. u. a. – neben den Arbeiten insbesondere von *A. Schutz* und *A. V. Cicourel* (1964) – *P. Filmer* u. a. (1972).

73 Der deutsche Leser findet gute monographische Einführungen in die Ethnomethodologie vor allem bei *H. Keupp* (1976), *J. R. Bergmann* (1977); philosophische, wisenschafts- und begriffsgeschichtliche Hintergründe sind in dem sehr ausführlich kommentierten Sammelwerk der *Arbeitsgruppe Bielefelder Soziologen* (1973) nachzulesen. Die vollständigste Bibliographie ethnomethodologischer Arbeiten in deutscher Sprache findet sich wohl bei *E. Weingarten, F. Sack* und *J. Schenkein* (1976).

74 Man gerät etwas in Verlegenheit, wenn man vor der Frage steht, dem

Leser Literatur zu empfehlen, die sich als Einführung in die Labeling-Theorie oder als systematische Darstellung ihrer theoretischen Grundzüge eignet. Das hängt zum einen damit zusammen, daß sie eingebettet ist in den breiten theoretischen Strom, den wir mit dem interpretativen Paradigma mehr punktuell skizziert als systematisch entwickelt haben. Die Herauslösung einer spezifischen Gestalt „Labeling-Theorie" aus dieser theoretischen Tradition ist deshalb nur mit erheblichen Verkürzungen und zwangshaften Stilisierungen möglich. Nicht selten geht ein derartiges Interesse an einer solchen verengten theoretischen Ausgliederung der Labeling-Theorie mit der Intention einher, die Labeling-Theorie zu kritisieren. So mag sich erklären, daß es im Herkunftsland dieser „Theorie", in den USA, eine so ungebrochene Identität und Gestalt einer mit dem Präfix „Labeling" versehenen Theorie, wie dies insbesondere in der deutschen Diskussion unterstellt wird, gar nicht gibt. So mag auch zu erklären sein, daß wir bei der Suche nach monographischen Gesamtdarstellungen dieser Theorie in Deutschland fündiger wurden als etwa in den USA, auch als in den britischen, französischen, skandinavischen Kriminologie. Die Differenz ist diese: Den deutschen Arbeiten von *H. Keupp* (1976), *W. Keckeisen* (1975), *St. Ahrens* (1975), *H.* und *H. Trabandt* (1975), *W. Rüther* (1975), die sich sämtlichst mit der Labeling-Theorie als einer mehr oder weniger deutlich identifizierbaren theoretischen Position beschäftigen und zu ihrer Rezeption zweifellos entscheidend beigetragen haben, stehen nach meiner Kenntnis analoge ausländische Arbeiten nicht zur Seite – mit Ausnahme der auch als deutsche Übersetzung vorliegenden Buchmonographie von *E. M. Schur* (1971, dt.: 1974), die indessen nach Anlage und Ausführung gerade nicht dazu geeignet ist, mit der Labeling-Theorie wie mit einem globalen theoretischen Gebilde umzugehen. Auch *P. N. Concover* (1976, S. 232) bemerkt bei seinem Versuch eines „Reassessment of Labeling-Theory" aus der amerikanischen Sicht, daß „there ist no single author or research that completely establishes labeling theory by itself". Es ist deshalb angeraten, Darstellungen und Bilanzierungen der Labeling-Theorie zu mißtrauen, die den Eindruck suggerieren, es gäbe so etwas wie eine geschlossene Theorie dieses Namens – nicht einmal dem Programm und der Intention nach gibt es sie, was ihr übrigens in Verkennung ihres eigenen methodologischen Selbstverständnisses als Defizit angelastet wird –, noch mehr ist Skepsis angebracht, wo der Eindruck erzeugt wird, die Diskussion über sie sei reif zum Sprung über sie hinweg. Der deutsche Leser sollte sich deshalb nicht davon abhalten lassen, den Zugang zur Labeling-Theorie auch über ihre Begründer und Wegbereiter zu suchen, was dadurch erleichtert ist, daß *H. S. Beckers* Klassiker in deutscher Sprache verfügbar ist (1963, dt.: 1973), ebenso Beiträge von *E. M. Lemert* (1967 a, 1967 b), *H. Garfinkel* (1956) sowie verschiedene andere Arbeiten von Autoren, die sich aus der Perspektive eines interpretativen Paradigmas mit Problemen der Kriminalität oder anderen Formen des abweichenden Verhaltens beschäftigt haben (vgl. dazu die Reader von *F. W. Stallberg* 1975; *K. Lüderssen* und *F. Sack* 1975 a, 1975 b, 1977; *E. Weingarten, F. Sack* und *J. Schenkein* 1976; *Arbeitsgruppe Bielefelder Soziologen* 1973). Auch *A. V. Cicourels* methodenkritische Arbeit aus ethnomethodologischer Sicht sowie *D. Matzas* (1969) „naturalistische" Devianzanalyse sollten zur Pflichtlektüre eines am eigenen

Urteil interessierten Lesers gehören, zumal auch sie in deutscher Sprache zugänglich sind.

75 *H. J. Schneider* kommt das unrühmliche „Verdienst" zu, einen frühen Beitrag zur „geistigen" Bewältigung des Terrorismus geleistet zu haben und damit an eine Tradition der kriminologischen Diskussion angeknüpft zu haben, die der deutsche Kriminologe *H. Kurella* (1895) kurz vor der Jahrhundertwende mit seiner Bemerkung über „die sozialistischen Theorien" zum Ausdruck brachte, daß an deren Ausgestaltung verbrecherisch angelegte Naturen so häufig mitgewirkt hätten: In einer Auseinandersetzung mit marxistischen Kriminalitätstheorien, speziell mit der Arbeit von *F. Werkentin, M. Hofferbert* und *M. Baurmann* (1972) erklärt er diese schlicht zu „Schreibtischtätern', gegen (die) die Gesellschaft das Recht zur Gegenwehr hat" (1973, S. 578). Zwar läßt er in seiner späteren Arbeit (1977) den Hinweis auf das „Recht zur Gegenwehr" fallen, aber es bleibt für ihn dabei: „kriminologische Theorien" marxistischer Herkunft machen ihre Vertreter zu „Schreibtischtätern", die die „geistigen Grundlagen für Kriminalität" legen (S. 530). Selten hat sich wohl ein Kriminologe als Wissenschaftler unverhüllter demaskiert, selten sich jemand mit soviel Schaum vor dem Mund zur Schau gestellt, und beklemmender kann man wissenschaftliche Selbstreflexion im Bereich der Kriminologie nicht demonstrieren: der neue § 88 a des Strafgesetzbuches zeigte hier seine Zähne, längst bevor er über die gesetzgeberische Bühne gegangen war.

76 *Coles* Studie ist übrigens auch ein gutes Beispiel für einen sorgfältigen und seriösen Umgang mit der Paradigmatheorie von *Kuhn,* die man etwa dem deutschen Kriminologen *G. Kaiser* zur Lektüre anempfehlen möchte, der nahezu jegliche Bewegung in der Wissenschaft und in der Kriminologie über den Leisten des „Paradigmawechsels" (1975, S. 9) schlagen will und sich vor allem hinter diesem gescheiten Gedanken von *Kuhn* versteckt, um nicht schlicht sagen zu müssen, was er in Wirklichkeit meint: Die ganze Richtung (einer interpretativ angesetzten Kriminologie) paßt ihm nicht. *Kuhn,* der selbst skeptisch ist, ob man im Bereich der Sozialwissenschaften überhaupt schon von einem Paradigma in seinem Sinne sprechen kann, würde sein Konzept gewiß verballhornt sehen, müßte er lesen, zu welchem Vorwand *Kaiser* es in der folgenden Empfehlung mißbraucht: „Deshalb muß auch die sogenannte neue Kriminologie lernen, mit dem weiteren Paradigmawechsel zu leben und ihn als notwendig zu bejahen. Denn jede neue Einsicht und jedes neue Blickfeld sind dazu verurteilt, überboten und überholt zu werden" (ibid., S. 67).

77 *Lemert* fährt in seiner Kennzeichnung der zunehmend „militant and aggressive" werdenden Kritik fort: „Critics seem lees interested in careful assessment than in attack and destruction (e. g. *Gove,* 1975 a; hier in: W. R. *Gove* 1975 a, F. S.). Alleged disregard for the ‚traditional approach' to deviance by labelling theorists presumably decrees that he who lives by the sword shall die by the sword. Up the counterrevolution!" (1976, S. 244). Ähnlich aggressive Töne lassen sich in der deutschen Diskussion ausmachen. Und die Ironie will es, daß sich darin so ansonsten befehdende Positionen einig sind – wenn auch aus sehr unterschiedlichen Motiven heraus – wie die von *G. Kaiser* (1975, 1976 c),

der bereits genannte *H. J. Schneider* (1973, 1977) und die marxistisch orientierten Kriminologen *F. Werkentin* u. a. (1972).

[78] Vgl. die Kontroverse zwischen *Th. J. Scheff, W. R. Gove* und *R. L. Chauncey* in der *American Sociological Review* 39 (1974), Nr. 3, und 40 (1975), Nr. 2.

[79] Diese Zitate sind einem Interview mit *H. S. Becker* entnommen, das in den *Issues in Criminology* 5 (1970), S. 159–193, hier: S. 165/166, abgedruckt ist.

[80] Beide allerdings – *Rüther* aus Gründen des Erscheinungsdatums der Arbeit – nehmen keinen Bezug auf die Arbeit von *Hawkins* und *Tiedeman*.

[81] Während *Taylor, Walton* und *Young* (1973, S. 165) den 5. Aspekt ihres Kriminologieentwurfs, nämlich die Frage nach den „structural contexts of social reaction" als außerhalb der Reichweite der Labeling-Theorie ansiedeln, sieht *Keupp* ihre Behandlung durch sie gewährleistet (1976, S. 106), und umgekehrt sehen *Taylor* u. a. die Frage nach dem „outcome of social reaction on the deviant's further action or commitment" von der Labeling-Theorie beantwortbar, *Keupp* indessen nicht. Nochmals: ich vermute, daß hier der Druckfehlerteufel am Werke war.

[82] Zu den bereits genannten Gründern und hauptsächlichsten Vertretern der Labeling-Theorie ist als einer ihrer zentralen Figuren noch *Th. J. Scheff* zu nennen, der die Konzeption des Labeling auf dem Gebiet der geistigen Erkrankungen seit Mitte der 60er Jahre in einer Reihe von Arbeiten erprobt hat (1964, 1966, 1967, 1974, 1975). *H. Keupp* (1972 a, 1972 b, 1976) vor allem hat ihn in Deutschland rezipiert. *Scheff* hat u. a. die „askriptiven" Aspekte in der psychiatrischen Diagnostik herausgestellt (1964) und das machtbestimmte „Aushandeln der Wirklichkeit" (1968) psychiatrischer Entscheidung betont. Zur spezifisch ethnomethodologischen Position vgl. *M. Pollner* (1974), der anhand des vielfach kritisierten Schemas von *H. S. Becker* (1963, S. 20) aufweist, daß in ihm 2 Modelle konfundiert sind, die er als „sociological" und „commonsense" Modelle identifiziert. *Becker* und mit ihm eine Reihe von Labeling-Anhängern würden sich nicht total aus den Prämissen des common-sense-Modells herauslösen, d. h. nicht konsequent die Forderung realisieren: „Treat social facts as accomplishments" (*H. Pollner* 1974, S. 27). Vgl. weiter zur ethnomethodologischen Position *A. V. Cicourel* (1972), *P. McHugh* (1971), *J. Coulter* (1974); eine phänomenologische Auseinandersetzung mit der Labeling-Theorie findet sich bei *C. A. B. Warren* und *J. M. Johnson* (1972). – Die ätiologisch orientierten Kritiker, die dem zentralen Aspekt der Labeling-Theorie in dieser oder jener Form das „Verhalten" als davon unabhängige Größe entgegenhalten, kommen hauptsächlich zu Worte bei *R. L. Akers* (1968, 1973), *D. J. Bordua* (1970), *J. P. Gibbs* (1966, 1972). Diese im wesentlichen methodologisch motivierte Kritik im Sinne eines positivistischen Wissenschaftsverständnisses wird aber auch von Kritikern aufgenommen, die das positivistische Modell nicht teilen, so *G. Albrecht* 1973), *N. J. Davis* (1975), *M. Mankoff* (1971), *I. Taylor, P. Walton* und *J. Young* (1973) u. a. – Der Vorwurf des Idealismus etc. gehört einem Kritik-Syndrom an, das

sich aus den verschiedensten Variablen marxistischer, neo-marxistischer und politökonomischer Theoriebildung speist. Beispiele sind: *A. W. Gouldner* (1968), *P. G. Schervish* (1973), *A. Thio* (1973, 1974), *I. Taylor, P. Walton, J. Young* (1975), *G. Pearson* (1975). – Einen kurzen, dennoch detaillierten Überblick über die Kritik an der Labeling-Theorie und deren Gewichtung gibt *P. W. Conover* (1976). Kritikaufarbeitung findet sich ebenfalls recht ausführlich bereits bei *E. M. Schur* (1971), und in dieser Hinsicht ist nochmals auf die bereits mehrfach erwähnte Arbeit von *L. Hawkins* und *R. Tiedeman* (1975) hinzuweisen. – Wer an knappen, thesenartigen Zusammenfassungen und Darstellungen der Labeling-Theorie interessiert ist, sei u. a. auf *D. Chapman* (1973) und *Th. Scheff* (1963, dt.: *H. Keupp* 1972 a) verwiesen. – Sammelbände und Anthologien, in denen ausschließlich oder zu einem wesentlichen Umfang Arbeiten aus der Labeling-Theorie vertreten sind, sind – neben anderen – die von *H. S. Becker* (1964), *E. Rubington* und *M. S. Weinberg* (1968), *W. J. Filstead* (1972), *R. A. Scott* und *J. C. Douglas* (1972), *D. R. Cressey* und *D. A. Ward* (1969), *J. D. Douglas* (1970 a), *F. W. Stallberg* (1975 a). – Wer sich die Geschichte der Labeling-Theorie erschließen will, dem sei die Durchsicht der Zeitschrift *„Social Problems"* seit Beginn der 60er Jahre empfohlen: es offenbart sich darin ein gutes Beispiel für wissenschaftssoziologische Prozesse, die *Th. S. Kuhn* mit seiner Paradigmathese beschreiben wollte (vgl. auch *M. Spector* 1976).

83   Vgl. hierzu auch das dem 25jährigen Bestehen der *Society for the Study of Social Problems* gewidmete Heft 24, No. 1 der *Social Problems.* Diese wissenschaftliche Zeitschrift, die der Entwicklung der Labeling-Theorie als bevorzugtes Forum diente, scheint sich jetzt anzuschicken, eine theoretische Richtung zu favorisieren, die sich teils als radikale Theorie, teils als politische Ökonomie versteht (*S. M. Miller* 1976).

84   Zwei der englischen Verfasser der „New Criminology" sind über ihren theoretischen Anspruch, eine Kriminologie in politökonomischer bzw. neomarxistischer Absicht zu konzipieren, in eine Polemik mit dem orthodoxen englischen Marxisten *P. Q. Hirst* geraten, der ein solches Unternehmen aus methodologischen und epistemologischen Gründen für schlichtweg unmöglich hält (vgl. *P. Q. Hirst* 1975 a, 1975 b; *I. Taylor* und *P. Walton* 1975). Die Diskussion ist aufgenommen und fortgesetzt worden von *C. Sumner* (abgedr. bei *P. Wiles* 1976), der die Orthodoxie von *Hirst* zurückweist und ebenso erhebliche Zweifel daran hegt, ob die Position von *Taylor, Walton* und *Young* eine Station auf dem Wege zu einer politökonomischen und marxistischen Kriminologie darstellt. Er wirft ihnen eine Wiedereinführung „of anti-Marxist epistemologies through the back door" (S. 164) und das Verfehlen eines marxistischen Konzepts der Devianz vor. Dieses versucht *Summer* zu entwickeln: „This concept is that deviance is a type of ideological formation" (S. 166). Zur Entwicklung einer marxistischen Kriminologie vgl. auch *D. Melossi* (1975) sowie eine dazu geführte Diskussion in der italiensichen Zeitschrift *La questione criminale.* – Eine besonders putzige Form der Klärung der Frage nach dem Zusammenhang zwischen Interaktionismus und Marxismus versucht *H. J. Schneider* (1973, S. 579): Er hat kurzerhand eine Umfrage bei einer Reihe amerikanischer Kriminologen veranstaltet, die ihm sämtlichst einen Nicht-Zusammenhang bescheinigten.

85 Hierin ist auch der Grund zu sehen, warum sich zunehmend insbesondere westdeutsche Kriminologen zustimmend auf die Kriminologie der „Ostblockstaaten" beziehen, wie auf der vorletzten (1975) Tagung der *Gesellschaft für die gesamte Kriminologie* durch R. *Lange* geschehen (*Zeitschrift für die gesamte Strafrechtswissenschaft* 26 (1976), H. 2, S. 584) und wie bei H. J. *Schneider* (s. o.) und G. *Kaiser* (1975, S. 16, S. 33) nachzulesen. Letzterer geht sogar so weit, von einer international bemerkenswer(ten) (Angleichung) „der Sichtweise und Interpretation deliktischen Einzelgeschehens" zu sprechen und aus diesem Konsens „nur die neomarxistischen Ansätze der ‚Radikalen' oder ‚kritischen Kriminologie' in den westlichen Ländern" auszunehmen, die „damit weithin allein" stünden (S. 33) – und er meint natürlich im Regen.

86 Vgl. dazu die Jahrgänge 1972 und 1973 des *Kriminologischen Journals.*

87 R. J. *Antonio* (1972) hat dieses Konzept zur Analyse der verwendeten Strategien von Verteidigung und Anklage bei politischen Prozessen in den USA herangezogen.

88 Diese beiden Bereiche und ihre Unterscheidung entsprechen der in der Medizinsoziologie üblichen Unterteilung nach „sociology of medicine" und „sociology in medicine", deren genauere Fassung im Anschluß an amerikanische Vorbilder bei *Margret Tönnesmann* (1958) nachgelesen werden kann.

89 Die Position von *Schatzman* und *Strauss* mag durch einige Zitate belegt werden: „In psychiatry, much what goes by the name of sociological research contributes little toward developing theory essential to an exclusive sociological position – a position which carries no notable concern for the legitimacy, efficacy, efficiency, or morality of psychiatric practice. For several decades now, sociologists have dealt with problems of mental illness, psychiatric practice, and psychiatric institutions. Many, and perhaps most of them, have come to accept both the legitimacy of psychiatric practice and its supporting assumptions, though not necessarily its underlying theories" (1966, S. 3). Dann heißt es weiter und präziser: „There are a few who tend to picture the psychiatrists' relationships with patients less as treatment than as work in the interest of the psychiatric establishment. Given this critical perspective, there is little interest in certain standard ‚problems' – for example, in studies of prevalence and incidence – since the search for mental disturbance is not viewed as independent of the ‚production' of it" (S. 4). Das bedeutet eine recht radikale Abkehr von der bisherigen soziologischen Beschäftigung mit Problemen geistiger Erkrankungen und markiert in sehr bündiger Weise die Position, der sich auch die Kriminologie zugewandt hat.

90 Dieses Kapitel ist im wesentlichen übernommen aus der Originalfassung dieses Übersichtsartikels: Es enthält den dortigen Abschnitt: „Die inhaltliche Differenzierung von Normensystemen", Teile des Abschnitts „Einige historische Vorläufer der Kriminalsoziologie" sowie einige Teile aus den „Schlußbemerkungen".

91 Es beansprucht schon ebenso das Interesse des Wissenssoziologen wie das des Kriminologen, wenn man sich vergegenwärtigt, daß sich

nach einer Aufstellung *Mertons* aus dem Jahre 1964 die Anzahl der
Studien zur Anomietheorie wie folgt entwickelte: Während in dem
Zeitraum von 1890–1949 ganze 15 Arbeiten nachgewiesen werden,
die sich mit diesem Thema beschäftigen, sind es in dem darauffolgenden Jahrfünft 21, von 1955–1959 53 und zwischen 1960 und 1964
insgesamt 83 Publikationen (1964, S. 216). Vgl. hierzu auch die im Abschnitt zur „Labeling-Theorie" zitierte Arbeit von *S. Cole* (1975), die
die Blütezeit der Diskussion um die Anomietheorie sichtbar macht.
Seither sind weitere Beiträge dazu erschienen, wie die von *A. K. Cohen*
(1965) und *F. Harary* (1966), um nur zwei theoretisch bedeutende Arbeiten herauszugreifen. Die sorgfältigste Rezeption der Anomietheorie in deutscher Sprache bietet die Monographie von *H. H. Bohle*
(1975); *K. D. Opp* (1968, 1974) hat sich darum bemüht, sie in die
Sprache der formalen Logik zu übertragen. Vgl. auch *J. Ritsert* (1969),
der auf die „Antinomien des Anomiekonzepts" aus einer gesell-
schaftstheoretischen Sicht hinweist.

92   Vgl. zu einer gedrängten systematischen und historischen Bestimmung der Anomiethese durch *Durkheim R. König* (1967 b). Eine etwas
ausführlichere Darstellung der Weiterentwicklung der Anomietheorie
insbesondere in der amerikanischen Soziologie findet sich bei *R. A.
Cloward* und *L. E. Ohlin* (1960), deren Versuch einer Integration der
Anomietradition mit der Chicago-Schule weithin Beachtung gefunden hat.

93   Vgl. zu seiner anthropologischen Herkunft und seinem „erkenntnisleitenden" Interesse *F. Sack* (1971 b), zu seiner jüngsten theoretischen
Fassung und Präzisierung *M. J. Clarke* (1974); monographisch findet
sich das Konzept und seine theoretische Verwendung bei *R. Schwendtner* (1971) behandelt.

94   Die Literatur über Bandenbildung und über die Fruchtbarkeit des subkulturellen Ansatzes im Rahmen der Jugenddelinquenz ist inzwischen
derart angeschwollen, daß ihre detaillierte monographische Erfassung
kaum mehr möglich ist. Während der letzten Jahre ist eine Reihe von
zusammenfassenden und saldierenden Darstellungen erschienen, auf
die der interessierte Leser verwiesen sei: *D. J. Bordua* (1960, 1961,
1962), der sich vor allem um eine theoretisch-systematische Ordnung
des Feldes bemüht; *D. G. Hardman* (1967), der die bisherige Forschung
zur Bandenbildung seit der Jahrhundertwende in fünf sich zum Teil
überschneidende zeitliche und systematische Phasen aufteilt; *M. W.
Klein* (1967), der einen Sammelband kritischer und problemorientierter
Beiträge zur Fortentwicklung und weiteren Differenzierung der Diskussion zusammengestellt hat; *J. Toby* (1968) mit seiner gedrängten
Darstellung dieser Tradition in der „*International Encyclopedia of the Social
Sciences*", sowie die meisten (hauptsächlich angelsächsischen) Lehrbücher der Kriminologie, von denen wir für den Leser insbesondere auf
das von *D. C. Gibbons* (1968, S. 262 bis 280) hinweisen wollen, der besonders die Kontinuität dieses Ansatzes mit der ökologischen Tradition der Chicago-Schule herausstellt. Einen historischen Rückblick
und eine Lokalisierung der jugendkriminologischen Forschung der
Alt-Chicagoer *C. Shaw* und *H. McKay* in der neuen theoretischen
Landschaft der Kriminologie liefert der Sammelband von *J. F. Short, Jr.*

(1976). Die beste deutsche Arbeit auf diesem Gebiet, die den empirischen wie theoretischen Stand der Analyse zur Bandendelinquenz wiedergibt, ist die Buchmonographie von *T. von Trotha* (1974), nachdem zuvor die Anthologien von *P. Heintz* und *R. König* (1958) sowie von *F. Sack* und *R. König* (1968), die deutsche Übersetzung von *A. K. Cohens* (1961) Klassiker sowie *T. Moser* (1970 a) zur Rezeption dieser im wesentlichen in den USA entwickelten Theorie beigetragen haben. Als gutes Beispiel einer deutschen empirischen Untersuchung *Ch. Bals* (1963).

95 Es sei hier daran erinnert, daß der Nachdruck, der in den Arbeiten von *Thrasher* und der gesamten Chicago-Schule sowie in der Monographie von *Whyte* auf den Charakter der internen Struktur und Gruppenorganisation der Banden gelegt wurde, in unmittelbarer Auseinandersetzung und Frontstellung gegen die damals vorherrschende These der Desorganisation gerichtet war und daher etwas pointiert geriet. An dieser Vorstellung ist in der letzten Zeit erhebliche Kritik angesetzt worden, insbesondere durch *L. Yablonsky* (1959, 1962), der die jugendlichen Gruppierungen wesentlich geringer strukturiert beschreibt, als es in der älteren Tradition geschah, und sie ansiedelt zwischen der Gruppe und der unstrukturierten Masse. Er hat Ansätze zu einer – wie er es nennt – „Near-Group-Theory" entwickelt, die auf einer vierjährigen Materialsammlung als Forscher und Teilnehmer an einem Kriminalitätsverhütungsprogramm in der Upper West Side of Manhattan basiert. *H. Pfautz* (1961), der sich kritisch mit *Yablonsky* auseinandersetzt, kommt jedoch bei einer Analyse des gleichen Materials zu einer anderen theoretischen Interpretation, die im Zusammenhang mit der Bandenbildung in desorganisierten urbanen Slums einige Elemente aus der Theorie des kollektiven Verhaltens berücksichtigte, also gewissermaßen noch einen geringeren Grad der Strukturiertheit annimmt als *Yablonsky*, wohingegen *J. F. Short, Jr.* und *F. L. Strodtbeck* aus ihrem Chicago-Material eher schließen: „Our gangs are definitely not the very fluid near-group phenomena which *Yablonsky* describes" (1965, S. 196, Anm. 13). *H. L. Myerhoff* und *B. G. Myerhoff* (1964) konfrontieren diese beiden Positionen und fügen dem Bild, das *Yablonsky* entwirft, zusätzliches stützendes Material hinzu, ebenso wie *Th. M. Gannon* (1967), der indessen nicht – wie *Yablonsky* – ein genaueres Instrumentarium und eine weniger verklärte Wahrnehmung für das gewandelte Bild jugendlicher Banden verantwortlich macht, sondern eine Veränderung des Phänomens selbst. Sicherlich ist es verfrüht, schon jetzt von „The Myth of Adolescent Culture" zu sprechen, wie *F. Elkin* und *W. A. Westley* es tun (1955), aber *LaMar T. Empey* (1967) hat eine derartige Fülle inkonsistenten Materials aus einer ganzen Reihe von Studien zusammengetragen, daß man sich seiner Forderung nach zusätzlichen und vor allem terminologisch und methodisch einheitlicheren Studien nicht verschließen kann, ehe man wieder zu weithin akzeptierten Verallgemeinerungen wird kommen können. Es wäre sinnvoll, solche Studien international anzulegen, da die bisherigen, im wesentlichen von den *United Nations* (1960 b, 1965; *W. Middendorf* 1960) angeregten Arbeiten auf internationaler Ebene diese Frage nicht klären. Es läßt sich auch vermuten, daß das uneinheitliche Bild in der bisherigen Delinquenzforschung, die die Gang-Struktur als

mehr oder weniger amerikanisches Phänomen betrachtet, andere Konturen erhält. Für die europäische Situation läßt sich sagen, daß die Gang-Bildung sowie der ganze Ansatz der subkulturellen Erklärung der Delinquenz in der Literatur nur eine untergeordnete Rolle spielt, wie sich etwa bei einer Durchsicht der systematischen Bibliographie zur Jugenddelinquenz von D. *Szabo* (1968) feststellen läßt und wie auch W. *Middendorf* (1956) nachweist. Die deutsche Literatur weist kaum Beispiele im Stile von F. M. *Thrasher* oder W. F. *Whyte* auf, wenn man von der Arbeit von Ch. *Bals* (1963) absieht, die ebenso wie P. *Heintz* und R. *König* (1957) auf den transitorischen Charakter der insbesondere gangartikulierten Jugenddelinquenz hinweist; auch die Arbeiten von H. *Haferkamp* (1975) sowie von H. *Hess* und A. *Mechler* (1973) haben trotz ethnographisch vieler Details nicht die theoretische Dichte und Orientierung wie ihre amerikanischen Gegenstücke. Für Frankreich besitzen wir nach dem Urteil von J. *Monod* (1967) ebenfalls „no equivalent of an integrated theory of gangs" (148), was sich allerdings nach dem Urteil des gleichen Autors allmählich zu wandeln beginnt (ebd.). D. M. *Downes* stellt in einer generellen Diskussion der subkulturellen Ansätze und bei dem Versuch, Londoner Daten mit Hilfe der amerikanischen Gang-Theorie zu erklären, fest: „Data confirmed the absence of gang delinquency" (1966, S. 257).

Auf einen wichtigen Umstand, der insbesondere für die mangelnde Subkulturtheorie in der europäischen Kriminologie verantwortlich sein dürfte, macht J. F. *Short, Jr.*, 1974, (S. 405) aufmerksam: „The legal focus on individual participation in criminal acts when the context is an episode of collective behavior (whether a riot, an ‚acting crowd', or a gang) has contributed to the neglect by both criminology and collective behavior of the other field." Es liegt die Vermutung nahe, daß die Inkonsistenz zwischen den amerikanischen und den europäischen Daten im wesentlichen durch terminologische Unterschiede bedingt ist: die Kriterien für Banden sind hier rigoroser als die in der amerikanischen Literatur für „gangs" verwendeten; ferner dürfte die weitere Fassung des „delinquenten Verhaltens" gegenüber der deutschen „Jugendkriminalität" eine Rolle spielen. Angesichts der oben beschriebenen Kritik an dem gang-theoretischen Ansatz der älteren Schule im Lichte neuer Evidenz und als Folge der Tendenz, gruppentheoretische Elemente an die Stelle der gangtheoretischen zu setzen, wie es von M. *Sherif* und C. W. *Sherif* (1967) gefordert wird und wie es sich in Arbeiten von Th. G. *Eynon* und W. C. *Reckless* (1961) und W. *Reckless* (1967, Kap. 18) niederschlägt, die schlicht vom „companionship factor" sprechen, steht sicherlich zu erwarten, daß die zukünftige Forschung, die für die USA bisher erbrachte, daß „the group aspects of delinquency seem to be well established with a modal figure of about 75 per cent" (*LaMar T. Empey* 1967, S. 82), eine größere Konvergenz zu den in anderen Ländern beobachteten Ergebnissen hervorbringen wird, wie sich etwa in einer Untersuchung von K. *Sveri* (1965) an skandinavischem Material schon abzeichnet.

Abschließend sei vermerkt, daß die Kritik an der bisherigen Position entscheidend stimuliert worden ist durch das verbreitete Auftreten von Jugenddelinquenz in den Mittelklassen, was einige Implikationen des bisherigen Ansatzes (Statusverleihung durch Banden, Ausschluß von der Teilnahme an den Werten und Chancen einer an den kulturellen Mustern der Mittelschicht orientierten Gesellschaft) und damit die subkulturelle Delinquenztheorie generell in Frage stellte. Vgl. dazu u. a. die Anthologie von *E. W. Vaz* (1967), die die wichtigsten zur Mittelklassen-Delinquenz erschienenen Beiträge enthält, sowie die entsprechenden Passagen bei *A. K. Cohen* (1955), *W. C. Kvaraceus* und *W. B. Miller* (1959 a) sowie *H. L. Wilensky* und *C. N. Lebeaux* (1958, Kap. IX, bes. S. 194–197).

96 In die gleiche Richtung wies schon *S. Kobrin* (1951) mit einer Analyse von Wertkonflikten in Delinquenzgebieten, die auf empirischem Material jugendkriminologischer Studien aus der Chicago-Tradition aufbaute.

97 *D. Matza* hat diesen Gedanken (1964 b) generell für die Analyse der „Jugendkultur" in modernen Gesellschaften ausgeweitet. *H. L. Myerhoff* und *B. G. Myerhoff* (1964) weisen auf konvergierende Gedankengänge in der anthropologischen Literatur und gewissen psychoanalytischen Arbeiten hin, wobei sie insbesondere auf die begrifflich analoge Fassung dieses Sacherhalts bei *J. A. Pitt-Rivers* (1961) als „infra-structure" aufmerksam machen (zit. nach dem Widerabdruck in: *E. W. Vaz* 1967, S. 126–129).

98 Vgl. hierzu *F. L. Strodtbeck* und *J. F. Short, Jr.* (1964), die in einem bei *Short* und *Strodtbeck* (1965) wiederabgedruckten Artikel mit Hilfe eines stochastischen Kalküls und spieltheoretischer Überlegungen das Interaktionsdreieck Handelnder-Gang-Gesellschaft analysieren. Diese Ansätze haben *A. K. Cohen* und *J. F. Short, Jr.* in späteren Arbeiten weiter ausgebaut und systematisiert (zit. n. *LaMar T. Empey* 1974, S. 1111 ff.).

99 Vgl. hierzu vor allem *L. T. Wilkins* (1960, Wiederabdruck bei *M. E. Wolfgang* u. a. 1968), *L. Savitz* (1960), ferner *N. K. Teeters* und *D. Matza* (1959) sowie für Deutschland insbesondere *G. Kaiser* (1968). Zur spezifischen Frage der Alterskurve vgl. *H. Mannheim* (1965, Kap. 26) sowie *B. Wootton* (1959, Kap. V). Die bisher aufwendigste und sorgfältigste Analyse zur quantitativen Bestimmung der Wahrscheinlichkeit krimineller bzw. delinquenter Anfälligkeit haben *M. E. Wolfgang, R. M. Figlio* und *Th. Sellin* (1972) durchgeführt. Sie haben 9945 männliche Jugendliche einer Geburtskohorte aus dem Jahre 1945, die mindestens bis zu ihrem 18. Lebensjahr in Philadelphia lebten, longitudinal untersucht. Dabei haben sie eine globale Delinquenzwahrscheinlichkeit von 35 % bis zum 18. und von 43 % bis zum 27. Lebensjahr festgestellt (*M. E. Wolfgang* 1974, S. 80, 88) und daneben eine Reihe anderer differentieller Wahrscheinlichkeitsindizes errechnet.

100 Es läßt sich nur schwer ermitteln, wie hoch der Anteil der Gang-Mitglieder ist, der mit den strafrechtlichen Kontrollinstanzen in Berührung kommt. *L. Savitz* nennt eine Spanne von 5–30 % in „delinquency areas" (zit. nach Wiederabdruck bei *M. E. Wolfgang* u. a. 1962, S. 205) auf Grund des vorliegenden Materials, allerdings weist er erheblich höhere Werte (50 bzw. 63 Prozent) für Jugendliche nach, die sich während der ganzen Adoleszenzphase im Slumdistrikt befinden; aber alle verfügbare Evidenz hierzu läßt als sicher erscheinen, daß to-

428 Sack: Probleme der Kriminalsoziologie

tal delinquente Gangs eine große Seltenheit darstellen. Vgl. dazu auch die resumierenden Bemerkungen von J. F. *Short, Jr.* (1968). Im übrigen sei daran erinnert, daß schon F. M. *Thrasher* vor einer Dramatisierung des kriminellen Charakters der Gangs gewarnt hatte.

101 Die Serie von Studien und Replikationsversuchen der *Reckless-Gruppe* findet der Leser u. a. bei W. C. *Reckless*, S. *Dinitz* und E. *Murray* (1957), W. C. *Reckless*, S. *Dinitz* und B. *Kay* (1957), S. *Dinitz*, F. R *Scarpitti* und W. C. *Reckless* (1962). Kritisch dazu: M. *Schwartz* und S. *Tangri* (1965), sowie S. *Tangri* und M. *Schwartz* (1967). *Reckless* hat diese Überlegungen zu einer Theorie weiterentwickelt, die den verräterischen Namen „containment theory" trägt (1961, 1967) und von D. C. *Gibbons* zu Recht als „incompletely formed view" (1968, S. 223) kritisiert wird.

102 Weitere Einzelheiten hierzu liefern E. H. *Sutherland* und D. R. *Cressey* (1974, S. 107–109), G. B. *Vold* (1958, Kap. 11), der stärker den Gesichtspunkt des sozialen und Gruppenkonflikts herausstellt, sowie H. *Mannheim* (1965, S. 538–544, 562–570), der insbesondere den aus Wanderungssituationen resultierenden Kulturkonflikt behandelt. Vgl. ferner T. C. N. *Gibbens* und R. H. *Ahrenfeldt* (1966), die die Ergebnisse einer internationalen Konferenz über die Jugendkriminalität vom September 1964 in Topeka, Kansas, zusammengestellt haben, sowie A. L. *Wood* (1947), der anhand umfangreichen Materials die Kriminalitätsraten verschiedener Minoritäts- und Majoritätsgruppen vergleicht.

103 Aus der umfangreichen Literatur sei nur auf folgende Publikationen hingewiesen, die aus fast allen amerikanischen Lehrbüchern beliebig erweitert werden können: G. *Tyler* (1962), der eine ausgezeichnete Anthologie zu diesem Thema herausgegeben hat; G. B. *Vold* (1958, Kap. 12), der nicht nur wegen seines Literaturüberblicks, sondern besonders wegen der Darstellung der Integration des organisierten Verbrechens in die amerikanische Gesellschaft lesenswert ist. Besonders sei auf die beiden Berichte des Senats der USA hierzu verwiesen, die eine Fülle von Material über das organisierte Verbrechen in den USA zusammengetragen haben: 1. Die beiden Berichte des U. S. *Senate Special Committee to Investigate Organized Crime in Interstate Commerce* (1951 a, 1951 b), auch als „*Kefauver* Report" zitiert nach dem Präsidenten dieser Kommission, von dem auch eine gekürzte Version dieses umfangreichen Materials stammt (E. *Kefauver* 1951); 2. Die Passagen des Berichts der *President's Commission on Law Enforcement and the Administration of Justice* (1967, S. 187–209), die insbesondere Aufschluß geben über die interne Organisation des organisierten Verbrechens. Einen ausgezeichneten Überblick über den derzeitigen Forschungsstand insbesondere der amerikanischen Kriminologie zum organisierten Verbrechen liefert J. A. *Inciardi* (1974). Eine marxistisch inspirierte Kritik an Art und Vorgehen der kriminologischen Analyse organisierter Kriminalität gibt F. *Pearce* (1976) in seiner Arbeit „Crimes of the Powerful", die von J. *Young* im Vorwort als „a landmark in the creation of a marxist criminology" gepriesen wird (S. 20).

104 C. *Küther* (1976) hat eine außerordentlich interessante und historisch materialreiche Untersuchung über „Räuber und Gauner in Deutsch-

land" des achtzehnten und frühen neunzehnten Jahrhunderts vorgelegt, die angeregt ist durch die Arbeiten von E. *Hobsbawm* über
„Sozialrebellen" und „Banditen" und die politischen, sozialstrukturellen und organisatorischen Aspekte dieser Form der Kriminalität
sichtbar machen will. *A. L. Beier* (1974) verdanken wir eine ähnliche
Arbeit über das elisabethanische England.

[105] *J. Madge* (1962) hat in „The Origins of Scientific Sociology" in zwei
Kapiteln („The Chicago School around 1931", „The Study of Subcultures") diese Zusammenhänge aufgezeigt: er referiert einzelne Untersuchungen sowie deren theoretisches und methodisches Instrumentarium, gibt einen Eindruck vom intellekturellen Klima an der Universität von Chicago und skizziert den gesellschaftlichen und politischen Kontext, in dem diese Arbeiten entstanden und auf den zu wirken sie angelegt waren. Eine stärker biographisch orientierte und mit
intensiverem Lokalkolorit versehene Geschichte dieser Schule findet
man bei *R. E. L. Faris* (1967). – Die spezifisch jugendkriminologischen
Beiträge von *C. Shaw* und *H. McKay* würdigen u. a. *F. Short, Jr.* (1976)
und *J. Snodgrass* (1976).

[106] Die beste Darstellung des ökologischen Ansatzes in der Kriminologie mit einer historischen Zusammenfassung einiger Studien des
neunzehnten Jahrhunderts, mit einer intensiven Diskussion der
Arbeiten aus der Chicago-Schule und der Besprechung der wichtigsten durch sie angeregten Replikationsarbeiten findet sich bei *T.
Morris* (1958); vgl. ferner *R. J. Chilton* (1964), der mit Daten von Indianapolis eine Replikationsstudie der Untersuchung in Baltimore
von *B. Lander* sowie der von *D. J. Bordua* (1958/59) durchgeführt hat,
wobei letztere ihrerseits eine Replikation der *Lander*schen Arbeit
darstellt, sowie *R. A. Gordon* (1967), der eine im wesentlichen methodische und statistische Würdigung der drei vorgenannten Arbeiten
bringt.

Die Tradition des ökologischen Interesses der Chicago-Schule findet
ihre Fortsetzung in Arbeiten wie denen von *J. F. Short, Jr.* (1971), der
eine Anthologie von 20 Beiträgen der ersten „Sohn"-generation der
Begründer der Schule zusammengestellt hat, sowie von *G. C. Suttles*
(1972) und *A. Hunter* (1974).

[107] Das theoretische Substrat der Chicago-Schule, das neben der Subkulturthese einen vorrangigen Platz in der Kriminalsoziologie einnimmt, ist die von *E. H. Sutherland* formulierte Theorie der differentiellen Kontakte. Seit ihrer ersten Fassung durch *Sutherland* in der
dritten Auflage seiner „Principles of Criminology" (1939) ist sie
durch ihn selbst (die letzte Version aus *Sutherlands* Feder ist in der
vierten Auflage seines Lehrbuchs aus dem Jahre 1947 enthalten; vgl.
dazu *A. Cohen, A. Lindesmith* und *K. Schuessler* (1956), durch *D. Glaser*
(1956) sowie vor allem durch *D. R. Cressey* (1960 a, 1964) weiterentwickelt worden, hat durch letzteren hauptsächlich immer wieder Anwendung zur Erklärung der unterschiedlichsten Phänomene im Bereich der Kriminalität gefunden und ist heftig umstritten. Für eine
vollständige Diskussion der Prinzipien der Theorie, der Versuche, sie
empirisch zu überprüfen, sie begrifflich und bezüglich der Variablen

präziser zu fassen, sei der Leser auf die schon genannten Arbeiten von *Cressey* verwiesen.

Sutherlands Ideen sind durch die Arbeit von R. A. C*loward* und L. E. *Ohlin* (1960) mit Teilstücken der Anomietheorie verschmolzen worden, was sicherlich dem vernichtenden Urteil von L. *Radzinowicz* über *Sutherlands* Theorie entgangen ist. Er will den Erfolg von *Sutherlands* Theorie lediglich auf seinen sonstigen guten Ruf zurückführen und stellt u. E. fälschlich fest: „Now, in spite of its recent skilful restatement by *Dean Cressey*, the main tide of criminology has passed it by" (1966, S. 82).

[108] Eine eilige Durchsicht einiger deutscher kriminologischer Lehrbücher ergab: F. *Exner* erwähnte *Avé-Lallement* ebensowenig wie E. *Mezger* (1951), beide wohl damit die Ansicht G. *Aschaffenburgs* (1923, S. 208) teilend, daß „das Studium der Gaunersprache ... nicht als Beitrag zur Psychologie des heutigen Verbrechertums" eine Berechtigung habe. A. *Mergen* (1961 a, 1967) erwähnt zwar – ebenso wie *Göppinger* (1964, S. 9) – die Arbeit als historisch bemerkenswert, ohne sie aber in einen spezifischen subkulturellen oder anderen theoretischen Zusammenhang zu stellen.

[109] In die Literaturgeschichte eingegangen sind die Balladen und Lieder von *François Villon*, von dem man nicht sagen kann, ob seine Reputation bei den Kriminologen oder bei den Literaturwissenschaftlern größer ist. Auch C. *Lombroso* widmet ein Kapitel vor. mehr als 20 Seiten der „Literatur der Verbrecher".

[110] Vgl. hierzu im einzelnen *Siegmund A. Wolf* (1956, 1966) und die dort verzeichnete Literatur. In deutschen kriminologischen Lehrbüchern haben wir lediglich in der 1893 erschienenen Naturgeschichte des Verbrechers von H. *Kurella* längere Ausführungen über diese Aspekte des Verbrechens gefunden.

[111] Sachliche und bibliographische Hinweise, auch zur zahlreichen Sekundärliteratur, finden sich bei *Karl-Heinz Hering* (1966).

[112] Vgl. hierzu *Denis Szabo*, Crimes et Villes, Paris 1960, der eine Reihe dieser frühen kartographischen Aufzeichnungen für Frankreich und Belgien reproduziert; ferner den Artikel „Stadt und Land, Teil B: Tatort-Kriminalität" im Handwörterbuch der Kriminologie von H. H. *Burchardt* (Bd. II, S. 863–875), sowie dessen Monographie „Kriminalität in Stadt und Land" (1936), die beide sehr viel vergleichendes Material ausbreiten und hinsichtlich ihrer Bibliographie nahezu vollständig sind.

[113] *Mayhew* gilt als Mitbegründer der berühmten englischen satirischen Zeitschrift *Punch* aus dem Jahre 1841 (T. *Morris* 1957, S. 60).

[114] In den letzten zwei bis drei Jahrzehnten hat sich in der Soziologie eine derartige Fülle theoretischer, methodologischer und empirischer Arbeiten zu Problemen gesamtgesellschaftlicher Analyse angehäuft, daß man zu Recht von der Entstehung eines ganz neuen Spezialgebietes innerhalb der Verhaltenswissenschaften sprechen kann. Allein für die Zeit von 1950 bis 1964 hat R. M. *Marsh* (1966) nahezu 1000 Titel zusammengetragen, die unter dieses Gebiet fallen.

115 Einige der Probleme, die mit der Analyse der Kriminalität hinsichtlich einer solchen Forschungsstrategie verbunden wären, erörtert *Fritz Sack* (1968 a). Vgl. aus der neueren Diskussion auch *P. C.
Friday* (1973), *J. C. Meyer, Jr.* (1972), der sich insbesondere Fragen des
Vergleichs im Bereich der „Criminal Justice Research" widmet, sowie
P. Wolf (1971) mit seinem Versuch eines internationalen Vergleichs
von Kriminalitätsraten.

116 Der Deutsch-Amerikaner *A. G. Hess* (1966) hat als einer der ersten
Kriminologen eine stärkere historisch ausgerichtete Forschung
vorgeschlagen. Wie schnell sich die Entwicklung seither vollzogen
hat, erhellt aus einer damals mitgeteilten Zahl „historischer Projekte"
in der Kriminologie: von 2.600 registrierten Forschungsprojekten des
*Information Center of Crime and Delinquency of the National Council of Crime
and Delinquency* hatten lediglich 15 einen ausgesprochen historischen
Bezug. In einem „Unedited Working Draft" (State University of New
York, University College at Brockport, Department of Sociology)
teilen *A. G. Hess, W. J. Mackin* und *C. A. Avenel* 6 Jahre später mit, daß
sie „counted 204 investigators interested in historical research in
crime, violence, and so forth" (S. 5).

117 Vgl. hierzu vor allem *D. Blasius* (1976), der in seinem Anfangskapitel
einen internationalen Überblick über den Stand der historischen Forschung auf diesem Gebiet gibt und insbesondere auf die Schrittmacherrolle der französischen Annales-Schule hinweist. Die französische historische Zeitschrift *„Annales: économies, sociétés, civilisations"*
sowie das historische Journal *„Past and Present"* sind bevorzugte Foren
für historisch-kriminologische Arbeiten. Eine frühe Erörterung der
besonderen disziplinären und interdisziplinären Probleme dieser Art
von Forschung findet sich bei *F. Billaçois* (1969).

118 Wir haben wiederholt gesehen, daß viele Kriminologen, insbesondere
diejenigen unter ihnen, die das Strafrecht in ihren Bann geschlagen
hat, den Verzicht auf kriminalpolitische Erörterungen als einen Preis
für den damit eingehandelten größeren Spielraum zu einer wissen-
schaftlich-empirischen Ausrichtung innerhalb der Kriminologie betrachten, d. h. in größerer „Verantwortungsfreiheit" und damit
Folgenlosigkeit wissenschaftlich forschen können. Dies scheint wiederum eine spezifisch deutsche Befangenheit zu sein. Kriminologien
und Kriminologen anderer Länder sind wesentlich beherzter und
angstfreier in dieser Hinsicht, sprechen offen davon, „(to make) the
criminal justice system accountable" (*M. E. Wolfgang* 1972) und lassen sich nicht konspirativ einbinden in die Annahmen eines Selbstverständnisses, das zu befragen aus reinen Zuständigkeitserwägun-
gen der Kriminologie verwehrt wird.

119 In englischer Übersetzung, also in der Sprache, in der *Durkheims*
Arbeiten außerhalb Frankreichs am intensivsten rezipiert und diskutiert wurden, ist diese Abhandlung zuerst 1973, mit einem Vorwort
der Übersetzer *T. A. Jones* und *A. T. Scull*, erschienen. *S. Spitzer* (1975)
hat die beiden „Gesetze" *Durkheims* mit 5 Hypothesen umformuliert
und sie einer der von *Schwartz* und *Miller* (1964) analogen Überprüfung unterworfen.

120 Vgl. hierzu H. *Steinerts* (1976) ausgezeichneten Versuch, einen Großteil des internationalen Forschungsstandes auf diesem Gebiet zusammenzutragen und einen (für Deutschland) ersten Schritt in Richtung seiner Systematisierung und Strukturierung zu erproben. Ebenfalls sei hier nochmals auf die annotierte Bibliographie historisch-kriminologischer Arbeiten bei *Cockburn* hingewiesen.

121 E. *Blankenburg* und H. *Treiber* (1975) haben diesen Tatbestand – zusammen mit dem der notorischen Schwierigkeit der „Aktivierung" von Öffentlichkeit für kriminalpolitische Probleme, der Geschlossenheit des Juristenstandes und der Weiterexistenz des Juristenmonopols – dafür verantwortlich gemacht, daß in der Kriminalpolitik ungleich stärker als in anderen Politikbereichen die Staatsbürokratie ein außerordentlich großes Gewicht besitzt.

122 Der amerikanische Rechtssoziologe R. *Pound,* der bissig schreibt: „Our main reliance is upon force of a politically organized society" (1943, S. 20), stellte etwa fest, daß die Hälfte der Leute, die 1912 in Chicago in Haft genommen wurde, für Handlungen festgesetzt worden ist, die 25 Jahre früher noch nicht Bestandteil der Strafgesetze gewesen waren (1945, S. 28). Die gegenwärtige Diskussion um die Entkriminalisierung des Verkehrsstrafrechts weist in die gleiche Richtung und drückt die Sorge aus, das Kontrollsystem des Strafrechts könne überlastet werden und die Funktionen nicht erfüllen, die ihm damit von der Gesellschaft aufgebürdet würden.

123 Exemplarisch nur sei dies demonstriert an dem Zusammenhang zwischen der Instabilität der Familie und der Kriminalität. In der kriminalätiologischen Literatur spielt dieser Zusammenhang eine überragende Rolle. Diesem Problem hat bereits F. *Toennies* (1930) – eine Ausnahme der älteren deutschen Soziologie in ihrer generellen Abstinenz gegenüber kriminalsoziologischen Fragen – in einer Analyse des Verbrechens in Schleswig-Holstein besondere Beachtung gewidmet. Die zerrüttete, unvollständige, desorganisierte Familie in all ihren physischen, psychischen oder sozialen Varianten wird nicht nur von Familienideologen und Kulturkritikern als *der* entscheidende Faktor bei der Verursachung abweichenden Verhaltens, der Entstehung von gestörten Persönlichkeitsstrukturen angesehen (*T. Moser* 1970 a), sondern findet sich auch als eine „unabhängige Variable" in jeder etwas breiter angelegten empirischen Studie zur Erklärung kriminellen oder delinquenten Verhaltens. Ausgezeichnete Übersichtsartikel dieser Tradition, die bis zur Jahrhundertwende zurückreicht und insbesondere seit den zwanziger Jahren geradezu eine Flut empirischer Forschungen hierzu hervorbrachte, liefern R. L. *Jenkins* (1943), *Th. P. Monahan* (1957), *H. M. Shulman* (1949), *D. R. Peterson* und *W. C. Becker* (1965). Vgl. auch die deutschen Arbeiten in der dreibändigen Serie zur „Familie und Jugendkriminalität" (F. Enke Verlag). – B. *Wootton* (1959) hat die Ergebnisse von 11 englischen, 9 amerikanischen und einer schwedischen Studie über den Zusammenhang zwischen Delinquenz einerseits und a) der Familiengröße, b) der Anwesenheit anderer krimineller Mitglieder in der Familie, c) Arbeit der Mutter außer Haus und d) „broken home" andererseits zusammengestellt und miteinander verglichen (S. 81–135). Weiter sei der Leser als

Quelle für einen systematischen Überblick über dieses Gebiet noch
auf *H. Mannheim* (1965) verwiesen, der die stärkste Gliederung des
Materials vornimmt: 1. Strukturell normale Familien (Größe, Stellung
in der Geschwisterreihe, einzige Kinder, Eltern-Attitüden, pathologische Züge der Familie); 2. Unvollständige Familien (broken homes),
insbesondere Unehelichkeit; 3. Problemfamilien – ein Begriff, der in
letzter Zeit an Popularität gewonnen hat, wie etwa *B. Schlesingers*
(1963) Anthologie bezeugt; schließlich der Einfluß der Heirat auf kriminelles Verhalten.

Es ist weder möglich noch unsere Absicht, hier einen Überblick über
den Stand der Diskussion, geschweige über den Trend der empirischen Ergebnisse zu geben. Auf jeden Fall ließen sich wohl Bedenken
anmelden gegen eine Formulierung wie diese von *Th. P. Monahan*
(1957, zit. nach Abdruck bei *M. E. Wolfgang* 1962, S. 330): „The relationship is so strong that, if ways could be found to do it, a
strengthening and preserving of family life, among the groups which
need it most, could probably accomplish more in the amelioration
and prevention of delinquency and other problems than any other
single program yet devised."

Gegen eine solche Verallgemeinerung hätte der Schock warnen müssen, den *C. R. Shaw* und *H. D. McKay* mit ihren Chicagoer Ergebnissen auslösten, wonach der Anteil unvollständiger Familien bei den
Delinquenten 42,5 Prozent, bei der Kontrollgruppe 36,1 Prozent, also
einen statistisch nicht signifikanten Unterschied ausmachte (1931, zit.
nach *B. Wootton* 1959, S. 122), auch wenn *J. Toby* (1957) durch ein
anderes als das von *Shaw* und *McKay* verwandte statistische Standar-
disierungsverfahren zu Werten von 40 bzw. 29 Prozent gelangte und
damit das Bild wieder zurechtrückte. Wichtiger als diese Korrektur
erscheint uns an der Arbeit von *Toby* indessen der Gedanke, den
Einfluß gestörter Familienverhältnisse nach den kulturell vorgeschriebenen Normen über die seitens der Familie den Kindern gegenüber auszuübende soziale Kontrolle zu differenzieren. Dann erweist
sich, daß kriminelles bzw. delinquentes Verhalten bei Mädchen und
präadoleszenten Jungen stärker von der Familiensituation beeinflußt
wird als bei adoleszenten Jugendlichen. Mit anderen Worten: Wenn
das System Familie als soziale Kontrollinstanz ausfällt, tritt gewissermaßen die staatliche oder öffentliche soziale Kontrolle an deren
Stelle und „produziert" erhöhte Raten von Delinquenz dieser Gruppen. Der Unterschied ist also keiner der „kriminogenen Potenz", sondern einer der differentiellen Überwachung und sozialen Kontrolle
vollständiger und unvollständiger Familien seitens der Öffentlichkeit.

Bei *D. Black* (1976), der diesen Gedanken systematisch zum Kern
seiner Theorie sozialer Kontrolle macht, liest er sich so: „The proposition that law varies inversely with other social control predicts, all
else constant, more family law in societies with comparatively weak
parental authority. At the same time, it predicts that a family with
less social control of its own is more likely to call upon law to settle
its affairs. It predicts that a woman without a husband at home is
more likely than other women to call the police about her son" (S. 7).

Black geht sämtliche Entscheidungsstufen im Prozeß der strafrechtlichen Sozialkontrolle durch und konkretisiert den Zusammenhang in kumulativer Form bis hin zu der Erscheinungsweise dieses Zusammenhangs auf der Oberfläche kriminalstatistischer Korrelationen.

Ausgewählte Literatur

Abele, Andrea, Stefan Mitzlaff und *Wolf Nowack* (Hrsg.), Abweichendes Verhalten. Erklärungen, Scheinerklärungen und praktische Probleme, Stuttgart 1975.

Abbiateci, A., u. a., Crime et criminalité en France sous l'Ancien Régime 17e et 18e siècles, Paris 1971.

Adams, Stuart, Measurement of Effectiveness and Efficiency in Corrections, in: *D. Glaser* (Hrsg.) 1974.

Adler, Freda, Sisters in Crime. The Rise of the New Female Criminal, New York und Düsseldorf 1975.

Adler, Freda, The Interaction between Women's Emancipation and Female Criminality: A Cross-Cultural Perspective, in: International Journal of Criminology and Penology, Bd. 5 (1977).

Ahrens, Stephan, Außenseiter und Agent. Der Beitrag des Labeling-Ansatzes für eine Theorie abweichenden Verhaltens, Stuttgart 1975.

Aichhorn, August, Verwahrloste Jugend. Die Psychoanalyse in der Fürsorgeerziehung, 8. Aufl., Stuttgart, Wien 1974, zuerst 1925.

Akers, Ronald L., Socio-Economic Status and Delinquent Behavior: A Retest, in: The Journal of Research in Crime and Delinquency, Bd. 1 (1964).

Akers, Ronald L., Deviant Behavior: A Social Learning Theory Approach, 2. Aufl., Belmont, Cal., 1976, zuerst 1973.

Albrecht, Günter, Soziologie der geographischen Mobilität, Stuttgart 1972.

Albrecht, Günter, Die „Erklärung" der Devianz durch die „Theorie" des symbolischen Interaktionismus.

Neue Perspektiven und alte Fehler, in: *Günter Albrecht, Hansjürgen Daheim* und *Fritz Sack* (Hrsg.), Soziologie – René König zum 65. Geburtstag, Opladen 1973.

Albrecht, Günter, Vorüberlegungen zu einer Theorie sozialer Probleme, in: *Christian von Ferber* und *Franz Xaver Kaufmann* (Hrsg.), Soziologie und Sozialpolitik, Sonderheft 19 der Kölner Zeitschrift für Soziologie und Sozialpsychologie, Opladen 1977.

Alexander, Franz, und *Hugo Staub,* Der Verbrecher und seine Richter. Ein psychoanalytischer Einblick in die Welt der Paragraphen, in: *Tilmann Moser* (Hrsg.), Psychoanalyse und Justiz, Frankfurt 1971, zuerst 1929.

Allen, Francis A., The Borderland of Criminal Justice. Essays in Law and Criminology, Chicago 1964.

Allen, Francis A., The Juvenile Court and the Limits of Juvenile Justice, in: *Francis A. Allen* 1964 a.

Allen, Francis A., Crimes of Politics. Political Dimensions of Criminal Justice, Chambridge, Mass., 1974.

Amelunxen, Clemens, Alterskriminalität, Hamburg 1960.

American Friends Service Committee, Struggle for Justice, Philadelphia 1971 a.

American Friends Service Committee, Police on the Home Front (National Action/Research on the Military Industrial Complex), Philadelphia 1971 b.

Amos, William E., und *Charles F. Wellford* (Hrsg.), Delinquency Prevention, Englewood Cliffs, N. J., 1967.

Ancel, Marc, Die neue Sozialverteidigung. Eine Bewegung humanistischer Kriminalpolitik, Stuttgart 1970.

Andenaes, Johannes, Punishment and Deterrence, Ann Arbor 1974.

Anderson, R. W., The Economics of Crime, London und Basingstoke 1976.

Andry, Robert G., Delinquency and Parental Pathology, London 1960.

Anonym, Warum werden so wenig Sträflinge im Zuchthaus gebessert? Leipzig 1802 (anonym), in: Schriften zum modernen Strafvollzug 1 (1925).

Antonio, Robert J., The Processual Dimension of Degradation Ceremonies: The Chicago Conspiracy Trial: Success or Failure, in: British Journal of Sociology, Bd. 23 (1972).

Anttila, Inkeri, Conservative and Radical Criminal Policy in the Nordic Countries, in: Scandinavian Studies in Criminology, Bd. 3 (1971).

Anttila, Inkeri, The Foundation of Cooperation in European Criminological Research: Sir L. Radzinowicz and the Criminological Scientific Council at the Council of Europe, in: *R. Hood* (Hrsg.) 1974 a.

Anttila, Inkeri, Current Scandinavian Criminology and Crime Control, Helsinki 1974 b.

Arbeitsgruppe Bielefelder Soziologen (Hrsg.), Alltagswissen, Interaktion und gesellschaftliche Wirklichkeit, 2 Bde., Reinbek bei Hamburg 1973.

Arbeitskreis Junger Kriminologen (Hrsg.), Kritische Kriminologie. Beiträge zu einer Standortbestimmung, München 1974.

Arbeitskreis Junger Kriminologen (Hrsg.), Die Polizei. Eine Institution öffentlicher Gewalt. Analysen, Kritik, empirische Daten, Neuwied und Berlin 1975.

Archer, Dane, und *Rosemary Garter,* Violent Acts and Violent Times: A Comparative Approach to Postwar Homicide Rates, in: American Sociological Review, Bd. 41 (1976).

Armstrong, Gail, und *Mary Wilson,* City Politics and Deviance Amplification, in: *I. Taylor* und *L. Taylor* (Hrsg.) 1973, dtsch.: *K. Lüderssen* und *F. Sack* (Hrsg.) 1975 a.

Armstrong, Terry R., und *Kenneth M. Cinnamon* (Hrsg.), Power and Authority in Law Enforcement, Springfield, Ill., 1976.

Arnold, Thurmond, The Symbols of Government, New Haven 1935.

Arzt, Gunther, Der Ruf nach Recht und Ordnung. Ursachen und Folgen der Kriminalitätsfurcht in den USA und in Deutschland, Tübingen 1976.

Aschaffenburg, Gustav, Das Verbrechen und seine Bekämpfung, 3. Aufl. Heidelberg 1933, zuerst 1903.

Aubert, Vilhelm, White-Collar Crime and Social Structure, in: American Journal of Sociology, Bd. 58 (1952), dtsch.: *F. Sack* und *R. König* (Hrsg.) 1968.

Aubert, Vilhelm, Courts and Conflict Resolution, in: Journal of Conflict Resolution, Bd. 11 (1967).

Aubert, Vilhelm (Hrsg.), Sociology of Law. Selected Readings, Harmondsworth 1969.

Aubert, Vilhelm, und *Sheldon Messinger,* The Criminal and the Sick, in: Inquiry, Bd. 1 (1958).

Aue, Herbert, Die Jugendkriminalität in der DDR, Berlin 1976.

Autorenkollektiv, Beiträge zur Bekämpfung der Jugendkriminalität Berlin 1961.

Autorenkollektiv, unter Leitung von *Wilfried Friebel, Kurt Manecke* und *Walter Orschekowski,* Gewalt- und Sexualkriminalität. Erscheinungsformen, Ursachen, Bekämpfung, Berlin 1970.

Autorenkollektiv, Gefesselte Jugend. Fürsorgeerziehung im Kapitalismus, Frankfurt am Main 1971.

Avé-Lallemant, Friedrich Chr. B., Das deutsche Gaunertum in seiner sozialpolitischen, literarischen und linguistischen Ausbildung zu seinem heutigen Bestande, Leipzig 1858–1862, neu hrsg. in zwei Teilen von *M. Bauer,* München 1914.

Bachrach, Peter, und Morton S. Baratz, Power and Poverty. Theory and Practice, London und Toronto 1970, dtsch.: Macht und Armut. Eine theoretisch-empirische Studie, mit einem Vorwort von Claus Offe, Frankfurt 1976.

Bacon, Margaret K., Irvin L. Child und Herbert Barry, A Cross-Cultural Study of Correlates of Crime, in: Journal of Abnormal and Social Psychology, Bd. 66 (1963).

Bader, Karl S., Soziologie der deutschen Nachkriegskriminalität, Tübingen 1949.

Bader, Karl S., Soziologie der Jugendkriminalität, in: Bundeskriminalamt (Hrsg.) 1955.

Bailey, Roy, Mike Brake, Geoffrey Pearson und Stanley Cohen, Radical Social Work, London 1975.

Bailey, Walter C., Correctional Treatment: An Analysis of one Hundred Correctional Outcome Studies, in: Journal of Criminal Law, Criminology and Police Science, Bd. 57 (1966).

Bailey, William C., und Ruth P. Platt, Crime, Punishment, and Personality. An Examination of the Deterrence Question, in: The Journal of Criminal Law and Criminology, Bd. 67 (1976).

Balbus, Isaac D., The Concept of Interest in Pluralist and Marxian Analysis, in: Politics and Society, Bd. 1 (1971).

Bals, Christel, Halbstarke unter sich, Köln 1963.

Bankowski, Z., und G. Mungham, Images of Law, London 1976.

Bar, Carl Ludwig von, A History of Continental Criminal Law, Boston, Mass., 1916.

Baratta, Alessandro, Criminologia liberale e ideologia della difesa sociale, in: La questione criminale, Bd. 1 (1975).

Baratta, Alessandro, Conflitto sociale e criminalità. Per la critica della teoria del conflitto in criminologia, in: La questione criminale, Bd. 3 (1977).

Barnes, Harry E., und Negley K. Teeters,

New Horizons in Criminology, 5. Aufl., Englewood Cliffs, N. J., 1963, zuerst 1943.

Bauer, Fritz, Das Verbrechen und die Gesellschaft, München und Basel 1957.

Bauer, Fritz, Hans Bürger-Prinz, Hans Giese und Herbert Jäger (Hrsg.), Sexualität und Verbrechen. Beiträge zur Strafrechtsreform, Frankfurt 1963.

Bauer, Raymond A. (Hrsg.), Social Indicators, Cambridge, Mass., London 1966.

Baurmann, Michael, und Michael Hofferbert, Bürgerliche und marxistische Kriminologie, in: Arbeitskreis Junger Kriminologen (Hrsg.) 1974.

Bayley, David H., The Police and Political Development in Europe, in: Charles Tilly, Hrsg., The Formation of National States in Western Europe, Princeton, N. J., 1975.

Bean, Philip, The Social Control of Drugs, London 1974.

Bean, Philip, Rehabilitation and Deviance, London 1976.

Beattie, J. M., The Pattern of Crime in England 1660–1800, in: Past and Present, Bd. 62 (1974).

Beccaria, Cesare, über Verbrechen und Strafen, nach der Ausgabe von 1766 übersetzt und hrsg. von Wilhelm Alft, Frankfurt 1966 (Original: Dei delitti e delle pene, Livorno 1764).

Becker, Howard S., Outsiders. Studies in the Sociology of Deviance, London 1963, dtsch.: Außenseiter. Zur Soziologie abweichenden Verhaltens, Frankfurt 1973.

Becker, Howard S. (Hrsg.), The Other Side: Perspectives on Deviance, London und New York 1964.

Becker, Howard S. (Hrsg.), Social Problems: A Modern Approach, New York – London – Sidney 1966.

Becker, Howard S., Whose Side Are We on?, in: Social Problems, Bd. 14 (1967).

Becker, Howard S., Labeling Theory Reconsidered, in: P. Rock und M. McIntosh (Hrsg.) 1974.

Becker, Gary S., und William M. Landes

(Hrsg.), Essays in the Economics of Crime and Punishment, New York 1974.

Beier, A. L., Vagrants and the Social Order in Elizabethan England, in: Past and Present, Bd. 64 (1974).

Bell, Daniel, Crime as an American Way of Life, in: The Antioch Review, Bd. 13 (1953).

Bellebaum, Alfred, und Hans Braun (Hrsg.), Reader Soziale Probleme, Bd. I: Empirische Befunde, Bd. II: Initiativen und Maßnahmen, Frankfurt und New York 1974

Bemmelen, Jan M. van, The Constancy of Crime, in: British Journal of Delinquency, Bd. 2 (1952).

Bend, Emil, und Martin Vogelfanger, A New Look at Mills' Critique, in: Bernard Rosenberg, Israel Gerver und F. William Howton (Hrsg.), Mass Society in Crisis, New York und London 1964.

Bendix, Ludwig, Zur Psychologie der Urteilsfähigkeit des Berufsrichters und andere Schriften, mit einer biographischen Einleitung von Reinhard Bendix, hrsg. von Manfred Weiss, Neuwied und Berlin 1968.

Bennhold, Martin, Diebstahls- und Wirtschaftskriminalität, in: Kriminologisches Journal, Bd. 5 (1973).

Bensman, Joseph, und Israel Gerver, Crime and Punishment in the Factory: The Function of Deviancy in Maintaining the Social System, in: American Sociological Review, Bd. 58 (1963), dtsch. (Auszug): H. Steinert (Hrsg.) 1973 b.

Bent, Alan Edward, The Politics of Law Enforcement. Conflict and Power in Urban Communities, Toronto – London 1974.

Berg, Ivar, Prevention through the Economic Structure, in: W. E. Amos und Ch. F. Wellford (Hrsg.) 1967.

Berger, Peter, und Thomas Luckmann, Die gesellschaftliche Konstruktion der Wirklichkeit, Frankfurt 1969.

Berger, Thomas, Geschichte und Schranken der Strafvollzugsreform, in: Kritische Justiz, Bd. 7 (1974 a).

Berger, Thomas, Die konstante Repression. Zur Geschichte des Strafvollzuges in Preußen nach 1850, Frankfurt 1974 b.

Bergmann, Jörg R., Der Beitrag Harold Gartinkels zur Begründung des ethnomethodologischen Forschungsansatzes. Diplomarbeit Universität München 1974, im Druck: Stuttgart 1977.

Berk, Richard A., Harold Brackman und Selma Lesser, A Measure of Justice. An Empirical Study of Changes in the California Penal Code, 1955 bis 1971, New York – San Francisco – London 1977.

Bersani, Carl (Hrsg.), Crime and Delinquency. A Reader, Riverside, N. J., 1970.

Bertling, Wilhelm, Wirtschaftskriminalität, Schriftenreihe des Bundeskriminalamtes 1956/1, Wiesbaden 1956.

Bertrand, Marie Andrée, Dialogue with M. A. Bertrand, conducted and prepared by Virginia Engquist Grabiner, in: Issues in Criminology, Bd. 8 (1973).

Beyleveld, Deryck, und Paul Wiles, Man and Method in David Matza's „Becoming Deviant", in: British Journal of Criminology, Bd. 15.

Beynon, Erdmann Doane, Crime and Customs of the Hungarians of Detroit, in: Journal of Criminal Law and Criminology (1935).

Bianchi, Herman, Position and Subject-matter of Criminology: Inquiry Concerning Theoretical Criminology, Amsterdam 1956.

Bianchi, Herman, Social Control and Deviance in the Netherlands, in: H. Bianchi, M. Simondi und I. Taylor (Hrsg.) 1975.

Bianchi, Herman, Mario Simondi und Ian Tylor (Hrsg.), Deviance and Control in Europe. Papers from the European Group for the Study of Deviance and Social Control, London – New York – Sidney und Toronto 1975.

Bibb, Marylyn, Gang-Related Services of Mobilization for Youth, in: Malcolm W. Klein (Hrsg.) 1967.

Biderman, Albert D., Crime as Social Indicator, in: R. A. Bauer (Hrsg.) 1966.

Biderman, Albert D., Surveys of Population Samples for Estimating Crime Incidence, in: The Annals of the American Academy of Political and Social Science, Bd. 374 (1967).

Biderman, Albert D., und Albert J. Reiss Jr., On Exloring the „Dark Figure" of Crime, in: The Annals of the American Academy of Political and Social Science, Bd. 374 (1967).

Billaçois, F., Criminalistes, pénalistes et historiens, in: Annales, Bd. 24 (1969).

Birenbaum, Arnold, und Edward Sagarin, Norms and Behavior, New York 1976.

Birkmeyer, Karl, Was läßt von Liszt vom Strafrecht übrig? Eine Warnung vor der modernen Richtung im Strafrecht, München 1907.

Bittner, Egon, Police Discretion in Emergency Apprehension of Mentally Ill Persons, in: Social Problems, Bd. 14 (1967).

Bittner, Egon, The Functions of the Police in Modern Society, Washington, D. C., 1970.

Black, Donald J., Production of Crime Rates, in: American Sociological Review, Bd. 35 (1970).

Black, Donald, The Behavior of Law, New York – San Francisco – London 1976.

Black, Donald, und Albert J. Reiss, Jr., Police Control of Juveniles, in: American Sociological Review, Bd. 35 (1970).

Black, Donald, und Maureen Mileski (Hrsg.), The Social Organization of Law, New York und London 1973.

Blankenburg, Erhard, Die Selektivität rechtlicher Sanktionen. Eine empirische Untersuchung von Ladendiebstählen, in: Kölner Zeitschrift für Soziologie und Sozialpsychologie, Bd. 21 (1969).

Blankenburg, Erhard, Die Staatsanwaltschaft im Prozeß sozialer Kontrolle in: Kriminologisches Journal, Bd. 5 (1973).

Blankenburg, Erhard (Hrsg.), Empirische Rechtssoziologie, München 1975.

Blankenburg, Erhard, Nicht-Kriminalisierung als Struktur und Routine, in: H. Göppinger und G. Kaiser (1976).

Blankenburg, Erhard, Josef Kürzinger, Egon Stephan und Bernhard Villmow, Schlagseite wohin?, in: Kriminologisches Journal, Bd. 6 (1974).

Blankenburg, Erhard, Heinz Steinert und Hubert Treiber, Die Beliebigkeit von Ergebnissen empirischer Sozialforschung für die strafrechtsdogmatische Diskussion. Am Beispiel der von Juristen geführten Debatte zum Ladendiebstahl, in: Kritische Justiz, Bd. 10 (1977).

Blankenburg, Erhard, Klaus Sessar und Wiebke Steffen, Die Schichtverteilung der (Eigentums- und Vermögens-) Kriminalität: Eine Willkür der Instanzen?, in: Kriminologisches Journal, Bd. 7 (1975).

Blankenburg, Erhard, und Hubert Treiber, Der politische Prozeß der Definition von kriminellem Verhalten, in: Kriminologisches Journal, Bd. 7 (1975).

Blasius, Dirk, Die Pathologie der Gesellschaft als historisches Problem, in: Neue Politische Literatur, Bd. 15 (1970).

Blasius, Dirk, Eigentum und Strafe. Probleme der preußischen Kriminalitäts- und Strafrechtsentwicklung im Vormärz, in: Historische Zeitschrift, Bd. 220 (1975).

Blasius, Dirk, Bürgerliche Gesellschaft und Kriminalität. Zur Sozialgeschichte Preußens im Vormärz, Göttingen 1976.

Bloch, Herbert A., Juvenile Delinquency: Myth or Threat, in: Journal of Law and Contemporary Problems, Bd. 49 (1958–1959).

Bloch, Herbert A., The Gambling Business: An American Paradox, in: Crime and Delinquency, Bd. 8 (1962).

Bloch, Herbert A., und Gilbert Geis, Man, Crime, and Society, 2. Aufl., New York 1970, zuerst 1962.

Bloch, Herbert A., und Arthur Niederhoffer, The Gang: A Study in Adolescent Behavior, New York 1958.

Blum, Alan F., und Peter McHugh, The Social Ascription of Motives, in: K. Lüderssen und F. Sack (1975 b).

Blumberg, Abraham S., Criminal Justice, Chicago, Ill., 1967 a.

Blumberg, Abraham S., The Practice of Law as a Confidence Game: Organizational Cooptation of a Profession, in: Law and Society Review, Bd. 1 (1967 b).

Blumberg, Abraham S. (Hrsg.), Current Perspectives on Criminal Behavior: Original Essays on Criminology, New York 1974.

Blumstein, Alfred, Systems Analysis and the Criminal Justice System, in: The Annals of the American Academy of Political and Social Science, Bd. 374 (1967).

Blumstein, Alfred, Management Science, Social Systems, and the Criminal Justice System, Pittsburgh, Penn., 1972.

Blumstein, Alfred, und Jacqueline Cohen, A Theory of the Stability of Punishment, in: The Journal of Criminal Law and Criminology, Bd. 64 (1973).

Bogdan, Robert, und Stephen J. Taylor, Introduction to Qualitative Research Methods. A Phenomenological Approach to the Social Sciences, New York 1975.

Bogen, David, Juvenile Delinquency and Economic Trends, in: American Sociological Review, Bd. 9 (1944).

Boggs, Sarah L., Formal and Informal Crime Control; An Exploratory Study of Urban, Suburban, and Rural Orientations, in: Sociological Quarterly, Bd. 12 (1971).

Bohle, Hans Hartwig, Soziale Abweichung und Erfolgschancen. Die Anomietheorie in der Diskussion, Neuwied und Darmstadt 1975.

Bohlke, Robert H., Social Mobility, Stratification Inconsistency and Middle-Class Delinquency, in: Social Problems, Bd. 8 (1961).

Bohnsack, Ralf, Handlungskompetenz und Jugendkriminalität, Neuwied und Berlin 1973.

Böhme, M., Die Moralstatistik. Ein Beitrag zur Geschichte der Quantifizie-

rung in der Soziologie, Bonn 1972.

Bonger, Willem Adriaan, Criminalité et conditions économiques, Amsterdam 1905, gek. Neuausgabe mit Einleitung von Austin T. Turk, Bloomington – London 1969.

Bonstedt, Christoph, Organisierte Verfestigung abweichenden Verhaltens. Eine Fallstudie, 2. Aufl., München 1974, zuerst 1972.

Bordua, David, Hauptrichtungen in Theorie und Erforschung der Jugendkriminalität in den USA seit 1930, in: P. Heintz und R. König (Hrsg.) 1957.

Bordua, David J., Juvenile Delinquency and „Anomie": An Attempt at Replication, in: Social Problems, Bd. 6 (1958/1959).

Bordua, David J., Sociological Theories and Their Implication for Juvenile Delinquency. A Report of a Children's Bureau Conference, Washington, D. C., 1960.

Bordua, David J., Delinquent Subcultures: Sociological Interpretations for Gang Delinquency, in: The Annals of the American Academy of Political and Social Science, Bd. 338 (1961), dtsch.: K. Lüderssen und F. Sack (Hrsg.) 1975 a.

Bordua, David J., Some Comments on Theories of Group Delinquency, in: Sociological Inquiry, Bd. 32 (1962).

Bordua, David J. (Hrsg.), The Police. Six Sociological Essays, New York 1967.

Bordua, David J., Recent Trends: Deviant Behavior and Social Control, in: C. Bersani (Hrsg.) 1970.

Bordua, David J., und Albert J. Reiss, Jr., Law Enforcement, in: Paul F. Lazarsfeld, William H. Sewell und Harold L. Wilensky (Hrsg.), The Uses of Sociology, New York 1967.

Bottomley, A. Keith, Decisions in the Penal Process, London 1973.

Bottomley, A. Keith, und Clive A. Coleman, Criminal Statistics: The Police Role in the Discovery and Detection of Crime, in: International Journal of Criminology and Penology, Bd. 4 (1976).

Bowlby, John, Maternal Care and Mental Health, Genf 1952.

Box, Steven, Deviance, Reality and Society, London 1971.

Box, Steven, und Julienne Ford, The Facts Don't Fit: On the Relationship between Social Class and Criminal Behavior, in: The Sociological Review, Bd. 19 (1971).

Brauneck, Anne-Eva, Was läßt die Kriminologie vom Strafrecht übrig?, in: Monatsschrift für Kriminologie und Strafrechtsreform, Bd. 46 (1963).

Brauneck, Anne-Eva, Allgemeine Kriminologie, Reinbek bei Hamburg 1974.

Brede, Karola, Etikettierung und soziale Vorurteile, in: Kriminologisches Journal, Bd. 9 (1977).

Breland, Michael, Lernen und Verlernen von Kriminalität. Ein lernpsychologisches Konzept der Prävention im sozialen Rechtsstaat, Opladen 1975.

Brenner, M. Harvey, Mental Illness and the Economy, Cambridge, Mass., 1973.

Briar, Scott, und Irving Piliavin, Delinquency, Situational Inducements, and Commitment to Conformity, in: Social Problems, Bd. 13 (1965).

Brusten, Manfred, Prozesse der Kriminalisierung. Ergebnisse einer Analyse von Jugendamtsakten, in: H.-U. Otto und S. Schneider (Hrsg.), Gesellschaftliche Perspektiven der Sozialarbeit, Bd. 2, Neuwied und Berlin 1973.

Brusten, Manfred, Polizei-Staatsanwaltschaft-Gericht, in: Monatsschrift für Kriminologie und Strafrechtsreform, Bd. 57 (1974 a).

Brusten, Manfred, Soziale Schichtung, selbstberichtete Delinquenz und Prozesse der Stigmatisierung in der Schule, in: Kriminologisches Journal, Bd. 6 (1974 b).

Brusten, Manfred, Kritische Kriminologen empirisch geprüft. Wunsch und Wirklichkeit eines Forschungsprogrammes zum Thema „Soziale Ungleichheit und Kriminologie", in: Arbeitskreis Junger Kriminologen (Hrsg.) 1974 c.

Brusten, Manfred, und Jürgen Hohmeier (Hrsg.), Stigmatisierung: Zur Produktion gesellschaftlicher Randgruppen, 2 Bde., Neuwied und Darmstadt 1975.

Brusten, Manfred, und Klaus Hurrelmann, Abweichendes Verhalten in der Schule, München 1973.

Buchholz, Erich, Richard Hartmann, John Lekschas und Gerhard Stiller, Sozialistische Kriminologie. Ihre theoretische und methodische Grundlegung, 2. erw. Aufl., Berlin 1971, zuerst 1966.

Buckner, H. Taylor, Deviance, Reality and Change, New York und Toronto 1971.

Bundeskriminalamt (Hrsg.), Bekämpfung der Jugendkriminalität, Wiesbaden 1955.

Bundeskriminalamt (Hrsg.), Wirtschaftsdelikte, Wiesbaden 1957.

Bundeskriminalamt (Hrsg.), Strafrechtspflege und Strafrechtsreform Wiesbaden 1961.

Bundeskriminalamt (Hrsg.), Grundfragen der Wirtschaftskriminalität, Wiesbaden 1963.

Bundesministerium der Justiz (Hrsg.), Tagungsberichte der Sachverständigenkommission zur Bekämpfung der Wirtschaftskriminalität: Reform des Wirtschaftsrechts, 1. Bd.: Bonn 1972, 2. Bd.: Bonn 1973, 3. Bd.: Bonn 1973, 4. Bd.: Bonn 1974.

Bundesministerium der Justiz, Rechtstatsachenforschung, Kriminologie. Dokumentation der laufenden und der in jüngster Zeit abgeschlossenen empirischen Forschungsarbeiten, Bonn 1974.

Burchardt, Hans H., Kriminalität in Stadt und Land, Berlin und Leipzig 1936.

Burgess, Ernest W., The Economic Factor in Juvenile Delinquency, in: Journal of Criminal Law, Criminology and Police Science, Bd. 43 (1956).

Burt, Cyril L., The Young Delinquent, London 1925.

Bytheway, W. R., und D. R. May, On Fitting the „Facts" of Social Class and Criminal Behaviour: A Rejoinder to Box and Ford, in: Sociological Review, Bd. 19 (1971).

Caldwell, Robert G., The Juvenile Court: Its Development and Some Major Problems, in: Journal of Criminal Law, Criminology, and Police Science, Bd. 51 (1961).

Calliess, Rolf-Peter, Theorie der Strafe im demokratischen und sozialen Rechtsstaat. Ein Beitrag zur strafrechtsdogmatischen Grundlagendiskussion, Frankfurt 1974.

Cameron, Mary Owen, The Booster and the Snitch: Department Store Shoplifting, New York 1964.

Campbell, C. M., und Paul Wiles, The Study of Law in Society in Britain, in: Law and Society Review, Bd. 10 (1976).

Canepa, G., The Fundamental Psychological Problems of Contemporary Criminological Research in European Countries, in: Rassegna di Criminologia. Bd. 2 (1971).

Carlin, Jerome E., Jan Howard und Sheldon L. Messinger, Civil Justice and the Poor: Issues for Sociological Research, in: Law and Society Review, Bd. 1 (1966).

Carson, W. G., Symbolic and Instrumental Dimensions of Early Factory Legislation: A Case Study in the Social Origins of Criminal Law, in: Roger Hood (Hrsg.) 1974 a.

Carson, W. G., The Sociology of Crime and the Emergence of Criminal Laws, in: P. Rock und M. McIntosh (Hrsg.) 1974 b.

Carson, W. G., und Paul Wiles (Hrsg.), The Sociology of Crime and Delinquency in Britain, Bd. 1: The British Tradition, 3. Aufl., London 1975, zuerst 1971.

Cavan, Ruth Shonle (Hrsg.), Readings in Juvenile Delinquency, 3. Aufl., Philadelphia, New York, Toronto 1975, zuerst 1964.

Cavan, Ruth Shonle, und Jordan T. Cavan, Delinquency and Crime. Cross-Cultural Perspectives, Philadelphia 1968.

Cavan, Ruth Shonle, und Theodore N. Ferdinand, Juvenile Delinquency, 3. Aufl., Philadelphia – New York – Toronto 1975, zuerst 1962.

Center for Research on Criminal Justice, The Iron Fist and the Velvet Glove: An Analysis of the U. S. Police, San Francisco, Cal. 1975.

Chambliss, William J., A Sociological Analysis of the Law of Vagrancy, in: Social Problems, Bd. 12 (1964).

Chambliss, William J., The Deterrent Influence of Punishment, in: Crime and Delinquency, Bd. 12 (1966).

Chambliss, William J., Types of Deviance and the Effectiveness of Legal Sanctions, in: Wisconsin Law Review (1967).

Chambliss, William J., Crime and the Legal Process, New York – St. Louis – San Franciso – Toronto – London – Sydney 1969.

Chambliss, William J., Box Man. A Professional Thief's Journey, New York 1972.

Chambliss, William J., Functional and Conflict Theories of Crime, MSS Modular Publications, New York, Module 17 (1974 a).

Chambliss, William J., The State, the Law, and the Definition of Behavior as Criminal or Delinquent, in: D. Glaser (Hrsg.) 1974 b.

Chambliss, William J. (Hrsg.), Criminal Law in Action, Santa Barbara, Cal., 1975 a.

Chambliss, William J., Machtpolitik mit Gesetzen – zur politischen Ökonomie des Rechts. Vortrag, gehalten in Wien am 17. 4. 1975, übersetzt und bearbeitet von Heinz Steinert, in: Kriminalsoziologische Bibliographie, Nr. 6 (1975 b).

Chambliss, William J., The Political Economy of Crime: A Comparative Study of Nigeria and the USA, in: I. Taylor, P. Walton, J. Young (Hrsg.), Reading, Mass. 1975 c.

Chambliss, William J., On the Paucity of Original Research on Organized Crime: A Footnote to Galliher and Cain, in: The American Sociologist, Bd. 10 (1975 d).

Chambliss, William J., und Milton Mankoff (Hrsg.), Whose Law, What Order. A Conflict Approach to Criminology, New York – Santa Barbara – London – Sydney – Toronto 1976.

Chambliss, William J., und R. H. Nagasawa, On the Validity of Official Statistics, in: Journal of Research on Crime and Delinquency (1969).

Chambliss, William J., und Robert B. Seidman, Law, Order, and Power, Mass. 1971.

Chapman, Dennis, The Stereotype of the Criminal and the Social Consequence, in: International Journal of Criminology and Penology, Bd. 1, 1973.

Chapman, Dennis, Sociology and the Sterotype of the Criminal, London – New York – Sydney – Toronto – Wellington 1968.

Chevalier, L., Classes laborieuses et classes dangereuses à Paris pendant la première moitié du XIXe siècle, Paris 1958.

Chilton, Roland, J., Continuity in Delinquency Area Research: A Comparison of Studies for Baltimore, Detroit, and Indianapolis, in: American Sociological Review, Bd. 29 (1964).

Chilton, Roland J., Middle-Class Delinquency and Specific Offense Analysis, in: E. M. Vaz (Hrsg.) 1967.

Chiricos, Theodore G., und Gordon P. Waldo, Socioeconomic Status and Criminal Sentencing: An Empirical Assessment of a Conflict Proposition, in: American Sociological Review, Bd. 40 (1975).

Christiansen, Karl O., Kriminologie (Grundlagen) I, in: Handwörterbuch der Kriminologie, Bd. 2, 2. Aufl., Berlin 1977 (zuerst 1968).

Christie, Nils, Editor's Preface, in: Scandinavian Studies in Criminology, Bd. 2 (1968 a).

Christie, Nils, Changes in Penal Values, in: Scandinavian Studies in Criminology, Bd. 2 (1968 b).

Christie, Nils, Scandinavian Criminology Facing the 1970's, in: Scandinavian Studies in Criminology, Bd. 3 (1971).

Christie, Nils, Johs. Ardenaes und Sigurd Skirbekk, A Study of Self-Reported Crime, in: Scandinavian Studies in Criminology, Bd. 1 (1965).

Ciacci, Margherita, und Vittoria Gualandi (Hrsg.), La costruzione sociale della devianza, Bologna 1977.

Cipes, Robert M., The Crime War, New York 1968.

Cicourel, Aaron V., Method and Measurement in Sociology, London 1964. dtsch.: Methode und Messung in der Soziologie, Frankfurt am Main 1970.

Cicourel, Aaron V., The Social Organization of Juvenile Justice, New York 1968.

Cicourel, Aaron V., Delinquency and the Attribution of Responsibility, in: R. A. Scott und J. D. Douglas (Hrsg.), New York 1972.

Clark, Alexander J., und Jack P. Gibbs, Social Control: A Reformulation, in: Social Problems. Bd. 12 (1965), dtsch.: K. Lüderssen und F. Sack (Hrsg.) 1975 a.

Clark, John P., und Eugene P. Wenninger, Socio-Economic Class and Area as Correlates of Illegal Behavior among Juveniles, in: American Sociological Review, Bd. 27 (1962).

Clark, John P., und Richard E. Sykes, Some Determinants of Police Organization and Practice in a Modern Industrial Democracy, in: D. Glaser (Hrsg.) 1974.

Clark, Ramsay, Crime in America, New York, 1970, dtsch.: Demokratie und Verbrechen. Die Bekämpfung der Kriminalität am Beispiel der USA. Mit einer Einleitung von Karl Jering, München – Berlin 1972.

Clarke, Michael J., On the Concept of „Subculture", in: British Journal of Sociology, Bd. 25 (1974).

Clarke, Michael J., The Impact of Social Science on Conceptions of Responsibility, in: British Journal of Law and Society, Bd. 2 (1975).

Clemmer, Donald, The Prison Community, Boston, Mass., 1940.

Clinard, Marshall B., Sociologists and

American Criminology, in: Journal of Criminal Law, Criminology, and Police Science, Bd. 41 (1951).

Clinard, Marshall B., Sociology of Deviant Behavior, 4. Aufl., New York 1974, zuerst 1957 a.

Clinard, Marshall B., The Sociology of Delinquency and Crime, in: *Joseph B. Gittler* (Hrsg.), Review of Sociology, New York – London 1957 b.

Clinard, Marshall B., Criminological Research, in: *Robert K. Merton, Leonard Broom* und *Leonard S. Cottrell* (Hrsg.), Sociology Today, New York 1959.

Clinard, Marshall B., A Cross-Cultural Replication of the Relation of Urbanism to Criminal Behavior, in: American Sociological Review, Bd. 25 (1960).

Clinard, Marshall B., Contributions of Sociology to Understanding Deviant Behavior, in: The British Journal of Criminology, Bd. 3 (1962).

Clinard, Marshall B. (Hrsg.), Anomie and Deviant Behavior: A Discussion and Critique, Glencoe, Ill., 1964 a.

Clinard, Marshall B., The Theoretical Implications of Anomie and Deviant Behavior, in: *M. B. Clinard* (Hrsg.) 1964 b.

Clinard, Marshall B., Art.: Crime III: White-Collar Crime, in: International Encyclopedia of the Social Sciences, New York 1968.

Clinard, Marshall B., Some Implications of the „New Criminology", in: International Journal of Criminology and Penology, Bd. 1 (1974).

Clinard, Marshall B., und *Andrew L. Wade*, Toward the Delineation of Vandalism as a Sub-Type in Juvenile Delinquency, in: Journal of Criminal Law, Criminology, and Police Science, Bd. 48 (1958).

Clinard, Marshall B., und *Richard Quinney* (Hrsg.), Criminal Behavior Systems. A Typology, 2. Aufl., New York – Chicago 1973, zuerst 1967.

Cloward, R. A., Illegitimate Means, Anomie and Deviant Behavior, in: American Sociological Review, Bd.

24 (1959), dtsch.: *F. Sack* und *R. König* (Hrsg.) 1968.

Cloward, Richard A., und *Lloyd E. Ohlin*, Delinquency and Opportunity. A Theory of Delinquent Gangs, Neuausgabe London 1970 (zuerst 1960).

Cobern, Morris, Some Manpower Aspects of the Criminal Justice System, in: Crime and Delinquency, Bd. 19 (1973).

Cockburn, J. S., Hrsg., Crime in England 1550–1800, London 1977.

Cohen, Albert K., Multiple Factor Approaches, in: *M. E. Wolfgang* u. a. (Hrsg.) 1962, dtsch.: *F. Sack* und *R. König* (Hrsg.) 1968.

Cohen, Albert K., The Study of Social Disorganization and Deviant Behavior, in: *Robert K. Merton, Leonard Broom* und *Leonard S. Cottrell, Jr.* (Hrsg.), Sociology Today, New York 1959.

Cohen, Albert K., Delinquent Boys: The Culture of the Gang, Chicago, Ill. 1955, dtsch.: Kriminelle Jugend. Zur Soziologie jugendlichen Bandenwesens, Reinbek bei Hamburg 1961.

Cohen, Albert K., Kriminelle Subkulturen, in: *P. Heintz* und *R. König* (Hrsg.) 1957.

Cohen, Albert K., The Sociology of the Deviant Act: Anomy Theory and Beyond, in: American Sociological Review Bd. 30 (1965).

Cohen, Albert K., Deviant Behavior, in: International Encyclopedia of the Social Sciences, New York 1968

Cohen, Albert K., Deviance and Control, Englewood-Cliffs, N. J., 1966, dtsch: Abweichung und Kontrolle, 2. Aufl., München 1970, zuerst 1968.

Cohen, Albert K., The Concept of Criminal Organization, in: British Journal of Criminology, Bd. 17 (1977).

Cohen, Albert, *Alfred Lindesmith* und *Karl Schuessler*, The Sutherland Papers, Bloomington, Ind., 1956.

Cohen, Albert K., und *James F. Short*, Research in Delinquent Subcultures, in: Journal of Social Issues, Bd. 14 (1958), dtsch.: *F. Sack* und *R. König* (Hrsg.) 1968.

Cohen, Albert K., und James F. Short, Jr., Crime and Juvenile Delinquency, in: R. K. Merton und R. A. Nisbet, Hrsg., 3. Aufl., New York 1971.

Cohen, Stanley (Hrsg.), Images of Deviance, Hamondsworth 1971.

Cohen, Stanley, Folk Devils and Moral Panics. The Creation of the Mods and Rockers, London 1972.

Cohen, Stanley, Criminology and the Sociology of Deviance in Britian: A Recent History and a Current Report, in: P. Rock und M. McIntosh (Hrsg.) 1974.

Cohen, Stanley, und Laurie Taylor, From Psychopaths to Outsiders: British Criminology and the National Deviancy Conference, in: H. Bianchi, M. Simondi, I. Taylor (Hrsg.) 1975.

Cohen, Stanley, und Jack Young (Hrsg.), The Manufacture of News. Social Problems, Deviance and the Mass Media, London 1973.

Colajanni, Napoleone, La sociologia criminale, 2 Bde., Catania 1889.

Cole, Stephen, The Growth of Scientific Knowledge. Theories of Deviance as a Case Study, in: Lewis A. Coser, Hrsg., The Idea of Social Structure. Papers in Honor of Robert K. Merton, New York, Chicago, San Francisco und Atlanta 1975.

Coleman, James S., The Emergence of Sociology as a Policy Science, in: L. A. Coser und O. N. Larsen (Hrsg.), New York – London 1976.

Collins, Randall, Conflict Sociology. Toward an Explanatory Science, New York – San Francisco – London 1975.

Collmann, Hans-Jürgen, Internationale Kriminalstatistik. Geschichtliche Entwicklung und gegenwärtiger Stand, Stuttgart 1973.

Conger, John Janeway, und Wilbur C. Miller, Personality, Social Class, and Delinquency, New York 1966.

Conklin, John E., The Impact of Crime, New York 1975.

Connor, Walter D., Deviance in Soviet Society: Crime, Delinquency and Alcoholism, New York 1972.

Conover, Patrick W., A Reassessment of Labeling Theory: A Constructive Response to Criticism, in: L. A. Coser und O. N. Larsen (Hrsg.) 1976.

Conwell, Chic, The Professional Thief: by a Professional Thief, Chicago, Ill., 1937.

Cooley, Charles H., The Two Major Works of Charles H. Cooley, in: Social Organization and Human Nature and the Social Order, Glencoe, Ill., 1956, zuerst 1909 bzw. 1902.

Coser, Lewis A., The Functions of Social Conflict, Glencoe. Ill., 1956, dtsch.: Theorie sozialer Konflikte, Neuwied 1965.

Coser, Lewis A., Some Functions of Deviant Behavior and Normative Flexibility, in: American Journal of Sociology, Bd. 68 (1962), dtsch: F. Sack und R. König (Hrsg.) 1968.

Coser, Lewis A., und Otto N. Larsen (Hrsg.), The Uses of Controversy in Sociology, New York – London 1976.

Coser, Rose L., Insulation from Observability and Types of Social Conformity, in: American Sociological Review, Bd. 26 (1961).

Coulter, Jeff, Whats Wrong with the New Criminology, in: Sociological Review, Bd. 22 (1974).

Council of Europe, Juvenile Delinquency in Post-War Europe, Strasbourg 1960.

Cowie, J., V. Cowie und E. Slater, Delinquency in Girls, London 1968.

Cremer, Carl Gustav, Untersuchungen zur Kriminalität der Frau. Versuch einer Phänomenologie und einer Diskussion der wichtigsten ätiologischen Ansätze, Lübeck 1974.

Cressey, Donald R., Other People's Money. A Study on the Social Psychology of Embezzlement, Glencoe, Ill., 1953.

Cressey, Donald R., Differential Association and Compulsive Crimes, in: Journal of Criminal Law, Criminology, and Police Science, Bd. 45 (1954).

Cressey, Donald R., The Theory of Differential Association: An Introduction, in: Social Problems, Bd. 8 (1960 a).

Cressey, Donald R., Epidemiology and Individual Conduct: A Case from Criminology, in: The Pacific Sociological Review, Bd. 13 (1960 b).

Cressey, Donald R., Crime, in: *R. K. Merton* und *R. A. Nisbet* (Hrsg.) 1961, zitiert nach 2. Aufl. 1966.

Cressey, Donald R., The Prison – Studies in Institutional Organization und Change, New York 1961.

Cressey, Donald R., Delinquency, Crime, and Differential Association, Den Haag 1964.

Cressey, Donald R., Prison Organizations, in: *James G. March* (Hrsg.), Handbook of Organizations, Chicago 1965.

Cressey, Donald R., Art. Crime I: Causes of Crime, in: International Encyclopedia of the Social Sciences, New York 1968.

Cressey, Donald R., Theft of the Nation: The Structure and Operations of Organized Crime in America, New York 1969.

Cressey, Donald R., und *David A. Ward* (Hrsg.), Delinquency, Crime, and Social Process, New York 1969.

Currie, Elliot P., The Control of Witchcraft in Renaissance Europe, in: Law and Society Review, Bd. 3 (1968).

Curtis, Lynn A., Criminal Violence, National Patterns and Behavior, Lexington, Mass., 1974.

Dahl. Tove Stang, The Emergence of the Norwegian Child Welfare Law, in: Scandinavian Studies in Criminology, Bd. 5 (1974).

Davis, Kingsley, Mental Hygiene and the Class Structure, in: Psychiatry, Bd. 1 (1938).

Davis, Nanette J., The Sociological Construction of Deviance, Perspectives and Issues in the Field, Dubuque, Iowa, 1975.

Davis. Allison, und *John Dollard,* Children of Bondage, Washington American Council of Education 1940.

Davis, James F., Henry H. Forster, E. Eugene Davis und *C. Ray Jeffery,* Society and the Law, Glencoe, Ill., 1962.

Dawson, Robert O., Sentencing: The Decision as to Type, Length and Conditions of Sentence, Boston 1969.

Debuyst, Christian, Criminels et valeurs vécues, Louvain 1960.

Dechêne, Hans Ch., Verwahrlosung und Delinquenz – Profil einer Kriminalpsychologie, München 1975.

De Fleur, Lois B., Ecological Variables in the Cross-Cultural Study of Delinquency, in: Social Forces, Bd. 45 (1967).

Denisoff, R. Serge, und *Charles H. McCaghy* (Hrsg.), Deviance, Conflict, and Criminality, Chicago, Ill., 1973.

Denisoff, R. Serge, und *Donald McQuarie,* Crime Control in Capitalist Society. A Reply to Quinney, in: Issues in Criminology, Bd. 10 (1974).

Dentler, Robert A., und *Kai T. Erikson,* The Functions of Deviance in Groups, in: Social Problems, Bd. 7 (1959/60).

Denzin, Norman K., The Research Act. A Theoretical Introduction on Sociological Methods, Chicago, Ill., 1970 a.

Denzin, Norman K., Who Leads: Sociology or Society?, in: American Sociologist, Bd. 5 (1970 b).

Denzin, Norman K., The Methodological Implications of Symbolic Interactionism for the Study of Deviance, in: British Journal of Sociology, Bd. 25 (1974).

Dessaur, C. I., Foundations of Theory-Formation in Criminology: A Methodological Analysis, Den Haag – Paris 1971.

Dessaur, C. I., Toward a Macrosocial Conflict Model in Criminology, in: Criminology between the Rule of Law and the Outlaws, Deventer 1976.

Deutscher Bundestag (Materialien), Wirkungen von Gewaltdarstellungen auf dem Bildschirm, wissenschaftliche Dienste, Materialien Nr. 28, Bonn 1971.

Deyon, P., Le temps des prisons. Essai sur l'histoire de la délinquance et les origines du système pénitentiaire, Lille 1975.

Diamond, Stanley, The Rule of Law versus the Order of Custom, in: Social Research, Bd. 38 (1971), revid. Fassung in: *D. Black* und *M. Mileski* (Hrsg.) 1973.

Dibble, Vernon K., und *Berton Pekowsky,* What Is and What Ought to Be: A Comparison of Certain Characteristics of the Ideological and Legal Styles of Thought, in: American Journal of Sociology, Bd. 79 (1973).

Dickson, Donald T., Bureaucracy and Morality: An Organizational Perspective on a Moral Crusade, in: Social Problems, Bd. 16 (1968).

Dinitz, Simon, Frank R. Scarpitti und *Walter C. Reckless,* Delinquency und Vulnerability: A Cross Group and Longitudinal Analysis, in: American Sociological Review, Bd. 27 (1962).

Dinitz, Simon, Russel D. Dynes und *Alfred C. Clarke* (Hrsg.), Deviance. Studies in the Process of Stigmatization and Social Reaction, New York 1969.

Doleschal, Eugene, Criminal Statistics, Rockville, Md., 1972.

Doleschal, Eugene, und *Nora Klapnauts,* Toward a New Criminology, in: Crime and Delinquency Literature, Bd. 5 (1973).

Dörner, Klaus, Bürger und Irre. Zur Sozialgeschichte und Wissenschaftssoziologie der Psychiatrie, Frankfurt am Main 1969.

Douglas, Jack D., The Social Meanings of Suicide, Princeton, N. J., 1967.

Douglas, Jack D. (Hrsg.), Deviance and Respectability. The Social Construction of Moral Meanings, New York, London 1970 a.

Douglas, Jack D. (Hrsg.), Observations on Deviance, New York, 1970 b.

Douglas, Jack D. (Hrsg.), Crime and Justice in American Society, Indianapolis – New York 1971 a.

Douglas, Jack D., American Social Order. Social Rules in a Pluralistic Society, New York – London 1971 b.

Douglas, Jack D., Research on Deviance, New York 1972.

Douglas, Jack D., Defining America's Social Problems, Englewood Cliffs, N. J., 1974.

Douglas, J. W. B., J. M. Ross, W. A. Hammond und *D. G. Mulligan,* Delinquency und Social Class, in: British Journal of Criminology, Bd. 6 (1966), in: *W. G. Carson* und *P. Wiles* (Hrsg.) 1971.

Downes, David M., The Delinquent Solution, London 1966.

Downes, David, und *Paul Rock,* Social Reaction to Deviance and its Effect on Crime and Criminal Careers, in: British Journal of Sociology, Bd. 22 (1971).

Drapkin, Israel, und *Emilio Viano* (Hrsg.), Victimology: A New Focus, 5 Bde., Lexington, Mass. 1974/75.

Dreitzel, Hans Peter, Die gesellschaftlichen Leiden und das Leiden an der Gesellschaft, Stuttgart 1968.

Driver, Edwin D., A Critique of Typologies in Criminology, in: Sociological Quarterly, Bd. 9 (1968).

Dubin, Robert, Deviant Behavior and Social Structure. Continuities in Social Theory, in: American Sociological Revue, Bd. 24 (1959).

Dunham, H. Warren, The Juvenile Court. Contradictory Orientations in Processing Offenders, in: Law and Contemporary Problems, Bd. 23 (1958).

Durkheim, Emile, De la division du travail social, Paris 1893.

Durkheim, Emile, Die Regeln der soziologischen Methode, hrsg. und eingeleitet von *René König,* 4. Aufl., Neuwied/Berlin 1976, zuerst 1961, Originalausgabe: Les règles de la méthode sociologique, Paris 1895.

Durkheim, Emile, Crime et santé sociale, in: Revue Philosophique de la France et de l'Etranger, Bd. 39 (1895).

Durkheim, Emile, Le suicide. Etude de sociologie, Paris 1897.

Durkheim, Emile, Two Laws of Penal Evolution, in: Economy and Society, Bd. 2 (1973), übersetzt von *T. Anthony Jones* und *Andrew T. Scull,* orig.: L'année sociologique 1899 bis 1900.

Dürkop, Marlis, und *Gertrud Hardtmann,* Frauenkriminalität, in: Kritische Justiz, Bd. 7 (1974).

Duster, Troy, The Legislation of Morality: Law, Drugs, and Moral Judgment, New York 1970.

Edelman, Murray, Politik als Ritual. Die symbolische Funktion staatlicher Institutionen und politischen Handelns, Frankfurt am Main, New York 1976, übersetzt und zusammengestellt aus: a) *M. Edelmann,* The Symbolic Uses of Politics, 6. Aufl., Urbana, Ill., 1974, zuerst 1964, b) Politics as Symbolic Action, Mass Arousal and Quiescence, 2. Aufl., Chicago, Ill., 1972, zuerst 1971.

Eisenberg, Ulrich, Einführung in die Probleme der Kriminologie, München 1972.

Eisenstadt, Samuel A., Delinquent Group – Formation among Immigrant Youth, in: British Journal of Delinquency, Bd. 2 (1951/52).

Eisner, Victor, The Delinquency Label: The Epidemiology of Juvenile Delinquency, New York 1969.

Eldefonso, Edward, Law Enforcement and the Youthful Offender: Juvenile Procedures, New York 1967.

Elkin, Frederick, und *William A. Westley,* The Myth of Adolescent Culture, in: American Sociological Review, Bd. 20 (1955).

Ellenberger, Henri, und *Denis Szabo,* L'approche multidisciplinaire des problèmes de la criminologie, in: Social Science Information, Bd. 6 (1967).

Elliott, Mabel A., Crime in Modern Society, New York 1952.

Elliott, Mabel A., und *Francis E. Merrill,* Social Disorganization, 4. Aufl., New York 1961, zuerst 1934.

Elmhorn, Kerstin, Study in Self-Reported Delinquency among Schoolchildren in Stockholm, in: Scandinavian Studies in Criminology, Bd. 1 (1965).

Embree, Suzanne Scott, The Politics of Expertise: A Profession and Jurisdiction, unveröffentlichte Ph. D. Arbeit, New York 1972.

Empey, LaMar T., und *Maynard L. Erickson,* Hidden Delinquency: Evidence on Old Issues. Provo Experiment, Provo 1965.

Empey, LaMar T., und *Maynard L. Erickson,* Hidden Delinquency and Social Status, in: Social Forces, Bd. 44 (1966).

Empey, LaMar T., Delinquency Theory and Recent Research, in: Journal of Research in Crime and Delinquency, Bd. 4 (1967).

Empey, LaMar T., Crime Prevention: The Fugitive Utopia, in: *D. Glaser* (Hrsg.) 1974.

Empey, LaMar T., Steven G. Lubeck und *Ronald L. LaPorte,* Explaining Delinquency. Construction, Test and Reformulation of a Sociological Theory, Lexington, Mass. – Toronto – London 1973, zuerst 1971.

Engelhardt, Knut, Eine psychoanalytische Konstruktion des labelingapproach, in: Kritische Justiz, Bd. 8 (1975).

Engelhardt, Knut, Psychoanalyse der strafenden Gesellschaft, Frankfurt am Main 1976.

England, Ralph W., Jr., A Theory of Middle Class Juvenile Delinquency, in: Journal of Criminal Law, Criminology, and Police Science, Bd. 50 (1959/60).

Ennis, Phillip H., Crime, Victims, and the Police, in: Trans-Action, Bd. 4 (1967).

Epstein, Jason, The Great Conspiracy Trial, New York 1971.

Erikson, Kai T., Notes on the Sociology of Deviance, in: Social Problems, Bd. 9 (1962).

Erikson, Kai T., Wayward Puritans. A Study in the Sociology of Deviance, New York – London – Sydney 1966.

Erickson, Maynard L., und LaMar Empey, Class Position, Peers and Delinquency, in: Sociology and Social Research, Bd. 49 (1965).

Erickson, Maynard L., Jack P. Gibbs und Gary F. Jensen, The Deterrence Doctrine and the Perceived Certainty of Legal Punisments, in: American Sociological Review, Bd. 42 (1977).

Ericson, Richard V., Criminal Reaction: The Labeling Perspective, Farnborough, Mants., 1975 a.

Ericson, Richard V., Responsibility, Moral Relativity and Response Ability: Some Implications of Deviance Theory for Criminal Justice, in: University of Toronto Law Review, Bd. 25 (1975 b).

Ericson, Richard V., Social Distance and Reaction to Criminality, in: British Journal of Criminology, Bd. 17 (1977).

Eser, Albin, und Karl F. Schumann, Forschung im Konflikt mit Recht und Ethik. Zur Problematik von Zeugnisverweigerungsrecht, strafrechtlicher Immunität und freiem Datenzugang des Forschers, Stuttgart 1976.

Esser, Josef, Vorverständnis und Methodenwahl in der Rechtsfindung, Frankfurt am Main 1970.

European Committee on Crime Problems (Hrsg.), Collected Studies in Criminological Research. Reports Presented to European Conferences of Directors of Criminological Research Institutes, Bd. I–XIII, Strasbourg 1963–1975.

Evan, William M. (Hrsg.), Law and Sociology, New York 1962.

Evans, Robert, Jr., The Labor Market and Parole Success, in: Journal of Human Resources, Bd. 3 (1968).

Exner, Franz, Krieg und Kriminalität in Österreich, Wien 1927.

Exner, Franz, Studien über die Strafzumessungspraxis der deutschen Gerichte, Leipzig 1931.

Exner, Franz, Kriminalistischer Bericht über die Reise nach Amerika, Berlin – Leipzig 1935.

Exner, Franz, Kriminalsoziologie, in: Handwörterbuch der Kriminologie und der anderen strafrechtlichen Hilfswissenschaften, Bd. 2 (1936).

Exner, Franz, Kriminologie, Heidelberg 1949, 3. verbesserte und ergänzte Aufl. der 1939 erschienenen Kriminalbiologie.

Eynon, Thomas G., und Walter C. Reckless, Companionship at Delinquency Onset, in: The British Journal of Criminology, Bd. 2 (1961).

Eysenck, Hans Jürgen, Crime and Personality, London 1964.

Fauconnet, Paul, Pourquoi il y a une institution de la responsabilité, aus: P. Fauconnet, La responsabilité, Paris 1920, dtsch.: K. Lüderssen und F. Sack (Hrsg.) 1975.

Falk, Gunter, und Heinz Steinert, Über den Soziologen als Konstrukteur von Wirklichkeit, das Wesen der sozialen Realität, die Definition sozialer Situationen und die Strategien ihrer Bewältigung, in: Heinz Steinert (Hrsg.) 1973 b.

Fannin, Leon F., und Marshall B. Clinard, Differences in the Conception of Self as a Male among Lower and Middle Class Delinquents, in: Social Problems, Bd. 13 (1965).

Faris, Robert E. L., Chicago Sociology, 1920–1932, San Francisco, Cal., 1967.

Farrington, David P., The Effects of Public Labeling, in: British Journal of Criminology, Bd. 17 (1977).

Feeley, Malcolm M. Two Models of the Criminal Justice System: An Organizational Perspective, in: Law and Society Review Bd. 7 (1973).

Feest, Johannes, Die Situation des Verdachts, in: R. Lautmann (Hrsg.) 1971.

Feest, J., Schwerpunkt mit Schlagseite, in: Kriminologisches Journal, Bd. 6 (1974).

Feest, Johannes, und Rüdiger Lautmann (Hrsg.), Die Polizei. Soziologische Studien und Forschungsberichte, Opladen 1971.

Feest, J., und *Erhard Blankenburg,* Die Definitionsmacht der Polizei, Düsseldorf 1972.

Feger, Gottfried, Die unvollständige Familie und ihr Einfluß auf die Jugendkriminalität. Familie und Jugendkriminalität, Bd. 1, Stuttgart 1969.

Ferdinand, Theodore N., Typologies of Delinquency. A Critical Analysis, New York 1966.

Ferdinand, Theodore N., The Criminal Patterns of Boston since 1849, in: American Journal of Sociology, Bd. 73 (1967).

Ferracutti, Franco, European Migrations and Crime. Collected Studies in Criminological Research, Bd. 3 (1968).

Ferracutti, Franco, und *Marvin E. Wolfgang,* Clinical Versus Sociological Criminology. Separation or Integration, in: Excerpta Criminologica, Bd. 4 (1964).

Ferrajoli, Luigi, und *Danilo Zolo,* Marxismo e questione criminale, in: La questione criminale, Bd. 3 (1977).

Ferri, Enrico, Studi sulla criminalità in Francia dal 1826 al 1871, Rom 1881 a.

Ferri, Enrico, I nuovi orizzonti del diritto e della procedura penale, Bologna 1881 b, spätere Aufl.: Sociologia criminale, dtsch.: Das Verbrechen als soziale Erscheinung, Leipzig 1896.

Feuerbach, Anselm von, Aktenmäßige Darstellungen merkwürdiger Verbrechen, Gießen 1828.

Feyerabend, Paul K., Law and Psychology in Conflict, in: Inquiry, Bd. 10 (1967).

Filstead, William J. (Hrsg.), Qualitative Methodology. Firsthand Involvement with the Social World, Chicago, Ill., 1970.

Filstead, William J. (Hrsg.), An Introduction to Deviance. Readings in the Process of Making Deviants, Chicago 1972.

Finestone, Harold, Narcotics and Criminality, in: Law and Contemporary Problems, Bd. 22 (1957).

Finestone, Harold, The Delinquent and Society. The Shaw and McKay Tradition, in: *J. F. Short, Jr.* (Hrsg.) 1976.

Filmer, Paul, Michael Phillipson, David Silverman und *David Walsh,* New Directions in Sociological Theory, London 1972.

Fisher, Sethard, Stigma and Deviant Careers in Schools, in: Social Problems, Bd. 20 (1972).

Fleisher, Belton M., The Economics of Delinquency, Chicago, Ill., 1966.

Flew, Antony G. N., Crime or Disease, in: British Journal of Sociology, Bd. 5 (1954).

Floud, Jean, Sociology and the Theory of Responsibility. Social Background as an Excuse for Crime, in: *R. Fletscher* (Hrsg.), The Science of Society and the Unity of Mankind, London 1974.

Fogelson, Robert M., Violence as Protest. A Study of Riots and Ghettos, Garden City, N. Y., 1971.

Foucault, Michel, Surveiller et punir. Naissance de la prison, Paris 1975, dtsch.: Überwachen und Strafen. Die Geburt des Gefängnisses, Frankfurt a. M. 1976.

Fox, James C., und *Richard J. Lundman,* Problems and Strategies in Gaining Research Access in Police Organizations, in: Criminology, Bd. 12 (1974).

Fox, V., Introduction to Criminology, Englewood Cliffs, N. J., 1976.

Fraenkel, Ernst, Zur Soziologie der Klassenjustiz und Aufsätze zur Verfassungskrise 1931–32, Darmstadt 1968.

Frey, Erwin, Der frühkriminelle Rückfallsverbrecher, Basel 1951.

Frey, Erwin, Kriminologie. Programm und Wirklichkeit, in: Schweizerische Zeitschrift für Strafrecht, Bd. 66 (1951).

Friday, Paul C., Problems in Comparative Criminology. Comments on the Feasibility and Implications of Research, in: The Journal of Criminology and Police Science, Bd. 1 (1973).

Friday, Paul C., Changing Theory and Research in Criminology, in: International Journal of Criminology and Penology, Bd. 5 (1977).

Friday, Paul C., und Gerd Ferdinand Kirchhoff, Probleme und Perspektiven der Politisierung in der zeitgenössischen Kriminologie, in: Monatsschrift für Kriminologie und Strafrechtsreform, Bd. 58 (1975).

Friedenberg, Edgar Z., The Vanishing Adolescent, New York 1962.

Friedenberg, Edgar Z., Coming of Age in America, New York 1963.

Friedman, Lawrence M., und Manfred Rehbinder, Hrsg., Zur Soziologie des Gerichtsverfahrens (Sociology of the Judicial Process), Opladen 1976.

Friedrichs, Jürgen (Hrsg.), Teilnehmende Beobachtung abweichenden Verhaltens, Stuttgart 1973.

Fuller, Richard C., und Richard R. Myers, The Natural History of a Social Problem, in: American Sociological Review, Bd. 6 (1941).

Furner, Mary O., Advocacy and Objectivity, Lexington, Mass., 1975.

Fürstenberg, Frank, Jr., und Charles F. Wellford, Calling the Police. The Evaluation of Police Service, in: Law and Society Review, Bd. 7 (1973).

Fyvel, T. R., Troublemakers. Rebellious Youth in an Affluent Society, New York 1962.

Galanter, Marc, Why the „Haves" Come Out Ahead: Speculation on the Limits of Legal Change, in: Law and Society Review, Bd. 9 (1974).

Galliher, John F., und James A. Cain, Citation Support for the Mafia Myth in Criminological Textbooks, in: American Sociologist, Bd. 8 (1974).

Galliher, John F., und James L. McCartney, The Influence of Funding Agencies on Juvenile Delinquency Research, in: Social Problems, Bd. 21 (1973).

Galliher, John F., und James L. McCartney, Criminology: Power, Crime, and Criminal Law, Homewood, Ill., 1977.

Galtung, Johan, Strukturelle Gewalt. Beiträge zur Friedens- und Konfliktforschung, Reinbek bei Hamburg 1975.

Gannon, Thomas M., Dimensions of Current Gang Delinquency, in: Journal of Research in Crime and Delinquency, Bd. 4 (1967).

Garfinkel, Harold, Successful Degradation Ceremonies, in: American Journal of Sociology, Bd. 61 (1956), dtsch.: Gruppendynamik, Bd. 5 (1974).

Garfinkel, Harold, Studies in Ethnomethodology, Englewood Cliffs, N. J., 1967.

Garnsey, Peter, Legal Privilege in the Roman Empire, in: Past and Present, Bd. 31 (1968).

Garofalo, Raffaele, Criminologia, Rom – Turin und Florenz 1885.

Gattrell, V. A. C., und T. B. Hadden, Criminal Statistics and their Interpretation, in: E. A. Wrigley (Hrsg.), Nineteen-Century Society: Essays in the Use of Quantitative Methods for the Study of Social Data, Cambridge, Mass., 1972.

Gazel, James A., und G. Thomas Gitchoff (Hrsg.), Youth, Crime, and Society, Holbrook 1973.

Geis, Gilbert, Sociology, Criminology, and Criminal Law, in: Social Problems, Bd. 7 (1959/1960).

Geis, Gilbert (Hrsg.), White-Collar Criminal. The Offender in Business and the Profession, New York 1968.

Geis, Gilbert, Avocational Crime, in: D. Glaser (Hrsg.) 1974.

Giallombardo, Rose, Society of Women. A Study of a Women's Prison, New York 1966.

Giallombardo, Rose (Hrsg.), Juvenile Delinquency. A Book of Readings, New York – London und Sydney 1966.

Gibbens, T. C. N., und R. H. Ahrenfeldt (Hrsg.), Cultural Factors in Delinquency, London 1966.

Gibbons, Don C., Society, Crime, and Criminal Careers, 3. Aufl., Englewood Cliffs, N. J., 1977, zuerst 1968.

Gibbons, Don C., Delinquent Behavior, Englewood Cliffs, N. J., 2. Aufl. 1976.

Gibbons, Don C., Observations on the Study of Crime Causation, in: American Journal of Sociology, Bd. 77 (1971).

Gibbons, Don C., und Peter G. Garabedian, Conservative, Liberal and Radical Criminology: Some Trends and Observations, in: Ch. E. Reasons (Hrsg.) 1974.

Gibbons, Don C., und Joseph F. Jones, The Study of Deviance: Perspectives and Problems, Englewood Cliffs, N. J., 1975.

Gibbs, Jack P., Crime, Unemployment, and Status Integration, in: British Journal of Criminology, Bd. 62 (1966).

Gibbs, Jack P., Conceptions of Deviant Behavior: The Old and the New, in: Pacific Sociological Review, Bd. 91 (1966), dtsch.: F. W. Stallberg (Hrsg.) 1975.

Gibbs, Jack P., Crime and the Sociology of Law, in: Sociology and Social Research, Bd. 51 (1966 a).

Gibbs, Jack P., Sanctions, in: Social Problems, Bd. 14 (1966 b).

Gibbs, Jack P., Issues in Defining Deviant Behavior, in: R. A. Scott und J. D. Douglas (Hrsg.) 1972.

Gibbs, Jack P., Crime, Punishment, and Deterrence, New York, Oxford und Amsterdam 1975.

Gibbs, Jack P., und Maynard L. Erickson, Major Developments in the Sociological Study of Deviance, in: Annual Review of Sociology, Bd. 1 (1975).

Giddens, Anthony, The „Individual" in the writings of E. Durkheim, in: Archives européennes de sociologie, Bd. 12 (1971).

Gillis, J. R., The Evolution of Juvenile Delinquency in England 1890–1914, in: Past and Present, Bd. 67 (1975).

Gipser, Dietlinde, Mädchenkriminalität. Soziale Bedingungen abweichenden Verhaltens, München 1975.

Glaser, Daniel, Criminality Theories and Behavioral Images, in: American Journal of Sociology, Bd. 61 (1956).

Glaser, Daniel, The Sociological Approach to Crime and Correction, in: Law and Contemporary Problems, Bd. 23 (1958).

Glaser, Daniel, The Effectiveness of a Prison and Parole System, Indianapolis – New York und Kansas City 1964.

Glaser, Daniel, Crime in the City, New York – Evanston und London 1970.

Glaser, Daniel, Criminology and Public Policy, in: American Sociologist, Bd. 6 (1971).

Glaser, Daniel, Social Deviance, Chicago, Ill., 1971.

Glaser, Daniel, The Classification of Offenses and Offenders, in: D. Glaser (Hrsg.) 1974.

Glaser, Daniel (Hrsg.), Handbook of Criminology, Indianapolis 1974.

Glaser, Daniel, und Kent Rice, Crime, Age, and Employment, in: American Sociological Review, Bd. 24 (1959).

Glueck, Sheldon, Theory and Fact in Criminology: A Criticism of Differential Association, in: British Journal of Delinquency, Bd. 7 (1956).

Glueck, Sheldon (Hrsg.), The Problem of Delinquency, Boston, Mass., 1959.

Glueck, Sheldon, und Eleanor Glueck, Unraveling Juvenile Delinquency, New York 1950.

Glueck, Sheldon, und Eleanor Glueck, Delinquents in the Making. Paths to Prevention, New York 1952, dtsch.: Jugendliche Rechtsbrecher. Wege zur Vorbeugung, 2. Aufl., Stuttgart 1972, zuerst 1963.

Glueck, Sheldon, und Eleanor Glueck, Physique and Delinquency, New York 1956.

Glueck, Sheldon, und Eleanor Glueck, Ten Years of Unraveling Juvenile Delinquency, in: Journal of Criminal Law, Criminology, and Police Science, Bd. 51 (1960).

Glueck, Sheldon, and Eleanor Glueck, 500 Criminal Careers, New York 1965, zuerst 1930.

Goffman, Erving, Asylums. Essays on the Social Situation of Mental Patients and Other Inmates, Garden City, N. Y., 1961, dtsch.: Asyle. Über die soziale Situation psychiatrischer

Patienten und anderer Insassen, Frankfurt 1973.

Goffman, Erving, Stigma. Notes on the Management of Spoiled Identity, Englewood Cliffs, N. J., 1963, dtsch.: Stigma. Über Techniken der Bewältigung beschädigter Identität, Frankfurt 1972.

Gold, Martin, Status Forces in Delinquent Boys, Ann Arbor, Mich., 1963.

Goldman, Nathan, The Differential Selection of Juvenile Offenders for Court Appearance, New York 1963.

Goldstein, Jeffrey H., Aggression and Crimes of Violence, New York 1975.

Goode, Erich, On Behalf of Labeling Theory, in: Social Problems, Bd. 22 (1975).

Goodman, Paul, Growing up Absurd, New York 1960.

Göppinger, Hans, Die gegenwärtige Situation der Kriminologie, in: Recht und Staat, Bd. 288/289, Tübingen 1964.

Göppinger, Hans, Kriminologie als interdisziplinäre Wissenschaft, in: Heinz Leferenz und J. Hirschmann (Hrsg.), Kriminologische Gegenwartsfragen, Bd. 7, Stuttgart 1966.

Göppinger, Hans, Probleme interdisziplinärer Forschung in der Kriminologie, in: Tübinger Festschrift für Eduard Kern, Tübingen 1968.

Göppinger, Hans, Neuere Ergebnisse der kriminologischen Forschung in Tübingen, in: Hans Göppinger und Hermann Witter (Hrsg.), Kriminologische Gegenwartsfragen, Bd. 9, Stuttgart 1970.

Göppinger, Hans, Kriminologie, 3. überarb. u. erw. Aufl., München 1976, zuerst 1971.

Göppinger, Hans, und Günther Kaiser (Hrsg.), Kriminologie und Strafverfahren. Neuere Ergebnisse der Dunkelfeldforschung in Deutschland. Kriminologische Gegenwartsfragen, Bd. 12, Stuttgart 1976.

Gordon, David, Capitalism, Class, and Crime in America, in: Crime and Delinquency, Bd. 19 (1973).

Gordon, Robert A., Issues in the Ecological Study of Delinquency, in: American Sociological Review, Bd. 32 (1967).

Gordon, Robert A., James F. Short, Jr., Desmond S. Cartwright und Fred L. Strodtbeck, Values and Gang Delinquency: A Study of Street Corner Groups, in: American Journal of Sociology, Bd. 69 (1963).

Goring, Charles B., The English Convict: A Statistical Study, London 1913.

Gottfredson, D. M., Research-Who Needs It? in: Crime and Delinquency Bd. 17 (1971).

Gould, Leroy C., Who Defines Delinquency: A Comparison of Self-Reported and Officially-Reported Delinquency for Three Racial Groups, in: Social Problems, Bd. 16 (1968).

Gould, Leroy C., Juvenile Entrepreneurs, in: American Journal of Sociology, Bd. 74 (1969).

Goulden, Joseph C., The Cops Hit the Jackpot, in: The Nation, Nov. 23, 1970, abgedruckt als „Feeding at the Federal Trough", in: J. Silver (Hrsg.) 1974.

Gouldner, Alvin W., The Sociologist as Partisan: Sociology and the Welfare State, in: The American Sociologist, Bd. 3 (1968).

Gouldner, Alvin W., The Coming Crisis of Western Sociology, New York 1970, dtsch.: Soziologie in der Krise, Reinbek bei Hamburg 1974.

Gove, Walter R., Societal Reactions as an Explanation of Mental Illness: An Evaluation, in: American Sociological Review, Bd. 35 (1970).

Gove, Walter R. (Hrsg.), The Labeling of Deviance. Evaluating a Perspective, New York 1975 a.

Gove, Walter R., The Labeling Theory of Mental Illness. A Reply to Scheff, in: American Sociological Review, Bd. 40 (1975 b).

Gove, Walter R., Deviant Behavior, Social Intervention, and Labeling Theory, in: L. A. Coser und O. N. Larsen (Hrsg.) 1976.

Graff, Helmut, Die deutsche Kriminalstatistik. Geschichte und Gegenwart, Stuttgart 1975.

Grahamn, H. J., und *T. R. Gurr* (Hrsg.), Violence in America – Historical and Comparative Perspectives. Staff Reports to National Commission on the Causes and Prevention of Violence, Washington, D. C., 1969.

Gramatica, Filippo, Grundlagen der Défense Sociale, Kriminologische Schriftenreihe, Bd. 18 und 19, Hamburg 1965.

Greenberg, David J., On One-Dimensional Marxist Criminology, in: Theory and Society, Bd. 3 (1975).

Greenwood, Victoria, und *Jock Young,* Abortion in Demand, London 1976.

Greve, Vagn, Our Non-Deviant Criminals, in: Scandinavian Studies in Criminology, Bd. 5 (1974).

Grimm, Dieter (Hrsg.), Rechtswissenschaft und Nachbarwissenschaften, 2 Bde., München 1976.

Grupp, Stanley E., The Positive School of Criminology. Three Lectures by Enrico Ferri, hrsg. und eingeleitet von *Stanley E. Grupp* sowie einer biographischen Skizze von *Thorsten Sellin,* Pittsburgh 1968.

Grupp, Stanley E. (Hrsg.), Theories of Punishment, Bloomington, Ind., 1971.

Grünhut, Max, Kriminalität junger Menschen im Wohlfahrtsstaat, in: Monatsschrift für Kriminologie und Strafrechtsreform, Bd. 46 (1963).

Grygier, Tadeusz, Howard Jones und *John C. Spencer* (Hrsg.), Criminology in Transition. Essays in Honour of Hermann Mannheim, London 1965.

Guenther, Anthony L. (Hrsg.), Criminal Behavior and Social Systems. Contributions of American Sociology, 2. rev. Aufl., Chicago 1976, zuerst 1970.

Guenther, Anthony L., The Culture of Imprisonment, Englewood Cliffs, N. J., 1977.

Guerry, André M., Essai sur la statistique morale de la France, Paris 1833.

Guerry, André M., La statisque morale de l'Angleterre comparée avec la statisque morale de la France, Paris 1864.

Gusfield, Joseph R., Symbolic Crusade: Status Politics and the American Temperance Movement, Urbana, Ill., 1963.

Gundersheiner, Werner L., Crime and Punishment in Ferrara 1440–1500, in: *Martines Laurio* (Hrsg.), Violence and Civil Disorder in Italian Cities 1200–1500, Berkely, Cal., Los Angeles – London 1972.

Gunningham, Neil, Pollution, Social Interest and the Law, London 1974.

Gurr, Ted Robert, Rogues, Rebels, and Reformers, Beverly Hills – London 1976.

Gusfield, Joseph R., Moral Passage: The Symbolic Process in Public Designations of Deviance, in: Social Problems, Bd. 15 (1967), dtsch.: *F. W. Stallberg* (Hrsg.) 1975.

Haag, Ernest van den, Punishing Criminals: Concerning a Very Old and Painful Question, New York 1975.

Haferkamp, Hans, Kriminalität ist normal – Zur gesellschaftlichen Produktion abweichenden Handelns, Stuttgart 1972.

Haferkamp, Hans, Soziale Lage und kriminelles Handeln, in: Kriminologisches Journal, Bd. 6 (1974).

Haferkamp, Hans, Kriminelle Karrieren. Handlungstheorie, teilnehmende Beobachtung und Soziologie krimineller Prozesse, Reinbek bei Hamburg 1975.

Haferkamp, Hans, Von der alltagsweltlichen zur sozialwissenschaftlichen Begründung der Soziologie sozialer Probleme und sozialer Kontrolle, in: *Christian von Ferber* und *Franz-Xaver Kaufmann* (Hrsg.), Soziologie und Sozialpolitik, Sonderheft 19 der Kölner Zeitschrift für Soziologie und Sozialpsychologie, Opladen 1977.

Haferkamp, Hans, und *Rüdiger Lautmann,* Zur Genese kriminalisierender Normen, in: Kriminologisches Journal, Bd. 7 (1975).

Haferkamp, Hans, und *Günter Meier,* Sozialarbeit als Instanz sozialer Kontrolle, in: Kriminologisches Journal, Bd. 4 (1972).

Haffke, Bernhard, Tiefenpsychologie und Generalprävention. Eine strafrechtstheoretische Untersuchung, Aarau – Frankfurt am Main 1976.

Hagen, Johann, Soziologie und Jurisprudenz, München 1973.

Hagan, John, Conceptual Deficiencies of an Interactionist in „Deviance", in: Criminology, Bd. 11 (1973).

Hagan, John, Extra-Legal Attributes and Criminal Sentencing: An Assessment of a Sociological Viewpoint, in: Law and Society Review, Bd. 8 (1974).

Hagan, John, The Social and Legal Construction of Criminal Justice, A Study of Pre-Sentencing Process, in: Social Problems, Bd. 22 (1975)

Hakeem, Michael, A Critique of the Psychiatric Approach to Crime and Correction, in: Law and Contemporary Problems, Vol. 23 (1958), dtsch.: *Fritz Sack* und *René König* (Hrsg.), Kriminalsoziologie, Frankfurt a. M. 1968.

Hall, Arthur Cleveland, Crime in its Relation so Social Progress, 1902, mit einem Vorwort von *Franklin H. Giddings.*

Hall, Jerome, Criminology, in: *Georges Gurvitch* und *Wilbert E. Moore* (Hrsg.), Twentieth Century Sociology, New York 1945.

Hall, Jerome, General Principles of Criminal Law, Indianapolis 1947.

Hall, Jerome, Theft, Law, and Society, 2. Aufl., Indianapolis, Ind., 1952, zuerst 1935.

Halleck, Seymour L. u. a. (Hrsg.), The Aldine Crime and Justice Annual 1974, Chicago, Ill., 1975.

Halloran, J. D., R. L. Brown, D. C. Chaney, Television and Delinquency, Leicester (England) – New York 1970, dt.: Fernsehen und Kriminalität, Berlin 1972.

Hammond, Philipp E. (Hrsg.), Sociologists at Work, New York 1974.

Handwörterbuch der Kriminologie und der anderen strafrechtlichen Hilfswissenschaften, begründet von *Alexander Elster* und *Heinrich Lingemann,* in völlig neu bearbeiteter 2. Aufl., als *Handwörterbuch der Kriminologie,* hrsg. von *Rudolf Sieverts* (1. Bd.) und *Rudolf Sieverts* und *Hans Joachim Schneider* (2. u. 3. Bd.), Berlin, 1966 (I), 1975 (III) und 1977 (II), zuerst Berlin 1933 und 1936.

Harary, F., Merton Revisited: a New Classification for Deviant Behavior, in: American Sociological Review, Bd. 31 (1966).

Harbordt, Steffen, Die Subkultur des Gefängnisses. Eine soziologische Studie zur Resozialisierung, Stuttgart 1967.

Hartmann, Dale G., Historial Perspectives of Gang Research, in: Journal of Research in Crime and Delinquency, Bd. 4 (1967).

Harris, Anthony R., Sex and Theories of Deviance: Toward a Functional Theory of Deviant Type-Scripts, in: American Sociological Review, Bd. 42 (1977).

Hart, H. L. A., The Ascription of Responsibility and Rights, in: Proceedings of the Aristotelian Society (1948–1949), auch in: *Antony Flew* (Hrsg.), Logic and Language, First Series, 5. Aufl. Oxford 1965, zuerst 1951.

Hart, H. L. A., Punishment and Responsibility, Oxford 1968.

Hartjen, Clayton A., Legalism and Humanism: A Reply to the Schwendingers, in: Issues in Criminology, Bd. 7 (1972).

Hartjen, Clayton A., Crime and Criminalization, New York und Washington, D. C. 1974.

Hartmann, Klaus, Theoretische und empirische Beiträge zur Verwahrlosungsforschung, Berlin – Heidelberg und New York 1970.

Hartung, Frank E., White-Collar Crime: Its Significance for Theory and Practice, in: Federal Probation, Bd. 17 (1953).

Hartung, Frank E., A Critique of the Sociological Approach to Crime and Correction, in: Law and Contemporary Problems, Bd. 23 (1958).

Hartung, Frank E., Crime, Law, and Society, Detroit 1965.

Haskell, Martin R., und Lewis Yablonsky, Criminology: Crime and Criminality, 2. Aufl., Chicago 1974 a.

Haskell, Martin R., und Lewis Yablonsky, Juvenile Delinquency, Chicago 1974 b.

Hassemer, Winfried, Tatbestand und Typus: Untersuchungen zur strafrechtlichen Hermeneutik, Köln 1968.

Hassemer, Winfried, Theorie und Soziologie des Verbrechens. Ansätze zu einer praxisorientierten Rechtsgutslehre, Frankfurt 1973.

Hassemer, Winfried, Strafrechtsdogmatik und Kriminalpolitik, Reinbek bei Hamburg 1974.

Hataaway, Starke R., und Elio D. Monachesi, Analysing and Predicting Juvenile Delinquency with the MMP I, Minneapolis 1953.

Hawes, J. M., Children in Urban Society: Juvenile Delinquency in Nineteenth-Century America, New York 1971.

Hawkins, Richard, und Gary Tiedemann, The Creation of Deviance. Interpersonal and Organizational Determinants, Columbus, Ohio 1975.

Hay, Douglas, Property, Authority, and the Criminal Law, in: D. Hay u. a. (Hrsg.), 1975.

Hay, Douglas, Peter Linebaugh, John G. Rule, Edward Palmer Thompson und Cal Winslow, Albion's Fatal Tree: Crime and Society in Eighteenth Century England, London 1975.

Healy, William, The Individual Delinquent. A Text-Book of Diagnosis and Prognosis for All Concerned in Understanding Offendors, Boston, Mass., 1915.

Heintz, Peter, und René König (Hrsg.), Soziologie der Jugendkriminalität, Sonderheft 2 der Kölner Zeitschrift für Soziologie und Sozialpsychologie, 6. Aufl., Köln und Opladen 1974, zuerst 1958.

Heintz, Peter, Ein soziologischer Bezugsrahmen für die Analyse der Jugendkriminalität, in: P. Heintz und R. König (Hrsg.) 1957.

Heinz, John P., Robert W. Gettleman und Morris A. Seeskin, Legislative Politics and the Criminal Law, in: Northwestern University Law Review, Bd. 64 (1969).

Heinz, Wolfgang, Bestimmungsgründe der Anzeigebereitschaft des Opfers. Ein kriminologischer Beitrag zum Problem der differenziellen Wahrscheinlichkeit strafrechtlicher Sanktionierung, Jur. Diss., Freiburg 1972 a.

Heinz, Wolfgang, Entwicklung, Aufgaben und Probleme der Kriminalstatistik, in: Zeitschr. f. die gesamte Strafrechtswissenschaft, Bd. 84 (1972 b).

Heinz, Wolfgang, Kriminalitätstheorien, in: H. Jung (Hrsg.), Fälle zum Wahlfach Kriminologie, Jugendstrafrecht, Strafvollzug, München 1975.

Heinz, Wolfgang, und Uwe Dörmann, Kriminalstatistik. Entwicklung, Probleme und Perspektiven, BKA-Forschungsreihe, 4 Bde., erscheint demnächst.

Hellmer, Joachim, Zum gegenwärtigen Stand der Lehre vom Verbrechen, in: Juristenzeitung, Bd. 18 (1963).

Hellmer, Joachim, Kriminalitätsatlas, Wiesbaden 1972.

Hellmer, Joachim, Jugendkriminalität in unserer Zeit, 3. Aufl. Neuwied, Berlin 1975, zuerst 1966.

Helmer, John, und Thomas Vietoricz, Drug Use, the Labor Market, and Class Conflict, Washington, D. C., 1972.

Henry, Andrew F., und James F. Short Jr., Suicide and Homicide. Some Economic, Sociological and Psychological Aspects of Agression, Glencoe, Ill., 1954.

Henry, Andrew F., Affekt, Interaktion und Delinquenz, in: P. Heintz und R. König (Hrsg.) 1957.

Henshel, Richard L., und Robert A. Silverman (Hrsg.), Perception in Criminology, New York und London 1975.

Hepburn, J. R., The Role of the Audience in Deviant Behavior and

Deviant Identity, in: Sociology and Social Research, Bd. 59 (1975).

Hering, Karl-Heinz, Der Weg der Kriminologie zur selbständigen Wissenschaft, Hamburg 1966.

Herren, Rüdiger, Freud und die Kriminologie, Stuttgart 1973.

Hess, Albert G., History and the Criminologist, in: Excerpta Criminologica, 1966.

Hess, Henner, Mafia. Zentrale Herrschaft und lokale Gegenmacht, Tübingen 1970.

Hess, Henner, Die Lazarus-Schicht. Vorbemerkungen zum Problem der Armut, in: Kriminologisches Journal, Bd. 4 (1972).

Hess, Henner, Repressives Verbrechen, in: Kriminologisches Journal, Bd. 8 (1976).

Hess, Henner, und Achim Mechler, Ghetto ohne Mauern. Ein Bericht aus der Unterschicht, Frankfurt am Main 1973.

Heuer, U.-J., Allgemeines Landrecht und Klassenkampf, Berlin 1960.

Hewitt, John P., Social Stratification and Deviant Behavior, New York 1970.

Hewitt, William H., Police Administration, in: D. Glaser (Hrsg.) 1974.

Hilbers, Marlene, und Wolf Lange, Abkehr von der Behandlungsideologie? Erfahrungen mit modernen Vollzugsformen in Skandinavien, in: Kriminologisches Journal, Bd. 5 (1973).

Hilgard, Ernst R., The Scientific Status of Psychoanalysis, in: Ernst Nagel, Patrick Suppes und Alfred Tarski (Hrsg.), Logic, Methodology, and Philosophy of Science, Stanford, Cal., 1962.

Hindess, Barry, The Uses of Official Statistics in Sociology, London 1973.

Hirschi, Travis, Causes of Delinquency, Berkeley, Cal., 1969.

Hirschi, Travis, Procedural Rules and the Study of Deviant Behavior, in: Social Problems, Bd. 21 (1973).

Hirschi, Travis, Labeling Theory and Juvenile Delinquency: An Assessment of Evidence, in: W. R. Gove (Hrsg.) 1975.

Hirschi, Travis, und D. Rudisill, The Great American Search: Causes of Crime 1876–1976, in: The Annals of the American Academy of Political and Social Science, Bd. 423 (1976).

Hirschi, Travis, und Hanan C. Selvin, Delinquency Research. An Appraisal of Analytic Methods, New York 1967.

Hirst, Paul Q., Marx and Engels on Law, Crime and Morality, in: J. Taylor, P. Walton und J. Young (Hrsg.) 1975.

Hirst, Paul Q., Radical Deviancy Theory and Marxism: A Reply to Taylor and Walton, in: J. Taylor, P. Walton und J. Young (Hrsg.) 1975.

Hochheimer, Wolfgang, Zur Psychologie von strafender Gesellschaft, in: Kritische Justiz, Bd. 2 (1969).

Hoebel, E. Adamson The Law of Primitive Man. A Study in Comparative Legal Dynamics, Cambridge, Mass., 1954, dtsch.: Das Recht der Naturvölker, Olten 1968.

Hoffmann-Riem, Wolfgang, Rechtsanwendung und Selektion, in: Juristenzeitung, Bd. 27 (1972).

Hohenstein, W., Factors Infuencing the Police Disposition of Juvenile Offenders, in: Thorsten Sellin und Marvin E. Wolfgang (Hrsg.), Delinquency. Selected Studies, New York – London 1969.

Hohmeier, Jürgen, Die soziale Situation der Strafgefangenen: Deprivation der Haft und ihre Folgen, in: Monatsschrift für Kriminologie und Strafrechtsreform, Bd. 52 (1969).

Hohmeier, Jürgen, Die soziale Situation ehemaliger Strafgefangener: Erscheinungsformen und Folgen von Stigmatisierung, in: Kriminologisches Journal, Bd. 3 (1971).

Hollander, A. N. J. den, Der „Kulturkonflikt" als soziologischer Begriff und als Erscheinung, in: Kölner Zeitschrift für Soziologie und Sozialpsychologie, Bd. 7 (1955).

Hollingshead, August B., The Concept of

Social Control, in: American Sociological Review, Bd. 6 (1941).

Hollstein, Walter, und Marianne Meinhold (Hrsg.), Sozialarbeit unter kapitalistischen Produktionsbedingungen, Frankfurt 1973.

Honigmann, John J., Value Conflict and Legislation, in: Social Problems, Bd. 7 (Sommer 1959).

Honolka, Harro, Die Eigendynamik sozialwissenschaftlicher Aussagen, Zur Theorie der self-fulfilling prophecy, Frankfurt a. M. und New York 1976.

Hood, Roger, und Richard Sparks, Key Issues in Criminology, London 1970, dtsch.: Kriminalität: Verbrechen, Rechtsprechung und Strafvollzug, München 1970.

Hood, Roger (Hrsg.), Crime, Criminology, and Public Policy. Essays in Honour of Sir Leon Radzinowicz, London 1974.

Hooton, E. Albert, The American Criminal: An Anthropological Study, Cambridge, Mass., 1939.

Hopkins, Andrew, On the Sociology of Criminal Law, in: Social Problems, Bd. 22 (1975).

Horosz, William, The Crisis of Responsibility. Man as the Source of Accountability, Oklahoma, University Press 1975.

Horton, John, Order and Conflict Theories of Social Problems as Competing Ideologies, in: American Journal of Sociology, Bd. 71 (1965/66).

Hunter, Albert, Symbolic Communities. The Persistence and Change of Chicago's Local Communities, Chicago und London 1974.

Ianni, Francis A. J., The New Mafia: Black, Hispanic und Italian Styles, in: Society, Bd. 11 (1974).

Inciardi, James A., Visibility, Social Reaction, and Criminal Behavior, in: Criminology, Bd. 10 (1972).

Inciardi, James A., Vocational Crime, in: D. Glaser (Hrsg.) 1974.

Inciardi, James A., Careers in Crime, Chicago, Ill., 1975.

Jackson, George, Soledad Brother: The Prison Letters of George Jackson, New York 1970, dtsch: In die Herzen ein Feuer, Bern – München – Wien 1971.

Jäger, Herbert, Verbrechen unter totalitärer Herrschaft. Studien zur nationalsozialistischen Gewaltkriminalität, Olten – Freiburg 1967.

Jäger, Herbert, Psychologie des Strafrechts und der strafenden Gesellschaft, in: P. Reiwald 1973.

Jäger, Herbert, Strafrecht und psychoanalytische Theorie, in: Claus Roxin u. a. (Hrsg.), Festschrift für H. Henkel, Berlin 1974.

Jäger, Herbert, Veränderung des Strafrechts durch Kriminologie? Ansätze zur Konkretisierung interdisziplinärer Kooperation, in: Kriminologisches Journal, Bd. 8 (1976).

Jahoda, Marie, Paul F. Lazarsfeld, und Hans Zeisel, Die Arbeitslosen von Marienthal, Ein soziographischer Versuch über die Wirkungen langandauernder Arbeitslosigkeit, Frankfurt am Main 1975, zuerst 1933.

Jakobs, Günther, Schuld und Prävention, in: Recht und Staat, Bd. 452/453, Tübingen 1976.

James, Don, Girls and Gangs, Derby, Conn., 1963.

Jansyn, Leon R., Jr., Solidarity and Delinquency in a Street Corner Group, in: American Sociological Review, Bd. 31 (1966).

Jeffery, Clarence Ray, The Structure of American Criminological Thinking, in: Journal of Criminal Law, Criminology, and Police Science, Bd. 46 (1956 a).

Jeffery, Clarence Ray, Crime, Law, and Social Structure, in: Journal of Criminal Law, Criminology, and Police Science, Bd. 47 (1956 b).

Jeffery, Clarence Ray, The Development of Crime in Early English Society, in: Journal of Criminal Law, Criminology, and Police Science, Bd. 48 (1957).

Jeffery, Clarence Ray, An Integrated Theory of Crime and Criminal Behavior, in: Journal of Criminal Law, Criminology, and Police Science, Bd. 49 (1959 a).

Jeffery, Clarence Ray, The Historical Development of Criminology, in: Journal of Criminal Law, Criminology, and Police Science, Bd. 50 (1959 b).

Jeffery, Clarence Ray, Criminal Justice and Social Change, in: *F. James Davis* u. a. 1962 a.

Jeffery, Clarence Ray, in Zusammenarbeit mit *E. Eugene Davis* und *Henry H. Forster, Jr.*, The Legal Profession, in: *F. James Davis* u. a. 1962 b.

Jeffery, Clarence Ray, Social Change and Criminal Law, in: *St. S. Nagel* (Hrsg.) 1970.

Jeffery, Clarence Ray, Crime Prevention through Environmental Design, London 1971.

Jeffery, Clarence Ray, American Trends in Criminology 1960–1970, in: *H. Mannheim* (Hrsg.) 1972.

Jenkins, Richard L., Child-Parent Relationships and Delinquency and Crime, in: *Walter C. Reckless* (Hrsg.), The Etiology of Delinquent and Criminal Behavior, Social Science Research Bulletin, Bd. 50, New York 1943.

Jescheck, Hans-Heinrich, Das Menschenbild unserer Zeit und die Strafrechtsreform, Tübingen 1957 (Recht und Staat Nr. 198 a).

Johnson, Elmer H., Crime, Correction, and Society, 3. Aufl., Homewood, Ill., 1974, zuerst 1964.

Johnson, Guy B., The Negro and Crime, in: The Annals of American Academy of Political and Social Science, Bd. 217 (1941).

Johnson, John, Doing Field Research, New York 1976.

Johnson, Norman, Leonard Savitz und *Marvin E. Wolfgang* (Hrsg.), The Sociology of Punishment and Correction, 2. Aufl., New York – London 1970, zuerst 1962.

Jonassen, Christian T., A. Reevaluation of the Logic and Some of the Methods of Shaw and McKay, in: American Sociological Review, Bd. 14 (1949).

Jung, Heike, Kinderkriminalität, in: Unsere Jugend, Bd. 18 (1966).

Jung, Heike (Hrsg.), Fälle zum Wahlfach Kriminologie, Jugendstrafrecht, Strafvollzug, München 1975.

Jung, Heike, Literaturschau: Kriminologie, in: Juristische Schulung, Bd. 16 (1976).

Jürgens, H. W., Asozialität als biologisches und sozialbiologisches Problem, Stuttgart 1961.

Kadish, Sanford H., The Crisis of Overcriminalization, in: The Annals of the American Academy of Political and Social Science, Bd. 374 (1967).

Kaiser, Günther, Randalierende Jugend, Heidelberg 1959.

Kaiser, Günther, Moderne Kriminologie und ihre Kritiker, in: *A. Mergen* (Hrsg.) 1964.

Kaiser, Günther, Entwicklung und Stand der Jugendkriminalität in Deutschland, in: Kriminalbiologische Gegenwartsfragen, Bd. 7, Stuttgart 1966.

Kaiser, Günther, Probleme interdisziplinärer Forschung in der Kriminologie, in: Monatsschrift für Kriminologie und Strafrechtsreform, Bd. 50 (1967 a).

Kaiser, Günther, Die Beziehungen zwischen Kriminologie und Strafrecht, in: Golthammers Archiv für Strafrecht (1967 b).

Kaiser, Günther, Einige Vorbemerkungen zu Grundfragen heutiger Kriminalpolitik, in: Monatsschrift für Kriminologie und Strafrechtsreform, Bd. 51 (1968).

Kaiser, Günther, Kriminologische Forschung in Deutschland und die empirischen Untersuchungen am Max-Planck-Institut, in: Zeitschrift für die gesamte Strafrechtswissenschaft, Bd. 83 (1971 a).

Kaiser, Günther, Probleme, Aufgaben und Strategie kriminologischer Forschung heute, in: Zeitschrift für die gesamte Strafrechtswissenschaft, Bd. 83 (1971 b).

Kaiser, Günther, Strategien und Prozesse strafrechtlicher Sozialkontrolle, Frankfurt am Main 1972.

Kaiser, Günther, Die Fortentwicklung der Methoden und Mittel des Strafrechts, in: Zeitschrift für die gesamte Strafrechtswissenschaft, Bd. 86 (1974).

Kaiser, Günther, Stand und Entwicklung der kriminologischen Forschung in Deutschland, Berlin – New York 1975.

Kaiser, Günther, Jugendrecht und Jugendkriminalität, 2. Aufl., Weinheim, Basel 1976 a, zuerst 1973.

Kaiser, Günther, Kriminologie. Eine Einführung in die Grundlagen, 3. überarb. und erg. Aufl., Heidelberg und Karlsruhe 1976 b, zuerst 1971.

Kaiser, Günther, Was ist eigentlich kritisch an der „kritischen Kriminologie"? in: *Günther Warda, Heribert Waider, Reinhard von Hippel* und *Dieter Meurer* (Hrsg.), Festschrift für Richard Lange zum 60. Geburtstag, Berlin und New York 1976 c.

Kaiser, Günther, Jugendkriminalität. Rechtsbrüche, Rechtsbrecher und Opfersituation im Jugendalter, überarb. Neuauflage, der §§ 1, 8–14 von *Günther Kaiser* 1973, Weinheim – Basel 1977 a.

Kaiser, Günther, Gesellschaft, Jugend und Recht. System, Träger und Handlungsstile der Jugendkontrolle, erw. Neuaufl. der §§ 3–7, 9 (4) von *Günther Kaiser* 1973, Weinheim – Basel 1977 b.

Kaiser, Günther, Antrag auf Einrichtung eines DFG-Schwerpunkts „Empirische Sanktionsforschung – Verfahren, Vollzug, Wirkungen und Alternativen", in: Monatsschrift für Kriminologie und Strafrechtsreform, Bd. 60 (1977 c).

Kaiser, Günther, und *Gerhard Metzger-Pregizer* (Hrsg.), Betriebsjustiz. Untersuchungen über die soziale Kontrolle abweichenden Verhaltens in Industriebetrieben, Berlin 1976.

Kaiser, Günther, und *Hartmut Schellhoss,* Entwicklungstendenzen der Kriminologie. Eine kritische Erwiderung auf den Beitrag von H. J. Schneider, in: Juristenzeitung, Bd. 21 (1966).

Kaiser, Günther, Fritz Sack und *Hartmut Schellhoss* (Hrsg.), Kleines Kriminologisches Wörterbuch, Freiburg 1974.

Kaiser, Günther, Heinz Schöch, Hans-Heinrich Eidt und *Hans-Jürgen Kerner,* Strafvollzug. Eine Einführung in die Grundlagen, 2. völlig neubearb. Aufl. Heidelberg – Karlsruhe 1978 (zuerst 1974).

Kaiser, Jürgen, Jugenddelinquenz in rollentheoretischer Sicht, Familie und Jugendkriminalität, Bd. 3, Stuttgart 1970.

Kan, Joseph van, Les causes économiques de la criminalité: Etude historique et critique d'étiologie criminelle, Paris 1903.

Kapadia, K. M., The Criminal Tribes of India, in: Sociological Bulletin, Bd. 1 (1952).

Kaplan, Abraham, The Conduct of Inquiry, San Francisco, Cal., 1964.

Kaplan, Lawrence J., und *Dennis Kessler* (Hrsg.), An Economic Anaysis of Crime. Selected Readings, Springfield, Ill., 1976.

Karacke, Larry, und *Jackson Toby,* The Uncommitted Adolescent: Candidate for Gang Socialization, in: Sociological Inquiry, Bd 32 (1962).

Kargl, Walter, Kriminalität und Psychoanalyse, in: Monatsschrift für Kriminologie und Strafrechtsreform, Bd. 59 (1976).

Karstedt, Susanne, Bibliographie: Soziale Randgruppen, 2. Aufl., Hamburg 1976.

Katz, Fred E., Autonomy and Organization. The Limits of Social Control, New York 1968.

Katz, Jack, Essences as Moral Identities: Verifiability and Responsibility in Imputations of Deviance and Charisma, in: American Journal of Sociology, Bd. 80 (1975).

Kaufmann, Hilde, Was läßt die Kriminologie von Strafrecht übrig?, in: Juristenzeitung, Bd. 17 (1962).

Kaufmann, Hilde, Steigt die Jugendkriminalität wirklich?, Bonn 1965.

Kaufmann, Hilde, Kriminologie I. Entstehungszusammenhänge des Verbrechens, Stuttgart – Berlin – Köln – Mainz 1971.

Kaufmann, Hilde, Kriminologie zum Zwecke der Gesellschaftskritik?, in: Juristenzeitung (1972).

Kaufmann, Hilde, Jugendliche Rechtsbrecher und ihre Verfahren, München 1975.

Kaufmann, Hilde, Kriminologie III. Strafvollzug und Sozialtherapie, Stuttgart – Berlin – Köln 1977.

Kaupen, Wolfgang, Die Hüter von Recht und Ordnung. Die soziale Herkunft, Erziehung und Ausbildung der deutschen Juristen. Eine soziologische Analyse, Neuwied – Berlin 1969.

Kaupen, Wolfgang, Das Verhältnis der Bevölkerung zur Rechtspflege – Empirische Materialien zur Frage der Effektivität von Recht, in: *Manfred Rehbinder* und *Helmut Schelsky* (Hrsg.), Zur Effektivität des Rechts. Jahrbuch für Rechtssoziologie und Rechtstheorie, Bd. III, Düsseldorf 1972.

Keckeisen, Wolfgang, Die gesellschaftliche Definition abweichenden Verhaltens. Perspektiven und Grenzen des labeling approach, München 1974.

Kefauver, Ester, Crime in America, New York 1951.

Kellens, Georges, La France criminologique, in: Revue de droit pénal, Bd. 54 (1974).

Keniston, Kenneth, The Uncommitted. Alienated Youth in American Society, New York 1965.

Keniston, Kenneth, Radicals and Militants. An Annotated Bibliography of Empirical Research in Campus Unrest, Lexington, Mass. – Toronto – London 1973.

Kerner, Hans-Jürgen, Professionelles und organisiertes Verbrechen. Versuch einer Bestandsaufnahme und Bericht über eine Erhebung in der Bundesrepublik Deutschland und den Niederlanden, Schriftenreihe des Bundeskriminalamtes, Bd. 1–3 (1973).

Kerner, Hans-Jürgen, Verbrechenswirklichkeit und Strafverfolgung. Erwägungen zum Aussagewert der Kriminalstatistik, München 1973.

Kerscher, Ignatz, Sozialwissenschaftliche Kriminalitätstheorien. Eine Einführung, Weinheim – Basel 1977.

Keupp, Heinrich (Hrsg.), Der Krankheitsmythos in der Psychopathologie, München – Berlin – Wien 1972 a.

Keupp, Heinrich, Psychische Störungen als abweichendes Verhalten. Zur Soziogenese psychischer Störungen, München – Berlin – Wien 1972 b.

Keupp, Heinrich, Abweichung und Alltagsroutine. Die Labeling-Perspektive in Theorie und Praxis, Hamburg 1976.

Kirchheimer, Otto, Political Justice. The Use of Legal Procedure for Political Ends, Princeton, N. J., 1961, dtsch: Politische Justiz Verwendung juristischer Verfahrensmöglichkeiten zu politischen Zwecken, Neuwied – Berlin 1965.

Kirchhoff, Gerd F., Selbstberichtete Delinquenz. Eine empirische Untersuchung, Göttingen 1975.

Kitsuse, John I., Societal Reaction to Deviant Behavior. Problems of Theory and Method, in: Social Problems, Bd. 9 (1962).

Kitsuse, John I., Deviance, Deviant Behavior, and Deviants: Some Conceptual Problems, in: *W. J. Filstead* (Hrsg.) 1972.

Kitsuse, John I., The „New Conception of Deviance" and its Critics, in: *W. R. Gove* (Hrsg.) 1975.

Kitsuse, John I., und *Aaron V. Cicourel,* A Note on the Use of Official Statistics, in: Social Problems, Bd. 11 (1963).

Kitsuse, John I., und *David C. Dietrick,* Delinquent Boys. A Critique, in: American Sociological Review, Bd. 24 (1959).

Kittrie, Nicholas N., The Right to be Different: Deviance and Enforced Therapy, mit einem Vorwort von *Thurman Arnold,* Baltimore – London 1971.

Klein, Dorie, The Etiology of Female Crime: A Review of the Literature, in: Issues in Criminology, Bd. 8 (1973).

Klein, Malcolm W. (Hrsg.), Juvenile Gangs in Context. Theory, Research, and Action, Englewood Cliffs, N. J., 1967.

Klein-Vogler, U., und *W. Haberlandt,* Kriminalität und chromosomale Konstitution. Ergebnisse einer genetischen Untersuchung von drei Populationen Krimineller und einer Vergleichsserie aus der Durchschnittsbevölkerung, in: Monatsschrift für Kriminologie und Strafrechtsreform, Bd. 57 (1974).

Klockars, Carl B., The Professional Fence, New York 1974.

Kobrin, Solomon, The Conflict of Values in Delinquency Areas, in: American Sociological Review, Bd. 16 (1951).

Kobrin, Solomon, The Chicago Area Project – A Twenty-five-Year Assessment, in: The Annals of the American Academy of Political and Social Science, Bd. 322 (1959).

Kögler, Alfred, Die Entwicklung von „Randgruppen" In der Bundesrepublik Deutschland. Literaturstudie zur Entwicklung randständiger Bevölkerungsgruppen. Schriften der Kommission für wirtschaftlichen und sozialen Wandel, Bd. 87, Göttingen 1976.

Kohn, Melvin L., Looking Back – A 25 Year Review and Appraisal of Social Problems Research, in: Social Problems, Bd. 24 (1976).

Komarovsky, Mirra (Hrsg.), Sociology and Public Policy: the Case of Presidential Commissions, New York 1975.

König. René, La prévention des infractions contre la vie humaine et l'intégrité corporelle. Aspects sociologiques, in: Actes du congrès international sur la prévention des infractions contre la vie humaine et l'intégrité corporelle. IVe Congrès international de défense sociale, Mailand 1956.

König, René, Einige Bemerkungen zur Stellung des Problems der Jugendkriminalität in der allgemeinen Soziologie, in: *P. Heintz* und *R. König* (Hrsg.) 1957.

König, René, Einleitung, in: *Emile Durkheim,* Die Regeln der soziologischen Methode, 4. Aufl., Neuwied 1975, zuerst 1961.

König, René, Zur Frage der Marginalität in der Alltags-Moral der fortgeschrittenen Industriegesellschaften, in: *Bundeskriminalamt Wiesbaden* (Hrsg.), Grundfragen der Wirtschaftskriminalität, Wiesbaden 1963 a.

König, René, Sittlichkeitsdelikte und Probleme der Gestaltung des Sexuallebens in der Gegenwartsgesellschaft, in: *F. Bauer* u. a. 1963 b.

König, René, Dankrede, in: *Armand Mergen* (Hrsg.), Kriminologische Aktualität II, Hamburg 1967.

König, René (Hrsg.), Soziologie, Neuausgabe, 17. Aufl. Frankfurt am Main 1977, zuerst 1958, Neuausg. 1967 b.

König, René, Das Recht im Zusammenhang der sozialen Normensysteme, in: *Ernst E. Hirsch* und *Manfred Rehbinder* (Hrsg.), Studien und Materialien zur Rechtssoziologie, in: Sonderheft 11 der Kölner Zeitschrift für Soziologie und Sozialpsychologie, Köln – Opladen 1967 c.

König, René, General Report on the Sociological Aspects and of Sociology of Law: Marginality, Marginalization and De-Marginalization. A Theoretical Reorientation, in: Ninth International Congress of Social Defence: Social Marginality and Justice, Caracas, 3.–7. August 1976 a.

König, René, Sociological Introduction, Ninth Internation Congress of Social Defence: Social Marginality and Justice, Caracas, 3.–7. August 1976 b.

König, René, E. Durkheim zur Diskussion, München 1978.

Koselleck, Reinhart, Preußen zwischen Reform und Revolution. Allgemeines Landrecht, Verwaltung und soziale Bewegung von 1791 bis 1848,

2. bericht. Aufl., Stuttgart 1975, zuerst 1967.

Kosimar, L., Down and Out in the USA: A History of Social Welfare, New York 1973.

Krauß, Detlef, Kriminologie und Strafrecht, in: *D. Grimm* (Hrsg.), Rechtswissenschaften und Nachbarwissenschaften 1, Frankfurt 1976, zuerst 1973.

Kreuzer, Arthur, Rocker-Gruppen-Kriminalität. Betrachtungen zur deutschen Variante eines internationalen Jugend-Phänomens, in: Monatsschrift für Kriminologie und Strafrechtsreform, Bd. 53 (1970).

Kreuzer, Arthur, Drogen und Delinquenz. Empirisch-jugendkriminologische Untersuchung der Erscheinungsformen und Zusammenhänge, Hamburg 1975.

Kriminologie und Labeling-Approach, in: Kriminologisches Journal, Bd. 4 (1975).

Krisberg, Barry, Crime and Privilege. Toward a New Criminology, Englewood Cliffs, N. J., 1975.

Kühlwein, Hans Peter, Grundlegung zu einer Kritik der Strafrechtstheorien im Lichte der modernen Kriminologie, Hamburg 1968.

Kunz, Harald J., Die Ökonomie individueller und organisierter Kriminalität, Köln – Bonn – Berlin – München 1977.

Kurella, H., Naturgeschichte des Verbrechens, Stuttgart 1893.

Kurzeja, Dietmar, Jugendkriminalität und Verwahrlosung, Gießen 1973.

Kürzinger, Josef, Die Kritik des Strafrechts aus der Sicht moderner kriminologischer Richtungen, in: Zeitschrift für die gesamte Strafrechtswissenschaft, Bd. 86 (1974).

Kürzinger, Josef, Private Strafanzeigen und polizeiliche Reaktion, Berlin 1976.

Küther, Carsten, Räuber und Gauner in Deutschland, Göttingen 1976.

Kutschinsky, Berl, Knowledge and Attitudes Regarding Legal Phenomena in Denmark, in: Scandinavian Studies in Criminology, Bd. 2 (1968).

Kutschinsky, Berl, Sociological Aspects of Deviance and Criminality. A Survey of Empirical Research, in: Collected Studies in Criminological Research, Bd. 9 (1972).

Kutchinski, Berl, The Effect of Easy Availability of Pornography on the Incidence of Sex Crimes: The Danish Experience, in: Journal of Social Issues, Bd. 29 (1973).

Kvaraceus, William C., Forecasting Juvenile Delinquency, in: Journal of Education, Bd. 138 (1956).

Kvaraceus, William C., und *Walter B. Miller,* Delinquent Behavior. Culture and the Individual, Washington, D. C., 1959.

Lacassagne, J. Alexandre, Marché de la criminalité en France de 1825 à 1880. Du criminel devant la science contemporaine, in: Revue scientifique (1881).

Lacassagne, J. Alexandre, La criminalité comparée des villes et des campagnes, in: Bulletin de la Société d'Anthropologie de Lyon, Lyon 1882.

Lafargue, Paul, Die Kriminalität in Frankreich von 1840–1886. Untersuchungen über ihre Entwicklungen und ihre Ursachen, in: Die Neue Zeit, Bd. 8 (1890).

La Fave, Wayne, The Police and Nonenforcement of the Law, in: Wisconsin Law Review (1962).

La Fave, Wayne, Arrest: The Decision to Take a Suspect Into Custody, Boston, Mass., 1965.

Lander, Bernard, Towards an Understanding of Juvenile Delinquency, New York 1954.

Lane, Robert, Crime and Criminal Statistics in Nineteenth-Century Massachusetts, in: Journal of Social History, Bd. 2 (1968).

Langbein, John H., Prosecuting Crime in the Renaissance: England, Germany, France, Cambridge, Mass. 1974.

Lange, Johannes, Verbrechen als Schicksal. Studien an kriminellen Zwillingen, Leipzig 1929.

Lange, Richard, Wandlungen in den kriminologischen Grundlagen der Strafrechtsreform, in: 100 Jahre deutsches Rechtsleben. Festschrift zum 100jährigen Bestehen des Deutschen Juristentages 1860–1960, Bd. 1, Karlsruhe 1960.

Lange Richard, Das Rätsel Kriminalität. Was wissen wir vom Verbrechen, Frankfurt am Main – Berlin 1970.

Lanhers, Y., Crimes et criminels au XIVe Siècle, in: Revue historique, Bd. 240 (1968).

LaPiere, Richard T., A Theory of Social Control, New York 1954.

Lauer, Robert H., Defining Social Problems: Public and Professional Perspectives, in: Social Problems, Bd. 24 (1976).

Lauer, Robert H., und *Warren H. Handel,* Social Psychology, The Theory of Application of Symbolic Interactionism, Boston 1977.

Lautmann, Rüdiger, Soziologie vor den Toren der Jurisprudenz, Stuttgart 1971 a.

Lautmann, Rüdiger, Politische Herrschaft und polizeilicher Zwang, in: *J. Feest* und *R. Lautmann* (Hrsg.) 1971 b.

Lautmann, Rüdiger, Justiz – die stille Gewalt. Teilnehmende Beobachtung und entscheidungssoziologische Analyse, Frankfurt am Main 1972.

Lee, Alfred McClung, Presidential Address: Sociology for Whom?, in: American Sociological Review, Bd. 41 (1976).

Leferenz, Heinz, Die Kriminalität der Kinder. Eine kriminologisch-jugendpsychiatrische Untersuchung, Tübingen 1957.

Leferenz, Heinz, Die Stellung der Kriminologie zwischen Jurisprudenz und Psychiatrie, in: Studium Generale, Bd. 12 (1959).

Leferenz, Heinz, Literaturbericht: Teil I, in: Zeitschrift für die gesamte Strafrechtswissenschaft, Bd. 84 (1972).

Leferenz, Heinz, Literaturbericht: Teil II, in: Zeitschrift für die gesamte Strafrechtswissenschaft, Bd. 85 (1973).

Leferenz, Heinz, und *Achim Mechler,* Literaturbericht: Kriminologie, in: Zeitschrift für die gesamte Strafrechtswissenschaft, Bd. 88 (1976).

Leibfried, Stephan, Armutspotential und Sozialhilfe in der Bundesrepublik, in: Kritische Justiz, Bd. 4 (1976).

Leifer, Ronald, Community Psychiatry and Social Power, in: Social Problems, Bd. 14 (1966).

Leighton, Dorothea C., John S. Harding, David B. Macklin, Allister M. MacMillean und *Alexander A. Leighton,* Psychiatric Symptoms in Selected Communities, New York, London 1963.

Leirer, Hans, W. Stangl, Heinz Steinert und *Hubert Treiber,* Über die „aktive Öffentlichkeit" als System der Interessenartikulation, in: Österreichische Zeitschrift für Politikwissenschaft, Bd. 3 (1974).

Lemert, Edwin M., Social Pathology, New York 1951.

Lemert, Edwin M., Social Structure, Social Control and Deviation, in: *M. B. Clinard* (Hrsg.) 1964.

Lemert, Edwin M., Human Deviance, Social Problems, and Social Control, 2. Aufl., Englewood Cliffs. N. J., 1972, zuerst 1967 a.

Lemert, Edwin M., Paranoia and the Dynamics of Exclusion, in: *E. M. Lemert* 1967 b; dtsch. in: *Franco Basaglia, Franco Basaglia Ongaro,* Die abweichende Mehrheit. Die Ideologie der totalen sozialen Kontrolle, Frankfurt am Main 1972.

Lemert, Edwin M., Juvenile Justice – Quest and Reality, in: Trans-Action, Bd. 4 (1967 c).

Lemert, Edwin M., The Concept of Secondary Deviation, in: *E. M. Lemert* 1967, dtsch: *K. Lüderssen* und *F. Sack* 1975 a.

Lemert, Edwin M., Instead of Court. Diversion of Juvenile Justice, Chevy Chase, Md., 1971.

Lemert, Edwin M., Beyond Mead: The Societal Reaction to Deviance, in: Social Problems, Bd. 21 (1974).

Lemert, Edwin M., Response to Critics: Feedback and Choice, in: *L. A. Coser* und *O. N. Larsen* (Hrsg.) 1976.

Lerman, Paul, Argot, Symbolic Deviance, and Subcultural Delinquency, in: American Sociological Review, Bd. 32 (1967).

Lerman, Paul, Gangs, Networks, and Subculture Delinquency, in: American Journal of Sociology, Bd. 73 (1967).

Levin, Yale, und Alfred Lindesmith, English Ecology and Criminology of the Past Century, in: Journal of Criminal Law and Criminology, Bd. 27 (1937).

Liazos, Alexander, The Poverty of the Sociology of Deviance. Nuts, Sluts and Preverts, in: Social Problems, Bd. 20 (1972).

Liazos, Alexander, Class Oppression: The Functions of Juvenile Justice, in: The Insurgent Sociologist, Bd. 5 (1974).

Liebknecht, Karl, Gesammelte Reden und Schriften, Berlin 1958.

Liepmann, M., Krieg und Kriminalität in Deutschland, Stuttgart – Berlin – Leipzig 1930.

Lindesmith, Alfred R., Opiate Addiction, Bloomington, Ind., 1947.

Lindesmith, Alfred R., The Addict and the Law, Bloomington, Ind. 1965.

Lindesmith, Alfred R., und Yale Levin, The Lombrosian Myth in Criminology, in: American Journal of Sociology, Bd. 42 (1937).

Lin, Tsung-yi, Two Types of Delinquency Youth in Chinese Society, in: Marvin K. Opler (Hrsg.), Culture and Mental Health, New York 1959.

Lipp, Wolfgang, Selbststigmatisierung, in: M. Brusten und J. Hohmeier (Hrsg.) 1975.

Lipton, Douglas, Robert Martinson und Judith Wilks, The Effectiveness of Correctional Treatment: A Survey of Teatment Evaluation Surveys, New York 1975.

Liska, Allen E., Interpreting the Causal Structure of Differential Association Theory, in: Social Problems, Bd. 16 (1969).

Liszt, Franz von, Strafrechtliche Aufsätze und Vorträge, 2 Bde, Berlin 1905 a, Neuaufl. Berlin 1970.

Liszt, Franz von, Das Verbrechen als sozialpathologische Erscheinung (1898), in: F. v. Liszt 1905 b.

Liszt, Franz von, Über den Einfluß der soziologischen und anthropologischen Forschungen auf die Grundbegriffe des Strafrechts (1893), in: F. v. Liszt 1905 c.

Liszt, Franz von, Der Zweckgedanke im Strafrecht, in: F. v. Liszt (Hrsg.) 1905 d.

Llewellyn, Karl N., und E. Adamson Hoebel, The Cheyenne Way. Conflict and Case Law in Primitive Jurisprudence, Norman, Oklahoma, 1941.

Lofland, John, Deviance and Identity, Englewood Cliffs. N. J. 1969.

Lofland, John, Analyzing Social Settings, Englewood Cliffs, N. J., 1971.

Lofland, John, Doing Social Life. The Qualitative Study of Human Interaction in Natural Settings, New York – London – Sydney – Toronto 1976.

Logan, Albert B., May a Man Be Punished because he Is Ill?, in: American Bar Association Journal, Bd. 52 (1966).

Logan, C. H., General Deterrent Effects of Imprisonment, in: Social Forces, Bd. 51 (1972).

Lombroso, Cesare, L'uomo delinquente in rapporto all'antropologia, giurisprudenza ed a le discipline camerarie, Mailand 1876, dtsch: nach der 3. Aufl.: Das Verbrechen in anthropologischer, ärztlicher und juristischer Beziehung, 2 Bde., Hamburg 1887–1890.

Lombroso, Cesare, und W. Ferrero, The Female Offender, London 1895.

Lösel, Friedrich, Lehrerurteil, implizite Devianztheorie und selbstberichtete Delinquenz, in: Kriminologisches Journal, Bd. 6 (1974).

Lösel, Friedrich, Handlungskontrolle und Jugenddelinquenz, Stuttgart 1975.

Lu, Joseph K., U. S. Goverment Publications Relating to the Social Sciences, Beverly Hills – London 1975.

Lucas, Charles J. M., Du système pénal et du système répressif en général, de la peine de mort en particulier, Paris 1827.

Luhmann, Niklas, Legitimation durch Verfahren, 2. Aufl., Neuwied – Darmstadt 1975, zuerst 1969.

Luhmann, Niklas, Rechtssoziologie, 2 Bde., Reinbek bei Hamburg 1972.

Lüderssen, Klaus, Strafrecht und Dunkelziffer, in: Recht und Staat, Bd. 412, Tübingen 1972.

Lüderssen, Klaus, Einführung, in: *K. Lüderssen* und *F. Sack* (Hrsg.) 1975 a.

Lüderssen, Klaus, und *Fritz Sack* (Hrsg.), Seminar: Abweichendes Verhalten I: Die selektiven Normen der Gesellschaft, Frankfurt am Main 1975 a.

Lüderssen, Klaus, und *Fritz Sack* (Hrsg.), Seminar: Abweichendes Verhalten II: Die gesellschaftliche Reaktion auf Kriminalität, 2 Bde., Frankfurt am Main 1975 b und 1977.

Lukes, Steven, Prolegomena to the Interpretation of Durkheim, in: Archives européennes de sociologie, Bd. 12 (1971).

MacIver, Robert M., Social Causation, Boston, Mass., 1942.

MacIver, Robert M., The Prevention and Control of Delinquency, New York 1966.

Mack, John A., und *Hans-Jürgen Kerner*, The Crime Industry, Westmead – Lexington, Mass., 1975.

Mäckelburg, G., und *H. J., Wolter*, Jugendkriminalität in Hamburg. Ein Bericht des Landeskriminalamtes über Umfang, Erscheinungsformen und Ursachen der Jugendkriminalität mit einer Übersicht über die statistische Entwicklung der Jahre 1903 bis 1974, Hamburg 1975.

MacNaughton-Smith, P., und *Leslie T. Wilkins*, New Prediction and Classification Methods in Criminology, in: Journal of Research in Crime and Delinquency, Bd. 1 (1964).

MacNaughton-Smith, P., The Second Code. Toward (or Away from) an Empiric Theory of Crime and Delinquency, in: Journal of Research in Crime and Delinquency, Bd. 5 (1968), dtsch: *K. Lüderssen* und *F. Sack* (Hrsg.) 1975 a.

Madge, John, The Origins of Scientific Sociology, New York 1962.

Mahoney, Anne Rankin, The Effect of Labeling upon Youths in the Juvenile Justice System, in: Law and Society Review, Bd. 8 (1974).

Maine, Sir Henry Sumner, Ancient Law. Its Connection with the Early History of Society and Its Relation to Modern Ideas, Boston, Mass., 1962, zuerst London 1861.

Mäkelä, Klaus, The Societal Tasks of the System of Penal Law, in: Scandinavian Studies in Criminology, Bd. 5 (1974).

Malinowski, Bronislaw, Crime and Custom in Savage Society, London 1926, dtsch: Sitte und Verbrechen bei den Naturvölkern, Bern 1946.

Malinowski, Peter, und *Ulrich Münch*, Soziale Kontrolle. Soziologische Theoriebildung und ihr Bezug zur Praxis der sozialen Arbeit, Neuwied – Darmstadt 1975.

Mankoff, Milton, Review Essay: Power in Advanced Capitalist Society: A Review Essay on Recent Elitist and Marxist Criticism of Pluralist Theory, in: Social Problems, Bd. 17 (1970).

Mankoff, Milton, Societal Reaction and Career Deviance. A Critical Analysis, in: Sociological Quarterly, Bd. 12 (1971); dtsch: auszugsweise in: *F. W. Stallberg* (Hrsg.) 1975.

Mannheim, Hermann, Group Problems in Crime and Punishment, 2. Aufl., Montclair, N. J., 1971, zuerst 1955.

Mannheim, Hermann, Introduction, in: *H. Mannheim* (Hrsg.) 1960 a.

Mannheim, Hermann, Pioneers in Criminology, London 1960 b, Neuaufl., Montclair, N. J., 1972.

Mannheim, Hermann, Comparative Criminology: A Text Book, 2 Bde., London 1965, dtsch: Vergleichende Kriminologie. Ein Lehrbuch in zwei Bänden, Stuttgart 1974.

Mannheim, Hermann, und *Leslie T. Wilkins*, Prediction Methods in Relation to Borstal Training, London 1955.

Manning, Peter K., Observing the Police: Deviants, Respectables, and the Law, in: J. D. Douglas (Hrsg.) 1972.

Manning, Peter K., Survey Essay on Deviance, in: Contemporary Sociology, Bd. 2 (1973).

Marks, Stephen, Durkheim's Theory of Anomie, in: American Journal of Sociology, Bd. 80 (1974).

Maroszek, B., Centre Européen de Co-ordinations de Recherche et de Documentations en Sciences Sociales (Vienne): Développement économique, structures sociales, délinquance juvénile, in: Social Science Information, Bd. 4 (1965).

Marsh, Robert M., Comparative Sociology. A Codification of Cross-Societal Analysis, New York – Chicago – San Francisco – Atlanta 1967.

Marshall, Harvey, und Ross Purdy, Hidden Deviance and the Labeling Approach: The Case for Drinking and Driving, in: Social Problems, Bd. 19 (1972).

Martin, J. P., Offenders as Employees, London 1962.

Martines, Laurio (Hrsg.), Violence and Civil Disorder in Italian Cities 1200 bis 1500, Berkeley, Cal. – Los Angeles – London 1972.

Marvell, Gerald, Adolescent Powerlessness and Delinquent Behavior, in: Social Problems, Bd. 14 (1966).

Marx, Karl, Verhandlungen des 6. rheinischen Landtages. Von einem Rheinländer. Debatten über das Holzdiebstahlsgesetz, in: Rheinische Zeitung für Politik, Handel und Gewerbe, 1842, zit. Marx-Engels, Werke (MEW), Bd. 1, Berlin 1957.

Marx, Yvonne, France – l'activité dans le domaine de la criminologie (1968 bis 1972), in: Annales internationales de criminologie, Bd. 12 (1973).

Marzen, Klaus, Der Kampf gegen das liberale Strafrecht, Berlin 1975.

Mathiesen, Thomas, The Defences of the Weak. A Sociological Study of a Norwegian Correctional Institution, London 1965.

Mathiesen, Thomas, The Politics of Abolition. Essays in Political Action

Theory, in: Scandinavian Studies in Criminology, Bd. 4 (1974).

Mattick, Hans W., The Contemporary Jails of the United States: An Unknown and Neglected Area of Justice, in: D. Glaser (Hrsg.) 1974.

Mattick, Hans W., The Prosaic Sources of Prison Violence, in: Occasional Papers from the Law School, University of Chicago, 15. März 1972, in: A. L. Guenther (Hrsg.) 1976.

Matza, David, Delinquency and Drift, New York – London – Sydney 1964 a.

Matza, David, Position and Behavior Patterns of Youth, in: Robert E. L. Faris (Hrsg.), Handbook of Modern Sociology, Chicago, Ill., 1964 b.

Matza, David, Becoming Deviant, Englewood Cliffs, N. J., 1969, dtsch.: Abweichendes Verhalten. Untersuchungen zur Genese abweichender Identität, Heidelberg 1973.

Matza, David, und Gresham M. Sykes, Juvenile Delinquency and Subterranean Values, in: American Sociological Review, Bd. 26 (1961).

Maurer, David W. Whiz Mob, New Haven, Conn., 1964.

Maurer, David W., The American Confidence Man, Springfield, Ill., 1974.

Mauss, Armand L., Social Problems as Social Movements, Philadelphia – New York – Toronto 1975.

Mauz, Gerhard, Das Spiel von Schuld und Sühne. Die Zukunft der Strafjustiz, Düsseldorf und Köln 1975.

Mayhew, Henry, London Labour and the London Poor, London 1862.

Mayhew, Henry, und John Binnay, The Criminal Prisons of London and Scenes from Prison Life, London 1862.

Mayr, Georg von, Statistik der gerichtlichen Polizei im Königreich Bayern und einigen anderen Ländern, München 1867.

Mays, John Barron, Jugendkriminalität und Subkultur, in: P. Heintz und R. König (Hrsg.) 1957.

Mays, John Barron, Crime and the Social Structure, London 1963.

McCaghy, Charles H., Deviant Behavior. Crime, Conflict, and Interest Groups, New York und London 1976.

McCall, George J., und J. L. Simmons, Issues in Participant Observation, Reading, Mass., 1969.

McClintock, F. H., Crimes of Violence, London 1963.

McClintock, F. H., The Dark Figure, in: Collected Studies in Criminological Research, Bd. 5 (1970).

McClintock, F. H., Facts and Myths about the State of Crime, in: R. Hood (Hrsg.) 1974.

McCord, William, Art. Delinquency III: Psychological Aspects, in: International Encyclopedia of the Social Sciences, New York 1968.

McCord, William, und Joan McCord, Origins of Crime, New York 1959.

McCord, William, John Howard, Bernard Friedberg und Edwin Harwood, Life Styles in the Black Ghetto, New York 1969.

McDonald, Lynn, Social Class and Delinquency, London 1969.

McDonald, Lynn, The Sociology of Law and Order, London 1976.

McDonald, William F., Criminal Justice and the Victim, in: W. F. McDonald (Hrsg.) 1976.

McDonald, William F. (Hrsg.), Criminal Justice and the Victim, Beverly Hills 1976.

McEachern, A. W., und Riva Bauzer, Factors Related to Disposition in Juvenile Police Contacts, in: M. W. Klein (Hrsg.) 1967.

McHugh, Peter, A Common-Sense Conception of Deviance, in: J. D. Douglas (Hrsg.) 1971.

McIntosh, Mary, New Directions in the Study of Criminal Organization, in: H. Bianchi, M. Simondi, I. Taylor (Hrsg.) 1975.

McIntosh, Mary, The Organisation of Crime, London 1975.

McIntyre, Jennie, Public Attitudes toward Crime and Law Enforcement, in: The Annals of the American Academy of Political and Social Science, Bd. 374 (1967).

McKissack, I. J., The Peak Age of Property Crimes, in: British Journal of Criminology, Bd. 7 (1967).

McLennan, Barbara N. (Hrsg.), Crime in Urban Society, New York 1970.

McNall, Scott G., und James C. M. Johnson, The New Conservatives: Ethnomethodologists, Phenomenologists and Symbolic Interactionists, in: Insurgent Sociologist, Bd. 5 (1975).

Mead, George H., The Psychology of Punitive Justice, in: American Journal of Sociology, Bd. 23 (1918).

Meade, Anthony C., The Labeling Approach to Delinquency: State of the Theory as a Function of Method, in: Social Forces, Bd. 53 (1974).

Mechler, Achim, Studien zur Geschichte der Kriminalsoziologie, Göttingen 1970.

Meehl, Paul E., Clinical versus Statistical Prediction: A Theoretical Analysis and a Review of the Evidence, Minneapolis, Minn., 1954.

Mehan, Hugh, und Huston Wood, The Reality of Ethnomethodology, New York 1975.

Meier, Robert F., The New Criminology: Continuity in Criminological Theory, in: The Journal of Criminal Law and Criminology, Bd. 67 (1976).

Melossi, Dario, Criminologia e marxismo: alle origini della questione penale nella società de „Il Capitale", in: La questione criminale, Bd. 1 (1975).

Melossi, Dario, und Massimo Pavarini, Carcere e fabbrica, Bologna 1977.

Meltzer, Bernard N., John W. Petras und Larry T. Reynolds, Symbolic Interactionism. Genesis, Varieties and Criticism, London, Boston, Mass., 1975.

Menninger, Karl, Strafe – ein Verbrechen? Erfahrungen und Thesen eines amerikanischen Psychiaters, München 1970.

Mercer, Jane R., Social System Perspective and Clinical Perspective, in: Social Problems, Bd. 13 (1965).

Mercer, Jane R., Labeling the Mentally Retarded, Berkeley, Cal., 1973.

Mergen, Armand, Die Wissenschaft vom Verbrechen, Hamburg 1961 a.

Mergen, Armand (Hrsg.), Kriminologie heute, Kriminologische Schriftenreihe, Bd. 2 (1961).

Mergen, Armand (Hrsg.), Kriminologie morgen, Kriminologische Schriftenreihe, Bd. 14 (1964).

Mergen, Armand, Die tatsächliche Situation der Kriminologie in Deutschland, Hamburg o. J.

Mergen, Armand, Kriminologie und Strafrecht, Graz 1966.

Mergen, Armand, Die Kriminologie, Berlin 1967.

Mergen, Armand, Der geborene Verbrecher, Hamburg 1968.

Mergen, Armand, Verunsicherte Kriminologie, Hamburg 1975.

Merton, Robert K., Anomie, Anomia, and Social Interaction: Context of Deviant Behavior, in: *M. B. Clinard* (Hrsg.) 1964.

Merton, Robert K., Social Problems and Sociological Theory, in: *R. K. Merton* und *R. A. Nisbet* (Hrsg.) 1961.

Merton, Robert K., Social Theory and Social Structure. Revidierte und erweiterte Aufl., Glencoe, Ill., 1957, zuerst 1949.

Merton, Robert K., und *M. F. Ashley Montagu*, Crime and the Anthropologist, in: American Anthropologist, Bd. 42 (1940).

Merton, Robert K., und *Robert A. Nisbet*, Contemporary Social Problems, 3. Aufl., New York, Chicago, Burlingame 1971, zuerst 1961.

Messinger, Sheldon L., u. a. (Hrsg.), The Aldine Crime and Justice Annual 1973, Chicago, Ill., 1974.

Meyer, J., Methodological Issues in Comparative Criminal Justice Research, in: Criminology, Bd. 10 (1972).

Mezger, Edmund, Kriminologie, München 1951.

Michael, Jerome, und *Mortimer Adler*, Crime, Law, and Social Science, New York 1933.

Michael, Jerome, und *Herbert Wechsler*, Criminal Law and Its Administration, Chicago, Ill., 1940.

Michels, Robert, Die Sittlichkeit in Ziffern? München und Leipzig 1928.

Middendorf, Wolf, Kriminologie gestern, heute, morgen, in: *A. Mergen* (Hrsg.) 1964.

Miller, Walter B., Lower Class Culture as Generating Milieu of Gang Delinquency, in: Journal of Social Issues, Bd. 14 (1958), dtsch.: *F. Sack* und *R. König* (Hrsg.) 1968.

Miller, Walter B., The Impact of a „Total-Community" Delinquency Control Project, in: Social Problems, Bd. 10 (1962).

Miller, Walter B., Theft Behavior in City Gangs, in: *M. W. Klein* (Hrsg.) 1967.

Miller, S. M., Frank Riessman und *Arthur Seagull*, Poverty and Self-Indulgence: A Critique of the Non-Deferred Gratification Pattern, in: *L. A. Terman, J. K. Kornbluh* und *A. Haber* (Hrsg.), Poverty in America. A Book of Readings, Ann Arbor, Mich., 1965.

Miller, S. M., The Political Economy of Social Problems: from the Sixties to the Seventies, in: Social Problems, Bd. 24 (1976).

Miller, Frank W., Prosecution: The Decision to Charge a Suspect with a Crime, Boston, Mass., 1970.

Mills, C. Wright, The Professional Ideology of Social Pathologists, in: American Journal of Sociology, Bd. 49 (1943).

Milutinović, M., Contemporary Criminological Thought: Main Trends in Contemporary Criminology. Eröffnungsvortrag auf dem 7. Internationalen Kongreß für Kriminologie in Belgrad v. 17.–22. Sept. 1972, in: International Journal of Criminology and Penology, Bd. 2 (1974).

Mizruchi, Ephraim Harold, Success and Opportunity. Class Values and Anomie in American Life, Glencoe, Ill., London 1964.

Moberg, David O., Old Age and Crime, in: Journal of Criminal Law, Criminology, and Police Science, Bd. 43 (1953).

Monachesi, Eliot D., Trends in Criminological Research in Italy, in: American Sociological Review, Bd. 1 (1936).

Monahan, Thomas P., Family Status and the Delinquent Child. A Reappraisal and Some New Findings, in: Social Forces, Bd. 35 (1957), dtsch.: *F. Sack* und *R. König* (Hrsg.) 1968.

Monod, Jean, Juvenile Gangs in Paris. Toward a Structural Analysis, in: Journal of Research in Crime and Delinquency, Bd. 4 (1967).

Montagu, Ashley L. F., The Biologist Looks at Crime, in: The Annals of the American Academy of Political and Social Science, Bd. 217 (1941), dtsch.: *F. Sack* und *R. König* (Hrsg.) 1968.

Morris, Norval, The Habitual Criminal, Cambridge, Mass., 1951.

Morris, Norval, The Future of Imprisonment, Chicago, Ill., 1974.

Morris, Norval, und *G. Hawkins,* The Honest Politican's Guide to Criminal Control, Chicago, Ill., 1970.

Morris, Pauline, Prisoners and their Families, London 1965.

Morris, Richard T., A Typology of Norms, in: American Sociological Review, Bd. 21 (1956).

Morris, Richard T., The Criminal Area, London 1958.

Morris, Richard T., und *Pauline Morris,* Pentonville. A Sociological Study of an English Prison, London 1963.

Moser, Tilmann, Jugendkriminalität und Gesellschaftsstruktur. Zum Verhältnis von soziologischen, psychologischen und psychoanalytischen Theorien des Verbrechens, Frankfurt am Main 1970 a.

Moser, Tilmann, Psychoanalytische Kriminologie, in: Kritische Justiz 1970 b.

Moser, Tilmann, Repressive Kriminalpsychiatrie. Vom Elend einer Wissenschaft. Eine Streitschrift, Frankfurt am Main 1971.

Moser, Tilmann, Wie überholt ist Paul Reiwalds Kriminologie, in: *P. Reiwald* 1973.

Mugford, Stephen K., Marxism and Criminology: A Comment on the Symposium Review on the „New Criminology", in: Sociological Quarterly, Bd. 15 (1974).

Mulhivill, D. J., M. M Tumin und *L. A. Curtis* (Hrsg.), Crimes of Violence. Staff Reports to National Commission on the Causes and Prevention of Violence, Bde. 11, 12, 13, Washington, D. C., 1969.

Müller, Egon, Zum Erziehungserfolg der Jugendstrafe von unbestimmter Dauer. Ein Beitrag zur kriminologischen Wirkungslehre, Köln 1969.

Mueller, Gerhard O. W. (Hrsg.), Essays in Criminal Science, New York 1961.

Müller-Dietz, Heinz, Empirische Forschung und Strafvollzug, Frankfurt am Main 1976.

Mungham, Geoff, und *Geoff Pearson* (Hrsg.), Working Class Youth Culture, London 1976.

Murck, Manfred, Kriminalität und soziale Kontrolle, in: Kritische Justiz, Bd. 3 (1972).

Murphy, Fred J., Mary M. Shirley und *Helen L. Witmer,* The Incidence of Hidden Delinquency, in: American Journal of Orthopsychiatry, Bd. 16 (1946).

Myerhoff, Howard L., und *Barbara G. Myerhoff,* Field Observation of Middle Class' Gangs, in: Social Forces, Bd. 42 (1964).

Nader, Laura, The Anthropological Study of Law, in: The Ethnography of Law, Sonderheft von American Anthropologist Bd. 67 (1965).

Nader, Laura, Forums of Justice: A Cross-Cultural Perspective, in: Journal of Social Issues, Bd. 31 (1975).

Nader, Laura, und *David Serber,* Law and the Distribution of Power, in: *L. A. Coser* und *O. N. Larsen* (Hrsg.) 1976.

Naegeli, Eduard, Die Gesellschaft und die Kriminellen. Strafreform als Gesellschaftsreform, Zürich 1972.

Naegeli, Eduard (Hrsg.), Strafe und Verbrechen, Aarau und Frankfurt am Main 1976.

Nagel, Stuart S. (Hrsg.), Law and Social Change, Beverly Hills und London 1970.

Nagel, Wilhelm H., The Situation of Criminological Research in the Netherlands and Conclusions for Criminological Research in Europe, in: Collected Studies in Criminological Research, Bd. 4 (1970).

Nagel, Wilhelm H., Critical Criminology, in: Abstracts on Criminology and Penology, Bd. 2 (1971).

Nass, Gustav (Hrsg.), Kriminalität verbergen und behandeln. Abhandlungen zur Prophylaxe und Resozialisierung, Köln – Berlin – Bonn – München 1971.

Nass, Gustav, Die Ursachen der Kriminalität, dargestellt und erklärt an 102 Fällen, Köln 1973.

National Advisory Commission on Criminal Justice Standards and Goals, Final Report: A National Strategy to Reduce Crime; Task Force Reports: Criminal Justice System, Police, Courts, Corrections, Community Crime Prevention, Washington, D. C., 1973.

National Commission on the Causes and Prevention of Violence, To Establish Justice, to Ensure Domestic Tranquillity, Final Report, Washington, D. C., 1969.

Naucke, Wolfgang, Zur Lehre vom strafbaren Betrug, Berlin 1964.

Naucke, Wolfgang, Über die juristische Relevanz der Sozialwissenschaften, Frankfurt 1972.

Naucke, Wolfgang, Tendenzen in der Strafrechtsentwicklung, Karlsruhe 1975.

Nelson, E. K., Jr., und Fred Richardson, Perennial Problems in Criminological Research, in: Crime and Delinquency, Bd. 17 (1971).

Neumeyer, M. N., International Trends in Juvenile Delinquency, in: Sociology and Social Research, Bd. 41 (1956).

Newman, Donald J., Pleading Guilty for Consideration. A Study of Bargain Justice, in: Journal of Criminal Law,

Criminology, and Police Science, Bd. 46 (1956).

Newman, Donald J., Conviction: The Determination of Guilt or Innocence Without Trial, Boston, Mass., 1966.

Newman, Donald J., Role and Process in the Criminal Court, in: D. Glaser (Hrsg.) 1974.

Newman, Donald J., Introduction to Criminal Justice, Philadelphia – New York – Toronto 1975.

Newman, Graeme, Comparative Deviance. Perception and Law in Six Cultures, New York – Oxford – Amsterdam 1976.

Niceforo, Alfredo, Les indices numériques de la civilisation et du progrès, Paris 1921.

Niederhoffer, Arthur, Behind the Shield. The Police in Urban Society, Garden City, N. Y., 1967.

Niederhoffer, Arthur, Criminal Justice by Dossier: Law Enforcement, Labeling, and Liberty, in: A. S. Blumberg (Hrsg.) 1974.

Nonet, Philippe, For Jurisprudential Sociology, in: Law and Society Review, Bd. 10 (1976).

Nye, F. Ivan, Family Relationships and Delinquent Behavior, New York 1958.

Nye, F. Ivan, James F. Short, Jr., und V. I. Olson, Socioeconomic Status and Delinquent Behavior in: American Journal of Sociology, Bd. 63 (1958).

Oberthür, Gerd-Rainer, Kriminologie in der Strafrechtspraxis. Kriminologischer Dienst und Zentralinstitut für Kriminologie, Stuttgart 1976.

Ohlin, Lloyd (Hrsg.), Symposium on Prediction Methods, London 1955.

Ohlin, Lloyd, The Development of Opportunities for Youth, Syracuse, N. Y., 1960.

Ohlin, Lloyd, Report on the Presidents Commission on Law Enforcement and the Administration of Justice, in: M. Komarovsky (Hrsg.) 1975.

Opp, Karl-Dieter, Kriminalität und Gesellschaftsstruktur. Eine kritische Analyse soziologischer Theorien abweichenden Verhaltens, Neuwied – Berlin 1968.

Opp, Karl-Dieter, Die „alte" und die „neue" Kriminalsoziologie, in: Kriminologisches Journal, Bd. 4 (1972).

Opp, Karl-Dieter, Abweichendes Verhalten und Gesellschaftsstruktur, Darmstadt – Neuwied 1974.

Opp, Karl-Dieter, Soziologie der Wirtschaftskriminalität, München 1975 a.

Opp, Karl-Dieter, Klasse, Schicht, Situationsdefinitionen und Kriminalisierungsprozesse. Kritische Bemerkungen zu *Hans Haferkamps* Buch „Kriminelle Karrieren", in: Monatsschrift für Kriminologie und Strafrechtsreform, Bd. 58 (1975 b).

Ostermeyer, Helmut, Strafrecht und Psychoanalyse, München 1972.

Ostermeyer, Helmut, Die bestrafte Gesellschaft. Ursachen und Folgen eines falschen Rechts, München 1975.

Otto, Hans-Uwe, und *Siegfried Schneider* (Hrsg.), Gesellschaftliche Perspektiven der Sozialarbeit, 2 Halbbde., 3. Aufl., Neuwied – Darmstadt 1975, zuerst 1973.

Öttingen, Alexander von, Die Moralstatistik und ihre Bedeutung für eine Sozialethik, Erlangen 1869.

Packer, Herbert L., The Limits of Criminal Sanction, Stanford, Cal., 1968.

Palmer, Jeremy N. J., Evils Merely Prohibited, in: British Journal of Law and Society, Bd. 3 (1976).

Parent-Duchatelet, A. J. B., De la prostitution dans la ville de Paris, Paris 1837.

Parker Seymour, und *Robert J. Kleiner*, The Culture of Poverty: An Adjustive Dimension, in: American Anthropologist, Bd. 72 (1970).

Parsons, Talcott, The Social System, Glencoe, Ill., 1951.

Paulus, Ingeborg, The Search for Pure Food. A Sociology of Legislation in Britain, London 1975.

Pavarini, Massimo, La „national deviance conference" da un approccio radicale ad una teoria critica della de-

vianza, in: La questione criminale, Bd. 1 (1975).

Pearce, Frank, Crimes of the Powerful. Marxism, Crime, and Deviance, London 1976.

Pearson, Geoffrey, Misfit Sociology and the Politics of Socialization, in: *I. Taylor, P. Walton* und *J. Young* (Hrsg.) 1975 a.

Pearson, Geoffrey, The Deviant Imagination. Psychiatry, Social Work, and Social Change, London und Basingstoke 1975 f.

Pearson, Geoffrey, Rezension von: E. P. Thompson, Whigs and Hunters: The Origin of the Black Act, London 1975, und D. Hay u. a., Albion's Fatal Tree: Crime and Society in Eighteenth Century, London 1975, in: British Journal of Law and Society, Bd. 3 (1976).

Pearson, R., Women Defendants in Magistractes' Courts, in: British Journal of Law and Society, Bd. 3 (1976).

Pepinsky, Harold E., Crime and Conflict. A Study of Law and Society, London 1976.

Perlstein, Gary R., und *Thomas R. Phelps* (Hrsg.), Alternatives to Prison, Pacific Palisades, Cal., 1975.

Perrot, M., Délinquance et système pénitentiaire en France au XIXe siècle, in: Annales, Bd. 30 (1975).

Peters, Dorothee, Die Genese richterlicher Urteilsbildung und die Schichtverteilung der Kriminalität, in: Kriminologisches Journal, Bd. 2 (1970).

Peters, Dorothee, Die soziale Herkunft der von der Polizei aufgegriffenen Täter, in: *J. Feest* und *R. Lautmann* (Hrsg.) 1971.

Peters, Dorothee, Richter im Dienst der Macht, Stuttgart 1973.

Peters, Dorothee, und *Helge Peters*, Theorielosigkeit und politische Botmäßigkeit. Destruktives und Konstruktives zur deutschen Kriminologie, in: Kriminologisches Journal, Bd. 4 (1972).

Peters, Dorothee, und *Helge Peters*, Legitimationswissenschaft. Zur sozialwissenschaftlichen Kritik an der Kriminologie und an einem Versuch, kriminologische Theorien zu überwinden, in: *Arbeitskreis Junger Kriminologen* (Hrsg.), Kritische Kriminologie, München 1974.

Peters, Helge, und *Helga Cremer-Schäfer*, Produzieren Sozialarbeiter abweichendes Verhalten?, in: Soziale Welt, Bd. 26 (1975 a).

Peters, Helge, und *Helga Cremer-Schäfer*, Die sanften Kontrolleure. Wie Sozialarbeiter mit Devianten umgehen, Stuttgart 1975 b.

Peterson, Donald R., und *Wesley C. Becker*, Family Interaction and Delinquency, in: *H. C. Quay* (Hrsg.) 1965.

Peuckert, Rüdiger, Kritik einiger Thesen zum Verhältnis von Kapitalismus und Kriminalität, in: Monatsschrift für Kriminologie und Strafrechtsreform, Bd. 59 (1976).

Pfautz, Harold W., Near-Group Theory and Collective Behavior: A Critical Reformulation, in: Social Problems, Bd. 9 (1961).

Pfeiffer, R. A., Die kriminologische Bedeutung der Chromosomenanomalien, in: *Hans Göppinger* und *Hermann Witter* (Hrsg.), Kriminologische Gegenwartsfragen 9, Stuttgart 1970.

Phillipson, Michael, Sociological Aspects of Crime and Delinquency, London 1971.

Phillipson, Michael, Critical Theorising and the New Criminology, in: British Journal of Criminology, Bd. 13 (1973).

Phillipson, Michael, und *Maurice Roche*, Phenomenology, Sociology, and the Study of Deviance, in: *P. Rock* und *M. McIntosh* (Hrsg.) 1974.

Piaget, Jean, Das moralische Urteil beim Kinde, Frankfurt am Main 1976.

Pilgram, Arno, und *Heinz Steinert*, Ansätze zur politisch-ökonomischen Analyse der Strafrechtsreform in Österreich, in: Kriminologisches Journal, Bd. 7 (1975).

Pinatel, Jean, The University Teaching of Social Sciences: Criminology, Paris 1956.

Pinatel, Jean, Evolution der Kriminologie, in: *Armand Mergen* (Hrsg.), Kriminologie morgen, Kriminologische Schriftenreihe, Bd. 14 (1964).

Pinatel, Jean, A Survey of Criminological Research in France, in: Collected Studies in Criminological Research, Bd. 6 (1970).

Pinatel, Jean, Criminologie, Bd. 3., in: *Pierre Bouzat* und *Jean Pinatel*, Traité de droit pénal et de criminologie, 2. Aufl., Paris 1970, zuerst 1963.

Pinatel, Jean, Trois aspects fondamentaux de l'approche de la personalité criminelle, in: Revue de science criminelle et de droit pénal comparé, Bd. 27 (1972).

Pitaval de, F. G., Causes célèbres et interessantes, 20 Bde., Paris 1734.

Pitt-Rivers, J. A., The People of the Sierra, Chicago, Ill., 1961.

Pitts, Jesse R., Social Control I: The Concept, in: International Encyclopedia of the Social Sciences, New York 1968.

Piven, Frances Fox, und *Richard A. Cloward*, Regulating the Poor. The Functions of Public Welfare, New York – Toronto, 1971.

Piven, Frances Fox, und *Richard Cloward*, The Politics of Turmoil, New York 1975.

Plack, Arnold, Plädoyer für die Abschaffung des Strafrechts, München 1974.

Platt, Anthony M., The Child Savers: The Invention of Delinquency, Chicago, Ill., 1969.

Platt, Anthony M., Prospects for a Radical Criminology in the USA, in: *I. Taylor, P. Walton* und *J. Young* (Hrsg.) 1975.

Platt, Anthony M., und *Lynn Cooper* (Hrsg.), Policing America, Englewood Cliffs, N. J., 1974.

Platt, Anthony M., und *Jerome H. Skonick*, The Politics of Riot Commissions 1971–1970, New York 1971.

Ploscowe, M., Some Causative Factors in Criminality. A Report to the National Commission on Law Observance and Enforcement, Bd. 6 (1931).

Poletti, Filippo, Del sentimento nella scienza del diritto penale, Udine 1882.

Polk, Kenneth, Juvenile Delinquency and Social Areas, in: Social Problems, Bd. 5 (1957/58).

Pollak, Otto, The Criminality of Women, Philadelphia 1950.

Pollner, Melvin, Sociological and Common-Sense Models of the Labeling Process, in: *Roy Turner* (Hrsg.) 1974.

Polow, Bertram, The Juvenile Court. Effective Justice or Benevolent Despotism?, in: American Bar Association Journal, Bd. 53 (1967).

Pongratz, Lieselotte, Prostituiertenkinder. Umwelt und Entwicklung in den ersten acht Lebensjahren, Stuttgart 1964.

Pongratz, Lieselotte, Maria Schäfer und *Dirk-Thomas Weiße,* Zusammenhänge zwischen Kinderdelinquenz und Jugendkriminalität, in: Kriminologisches Journal, Bd. 6 (1974).

Pongratz, Lieselotte, Maria Schäfer, Peter Jürgenson, und *Dirk-Thomas Weiße,* Kinderdelinquenz. Daten, Hintergründe und Entwicklungen, München 1975.

Popitz. Heinrich, Über die Präventivwirkung des Nichtwissens. Dunkelfeldziffer, Norm und Strafe, in: Recht und Staat, Bd. 350 (1968).

Porterfield, Austin L., Delinquency and its Outcome in Court and College, in: American Journal of Sociology, Bd. 48 (1943).

Porterfield, Austin L., Youth in Trouble, Fort Worth, Texas, 1946.

Pound, Roscoe, Social Control through Law. New Haven, Conn., 1942.

Pound, Roscoe, Criminal Justice in America, Chambridge, Mass., 1945.

Poveda, Tony G., The Image of the Criminal: A Critique of Crime and Delinquency Theories, in: Issues in Criminology, Bd. 5 (1970).

Powers, Edwin, Crime and Punishment in Early Massachusetts, 1620 bis 1692. A Documentary History, Boston Mass., 1967.

Powers, Edwin, und *Helen Witmer,* An Experiment in the Prevention of Delinquency. The Cambridge-Somverville Youth Study, New York 1951.

President's Commission on Law Enforcement and Administration of Justice, The Challenge of Crime in a Free Society, Washington, D. C., 1967 a.

President's Commission on Law Enforcement and Administration of Justice, Task Force Reports: Correction, Organized Crime, The Police, Science and Technology, Crime and its Impact. An Assessment, The Courts, Juvenile Delinquency and Youth Crime, Drunkenness, Narcotics and Drug Abuse, Washington, D. C., 1967 b.

Prus, Robert C., Labeling Theory: A Reconceptualization and Propositional Statements in Typing, in: Sociological Focus, Bd. 8 (1975).

Punch, Maurice, Frontlike Amsterdam: Police Work in the Inner City, in: British Journal of Law and Society, Bd. 3 (1976).

Quensel, Stephan, Sozialpsychologische Aspekte der Kriminologie. Handlung, Situation und Persönlichkeit, Stuttgart 1965.

Quensel, Stephan, Wie wird man kriminell? Verlaufsmodell einer fehlgeschlagenen Interaktion zwischen Delinquenten und Sanktionsinstanzen, in: Kritische Justiz, Bd. 3 (1970).

Quensel, Stephan, Soziale Fehlanpassung und Stigmatisierung, in: Jahrbuch für Rechtssoziologie und Rechtstheorie, Bd. 3 (1972).

Quetelet, Adolphe, Physique sociale ou Essai zur le développement des facultés de l'homme, 2 Bde., 2. Aufl., Brüssel 1869, zuerst Paris 1835, dtsch.: Soziale Physik oder Abhandlung über die Entwicklung der Fähigkeiten des Menschen, 2 Bde., Jena 1921.

Quinney, Earl R., The Study of White Collar Crime: Toward a Reorientation in Theory and Research, in: Journal of Criminal Law, Criminology, and Police Science, Bd. 55 (1964).

Quinney, Richard, Crime in Political Perspective, in: The American Behavioral Scientist, Bd. 8 (1964).

Quinney, Richard (Hrsg.), Crime and Justice in Society, Boston, Mass., 1969 a.

Quinney, Richard, Towards a Sociology of Criminal Law, in: *R. Quinney* (Hrsg.) 1969 b; dtsch.: *K. Lüderssen* und *F. Sack* (Hrsg.) 1975 a.

Quinney, Richard, The Problem of Crime, New York 1970 a, 2. Aufl. mit *John Wildeman* 1977.

Quinney, Richard, The Social Reality of Crime, Boston, Mass., 1970 b.

Quinney, Richard, The Social Reality of Crime, in: *J. D. Douglas* (Hrsg.) 1971 a.

Quinney, Richard, Crime: Phenomenon, Problem, and Subject of Study, in: *Erwin O. Smigel* (Hrsg.), 1971 b.

Quinney, Richard, The Ideology of Law: Note for a Radical Alternative to Legal Oppression, in: Issues in Criminology, Bd. 7 (1972), dtsch.: *K. Lüderssen* und *F. Sack* (Hrsg.) 1975 b.

Quinney, Richard, Crime Control in Capitalist Society: A Critical Philosophy of Legal Order, in: Issues in Criminology, Bd. 8 (1973 a).

Quinney, Richard, Critique of Legal Order: Crime Control in Capitalist Society, Boston, Mass., 1973 b.

Quinney, Richard, Criminal Justice in America: A Critical Understanding, Boston, Mass., 1974.

Quinney, Richard, Criminology: Analysis and Critique of Crime in America, Boston, Mass. 1975.

Quinney, Richard, Class, State and Crime. On the Theory and Practice of Criminal Justice, New York 1976.

Quinney, Richard, und *John Wildemann*, The Problem of Crime. A Critical Introduction to Criminology, New York – Hagenstown – San Francisco – London 1977 (2. Aufl. von *R. Quinney* 1970 a).

Radbruch, Gustav, und *Heinrich Gwinner*, Geschichte des Verbrechens. Versuch einer historischen Kriminologie, Basel 1951.

Radzinowicz, Leon, Variability in the Sex Ratio of Criminality, in: Sociological Review, Bd. 29 (1937).

Radzinowicz, Leon, A History of English Criminal Law and Its Administration from 1750, 4 Bde., London 1948 bis 1968.

Radzinowicz, Leon, In Search of Criminology, London 1961 a.

Radzinowicz, Leon, Strafrecht und Kriminologie, in: *Bundeskriminalamt* (Hrsg.), Strafrechtspflege und Strafrechtsreform, Wiesbaden 1961 b.

Radzinowicz, Leon, Ideology and Crime, London 1966.

Radzinowicz, Leon, und *Roger Hood*, Criminology and the Administration of Criminal Justice. A Bibliography, London 1976.

Radzinowicz, Leon, und *Joan King*, The Growth of Crime. The International Experience, London 1977.

Radzinowicz, Leon, und *Marvin E. Wolfgang* (Hrsg.), Crime and Justice 3 Bde.: The Criminal in Society – The Criminal in the Arms of the Law – The Criminal in Confinement, 2. revid. Aufl., New York – London 1977, zuerst 1971.

Rains, Prudence, Imputations of Deviance: A Retrospective Essay on the Labeling Perspective, in: Social Problems, Bd. 23 (1975).

Rangol, A.-J., Die Gewaltkriminalität im Spiegel der Zahlen, Wiesbaden 1972.

Ranulf, Svend, Moral Indignation and Middle Class Psychology, Kopenhagen 1938.

Rapaport, David, The Structure of Psychoanalytic Theory: A Systematizing Attempt in: *Sigmund Koch* (Hrsg.), Psychology: A Study of a Science, Bd. 3. New York 1959.

Reasons, Charles E., The Politicizing of Crime, the Criminal and the Criminologists, in: The Journal of Criminal Law and Criminology, Bd. 64 (1973).

Reasons, Charles E. (Hrsg.), The Criminologist: Crime and the Criminal, Pacific Palisades, Cal., 1974.

Rebhahn, Axel, Franz von Liszt und die

moderne Défense Sociale, Hamburg 1963.

Reckless, Walter C., The Sociologist Looks at Crime, in: Annals of the American Academy of Political and Social Science, Bd. 217 (1941).

Reckless, Walter C., The Crime Problem, 5. Aufl., New York 1973, zuerst 1950.

Reckless, Walter C., A New Theory of Delinquency and Crime, in: Federal Probation, Bd. 25 (1961).

Reckless, Walter C. (Hrsg.), American Criminology. New Directions, New York 1973.

Reckless, Walter C., Simon Dinitz und Barbara Kay, The Self Component in Potential Delinquency und Potential Non-Delinquency, in: American Sociological Review, Bd. 22 (1957).

Reckless, Walter C., Simon Dinitz und Ellen Murray, The Good Boy in a High Delinquency Area, in: Journal of Criminal Law, Criminology, and Police Science, Bd. 48 (1957).

Rehbinder, Manfred, Wandlungen der Rechtsstruktur im Sozialstaat, in: Ernst E. Hirsch und Manfred Rehbinder (Hrsg.), Studien und Materialien zur Rechtssoziologie, Sonderheft 11 der Kölner Zeitschrift für Soziologie und Sozialpsychologie, 2. Aufl., Köln – Opladen 1971, zuerst 1967.

Reik, Theodor, Geständniszwang und Strafbedürfnis. Probleme der Psychoanalyse und der Kriminologie, in: Psychoanalyse und Justiz, mit einem Nachwort von Tilman Moser (Hrsg.), Frankfurt am Main 1971, zuerst 1925.

Reimann, Helga, Soziale Kontrolle psychischer Störungen, in: Helga und Horst Reimann (Hrsg.), Psychische Störungen, München 1975.

Reinke, Ellen Katharina, Leiden schützt vor Strafe nicht. Soziotherapeutische Erfahrungen mit dem Gefangenen K., Frankfurt am Main – New York 1977.

Reiss, Albert J., Jr., Delinquency as the Failure of Personal and Social Control, in: American Sociological Review, Bd. 16 (1951 a).

Reiss, Albert J., Jr., Unraveling Juvenile Delinquency II. An Appraisal of the Research Methods, in: American Journal of Sociology, Bd. 57 (1951 b).

Reiss, Albert J., Jr., Social Correlates of Psychological Types of Delinquency, in: American Sociological Review, Bd. 17 (1952).

Reiss, Albert J., Jr., Measurement of the Nature and Amount of Crime, in: President's Commission on Law Enforcement and Administration of Justice, Field Surveys III: Studies in Crime and Law Enforcement in Major Metropolitan Areas, Bd. 1 (1967).

Reiss, Albert J., Jr., Assessing the Current Crime Wave, in: B. N. McLennan (Hrsg.) 1970 a.

Reiss, Albert J., Jr., Putting Sociology into Policy, in: Social Problems, Bd. 17 (1970 b).

Reiss, Albert J., Jr., The Police and the Public, New Haven – London 1971.

Reiss, Albert J., Jr., Citizen Access to Criminal Justice, in: British Journal of Law and Society, Bd. 1 (1974 a).

Reiss, Albert J., Jr., Discretionary Justice, in: D. Glaser (Hrsg.) 1974 b.

Reiss, Albert J., Jr., Discretionary Justice in the United States, in: International Journal of Criminology and Penology, Bd. 2 (1974 c).

Reiss, Albert J., Jr., Setting the Frontiers of a Pioneer in American Criminology: Henry McKay, in: J. F. Short (Hrsg.) 1976.

Reiss, Albert J., Jr., und Donald J. Black, Interrogation and the Criminal Process, in: Annals of the American Academy of Political and Social Science, Bd. 374 (1967).

Reiss, Albert J., Jr., und David Bordua, Environment and Organization, in: D. J. Bordua (Hrsg.) 1967.

Reiss, Albert J., Jr., und Albert Lewis Rhodes, The Distribution of Juvenile Delinquency in the Social Class Structure, in: American Sociological Review, Bd. 26 (1961).

Reiss, Albert J. Jr., und A. Lewis Rhodes, An Empirical Test of Differential Association Theory, in: The Journal of Research in Crime and Delinquency, Bd. 1 (1964).

Reiwald, Paul, Die Gesellschaft und ihre Verbrecher, Zürich 1948, neu herausgegeben mit Beiträgen von Herbert Jäger und Tilmann Moser, Frankfurt am Main 1973.

Renner, Karl, Die Rechtsinstitute des Privatrechts und ihre soziale Funktion. Ein Beitrag zur Kritik des bürgerlichen Rechts. Mit einer Einleitung und Anmerkungen von Otto Kahn-Freund, Stuttgart 1965, zuerst 1949.

Rhodes, Robert P., The Insoluble Problems of Crime, New York – Santa Barbara – London – Sydney – Toronto 1977.

Rico, J. M., und S. C. Versele, La criminalité classique et la crise de la justice pénale, in: Denis Szabo (Hrsg.), La criminalité urbaine et la crise de l'administration de la justice, Travaux du IIIe symposium de criminologie comparée, Montreal 1973.

Ritsert, Jürgen, Die Antinomien des Anomiekonzepts, in: Soziale Welt, Bd. 20 (1969), überarbeitete Fassung, in: Jürgen Ritsert, Wissenschaftsanalyse als Ideologiekritik, Frankfurt am Main 1975.

Robert, Philippe, Les bandes d'adolescents, Paris 1966.

Robert, Philippe, La sociologie entre une criminologie de passage à l'acte et une criminologie de la réaction sociale, in: L'Année sociologique, Bd. 24 (1973).

Robert, Philippe, Recherches en criminologie de la réaction sociale, in: Nouvelles perspectives en criminologie, Zürich 1975.

Robertson, Roland, und Laurie Taylor, Deviance, Crime, and Socio-Legal Control, London 1973.

Robin, Gerald D., The Corporate and Judicial Disposition of Employee Thieves, in: Wisconsin Law Review (1967).

Robins, Lee N., Deviant Children Grown up. A Sociological and Psychiatric Study of Sociopathic Personality, Baltimore, Md., 1966.

Robins, Lee, und Shirley Hill, Assessing the Contributions of Family Structure and Peer Groups to Juvenile Delinquency, in: Journal of Criminal Law, Criminology, and Police Science, Bd. 57 (1966).

Robins, Lee M., und Patricia O'Neal, Mortalility, Mobility, and Crime: Problem Children Thirty Years Later, in: American Sociological Review, Bd. 23 (1953).

Robins, Lee M., Harry Gyman und Patricia O'Neal, The Interaction of Social Class und Deviant Behavior, in: American Sociological Review, Bd. 27 (1962).

Robinson, William S., Ecological Correlations and the Behavior of Individuals, in: American Sociological Review, Bd. 15 (1950).

Robison, Sophia M., Can Delinquency be Measured?, New York 1936.

Robison, Sophia M., Juvenile Delinquency: Its Nature and Control, New York 1960.

Roby, Pamela A., Politics and Criminal Law: Revision of the New York State Law on Prostitution, in: Social Problems, Bd. 17 (1969).

Rock, Paul, Phenomenalism and Essentialism in the Sociology of Deviance, in: Sociology, Bd. 7 (1973 a).

Rock, Paul, Sociclogy of Deviance, London 1973 b.

Rock, Paul, The Sociology of Deviance and Conceptions of Moral Order, in: British Journal of Criminology, Bd. 14 (1974).

Rock, Paul, Comment on Mugford, in: Sociological Quarterly, Bd. 15 (1974).

Rock, Paul, und Mary McIntosh (Hrsg.), Deviance and Social Control, London 1974.

Rock, Paul, und Jock Young (Hrsg.), The Myths of Crime, London 1975.

Rodman, Hyman, Controversies about Lower-Class Culture: Delinquency and Illegitimacy, in: The Canadian Review of Sociology and Anthropology, Bd. 5 (1968).

Rodman, Hyman, Art. Class Culture, in:

International Encyclopedia of the Social Sciences, New York 1968.

Roebuck, Julian B., Criminal Typology: The Legalistic, Physical-Constitutional – Hereditary, Psychological-Psychiatric and Sociological Approaches, Springfield, Ill., 1967.

Roesner, Ernst, Der Einfluß von Wirtschaftslage, Alkohol und Jahreszeit auf die Kriminalität, Berlin 1930.

Roesner, Ernst, Familienstand, in: Handwörterbuch der Kriminologie und der anderen strafrechtlichen Hilfswissenschaften, Bd. 1 (1933).

Roesner, Ernst, Geschlecht und Straffälligkeit, in: Handwörterbuch der Kriminologie und der anderen strafrechtlichen Hilfswissenschaften, Bd. 1 (1933).

Roesner, Ernst, Wirtschaftslage und Straffälligkeit, in: Handwörterbuch der Kriminologie und der anderen strafrechtlichen Hilfswissenschaften, Bd. 2 (1936).

Rogers, J. W., und M. D. Buffalo, Fighting Back: Nine Modes of Adaptions to a Deviant Label, in: Social Problems, Bd. 21 (1974).

Ropers, R., Mead, Marx, and Social Psychology, in: Catalyst (1973).

Rose, Arnold M., und Arthur E. Prell, „Does the Punishment Fit the Crime?" A Study of Social Valuation, in: American Journal of Sociology, Bd. 24 (1955).

Rosen, Lawrence, and Stanley Turner, An Evaluation of the Lander Approach to Ecology of Delinquency, in: Social Problems, Bd. 15 (1967).

Rosett, Arthur, The Negotiated Guilty Plea, in: The Annals of the American Academy of Political and Social Science, Bd. 374 (1967).

Ross, Edward A., Social Control. A Survey of the Foundations of Order, New York – London 1928, zuerst 1901.

Ross, H. Laurence, Traffic Law Violation: A Folk Crime, in: Social Problems, Bd. 8 (1961).

Ross, H. Laurence, Folk Crime Revisited, in: Criminology, Bd. 11 (1973).

Rössner, Dieter, Bagatelldiebstahl und Verbrechenskontrolle. Ein exemplarischer Beitrag zur Entkriminalisierung durch quantitative Begrenzung des Strafrechts, Frankfurt am Main – Bern 1976.

Rothman, David J., The Discovery of the Asylum: Social Order and Disorder in the New Republic, Boston, Mass., 1971.

Rottenecker, Heribert, Strukturwandel der Familie im industriellen Zeitalter und Jugenddelinquenz, in: Familie und Jugendkriminalität, Bd. I, Stuttgart 1969.

Rottleuthner, Hubert, Klassenjustiz?, in: Kritische Justiz, Bd. 1 (1969).

Roxin, Claus, Sinn und Grenzen staatlicher Strafe, in: Claus Roxin, Strafrechtliche Grundlagenprobleme, Berlin – New York 1973, zuerst in: Juristische Schulung, Bd. 6 (1966).

Roxin, Claus, Kriminalpolitische Überlegungen zum Schuldprinzip, in: Monatsschrift für Kriminologie und Strafrechtsreform, Bd. 56 (1973).

Roxin, Claus, „Schuld" und „Verantwortlichkeit" als strafrechtliche Systemkategorien, in: Grundfragen der gesamten Strafrechtswissenschaft, Festschrift für Heinrich Henkel zum 70. Geburtstag, Berlin, New York 1974.

Rubin, Sol, Unraveling Juvenile Delinquency I. Illusions in a Research Project Using Matched Pairs, in: American Journal of Sociology, Bd. 57 (1951).

Rubin, Sol, From Abolition of the Death Penalty to Abolition of Prisons, in: Crime and Delinquency, Bd. 19 (1973).

Rubington, Earl, und Martin S. Weinberg (Hrsg.), Deviance: The Interactionist Perspective. Text and Readings in the Sociology of Deviance, 2. Aufl., New York 1973, zuerst 1968.

Rüther, Werner, Abweichendes Verhalten und labeling approach, Köln 1975.

Rusche, Georg, und Otto Kirchheimer, Punishment and Social Structure, New

York 1939, dtsch.: Sozialstruktur und Strafvollzug, Frankfurt am Main, Köln 1974.

Rushing, William A. (Hrsg.), Deviant Behavior and Social Process, Chicago, Ill., 1975, zuerst 1969.

Sabatier, Jean-Pierre, Criminologie en France. Unités d'enseignements, centres de recherches, recherche en cours, centres de documentation, Paris 1975.

Sack, Fritz, Die West-Ost-Wanderung der Kriminalität, in: *Herbert Schäfer* (Hrsg.), Grundlagen der Kriminalistik, Bd. 4: Kriminalistische Akzente, Hamburg 1968 a.

Sack, Fritz, Neue Perspektiven in der Kriminologie, in: *F. Sack* und *R. König* (Hrsg.) 1968 b.

Sack, Fritz, Probleme der Kriminalsoziologie, in: *René König* (Hrsg.), Handbuch der empirischen Sozialforschung, Bd. 2, Stuttgart 1969 a.

Sack, Fritz, Abweichendes Verhalten, in: *Wilhelm Bernsdorf* (Hrsg.), Wörterbuch der Soziologie, 2. Aufl., Stuttgart 1972, zuerst 1969 b.

Sack, Fritz, Strukturen und Prozesse in einem Delinquenzviertel Kölns. Ein Beitrag zur Kriminalsoziologie, Unveröffentlichte Habilitationsschrift, Köln 1970 a.

Sack, Fritz, Neuere Ergebnisse der kriminologischen Forschung aus den USA, in: *Hans Göppinger* und *Hermann Witter* (Hrsg.), Kriminologische Gegenwartsfragen, Bd. 9, Stuttgart 1970 b.

Sack, Fritz, Selektion und Kriminalität, in: Kritische Justiz (1971 a).

Sack, Fritz, Die Idee der Subkultur: Eine Berührung zwischen Anthropologie und Soziologie, in: Kölner Zeitschrift für Soziologie und Sozialpsychologie, Bd. 23 (1971 b).

Sack, Fritz, Definition von Kriminalität als politisches Handeln: der labeling approach, in: Kriminologisches Journal, Bd. 4 (1972 a).

Sack, Fritz, Stadtgeschichte und Kriminalsoziologie. Eine historisch-sozio-

logische Analyse abweichenden Verhaltens, in: *Peter Christian Ludz* (Hrsg.), Soziologie und Sozialgeschichte, Sonderheft 16 der Kölner Zeitschrift für Soziologie und Sozialpsychologie, Opladen 1972 b.

Sack, Fritz, Abweichendes Verhalten, in: Die moderne Gesellschaft, Freiburg – Wien 1972 c.

Sack, Fritz, Die Definition der Gewalt – am Beispiel Jugend, in: *Friedhelm Neidhardt* u. a., Aggressivität und Gewalt in unserer Gesellschaft, München 1973 a.

Sack, Fritz, Fragen und Probleme der Rechtsanwendung aus soziologischer Sicht, in: *Günter Albrecht, Hansjürgen Daheim* und *Fritz Sack* (Hrsg.), Soziologie – René König zum 65. Geburtstag, Opladen 1973 b.

Sack, Fritz, Kriminalität als gesellschaftliche Legitimierungsproblematik. Kriminologie als Legitimationswissenschaft, in: Institut für Gesellschaftspolitik in Wien und Ludwig-Boltzmann-Institut für Kriminalsoziologie (Hrsg.), Recht und Politik, Wien 1975 a.

Sack, Fritz, Die Chancen der Kooperation zwischen Strafrechtswissenschaft und Kriminologie. Probleme und offene Fragen, in: *K. Lüderssen* und *F. Sack* (Hrsg.) 1975 b.

Sack, Fritz, und *René König* (Hrsg.), Kriminalsoziologie, 2. Aufl., Frankfurt am Main 1974, zuerst 1968.

Sacks, Harvey, Notes on Police Assessment of Moral Character, in: *David Sudnow* (Hrsg.), Studies in Social Interaction, New York 1972.

Safa, Helen Icken, und *Gloria Levitas,* Social Problems in Corporate America, New York – Evanston – San Francisco – London 1975.

Sagarin, Edward, Deviants and Deviance. An Introduction to the Study of Disvalued People and Behavior, New York 1975.

Samaha, Joel, Law and Order in Historical Perspective. The Case of Elizabethan Essex, New York – London 1974.

Sanders, William B., und *Howard C. Daudistel,* Hrsg., The Criminal Justice Process. A Reader, New York 1976.

Savitz, Leonard, Delinquency and Migration, in: *M. E. Wolfgang* u. a. (Hrsg.) 1962.

Savitz, Leonard, Dilemmas in Criminology, New York 1967.

Scandinavian Studies in Criminology, Bde. 1–5, Oslo 1965–1974.

Schafer, Stephen, The Victim and his Criminal. A Study in Functional Responsibility, New York 1968.

Scaafer, Stephen, Theories in Criminology, New York 1969.

Schafer, Stephen, The Political Criminal. The Problem of Morality and Crime, New York – London 1974.

Schafer, Stephen, Zum Problem des freien Willens in der Kriminologie, in: Monatsschrift für Kriminologie und Strafrechtsreform, Bd. 59 (1976).

Schatzman, Leonard, und *Anselm Strauss,* A Sociology of Psychiatry: A Perspective and Some Organizing Foci, in: Social Problems, Bd. 14 (1966).

Scheff, Thomas J., The Societal Reaction to Deviance: Ascriptive Elements in Psychiatric Screening of Mental Patients in a Midwestern State, in: Social Problems, Bd. 11 (1964).

Scheff, Thomas J., Being Mentally Ill, Chicago, Ill., 1966. dtsch.: Das Etikett „Geisteskrankheit". Soziale Interaktion und psychische Störung, Frankfurt am Main 1973.

Scheff, Thomas J. (Hrsg.), Mental Illness and Social Processes, New York – Evanston, Ill. – London 1967.

Scheff, Thomas J., Negotiating Reality: Notes on Power in the Assessment of Responsibility, in: Social Problems, Bd. 16 (1968).

Scheff, Thomas J., The Labeling Theory of Mental Illness, in: American Sociological Review, Bd. 39 (1974).

Scheff, Thomas J. (Hrsg.), Labeling Madness, Englewood Cliffs, N. J., 1975.

Schellhoss, Hartmut, Jugendkriminalität, in: *H.-G. Wehling* (Hrsg.), Jugend zwischen Auflehnung und Anpassung, Stuttgart – Berlin – Köln – Mainz 1973.

Schervish, P. G., The Labeling Perspective: Its Bias and Potential in the Study of Political Deviance, in: American Sociologist, Bd. 8 (1973).

Scheuch, Erwin K., Das Interview in der Sozialforschung, in: *René König* (Hrsg.), Handbuch der empirischen Sozialforschung, 3. Aufl., Bd. 2, Stuttgart 1974.

Schewe, Günter, Strafrecht und Kriminologie, in: *D. Grimm* (Hrsg.) 1976.

Schlesinger, Benjamin (Hrsg.), The Multi-Problem Family, Toronto 1963.

Schmidt, Eberhard, Einführung in die Geschichte der deutschen Strafrechtspflege, 3. Aufl., Göttingen 1965, zuerst 1947.

Schneider, Hans-Joachim, Entwicklungstendenzen ausländischer und internationaler Kriminologie, in: Juristenzeitung, Jg. 21 (1966).

Schneider, Hans-Joachim, Behandlungsexperimente für delinquente Jugendliche in den USA. Zugleich ein Betrag zur kriminologischen Methodologie, in: Monatsschrift für Kriminologie und Strafrechtsreform, Bd. 53 (1970).

Schneider, Hans Joachim, Die gegenwärtige Lage der deutschsprachigen Kriminologie, in: Juristenzeitung (1973).

Schneider, Hans Joachim, Kriminologie. Standpunkt und Probleme, 2. überarbeitete Aufl., Berlin – New York 1977, zuerst 1974.

Schneider, Hans Joachim, Viktimologie. Wissenschaft vom Verbrechensopfer, Tübingen 1975.

Schneider, Hans Joachim, Kriminologie, Jugendstrafrecht, Strafvollzug, München 1976.

Schneider, Hans Joachim, Art. Kriminologie, Grundlagen – Ergänzung, in: Handwörterbuch der Kriminologie, Bd. 2, 2. Aufl., Berlin – New York 1977.

Schöch, Heinz, Strafzumessungspraxis und Verkehrsdelinquenz, Stuttgart 1973.

Schöch, Heinz, Ist Kriminalität normal?, in: *Hans Göppinger* und *Günther Kaiser* (Hrsg.), Kriminologie und Strafverfahren, Stuttgart 1976.

Schrag, Clarence, Delinquency and Opportunity: Analysis of a Theory, in: Journal of Sociology and Social Research, Bd. 46 (1962).

Schrag, Clarence, Theoretical Foundations for a Social Science of Corrections, in: D. Glaser (Hrsg.) 1974.

Schüler-Springorum, Horst, Die Jugendkriminalität im Lichte der kriminologischen Forschung, in: Monatsschrift für Kriminologie und Strafrechtsreform, Bd. 52 (1969).

Schüler-Springorum, Horst, und Rudolf Sieverts, Sozial auffällige Jugendliche, München 1964.

Schünemann, Hans-Wilhelm, Selektion durch Strafverfahren? Die Bedeutung des labeling approach für unser Strafverfahren, in: Deutsche Richterzeitung, Bd. 52 (1974).

Schünemann, Hans-Wilhelm, Selektion und Jugendgerichtsverfahren, in: H. Göppinger und G. Kaiser (Hrsg.), 1976 a.

Schünemann, Hans-Wilhelm, Sozialwissenschaften und Jurisprudenz. Eine Einführung für Praktiker, München 1976 b.

Schumann, Karl F., Ungleichheit, Stigmatisierung und abweichendes Verhalten. Zur theoretischen Orientierung kriminologischer Forschung, in: Kriminologisches Journal, Bd. 5 (1973).

Schumann, Karl F., Gegenstand und Erkenntnisinteresse einer konflikttheoretischen Kriminologie, in: Arbeitskreis Junger Kriminologen (Hrsg.) 1974.

Schumann, Karl F., Approaching Crime and Deviance: A Note on the Contributions by Scientists, Officials of Social Control and Social Activists During the Last Five Years in West Germany, in: H. Bianchi, M. Simondi, I. Taylor (Hrsg.) 1975.

Schumann, Karl, und Gerd Winter, Zur Analyse des Strafverfahrens, in: Kriminologisches Journal, Bde. 3 und 4 (1971).

Schur, Edwin M., Theory, Planning, and Pathology, in: Social Problems, Bd. 6 (1958/59).

Schur, Edwin M., Recent Social Problems Texts: An Essay Review, in: Social Problems, Bd. 10 (1963).

Schur, Edwin M., Crimes without Victims. Deviant Behavior and Public Policy. Abortion, Homosexuality, Drug Addiction, Englewood Cliffs, N. J., 1965.

Schur, Edwin M., Law and Society. A Sociological Review, New York 1968.

Schur, Edwin M., Reactions to Deviance: A Critical Assessment, in: American Journal of Sociology, Bd. 75 (1969 a).

Schur, Edwin M., Our Criminal Society. The Social and Legal Sources of Crime in America, Englewood Cliffs, N. J., 1969 b.

Schur, Edwin M., Labeling Deviant Behavior: Its Sociological Implications, New York, Evanston, Ill. – San Francisco – London 1971, dtsch.: Abweichendes Verhalten und soziale Kontrolle. Etikettierung und gesellschaftliche Reaktion, Frankfurt am Main 1974.

Schur, Edwin M., Radical Non-Intervention. Rethinking the Delinquency Problem. Englewood Cliffs, N. J., 1978.

Schwartz, Michael und Sandra S. Tangri, A Note on Self-Concept as an Insulator against Delinquency, in: American Sociological Review, Bd. 30 (1965).

Schwartz, Richard D., Social Factors in the Development of Legal Control: A Case Study of Two Israel Settlements, in: Yale Law Journal, Bd. 63 (1954).

Schwartz, Richard D., und James C. Miller, Legal Evolution and Societal Complexity, in: The American Journal of Sociology, Bd. 70 (1964).

Schwartz, Richard D., und Jerome H. Skolnick, Two Studies of Legal Stigma, in: Social Problems, Bd. 10 (1962).

Schwartz, Richard D., und Jerome H. Skolnick (Hrsg.), Society and the Legal Order, New York 1970.

Schwendinger, Julia, und Herman Schwen-

dinger, Defenders of Order or Guardians of Human Rights?, in: Issues in Criminology, Bd. 5 (1970).

Schwendter, Rolf, Theorie der Subkultur, Köln 1971.

Schwind, Hans-Dieter, u. a., Dunkelfeldforschung in Göttingen 1973/74. Eine Opferbefragung zur Aufhellung des Dunkelfeldes und zur Erforschung der Bestimmungsgründe für die Unterlassung von Strafanzeigen, Wiesbaden 1975.

Scott, Marvin B., und *Stanford M. Lyman,* Accounts, in: American Sociological Review, Bd. 33 (1968), dtsch. (Auszug): *H. Steinert* (Hrsg.) 1973.

Scott, Peter, Gangs and Delinquent Groups, in: British Journal of Delinquency, Bd. 7 (1956).

Scott, Robert A., A Proposed Framework for Analyzing Deviance as a Property of Social Order, in: *R. A. Scott* und *J. D. Douglas* (Hrsg.) 1972.

Scott, Robert A., und *Jack D. Douglas* (Hrsg.), Theoretical Perspectives on Deviance, New York, London 1972.

Scull, Andrew T., From Madness to Mental Illness: Medical Men as Moral Entrepreneurs, in: European Journal of Sociology, Bd. 16 (1975).

Scull, Andrew T., Decarceration: Community Treatment and the Deviant. A Radical View, Englewood Cliffs, N. J., 1977 a.

Scull, Andrew T., Madness und Segregative Control: The Rise of the Insane Asylum, in: Social Problems, Bd. 24 (1977 b).

Seelig, Ernst, Kriminologie, in: Handwörterbuch der Kriminologie und der anderen strafrechtlichen Hilfswissenschaften, Bd. 1 (1933).

Seidmann, David, und *Michael Couzens,* Getting the Crime Rate Down: Political Pressure and Crime Reporting, in: Law and Society Review, Bd. 8 (1974).

Sellin, Thorsten, The Basis of a Crime Index, in: Journal of Criminal Law, Criminology, and Police Science, Bd. 22 (1931).

Sellin, Thorsten, Crime in the Depression, in: Social Science Research Council Bulletin, Bd. 27 (1937).

Sellin, Thorsten, Culture Conflict and Crime, in: Social Science Research Council Bulletin, Bd. 41 (1938).

Sellin, Thorsten, The Significance of Records of Crime, in: The Law Quarterly Review, Bd. 67 (1951).

Sellin, Thorsten, Art. Criminology, in: International Encyclopedia of the Social Sciences, New York 1968.

Sellin, Thorsten, Slavery and the Penal System, New York – Oxford – Amsterdam 1976.

Sellin, Thorsten, und *Marvin E. Wolfgang,* The Measurement of Delinquency, New York – London – Sydney 1964.

Sellin, Thorsten, und *Marvin E. Wolfgang,* Delinquency. Selected Studies, New York – London 1969.

Selling, Lowell S., und *Seymour P. Stein,* Vocabulary and Argot of Delinquent Boys, in: American Journal of Sociology, Bd. 39 (1934).

Selosse, J., Statistical Aspects of Violent Crime, in: Collected Studies in: Criminological Research, Bd. 11 (1974).

Selznick, Philip, Sociology of Law, in: *Robert K. Merton, Leonard Broom* und *Leonard S. Cottrell* (Hrsg.), Sociology Today, New York 1959.

Seppilli, Tullio, und *Graziella Guatini Abbozzo,* The State of Research into Social Control and Deviance in Italy in the Post-war Period (1945–1973), in: *H. Bianchi, M. Simondi, I. Taylor* (Hrsg.) 1975.

Sessar, Klaus, Empirische Untersuchungen zu Funktion und Tätigkeit der Staatsanwaltschaft, in: Zeitschrift für die gesamte Strafrechtswissenschaft, Bd. 87 (1975).

Shah, Saleem A., und *Loren H. Roth,* Biological and Psychophysiological Factors in Criminality, in: *D. Glaser* (Hrsg.) 1974.

Shanley, Fred J., Middle-Class Delinquency as a Social Problem, in: Sociology and Social Research, Bd. 51 (1967).

Shaw, Clifford R., The Jack-Roller, Chicago 1945.

Shaw, Clifford R., und Henry D. McKay, Juvenile Delinquency and Urban Areas, Chicago 1942.

Sheldon, William H., E. M. Hartl und E. McDermott, Varieties of Delinquent Youth, New York 1949.

Sheleff, Leon Shaskolsky, From Restitutive Law to Repressive Law. Durkheim's The Division of Labor in Society Revisited, in: Archives européennes de sociologie, Bd. 16 (1975).

Sherif, Muzafer, und Carolyn W. Sherif, The Group Factor in Delinquency, in: Journal of Crime and Delinquency, Bd. 6 (1967).

Shoemaker, D. J., D. R. South und J. Lowe, Facial Sterotypes of Deviants and Judgments of Guilt or Innocence, in: Social Forces, Bd. 51 (1973).

Shoham, Shlomo, The Theoretical Boundaries of Criminology, in: British Journal of Criminology, Bd. 3 (1963).

Shoham, Shlomo, und Meir Hovav, B'Nei-Tovim' – Middle and Upper Class Delinquency in Israel, in: Sociology and Social Research, Bd. 48 (1964).

Short, James F., Jr., Differential Association and Delinquency, in: Social Problems, Bd. 4 (1957).

Short, James F., Jr., Art. Delinquency I: The Study of Delinquency, in: International Encyclopedia of the Social Sciences, New York 1968.

Short, James F., Jr. (Hrsg.), The Social Fabric of Metropolis. Contributions of the „Chicago School of Urban Sociology", Chicago, Ill., 1971.

Short, James F., Jr., Collective Behavior, Crime, and Delinquency, in: D. Glaser (Hrsg.) 1974.

Short, James F., Jr., The National Commission on the Causes and Prevention of Violence: Reflections on the Contributions of Sociology and Sociologists, in: M. Komarovsky (Hrsg.) 1975.

Short, James F., Jr. (Hrsg.), Delinquency, Crime, and Society, Chicago, Ill., 1976 a.

Short, James F., Jr., Introduction: on Criminology and Criminologists: Continuity, Change, and Criticism, in: J. F. Short, Jr. (Hrsg.) 1976 b.

Short, James F., Jr., Gangs, Politics, and the Social Order, in: J. F. Short, Jr. (Hrsg.) 1976 c.

Short, James F., Jr., und F. Ivan Nye, Reported Behavior as a Criterion of Deviant Behavior, in: Social Problems, Bd. 5 (1957), dtsch.: F. Sack und R. König (Hrsg.) 1968.

Short, James F., Jr., und F. Ivan Nye, Extent of Unrecorded Delinquency, Tentative Conclusions, in: Journal of Criminal Law, Criminology, and Police Science, Bd. 49 (1958).

Short, James F., Jr., und Fred Strodtbeck, Group, Process and Gang Delinquency, Chicago, Ill., 1965.

Short, James F., Jr., und Marvin E. Wolfgang (Hrsg.), Collective Violence, Chicago, Ill., 1972.

Shover, Neal, The Social Organization of Burglary, in: Social Problems, Bd. 20 (1973).

Shover, Neal, The Civil Justice Process as Societal Reaction, in: Social Forces, Bd. 52 (1974).

Shulman, Harry M., The Family and Juvenile Delinquency, in: Annals of the American Academy of Political and Social Science, Bd. 261 (1949).

Silberman, Matthew, Toward a Theory of Criminal Deterrence, in: American Sociological Review, Bd. 41 (1976).

Silver, Isidore (Hrsg.), The Crime-Control Establishment, Englewood Cliffs, N. J., 1974.

Simmons, J. L., Deviants, Berkeley 1969.

Simon, Dieter, Die Unabhängigkeit des Richters, Darmstadt 1975.

Simon, Rita James, The Contemporary Women and Crime, Lexington, Mass. – Toronto – London 1975.

Simon, William, Joseph E. Puntil und Emil Peluso, Continuities in Delinquency Research, in: J. F. Short, Jr. (Hrsg.) 1976.

Simonsohn, Berthold (Hrsg.), Jugendkriminalität, Strafjustiz und Sozialpädagogik, Frankfurt am Main 1969.

Skinner, Burrhus F., Critique of Psychoanalytic Concepts and Theories, in: Herbert Feigl und M. Scriven (Hrsg.), The Foundation of Science and the Concepts of Psychology and Psychoanalysis, Minneapolis 1956.

Skogan, Wesley G., The Victims of Crime: Some National Survey Findings, in: Anthony L. Guenther (Hrsg.), Criminal Behavior and Social Systems. Contribution of American Sociology, 2. Auflage, Chicago, Ill., 1976.

Skolnick, Jerome H., The Sociology of Law in America. Overview and Trends, in: Social Problems, Bd. 12 (1965), Supplement.

Skolnick, Jerome H., Justice without Trial. Law Enforcement in Democratic Society, New York, London, Sydney 1966 a.

Skolnick, Jerome H., To the Editor, in: Social Problems, Bd. 14 (1966).

Skolnick, Jerome H., Social Control in the Adversary System, in: Journal of Conflict Resolution, Bd. 2 (1967).

Skolnick, Jerome H., The Politics of Protest. Violent Aspects of Protest and Confrontation. Staff Report to National Commission on the Causes and Prevention of Violence (Staff Report 3), Washington, D. C.: U. S. Government Office 1969.

Skolnick, Jerome H., und T. Gray (Hrsg.), Police in America, Boston, Mass. 1975.

Smart, Carol, Criminological Theory: Its Ideology and Implications Concerning Women, in: British Journal of Sociology, Bd. 28 (1977 a).

Smart, Carol, Women, Crime, and Criminology: A Feminist Critique, London 1977 b.

Smigel, Erwin O. (Hrsg.), Handbook on the Study of Social Problems, Chicago, Ill., 1971.

Smigel, Erwin O., und Laurence Ross, Crimes Against Bureaucracy, New York 1970.

Snodgrass, Jon, Clifford R. Shaw und Henry D. McKay, Chicago Criminologists, in: The British Journal of Criminology, Bd. 16 (1976).

Social Science Research Council, Theoretical Studies in Social Organization of the Prison, New York 1960.

Solomon, Peter H., Jr., Soviet Criminology – its Demise and Rebirth 1928 bis 1963, in: R. Hood (Hrsg.) 1974.

Sommer, Robert, The End of Imprisonment, New York 1976.

Spector, Malcolm, Labeling Theory in Social Problems: A Young Journal Launches a New Theory, in: Social Problems 24 (1976).

Spector, Malcolm, und John Kitsuse, Constructing Social Problems, Menlo Park, Cal., 1977.

Spencer, John C., White-Collar Crime, in: T. Grygier, H. Jones und J. C. Spencer (Hrsg.) 1965.

Spergel, Irving, Male Young Adult Criminality, Deviant Values, and Differential Opportunities in Two Lower-Class Negro Neighborhoods, in: Social Problems, Bd. 10 (1963).

Spergel, Irving, An Exploratory Research in Delinquent Subcultures, in: Social Service Review, Bd. 35 (1961).

Spergel, Irving, Racketville, Slumtown, Haulburg. An Exploratory Study of Delinquent Subcultures, Chicago, Ill., 1964.

Spitzer, Steven, Punishment and Social Organization: A Study of Durkheim's Theory of Penal Evolution, in: Law and Society Review, Bd. 9 (1975).

Springer, Werner, Kriminalitätstheorien und ihr Realitätsgehalt. Eine Sekundäranalyse amerikanischer Forschungsergebnisse zum abweichenden Verhalten, Stuttgart 1973.

Stallberg, Friedrich W. (Hrsg.), Abweichung und Kriminalität. Konzeptionen, Kritik, Analysen, Hamburg 1975 a.

Stallberg, Friedrich W., Bemerkungen zur Rezeption des Labeling-Ansatzes in der westdeutschen Kriminalsoziologie, in: Kriminologisches Journal, Bd. 7 (1975 b).

Stallberg, Friedrich W., und Rüdiger Stallberg, Kriminalisierung und Konflikt

– zur Analyse ihres Zusammenhangs, in: Monatsschrift für Kriminologie und Strafrechtsreform, Bd. 60 (1977).

Stanfield, Robert E., The Interaction of Family Variables and Gang Variables in the Aetiology of Delinquency, in: Social Problems, Bd. 13 (1966).

Stedman-Jones, Gareth, Outcast London, London 1971.

Stefani, G., G. Levasseur, und R. Jambre-Merlin, Criminologie et science pénitentiaire, Paris 1972.

Steffen, Wiebke, Bericht über das Kolloquium „Staatsanwaltschaft" anläßlich der Sitzung des Kuratoriums des Max-Planck-Instituts für ausländisches und internationales Strafrecht am 21. Februar 1975 in Freiburg i. Br., in: Zeitschrift für die gesamte Strafrechtswissenschaft, Bd. 87 (1975).

Steffen, Wiebke, Analyse polizeilicher Ermittlungstätigkeit aus der Sicht des späteren Strafverfahrens, Wiesbaden 1976.

Steffensmeier, Darrell J., und Robert M. Terry, Deviance and Respectability: An Observational Study of Reactions to Shoplifting, in: Social Forces, Bd. 51 (1973).

Steinert, Heinz (Hrsg.), Der Prozeß der Kriminalisierung, München 1973 a.

Steinert, Heinz (Hrsg.), Symbolische Interaktion. Arbeiten zu einer reflexiven Soziologie, Stuttgart 1973 b.

Steinert, Heinz, Strafrecht als Anachronismus – Strafrechtsentwicklung als zunehmende Humanisierung. Einige Anmerkungen zur „Durkheimschen Täuschung" in der Soziologie der Strafrechtsentwicklung, in: Kriminalsoziologische Bibliographie, Bd. 6 (1975).

Steinert, Heinz, Über die Funktionen des Strafrechts, in: Festschrift für Christian Broda, Wien 1976.

Steinhilper, Gernot, Kriminalistisch-kriminologische Forschung im Bundeskriminalamt Wiesbaden, in: Öffentliche Sicherheit, Jg. 1977, H. 7.

Stephan, Egon, Die Stuttgarter Opferbefragung. Eine kriminologisch-viktimologische Analyse zur Erforschung des Dunkelfeldes unter besonderer Berücksichtigung der Einstellung der Bevölkerung zur Kriminalität, Wiesbaden 1976.

Sternberg, David, The New Radical-Criminal Trials: a Step Toward a Class-for-itself in the American Proletariat, in: Science and Society, Bd. 36 (1972).

Sterne, Richard S., Delinquent Conduct and Broken Homes: A Study of 1050 Boys, New York, Conn., 1964.

Stiller, Gerhard, Zur Technik und Methodologie der kriminologischen Forschung, Berlin 1967.

Stinchcombe, Arthur L., Institutions of Privacy in the Determination of Police Administrative Practice, in: American Journal of Sociology, Bd. 69 (1963).

Stinchcombe, Arthur L., Marxist Theories of Power and Empirical Research, in: L. A. Coser und O. N. Larsen (Hrsg.) 1976.

Stone, Julius, Social Dimensions of Law and Justice, Stanford 1966.

Street, David, Robert D. Winter und Charles Perrow, Organization for Treatment. A Comparative Study of Institutions for Delinquents, New York 1966.

Strodtbeck, Fred L., und James F. Short, Jr., Aleatory Risks vs. Short Run Hedonism in Explanation of Gang Action, in: Social Problems, Bd. 12 (1964).

Strodtbeck, Fred L., James F. Short, Jr., und Ellen Kolegar, The Analysis of Self-Descriptions by Members of Delinquent Gangs, in: Sociological Quarterly, Bd. 3 (1962).

Stürup, Georg K., Treating the Untreatable. Chronic Criminals at Herstedvester, Baltimore, Md., 1968.

Sudnow, David, Normal Crimes: Sociological Features of the Penal Code in a Public Defender Office, in: Social Problems, Bd. 12 (1965).

Sudnow, David (Hrsg.), Studies in Social Interaction, New York, London 1972.

Sullivan, Richard F., The Economics of Crime: An Introduction to the Literature, in: Crime and Delinquency, Bd. 19 (1973).

Sumner, William G., Folkways, Boston, Mass., 1906.

Sussman, Marvin B., The Social Problems of the Sociologist, in: Social Problems, Bd. 11 (1964).

Sutherland, Edwin H., The Professional Thief, Chicago, Ill., 1937.

Sutherland, Edwin H., White-Collar Criminality, in: American Sociological Review, Bd. 4 (1940).

Sutherland, Edwin H., Crime and Business, in: Annals of the American Academy of Political and Social Science, Bd. 217 (1941).

Sutherland, Edwin H., Is „White Collar Crime" Crime?, in: American Sociological Review, Bd. 10 (1945).

Sutherland, Edwin H., White-Collar Crime, New York 1949.

Sutherland, Edwin H., The Sexual Psychopath Laws, in: Journal of Criminal Law and Criminology, Bd. 40 (1950).

Sutherland, Edwin H., Critique of Sheldon's Varieties of Delinquent Youth, in: American Sociological Review, Bd. 16 (1951).

Sutherland, Edwin H., und Donald R. Cressey, Principles of Criminology, 9. Aufl., Philadelphia, New York, Toronto 1974.

Suttles, Gerald D., The Social Order of the Slum: Ethnicity and Territory in the Inner City, Chicago, Ill., 1968.

Suttles, Gerald D., The Social Construction of Communities, Chicago, Ill., 1972.

Sveri, Knut, Group Activity, in: Scandinavian Studies in Criminology, Bd. 1 (1965).

Sveri, Knut, Die Kriminologische Zusammenarbeit innerhalb des Tätigkeitsbereichs des Europarates, in: Revue internationale de droit pénale, Bd. 42 (1971).

Sveri, Knut, Criminological Research Relating to Migrant Workers, in: Aspects of Criminality among Migrant Workers, hrsg. vom Council of Europe, Strasbourg 1975.

Swigert, Victoria, und Ronald A. Farrell, Murder, Inequality, and the Law: Differential Treatment in the Legal Process, Lexington, Mass., 1976.

Swigert, Victoria Lynn, und Ronald A. Farrell, Normal Homicides and the Law, in: American Sociological Review, Bd. 42 (1977).

Sykes, Gresham M., The Society of Captives, Princeton, N. J., 1958.

Sykes, Gresham M., The Rise of Critical Criminology, in: Journal of Criminal Law and Criminology, Bd. 65 (1974).

Sykes, Gresham M., und David Matza, Techniques of Neutralization: A Theory of Delinquency, in: American Sociological Review, Bd. 22 (1957), dtsch.: F. Sack und R. König (Hrsg.) 1968.

Sylvester, Sawyer F., Jr., The Heritage of Modern Criminology, Cambridge, Mass. 1972.

Sylvester, S. F., Jr., und E. Sagarin (Hrsg.), Politics and Crime, New York 1974.

Szabo, Denis, Crimes et villes, Paris 1960.

Szabo, Denis, La delinquance juvénile. Etiologie et prophylaxie. Tendances de la recherche et bibliographie (1945–1965), Amsterdam 1963.

Szabo, Denis, Recent Trends in the Teaching of Criminology, in: Social Science Information, Bd. 5 (1966).

Szabo, Denis, Applied Criminology and Government Policy: Future Perspectives and Conditions of Collaboration, Madrid 1970.

Szabo, Denis, Applied Criminology and Government Policy: Future Perspectives and Conditions for Collaboration, in: Issues in Criminology, Bd. 6 (1971).

Szabo, Denis, Comparative Criminology. Significance and Tasks, Montreal 1973.

Szasz, Thomas S., Law, Liberty, and Psychiaty, New York 1963.

Szasz, Thomas S., Psychiatric Justice, New York 1965.

Szasz, Thomas S., The Psychiatrist as Double Agent, in: Trans-Action, Bd. 4 (1967).

Szasz, Thomas S., The Manufacture of Madness, New York 1970, dtsch.: Die Fabrikation des Wahnsinns, Olten 1974.

Taft, Donald R., und Ralph U. England, Jr., Criminology, 4. Aufl. New York 1964, zuerst 1942.

Tangri, Sandra, und Michael Schwartz, Delinquency Research and the Self-Concept Variable, in: Journal of Criminal Law, Criminology, and Police Science, Bd. 58 (1967).

Tannenbaum, Frank, Crime and the Community, New York 1938.

Tappan, Paul W., Who is the Criminal, in: American Sociological Review, Bd. 12 (1947).

Tarde, Gabriel, La criminalité comparée, Paris 1886.

Tarde, Gabriel, La philosophie pénale, Paris 1890.

Tarde, Gabriel, Criminalité et santé sociale, in: Revue philosophique de la France et de l'Etranger, Bd. 39 (1895).

Taylor, Ian, The Criminal Question in Contemporary Social Theory, in: The Human Context, Bd. 4 (1972).

Taylor, Ian, und Laurie Taylor (Hrsg.), Politics and Deviance, Harmondsworth 1973.

Taylor, Ian, und Paul Walton, Values in Deviancy Theory and Society, in: British Journal of Sociology, Bd. 21 (1970).

Taylor, Ian, und Paul Walton, Radical Deviancy Theory and Marxism. A Reply to Paul Q. Hirst's Marx and Engels on Law, Crime and Morality', in: I. Taylor, P. Walton, J. Young (Hrsg.) 1975.

Taylor, Ian, Paul Walton und Jock Young, The New Criminology. For a Social Theory of Deviance, London 1963.

Taylor, Ian, Paul Walton und Jock Young (Hrsg.), Critical Criminology, London – Boston 1975 a.

Taylor, Ian, Paul Walton und Jock Young, Critical Criminology in Britain, Review and Prospects, in: I. Taylor, P. Walton, J. Young (Hrsg.) 1975 b.

Taylor, Laurie, Deviance and Society, London 1971.

Teeters, Negley K., und David Matza, The Extent of Delinquency in the United States, in: The Journal of Negro Education, Bd. 28 (1959).

Tennyson, Ray A., Family Structure and Delinquent Behavior, in: M. W. Klein (Hrsg.) 1967.

Terry, Robert M., The Screening of Juvenile Offenders, in: Journal of Criminal Law, Criminology, and Police Science, Bd. 58 (1967).

Thiersch, Hans, Abweichendes Verhalten. Definitionen und Stigmatisierungsprozesse, in: Heinrich Roth und D. Friedrich (Hrsg.), Bildungsforschung. Teil 2, Stuttgart 1975.

Thio, Alex, Class Bias in the Sociology of Deviance, in: American Sociologist, Bd. 8 (1973).

Thio, Alex, The Phenomenological Perspective of Deviance. Another Case of Class Bias, in: American Sociologist, Bd. 9 (1974).

Thomas, D. A., The Control of Discretion in the Administration of Criminal Justice, in: R. Hood (Hrsg.) 1974.

Thompson, Edward Palmer, Whigs and Hunters. The Origin of the Black Act, London 1975.

Thrasher, Frederic M., The Gang, 2. überarb. Aufl., Chicago, Ill., 1936.

Tiedemann, Klaus (Hrsg.), Die Verbrechen in der Wirtschaft, 2. Aufl., Karlsruhe 1972, zuerst 1970.

Tiedemann, Klaus, Subventionskriminalität in der Bundesrepublik. Erscheinungsformen, Ursachen, Folgerungen, Reinbek bei Hamburg 1974.

Tiedemann, Klaus, Wirtschaftsrecht und Wirtschaftskriminalität, Bd. 1: Allgemeiner Teil, Reinbek b. Hamburg 1976.

Tittle, Charles R., Crime Rates and Legal Sanctions, in: Social Problems, Bd. 16 (1969).

Tittle, Charles R., und Charles H. Logan, Sanctions and Deviance. Evidence and Remaining Questions, in: Law and Society Review, Bd. 7 (1973).

Tittle, Charles R., und *Allan R. Rowe,* Certainty of Arrest and Crime Rates. A Further Test of the Deterrence Hypothesis, in: Social Forces, Bd. 52 (1974).

Tobias, J. J., Crime and Industrial Society in the 19th Century, London 1967.

Toby, Jackson, The Differential Impact of Family Disorganization, in: American Sociological Review, Bd. 22 (1957).

Toby, Jackson, Hoodlum or Businessmen. An American Dilemma, in: *Marshall Sklare* (Hrsg.), The Jews: Social Patterns of an American Group, Glencoe, Ill., 1958.

Toby, Jackson, Art. Delinquency IV: Delinquent Gangs, in: International Encyclopedia of the Social Sciences, New York 1968.

Toby, Jackson, The Socialization and Control of Deviant Motivation, in: *D. Glaser* (Hrsg.) 1974.

Toch, Hans, Violent Men. An Inquiry into the Psychology of Violence, Chicago, Ill., 1969.

Tönnesmann, Margret, Einige Aspekte zu einer Medizin-Soziologie und Sozialpsychologie in Deutschland, in: *René König* und *Margret Tönnesmann* (Hrsg.), Probleme der Medizin-Soziologie, Sonderheft 3 der Kölner Zeitschrift für Soziologie und Sozialpsychologie, 4. Aufl., Köln und Opladen 1970, zuerst 1958.

Toennies, Ferdinand, Uneheliche und verwaiste Verbrecher, Leipzig 1930.

Törnudd, Patrik, The Futility of Searching for Causes of Crime, in: Scandinavian Studies in Criminology, Bd. 3 (1971).

Tolman, Frank L., The Study of Sociology in Institutions of Learning in the United States, in: American Journal of Sociology, Bd. 7 (1902 bis 1903).

Trabandt, Henning, und *Helga Trabandt,* Aufklärung über Abweichung. Über die Praxisrelevanz von Devianztheorien, Stuttgart 1974.

Traub, Stuart H., und *Craig B. Little* (Hrsg.), Theories of Deviance, Itasca, Ill., 1975.

Traulsen, Monika, Delinquente Kinder und ihre Legalbewährung. Eine empirische Untersuchung über Kinderdelinquenz, spätere Auffälligkeit, Herkunft, Verhalten und Erziehungsmaßnahmen, Frankfurt am Main – Bern 1976.

Treiber, Hubert, Widerstand gegen Reformpolitik. Institutionelle Opposition im Politikfeld Strafvollzug, Düsseldorf 1973.

Treppenhauer, Andreas, Kriminalität und Kriminalisierung. Zu einer historisch gerichteten Theorie abweichenden Verhaltens, in: Kritische Justiz, Bd. 7 (1974).

Treppenhauer, Andreas, Psychoanalyse and Labeling Approach, in: betrifft: Erziehung, Bd. 2 (1976).

Trotha, Trutz von, Jugendliche Bandendelinquenz. Über Vergesellschaftungsbedingungen von Jugendlichen in den Elendsvierteln der Großstädte, Stuttgart 1974.

Trotha, Trutz von, Ethnomethodologie und abweichendes Verhalten, in: Kriminologisches Journal, Bd. 9 (1977).

Tumin, Melvin, The Functionalist Approach to Social Problems, in: Social Problems, Bd. 12 (1965).

Turk, Austin T., Prospects for Theories of Criminal Behavior, in: Journal of Criminal Law, Criminology, and Police Science, Bd. 55 (1964 a).

Turk, Austin T., Toward Construction of a Theory of Delinquency, in: Journal of Criminal Law, Criminology, and Police Science, Bd. 55 (1964 b).

Turk, Austin T., Conflict and Criminality, in: American Sociological Review, Bd. 31 (1966).

Turk, Austin T., Criminality and Legal Order, Chicago, Ill., 1969.

Turk, Austin T., Introduction, in: *Willem Adriaan Bonger,* Criminality and Economic Conditions, Bloomington und London 1969.

Turk, Austin T., Legal Sanctioning and Social Control, Rockville, Md., 1972.

Turner, Ralph, Role-taking: Process versus Conformity, in: Arnold M. Rose (Hrsg.), Human Behavior and Social Process, Boston, Mass. 1962.

Turner, Ralph H., Deviance Avowal as Neutralization of Commitment, in: Social Problems, Bd. 19 (1972).

Tyler, Gus (Hrsg.), Organized Crime in America, Ann Arbor, Mich., 1962.

United Nations, Economic and Social Council, Sixth Session, Statistical Report on the State of Crime 1937 bis 1946, New York 1950.

United Nations, Survey of Social Statistics. Statistical Papers, New York 1954.

United Nations, New Forms of Juvenile Delinquency. Their Origin, Prevention and Treatment, Report Prepared by the Secretariat, New York 1960.

United Nations Social Defense Research Institute (UNSDRI), A World Directory of Criminological Institutes. Prepared by Badre Kasme, Publication No. 7, Rom 1974.

United Nations Social Defence Research Institute (UNSDRI), Economic Crises and Crime, Publications Nr. 15, Rome 1976.

Uusitalo, Paavo, The Definitions of Goals in Criminal Policy. A Durkheimian Approach, Institute of Sociology, University of Helsinki, Research Reports, Bd. 134 (1969).

Valentine, Charles A., Culture and Poverty, Chicago, Ill., 1968.

Vallance, Elizabeth (Hrsg.), The State, Society, and Self-Destruction, London 1975.

Van Vechten, Courtlandt C., Criminal Case Morality, in: American Sociological Review, Bd. 7 (1942).

Vaz, Edmund W., Juvenile Gang Delinquency in Paris, in: Social Problems, Bd. 10 (1962).

Vaz, Edmund W. (Hrsg.), Middle-Class Juvenile Delinquency, New York – Evanston, Ill. – London 1967 a.

Vaz, Edmund W., Juvenile Delinquency in the Middle-Class Youth Culture, in: E. M. Vaz (Hrsg.) 1967 b.

Vérin, Jacques, Le financement de la recherche criminologique en France, in: Revue de science criminelle et de droit pénale comparé, Bd. 27 (1972).

Vetere, Eduardo, und Newman Graeme, International Crime Statistics: An Overview from a Comparative Perspective, in: Abstracts on Criminology and Penology, Bd. 17 (1977).

Vexliard, Alexandre, Introduction à la sociologie du vagabondage, Paris 1956.

Viano, Emilio, Hrsg., Criminal Justice Research, Lexington, Mass., Toronto, London 1975.

Villmow, Bernhard, und Günther Kaiser, Empirisch gesicherte Erkenntnisse über Ursachen der Kriminalität. Eine problemorientierte Sekundäranalyse, in: Verhütung und Bekämpfung der Kriminalität (Abschlußbericht), hrsg. v. Der Regierende Bürgermeister von Berlin, Senatskanzlei/Planungsleitstelle, Anhang A Berlin 1974.

Vold, George B., Theoretical Criminology, New York, 1958.

Votey, Harold L., Jr., und Llad Phillips, The Control of Criminal Activity. An Economic Analysis, in: D. Glaser (Hrsg.) 1974.

Waldmann, Peter, Zielkonflikte in einer Strafanstalt, Stuttgart 1968.

Walker, Nigel D., Sentencing in a Rational Society, New York 1971.

Walker, Nigel D., Lost Causes in Criminology, in: R. Hood (Hrsg.) 1974.

Wallance, Samuel E., Skid Row as a Way of Life, New York 1968.

Wallerstein, James S., und C. J. Wyle, Our Law-Abiding Law-Breakers, in: Probation, Bd. 25 (1947).

Ward, C., Vandalism, London 1973.

Ward, Richard H., The Labeling Theory. A Critical Analysis, in: Criminology, Bd. 9 (1971).

Warren, Carol A. B., und John M. Johnson, A Critique of Labeling Theory From the Phenomenological Perspective, in: R. A. Scott und J. D. Douglas (Hrsg.) 1972.

Wattenberg, William W. (Hrsg.), Social Deviancy among Youth. The Sixty-fifth Yearbook of the National Society for the Study of Education, Teil I, Chicago, Ill., 1966.

Wattenberg, William W., und *James Balistrieri,* Automobile Theft. A „Favored-Group" Delinquency, in: The American Journal of Sociology, Bd. 57 (1952).

Weber, Hellmuth K. von, Art. Kriminalsoziologie, in: Handwörterbuch der Kriminologie, Bd. 2, 2. Aufl. Berlin 1977.

Wehner, Bernd, Die Latenz der Straftaten, in: Schriftenreihe des Bundeskriminalamtes 1957/1.

Weinberg, Kirson S., Shaw-McKay Theories of Delinquency in Cross-Cultural Context, in: *James F. Short, Jr.* (Hrsg.) 1976.

Weingarten, Elmar, Fritz Sack und *Jim Schenkein* (Hrsg.), Ethnomethodologie. Beiträge zu einer Soziologie des Alltagslebens, Frankfurt 1976.

Weis, Kurt, Zur Kontrolle und Bewährung Glueck'scher Prognosetafeln, in: Zeitschrift für die gesamte Strafrechtswissenschaft, Bd. 82 (1970).

Weis, Kurt, „Viktimologie" und „Viktorologie" in der Kriminologie, in: Monatsschrift für Kriminologie und Strafrechtsreform, Bd. 55 (1972).

Wellford, Charles F., Labeling Theory and Criminology. An Assessment, in: Social Problems, Bd. 22 (1975).

Welsch, Xaverius, Entwicklung und heutiger Stand der kriminologischen Persönlichkeitsforschung und Prognose des sozialen Verhaltens von Rechtsbrechern in Deutschland, Hamburg 1962.

Wender, Paul H., Vicious and Virtuous Circles. The Role of Deviation Amplifying Feedback in the Origin and Perpetuation of Behavior, in: Psychiatry, Bd. 31 (1968).

Werkentin, Falco, Michael Hofferbert und *Michael Baurmann,* Kriminologie als Polizeiwissenschaft oder: Wie alt ist die neue Kriminologie?, in: Kritische Justiz, Bd. 3 (1972).

Werthman, Carl, The Function of Social Definitions in the Development of Delinquent Careers, in: President's Commission on Law Enforcement and the Administration of Justice, Task Force Report: Juvenile Delinquency and Youth Crime, Washington, O. C., 1967.

West, D. J., The Young Offender, London 1967.

West, D. J., Present Conduct and Future Delinquency, London 1969.

West, D. J., unter Mitarb. von *D. P. Farrington,* Who Becomes Delinquent? Second Report of the Cambridge Study in Delinquent Development, London 1973.

Westley, William A., Violence and the Police. A Sociological Study of Law, Custom, and Morality, Cambridge, Mass., 1970.

Westley, William A., und *Frederick Elkin,* The Protective Environment and Adolescent Socialization, in: Social Forces, Bd. 35 (1957).

Wheeler, Stanton, Sex Offenses. A Sociological Critique, in: Law and Contemporary Problems, Bd. 25 (1960).

Wheeler, Stanton, Socialization in Correctional Communities, in: American Sociological Review, Bd. 26 (1961).

Wheeler, Stanton, The Social Sources of Criminology, in: Sociological Inquiry, Bd. 32 (1962).

Wheeler, Stanton, Deviant Behavior, in: *Neil J. Smelser* (Hrsg.), Sociology. An Introduction, New York – London – Sydney 1967.

Wheeler, Stanton, Criminal Statistics. A Reformulation of the Problem, in: The Journal of Criminal Law, Criminology, and Police Science, Bd. 58 (1967).

Wheeler, Stanton, Art. Delinquency II: Sociological Aspects, in: International Encyclopedia of the Social Sciences, New York 1968.

Wheeler, Stanton (Hrsg.), Controlling Delinquents, New York – London – Sydney 1968.

Wheeler, Stanton (Hrsg.), On Record. Files and Dossiers in American Life, New York 1969.

Wheeler, Stanton, Trends and Problems in the Sociological Study of Crime, in: Social Problems, Bd. 23 (1976).

Wheeler, Stanton, Leonard S. Cottrell, Jr., und Anne Romasco (Hrsg.), Juvenile Delinquency. Its Prevention and Control, New York 1966.

Whiting, Beatrice B., Sex Identity Conflict and Physical Violence. A Comparative Study, in: American Anthropologist. The Ethnography of Law, Bd. 67 (1965).

Whitlock, F., Death on the Road. A Study in Social Violence, London 1971.

Whyte, William Foote, Social Organisation in the Slums, in: American Sociological Review, Bd. 8 (1943).

Whyte, William Foote, Street Corner Society. The Social Structure of an Italian Slum, 2. erw. Aufl., Chicago, Ill., 1955, zuerst 1943.

Wice, Paul B., Freedom for Sale. A National Study of Pretrial Release, Lexington, Mass., 1974.

Wilensky, Harold L., und Charles N. Lebeaux, Industrial Society and Social Welfare, New York und London 1958.

Wiles, Paul, Criminal Statistics and Sociological Explanations of. Crime, in: W. G. Carson und P. Wiles (Hrsg.) 1971.

Wiles, Paul (Hrsg.), The Sociology of Crime and Delinquency in Britain, Bd. 2: The New Criminologies, London 1976.

Wilkins, Leslie T., Delinquent Generations. Home Office Research Unit Report. Three Studies in the Causes of Delinquency and the Treatment of Offenders, London 1960.

Wilkins, Leslie T., The Measurement of Crime, in: The British Journal of Criminology, Bd. 3 (1963).

Wilkins, Leslie T., Social Deviance. Social Policy, Action, and Research, Englewood-Cliffs, N. J., 1965 a.

Wilkins, Leslie T., New Thinking in Criminal Statistics, in: Journal of Criminal Law, Criminology, and Police Science, Bd. 56 (1965 b).

Wilkins, Leslie T., Persistent Offenders and Preventive Detention, in: Journal of Criminal Law, Criminology, and Police Science. Bd. 57 (1966).

Wilkins, Leslie T., Delinquent Generations. Letter to the Editor, in: Journal of Research in Crime and Delinquency, Bd. 4 (1967).

Wilkins, Leslie T., Art. Crime. II: Offense Patterns, in: International Encyclopedia of the Social Sciences, New York 1968.

Wilkins, Leslie T., Evaluation of Penal Measures, New York 1969.

Wilkins, Leslie T., Crime and Criminal Justice at the Turn of the Century, in: The Annals of the American Academy of Political and Social Science, Bd. 408 (1973).

Wilkins, Leslie T., Equity and Republican Justice, in: The Annals of the American Academy of Political and Social Science, Bd. 423 (1976).

Williams, David G. T., Prosecution, Discretion, and the Accountability of the Police, in: R. Hood (Hrsg.), 1974.

Wilson, James Q., The Police and the Delinquent in two Cities, in St. Wheeler (Hrsg.) 1968.

Wilson, James Q., Varieties of Police Behavior. The Management of Law and Order in Eight Communities, Cambridge, Mass., 1968.

Wilson, James Q., Thinking about Crime, New York 1975.

Wilson, Thomas P., Conceptions of Interaction and Forms of Sociological Explanation, in: American Sociological Review, Bd. 35 (1970), dtsch.: Arbeitsgruppe Bielefelder Soziologen (Hrsg.) 1973.

Wirth, Louis, Culture Conflict and the Violation of Conduct Norms, in: Social Forces, Bd. 10 (1931).

Wiswede, Günter, Soziologie des abweichenden Verhaltens, Stuttgart 1973.

Witzel, Joachim, Der Außenseiter im Sozialisationsprozeß der Schule – Eine jugendkriminologische Studie, Stuttgart 1969.

Wolf, Heinz E., Rockerterror – Ideologie und Realität. Kritisch-empirische Stellungnahme zum Aufsatz von

Arthur Kreuzer „Rocker-Gruppen-Kriminalität", in: Monatsschrift für Kriminologie und Strafrechtsreform, Bd. 55 (1972).

Wolf, Preben, Crime and Development. An International Comparison of Crime Rates, in: Scandinavian Studies in Criminology, Bd. 3 (1971).

Welf, Siegmund A., Wörterbuch des Rotwelschen. Deutsche Gaunersprache, Mannheim 1956.

Welf, Siegmund A., Gaunersprache, in: Handwörterbuch der Kriminologie, Bd. 1, 2. Aufl. Berlin 1976.

Wolfe, Alan, The Seamy Side of Democracy, New York 1973.

Wolff, Jörg, Der Jurist in der Kriminologie, in: Kriminologisches Journal, Bd. 3 (1971).

Wolff, Jörg, Das Verhältnis von Theorie und Praxis in der Kriminologie, in: Kölner Zeitschrift für Soziologie und Sozialpsychologie, Bd. 26 (1974 a).

Wolff, Jörg, Die Prognose in der Kriminologie. Versuch einer theoretischen Grundlegung nebst einer empirischen Erprobung, 2. Aufl., Göttingen 1974 b.

Wolfgang, Marvin E., Victim-Precipitated Criminal Homicide, in: Journal of Criminal Law, Criminology, and Police Science, Bd. 48 (1957).

Wolfgang, Marvin E., Patterns in Criminal Homicide, Philadelphia 1958.

Wolfgang, Marvin E., Cesare Lombroso 1835–1910, in: H. Mannheim (Hrsg.) 1960.

Wolfgang, Marvin E., Was ist Kriminologie?, in: A. Mergen (Hrsg.) 1961.

Wolfgang, Marvin E., Criminology and the Criminologist, in: Journal of Criminal Law, Criminology, and Police Science, Bd. 54 (1963).

Wolfgang, Marvin E. (Hrsg.), Crime and Culture. Essays in Honor of Thorsten Sellin, New York – London – Sydney – Toronto 1968 a.

Wolfgang, Marvin E., The Viable Future in Criminology, in: Denis Szabo (Hrsg.), Criminology in Action, Montreal 1968 b.

Wolfgang, Marvin E., Dialoge with M. E. Wolfgang. An Interview Conducted by John Snodgrass in: Issues in Criminology, Bd. 7 (1972).

Wolfgang, Marvin E., Crime in a Birth Cohort, in: R. Hood (Hrsg.) 1974.

Wolfgang, Marvin E., und Franco Ferracutti, The Subculture of Violence: Towards an Integrated Theory in Criminology, London 1967.

Wolfgang, Marvin E., Robert M. Figlio und Thorsten Sellin, Delinquency in a Birth Cohort, Chicago, Ill., 1972 a.

Wolfgang, Marvin E., Making the Criminal Justice System Accountable, in: Crime and Delinquency, Bd. 18 (1972 b).

Wolfgang, Marvin E., Developments in Criminology in the United States with Some Comments on the Future, Presented at the Fifth National Conference, Institute of Criminology, Cambridge, England, Juli 1973.

Wolfgang, Marvin E., Robert M. Figlio und Terence P. Thornberry, Criminology Index. Research and Theory in Criminology in the United States, 1945–1972, Bde. 1 und 2, New York – Oxford – Amsterdam 1975.

Wolfgang, Marvin E., Leonard Savitz und Norman Johnston (Hrsg.), The Sociology of Crime and Delinquency, 2. Aufl., New York – London 1970, zuerst 1962.

Wood, Arthur Lewis, Minority Group Criminality and Cultural Integration, in: Journal of Criminal Law, Criminology, and Police Science, Bd. 37 (1947).

Wood, Arthur Lewis, Criminal Lawyer, New Haven, Conn., 1967.

Wood, Arthur Lewis, Informal Relations in the Practice of Criminal Law, in: American Journal of Sociology, Bd. 62 (1956).

Wood, Arthur Lewis, Deviant Behavior and Control Strategies. Essays in Sociology, Lexington, Mass. – Toronto – London 1974.

Wootton, Barbara, Social Science and Social Pathology, London 1959.

Wootton, Barbara, Crime and the Criminal Law. Reflections of a Magistrate and Social Scientist, London 1963.

Wright, Erik Olin, The Politics of Punishment: A Critical Analysis of Prison in America, New York 1973.

Würtenberger, Thomas, Entwicklung und Lage der Kriminologie in Deutschland, in: Juristenjahrbuch, Bd. 5 (1964/65).

Würtenberger, Thomas, Die Lage der kriminologischen Forschung in der BRD, in: Monatsschrift für Kriminologie, Bd. 54 (1971).

Würtenberger, Thomas, Familie und Jugendkriminalität, in: G. Wurzbacher (Hrsg.), Die Familie als Sozialisationsfaktor, der Mensch als soziales und personales Wesen, Bd. 3, Stuttgart 1973.

Yablonsky, Lewis, The Delinquent Gang as a Near-Group, in: Social Problems, Bd. 7 (1959).

Yablonsky, Lewis, The Violent Gang, 4. rev. Aufl., Baltimore, Md., 1973, zuerst 1962.

Yablonsky, Lewis, The Tunnel Back, 6. Aufl., New York 1970, zuerst 1965, dtsch.: Synanon. Selbsthilfe der Süchtigen und Kriminellen, Stuttgart 1975.

Yinger, J. Milton, Contraculture and Subculture, in: American Sociological Review, Bd. 25 (1960).

Young, Jock, The Zookeepers of Deviancy, in: Catalyst, Bd. 5 (1970).

Young, Jock, The Drugtakers, London 1971.

Young, Jock, The Role of the Police as Amplifiers of Deviancy, Negotiators of Reality and Translators of Fantasy. Some Consequences of our Present System of Drug Control as Seen in Notting Hill, in: St. Cohen (Hrsg.) 1971, dtsch. (Auszug): H. Steinert (Hrsg.) 1973 b.

Young, Jock, New Directions in Sub-Cultural Theory, in: John Rex (Hrsg.), Approaches to Sociology, London – Boston 1974.

Young, Jock, Working-Class Criminology, in: I. Taylor, P. Walton, J. Young (Hrsg.) 1975.

Young, Peter, A Sociological Analysis of the Early History of Probation, in: British Journal of Law and Society, Bd. 3 (1976).

Young, T. R., The Politics of Sociology. Gouldner, Goffman and Garfinkel, in: American Sociologist, Bd. 6 (1971).

Zehr, Howard, Crime and the Development of Modern Society. Patterns of Criminality in Nineteenth Century Germany and France, London 1976.

Zimmermann, Don H., Record-Keeping and the Intake Process in a Public Welfare Agency, in: St. Wheeler (Hrsg.) 1969.

Zimring, Franklin E., und Gordon J. Hawkins, Deterrence. The Legal Threat in Crime Control, Chicago 1973.

Zipf, Heinz, Kriminalpolitik. Eine Einführung in die Grundlagen, Karlsruhe 1973.

Zirpins, W., und O. Terstegen, Wirtschaftskriminalität, Erscheinungsformen und ihre Bekämpfung, Lübeck 1963.

Znaniecki, Florian, Social Research in Criminology, in: Sociology and Social Research, Bd. 12 (1928).

Zola, Irving Kenneth, Culture and Symptoms – An Analysis of Patient's Presenting Complaints, in: American Sociological Review, Bd. 31 (1966).

Zola, Irving Kenneth, Medicine as an Institution of Social Control, in: Sociological Review, Bd. 20 (1972).

Zorbaugh, Harvey Warren, The Gold Coast and the Slum. A Sociological Study of Chicago's Near North Side. Neuausgabe mit einer Einleitung von Howard P. Chudacoff, Chicago Ill., 1976.

Zyl, C. J. van, The Sociology of Deviance in the United States. A Critical Appraisal, in: Mens en Maatschappij, Bd. 48 (1973).

Namenregister

Abbiateci, A. 364, 434
Abbott, K. 133
Abboud, Nicole 140
Abbozzo, Grazietta Guatini 481
Abele, Andrea 434
Abeles, Ronald P. 168, 172
Abendroth, Wolfgang 89
Abraham, Henry L. 172
Abrahamson, Paul R. 89
Abramson, V. 131
Ackermann, Nathan W. 172
Adams, H. E. 152
Adams, Stuart 387
Adinolfi, Allan A. 130, 172
Adler, Alfred 111
Adler, Freda 434
Adler, Mortimer 399, 414, 468
Adorno, Theodor W. 109, 150 ff.,
    172
Adrian, Charles R. 99
Ahrenfeldt, R. H. 428, 450
Ahrens, Stephan 407, 419, 434
Aich, Prodosch 172
Aichhorn, August 434
Aiello, John R. 172, 180
Aitkin, Don 89
Akers, Ronald L. 315, 421, 434
Akiba, Ben 401
Albert, H. 152
Albert, Ralf 172
Albrecht, Günter 173, 177, 180,
    187, 355, 418, 421, 434, 478
Alexander, Franz 434
Alford, Robert R. 70, 89
Alft, Wilhelm 436
Alker, Hayward R. 11, 89
Alkier, R. 131
Allardt, Erik 7, 83, 89, 95, 98, 100
Allen, Charles R. 142
Allen, Francis A. 279, 355, 383,
    434
Allen, Sheila 140
Allen, Vernon L. 131, 174
Allerbeck, Klaus R. 140
Allport, Gordon W. 102, 105 ff.,
    111, 115, 119, 126, 146, 148,
    153, 164, 166, 169, 172
Almasy, Elina 18, 98

Almond, Gabriel W. 18, 33 f., 50,
    64, 89, 150
Alt, James 17, 61, 91
Amelunxen, Clemens 434
American Friends Service
    Committee 434
Ames, L. B. 132
Amin, Samir 172
Amir, Yehuda 130, 185
Ammann, Helga 123, 172
Amos, William E. 434, 437
Ancel, Marc 386, 434
Andenaes, Johannes 388, 411, 435,
    442
Anderson, N. 360
Anderson, R. W. 256, 435
Andrews, M. 152
Andry, Robert G. 435
Anonym 435
Antonio, Robert J. 423, 435
Antonovsky, A. 132
Anttila, Inkeri 218 f., 435
Arambourou, R. 89
Arbeitsgruppe Bielefelder Sozio-
    logen 321, 323, 418 f., 435
Arbeitskreis Junger Kriminologen
    334, 405, 415, 435 f., 440, 471,
    480
Archer, Dane 435
Ardrey, Robert 119
Arendt, Hannah 111, 120 f., 125,
    172
Armstrong, C. P. 131
Armstrong, Gail 435
Armstrong, Terry R. 435
Arnold, Marie-Agnes 170, 172
Arnold, Thurmond 435, 460
Aronson, Elliot 173, 176, 178,
    183 f., 191
Arzt, Gunther 256, 367, 396, 402,
    435
Asch, Salomon E. 113, 172
Aschaffenburg, Gustav 430, 435
Aschoff, Günther 179
Asher, Steven R. 131
Ashmore, Richard D. 115, 130,
    133, 152, 168, 172, 180
Augst, E. R. 37, 89

Aubert, Vilhelm 281, 382, 386, 435
Aue, Herbert 435
Ausman, James 190
Autorenkollektiv 435
Auweele, Yres van den 135
Avé-Lallemant, Friedrich Chr. B. 360 f., 430, 435
Avenel, C. A. 431
Ayabe, H. L. 133

Bachrach, Peter 381, 436
Bacon, Francis 116
Bacon, Margaret K. 436
Bader, Karl S. 436
Baeyer-Katte, Wanda von 164, 167, 172
Bailes, D. W. 152
Bailey, Ronald 172
Bailey, Roy 436
Bailey, W. C. 387, 436
Balbus, Isaac D. 436
Balistrieri, James 489
Bals, Christel 426, 436
Bankowski, Z. 436
Bar, Carl Ludwig von 436
Baratta, Alessandro 404, 436
Baratz, Morton S. 381, 436
Barnes, Harry E. 408, 436
Barnes, Samuel H. 61, 89
Barnhart, E. N. 132
Barry, Herbert 436
Bastine, Reiner 110, 172
Baudouin, Jean-Louis 135, 172
Bauer, Fritz 220, 397, 436, 461
Bauer, M. 435
Bauer, Raymond A. 436, 438
Baum, Günter 155
Baurmann, Michael 334, 420, 436, 489
Bauzer, Riva 467
Bayley, David H. 436
Bean, Philip 436
Beattie, J. M. 131, 364, 436
Beccaria, Cesare 231 ff., 260, 262, 436
Beck, U. 140
Becker, Gary S. 256, 436
Becker, Howard S. 267–271, 321, 329 ff., 332, 334 f., 337, 340 f., 343, 345, 349, 381, 406 f., 417, 419, 421 f., 436

Becker, Klaus Christian, 123 f., 130, 135, 172
Becker, Wesley C. 432, 472
Beckmann, Klaus-Martin 187
Beegle, Allan J. 80, 96
Beier, A. L. 429, 437
Bell, Daniel 95, 140, 437
Bell, Wendel 136
Bellebaum, Alfred 418, 437
Bells, D. 352
Bemmelen, Jan M. van 437
Bend, Emil 387, 437
Bendix, Ludwig 437
Bendix, Reinhard 6, 31, 44, 89, 437
Bengtsson, Lars 89
Bennathan, Esra 126, 173
Bennhold, Martin 437
Benninghaus, Hans 107, 109, 168, 173
Benoist, Ch. 2, 90
Bensmann, Joseph 437
Bent, Alan E. 437
Berelson, Bernard R. 13, 35, 74, 90, 95
Berg, Ivar 437
Berge, Wendell 142
Berger, Peter 320, 437
Berger, Thomas 385, 437
Bergius, Rudolf 106, 113, 128 ff., 152 f., 156 f., 167, 169, 173, 187
Bergler, Reinhold 102, 107, 113 ff., 117, 151 f., 160, 173
Bergmann, Jörg R. 418, 437
Berk, Bernard 133, 173
Berk, Richard A. 437
Berkey, Klaus 136
Berkowitz, Lawrence 184
Berkowitz, Leonard 112, 173
Berkowitz, William R. 173
Bernard, Jessie 119 f.
Bernard, Philippe 90
Bernd, H. 100
Bernhard, Ute 122, 127, 173
Bernsdorf, Wilhelm 478
Berremann, Gerald D. 173
Berry, E. 107
Bersani, Carl 437, 439
Berth, R. 160
Bertling, Wilhelm 408, 437
Bertrand, Marie A. 437
Bettelheim, Bruno 173
Beyer, Hans 5, 62, 90

Beyleveld, Deryck 397, 437
Beynon, Erdmann D. 355, 437
Bianchi, Hermann 204, 334, 396, 437, 444, 467, 480 f.
Bibb, Marylyn 437
Bichlbauer, Dieter 123, 173
Bickman, Leonard 131, 177, 184
Biderman, Albert D. 292, 307 f., 411, 438
Biener, Lois 130
Billaçois, F. 431, 438
Binnay, John 466
Birenbaum, Arnold 438
Birke, W. 90
Birkmeyer, Karl 259, 403, 430
Bisco, Ralph 90
Bismarck, Otto von 36 f.
Bitter, W. 143
Bittner, Egon 271, 438
Bixtenstine, Edwin 179
Bjerstedt, Ake 173
Björnstell, Gunnar 149
Black, Donald J. 271, 306 ff., 367, 373, 375, 388, 407, 433 f., 438, 446, 475
Blank, R. 90
Blankenburg, Erhard 276, 390, 403, 432, 438, 449
Blasius, Dirk 294 f., 363, 380, 410, 431, 438
Blaum, Leonhard 123, 169 f., 173
Blaylock, B. 152
Bloch, Herbert A. 204, 231, 397, 438
Block, J. 140
Block, M. 133
Blöoch, H. A. 408
Blum, A. F. 325 f.
Blum, B. 112
Blumberg, Abraham S. 251, 271, 439, 470
Blumer, Herbert 109, 174, 330, 360, 418
Blumstein, Alfred 257, 305, 439
Bock, Ernst 90
Bock, Karla 123, 130, 174
Böhme, M. 291, 439
Bönner, Karl H. 121 f.
Boesch, Ernst E. 174
Boesel, David 131
Bogardus, Emory S. 106 f., 128 f., 132, 154, 174

Bogdan, Robert 439
Bogen, David 365, 439
Boggs, Sarah L. 439
Bohannan, P. 376
Bohle, Hans H. 348, 417, 424, 439
Bohlke, Ralf 439
Bohnsack, R. 323
Bongart, Willi 142 f.
Bonger, Willem A. 229, 365, 439, 487
Bonstedt, Christoph 439
Boor, M. 160
Bordua, David J. 322, 332, 350, 354, 391, 399, 421, 424, 429, 439
Borkin, Joseph 142
Borus, Jonathan F. 168, 176
Bottomley, A. Keith 251, 291, 307 f., 390, 410, 412, 439
Boudon, Raymond 10, 90
Boulding, Kenneth E. 116, 120, 174
Bourne, P. 112
Bouzat, Pierre 472
Bowlby, John 440
Box, Steven 244, 301, 315, 341, 349, 412, 415, 440
Boyanowsky, Ehor O. 174
Bracher, Karl D. 90
Brackman, Harold 437
Brake, Mike 436
Braly, Kenneth W. 113, 132, 152, 181
Bramel, D. 112
Brandt, Lewis W. 168, 174
Braun, A. 90
Braun, Hans 418, 437
Braun, J. 168
Brauneck, Anne-Eva 201, 220, 259, 403, 440
Braunias, Karl 3, 37 f., 41, 90
Brede, Karola 440
Breitenbach, Dieter 174
Brekenbach, Rudolf 102 f., 105, 145, 149, 151, 169, 174
Breland, Michael 440
Brengelmann, J. C. 151
Brenner, M. Harvey 440
Brescher, Arnold 102 f., 105 f., 109, 145, 174
Briar, Scott 209, 353, 440
Brigham, John C. 115, 152, 174

Brodbeck, Arthur J. 90, 97, 99
Bronfenbrenner, Urie 130, 168, 187
Broom, Leonard 443, 481
Brown, Paul 119
Brown, R. L. 454
Brückner, Irene 123, 130, 136, 169, 174
Bruner, Jerome S. 147
Brunn, Anke 116, 130, 156, 174
Brunotte, Erika-Ruth 167
Brusten, Manfred 411, 440, 464
Bruun, K. 89
Bryce, James 4, 90
Bryson, Jean A. 188
Buchanan, William 128, 174
Buchholz, Erich 440
Buck, Robert C. 148
Buckner, H. Taylor 390, 440
Budge, Ian 61, 90
Bühl, Walter L. 135
Bürger-Prinz, Hans 436
Büttner, Manfried 124
Buffalo, M. D. 477
Bundeskriminalamt, Wiesbaden 408, 436, 440, 461, 474
Bundesministerium der Justiz 440
Burbeck, St. L. 140
Burchardt, Hans H. 430, 440
Burdick, Eugene 90, 97, 99
Burgess, Ernest W. 238, 360, 365, 440
Burke, Edmund 32
Buric, Olivera 116
Burnham, Dean 61
Burnham, James 144
Burnham, Walter D. 15, 90
Burt, Cyril L. 208, 440
Buss, Arnold H. 111, 174
Butler, David E. 6, 17, 90
Butler, Rohan D. O. 142
Byrne, Donn 152, 184
Bytheway, W. R. 301, 308, 412, 440

Cahnmann, Werner J. 121
Cain, James A. 357, 450
Caldwell, Robert G. 279, 441
Callies, Rolf-Peter 441
Cameron, David 61, 90
Cameron, Mary Owen 441

Campbell, Angus 9, 13 f., 16, 23, 26, 35, 63 ff., 66, 90, 98
Campbell, C. M. 372, 415, 441
Campbell, Donald T. 174
Candolle, A. de 410
Canepa, G. 441
Cantril, Hadley 128, 174
Caplan, N. 140
Cappecchi, Vittorio 90
Carlin, Jerome E. 441
Carlson, Julia A. 174 f.
Carson, W. G. 366, 380 f., 415, 441, 446, 490
Cartwright, Desmond S. 452
Carver, Thomas N. 119
Cavalli, A. 140
Cavan, Jordan T. 441
Cavan, Ruth Shonle 441
Center for Research on Criminal Justice 402, 441
Chambers, W. N. 90
Chambliss, William J. 251, 264 ff., 269 f., 336, 367, 379, 388, 441 f.
Chaney, D. C. 454
Chapman, Dennis 391, 422, 442
Charney, J. P. 8, 90
Chase, Stuart 120
Chauncey, R. L. 421
Chein, Isidor, 102, 147, 178
Chevalier, L. 442
Child, Irvin L. 436
Child, Michael D. 168 f., 189
Chilton, Roland J. 429, 442
Chiricos, Theodore G. 442
Chombart de Lauwe, Paul-Henry 116
Chomsky, N. 324
Christiansen, Karl O. 408, 442
Christie, Nils 219, 227, 310, 411, 414, 442
Christie, Richard 140, 150, 174, 179
Chudacoff, Howard P. 492
Chun-Hoon, L. 133
Ciacci, Margherita 442
Cicourel, Aaron V. 271, 306 ff., 320 ff., 323, 349, 412, 418 f., 421, 442, 460
Cinnamon, M. 435
Cipes, Robert M. 256, 442
Clark, Alexander J. 372, 375, 442
Clark, John P. 301, 442

Clark, Kenneth B. 131 f., 168, 174
Clark, Mamie P. 131 f., 168, 174
Clark, Ramsay 257, 402, 442
Clark, Terry N. 70, 90
Clarke, Michael J. 424, 442
Clemmer, Donald 442
Clinard, Marshall B. 278, 281, 314,
    348, 350, 352, 357, 394, 398,
    408, 414, 442 f., 448, 463, 468
Clore, Gerald L. 168, 176
Cloward, Richard A. 244 f., 252 ff.,
    329, 347, 351, 354, 424, 430,
    443, 472
Coates, C. H. 132
Coburn, Morris 257, 443
Cockburn, J. S. 364, 432
Coffmann, Thomas I. 115, 129 f.,
    132 f., 152, 180 f.
Cohen, Albert K. 208 f., 252, 278,
    314, 350 ff., 354, 357, 372, 395,
    399, 424 f., 427, 429, 443 f.
Cohen, J. 305
Cohen, N. E. 140
Cohen, Ronald 174
Cohen, Sheldon 168, 181
Cohen, Stanley 214, 217, 219, 415,
    436, 444, 492
Colajanni, Napoleone 399, 444
Cole, Stephen 329, 348, 420, 424,
    444
Coleman, James S. 50, 89, 90, 131,
    444
Coli, W. M. 112
Collins, Barry E. 107 f., 181
Collins, Randall 197, 444
Coleman, Clive A. 307, 439
Collmann, Hans-Jürgen 292,
    409 f., 444
Conger, John J. 444
Conklin, John E. 444
Connor, Walter D. 444
Conover, Patrick W. 329, 419,
    422, 444
Converse, Elizabeth 120
Converse, Philip E. 61, 90 f.
Conwell, Chic 444
Conze, Werner 91, 96
Cook, John Oliver 187
Cook, Stuart W. 180
Cook, Thomas D. 184
Cooley, Charles H. 330, 360, 372,
    444

Cooper, Lynn 267, 472
Corey, Stephen M. 109, 174
Coser, Lewis A. 119 f., 174, 264,
    444, 452, 463, 469, 484
Cottrell, Leonard S. 279, 443, 481,
    490
Couchman, Iain S. B. 175
Coulter, Jeff 421, 444
Council of Europe 444, 485
Courtney, John C. 91
Couzens, Michael 481
Cowie, J. 444
Cowie, V. 444
Cox, Kevin 12, 91
Crawford, Thomas 131
Cremer, Carl G. 444
Cremer-Schäfer, Helga 472
Cressey, Donald R. 201 ff., 206,
    208 f., 213, 237 f., 248, 251 f.,
    270 f., 301 f., 304, 351, 355 ff.,
    358, 360, 384, 398 f., 401, 412,
    422, 428 ff., 444 f., 485
Crewe, Ivor 12, 17, 61, 90 f.
Crockett, Stanley 175
Cronbach, L. 150
Crotty, William J. 91
Currie, Elliot P. 444
Curtis, Lynn A. 401 f., 444, 469
Cutwright, Philipps 69, 99

Daalder, Hans 48, 91
Daheim, Hansjürgen 173, 177,
    180, 187, 434, 478
Dahl, Robert A. 68, 70, 91, 98
Dahl, Tove Stang 385, 445
Dahrendorf, Ralf 119 f., 152, 172,
    264
Dammann, Werner 102, 109, 145,
    175
Daniels, R. 132 f.
Dannick, Lionel I. 175
Dattel, E. 112
Daudistel, Howard C. 252, 479
Davis, Allison 445
Davis, Clive M. 174 f.
Davis, E. Eugene 175, 372, 445,
    458
Davis, F. J. 372
Davis, H. 131
Davis, James F. 445, 458
Davis, Kingsley 352, 387, 445
Davis, Nanette J. 332, 407, 421, 445

Davison, K. K. 140
Dawson, Robert O. 445
Debs, Eugene 83
Debuyst, Christian 445
Dechêne, Hans Ch. 445
Decke, Bettina 136
Degenkolbe, Gert 175
De Fleur, Lois B. 445
Deitz, G. E. 154
Delefoe, Cathy T. 168, 175
Deltgen, Florian 168, 175
Denisoff, R. Serge 264, 445
Dentler, Robert A. 407, 445
Denzin, Norman K. 445
Derton, Benjamin J. 113 f., 175
Desabie, Jacques 10, 91
Dessauer, C. I. 204, 414, 445
Deusinger, Ingrid M. 155, 175
Deutsch, Karl W. 31, 91, 120, 175
Deutsch, Morton 130
Deutscher Bundestag 445
Devereux, Edward C. 168, 187
Devlin, Bernadette 135, 175
De Voss, G. 133
Dewey, Thomas 82, 84
Deyon, P. 385, 446
Diamond, Stanley 376 f., 380, 383, 446
Dibble, Vernon K. 446
Dickie-Clark, F. H. 132
Dickson, Donald T. 381, 446
Dickson, L. 148
Diederich, Nils 6, 10, 73, 91
Dietrick, David C. 460
Dinitz, Simon 155, 428, 446, 475
Dion, Kenneth L. 168, 175
Diris, J. 132
Desraeli, Benjamin 36
Dittberner, J. 91
Dixon, Ruth B. 167, 175
Dizard, Jan 131
Dörmann, Uwe 409, 411, 455
Dörner, Klaus 446
Dogan, Mattei 4, 10 f., 74, 87, 91 f., 95
Doleschal, Eugene 414, 446
Dollard, John 112, 147, 175, 445
Donnerstein, Edward 168, 175
Donnerstein, Marcia 168, 175
Doob, Leonard W. 112, 175
Dorfman, Donald D. 123, 175
Dorsch, F. 143

Douglas, Jack D. 315, 322, 422, 442, 446, 466, 467, 474, 481, 488
Dovifat, Emil 143
Downes, David M. 426, 446
Downs, Anthony 20, 92
Downs, Roger M. 175
Drapkin, Israel 299, 446
Drechsler, Karl Peter 152
Drechsler, Klaus-Peter 176
Dreitzel, Hans-Peter 321, 417, 446
Driver, Edwin D. 446
Dubin, Robert A. 347, 446
Dühring, Eugen 121, 175
Dürkopp, Marlis 447
Duijker, Hubertus 176
Dunham, Frances Y. 190
Dunham, H. Warren 446
Dunlap, R. 140
Dupeux, Georges 5, 73, 92 f.
Durkheim, Emile 2, 116, 245 ff., 248, 261, 267 f., 272, 276, 293, 305, 312 ff., 315, 317 f., 330, 338, 346 ff., 349, 362, 368, 373 ff., 377, 381, 383 f., 400, 407, 417, 424, 431, 446 f., 461
Duster, Troy 376, 382, 447
Dutton, Ronald G. 176
Duverger, Maurice 45 f., 52, 62, 92, 94
Dynes, Russel D. 140, 446

Earn, Brian M. 168, 175
Easton, David 19, 92
Eaton, Warren O. 168, 176
Eaves, Lindon 168, 176
Ebbinghaus, H. 113
Ebrighausen, Rolf 91
Edelman, Murray 381, 447
Edwards, Corvin D. 142
Ehrlich, H. J. 151
Eidt, Hans-Heinrich 459
Einaudi, Mario 92
Eisenberg, Ulrich 204, 220, 447
Eisenhart, R. Wayne 167
Eisenhower, Dwight D. 16, 82, 84
Eisenstadt, Shmuel A. 31, 52, 92, 447
Eisner, Victor 447
Ekman, Paul 176
Eldefonso, Edward 447
Eldersveld, Samuel J. 5, 92, 94

Eliassen, Kjell 92
Elkin, Frederick 425, 447, 489
Ellenberger, Henri F. 205, 222 f., 447
Elliot, Roger 119
Elliott, Mabel A. 447
Ellscheid, G. 404
Elmhorn, Kerstin 411, 447
Elster, Alexander 454
Embree, Suzanne Scott 382, 447
EMNID 122, 127
Empey, La Mar T. 425 ff., 447 f.
Engel, M. 132
Engelhardt, Knut 447
Engels, Friedrich 345, 376
England, Ralph W. Jr. 201, 447, 486
Ennis, Philipp H. 447
Epstein, Jason 447
Epstein, Leon D. 92
Epstein, Yakov M. 168, 176
Epstein, Jason 447
Erickson, Maynard L. 388, 447 f., 451
Ericson, Richard V. 448
Erikson, Kai T. 246, 267 f., 270, 306, 330, 337, 339, 349, 364, 407, 445, 447 f.
Ertel, Suitbert 152, 176, 187
Eser, Albin 448
Esser, Josef 325, 371, 448
Essertier, Daniel 131
Essien-Udom, E. U. 131, 176
Etzioni, Amitai 112, 119, 176
European Committe on Crime Problems (E.C.C.P.) 218 f., 448
European Consortium for Political Research 18
Evan, William M. 372, 448
Evans, E. D. 41, 92
Evans, Robert Jr. 448
Evans, Ronald 168, 175
Exner, Franz 206, 396, 430, 448
Eyck, Erich 92
Eyferth, K. 107 f., 110, 176
Eynon, Thomas G. 426, 448
Eysenck, Hans Jürgen 150 f., 168, 176, 448

Fahrenberg, Jochen 151
Falk, Gunter 322, 325, 418, 448
Fannin, Leon F. 448

Fanon, Frantz 131, 176
Farah, Barbara 18, 94
Faris, Robert E. L. 148, 429, 448, 466
Farlie, Dennis 61, 90
Farrell, Ronald A. 485
Farrington, David P. 448, 489
Fauconnet, Paul 374, 383, 400, 448
Faul, Erwin 92
Fauvet, Jacques 92, 94
Feagrin, J. R. 140
Feeley, Malcolm M. 448
Feest, Johannes 403, 448 f., 463 471
Feger, Gottfried 449
Fehlmar, Karin 171, 176
Feierabend, Ivo K. 119, 176
Feierabend, Rosalind L. 119, 176
Feigl, Herbert 483
Ferber, Christian von 434, 453
Ferdinand, Theodore N. 364, 441, 449
Ferracutti, Franco 205, 219, 352, 355, 395, 449, 491
Ferrajoli, Luigi 449
Ferrero, W. 464
Ferri, Enrico 196, 208, 230, 232, 239, 275, 396, 399, 449
Feuer, L. 140
Feuerbach, Anselm von 449
Feyerabend, Paul K. 449
Fiedler, Bernd 179
Fiedler, F. E. 147
Figlio, Robert M. 192, 427, 491
Fillenbaum, S. 151
Filmer, Paul 418, 449
Filstead, William J. 315, 407, 422, 449, 460
Filthaut, Theodor 121
Fiman, Byron G. 168, 176
Finestone, Harold 361, 449
Finney, John 180
Finney, Henry C. 152
Fischer, Hardi 137, 152 f., 176 f.
Fischer, Ingrid 171, 177
Fischer, Winfried 170, 173
Fishbein, Martin 177
Fisher, Sethard 449
Fishkin, James 177
Flacks, F. 140
Fleischmann, Gundula 167, 177
Fleisher, Belton M. 449

Fletscher, R. 449
Flew, Antony G. N. 386, 449, 454
Flora, Peter 136
Floud, Jean 449
Folgelson, Robert M. 449
Fong, Stanley L. M. 132 f., 177
Fontana, Alan F. 177
Foppa, Klaus 113, 177
Ford, Julienne 301, 412, 440
Foreward, J. J. 140
Forget, Nelly 116
Forster, Henry H. Jr. 372, 445, 458
Fortin, Jacques 135, 172
Foucault, Michel 385, 449
Foulkes, D. 152
Foulkes, S. H. 152
Fox, James C. 449
Fox, V. 449
Fraenkel, Ernst 39, 43 f., 49, 92,
    392, 449
Frager, Robert 130, 177
Francis, Emerich K. 177
Frank, Austin C. 133, 188
Franke, Wolfgang 123, 130, 163
    170 f., 177
Frary, D. P. 3, 38, 99
Freiburg, Arnold 135
Frenkel-Brunswik, Else 109, 131,
    146, 151, 172
Freud, Anna 132
Freud, Sigmund 111, 116, 119,
    147
Freund, Wolfgang S. 136, 177
Frey, Erwin 202, 205, 212, 449
Friday, Paul C. 414, 431, 449 f.
Friebel, Wilfried 435
Friedberg, Bernard 467
Friedenberg, Edgar Z. 450
Friedman, I. 147
Friedman, Lawrence M. 140, 450
Friedman, Roger 70, 89
Friedrich, D. 486
Friedrich, Walter 155 f.
Friedrich-Ebert-Stiftung 178
Friedrichs, Jürgen 450
Frieze, Irene H. 167, 186
Frijda, N. H. 176
Frisen, Wallace V. 176
Fröhlich, Dieter 136
Fromm, Erich 151
Fuller, Richard C. 450
Furner, Mary O. 450

Fürstenberg, Frank Jr. 450
Fyvel, T. R. 450

Gadoffre, Gilbert 116, 177
Gaertner, Samuel L. 131, 177
Gagel, Walter 36, 92
Galanter, Marc 450
Gallagher, Michael 92
Galli, Giorgio 90, 92
Galliher, John F. 357, 450
Galtung, Johan 120, 127, 177, 450
Gannor, Thomas M. 425, 450
Garabedian, Peter G. 451
Garfinkel, Harold 268, 320 f., 340,
    419, 450
Garnsey, Peter 450
Garofalo, Raffaele 196, 232, 239,
    274, 292, 450
Garter, Rosemary 435
Garvin, Tom 92
Gattrell, V. A. C. 450
Gaudet, Hazel 95
Gaugler, Edward A. 177
Gaulle, Charles de 45, 85, 87
Gazel, James A. 450
Geertz, Clifford 92 f.
Gehmacher, Ernst 123, 173
Geiger, Theodor 368
Geis, F. 140
Geis, Gilbert 204, 231, 397, 405,
    408, 438, 450
Geiser, Steven 123
Genthner, Robert W. 177
Gergen, Kenneth J. 177
Gernen, K. J. 132
Gernsheim, L. 140
Gerschenkron, Alexander 142
Gerstenberger, Heide 110, 177
Gerver, Israel 437
Gettleman, Robert W. 455
Giallombardo, Rose 450
Gibbens, T. C. N. 428, 450
Gibbon, Peter 135
Gibbons, Don C. 197, 201, 203,
    238, 249, 251, 315, 350, 354,
    384, 397 f., 411, 424, 428, 450 f.
Gibbs, Jack P. 332, 372, 375, 388,
    421, 442, 448, 451
Giddens, A. 312, 451
Giddings, Franklin H. 131
Giese, Hans 436
Gilbert, G. H. 132 f.

Gillin, J. L. 398
Gillis, J. R. 364, 451
Gipser, Dietlinde 451
Gitchoff, G. Thomas 450
Gittler, Joseph B. 443
Glaser, Daniel 251, 390, 396, 399, 405 f., 429, 434, 441 f., 447, 450 f., 456, 466, 470, 481, 487
Glass, David 168, 181
Glazer, William A. 96
Glock, Charles Y. 177
Glueck, Eleanor T. 206, 208, 212, 252, 329, 395, 451
Glueck, Sheldon 206, 208, 212, 252, 329, 395, 451
Göhring, Gisela 102–106, 110, 115, 137, 145 f., 149, 158, 164, 178
Göppinger, Hans E. 201 ff., 208, 210 f., 215 ff., 219 f., 223 f., 228, 394 f., 398, 403, 405, 411, 430, 452, 472, 478 f., 480
Goethe, Johann Wolfgang v. 401
Goffman, Erving 321, 329, 340, 385, 451 f.
Goffmann, G. 268
Goguel, François 78, 84 ff., 87, 92 f.
Gold, Martin 452
Goldberg, J. 152
Goldman, Nathan 452
Goldman, Roy D. 180
Goldschmidt, Dieter 125, 178
Goldstein, Jeffrey H. 452
Gollwitzer, Helmut 36, 44, 93
Golovensky, D. I. 132
Goode, Erich 333, 452
Goodman, Leo 12, 93
Goodman, M. E. 131
Goodman, Paul 452
Goody, Esther 184
Gordon, C. 132
Gordon, David 365, 452
Gordon, Robert A. 429, 452
Gordon, Thomas 178
Goring, Charles B. 452
Gosnell, Harold F. 4, 76, 86, 93
Gottfredson, D. M. 452
Gould, Leroy C. 452
Goulden, Joseph C. 402, 452
Gouldner, Alvin W. 195, 422, 452
Gove, Walter R. 331 f., 407, 420 f., 452, 456, 460

Grabiner, Virginia E. 437
Grabosky, P. N. 363
Graeme, Newman 488
Graff, Helmut 292, 409, 453
Grahamm, H. J. 453
Gramatica, Filippo 386, 453
Grano, William D. 190
Grant, Geoffrey 131, 168, 179
Graumann, Karl-Friedrich 146, 178
Graves, Philip 142
Gray, T. 483
Green, Robert F. 107, 178
Greenberg, David J. 382, 453
Greenwood, Victoria 453
Gregor, A. J. 131
Grenier, Charles E. 76, 93
Greve, Vagn 411, 453
Grimm, Dieter 453, 462, 479
Grodzius, M. 132
Grünbaum, Adolf 148
Gruner, Erich 93
Grupp, Stanley E. 232, 388, 453
Grünhut, Max 453
Grygier, Tadeusz 453, 483
Gualandi, Vittoria 442
Guenther, Anthony L. 229, 453, 466, 483
Günther, Rudolf 169 f., 178
Guerry, André M. 291, 361 f., 453
Guilford, Joy Paul 161, 178
Guller, I. B. 152
Gundersheimer, Werner L. 453
Gunningham, Neil 453
Gurfield, J. R. 339
Gurin, G. 131
Gurin, P. 131
Gurland, Arkadij R. L. 93
Gurr, Robert Ted 120, 178, 363, 453
Gurvitch, Georges 240, 454
Gusfield, Joseph R. 381, 453
Guterman, Norbert 141, 183
Guthrie, E. R. 113
Gwinner, Heinrich 474
Gyman, Harry 476

Haag, Ernest van den 387, 401 f., 453
Haan, N. 140
Haber, A. 468
Haberlandt, W. 461

Habermas, Jürgen 120, 152, 172, 321
Hacker, Friedrich 171, 178
Hadden, T. B. 450
Hadley, Charles D. 16, 95
Haferkamp, Hans 336, 341, 417 f., 426, 453 f., 471
Haffke, Bernhard 403 f., 454
Hagan, John 454
Hagen, Johann 454
Hagener, Caesar 178
Hakeem, Michael 454
Hall, Arthur C. 454
Hall, Jerome 240 ff., 258, 262, 272, 275, 292, 379, 397, 454
Halleck, Seymour L. 251, 261, 401 f., 454
Haller, Bruno 136
Halloran, J. D. 454
Halpern, N. M. 147
Hammond, Philipp E. 454
Hammond, W. A. 446
Hampden-Turner, C. 140
Handel, W. H. 418
Hanf, Theodor 136
Hanham, H. J. 42, 93
Hanley, C. 151
Hansen, Amund 9, 93
Harary, F. 347, 424, 454
Harbordt, Steffen 454
Harding, John 102, 105 f., 111, 115, 178, 463
Hardman, Dale G. 424, 454
Hardtmann, Gertrud 447
Harkins, Stephen G. 168, 185
Harris, Anthony R. 454
Hart, H. L. A. 324, 340, 454
Hart, Richard 178
Hartjen, Clayton A. 264, 454
Hartl, E. M. 482
Hartley, E. L. 113, 155
Hartley, R. 155
Hartman, Jeffry E. 167, 178
Hartmann, Klaus 113, 130, 139, 160, 167, 178, 454
Hartmann, Nicolai 158, 171, 178
Hartmann, Richard 440
Hartung, Frank E. 196, 395, 397, 399, 454 f.
Harvey, O. K. 132
Harwood, Edwin 467
Haskell, Martin R. 201, 455

Hass, Paula H. 178
Hassemer, Winfried 325, 367, 371, 384, 404, 455
Hathaway, Starke R. 455
Hauser, Stuart T. 132
Hausknecht, Murray 71, 93
Havard, William 85, 93
Hawes, J. M. 364, 455
Hawkins, Gayle 179, 357, 388, 469
Hawkins, Gordon J. 492
Hawkins, Richard 315, 320, 322, 325, 333, 390, 421 f., 455
Hay, Douglas 380, 455
Healy, William 208, 455
Heberle, Rudolf 5 f., 9 f., 13, 73, 75 f., 79 ff., 83 ff., 86, 93
Heckmann, Friedrich 147, 151, 178
Hegel, Georg W. F. 203
Hehlmann, W. 143
Heider, Fritz 113, 326
Heimer, Franz-Wilhelm 136
Heintz, Peter 112, 115, 118, 148, 150, 153, 156, 160 f., 178, 416, 425 f., 439, 443, 455, 461, 466
Heintz, Walter R. 123
Heinz, John P. 455
Heinz, Wolfgang 292, 295, 409 ff., 455
Hellmer, Joachim 455
Helmer, John 382, 455
Hemm, Ludwig 178
Hendrick, Clyde 179
Hendricksen, G. 128
Henrichsen, Bjørn 13, 98
Henry, Andrew F. 455
Henshel, Richard L. 455
Hentig, H. von 207
Hepburn, J. R. 455
Hering, Karl-Heinz 230, 232, 430, 456
Herman, Leonard M. 169, 179
Herman, Tilly S. 169, 179
Hermann, A. 91
Hermann, T. 152
Hermens, Ferdinand A. 93
Herren, Rüdiger 456
Herz, H. 93
Hess, Albert G. 431, 456
Hess, Henner 283, 356, 426, 456
Heuer, U.-J. 456
Hewitt, C. William 186

Hewitt, Jean 186
Hewitt, John P. 456
Hewitt, William H. 456
Heydrich, Reinhard 121
Hicks, Jack M. 152, 179
Hiebsch, H. 155 f.
Hilbers, Marlene 456
Hilgard, Ernst R. 456
Hilger, E. R. 113
Hill, Keith 61, 93
Hill, Shirley 176, 476
Hille, Barbara 135, 167, 179 f.
Hillery, George Jr. 76, 93
Himmelstrand, Ulf 93
Hindess, Barry 456
Hinz, Detlev 179
Hirata, Lucie Cheng 133, 173
Hirsch, Ernst E. 182, 461, 475
Hirsch, N. D. M. 206
Hirsch-Weber, Wolfgang 93
Hirschi, Travis 285, 456
Hirschmann, J. 452
Hirst, Paul Q. 422, 456
Hitler, Adolf 121, 143
Hobsbawm, E. 429
Hochheimer, Wolfgang 147, 456
Hochner, Adrian Ruth 131, 180
Hochreich, Dorothy J. 130, 179
Hoebel, E. Adamson 375, 456, 464
Höfer, Gert 144
Høgh, Erik 8, 62, 94
Hörmann, Hans 147
Hoerschelmann, Hans 155
Hofferbert, Michael 334, 420, 436, 489
Hoffmann, Waldemar 130, 174
Hoffmann, Walter 123
Hoffmann-Riem, Wolfgang 325, 456
Hofman, John E. 112, 130, 179
Hofstätter, Peter R. 113, 130, 132, 135, 143 f., 152 f., 155 f., 179
Hohenstein, W. 456
Hohmeier, Jürgen 440, 456, 464
Hokanson, Jack E. 183
Hollander, A. N. J. den 135, 179, 354, 457
Hollander, Edwin P. 179
Hollingshead, August B. 372, 456
Hollstein, Walter 456
Holm, Klaus 120
Holmes, John G. 184
Holzkamp, Klaus 128, 152 ff., 156, 187

Honigmann, John J. 457
Honolka, Harro 457
Hood, Roger 219, 300, 329, 393 f., 400, 411, 415, 435, 441, 457, 467, 474, 486, 488, 490 f.
Hooton, E. Albert 457
Hoover, Herbert C. 84
Hopkins, Andrew 457
Horinouchi, H. 133
Horkheimer, Max 151
Horosz, William 457
Horton, John 265, 457
Hosokawa, B. 132
Hough, Joseph C. Jr. 183
Hovav, Meier 482
Howard, J. 441, 467
Howard, Perry H. 75 f., 78, 83 ff., 86, 93 f.
Howton, F. William 437
Hraba, Joseph 131, 168, 179
Hsu, F. L. K. 133
Hüser, Alois 122, 130, 135, 179
Hughes, E. C. 107, 132, 330, 340, 343
Hughes, Helen 107
Hugonnier, S. 94
Hula, R. C. 363
Hull, D. L. 113
Hume, David 116
Hummel, Hans J. 107, 179
Hunt, Richard N. 94
Hunter, Albert 429, 457
Hunter, Jean E. 167, 179
Huntington, Samuel P. 94
Hurrelmann, Klaus 411, 440
Hyman, Herbert H. 71, 101, 150, 179

Ianni, Francis A. J. 457
Ichheiser, Gustav 116, 153, 179
Ichibashi, Y. 132
Ihering, R. V. 376
Inciardi, James A. 357, 428, 457
Inglehart, Ronald 61, 94
Institut für Sozialforschung, Frankfurt M. 110
Institut de Sociologie Solvay 91, 94
Institute of Electoral Research 94
Internationaler Arbeitskreis Sonnenberg 182
Irle, Martin 107, 179

Isaacs, H. R. 132
Iversen, M. A. 152
Izzett, Richard R. 179 f.

Jackman, A. 151
Jackman, Robert W. 94
Jackson, George 457
Jacobs, G. 404
Jacques, Fortin 172
Jacrow, M. 131
Jäger, Herbert 403, 436, 457, 476
Jahoda, Marie 150, 172, 174, 179, 457
Jaide, Walter 135, 179 f.
Jakobs, Günther 384, 457
Jambre-Merlin, R. 405, 484
James, Don 457
Janowitz, Morris 99 f., 173, 180
Jansyn, Leon R. Jr. 457
Jeffery, Clarence Ray 201, 229, 238–242, 244 f., 252, 258, 262, 272, 278, 372, 375, 408, 445, 457 f.
Jenkins, Richard L. 432, 458
Jennings, Ivor W. 36, 94
Jennings, M. Kent 18, 94
Jensen, G. F. 388
Jering, Karl 442
Jeschek, Hans-Heinrich 404, 458
Jessor, Richard H. 130, 180
Jessor, Shirley L. 180
Johannes, Karl 176
John, Victor 1, 94
Johnson, B. C. 131
Johnson, Elmer H. 204, 231, 458
Johnson, Guy B. 458
Johnson, Homer H. 180
Johnson, James C. M. 466
Johnson, John M. 421, 458, 488
Johnson, Nicolaus 187
Johnson, Norman 458
Johnston, Norman 250, 491
Joli, Maurice 142
Jonassen, Christian T. 458
Jones, Howard 453, 483
Jones, James M. 131, 180
Jones, Josef F. 315, 451
Jones, M. C. 132
Jones, Reginal L. 180
Jones, Russel A. 115, 130, 133, 152, 180
Jones, Stanley 172, 180

Jones, T. Anthony 431, 447
Jung, Heike 220, 455, 458
Jung, Karl G. 116
Jürgens, H. W. 458
Jürgenson, Peter 473

Kaack, Hans 46, 94
Kaase, Max 18, 61, 94, 140, 180
Kadish, Sanford H. 383, 458
Kagiticibasi, Sigdem 180
Kahan, Michael 89
Kahl, Erhard 123, 169, 180
Kahn, Robert L. 120, 140, 180
Kahn-Freund, Otto 476
Kaiman, I. P. 151 f.
Kaiser, Günther 195, 200 f., 203 f., 208 ff., 213 ff., 216, 219–223, 256, 275, 303 f., 309 f., 391, 394 f., 398, 401, 403, 405 f., 411–415, 416, 420, 423, 427, 452, 458 f., 480, 488
Kaiser, Jürgen 459
Kalsch, Richard A. 133, 180
Kaminski, Gert 113, 180
Kamphausen, Hannes 136
Kan, Joseph van 229, 364 f., 459
Kane, John J. 135
Kantowsky, Detlef 136
Kapadia, K. M. 354, 459
Kaplan, Abraham 459
Kaplan, Lawrence J. 256, 459
Kaplan, Robert M. 180
Karabenick, S. A. 152
Karacke, Larry 459
Karbach, Oskar 120, 124, 180
Kargl, Walter 459
Karlins, Marvin 115, 129, 132 f., 152, 180 f.
Karstedt, Susanne 459
Karsten, Anitra 156
Katz, Daniel 17, 63, 94, 100, 113, 132, 152, 181
Katz, Elihu 34, 94
Katz, Fred E. 459
Katz, Irwin 168, 181
Katz, Jack 459
Katz, Phyllis A. 181
Kaufmann, Franz X. 434, 453
Kaufmann, Harry 111, 181
Kaufmann, Hilde 220, 259, 294, 403, 459 f.
Kaupen, Wolfgang 182, 460

Kay, Barbara 155, 428, 475
Keats, John A. 168, 185
Keckeisen, Wolfgang 341, 407, 417 ff., 460
Keeve, Susan 123, 175
Kefauver, Ester 428, 460
Keiler, Peter 152, 176, 181
Kellens, Georges 460
Kelley, H. H. 132
Kelman, Herbert C. 120, 131, 175, 181, 188
Kemp, C. G. 151
Kempf, Erwin 181
Keniston, Kenneth 140, 177, 181, 460
Kennedy, John F. 85
Kepplinger, Hans Mathias 181
Kerckhoff, A. C. 132
Kerner, Hans-Jürgen 295 f., 298, 358, 409 ff., 459 f., 465
Kerner, Justus 147
Kerpelmann, L. 140
Kerr, Henry 61, 94
Kerrlinger, P. M. 152
Kerschner, Ignatz 460
Kessler, Dennis 256, 459
Kessler, M. R. 152
Keupp, Heinrich 315 f., 327, 333 f., 407, 418 f., 421 f., 460
Kevenhörster, Paul 181
Key, V. O. 76, 94
Kiener, Franz 181
Kiely, Elizabeth 168, 187
Kiesler, Charles A. 107 ff., 167, 181
Kiesler, Sara B. 108, 181
Kikumura, Akami 133, 181
Kim, Jaeon 18, 66, 70, 101
King, Joan 474
Kinsey, Alfred 295
Kinneman, John A. 78, 94
Kirchheimer, Otto 72, 94, 384 f., 460, 477
Kirchhoff, Gerd F. 300, 411, 450, 460
Kirk, B. A. 133
Kitano, Harry H. L. 133, 181, 188
Kitsuse, John I. 268, 270, 306 ff., 330 ff., 333, 337, 349, 407, 412, 460, 483
Kittrie, Nicholas N. 225, 386 f., 460

Kitzinger, Uwe W. 94
Klages, Ludwig 116, 181
Klapnauts, Nora 446
Klatzmann, Joseph 10, 94
Kleck, R. E. 152
Klein, Dorie 461
Klein, Malcolm W. 424, 437, 461, 467 f., 486
Klein, Paul 173, 181
Klein, Robert E. 130, 172
Klein-Vogler, U. 461
Kleiner, Robert J. 471
Kleining, Gerhard 116 f., 160, 181
Klineberg, Otto 107
Klingemann, Hans Dieter 18, 61, 94 f., 181
Klockars, Carl B. 461
Kloskowska, Antonia 116
Knoppke-Wetzel, Volker 182
Kobrin, Solomon 427, 461
Koch, Sigmund 474
Kochwasser, Friedrich H. 136
Kodjo, Samuel 136
Kögler, Alfred 461
Köhler, Wolfgang 113, 116
König, René 103, 124, 129, 144, 179, 182, 186, 190, 207, 246, 294, 301, 312 ff., 339 f., 346, 350, 368, 371, 400, 416 f., 424 ff., 435, 439, 443 f., 446, 454 f., 461, 466, 469, 478, 482, 485, 487
Kohl, Jürgen 135
Kohn, Melvin L. 461
Kolegar, Ellen 484
Komarovsky, Mirra 405, 461, 470, 482
Kopkins, A. 366
Kornbluh, J. K. 468
Kornhauser, William 23, 94
Korte, Charles 182
Koselleck, Reinhart 461
Kosimar, L. 462
Kothandapani, Virupaksha 182
Krämer, Heinrich 141
Krauß, Detlef 405, 462
Kraut, R. E. 140
Kreppner, Kurt 107 f., 176
Kreuzer, Arthur 462
Kriger, S. F. 133
Krisberg, Barry 283, 462
Kroes, W. H. 133

Kronenberger, E. J. 152
Kroner, Bernhard 143, 167, 182
Krüger, Udo M. 136
Krupat, Edward 168, 176
Kruse, Lenelis 182
Krysmanski, Hans Jürgen 119 f.
Kühlwein, Hans Peter 462
Kürzinger, Josef 219, 402, 438, 462
Küther, C. 428, 462
Kuhn, Th. S. 217, 414, 418, 420, 422
Kuhnle, Stein 15, 31, 95
Kunz, Harold J. 256, 462
Kunze, Roland 155
Kurella, H. 364, 420, 430, 462
Kurzeja, Dietmar 462
Kutner, Bernhard 102, 178
Kutschinsky, Berl 462
Kvaraceus, William C. 427, 462

Lacassagne, J. Alexandre 364, 462
Lackner, K. 405
Ladd, Everett Jr. 16, 95
LaFarge, John S. J. 106, 182
Lafargue, Paul 462
La Fave, Wayne 462
Lake, Robert A. 176
Lakeman, Enid 95
Lamahr, B. 160
Lambert, James D. 95
Lamm, Hans 121, 182
Lancelot, Alain 10, 15, 95
Lander, Bernard 429, 462
Landes, William M. 256, 436
Landeszentrale für politische Bildung Rheinland Pfalz 178
Landreth, Charles 131
Lane, Robert E. 22, 35, 95, 364, 462
Lang, Gladys Engel 120, 182
Lang, Kurt 120, 182
Langbein, John H. 364, 462
Lange, Johannes 462
Lange, Richard 220, 259, 275, 400, 403 ff., 423, 462 f.
Lange, Wolf 456
Lanhers, Y. 364, 463
Lao, Rosina C. 131, 182
LaPalombara, Joseph G. 91, 94 f., 98, 100

LaPiere, Richard T. 108 f., 133, 182, 372, 463
LaPorte, Ronald L. 447
Larsen, Otto N. 444, 452, 463, 469, 484
Lassalle, Ferdinand 37
Lasswell, Harold D. 95
Lauer, Robert H. 418, 463
Laumann, Edward O. 185
Laurio, Martines 453
Lautmann, Rüdiger 448, 453, 463, 471
Laux, Jeanne K. 182
Lawrence, Lee H. 120, 181
Layer, Hans 189
Lazarsfeld, Paul F. 1, 9, 13 f., 34, 74, 90, 94 f., 439, 457
Lebeaux, Charles N. 427, 490
Lebo, D. 132
Le Bon, Gustave 143
Lee, Alfred Mc. Clung 463
Lee, Richard H. 96, 132 f.
Lee, S. C. 133
Lefcourt, H. M. 131
Leferenz, Heinz 309, 395, 400, 403, 405, 452, 463
Lefèvre-Pontalis, A. 2, 95
Lehmbruch, Gerhard 73, 95
Lehner, Franz 182
Leibfried, Stephan 463
Leifer, Ronald 387, 463
Leighton, Alexander A. 463
Leighton, Dorothea C. 316, 463
Leirer, Hans 463
Lekschas, John 215, 440
Lemberg, Eugen 124, 135 f., 182
Lemert, Edwin M. 267 f., 279, 316, 322, 329 ff., 332, 334 f., 337, 339, 345, 349, 407, 419 f., 463
Lennep, D. J. van 147
Lenski, Gerhard 95
Lerman, Paul 361, 401, 463 f.
Lerner, Melvin S. 167, 182
Lersch, Phillip 143
Levasseur, G. 405, 483
Lesser, Selma 437
Levin, G. 360
Levin, Yale 228, 241 f., 399, 464
Levine, Gene M. 133, 182
Levine, R. 147
Levinson, Daniel J. 109, 150, 172
Levis, St. H. 140

Levitas, Gloria 478
Levy-Bruhl, L. 131
Lewin, Kurt 110
Lewis, Oscar 95
Liazos, Alexander 279, 283, 464
Lieberson, Stanley 120
Liebknecht, Karl 392, 463
Lienert, Gustav 180, 184
Liepelt, Klaus 95
Liepmann, M. 464
Lijphart, Arend 48, 95
Likert, Rensis 150
Lilli, Waldemar 182
Lin, T. Y. 132, 464
Lincoln, Ch. E. 131
Lindesmith, Alfred 228, 241 f.,
    278, 360, 376, 395, 399, 429,
    443, 463 f. 474, 478
Lindzey, Gardner 96, 101, 173,
    176, 178, 183 f., 191
Linebaugh, Peter 380, 455
Lingemann, Heinrich 454
Linz, Juan 23, 74, 95 f.
Lipp, Wolfgang 464
Lippert, Ekkehard 155
Lippitt, Ronald 110
Lippmann, Walter, 113, 116, 155
Lipset, Seymour M. 6 f., 23, 52, 60,
    72, 89, 91, 95–99, 140
Lipton, Douglas 387, 464
Lischke, Gottfried 148, 182
Liska, Allen E. 464
Liszt, Franz von 232, 259, 403,
    405, 464
Litt, Th. 153
Litterer, Otto F. 113, 183
Little, Craig B. 487
Littunen, Yrjö 89, 95, 98, 100
Lively, E. L. 155
Llewellyn, Karl N. 375, 464
Lockwood, David 119
Lösel, Friedrich 464
Lofland, John 464
Logan, Albert B. 464
Logan, Charles H. 388, 464, 486
Lohalm, Uwe 183
Lohr, Jeffrey M. 130, 183
Lohsar, Emil 167
Lombroso, Cesare 196, 230, 232,
    238 f., 361, 396, 430, 464
Long, B. H. 152
Long, Huey 82, 84, 86

Loomis, Charles P. 80, 96, 120
Lorenz, Konrad 119
Lovrich, Frank 76
Lowe, J. 482
Lowenthal, Leo 141, 183
Lu, Joseph K. 464
Lubeck, Steven G. 447
Lubeck, Steven G. 447
Lucas, Charles J. 464
Lucke, Dieter 130, 135, 172
Luckmann, Thomas 320, 437
Ludendorff, Erich 142
Ludz, Peter Ch. 478
Lübbert, H. 155, 179
Lüderssen, Klaus 303, 326, 403 ff.,
    416, 419, 435, 439, 442, 448,
    463 ff., 474, 478
Luhmann, Niklas 120, 226 f., 266,
    384, 465
Lukes, S. 312, 417, 465
Luksch, Christian 123, 172
Lumsden, Malvern 119, 183
Lundberg, G. A. 148
Lundman, Richard J. 449
Lupri, Eugen 136, 183
Lyman, Stanford M. 133, 325, 481

Macchiavelli, Niccolò 142
MacDonald, Barry 185
MacIver, Robert M. 240, 465
Mack, John A. 358, 465
Mack, R. W. 120
Mackenzie, H. C. 35, 97
Mackenzie, William J. M. 31, 96
Mackie, Tom 3, 96
Mackin, W. J. 431
Mackinnon, Catherine 177
Macklin, David B. 463
MacNaughton-Smith, P. 324, 465
MacMillean, Allister M. 463
Madge, John 429, 465
Mäckelburg, G. 465
Maehr, Martin L. 186
Mäkelä, Klaus 246, 349, 380, 465
Magford, Stephen K. 469
Mahoney, Anne Rankin 465
Mahrad, Christa 135
Maier, Gerald R. 168, 174
Maine, Sir Henry Sumner 373,
    376, 465
Malinowski, Bronislaw 375, 465
Malinowski, Peter 373, 465

Manecke, Kurt 435
Mandel, Karl Herbert 122, 183
Manis, M. 132, 155
Mankoff, Milton 264, 334, 421, 442, 465
Mann, Golo 144
Mannheim, Hermann 201, 204 f., 208, 212, 218, 220, 229 f., 233, 240, 245 f., 276, 395, 398, 428, 433, 458, 465, 491
Manning, Peter K. 331, 407, 465 f.
Mannoni, D. O. 131
Mantell, Mark David 110, 167, 183
Manz, Wolfgang 113 ff., 152, 154, 170, 183
Maquet, Jacques 96
March, James G. 99, 445
Marcuse, Herbert 151 f.
Margolis, Clorinda 183
Margolis, Joseph 183
Markle, Allen 190
Marks, Eli S. 131
Marks, Stephen 466
Maroszek, B. 466
Marquis, Peggy Cook 183
Marr, Wilhelm 121, 124, 141
Marsh, Robert M. 430, 466
Marshall, Harvey 466
Marshall, T. H. 31, 96
Martin, Frederick 142
Martin, J. 152, 466
Martin, M. 96
Martinelli, A. 140
Martines, Laurio 364, 466
Martinson, Robert 387, 464
Martinussen, Willy 62, 71, 96, 100
Marvell, Gerald 466
Marvick, Dwaine 63, 96
Marx, Karl 261, 344 f., 376, 380, 466
Marx, Yvonne 466
Marxen, Klaus 466
Massing, Paul W. 124, 127, 141, 183
Mathews, Thomas R. 190
Mathiesen, Thomas 466
Matson, F. M. 132
Matthias, Erich 96
Mattick, Hans W. 466
Matza, David 209, 224, 242, 244, 252, 258, 262 f., 266, 268, 273,

311, 315, 334, 336, 341, 352 ff., 397, 400, 406, 419, 427, 466, 485 f.
Maurer, David W. 361, 466
Mauss, Armand L. 466
Mauz, Gerhard 466
May, D. R. 301, 308, 412, 440
May, John D. 96
Mayer, Gustav 37, 96
Mayer, H. 202
Mayhew, Henry 361, 430, 466
Maykovich, Minako K. 115, 133, 168, 183
Mayntz, Renate 63, 96
Mayr, Georg von 96, 466
Mays, John Barron 466
McCaghy, Charles H. 264, 445, 467
McCall, George J. 467
McCarthy, Joseph R. 142
McCartney, James L. 450
McClelland, M. 120, 178
McClintock, F. H. 294, 296, 306, 410, 467
McConagh, E. C. 107
McConahay, John B. 140, 183
McConkey, Darel 142
McCord, Joan 467
McCord, William 399, 467
McCormack, T. H. 140
McDonald, Lynn 246, 265 f., 467
McEachern, A. W. 467
McFadden, C. 133
McGee, D. Philipp 183
McGovern, William M. 142
McGuire, William J. 107 f., 116, 183
McHugh, Peter 320, 325 f., 386, 421, 467
McIntosh, Mary 357 f., 395, 415, 436, 441, 444, 467, 472, 476
McIntyre, Jennie 467
McKay, Henry O. 360, 424, 429, 433, 482, 483
McKee, D. B. 131
McKee, J. R. 132
McKenzie, Robert T. 36, 96, 360
McKissack, I. J. 466
McLennan, Barbara N. 466, 475
McLeod, Jack M. 132
McNall, Scott G. 467
McPhee, William N. 13, 74, 90, 96
McPherson, D. A. 131

McQuarie, Donald 445
Mead, George H. 320, 331, 343, 360, 418, 466
Meade, Anthony C. 467
Mechler, Achim 228, 395, 399, 403, 405, 409 f., 426, 456, 463, 467
Meehl, Paul E. 467
Meenes, M. A. 183
Mees, Ulrich 130, 148, 169, 183
Megargee, Edwin J. 120, 183
Mehan, Hugh 467
Meier, E. 153
Meier, Günter 454
Meier, Robert F. 414, 467
Meier-Hahn, Michael 170
Mein, Monika 102, 110
Meinhold, Marianne 457
Meisel, John 96
Melc, Jemba 168 f., 183
Melossi, Dario 422, 467
Meltzer, Bernard N. 467
Meltzer, H. 113, 183
Mendras, Henri 94
Menefee, S. L. 113, 183
Menninger, Karl 467
Mercer, Jane R. 407, 467
Mergen, Armand 195, 201, 203 f., 231, 276, 395, 400, 405, 430, 458, 461, 467 f., 472, 491
Merrill, Francis E. 447
Merritt, Richard L. 10 f., 89, 95 f., 99, 175
Merton, Robert K. 120, 148 f., 183, 244 f., 252, 301, 314, 322, 329, 339, 346 ff., 349, 352, 391, 417, 424, 443 ff., 467 f., 481
Merz, F. 113, 183
Messinger, Sheldon L. 251, 386, 401, 435, 441, 468
Metzger, Wolfgang 184
Metzger-Pregizer, Gerhard 391, 459
Meurer, Dieter 459
Meyer, Georg 3, 87, 96
Meyer, J. C. 431, 468
Meynaud, Jean 98
Meyriat, Jean 3, 98
Mezei, Louis 184
Mezger, Edmund 206, 430, 468
Michael, Jerome 399, 414, 468
Michels, Robert 4, 96, 292, 468

Middendorf, Wolf 184, 425 f., 468
Mies, Maria 136
Miguel, A. de 95
Milatz, Alfred 96
Milbrath, Lester 96
Mileski, Maureen 375, 407, 438, 446
Milgram, Stanley 110 f., 182, 184
Miller, Dale T. 184
Miller, Doris 120
Miller, Frank W. 468
Miller, James C. 480
Miller, Jean 131
Miller, James C. 246, 374, 377, 431
Miller, Neal E. 112, 147
Miller, Norman 107 f., 181
Miller, S. M. 133, 422, 468
Miller, Walter B. 252 ff., 255, 427, 462, 468
Miller, Warren E. 14, 90, 96
Miller, Wilbur C. 444
Miller, William L. 61, 96
Mills, C. Wright 387, 468
Milne, R. S. 35, 97
Milutinovic, M. 219, 414, 468
Minz, E. E. 147
Mintzel, Alf 97
Mirandon, Sylvaine 116, 184
Miroglio, Abel 135, 163, 169, 184
Miron, Murray S. 184
Mitchell, Herman E. 184
Mitchell, Jeremy 8, 62, 97
Mitscherlich, Alexander 95, 143
Mittermaier, C. J. A. 410
Mitzlaff, Stefan 434
Miyamoto, S. Frank 132, 184
Miyamoto, S. M. 132
Mizruchi, Ephraim H. 468
Mjassischtschew, W. N. 155
Moberg, Elio D. 468
Moinat, S. M. 140
Monachesi, Eliot D. 455, 468
Monahan, Thomas P. 432 f., 469
Monod, Jean 426, 469
Montagu, Ashley L. F. 207, 469
Montero, Darrel N. 133, 182
Montesquieu, Charles-Louis de 142
Moore, Harriett 181
Moore, Wilbert E. 240, 454
Morazé, Charles 97
Morison, David 184

Moriwaki, Sharon 133, 180
Morland, K. J. 131
Morris, Charles 130
Morris, Norval 357, 401, 468
Morris, Pauline 469
Morris, Richard T. 228, 362,
    429 f., 469
Morrow, K. L. 153
Morsey, Rudolph 96
Moser, Tilmann 225, 387, 417,
    425, 432, 434, 469, 476
Mosse, Werner E. 173
Mowrer, O. Howard 112, 175
Moyer, Kenneth E. 119
Muck, Mario 143
Müller, Andreas G. 155
Müller, Egon 469
Mueller, Gerhard O. W. 230, 469
Müller, Hermann 114, 184
Müller, W. 113
Müller-Dietz, Heinz 469
Münch, Richard 184
Münch, Ulrich 373, 465
Muir, Christine 184
Mulhivill, D. J. 469
Mulligan, D. G. 446
Muncy, Lybeth Walker 142
Mungham, Geoffrey 436, 469
Murchinson, C. 172
Murck, Manfred 469
Murphy, Fred J. 298, 469
Murphy, G. 147
Murphy, Patrick V. 401
Murray, Ellen 155, 428, 475
Murray, James A. H. 106
Mussen, P. H. 132
Myerhoff, Barbara G. 425, 427,
    469
Myerhoff, Howard L. 425, 427,
    469
Myers, Richard R. 450
Myrdal, Gunnar 107, 132, 148,
    184
Myrphy, R. J. 140

Nader, Laura 271, 375, 378, 469
Nadich, Murray 131
Naegeli, Eduard 469
Nagasawa, R. H. 442
Nagel, Ernst 456
Nagel, Stuart S. 458, 470
Nagel, Wilhelm H. 219, 414, 470

Nakamura, C. 140
Napoleon I. 77
Napoleon III. 44, 77, 142
Narbonne, Jacques 92
Nass, Gustav 470
National Advisory Commission
    on Criminal Justice Standards
    and Goals 220, 252, 470
National Commission on the Cau-
    ses and Prevention of Violen-
    ce 220, 250, 470
Naucke, Wolfgang 232, 236,
    397 f., 403 f., 470
Nedelmann, Birgitta 49, 97
Nee, V. 133
Neidhardt, Friedhelm 478
Neil, Alexander Sutherland 110
Nelson, E. K. Jr. 470
Neumann, Robert 142, 184
Neumann, Sigmund 42, 97
Neumayer, M. N. 470
Newcomb, Theodore M. 107
Newman, Donald J. 251, 257,
    307 f., 390, 408, 470
Newman, G. 275, 470
Newton, P. 132
Niceforo, Alfredo 292, 470
Nicholas, H. G. 97
Nie, Norman H. 16, 18, 61, 63 f.,
    66 f., 69 ff., 97, 101
Niederhoffer, Arthur 438, 470
Nierdall, Gösta 106, 130, 162, 169,
    184
Nilson, Sten S. 79, 83, 88, 97
Nilus, Sergei 142
Nipperdey, T. 46, 97
Nisbet, R. A. 417, 444 f., 468
Nishimoto, R. S. 132
Nobles, Wade W. 132, 184
Noel, Barbara 177
Nonet, Philippe 470
Notz, William W. 184
Nowack, Wolf 434
Nye, F. Ivan 298, 301, 470, 482

Oberschall, Antony 10, 97, 140
Oberthür, Gerd-Rainer 221, 226,
    470
Obudho, Constance 168, 176
Odum, Howard W. 119
Öttingen, Alexander von 291, 471

Ohlin, Lloyd E. 238, 244 f., 252 ff., 347, 351, 354, 396, 424, 430, 443, 470 f.
O'Leary, Cornelius 62, 97
Olson, V. I. 298, 301, 470
Olsson, John 97
O'Neal, Patricia 476
Ongaro, Franco B. 463
Opler, Marvin K. 464
Opp, Karl-Dieter 149, 184, 300, 309, 315, 408, 411 ff., 416 f., 424, 470 f.
Ornstein, Hans 123
Orschekowski, Walter 435
Ortega y Gasset, José 144
Osgood, Charles E. 185
Ostermeyer, Helmut 471
Ostrogorski, Mosei J. 4, 42, 95, 97
Ostrom, Thomas M. 185
Otto, Hans-Uwe 440, 471

Packer, Herbert L. 389, 471
Pagano, Don F. 185
Page, Richard 130 f., 152, 187
Paik, I. 133
Palmer, Jeremy N. J. 471
Paor, Liam de 135
Pappi, Franz U. 14, 62, 97, 185
Parent-Duchatelet, A. J. B. 361, 471
Park, Robert E. 106 f., 128, 132, 360
Parker, Seymour 471
Parkinson, J. P. 185
Parsons, Jacqueline E. 167, 186
Parsons, Talcott 97, 119, 261, 314, 320, 329, 362, 372, 386, 417, 471
Pataut, Jean 83, 97
Paul, R. W. 133
Paulus, Ingeborg 471
Pavarini, Massimo 467, 471
Pawlow, I. P. 113
Payne, Clive 12, 91
Peabody, D. 151 f.
Pearce, Frank 283, 428, 471
Pearson, Geoffrey 224, 321, 380, 415, 422, 436, 469, 471
Pearson, R. 471
Pekowsky, Berton 446
Pellegrin, R. J. 132

Peluso, Emil 482
Pepinsky, Harold E. 264, 471
Perlstein, Gary R. 471
Perputter, Rudolf 120
Perrot, M. 385, 471
Perow, Charles 484
Peskin, H. 132
Pesonen, Pertti 97
Pestoff, Victor 50, 70, 97
Peters, Dorothee 390, 471
Peters, Helge 471 f.
Petersen, Peter 123, 130, 174
Peterson, Donald R. 432, 472
Petras, John W. 467
Petrella, Riccardo 18, 100
Petrocik, John R. 16, 97
Pettigrew, Thomas F. 132, 189
Peuckert, Rüdiger 472
Pfautz, Harold 425, 472
Pfeiffer, R. A. 472
Phelps, Thomas R. 471
Phillips, Llad 256, 488
Phillipson, Michael 198, 224, 226, 246, 315, 415, 449, 472
Piaget, Jean 472
Pilgram, Arno 472
Piliavin, Irving 209, 353, 440
Pilisuk, Marc 167, 183
Pilot, Harald 172
Pinatel, Jean 204, 219, 221, 472
Pitaval, F. G. de 472
Pitt-Rivers, J. A. 427, 472
Pitts, Jesse R. 372 f., 386, 472
Piven, Frances Fox 472
Plack, Arnold 472
Plant, T. W. 151
Plato 147
Platt, Anthony M. 267, 279, 385, 472
Platt, Ruth P. 436
Ploscowe, M. 292, 472
Poeppelt, Konrad 185
Polacchini, Cioni 90
Poletti, Filippo 292, 473
Polk, Kenneth 473
Pollak, Otto 473
Pollner, Melvin 421, 473
Pollock, P. 124
Polow, Bertram 473
Polsby, N. W. 72, 97
Pomper, Gerold M. 61, 97
Pongratz, Lieselotte 473

Popitz, Heinrich 248, 295, 297, 302 ff., 391, 473
Popper, Karl R. 152, 172
Porter, J. 168
Porterfield, Austin L. 298, 473
Possehl, Kurt 118, 160, 185
Postman, I. 147
Pound, Roscoe 263, 373, 432, 473
Poveda, Tony G. 473
Powers, Edwin 473
Prandi, Alfonso 92
Preale, Ilane 130, 185
Prell, Arthur E. 477
President's Commission on Law Enforcement and Administration of Justice 220, 252, 257, 296, 307, 357, 473
Prewitt, Kenneth 16, 97
Proshansky, Harold 102, 132, 178
Proudhon, Pierre-Joseph 150
Pruitt, Dean G. 120
Prus, Robert C. 473
Pulzer, Peter G. J. 185
Punch, Maurice 473
Puntil, Joseph E. 482
Purdy, Ross 466
Pyfferoen, Oscar 2, 97

Quack, Lothar 185
Quanty, Michael B. 185
Quarantelli, E. L. 140
Quay, H. C. 472
Quensel, E. 411
Quensel, Stephan 411, 473
Quételet, Adolphe 291, 305, 361 f., 410, 473
Quinney, Earl R. 281, 474
Quinney, Richard 213, 228, 252, 263 f., 266, 330, 336, 350, 352, 357, 367, 399, 406 ff., 443, 474

Radbruch, Gustav 474
Radtke, Marian J. 131, 155
Radzinowicz, Leon 204, 208, 217 ff., 230, 250, 292 f., 306, 314, 329, 348, 360, 393 f., 400, 403, 405, 415, 430, 474
Raine, W. J. 140
Rains, Prudence 474
Rainwater, L. 132
Ranball, Reinhard 185
Ranger, Jean 10, 95

Rangol, A.-J. 474
Ranney, Austin 6, 98 f.
Ransford, H. Edward 120, 140, 185
Rantala, O. 63, 98
Ranulf, S. 381
Rapaport, Anatol 120
Rapaport, David 147, 474
Rauball, Reinhard 185
Reasons, Charles E. 414, 451, 474
Rebhahn, Axel 474
Rebhuhn, M. T. 152
Reckless, Walter C. 155, 201, 204, 281, 304, 329, 353, 360, 397 ff., 401, 426, 428, 446, 448, 458, 475
Redfield, R. 373
Rehbinder, Manfred 164, 182, 185, 450, 460 f., 475
Reichmann, Eva G. 126, 185
Reichmann, Jonathan R. 148
Reigrotzki, Erich 98
Reik, Theodor 475
Reimann, Helga 475
Reimann, Horst 475
Reinke, Ellen Katharina 475
Reiss, Albert J. Jr. 301, 307 f., 389 ff., 405, 411, 438 f., 475
Reiwald, Paul 457, 469, 476
Remier, Ilselore 102, 112, 148, 185
Renan, Ernest 121
Renk, E. 160
Renner, Karl 476
Restle, F. 152
Rex, John 119 f., 492
Reynolds, David 12, 91
Reynolds, Larry T. 467
Rhodes, Albert Lewis 301, 406, 475
Rhodes, Robert P. 261, 476
Rice, Kent 451
Rice, Stuart A. 9 f., 13, 98, 116, 185
Richard, G. 400
Richards, E. S. 107
Richards, Triggy Ruth 167, 185
Richardson, Fred 470
Richardson, Lewis 120
Rico, J. M. 476
Riesmann, David 144
Riessmann, Frank 468
Risse, H. T. 121
Ritsert, Jürgen 424, 476
Ritter, Dergard 98
Rittmann, Ursula 152, 185

Robert, Philippe 414, 476
Robertson, Roland 415, 476
Robin, Gerald D. 476
Robins, Lee N. 476
Robinson, Kenneth 31, 96
Robinson, William S. 11 f., 98, 476
Robison, Sophia M. 476
Roby, Pamela A. 476
Roche, Maurice 472
Rock, Paul 269, 315, 345, 395, 415, 436, 441, 444, 446, 472, 476
Rodman, Hyman 354, 476
Roebuck, Julian B. 477
Roeder, Burkhard 179, 185
Roesner, Ernst 365, 477
Rössner, Dieter 477
Roger, C. 155
Rogers, Ronald W. 168, 190
Rogers, J. W. 477
Roghmann, Klaus 150 f., 185, 187
Rohila, Pritam K. 188
Rokeach, Milton 150 ff.
Rokkan, Stein 3, 5, 7 f., 10 ff., 15, 17 f., 23, 31, 38, 44, 47, 49, 52, 57 f., 60, 63 ff., 66, 72, 74, 87, 89, 91 ff., 95 f., 98 ff.
Rollins, Joan Heller 130, 185
Romasco, Anne 279, 490
Ropers, R. 477
Rose, Arnold M. 71, 99, 107, 488
Rose, Carolin 107
Rose, Richard 3, 7, 18, 89, 91, 93, 95–100
Rosen, Lawrence 477
Rosenberg, Bernard 437
Rosenberg, Hans 142
Rosenberg, P. 131
Rosenblatt, Paul C. 185
Rosenmayr, Leopold 140
Rosett, Arthur 477
Ross, A. 140
Ross, Edward A. 372, 477
Ross, H. Lawrence 477, 483
Ross, J. M. 446
Ross, L. B. 130
Rossi, Peter 10, 67 ff., 70, 72, 99
Roszak, T. 140
Roth, Guenther 49, 99
Roth, Heinrich 486
Roth, Loren H. 207, 481
Rothbart, Myron 135, 185
Rothman, David J. 385, 477

Rottenecker, Heribert 477
Rotter, Julian R. 130 f., 147, 179
Rottleuthner, Hubert 392, 477
Rottmann, T. 151
Rowe, Allan R. 487
Roxin, Claus 384, 404, 457, 477
Rubin, Sol 477
Rubington, Earl 315, 407, 422, 477
Rubinstein, S. L. 155
Ruble, Diane N. 167, 186
Rubovits, Pamela C. 186
Rudisill, D. 285, 456
Rüfner, V. 143
Rüther, Werner 333, 417, 419, 421, 477
Ruf, Werner K. 136
Ruke, James 120
Rule, John G. 455
Rusche, Georg 384 f., 477
Rushing, William A. 478
Rustow, Dankwart 99
Ruttenberg, C. 120
Ryan, Bryce 136
Rydenfelt, Sven 99
Ryschlak, Josef F. 131, 186

Saalfeld, Leonore 123, 169
Sabatier, Jean-Pierre 219, 478
Sack, Fritz 173, 177, 180, 187, 219, 269, 301, 309, 314, 324, 326, 335, 397, 403 ff., 407, 412, 416 ff., 419, 424 f., 431, 434 f., 439, 442 ff., 448, 454, 459, 463 ff., 469, 474, 478, 482, 485
Sacks, Harvey 320, 335, 478
Särlvik, Bo 17, 61, 91, 99
Safa, Helen Icken 478
Sagarin, Edward 332, 438, 478, 485
Sahner, Heinz 80, 99
Salancik, Jerry R. 109
Sales, Stephen M. 186
Sallen, Herbert A. 123 f., 186 f.
Sallenberger, R. T. 132
Samaha, Joel 364, 478
Sander, Friedrich 116, 118, 186
Sanders, William B. 252, 479
Sanford, R. Nevitt 109, 147, 150, 172
Sartori, Giovanni 45, 99
Saslow, Carl 123, 175
Sauer, W. 396 f.

514   *Namenregister*

Savitz, Leonard 250, 427, 458, 479, 491
Sawyer, Jack 186
Scandinavian Studies in Criminology 479
Scarpitti, Frank R. 155, 428, 446
Schachtel, E. G. 147
Schafer, Stephen 479
Schäfer, Herbert 478
Schäfer, Maria 472 f.
Schatzman, Leonard 343, 423, 479
Scheff, Thomas J. 421 f., 479
Schellhoss, Hartmut 219, 401, 405, 412, 459, 479
Schelling, Thomas 120, 186
Schelsky, Helmut 460
Schenkein, J. 418 f.
Schepis, Giovanni 99
Schervish, P. G. 422, 479
Scheuch, Erwin K. 6, 17 f., 87, 99 f., 287
Schewe, Günter 405, 479
Schier-Gribowsky, P. 122
Schindhelm, M. 291, 409
Schlesinger, Benjamin 433, 479
Schlesinger, Joseph 99
Schleth, Uwe 99
Schmehrhahn, G. 153
Schmid, Calvin F. 78, 99
Schmidt, Eberhard 479
Schmidt, Hans Dieter 167, 182, 186
Schmidt-Mummendey, Amélie 182, 186
Schneider, Frank W. 131, 186
Schneider, Hans Joachim 201, 204, 208, 211, 215, 220, 249, 299, 309, 328 f., 394 f., 398, 400 f., 403, 416, 420 ff., 423, 454, 479
Schneider, Siegfried 440, 471
Schneider, W. E. 131
Schöch, Heinz 302 ff., 413, 459, 479
Schoeck, Helmut 186
Schönbach, Peter 127, 186
Scholz-Görlach, Gieselheid 130, 135, 169, 186
Schrag, Clarence 480
Schreckenberg, W. 122
Schreiber, Mathias 186
Schreiber, Wilfried K. 189
Schreiner, Peter 170, 173

Schrenk-Notzing, Caspar 110, 142, 186
Schubring, Gerhard 130, 173
Schüler-Springorum, Horst 480
Schüller, Gabriele 102, 186
Schünemann, Hans-Wilhelm 405, 480
Schuessler, Karl F. 278, 395, 399, 429, 443
Schütz, A. 320, 418
Schütz, Klaus 93
Schulze, R. O. 99
Schumann, Karl F. 448, 480
Schur, Edwin M. 300, 331 f., 336, 339, 359, 372, 376, 384, 419, 422, 480
Schwab, H. G. 152
Schwartz, A. J. 133
Schwartz, David G. 168, 187
Schwartz, Hans Christian 118, 130, 148, 160, 171, 186
Schwartz, Mildred 99
Schwartz, Michael 428, 480, 486
Schwartz, Richard D. 246, 374, 377, 431, 480 f.
Schwartz, Sandra Kenyon 168, 187
Schwendinger, Hermann 267, 276, 283, 408, 480 f.
Schwendinger, Julia 267, 276, 283, 408, 480
Schwendtner, Rolf 424, 481
Schwind, Hans-Dieter 298, 411, 481
Scott, Marvin B. 325, 481
Scott, Peter 481
Scott, Robert A. 315, 422, 442, 451, 481, 488
Scriven, M. 483
Scull, Andrew T. 385, 431, 447, 481
Seagle, W. 376
Seago, D. W. 132 f.
Seagull, Arthur 468
Sears, D. O. 140
Sears, Robert R. 112, 175
Seelig, Ernst, 481
Seeman, Melwin 187
Seeskin, Morris A. 455
Seibel, H. Dieter 136
Seidmann, David 481
Seidman, Robert B. 264, 442

Selg, Herbert 112, 187
Sellin, Thorsten 192, 205, 208, 212, 228 ff., 233 f., 241, 276 f., 279 ff., 284, 291 ff., 329, 354, 365, 409 f., 427, 453, 456, 481, 491
Selling, Lowell S. 361, 481
Selosse, J. 481
Selvin, Hanan C. 285, 456
Selznick, Philip 481
Senghaas, Dieter 116
Senn, David J. 186
Seppilli, Tullio 481
Serber, David 375, 378, 469
Sessar, Klaus 413, 438, 481
Sevlund, Mabel D. 106, 109, 118, 144 ff., 149, 160 f., 163, 166 f., 171, 187
Sewell, William H. 439
Seymour, Charles 3, 36, 38, 42, 99
Shah, Saleem A. 481
Shalit, Benjamin 112, 130, 187
Shanley, Fred J. 481
Shapiro, M. M. 132
Sharan (Singer), Shlomo 130, 185
Shaw, Clifford R. 238, 360, 424, 429, 433, 482, 483
Sheatsley, Paul B. 150, 179
Sheldon, William H. 482
Sheleff, Leon Sh. 482
Sherif, Carolyn W. 187, 426, 482
Sherif, Muzafer 113, 187, 426, 482
Sheriffs, A. C. 132
Sherman, Richard C. 130
Shils, Edward A. 99, 150
Shipley, Shirley E. 78, 94
Shirley, Mary M. 298, 469
Shively, W. Philips 12, 99
Shoemaker, D. J. 482
Shoham, Shlomo 202, 219, 482
Short, James F. Jr. 298, 301, 350–354, 396, 399, 406, 424–428, 429, 443 f., 449, 452, 455, 470, 475, 482, 484, 489
Shouval, Ron 168, 187
Shover, Neal 482
Shulman, Harry M. 432, 482
Siegel, Ulrike 130, 155 f., 187
Siegfried, André 8 f., 12 f., 76 f., 83, 87, 99
Sieverts, Rudolf 454, 480
Sigall, Harold 130 f., 152, 187

Sighele, S. 143
Silberman, Matthew 388, 482
Silbermann, Alphons 120 f., 123 f., 127, 136, 179, 186 f.
Silver, Isidore 252, 401 f., 452, 482
Silverman, Arnold Robert 120, 455
Silverman, David W. 449
Silvern, L. 140
Simmel, Georg 344 f.
Simmons, J. L. 315, 467, 482
Simon, Dieter 482
Simon, Klaus 167, 187
Simon, Maria D. 187
Simon, Rita James 482
Simon, William 482
Simon, W. B. 131
Simondi, M. 334, 396, 437, 444, 467, 480 f.
Simoneit, Max 118, 150 f.
Simonsohn, Berthold 482
Simpson, E. 107, 164
Simson, Uwe 136
Sittenfeld, Hans 118, 158
Sivini, G. 90
Six, Bernd 102, 107, 113 ff., 151 f., 173
Skinner, Burrhus F. 113, 483
Skirbekk, Sigurd 411, 442
Sklare, Marshall 487
Skogan, Wesley G. 483
Skolnick, Jerome H. 271, 372, 379, 396, 472, 480, 483
Skroblin, Benita 152, 187
Slack, Barbara D. 187
Slater, E. 444
Small, Linwood 130
Smart, Carol 483
Smelser, Neil J. 489
Smet, Roger v. de 100
Smigel, Erwin O. 417, 474, 483
Smiley, Donald 100
Smith, Al 84
Smith, M. B. 140
Smith, T. E. 31, 100
Smith, W. D. 132
Snodgrass, John 429, 483, 491
Snyder, R. C. 120
Social Science Research Council 483
Sodeur, Wolfgang 187
Sodhi, Kripal Singh 113, 128 f., 152 ff., 156, 167, 187

Sola Pool, Ithiel de 188
Soldan, Ursula H. 106, 112, 117 f.,
    122 ff., 129 f., 133, 135, 148 f.,
    159–163, 166 f., 169 f., 188
Soulmann, Donald R. 102, 188
Solomon, Peter H. Jr. 483
Sommer, Robert 483
South, D. R. 482
Sparks, Richard 300, 411, 457
Spector, Malcolm 270, 329, 331,
    333, 422, 483
Spencer, John C. 278, 453, 483
Spergel, Irving 483
Spiegel, B. 160
Spitzer, Steven 246, 431, 483
Spreafico, Alberto 91, 100
Sprenger, Jakob 141
Springer, Werner 417, 483
Staats, Arthur 130, 183
Staeuble, Irmingard 188
Stagner, Richard 120
Stake, Jane Elley 131, 188
Stallberg, Friedrich W. 416, 419,
    422, 451, 453, 465, 483
Stallberg, Rüdiger 483
Stammer, Otto 6, 100
Stanfield, Robert E. 484
Stangl, W. 463
Stanley, G. 152
Stanton, M. Duncan 168, 176
Stark, Rodney 177
Staub, Hugo 434
Staw, Barry M. 184
Stea, David 175
Stedtman-Jones, Garedt 364, 484
Stefani, G. 405, 484
Steffen, Wiebke 246, 406, 413,
    438, 484
Steffensmeier, Darell J. 484
Stein, Seymour, P. 361, 481
Steiner, John M. 151
Steinert, Heinz 246, 276, 322, 325,
    367, 374, 377, 380, 390, 394,
    403, 418, 432, 437 f., 448, 463,
    472, 481, 484, 492
Steinhilper, Gernot 221, 484
Steininger, Rudolf 100
Stephan, Egon 411, 438, 484
Steputat, Charles R. 102, 162, 188
Sterling, Eleonore 124
Sternberg, David 484
Sternberger, Dolf 3, 100

Stevenson, Adlai E. 84
Stiegler, T. 153
Stiller, Gerhard 440, 484
Stinchcombe, Arthur R. 391, 484
Stock, W. 153
Stohn, John 188
Stokes, Donald E. 12, 17, 90, 96, 100
Stone, Julius 484
Stonequist, E. V. 132
Stotland, Ezra 167
Stratera, Gianni 140
Strauss, Anselm 343, 423, 479
Street, David 484
Streicher, Julius 124
Strickland, Bonnie R. 131, 188
Strodtbeck, Fred L. 350–354, 425,
    427, 452, 482, 484
Stryker, S. 148
Strunk, William 128, 174
Strzelwicz, Willy 188
Stürup, Georg K. 484
Stumme, Wolfgang 109, 113, 115
Sudnow, David 320, 342, 478, 484
Sue, Derald W. 133, 188
Sue, Stanley 133, 181, 188
Süllwold, Fritz 188
Suiter, S. 160
Sullivan, Richard F. 256, 484
Sumner, C. 422
Sumner, William G. 368, 484
Sun, Shirley 133
Sundberg, Norman D. 188
Sung, B. L. 133
Suppes, Patrick 456
Sussman, Marvin B. 484
Sutherland, Edwin H. 201 ff., 208,
    212 f., 238, 249, 251 f., 270 ff.,
    277–281, 282 ff., 304, 329, 355,
    360, 384, 395, 398 f., 401, 412,
    428 ff., 484 f.
Sutherland, Jean 131
Suttless, Gerald D. 429, 485
Svåsand, Lars 92, 100
Sveri, Knut 355, 426, 485
Swigert, Victoria L. 485
Sykes, Gresham M. 352, 414, 466,
    485
Sykes, Richard E. 442
Sylvester, S. F. Jr. 485
Szabo, Denis 135, 172, 205, 219,
    222 f., 405, 426, 430, 447, 476,
    485, 491

Szalai, Alexander 18, 100
Szalay, Lorand B. 188
Szasz, Thomas S. 225, 321, 387, 485 f.
Szczesny, Gerhard 143

Tachiki, A. 133
Tack, Werner H. 188
Taft, Donald R. 201, 486
Tajfel, Henri 187
Tamarin, Georges R. 188
Tangri, Sandra S. 428, 480, 486
Tannenbaum, Frank 267 f., 330, 486
Tappan, Paul W. 278 f., 281, 329, 408, 486
Tarde, Gabriel 143, 245 ff., 292, 314, 486
Tarski, Alfred 456
Taub, B. 112
Taylor, Ian 195, 224, 228, 246, 269, 313 ff., 333 ff., 336., 341, 349, 396 f., 415, 421 f., 435, 437, 441, 444, 456, 467, 471 f., 480 f., 486, 492
Taylor, Laurie 209, 243, 415, 435, 444, 476, 486
Taylor, Stephen J. 439
Taylor, Stuart P. 177
Teahan, John E. 188
Teeters, Negley K. 408, 427, 436, 486
TenBroek, J. 132
Tennyson, Ray A. 486
TenHouten, D. L. 140
Terman, L. A. 468
Terner, Gabriele 123, 189
Terry, Robert M. 484, 486
Terstegen, O. 408, 492
Tessi, Gino 130, 180
Thackeray, W. M. 302, 304
Thiersch, Hans 486
Thies, Veronika K. 168, 189
Thio, Alex 422, 486
Thomas, Charles W. 189
Thomas, D. A. 486
Thomas, D. S. 132
Thomas, E. L. 140
Thomas, William I. 106, 108, 148, 189, 330, 339, 360
Thomas, W. L. Jr. 95
Thompson, Edward P. 379 f., 445, 486

Thornberry, Terence P. 192, 491
Thorndike, E. L. 113
Thrasher, Frederic M. 351, 360, 425 f., 428, 486
Thurnau, J. H. 153
Tiedeman, Gary 315, 320, 322, 325, 333, 390, 408, 421 f., 455
Tiedemann, Klaus 486
Tiedemann, Ute-Marie 170, 189
Tilly, Charles 98, 100, 120, 436
Tilsner, John M. 148
Tilton, Timothy A. 80, 100
Tingsten, Herbert L. 4 ff., 12, 22, 62, 76, 86, 100
Tinker, John N. 133, 189
Tiryakian, E. A. 132
Tittle, Charles R. 388, 486 f.
Tobias, J. J. 364, 410, 486 f.
Tobin, T. J. 131
Toby, Jackson 355, 399, 424, 433, 459, 487
Toch, Hans H. 120, 151, 184, 189, 487
Tocqueville, Alexis de 32 f., 36, 41, 100
Tönnesmann, Margret 423, 487
Tönnies, Ferdinand 9 f., 13, 100, 368, 373, 432, 487
Töpfer, Wolfgang 118, 130, 160, 189
Törnudd, Patrick 246, 487
Tolman, E. C. 113
Tolman, Frank L. 237, 487
Tomaro, Jack R. 167, 189
Tomlinson, T. M. 131, 140
Topitsch, Ernst 152, 183
Torgersen, Ulf 100
Torsvik, Per 98
Toynbee, A. 87
Trabandt, Helga 419, 487
Trabandt, Henning 419, 487
Trager, Helen G. 131
Traub, Stuart H. 487
Traulsen, Monika 487
Treiber, Hubert 276, 403, 432, 438, 463, 487
Treppenhauer, Andreas 487
Triandis, Harry C. 151, 189
Trier, Uri P. 137, 152 f., 176
Trotha, Trutz von 354, 417, 425, 487
Truman, Harry S. 82, 84

Trutt, Alice de 102, 106, 126, 130, 145, 148, 160, 162 f., 166, 168, 171, 187, 189
Tucker, Richard D. 190
Tumin, Melvin M. 107, 122, 129, 151, 182, 189, 469, 487
Turenne, Richard L. 168 f., 189
Turk, Austin T. 263 ff., 439, 487
Turlach, Manfred 136
Turner, Ralph H. 109, 189, 320, 488
Turner, Roy 473
Turner, Stanley 477
Tyler, Gus 428, 488
Tyler, Leona E. 188
Tylor, E. B. 376
Tynell, Knut 100

Uexküll, Beata v. 170, 172
Umemoto, A. 133
UNESCO 116, 254
United Nations 488
United Nations Social Defense Research Institute (UNSDRI) 219, 365, 488
Unkelbach, Helmut 100
Upmeyer, Arnold 189
Urwin, Derek 99 f.
Usnadse, D. N. 155
Uusitalo, Paavo 246, 349, 488

Valen, Henry 17, 62 f., 91, 98, 100
Valentine, Charles A. 488
Vallance, Elizabeth 488
Vangrevelinghe, G. 10, 101
Vanneman, Reeve D. 189
Van Vechten, Courtlandt C. 297, 488
Vaz, Edmund W. 427, 442, 488
Venaki, Sophie Kav 168, 187
Verba, Sidney 16, 18, 61, 63 f., 66 f., 69 ff., 89, 97 f., 101
Vérin, Jacques 219, 488
Versele, S. C. 476
Vetere, Eduardo 488
Vexliard, Alexandre 488
Viano, Emilio 252, 299, 446, 488
Vidulich, R. N. 151 f.
Viet, Jens 18, 98
Vietorisz, Thomas 382, 455
Villey, E. 2, 101
Villnow, Bernhard 438, 488

Villon, François 430
Vincent, John R. 8, 62, 101
da Vinci, Leonardo 147
Vogel, Bernhard 3, 100
Vogelfanger, Martin 387, 437
Vold, George B. 230–234, 235 f., 239, 241 f., 249, 258, 262 f., 270, 272, 281, 328, 357 f., 408, 428, 488
Voltaire 233
Vorwerg, Manfred 130, 155 f., 189
Votey, Harold L. Jr. 256, 488

Wade, Andrew L. 443
Wagner, Dieter 170, 172
Wagner, N. 188
Waider, Heribert 459
Waldmann, E. 151
Waldmann, Peter 488
Waldo, Gordon P. 442
Walker, Nigel D. 488
Wallance, Samuel E. 488
Wallerstein, James S. 298, 488
Wallimann, Isidor 189
Walter, P. A. F. 107
Walters, Gary 115, 130, 132 f., 152, 180 f.
Walton, Paul 224, 228, 246, 269, 313 ff., 334 ff., 349, 397, 415, 421 f., 441, 456. 471 f., 486, 492
Ward, C. 488
Ward, David A. 251, 422, 445
Ward, Richard H. 488
Ward, S. H. 168
Warda, Günther 459
Warner, L. 330
Warren, Carol A. B. 421, 488
Warren, Donald I. 120, 140, 189
Watson, John B. 108
Watson, J. W. 140
Watson, Robert I. Jr. 130, 172, 189
Wattenberg, William W. 314, 489
Webb, Eugene J. 109
Weber, Alexander 81, 101
Weber, Hellmuth K. von 489
Weber, Max 82, 243, 261, 312 ff., 317, 321, 368, 370
Wechsler, Herbert 468
Weede, Erich 99
Wegener-Spöhring, Gisela 190
Wegner, Daniel M. 190
Wehling, H.-G. 479

Wehner, Bernd 295 f., 489
Weidmann, Hermine 137, 177
Weigert, Hans W. 142
Weiland, Maria 149
Weinberg, Kirson S. 489
Weinberg, Martin S. 315, 407, 422, 477
Weiner, Myron 91, 94 f., 98
Weinert, Bernd 171, 190
Weingarten, Elmar M. 147, 418 f.
Weis, Kurt 299, 488
Weiss, M. 133, 437
Weissbach, Theodore 174
Weissberg, Norman C. 109, 190
Weiße, Dirk-Thomas 473
Wellford, Charles F. 434, 437, 450, 489
Welles, Sumner 142
Welsch, Xaverius 489
Welsh, Charles A. 142
Wender, Paul H. 489
Wenninger, Eugen P. 301, 442
Wenzel, Waltraud 135
Werbik, Hans 130, 173
Werkentin, Falco 334, 420 f., 489
Werner, Heinz 131
Werthman, Carl 489
West, D. J. 489
Westergaard, H. 1, 101
Westley, William A. 425, 447, 489
Wetter, W. 153
Weymann, Ansgar 190
Wheaton, J. 152
Wheeler, Stanton 279, 307 f., 322 f., 351, 353, 399, 402, 489 f., 492
White, Ralph K. 110
Whiting, Beatrice B. 490
Whiting, John W. 101
Whitlock, F. 490
Whyte, William F. 351, 425 f., 490
Wice, Paul B. 490
Wigmore, J. H. 41, 101
Wilcott, James B. 103, 113–118, 144 ff., 160, 190
Wildeman, John 228, 268, 474
Wildenmann, Rudolf 17, 97, 99
Wilensky, Harold L. 427, 439, 490
Wiles, Paul 219, 291, 293, 372, 397, 415, 422, 437, 441, 446, 490

Wilkins, Leslie T. 209, 212, 225, 227, 293, 296, 307 f., 314, 342, 370, 387, 399, 405, 427, 465, 490
Wilks, Judith 387, 464
Williams, David G. T. 490
Williams, John E. 190
Williams, J. R. 140
Williams, Philip M. 101
Wilson, David J. 101
Wilson, Glenn D. 190
Wilson, James Q. 101, 252 ff., 255, 257 ff., 261, 401 f., 490
Wilson, Lorene 168, 190
Wilson, Mary 435
Wilson, R. W. 152
Wilson, Thomas P. 319 f., 325, 418, 490
Wilson, Warner 190
Winter, Gerhard 130, 173, 480
Winter, Robert D. 484
With, Louis 354, 360, 490
Wish, Myron 130
Wiswede, Günter 315, 417, 490
Witmer, Helen L. 298, 469, 473
Witte, Erich 151
Witter, Hermann 452, 472, 478
Wittgenstein, Ludwig 324
Witzel, Joachim 490
Wohlfahrt, Erich 116, 190
Wolf, Heinz E. 102, 105–109, 110, 112 ff., 118, 121 ff., 124, 129 ff., 132, 135, 138, 144, 146, 148 ff., 158 ff., 163, 169 ff., 172 f., 176 f., 179, 186 f., 189, 190, 490 f.
Wolf, Preben 431, 491
Wolf, Siegmund A. 430, 491
Wolfe, Alan 491
Wolff, Jörg 405, 491
Wolfgang, Marvin E. 192 f., 205, 208, 213, 218, 241, 250, 292 f., 297, 299, 350 f., 354, 395 f., 399, 401, 406, 409 f., 414, 427, 431, 433, 443, 449, 456, 458, 474, 479, 481 f., 491
Wollenberg, W. 133
Wolter, Hans Jürgen 170, 190, 465
Wolpin, Miles D. 190
Wong, B. 133
Wong, E. 133
Wong, S. H. 133
Wood, Arthur L. 373, 428, 491
Wood, Huston 467

Woolf, H. 95
Wootton, Barbara 405, 427, 432 f., 491
Worthy, Morgan 190
Wright, C. R. 71, 101, 132
Wright, Eric O. 492
Wright, John H. 152, 179
Wright, William 101
Wrigley, E. A. 450
Würtenberger, Thomas 219, 231, 246, 413, 492
Wurzbacher, Gerhard 492
Wulf, Peter 80, 101
Wyle, C. J. 298, 488
Wylie, R. C. 132

X (Clerk), Cedric 190

Yablonsky, Lewis 201, 425, 455, 492
Yee, Albert H. 133, 190
Yinger, J. Milton 107, 164, 350, 492
Young, Elizabeth B. 130, 180
Young, H. Boutourline 130, 180
Young, Jack 195, 224, 228, 246, 269, 313 ff., 334 ff., 347, 349,
397, 415, 421 f., 428, 441, 444, 453, 456, 471 f., 476, 486, 492
Young, Peter 385, 492
Young, T. R. 492
Yu, C. Y. 133

Zajonc, Robert B. 107, 191
Zalkind, Sheldon S. 167, 177, 191
Zanolli, Satuila 137
Zehr, Howard 364, 492
Zeisel, Hans 457
Zeligs, Rose 128
Zeller, Claus 136
Zellman, Gail L. 191
Zetterberg, Hans L. 72, 101
Ziller, R. C. 152
Zimmermann, Don H. 492
Zimring, Franklin E. 388, 492
Zipf, Heinz 492
Zirpins, W. 408, 492
Znaniecki, Florian 106, 108, 189, 276, 492
Zola, Irving Kenneth 316, 492
Zolo, Danilo 449
Zorbough, Harvey Warren 360, 492
Zyl, C. J. van 492

Sachregister

Abstammungsimage 136
abweichendes Verhalten, Soziologie des (s. auch Devianzsoziologie) 312, 314 ff.
Additions-These 126
Affekt- und Willenspsychologie 110
Aggregatanalyse 15
Aggregatdaten 7
–, Datenarchive von 10
Aggression 104
Aggressionsforschung 103, 107, 111, 116, 119
Aggressionsinstinkt 119
Aggressionspsychologie 112
Aggressionssoziologie 112
Aggressionstrieb 111, 119
Agnostizismus, theoretischer 209 ff.
Aktivierung 62
Aktivisten 34
Aktualgenese 116, 118
Alltagssprache 171
„American Way of Life" 134
Analysen
–, vergleichende 2 f.
–, kartographische 9
–, ökologische 9
Analyseebenen (levels of analysis) 11
Anlage vs. Umweltfaktoren 206 f.
Anomietheorie 243, 245, 272, 301, 322, 329, 346 ff., 412, 417, 424, 430
Ansatz
–, behavioristischer 132
–, existentialistischer 132
–, ideologischer 163 f.
–, phänomenologischer 132
–, psychologischer 107, 163 f., 167
–, semantischer 119
–, sozialpsychologischer 119
–, soziologischer 107, 119
Anstalt, sozialtherapeutische 110
Anti-Antisemitismus 124
Antiautoritarismus, rechtsideologischer, pädagogischer 110
Anti-Ideologien 104

Anti-Ismen 137
–, in der Bundesrepublik 138
Anti-Polizei-Ressentiments 167
antisemitische Merkmale, Zahl, Struktur und Zusammenwirken von 123
Antisemitismus 104, 120
–, Begriff des 121
–, beruflicher 124
–, charakterologischer 124
–, christlicher 124
–, deutscher 120
–, ewiger 125
–, historischer 124
–, kultureller 124
–, latenter 123
–, metaphysischer 124
–, ökonomischer 124
–, physiognomischer 124
–, politischer 124
–, „progressiver" 141
–, religiöser 124
–, sexueller 124
–, sozialer 124
–, taktischer 124
–, Theorie des 123
–, Verjudung des 121
–, völkisch-rassischer 124
–, volkstümlicher 124
Antisemitismusquote in der Bundesrepublik Deutschland 121
–, Sinken der 122
Anwendungsregeln 341 f., 389
Anzeigebereitschaft 409 f.
Arbeiten, „volkspädagogisch unwillkommene" 143
Arbeiten, „volkspädagogisch willkommene" 143
Arbeitskreis Junger Kriminologen (AJK) 405, 415
Arbeitsmarkt und Strafvollzug 385
askriptive Prozesse (s. auch Zuschreibung) 340, 421
Aspekte
–, formale 128
–, inhaltliche 128
Aspektenverfahren 146

Assoziationsfreiheit 44
attitude, ethnic 107
attitude-change 109
Attitüde (-n) 104 f., 115
–, aggressive 111
– gegenüber Frauen 167
–, internationale 116
–, kognitive, affektive und kona-
tive Komponente der 146
Attitüden-Begriff als Hilfskonstruktion 168
Attitüden-Forschung 102, 107 ff.,
116, 167
Attitüden-Konzept 168
–, methodologische und ideologische Analyse des 167
Attitüden-Wechsel 108
Attributionstheorie 326
Auffassung
–, pluralistische 113
–, singularistische 113
Autoritäre Persönlichkeit (authoritarian personality) 109, 150
Autorität 104
Autoritätsdiskussion 109
Autoritätsforschung 103
Autoritätsgehorsam 110
Autoritarismus-Forschung 107,
109, 111, 116
–, experimentelle 109
Autostereotyp (Eigenbild) 152 f.
–, vermutetes 153

„Banalität des Bösen" 111
Bandendelinquenz 424 f.
Basis, ideologische 110
Basisregeln 323
Bedrohungsvorstellungen 141
Berliner Schule 116
Besserung (s. auch Resozialisie-
rung, Therapiemodell) 224 f.,
279
Bewegungen 44 ff.
Bewertungsebenen 128 f.
Bewertungsgefälle 129
Bezug, emotinaler 166
Bild 104, 117
Bild-Analyse 103, 106, 115, 117,
166
–, Interpretationsansätze der 157
–, Stereotypen-Forschung als Be-
standteil der 170

Bildbegriff 117
–, engerer (Ausstattung) 166
–, erweiterter (Festlegung) 166
Bild-Forschung 103, 117
Bindestrich-Kriminologie 195
Binnengliederung, Analyse der
128
Binnenwanderung 83
„Black is beautiful" 131
Body-Image 117

Chancenstrukturtheorie 244, 272
Chicago-Schule 359 ff., 424 f., 429
„Criminal Justice" 251 ff., 254,
261 ff.

Datenanalyse, Computer für die 6
Datensammlung auf Individual-
ebene 13
Devianzsoziologie 242, 415
Differentielle Assoziation (Kon-
takte) 208, 360, 362, 429
Diskriminierung 164
Distanz
–, soziale 129
–, subjektive soziale 154
Distanz, Theorie der 128
Distanzskala, soziale 128
Dogmatismustheorie 151
Dominanzproportionen 162
Dominanzstufen 162
Dramatisierungseffekt 139
Drogengebrauch, Kriminalisie-
rung des 380
Dunkelfeld 286, 294 f., 299, 302,
366
Dunkelfeldforschung 299, 301 f.,
308, 410 ff.
Dunkelziffer 286, 293 ff.
Ebene (-n)
–, psychologisch-holistische 167
–, Überschneidung der nationalen,
regionalen u. a. 169
–, Vermischung der psychologi-
schen und sozialen 168
Ego-Distanz 154
Eigenschaften, unwandelbar mit-
gegebene 135
Eigenschaftslisten 128
Einstellungen, Psychologie der
108
Einstellungsstereotyp 155 f.

Einteilungsprinzipien, nicht-psychologische 132
Erkrankungen, geistige 421, 423
Erzieher, anti-autoritäre 110
Ethnomethodologie 320, 323, 327, 331, 334, 418, 421
Exaktheitskomplex 151
Extraversion (Objektivität) 168

Familie und Kriminalität 432 ff.
Familiensoziologie 109
Farbige, Vorurteile gegenüber 130
Faschismus 134
Fehlschlüsse (level-to-level fallacies) 11
Feminismus, Wortführerinnen des 167
Forschung, aggressionspsychologische 119
„frame of image" 116
„frameworks of images" 153
Frankfurter Schule 110
Frauen, Vorurteile gegenüber 134, 167
Frauenwahlrecht 4
Fremdbild 154
–, vermutetes 154
Friedensforschung 118
Frustrations-Aggressions-These 112, 146 f.
Führungsstil 109 f.
–, autoritärer 110
–, demokratischer 110
–, laissez-faire 110
–, staatlich-politischer 109

Gefängnis, funktionale Analyse des 384 f.
Gefühlswerte 128
Gegenstandsbezeichnungen, Abfolge von Definitionen der 104
Gegenstandsbild 118
Geheimhaltung 8, 41 ff.
Geistig Kranke, Vorurteile gegenüber 134
„Gemeinde Surveys" 9
Generalstab, Verschwörung des deutschen 142
Geographie, mathematische 12
Geopolitiker, Verschwörung der deutschen 142
Germanenabstammung 169

Gesellschaftsideologie, marxistisch-psychoanalytische 151
Gestaltpsychologie 116
Gleichheitsthese 153
Grundkategorie, soziale 114
Grundmodell, persönlichkeitspsychologisches 155
Gruppendynamik 108, 143
Gruppenspannungen 130
Gültigkeit und Verläßlichkeit (s. auch Meßprobleme der Kriminologie) 287 ff., 292, 300, 307 f., 409 f.

Hetero-Stereotyp (Fremdbild) 152 f.
–, vermutetes 153
„Hexenhammer" (Malleus Maleficarum) 141

Identifikation, Theorie der 132
Ideologie-These 126
Image 104, 114, 117, 127, 161
–, Definition von 159
–, internationales 116
–, Systematisierung des 118
Image-Forschung 103 f., 106, 115, 117
Imagewechsel 132
Imago 116
Industrielle, Verschwörung der deutschen 142
Institut für Sozialforschung, Frankfurt a. M. 110
Instrumentarium, technisches 128
Integrationstheorie, funktionalistische 119
Intergruppenspannungen 128
Interpretationsansätze
–, pluralistische 167
–, singularistische 167
Interpretationsschemata 104
–, direkte 145
–, elementaristische 126
–, funktionale 146
–, ganzheitliche 125
–, indirekte 145
Introversion (Subjektivität) 168
Irrationalismus, linksideologischer, romantizistischer 139
Israel, positive Zustimmung zur Existenz des Staates 127

Juden, negative Vorurteile gegen-
über 130
Judenfrage, objektive 126
Jugendgerichtsbarkeit 279
„Junker", Verschwörung der deut-
schen 142
Justiz, Soziologie der 167

Kartendiagramme 75
Katharsis-These 112
Kartographierung durch Compu-
ter 12 f.
Kern-Peripherie-Modell 125
Klassenjustiz 392
Kleingruppenforschung 108
Kollektivbewußtsein 116
Komplex, legitimer seelischer 117
Kongruenztheorie 151
Konfigurationsmodell 130
Konflikte 104
–, Erforschung der 108
–, Lösungen von 108
Konflikteskalation, Bedingungen
der 171
Konflikt-Forschung 103, 106, 108,
113, 116, 118
–, Geschichte der 119
–, Interpretationsansätze der 163
Konfliktscheuheit 108, 119
Konflikt- und Terror-Theorien 111
Konsistenz-Thesen, formale 126
Konspirationstheorien 142
Kontaktproblem 162
Kontext der Wahlhandlung 87
Kontextanalysen (contextual ana-
lysis) 14, 76
Korrelationsberechnungen 76
Kriminalität s. u. Verbrechen
Kriminalität, funktionale Analyse
der 248, 268, 272, 314, 348, 358,
407
Kriminalitätsindex 292, 409 f.
Kriminalstatistik 287 ff., 296 ff.,
306, 361 ff., 366, 408 ff.
Kriminelle, Vorurteile gegenüber
134
Kriminologie 110
–, amerikanische 201, 212 f., 217,
237 ff., 327, 406, 412
–, Autonomie der 199 ff., 202 f.
–, deutsche 201 f., 209, 212 f., 217,
258, 302, 392, 402, 415 f.

–, englische 195 f., 313, 331, 379,
392, 407, 412, 414 f.
–, französische 414
–, Gegenstandsbestimmung der
200 f.
–, Geschichte der 196 f., 228 ff.,
265
–, Heteronomie der 224, 226, 273,
281 ff.
–, historische 363, 431
–, Institutionalisierung der 218 ff.
–, interaktionistische Theorien-
sätze der 242, 275, 283, 320,
333, 335, 414
–, inter- (multi) disziplinäre 205,
213 ff., 222, 228, 310
–, italienische Schule der (s. auch
positive Schule) 208
–, klassische Schule 230 ff., 241 f.,
259 ff., 367
–, konflikttheoretische Ansätze
der 264 f.
– Kriminalpolitik und 223, 231 f.,
253, 367, 370, 381, 402 ff.
–, makrosoziologische Ansätze
der 363
–, Motivationskonzept der 242 f.,
319, 322, 325
–, normzentrierte (-orientierte)
249 ff., 311 ff., 330, 367
–, ökologischer Ansatz (s. auch
Chicago-Schule) 361 ff., 429
–, politökonomische und marxistische Ansätze 266 f., 273,
334 f., 365, 422, 428
–, positive (positivistische) Schule
194 ff., 206, 227, 230 ff., 285,
290, 310, 386, 403
–, Praxisunterwerfung (-relevanz)
205, 221 ff., 224, 252 ff.
–, „radikale" 267, 407, 422
–, skandinavische 414
–, sozialstrukturelle Perspektive
244
–, systemtheoretischer Ansatz 257
–, täterzentrierte (-orientierte)
237 ff., 272 f., 310 f., 314, 327,
366, 405, 414
–, Theorielosigkeit 205 ff.
–, traditionelle 199, 205, 217, 221,
283, 302, 309 f., 322, 330, 335,
342, 344

–, utilitaristische Ansätze 255 ff.,
260
Kulturgeographie 77
Kulturkonflikt 354
Kulturkritik 143

Labeling-Theorie 267 ff., 273, 304,
306, 311, 321, 327 ff., 349, 365 f.,
407, 418 f., 421 f.
Law Enforcement Assistance Administration (LEAA) 257, 402,
411
Leistungsfähigkeit
–, sozialökonomische 129
–, technische 129
–, wirtschaftliche 129
Lernen, traditionelles 126
Leipziger Schule 116

Makro-Mikro-Strukturen 19
Marktforschung, Internationalisie-
rung der 18
Masse 143
Massenbewegungen 49
Massenmedien 65
Massenparteien, Aufstieg der 48
Massentheorie 141
Medikalisierung der sozialen Kon-
trolle 373, 386
Mehrfaktorenansatz (multifakto-
rieller Ansatz) 207 f., 212 f., 218,
252
Meßprobleme der Kriminologie
(s. auch Gültigkeit und Zuver-
lässigkeit) 284 ff.
Mikro-Mikro-Vergleich 22
Mikrodaten, Vergleich von 19
Minderheiten 130
–, verhinderte Eliten 132
Minderheitenprobleme 104
Minorität und Majorität, Verhält-
nis zwischen 107
Mißverständnisse und Denkfehler
166
Mobilisierung 62
Mobilisationsagentien 44 ff.
Modellvorstellung, zwei Ebenen
in 166
model minorities 132

National Advisory Commission
on Criminal Justice Standards
and Goals 252

National Commission on the Cau-
ses and the Prevention of Vio-
lence 252
National Deviance Conference
372, 415
Nationalbewußtsein 136
National- und Volkscharakter,
nativistische Vorstellungen
vom 135
Nationalgefühl, gesundes 135
Nationalismus 104, 134 f.
–, neuerer 169
–, Einschätzung des 136
Nationalsozialismus 134
Nessie-Theorie 106, 169
Neue Linke 110
Norm(-en) 312 ff., 322, 325, 345,
347, 368 ff.
„norm of human heartedness" 107
„norm of justice" 107
„norm of rationality" 107
Normensystem 313, 346, 369 f.
Normenpluralität 368 ff.
Normverletzungen, Sichtbarkeit
von 391
„Nur-Wähler" 34

Objektbild 160
Ökologie, politische 9, 12
Opferbefragungen 298 ff., 307,
411
Ordnung, normative 312 f., 345 ff.
Organisationssoziologie 110
Orientierungssysteme, soziale 118

Paradigma
–, interpretatives 319, 324 f., 337 f.,
418 f.
–, normatives 312 ff., 323, 337
Parteien 44 ff., 50
Parteienbildung 51
Parteiorganisationen, Verspätun-
gen in der Entwicklung der 47
Partizipation 65
–, politische 27 ff.
Perspektiven-Hypothese 130, 163
Perspektiven-Modell 170
Philosemitismus 124
Philosophen, Verschwörung der
deutschen 142
Philosophie, Lehrmeinungen der
109

Plebiszit 44
„political ecology" 78
Politikforschung, Internationalisierung der empirischen 17 ff.
Polizei
–, proaktive Strategie 391
–, reaktive Strategie 391
Polizeistatistik 297
Prägnanz-Methode, qualitative 163, 171
Praktiken, revolutionäre 109
Prejudice 104 f., 114, 117
Prejudice-Forscher 108
Prejudice-Forschung 102, 105, 107, 109, 111, 116, 168
–, charakterologische Phänomene der 107
–, persönlichkeitspsychologische Phänomene der 107
–, Theorienvakuum der 114
praejudicium 105
President's Commission on Law Enforcement and Administration of Justice 252, 257, 411
Preußen, Bild von 169
Primärabweichung (primary deviation) 337
Projektionsthese 146 f.
Problembasis, psychologische 152
Probleme
–, kriminalsoziologische 110
–, militärsoziologische 110
–, Soziologie sozialer 316, 387, 417 f.
Problemgruppen, unterscheidbare 128
Problemverwischung 106
Proportionsregel 161
Prosemitismus 124
„Protokolle der Weisen von Zion" 142
Psychiatrie, Soziologie der 343
Psychologen, kritische 110
Psychologie
–, Einfluß der 108
–, politische 164, 167
Psychologisierung 106, 166

Radauantisemitismus 127
Rahmen, institutioneller 36
Randgruppen 130
Randgruppenforschung 110
Randpersönlichkeit 132

Rangordnungen 128
Rassenbegriff 134
Rassenvorurteil, eigenständiges 136
Realität, Verfälschung der 117
Recht, Soziologie des 167, 371 f.
Rechtsanwendung 390 f.
Rechtsradikale 141
Rechtsradikalismus 136
Rechtstatsachenforschung 372
Rechts- und Gesetzespositivismus 371
Reduktion der Problemlage 107
Regeln 322 ff.
–, interpretative 323
Regionalvorurteile 130
Repräsentativität 290
Resozialisierung (s. auch Besserung, Therapiemodell) 253, 388 f.
„response set" 150
Richtungen, ideologische 110
Rockergang 170

Sample-Erhebungen 6
Sanktion 312 ff., 370
Sanktionssystem 385
Schichtung und Kriminalität 301 f., 354, 412
Schuldprinzip 232, 383 f., 404
Schwellenwerte 162
Sekundärabweichung (secondary deviation) 337
Selbstbild 153
–, direktes 154
–, gefiltertes 154
–, indirektes 154
–, negatives 131
–, positives 131
–, vermutetes 154
Selbständigkeit 109
Selbstmeldeuntersuchungen 298 ff., 308, 411
Selektion 324, 389
Selektionskonzept 325
Selektionsmechanismen 324
Selektionsprozesse 305, 316, 390
self-fulfilling prophecy 146, 148
Signalsprache, ideologische 139
Skalen 128
Soziale Kontrolle 317, 386 ff.
–, Drogenkonsum und 382
–, Familie und 433

-, Krankheit und 386
-, sekundäre 356
Sozialkontrolle, strafrechtliche 272
Sozialkritik 143
Soziologie, phänomenologische 320, 323, 334, 421
Spannungsprozesse, verschiedenartige 165
Staat
-, autoritärer 109
-, totalitärer 109
Staats- und Rechtslehren 109
Stammbaumdenken, historizistisches 135
Stammesforschung, deutsche 135
Statements 128
Statistik, politische 1, 3
Stereotyp 104 f., 115, 117, 127
-, projektives 153
Stereotypenbegriff 114
-, negativer 114
Stereotypen-Forschung 103, 113, 116, 170
-, Interpretationsansätze der 152
Stigma-Theorie 110
Stimmrecht, Erweiterung des 40
Strafrecht (s. auch „Criminal Justice") 251 ff., 254, 261 ff.
-, Entwicklung des 373 ff.
-, Klassencharakter des 278, 280
-, Macht und 265 f., 378 f.
-, Relativität des 274 f.
-, rechtsanthropologische Untersuchungen zum 375 f.
-, Soziologie des 201 ff., 240, 269 ff., 365 ff., 384, 412, 414
Straftheorien 388
Strafverfolgungsstatistik 297
Struktur, dimensionale 144
Strukturen, versäulte 49 f.
Strukturformel 161
Strukturmodell 125
„Studies of Prejudices" 109
Subjektbild 160
Subkulturtheorie 243, 272, 301, 322, 346 f., 350 ff., 417, 424 ff.
Sündenbock-Theorie 146, 148, 164
Summerhill 110
symbolischer Interaktionismus (symbolic interaction) 132, 320, 418

Sympathie-Antipathie-Relationen 129, 170
„Sympathischer Mann" 171
Syndrom-Modell 125
Systeme, stereotype 114

Terror
-, Phänomene des 171
-, Verbrechen und militante Aktion 171
Theorie(-n)
-, psychoanalytisch begründete 120
-, psychologisch begründete 120
-, revolutionäre 109
Theorienbildung über den Antisemitismus, Fehlerquellen für 127
therapeutischer Staat („therapeutic state") 386 f.
Therapiemodell 388 f.
Thomassches Theorem 148
Totale Institutionen 385 f.
Transformationsregeln 341 f.
Typologien von Gemeindekontexten 14

Umfrageforschung 9, 13 ff., 73
-, Techniken der 128
„unbewußter Todeswunsch", psychoanalytische Behauptung 121
„Unsympathischer Mann" 171
Urteil 106, 158
-, irriges 106
„Urteile über Völker" 153
Urteilsbildung, Prozeß der 156
Urvölker, Existenz sog. 135

Verallgemeinerungsgrade 128
Verantwortlichkeit, kollektive vs. individuelle 374, 383 f.
Verbrechen
-, Konstanz des 306
-, Normalität des 246 f.
-, organisiertes 356 ff., 428
-, politischer Aspekt des 364
-, Sozialgeschichte des 380
Verbrechensdefinition 236, 273 ff., 284, 306
-, legalistische 279 f., 408
-, soziologische 276 f.
Verdrängungsversuche, Trend der 116

Vereinigungen 44 ff.
Vererbungsimage 136
Verfälschung, negative 117
Verfahren, geographisches 75
Verführer, geheime 143
Vergleiche
–, externe relationale 129
–, historische 35
–, institutionelle und strukturelle 35
–, interne relationale 129
–, relationale 129
–, statistische 35
Vergleichsmethode, taktische 139
Verschiebung 171
Verschwörer, geheime 143
Verschwörertheorien 141
–, anti-deutsche 142
Verschwörungsvorstellungen 141
Vorausurteil 106, 127, 157, 169
Voreiligkeit 166
Voreingenommenheit 106, 166
Vorstellungen, nativistische 136, 169
Vor-Urteil 157, 169
Vorurteil(-e) 157, 161, 164
– i. e. S. 115, 159
– i. w. S. 159
–, Auswirkung von 131
–, Definition von 158
–, eigentliches 106, 169
–, ethnisches 106
–, ideologische 138
–, nationale 104, 128 f.
–, nationalistische 130, 134
–, nativistische 136
–, negative soziale 107, 111
–, nicht-gruppenspezifische 138
–, positive 107, 111
–, soziale 107
–, Strukturformel der 162
–, Thesen zum 131
– als elementare Größe 159
– gegenüber einem Objekt 159
– u. Konflikte, Verhältnis v. 164
– und Kontakte, Beziehung zwischen 108
–, Theorem des West-Ost-Gefälles der 129

Vorurteilsbekämpfung 108
Vorurteilsforschung 108
– i. e. S. 102 f.
– i. w. S. 102 f., 109
–, Ausgangsproblematik der 158
–, Theorienbildung der 129
– und Attitüdenforschung, Beziehungen zwischen 109
Vorurteilskrankheit 120
Vorurteilsproblem, allgemeines 107

Wahl, geheime 7, 39
Wahlen als Massenexperimente
   7 ff.
Wahlaktivitäten 67
Wahlanalyse, Variablen der 25 ff.
Wahlforschung
–, Internationalisierung der 18
–, Variablen der 29
Wahlgeographie 76
Wahl-Kartographie 9
Wahlrecht
–, geheimes 43
–, Universalisierung 7
Wahlsoziologie 73
Wahlstatistiken 1 ff.
Wahlverhalten 5
–, Variablen beim 51
Wandel, institutioneller 38
Welt
–, phänomenal-objektive 116
–, phänomenal-subjektive 116
–, physikalisch-reale 116
Wertgefälle 130
Wertungen
–, gegensätzliche politisch-ideologische 122
–, ideologische 107, 111, 132
White-Collar-Kriminalität 277 f., 281, 284, 408
Wirtschaftskriminalität 278, 408
Wissenschaftsbild 160
Wissenschaftssprache 171

Zielgebiete, Abfolge der 104
Zuschreibungsprozesse (s. auch askriptive Prozesse) 338, 366
Zuordnungsebenen 171

Redaktion der Register: Dipl.-Volksw. Sylvia Kasch

Enke

Kriminalität und ihre Verwalter

Nr. 1:
Kriminalität ist normal

Zur gesellschaftlichen Produktion abweichenden Verhaltens
Von H. HAFERKAMP
1972. 158 S., kart. DM 14,80
ISBN 3 432 81881 5

Nr. 2:
Kriminalitätstheorien sind ihr Realitätsgehalt

Eine Sekundäranalyse amerikanischer Forschungsergebnisse zum abweichenden Verhalten
Von W. SPRINGER
1973. 202 S., 22 Übers.
kart. DM 15,80
ISBN 3 432 85271 1

Nr. 3:
Richter im Dienst der Macht

Zur gesellschaftlichen Verteilung der Kriminalität
Von D. PETERS
1973. 200 S., 30 Tab.
kart. DM 15,80
ISBN 3 432 84361 5

Nr. 4:
Aufklärung über Abweichung

Über die Praxisrelevanz von Devianztheorien
Von H. TRABANDT /
H. TRABANDT
1975. 102 S., kart. DM 19,80
ISBN 3 432 86991 6

Nr. 5:
Die sanften Kontrolleure

Wie Sozialarbeiter mit Devianten umgehen
Von H. PETERS /
H. CREMER-SCHÄFER
1975. 120 S., kart. DM 17,80
ISBN 3 432 87751 X

Ferdinand Enke Verlag Stuttgart

Gesellschaft

Rudolf Affemann:
Krank an
der Gesellschaft
Symptome, Diagnose, Therapie

Jugendkriminalität
Drogenwelle
ideologische
Anfälligkeit der Jugend
Neurotisierung
der Jugend

dtv

Rudolf Affemann:
Krank an der Gesellschaft
Symptome, Diagnose,
Therapie
1076

Hans Peter Bleuel:
Kinder in Deutschland
966
Alte Menschen in
Deutschland
1055

Ralf Dahrendorf:
Gesellschaft und
Demokratie in
Deutschland
757

Jugend in der
Gesellschaft
Ein Symposion
Originalausgabe
1063

Stephen M. Joseph
(Hrsg.):
In den Elendsvierteln
von New York
Kinder schildern ihre Welt
Deutsche Erstausgabe
931

Rudolf Walter Leonhardt:
Wer wirft den
ersten Stein?
Minoritäten in einer
züchtigen Gesellschaft
774

Margaret Mead:
Der Konflikt der
Generationen
Jugend ohne Vorbild
1042

Kate Millett:
Sexus und Herrschaft
Die Tyrannei des Mannes
in unserer Gesellschaft
973

Lionel Tiger / Robin Fox:
Das Herrentier
Steinzeitjäger im
Spätkapitalismus
Mit einem Vorwort
von Konrad Lorenz
1183